KB202460

말뭉치 기반

구어 문어 통합 문법 기술 2

- 명사와 명사구 II -

말뭉치 기반
구어 문어 통합 문법 기술 2
– 명사와 명사구 II –

초판 인쇄 2014년 12월 22일
초판 발행 2014년 12월 30일

저 자 배진영 · 최정도 · 손혜옥 · 김민국
펴낸이 박찬익
편집장 권이준
책임편집 김지은

펴낸곳 도서출판 **박이정**
주 소 서울시 동대문구 천호대로 16가길 4
전 화 02) 922 - 1192~3
팩 스 02) 928 - 4683
홈페이지 www.pjbook.com
이메일 pijbook@naver.com
등 록 1991년 3월 12일 제1-1182호

ISBN 978-89-6292-827-3 (93700)

* 책값은 뒤표지에 있습니다.

이 책은 2009년 정부(교육과학기술부)의 재원으로 한국연구재단의 지원을 받아 수행된 연구임 (NRF-2009-361-A00027)

인문지식기반총서 ⑥

말뭉치 기반

구어 문어 통합 문법 기술 2

명사와 명사구 Ⅱ

배진영 · 최정도
손혜옥 · 김민국

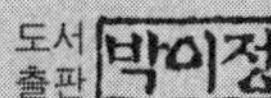

서 문

이 책은 '(말뭉치 기반) 구어 문어 통합 문법 기술'이라는 주제 하에 진행된 연구의 세 번째 결과물로서 앞서 출간된 〈(말뭉치 기반) 구어 문어 통합 문법 기술의 탐색〉, 〈(말뭉치 기반) 구어 문어 통합 문법 기술1-어휘부류〉에 이은 본격적인 구어 문어 통합 문법 기술서이다. 〈(말뭉치 기반) 구어 문어 통합 문법 기술의 탐색〉에서는 구어 문어 통합 문법 기술에 필요한 이론적 기반을 마련하기 위해 '구어', '문어'의 개념, '구어 문법', '문어 문법'의 개념과 그 성립 여부, 그리고 '구어 문어 통합 문법 기술'의 개념, 연구 목적, 연구 방법론을 탐색하였고, 〈(말뭉치 기반) 구어 문어 통합 문법 기술1-어휘부류〉에서는 전체 어휘부류를 대상으로 그 사용 양상을 기술하고 이를 분석 · 설명하여 구어 문어 통합 문법 기술을 위한 기초를 마련하였다. 이러한 일련의 작업을 기반으로 하여 명사와 명사구의 문법이 기술된 이 책은 본격적인 구어 문어 통합 문법 기술의 시작이라 할 수 있다.

구어 문어 통합 문법 기술이란 구어와 문어의 차이를 사용역의 관점으로 접근하여 각 사용역에서 나타나는 어휘나 문법 구조 등의 실제 사용 양상을 말뭉치 언어학적 방법을 이용하여 계량적으로 기술하고, 이러한 계량적 결과를 다양한 담화 · 화용적 요인들을 고려하여 기능문법적 관점으로 해석하고 설명하는 문법 기술을 말한다. 이에 이 책에서는 '대화', '소설', '신문', '학술'의 네 사용역으로 구분된 말뭉치를 분석해서 얻은 사실을 바탕으로 하여 명사와 명사구의 문법을 기술할 뿐만 아니라 명사와 명사구의 실제 사용 양상을 제시하고 이를 다양한 담화 · 화용적 요인들을 고려하여 분석하고 설명하였다. 이 책에서 제시되는 말뭉치 계량 결과와 이에 대한 분석과 설명은 사용의 문법이라는 측면에서 언어 형식의 구조와 이에 대한 기술만을 중요시했던 전통적인 문법 기술을 보완할 수 있을 것이다. 또한 말뭉치 분석을 통한 문법 기술은 실증적인 문법 기술이라는 측면에서 기존 연구에서 미처 다루지 못했던 언어 현상을 제시해 주거나 기존 연구 결과에 대한 문제를 제기해 준다는 점에서 그 의미를 찾을 수 있다. 이 책에서 추구하는 실증적이고도 언어 사용을 중심으로 한 문법 기술이 한국어를 연구하는 문법 연구자들에게 조금이나마 도움이 될 수 있기를 바란다.

우리는 '(말뭉치 기반) 구어 문어 통합 문법 기술'이라는 큰 연구 주제를 잡고 2010년 초부터 2012년 초까지 기초 연구를 위해 약 2년이라는 시간 동안 함께 공부하였다. 그리고 그 연구 결과로 2013년에 두 권의 책을 세상에 내놓게 되었다. 두 번째 책의 초고를 마칠 때쯤에 이미 필자들은 이 책의 출간을 염두에 두고 있었지만 누구 하나 선뜻 마음이 움직이지 않았다. 앞서 출간된 두 책과 달리 이 책을 펴기 위해서 필요한 고된 분석 작업이 우려되었기 때문이었다. 이 책에서 제시되는 말뭉치 분석 결과는 대부분 형태 (의미) 분석 말뭉치를 다시 수작업으로 하나하나 분석하여 얻은 결과를 바탕으로 하고 있다. 언어 자료를 분석하여 한국어의 문법을 자세히 기술하고 그 사용 양상을 제시하기 위해서는 기존의 형태 (의미) 분석 말뭉치만으로는 역부족이고 다양한 의미 · 기능이 주석된 '기능 분석 말뭉치'가 필요하다. 물론 연구자마다 연구 목적이 달라 다양한 의미 · 기능이 주석된, 통일된 형식의 말뭉치를 만드는 것은 매우 힘든 작업이 될 것이다. 그러나 누군가가 우리와 같은 목적을 가지고 연구를 진행할 때 우리가 겪어야 했던 그 힘든 과정을 되풀이할 것이기에 안타까운 마음이 생긴다. 이제는 많은 문법 연구자들이 뜻을 모아 더 나은 문법 기술을 위해 새로운 형식의 말뭉치를 구축할 때가 온 것이 아닌가 하는 생각이 드는 것도 이러한 이유이다.

앞서 언급하였듯이 앞서 출간된 책의 초고를 마칠 때쯤에 이미 필자들은 이 책을 구상하고 있었지만 고된 분석 작업이 예상되어 책의 출간을 많이 망설이고 있었다. 그러나 결국 우리는 '(말뭉치 기반) 구어 문어 통합 문법 기술'이 제대로 자리 잡기 위해서는 이 책을 펴는 수밖에 없다고 판단하고 많은 시간이 걸리더라도 함께 해 보자고 마음을 모았다. 그래서 2013년 4월 9일에 첫 회의를 시작하여 2014년 9월 29일에 초고를 탈고할 때까지 우리는 총 70주간 동고동락했다. 매주 만나서 때로는 격렬하게 논쟁을 하기도 하고 때로는 언어 자료가 말해 주는 새로운 문법적 사실에 함께 기뻐하기도 하고 때로는 힘든 작업에 지쳐서 서로에게 하소연을 하기도 하였다. 필자들은 근 2년 동안 이 책을 집필하는 작업에만 매달려 있었다. 그래서 때로는 불안한 마음이 엄습하기도 하였고 주변 사람들의 우려 섞인 목소리를 들어야 하기도 했다. 그러나 우리는 이 일을 하며 늘 설레었고 보람을 느꼈다. 우리는 이제 '(말뭉치 기반) 구어 문어 통합 문법 기술'이라는 긴 여정 중 두 번째 기착지에 온 셈이다. 겨우 두 번째 기착지에 도착했는데 벌써 5년이라는 시간이 훌쩍 지났다. 이제는 다음 연구를 위해 잠시 숨을 고를 때인 듯하다. 우리의 작업은 많은 시간과 노력이 필요할 뿐만 아니라 누구 한 사람의 힘만으로는 불가능하기 때문에 현실적인 여러 상황을 고려한다면 후속 연구 결과가 언제 나올 수 있을지는 장담하기 어렵다. 그러나 우리 필자들은 모두 언어 사용을 중심으로 한 실증적인 한국어 문법 기술을 계속 이어나갈 수 있기를 바라고 있으며 이를 위해서라면 지난하고 고된 작업도 즐거운 마음으로 할 수 있다고 생각한다. 우리들이 처해 있는 상황과 여건들이 조금 더 좋아질 때 우리는 또 다른 '(말뭉치 기반) 구어 문어 통합 문법 기술' 시리즈를 들고 독자들을 찾게 될 것이다.

'(말뭉치 기반) 구어 문어 통합 문법 기술' 시리즈의 기획 단계부터 이론틀의 마련, 문법 기술에 이르기까지 Biber 외(1999), *Longman Grammar of Spoken and Written English*에 힘을 얻은 바가 크다. 지면으로밖에 만날 수 없는 외국의 학자이지만 이 자리를 빌려 감사의 마음을 표한다. 또한 일일이 다 거론할 수 없지만 이 책을 쓸 수 있게끔 많은 가르침을 주신 여러 선생님들께도 감사의 인사를 드린다. 그리고 책에 대해 조언을 아끼지 않으신 언어정보연구원의 서상규 원장님과 언어정보연구원에 계신 여러 선생님들께 감사의 마음을 전하지 않을 수 없다. 이 책의 출판을 기꺼이 허락해 준 박이정 출판사의 정성에 고개 숙여 감사드린다. 무엇보다도 이 책을 출간하기 위해 기획 단계에서부터 집필, 최종 마무리 단계까지 울고 웃으며 함께한 저자들에게 고마운 마음을 서로 전하고, 여러 가지 일들로 힘든 시간이었음에도 포기하지 않고 끝까지 잘 버텨 준 우리 자신들에게도 '진심으로' 고마운 마음을 전한다.

2014년 10월
신촌에서 마지막 회의를 마치며
저자 일동

차례

표 차례

그래프 차례

5장 대명사

대명사는 '명사를 대신하여 사물을 가리키는 말'로 정의할 수 있다. 명사가 사물의 이름을 나타내어 지시 대상을 직접적으로 가리키는 데 반해 대명사는 사물의 이름을 나타내는 명사를 대신하여 지시 대상을 가리킨다.

〈예5-1〉

가. A: **니가** 토익 하기 싫은 거처럼 꼭 해야 되는 게 아니니까. B: 어~ **난** 영어가 너무 싫어. [대화]

나. **당신은** 한때 불어 선생이었대. **당신은** 선생이 되려고 불어를 배운 건 아니라고 했어. [소설]

다. 그러나 그는 "역사를 기술하는 것과 소설을 쓰는 것에는 차이가 있다"면서 "등장인물 절반이 사망했을 때 기록을 곁들여 전기를 쓰는 것과, 대중을 일깨우는 것을 가장해 **그것을** 읽고 즐기는 것 사이에는 상당한 차이가 있다"고 의미심장한 평가를 내렸다. [신문]

라. 또 유권자가 좋아하는 것은 **무엇인가**? 유권자가 바라는 것은 **무엇인가**? [학술]

<예5-1가>의 '니'와 '나'는 각각 화자 A가 청자인 B를, 화자 B가 화자 자신을 대신 가리키고 있고 <예5-1나>의 '당신'은 소설 속 화자가 소설 속의 청자를 대신 가리키고 있다. <예5-1다>에서 '그것'은 선행 문맥의 '전기'를 대신 가리키고 있으며, <예5-1라>에서 '무엇'은 각각 '유권자가 좋아하는 것', '유권자가 바라는 것'에 대한 답, 즉 글쓴이가 알지 못하는 무엇인가를 대신 가리키고 있다.

이와 같이 대명사는 사물의 이름을 나타내는 명사를 대신하는 것이기 때문에 명사와 동일한 통사적 분포를 보인다. 대명사는 아래의 예에서 보는 것처럼 명사와 동일하게 문장 내에서 주어, 목적어, 서술어 등의 자리에 나타나고, 관형어의 수식을 받으며, 다양한 조사와 두루 결합할 수 있다.

〈예5-2〉

가. 위로 올렸을 때, 얼마까지 올라가고, 밑으로 내렸을 때 얼마까지 내려가는가. **이것이** 스케일이야. [대화]

나. 신애가 도대체 **이것을** 어떻게 받아들였을 것인지 짐작하기 어렵지 않다. [소설]

다. 시민단체들과 주민들의 역할은 **이것으로** 끝나지 않는다. [신문]

라. 그때그때 당면하는 상황에 대하여 행동의 주체로서 행동하려면 당면에 가로놓이는 문제는 항상 **이것이냐 저것이냐의** 선택 결정이다. [학술]

마. "모든 사람들은 법 앞에 평등하다"는 얘기에 **이것의** 성격이 잘 요약되어 있다. [학술]

그러나 대명사는 사물의 이름을 나타내는 명사와 달리 어휘적 의미가 없고 그 의미를 해석하기 위해서는 반드시 상황이나 문맥을 참조해야 한다는 차이가 있다. 명사는 대개 상황이나 문맥에 관계없이 늘 동일한 의미로 파악되지만 대명사는 명사를 대신하는 말이므로 상황이나 문맥에 따라 그 의미가 달라진다.

〈예5-3〉

가. **당신**이 이거 녹음 안 되면 **나** 한 시간 더 잡아둔다 그랬잖아. [대화]

나. A: "점득아, **너** 한번 세어 봐. 얼마나 되는지." B: "응, 근데 **넌** 얼마 받았어?" [소설]

다. 탈세 묵인의 관행 **이것은** 무엇을 의미하는가. 세무 당국과 사업자들이 상호 동의아래 외형을 축소하는 세원 감추기 작업을 공동 수행했다고 볼 수밖에 없다. [신문]

라. 불교계도 귀족 불교를 추구하는 세력과 **이에** 반대하여 지방 호족이나 반란 세력들과 손잡고 민중의 불만을 수렴하여 혁신을 표방하는 세력으로 분열되었다. [학술]

<예5-3가, 나>의 '당신', '너'와 '나'는 각각 현재 대화에 참여하고 있는 청자와 화자를 가리키는 것으로 대화가 이루어지는 상황을 참조해야만 그 지시 대상을 확인할 수 있다. <예5-3다, 라>의 '이것'과 '이'는 그 지시 대상을 문맥을 통해서 확인할 수 있다. '이것'의 지시 대상은 선행 문맥의 '탈세 묵인의 관행'이고, '이'의 지시 대상은 선행 문맥의 '귀족 불교를 추구하는 세력'이다. 이와 같이 대명사의 의미 해석은 상황이나 문맥 의존적이기 때문에 그 지시 대상이 상황과 문맥에 따라 가변적이다. <예5-3가, 나>의 '당신', '너'와 '나'는 담화에 참여하는 화자와 청자가 누구냐에 따라 그 지시 대상이 바뀌며 <예5-3다, 라>의 '이것'과 '이'는 어떠한 문맥에 놓이느냐에 따라 그 지시 대상이 달라진다.

한국어 대명사는 <예5-4>의 영어 대명사와 같이 격에 따른 형태의 변화를 보이지는 않지만 일부 대명사는 결합되는 격조사에 따라 그 형태가 바뀌기도 한다.

〈예5-4〉

가. I, my, me / you, your, you / he, his, him / she, her, her / it, its, it

나. we, our, us / they, their, them

〈예5-5〉

가. **나** 이거 녹음하고 있단 말이야 이 아저씨야. [대화]

나. **내가** 이 학교 다시 안 올라 그랬어. [대화]

다. **내** 생각에는 한 시간까지는 우리가 여유 잡고 할 수 있을 거 같애, [대화]

라. 말했지 야 **너** 태어나 제일 친한 친구 이쁜 친구래. [대화]

마. **네가** 사람이 괜찮아 보이니까 나중에 너한테 시집가라고…. [소설]

바. 너희 엄마, **네** 꼴 보시면 쓰러지신다. [소설]

사. 그러는 사이 수혜의 커피는 **저** 혼자 식어가고 있었다. [소설]

아. 남이야 보든 말든 영달은 **제가** 먹고 싶은 대로 부지런히 빵을 씹고 물을 마시곤 하는 것이었다. [소설]

자. 근데:: 그렇게, 오년 십년 사귀면::, **제** 모습이 나오잖아. 한 해 정도야 속일 수 있을지는 몰라두. [대화]

위의 예에서 보듯이 '나', '너', '저'는 일반적으로 형태 변화가 없지만 주격조사와 결합할 때나 관형어로 쓰일 때 관형격 조사 '의'가 결합하지 않으면 그 형태가 각각 '내', '네', '제'로 바뀐다. 이러한 환경에서 대명사의 형태가 바뀌지 않더라도 비문이 되는 것은 아니지만 아래의 예처럼 자연스럽지 않거나 방언과 같은 비표준으로 느껴진다.

〈예5-6〉

가. **나가** 이 학교 다시 안 올라 그랬어. [대화]
나. **너가** 사람이 괜찮아 보이니까 나중에 너한테 시집가라고…. [소설]
다. 남이야 보든 말든 영달은 **저가** 먹고 싶은 대로 부지런히 빵을 씹고 물을 마시곤 하는 것이었다. [소설]

또한 일부 대명사는 화자와 청자와의 관계, 즉 상대높임법에 따라 달리 쓰인다는 특징도 있다.

〈예5-7〉

가. **저** 친구들이랑 여행 갔다 왔어요. 위도. [대화]
나. **제가** 사회학자가 쓴 세계화 책을 처음 봐서 그런 건지 모르겠지만, 제가 정리가 잘 안 돼요. [대화]
다. **제** 집이 바로 절로 올라가는 길목에 있거든요. [대화]
라. **소관이** 문초한바 이번의 옥사에 있어선 형방의 잘못이 거의 없다는 것을 알게 되었습니다. [소설]
마. **소인이** 그간의 하해 같은 은덕을 입어 이제 보답코자 하던 차에 한 꾀를 생각하였습니다. [소설]
바. **쇤네** 이미 안전에서 자문하기로 허락을 받지 않았습니까? [소설]
사. "**당신** 출장 갔다니까 돌아오면 연락해달라고 전화번호 알려주던데요." [소설]
아. 어, 나중에, 선생님이, 아 그러면 이제 **자네는**:: 이제 이제 짝을 자 잘 찾았나? 뭐 이런 뭐 이런 식으로 물어 봤다? [대화]
자. **귀하의** 충성심이 어떻구, 황국신민이 어떻구 하는 사족을 길게 붙여가면서. [소설]
차. 편지를 보냈는데도 일자 소식을 주지 않는 무정한 **그대를** 생각하며 나는 또 펜을 들었네. [소설]
카. 내 어머니는, **당신은** 자주 신애 누나의 집을 출입하면서도 내가 출입하는 것은 좋아하지 않았다. [소설]

<예5-7가~다>는 자신을 낮추어야 할 상황에서 '나' 대신 겸양 표현인 '저'가 사용되는 예를 보인 것이고 <예5-7라~바>는 화자 자신을 매우 낮추기 위해 겸양 표현인 '저' 대신 '소관', '소인', '쇤네'가 사용된 예를 보인 것이다. <예5-7사~차>는 청자에 따라 '너' 대신 다양한 2인칭대명사가 사용된 예를 보여 주는 것이고 <예5-7카>는 재귀대명사가 가리키는 대상이 높임의 대상일 때 '자기'나 '자신' 대신 '당신'이 사용된 예를 보여 주는 것이다.

또한 일부 대명사는 지시 대상의 복수성 여부에 따라 그 형태가 달라진다는 특징이 있다. 대명사의 복수형으로는 '우리', '저희', '너희' 등이 있는데 이러한 복수형 대명사는 단순히 지시 대상의 복수성만을 드러내는 것 이외에도 다양한 기능을 한다.

〈예5-8〉

가. 그거 **우리들만의** 특권이었는데 인제는 전 국민이 그걸 즐기는 거야. [대화]
나. 그른 설거지 산더미처럼 쌓이잖아. 나도 하지만 물론 우리 엄마는 음식 장만까지 하잖아. **우리** 엄마가 되게 운 적이 많았어. [대화]
다. 따라서 **우리는** 위에 나와 있는 사람들 이외의 인간관에 대해서도 관심의 영역을 넓혀 나갈 필요가 있다. [학술]

<예5-8가>에서 보듯이 일반적으로 복수형 '우리'는 '나'를 포함한 복수의 사람들을 지시하는데 <예5-8나>는 복수형 '우리'가 복수의 대상을 지시하지 않을 때도 있음을 보여 준다. <예5-8다>는 학술적 글쓰기에서 필자와 독자를 아우르기 위해 복수형 '우리'가 사용되는 것을 보인 것이다. 이러한 내용들에 대해서는 5.1.4에서 자세히 다루게 될 것이다.

대명사는 지시 대상의 확인 가능성 여부에 따라 크게 지시적 대명사와 비지시적 대명사로 나눌 수 있다. 지시적 대명사는 대명사가 가리키는 대상을 발화 현장이나 문맥을 통해 구체적으로 확인할 수 있는 반면, 비지시적 대명사는 대명사가 가리키는 대상이 무엇인지 모르거나 분명히 정해지지 않아서 그 대상을 구체적으로 확인하기 어렵다. 비지시적 대명사에는 지시 대상이 무엇인지 모를 때 사용하는 의문대명사와 지시 대상이 분명히 정해지지 않거나 지시 대상을 분명히 드러내지 않을 때 사용하는 부정대명사가 있다.

〈예5-9〉

가. A: **뭐 뭐** 찾으러 갔는데? B: 한쪽은 잡고 끼면서 한쪽은 연필 찝는 거. [대화]

나. 스타워즈는 그럼 **누가** 만든 거야? [대화]

다. 남편이 **어디** 있을까 하는 생각을 하면서도 엉뚱한 의문이 들었다. [소설]

라. 그는 많은 언론사가 전화를 걸어와도 '이라크인들이 얼마나 다쳤는지', '그들은 전쟁을 어떻게 생각하는지' 등은 묻지 않고 '마지막 폭격이 **언제였는지**' 등만 묻는다며 **무엇을** 위한 보도인지 모르겠다고 보도 행태를 꼬집기도 했다. [신문]

마. 판도라는 그 병 속에 **무엇이** 있는지 알고 싶어졌다. [학술]

〈예5-10〉

가. 난 금욜날 시험 없어서 잠깐 **어디** 좀 갔다 올라구요. [대화]

나. 그녀는 첫사랑에 흠뻑 빠져 다른 **무엇도** 보이지 않았다. [소설]

다. 예금자보호제도 변경으로 금융기관간 자금이동이 빨라질 경우 부실 금융기관들은 **언제든지** 망할 수 있는 개연성이 있다. [신문]

라. 다시 말하면 인간은 그 **누구를** 막론하고 숙명적으로 사회를 구성하는 원자인 동시에 공동체 구성원이 아닐 수 없기 때문에 사회 또는 공동체로부터의 요구를 거부할 수 없다. [학술]

<예5-9>의 '누구', '무엇', '어디', '언제'는 무엇인지 모르는 대상을 가리키는 의문대명사이다. <예5-10>의 '누구', '무엇', '어디', '언제'는 그 대상이 무엇인지 분명히 정해지지 않은 어떤 사람, 어떤 것, 어떤 곳, 어떤 때를 가리키는 부정대명사이다.

대명사가 가리키는 대상을 현장과 문맥을 통해 구체적으로 확인할 수 있는 지시적 대명사는 지시 대상의 속성, 대명사의 지시 양상 등을 기준으로 하여 **인칭대명사, 지시대명사, 재귀대명사**로 분류할 수 있다. 인칭대명사는 '나', '너'와 같이 주로 사람을 가리키는 대명사를 말한다. 인칭대명사는 다시 지시 대상이 대화에 참여하는 역할에 따라 **1인칭대명사, 2인칭대명사, 3인칭대명사**로 나눌 수 있다. 지시대명사는 사람 이외의 사물과 장소를 주로 가리키는 대명사를 말하는데 '이/그/저' 대립 체계를 이루는 것을 주요 특징으로 한다. 지시대명사에는 '이것', '저것', '그것'과 같이 주로 사물을 가리키는 **사물 지시대명사**와 '여기', '저기', '거기'와 같이 주로 장소를 가리키는 **장소 지시대명사**가 있다.

인칭대명사와 지시대명사의 예는 앞서 제시한 <예5-1~8>을 통해 확인할 수 있다. 재귀대명사는 주로 재귀적 의미를 나타내기 위해 사용되는 대명사로 주어 명사구가 가리키는 지시 대상을 다시 가리킬 때 사용된다. 재귀대명사로는 '자기', '자신' 등이 있다.

〈예5-11〉

가. 〈name10〉 선생님은::, 외운 거 쓰는 것 보다 **자기** 생각을 더 중요시한대요::. [대화]

나. 그러자 규혁이 한 손으로 그녀의 손목을 모아 쥐고 다른 손으로 그녀의 턱을 **자신에게로** 당겼다. [소설]

다. 오후 4시가 지나 주위가 온통 깜깜해지면 어린이들은 **자기가** 만든 등불을 들고 거리로 나간다. [신문]

라. 그는 동방에서 도학을 일으키는 것을 **자기의** 사명으로 여겼고, 그 사명을 수행하는 것을 자기의 나아갈 길이라고 생각하였다. [학술]

마. 그간 '씨받이' '아다다' '아제아제 바라아제'로 베니스 몬트리올 모스크바영화제에서 잇달아 여우주연상을 수상했지만 임 감독 **자신이** 국제 무대에서 직접 상을 타기는 이번이 처음이기 때문인 듯했다. [신문]

바. 일본은 좁은 나라라고 하는 선입관을 일본인 **자신들이** 믿게 된 것은 일본이 통일하기 어려운 넓고 다양한 면을 갖는 국토였기 때문이었다. [학술]

<예5-11가~라>의 '자기'와 '자신'은 각각 주어 명사구인 '선생님'과 '규혁', '어린이', '그(퇴계)'를 다시 가리키기 위해 사용되었다. 그런데 <예5-11마, 바>에서는 재귀대명사 '자신'이 나타나지 않아도 명제적 의미에는 변함이 없고 각각 '임 감독'과 '일본인'의 바로 뒤에 나타나 '임 감독'과 '일본인'을 강조하는 역할을 하고 있다. 이러한 '자기', '자신'을 재귀대명사와 구별하여 **강조대명사**라고 하기도 하고, **재귀대명사의 강조적 용법**이라고도 한다.

지금까지의 논의를 정리해 대명사의 분류 체계를 제시해 보이면 아래와 같다.

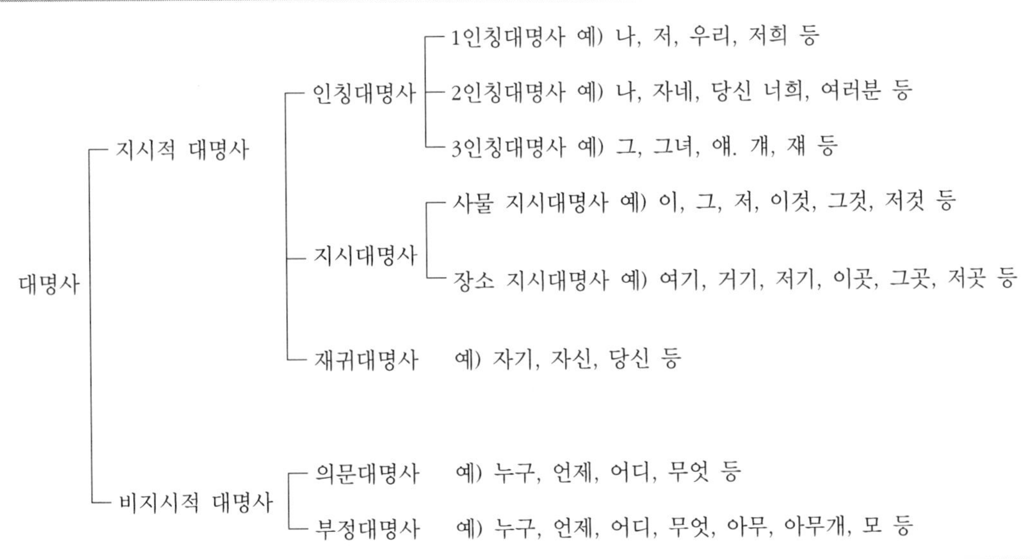

<도표5-1> 대명사의 분류

말뭉치 계량 결과 제시1

1. 전체 대명사별 사용 비율: 인칭대명사 〉 지시대명사 〉 부정/의문대명사 〉 재귀대명사

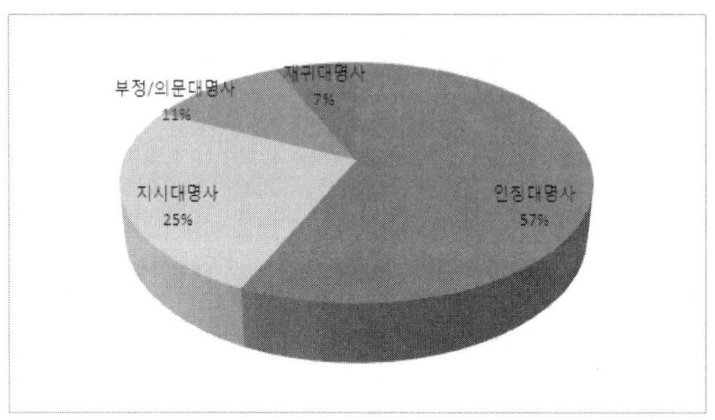

<그래프5-1> 전체 대명사별 사용 비율

2. 사용역에 따른 대명사별 사용 비율
   대화: 인칭대명사 〉 지시대명사 〉 부정/의문대명사 〉 재귀대명사
   소설: 인칭대명사 〉 지시대명사 〉 부정/의문대명사 〉 재귀대명사
   신문: 인칭대명사 〉 지시대명사 〉 부정/의문대명사 〉 재귀대명사
   학술: 지시대명사 〉 인칭대명사 〉 재귀대명사 〉 부정/의문대명사

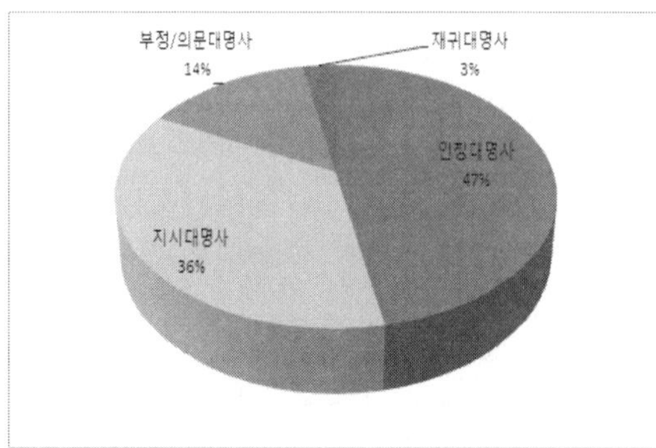

<그래프5-2> '대화'의 대명사별 사용 비율

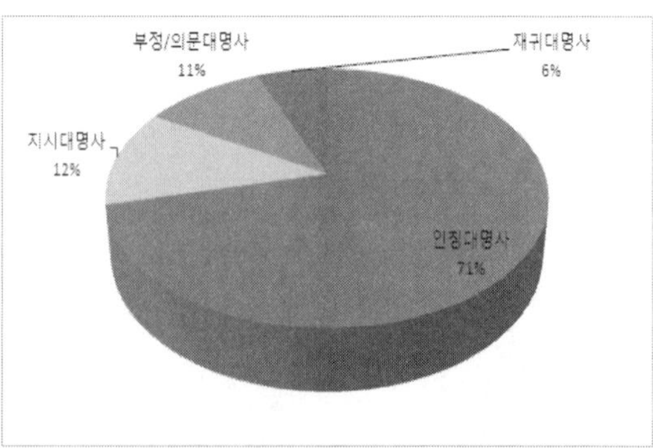

<그래프5-3> '소설'의 대명사별 사용 비율

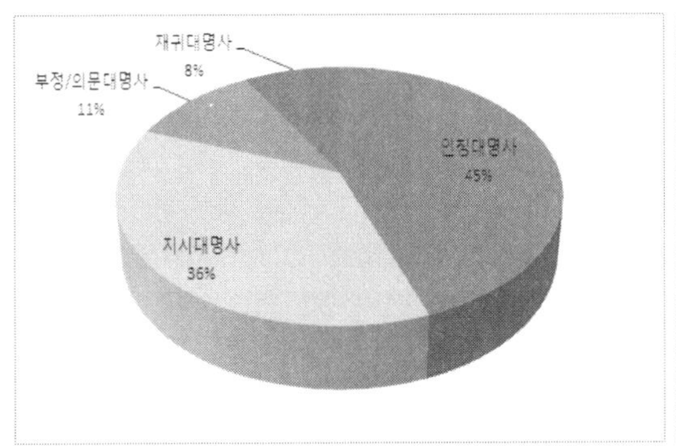

<그래프5-4> '신문'의 대명사별 사용 비율

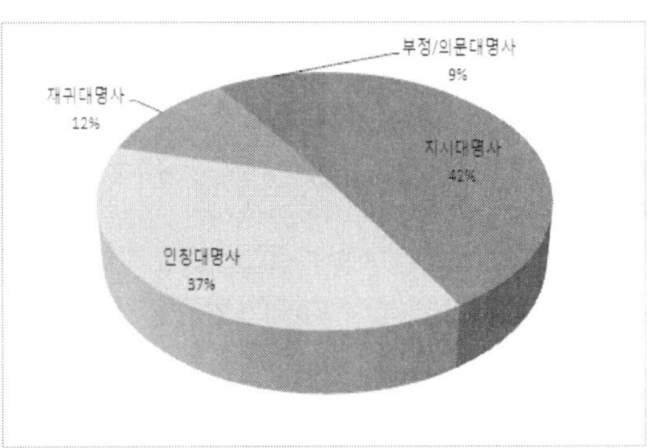

<그래프5-5> '학술'의 대명사별 사용 비율

말뭉치 계량 결과에 대한 논의1

전체 말뭉치에서 나타나는 대명사별 사용 비율은 대체적으로 '인칭대명사 > 지시대명사 > 부정/의문대명사 > 재귀대명사'의 양상을 보인다. 인칭대명사와 지시대명사는 지시 대상을 확인할 수 있는 지시적 대명사라는 점에서 지시 대상을 확인할 수 없는 비지시적 대명사인 의문대명사, 부정대명사에 비해 그 사용 비율이 높을 수밖에 없을 것이다. 특히, 의문대명사는 의문문에서만 사용될 수 있는 제약을 지니고 있다. 재귀대명사는 인칭대명사나 지시대명사와 달리 재귀적 의미를 나타내기 위해 주어 명사구를 다시 지시한다는 제약을 지니고 있기 때문에 다른 대명사에 비해 그 사용 비율이 낮게 나타나는 것이라고 할 수 있다.

전체 말뭉치에서 인칭대명사의 사용 비율이 가장 높은 것은 다음과 같은 이유에서 기인한다. 우선 화자를 가리키는 1인칭대명사의 사용 빈도가 매우 높기 때문이다. 5.1에서 살펴보겠지만 모든 사용역에서 인칭대명사는 1인칭대명사의 사용 비율이 압도적으로 높다(5.1의 <그래프5.1-2~5> 참고). 발화 또는 텍스트는 그것을 생산하는 화자나 필자를 중심으로 전개된다. 따라서 화자나 필자를 가리키는 1인칭대명사는 그 사용 빈도가 자연스레 높을 수밖에 없고 이러한 결과는 전체 대명사에서 인칭대명사의 사용 비율을 높이게 된다. 둘째, 문장이 나타내는 사건은 일반적으로 사람을 중심으로 하여 일어나므로 사람은 문장이 나타내는 사건의 참여자로 가장 빈번히 나타나기 때문이다. 이때 사람인 사건 참여자는 아래의 <예5-12>에서처럼 보통명사나 고유명사로 지시되기도 하지만(밑줄 친 부분) 인칭대명사로 지시되는 것도(굵은 글씨 부분) 매우 일반적이다.

〈예5-12〉

가. A: 어머 어머, 지금은 깔쌈한 게 나, 야. 상일이 꺼는 강아지두 달렸다? 아 **난** 상일이 껀 강아지 안 달린 걸루:: 아무 것두 안 달린 걸로 샀거덩? 그래 **내가** 어제 그랬어 야 상일아 **너는** 그런 거 싫어할 거 같애서::, 아무 것도 안 달린 걸로 샀다구 그랬더니, **자기두** 뭐 많이 달아 달래::, 그래 가지구 **내가** 진짜야? 의외다 그랬더니, **나** 솔직히 용이랑 **내** 꺼 할려고 샀거덩? [대화]

나. 그 소년이, **그가** 손에 쥔 더러운 행주가 진정 부러웠다. 거리를 분주히 오가는 무수한 사람들 틈에 섞여 걸으면서 **나는 내가** 자유롭지만 그만큼 불안정하다는 것을 알게 되었다. 자유는 위험했다. **내가 그들과**

다르다는 자의식은 족쇄처럼 발목을 걸었다. **나는** 지네다, **나는** 전갈이다, **나는** 고아다…… 그러나 **나는** **그들** 틈에 끼어들어 밥을 벌어야 했다. 이틀 동안 을지로와 용산과 종로를 헤매고 다녔으나 **나를** 필요로 하는 곳은 없었다. [소설]

다. 김덕수 씨는 '씻김' 같은 토속적 분위기의 의식(儀式)을 비롯해서 타악기만의 합주 등 다양한 프로그램으로 한국의 신명을 무대 가득 쏟아내겠다고 말했다. 김 씨는 월드컵 한국선수단이 잉글랜드 팀과 평가전을 갖던 지난 21일 제주 월드컵경기장을 찾아 **그가** 작곡한 월드컵 응원가 '아헤허' 등을 연주하며 열띤 응원을 펼쳤다. **그는** "한국 대표팀의 월드컵 16강은 온 국민의 염원"이라며 "응원석의 익숙한 장단은 **우리** 선수들에게 큰 보약이 될 것"이라고 했다. [신문]

라. 당시의 사회 현실과 자신의 정치적 이상이 빚어내는 심각한 갈등을 더 이상 어찌할 수 없었던 것이다. **그는** 세속을 등지고 바람 따라 구름처럼 떠돌면서 시를 짓고 풍류를 즐겼다. 다음의 시는 당시에 **그가** 느꼈을 심정을 잘 전해 준다. [학술]

셋째, '소설'에서 인칭대명사의 사용 빈도가 매우 높기 때문이다. '소설'은 서사 문학으로서 소설 속 인물들의 사건이 주된 내용을 이룬다. 따라서 '소설'에서는 소설 속 사건에 등장하는 인물을 반복해서 가리켜야 하는 경우가 많은데 이때 이를 대신하는 표현으로서 인칭대명사가 많이 사용된다. 소설은 1인칭 주인공 시점뿐만 아니라 3인칭 관찰자 시점 또는 전지적 작가 시점으로 서술되는 것도 일반적인데 이로 인해 '소설'에서는 다른 사용역과 달리 3인칭대명사의 사용 빈도도 매우 높게 나타난다.

다음으로 사용역에 따른 대명사별 사용 비율을 살펴보자. '대화'는 전체 말뭉치에서 나타나는 대명사별의 사용 비율과 거의 유사하다. 이는 대명사의 사용 빈도가 '대화'에서 가장 높기 때문이다(2.2의 <그래프2.2-1> 참고). 다만 '대화'에서는 다른 사용역에 비해서 부정/의문대명사의 사용 비율이 다소 높게 나타난다. 이는 '대화'에서 의문대명사의 사용 비율이 매우 높게 나타나기 때문이다(5.3의 <그래프5.3-6> 참고). 의문대명사는 의문문에서만 나타날 수 있어서 아래의 예와 같이 화자와 청자가 발화를 주고받는 대화 상황에서 주로 나타나고 '신문'과 '학술'과 같은 문어 사용역에서는 잘 나타나지 않는다.

〈예5-13〉 [대화]

가. 아::, 금 세계화를 위한 거는 **누가** 주첸데? 주체는 **누군데**? 워터스야? 정치인들, 아저씨겠지, 지배 계층인가?

나. A: 지금 목소리가 딱, 이제 이거 이렇게 들어 볼려구, 지금 목소리가 딱 좋아요. 요 웅범아 이게 **뭐지**?
B: 네::? 다시, A: 이게 **뭐지**? 유 니드 어 펜팔. 펜팔이 **뭔지** 알아?

다. A: 아니 그래두 특별히 뭐~ 가까운 데 가면은 뭐~. 글쎄 요즘에 저기 가구 싶드라, B: **어디**? A: 수영장.
B: 수영장? 나 아직두 수영 못 하는데, 잠수는 잘 해.

라. A: 저번에 같이 먹었잖아. B: **언제**? C: 그때 거기? A: 옛날. C: **어디지** 거기? A: 인사동. C: 인터걸?

'소설'은 다른 사용역과 달리 인칭대명사의 사용 비율이 월등히 높은 것이 특징이다. 앞서 언급하였듯이, 이는 '소설'이 등장인물을 중심으로 사건을 전개해 가는 서사 문학 장르라는 사용역 특성을 지니기 때문이다. 이로 인해 '소설'은 소설 속의 사건에 등장하는 인물을 지시해야 하는 경우가 매우 많은데 이때 등장인물의 이름을 계속 반복해서 사용하기보다는 아래의 예와 같이 인칭대명사가 사용된다.

〈예5-14〉 [소설]

가. "난 꿈을 꾼 거라니까요?" **그녀를** 바라보는 **그의** 눈에 또 눈물이 고였다. **그는** 천천히 고개를 저었다. 곧 이어 **그는** 신문 뭉치를 집어 **그녀의** 손에 넘겨주었다. **그녀는** 꿈속에서 했던 것처럼 신문을 집어 들었다. 꿈속에서 본 그 신문의 면이 천장을 향하고 있다.

나. 신과, **그가** 이 시대에 보낸 자 곧 **내** 영혼의 스승에 대한 죄송과 자책. **내가** 바닥없이 추락하고 있다는 공포와 **그녀에** 대한 목마른 갈증과 죄의식. **내** 안에, **그녀에게** 원초적으로 이해시킬 수 없는 이질성이 있음에 대한 괴로움. 그로 인해 불가능할 수밖에 없는 사랑을 사이에 둔 **그녀와 나** 사이의 애절한 갈구와 눈물.

다. 그래, 그랬을지도 몰라. **그녀는** 알 수 없는 말로 혼자 중얼거렸다. 이윽고 **그녀는 내게** 남편이 지금까지 **자기한테** 온 모든 우편물들을 중간에서 가로채고 전해주지 않은 것이 분명하다고 말했다. **그녀는** 서포리에 온 후 단 한 건의 우편물도 받아본 적이 없었던 것이다. 남편은 모든 우편물들을 병원에서 손수 접수했고, 전화는 병원의 진료실에 한 대만을 설치해서 긴급한 환자를 위해서만 사용했으며 혹시 **그녀가** 전화를 써야 할 경우에는 꼭 필요할 때만 진료실에 들어가서 쓰도록 했다.

'학술'은 다른 사용역과 달리 지시대명사의 사용 비율이 가장 높은 것이 특징이다. 접속사나 지시대명사는 선행 텍스트 내용과 후행 텍스트의 내용을 연결해 주는 역할을 하면서 텍스트의 응집성을 높여 준다. 접속사가 '순접', '역접', '인과' 등과 같이 선행 텍스트 내용과 후행 텍스트 내용의 논리적 관계를 명시적으로 드러내 주어 텍스트의 응집성을 높인다면 지시대명사는 주로 선행 텍스트에서 제시된 대상을 후행 텍스트에서 지시적으로 연결해 주어 필자가 전달하고자 하는 내용을 서로 긴밀하게 구성해 준다. 다른 사용역과 달리 논증을 많이 필요로 하는 '학술'에서는 텍스트 응집성이 매우 중요한데, 이러한 사용역 특성으로 인해 '학술'에서 지시대명사의 사용 비율이 높은 것으로 볼 수 있다. 또한 '학술'에서는 논의의 대상이 사물이나 추상적 명제가 되는 경우가 많은데 이러한 대상은 지시대명사를 이용하여 대신 가리키게 된다.

〈예5-15〉 [학술]

가. 파푸아뉴기니: <u>오세아니아주의 뉴기니 섬 동부</u>와 **이에** 딸린 섬들로 이루어진 공화국.

나. 그 의식의 취지와 동기를 말해야 할 개회사에서 <u>엉뚱하게 그 의식의 의미나 가치 등을 찬양하여 축사를 한다면</u> **이는** 온당치 않은 것이다.

다. <u>좌익지나 진보적인 신문은 '진보적 민주주의'를 표방했고, 일제잔재청산을 요구했으며, 신탁통치에 찬성하고, 남한만의 단독정부 수립에 극력 반대했다.</u> **이에** 반해 반공을 표방한 우익지들은 대체로 일제잔재청산에 소극적인 태도를 취했고, 신탁통치에 반대했으며, 남한만의 단독정부 수립에 찬성했다(송건호, 1983).

라. <u>개인은 유전적 소인과 아울러 환경적 상호작용을 통하여 개인의 특성을 형성하기 때문에 많은 개인차가 있다.</u> 지각과정에 있어 감각 정보를 여과하거나 해석하는 일에는 **이와** 같은 개인차가 영향을 한다. **여기서는** 지각에 영향하는 요인을 주의집중, 동기, 그리고 기대로 구분하여 살펴보기로 한다.

<예5-15가>의 지시대명사 '이'는 구체적인 사물을 가리키고 있고 <예5.15나~라>의 지시대명사 '이'는 명제가 가리키는 추상적 내용을 가리키고 있다. 특히 <예5.15라>의 '여기'는 논의가 펼쳐지고 있는 텍스트 자체를 가리키는데, 이러한 지시대명사의 텍스트 지시 기능은 '학술'에서 특징적으로 나타나는 양상이다(지시대명사의 '텍스트 지시' 기능에 대해서는 5.2.2 참고).

▶ 말뭉치 계량 결과 제시2

- 대명사별 사용역 비율

  전체 대명사: 대화 〉 소설 〉 학술 〉 신문

  인칭대명사: 소설 〉 대화 〉 학술 〉 신문

  지시대명사: 대화 〉 학술 〉 소설 〉 신문

  부정/의문대명사: 대화 〉 소설 〉 학술 〉 신문

  재귀대명사: 소설 〉 학술 〉 대화 〉 신문

	대화	소설	신문	학술
전체 대명사	■■■■■■■■ ▪	■■■■■■■▪	■▪	■■▪
인칭대명사	■■■■■■■■	■■■■■■■■ ■▪	■▪	■■
지시대명사	■■■■■■■■ ■■▪	■■■▪	■■▪	■■■■
부정/의문대명사	■■■■■■■■ ■■	■■■■■■▪	■▪	■■
재귀대명사	■■■■▪	■■■■■■■■	■■▪	■■■■■▪

<그래프5-6> 대명사별 사용역 비율

(■ 5%, ▪ 5% 미만)

▶▶ 말뭉치 계량 결과에 대한 논의2

전체 대명사의 사용역 비율을 살펴보면, 대명사는 '대화'에서 가장 많이 사용된다. 2.2에서 논의했듯이 화·청자가 동일한 담화 공간에 존재하고 서로 공유하는 정보가 많을수록 보통명사나 고유명사와 같은 구체적인 표현보다는 대용 표현을 자주 사용하게 된다. 이러한 특성이 '대화'에서 대명사의 사용 빈도를 높이는 이유가 된다. '소설'은 대화 지문을 포함하고 있어 '대화'와 유사한 특성을 공유하고 있을 뿐만 아니라 서사 장르적 특성으로 인해 등장인물이 반복적으로 나타남에 따라 인칭대명사의 사용 빈도가 매우 높은데, 이로 인해 대명사의 사용역 비율이 높게 나타난다고 볼 수 있다. 반면, '신문'과 '학술'은 정보를 객관적으로 정확하게 전달하는 것을 목적으로 하기 때문에 '대화'나 '소설'과 달리 고유명사나 일반명사를 사용하여 대상을 구체적으로 지시하는 경향이 있다.

인칭대명사의 사용역 비율은 전체 대명사의 사용역 비율과 동일하게 '대화'와 '소설'에서 높게 나타난다. 그런데 '대화'와 '소설'에서 인칭대명사가 많이 사용되는 이유는 다소 다르다. 우선 대화는 발화를 생산하는 화자와 이를 수용하는 청자 간에 이루어지기 때문에 '대화'에서는 아래의 예와 같이 화자를 지시하는 1인칭대명사와 청자를 지시하는 2인칭대명사가 빈번히 사용된다.

〈예5-16〉 [대화]

가. A: 특히 얘는::. B: **내가** 뭐::, A: **넌** 호흡을 못 맞추잖아::. B: **니가** 못 맞추는 거지::. A: **내가 너를** 맞춰 주니라고 딴 사람들이 **날** 안 맞춰 못 맞춰 주잖아::. B: 맨날::, 딴 사람들이랑 못 맞춰서, 쫓아가서 쏘리 쏘리 하는 게 누군데::,B: 흥분한 거야? A: 뭐?

나. 아주 근데 **우리 내가** 생 가만히 생각해 보면 **우리** 일학년 때가 기인이었어. 일학년 때 **우리** 둘이 이렇게 서로 손 마주잡고 다니면서 서로 이~ **나는** 소설 쓴 거,

다. A: **니가** 왜 **니가** 왜? **니가** 어째, **넌 너** 아니지, **너는** 그런 거 아니지, **니가** 왜 **니가** 뭐 어쨌다구, B: 오빠가 맨날 했던 얘기가 뭐냐 **너한테**, 어? A: 그거는 근데, 패짱이라서 그런 게 아닌 거 같애.

라. 삼학년 때 **저희** 담임:: 선생님 있는데 **저는** 담임선생님은 **절** 쫌 예뻐했는데요, 그 옆 반 그 옆 반 선생님이요 **절** 싫어했어요, **저만** 보면요,

<예5-16>에서 확인할 수 있는 바와 같이 '대화'는 1인칭대명사와 2인칭대명사의 사용 빈도가 높은 것과 달리 '소설'에서는 3인칭대명사의 높은 사용 빈도로 인해 인칭대명사의 사용역 비율이 높아진다. 물론 '소설'에서도 대화 지문이나 1인칭 주인공 시점의 영향으로 1인칭대명사와 2인칭대명사도 많이 사용되지만 3인칭 관찰자 시점 또는 전지적 작가 시점으로 사건이 전개되는 경우도 많기 때문에 3인칭대명사의 사용 빈도도 매우 높다.

〈예5-17〉 [소설]

가. "여보세요!" "**나야.**" "누구?" "**나.**" "으응, 왜? 얼른 오지 않고 …" "**나** 거기 못 가." "뭐? 좀 크게 말해!"

나. "그 아저씨, 집에 가서 밥 먹었을까? 먹었겠지, 그치?" "……" "**우린** 아무것도, 끝까지, 안 먹었어. 단식 투쟁, **우리도** 한다 이거야." "이건 뭔데?"

다. "하지만 진정한 반신(半身)을 만난다는 건 쉽지가 않아. 세상에 행복한 사람이 많지 않은 것은 그 때문이지." **그가 그녀**의 긴 머리카락을 부드럽게 쓰다듬으며 말했다. "**난**, 지금, 누구보다 행복해요." **그녀가** 수줍은 듯 속삭였다.

라. **그는** 스물한 살이었다. 그리고 **그는 그녀**의 나이를 알고 있었다. 나이뿐 아니라 **그녀**의 이름, **그녀가** 연기했던 무대들, 그리고 **그녀가** 4년 전 결혼했고 3년 전 남편을 여읜 뒤 무대에서 자취를 감췄다는 것까지도 알고 있었다. 왜냐하면 4년 전 **그는 그녀**의 무대를 보았고, **그녀**의 열광적인 추종자가 되었던 것이다.

<예5-17가, 나>에서 보듯이 '소설'은 대화 지문으로 인해 1인칭대명사와 2인칭대명사의 사용 빈도도 높지만 <예5-17라>와 같이 소설에서 특징적으로 사용되는 '그'와 '그녀'와 같은 3인칭대명사의 사용 빈도도 매우 높게 나타난다.

지시대명사의 사용역 비율도 '대화'에서 가장 높은데 이 역시 전체 대명사의 사용역 비율을 대체로 따르는 것이다. 앞서 언급했듯이 대명사는 명사를 대신 가리키는 말이기 때문에 화·청자가 동일한 담화 공간에 존재하고 서로 공유하는 정보가 많은 '대화'에서 가장 일반적으로 사용되는데 지시대명사도 이와 마찬가지이다. 특히 지시대명사는 문맥에 있는 대상뿐만 아니라 발화 현장에 있는 대상을 직접적으로 가리킬 수도 있는데 이러한 현장 지시의 기능은 현실의 담화 공간을 전제로 할 때에만 가능한 것이다(지시대명사의 '현장 지시' 기능에 대해서는 5.2.2 참고).

〈예5-18〉 [대화]

가. 근데 이게 우리 언니가 쓰던 카세트 마이크야 그래 갖구, 잘 되드라구?

나. A: 이거 얼마 주구 샀어? B: 엘칸토? 엘칸토? 칠만:: 얼마.

다. A: 이상하다. 왜 안 보이지? B: 너 그거 제트 축이 없는 거 아니야?

라. A: 열쇠를 안에서만 잠글 수 있는 열쇠가 또 있잖아, B: 어 열쇠 갖고 왔어요? A: 아~ 저거 잠금 잠금쇠가 있는데, 근데 그~ 저거를 근데 그~ 저거를 있지.

<예5-18>의 '이것', '그것', '저것'이 가리키는 대상은 모두 발화 현장에 있는 사물인데 이러한 지시대명사의 현장 지시 기능은 문맥과 같은 가상의 담화 공간이 아니라 화자와 청자가 함께 존재하는 실제의 담화 공간을 전제로 할 때에만 가능하다. 지시대명사의 이러한 특성을 고려한다면 화자와 청자가 함께 존재하는 실제의 담화 공간에서 발화가 생산되는 '대화'에서 지시대명사의 사용역 비율이 가장 높을 수밖에 없다.

부정/의문대명사의 경우도 '대화'와 '소설'에서 사용역 비율이 높게 나타나는데 이 역시 전체 대명사의 사용역 비율을 따르는 것이다. 특히 의문대명사는 의문문에서만 나타날 수 있다는 점에서 '대화'와 '소설'에서 의문대명사가 많이 사용되는 이유를 쉽게 이해할 수 있다. '신문'과 '학술'은 화자와 청자가 동일한 담화 공간에 존재하지 않고 의사소통이 일방향적이라는 점에서 근본적으로 질문의 화행이 나타날 수 없고, 만약 질문의 화행이 나타난다고 하더라도 직접 인용이나 내적 발화를 통한 간접 의문을 통해 제한적으로 나타나기 때문에 의문대명사가 잘 나타나지 않는다.

다른 대명사들이 주로 '대화'와 '소설'에서 주로 사용되는 것과 달리 재귀대명사는 '소설'과 '학술'에서 많이 사용된다는 특징을 보인다. '소설'에서 재귀대명사가 가장 많이 사용되는 이유를 명확히 밝히기는 어렵다. 그러나 '학술'에서 재귀대명사가 많이 사용되는 것은 '학술'의 사용역 특성과 함께 '학술' 말뭉치에 포함된 학술 산문의 내용 특성이 복합적으로 작용한 결과로 보인다.

〈예5-19〉 [학술]

가. 논술이란 자신의 의견을 주장하는 글이다. 남들과 다른 자신의 독창적인 의견이 없다면 그것은 대화가 아닌 앵무새의 반복에 불과하다.

나. 문장은 명확하게 의미를 전달하는 것이 가장 중요하다고 할 수 있지만, 그 위에 자기만의 개성이 담겨야 비로소 빛나는 글이 될 수 있고 인상적인 글이 될 수 있다.

다. 논술은 자신의 주장을 뒷받침하는 객관적인 근거들을 제시해서 자기 주장이 타당하다는 것을 입증하는 글이다.

라. 지금까지 만든 초청장을 발표하도록 하고, 친구들이 만든 것과 자신이 만든 것을 비교한 후 자신의 생각을 발표하도록 한다.

<예5-19>는 '학술' 말뭉치에 포함된 글쓰기 교재나 글쓰기 관련 서적에서 가져 온 예들이다. '학술'에서 재귀대명사 '자기'와 '자신'은 이와 같은 글쓰기 교재나 워크북 형식의 교재에서 많이 나타난다. 이들 텍스트에서는 독자들에게 일종의 지침이나 가이드라인을 제시하게 되는 경우가 많은데 이때 독자들이 해야 할 것 또는 독자들이 알아 두어야 할 사실들을 보다 객관적으로 제시하기 위해 재귀대명사 '자기', '자신'을 쓰게 되는 것으로 볼 수 있다. 위의 예에서 '자기'와 '자신'은 2인칭대명사 '당신'으로

바꾸어 쓸 수도 있다. 그러나 이렇게 되면 화자가 독자들에게 직접적으로 지시하는 느낌을 주거나 화자 개인의 의견을 제시하는 느낌을 주게 된다. 그러나 재귀대명사 '자기', '자신'은 문장에서 생략되어 있는 주어인, 일반적인 사람 전체를 다시 가리키는 것이기 때문에 보다 간접적이고 객관적인 느낌을 준다. 이러한 이유로 인해 '학술'에서 재귀대명사의 사용역 비율이 높게 나타난다고 볼 수 있다.

개별 어휘 빈도 제시

1. '대화'와 '소설'에서는 1인칭대명사 '나'가 '신문'과 '학술'에서는 지시대명사 '이'의 사용 빈도가 가장 높다.
2. 모든 사용역에서 1인칭대명사가 빈도 순위 2위 이내에 나타나는데 '대화'와 '소설'에서는 '나'가 '신문'과 '학술'은 복수형인 '우리'가 1인칭대명사 중 사용 빈도가 가장 높다.
3. '대화'를 제외한 문어 사용역에서 3인칭대명사 '그'가 빈도 순위 5위 이내에 나타난다.
4. 3인칭대명사 '그'가 모든 문어 사용역에서 높은 사용 빈도를 보이는 데 반해 '그녀'는 문어 사용역 중에서도 '소설'에서만 주로 나타난다.
5. 부정/의문대명사 '무엇'의 사용 빈도는 '대화'와 '소설'에서 높게 나타난다.

	대화				소설				신문					학술			
	형태	범주	빈도	누적비율	형태	범주	빈도	누적비율	형태	범주	빈도	백분율	누적비율	형태	범주	빈도	누적비율
1	나	인칭	17259	24.27%	나	인칭	17241	27.26%	이	지시	3688	25.24%	25.24%	이	지시	3963	17.07%
2	그것	지시	11335	40.21%	그	인칭	10054	43.16%	우리	인칭	2349	16.07%	41.31%	우리	인칭	3601	32.58%
3	무엇	의문 부정	6993	50.05%	그녀	인칭	6453	53.36%	그	인칭	2332	15.96%	57.27%	그	인칭	2897	45.06%
4	이것	지시	6648	59.40%	그것	지시	3281	58.55%	나	인칭	1360	9.31%	66.57%	그것	지시	2355	55.20%
5	너	인칭	4791	66.14%	너	인칭	3149	63.53%	자신	재귀	820	5.61%	72.18%	자신	재귀	1575	61.98%
6	우리	인칭	4406	72.33%	우리	인칭	3087	68.41%	그것	지시	590	4.04%	76.22%	나	인칭	1434	68.16%
7	여기	지시	2734	76.18%	무엇	의문 부정	2775	72.80%	무엇	의문 부정	548	3.75%	79.97%	이것	지시	1351	73.98%
8	거기	지시	2606	79.84%	저	인칭	1893	75.79%	누구	의문 부정	397	2.72%	82.69%	무엇	의문 부정	1114	78.78%
9	걔	인칭	2211	82.95%	자신	재귀	1891	78.78%	자기	재귀	309	2.11%	84.80%	자기	재귀	1044	83.28%
10	저	인칭	1897	85.62%	누구	의문 부정	1653	81.39%	여기	지시	258	1.77%	86.57%	여기	지시	881	87.07%
11	자기	재귀	1885	88.27%	어디	의문 부정	1480	83.73%	이것	지시	251	1.72%	88.29%	그	지시	563	89.50%
12	누구	의문 부정	1485	90.36%	자기	재귀	1415	85.97%	모	의문 부정	195	1.33%	89.62%	누구	의문 부정	544	91.84%
13	얘	인칭	1483	92.45%	당신	인칭	1293	88.01%	어디	의문 부정	194	1.33%	90.95%	어디	의문 부정	341	93.31%

14	어디	의문 부정	1336	94.33%	여기	지시	882	89.41%	이곳	지시	193	1.32%	92.27%	거기	지시	327	94.72%
15	저것	지시	759	95.39%	이것	지시	790	90.66%	그	지시	145	0.99%	93.26%	여러분	인칭	148	95.36%
16	저희	인칭	456	96.04%	거기	지시	729	91.81%	아무개	의문 부정	135	0.92%	94.18%	저	인칭	135	95.94%
17	저기	지시	393	96.59%	저	재귀	478	92.56%	저	인칭	115	0.79%	94.97%	너	인칭	134	96.52%
18	이쪽	지시	381	97.12%	그곳	지시	454	93.28%	당신	인칭	109	0.75%	95.72%	저	재귀	109	96.99%
19	그쪽	지시	357	97.63%	그	지시	365	93.86%	너	인칭	74	0.51%	96.22%	당신	인칭	98	97.42%
20	언제	의문 부정	336	98.10%	아무	의문 부정	357	94.42%	저	재귀	72	0.49%	96.72%	그녀	인칭	82	97.77%
21	당신	인칭	206	98.39%	자네	인칭	319	94.93%	언제	의문 부정	68	0.47%	97.18%	아무	의문 부정	62	98.03%
22	걔	인칭	196	98.66%	이곳	지시	265	95.35%	거기	지시	68	0.47%	97.65%	그곳	지시	59	98.29%
23	아무	의문 부정	180	98.92%	너희	인칭	263	95.76%	그곳	지시	60	0.41%	98.06%	자네	인칭	57	98.53%
24	너희	인칭	170	99.16%	언제	의문 부정	232	96.13%	그녀	인칭	59	0.40%	98.46%	이곳	지시	57	98.77%
25	저쪽	지시	87	99.28%	이놈	인칭	191	96.43%	아무	의문 부정	54	0.37%	98.83%	언제	의문 부정	51	98.99%
26	자신	재귀	85	99.40%	그놈	인칭	180	96.72%	여러분	인칭	43	0.29%	99.12%	그대	인칭	41	99.17%
27	그	인칭	57	99.48%	이	지시	170	96.99%	그분	인칭	14	0.10%	99.22%	저	지시	30	99.30%
28	이놈	인칭	50	99.55%	이쪽	지시	149	97.22%	그이	인칭	13	0.09%	99.31%	그분	인칭	23	99.40%
29	그분	인칭	50	99.62%	저쪽	지시	146	97.45%	너희	인칭	12	0.08%	99.39%	저것	지시	18	99.47%
30	그놈	인칭	35	99.67%	저희	인칭	136	97.67%	그대	인칭	10	0.07%	99.46%	저희	인칭	16	99.54%

<표5-1> 사용역에 따른 고빈도 대명사(이형태 통합/기능 통합)

	대화				소설				신문				학술			
	형태	범주	빈도	누적비율	형태	범주	빈도	누적비율	형태	범주	빈도	누적비율	형태	범주	빈도	누적비율
1	나	1인칭	17259	24.27%	나	1인칭	17241	27.26%	이	지시	3688	25.24%	이	지시	3963	17.07%
2	그것	지시	11335	40.21%	그	3인칭	10054	43.16%	우리	1인칭	2349	41.31%	우리	1인칭	3601	32.58%
3	이것	지시	6648	49.56%	그녀	3인칭	6453	53.36%	그	3인칭	2332	57.27%	그	3인칭	2897	45.06%
4	무엇	의문	5380	57.13%	그것	지시	3281	58.55%	나	1인칭	1360	66.57%	그것	지시	2355	55.20%
5	너	2인칭	4791	63.87%	너	2인칭	3149	63.53%	자신	재귀	726	71.54%	나	1인칭	1434	61.38%
6	우리	1인칭	4406	70.07%	우리	1인칭	3087	68.41%	그것	지시	590	75.58%	이것	지시	1351	67.20%
7	여기	지시	2734	73.91%	저	1인칭	1893	71.40%	자기	재귀	309	77.69%	자신	재귀	1306	72.82%
8	거기	지시	2606	77.58%	무엇	의문	1691	74.07%	무엇	의문	295	79.71%	자기	재귀	1044	77.32%
9	걔	3인칭	2211	80.69%	자신	재귀	1532	76.50%	여기	지시	258	81.48%	여기	지시	881	81.12%
10	저	1인칭	1897	83.35%	자기	재귀	1415	78.73%	무엇	부정	253	83.21%	무엇	의문	681	84.05%
11	자기	재귀	1885	86.00%	당신	2인칭	1293	80.78%	이것	지시	251	84.93%	그	지시	563	86.48%
12	무엇	부정	1613	88.27%	무엇	부정	1084	82.49%	누구	부정	227	86.48%	무엇	부정	433	88.34%
13	얘	3인칭	1483	90.36%	누구	부정	1035	84.13%	모	부정	195	87.81%	누구	부정	399	90.06%

14	누구	의문	927	91.66%	여기	지시	882	85.52%	이곳	지시	193	89.13%	거기	지시	327	91.47%
15	어디	의문	903	92.93%	어디	의문	843	86.86%	누구	의문	170	90.30%	자신	강조	269	92.63%
16	저것	지시	759	94.00%	이것	지시	790	88.10%	그	지시	145	91.29%	어디	의문	175	93.38%
17	누구	부정	558	94.78%	거기	지시	729	89.26%	아무개	부정	135	92.21%	어디	부정	166	94.10%
18	저희	1인칭	456	95.43%	어디	부정	637	90.26%	저	1인칭	115	93.00%	여러분	2인칭	148	94.73%
19	어디	부정	433	96.04%	누구	의문	618	91.24%	당신	2인칭	109	93.75%	누구	의문	145	95.36%
20	저기	지시	393	96.59%	저	재귀	475	91.99%	어디	부정	99	94.42%	저	1인칭	135	95.94%
21	이쪽	지시	381	97.12%	그곳	지시	454	92.71%	어디	의문	95	95.07%	너	2인칭	134	96.52%
22	그쪽	지시	357	97.63%	그	지시	365	93.29%	자신	강조	94	95.72%	저	재귀	108	96.99%
23	언제	의문	281	98.02%	자신	강조	359	93.85%	너	2인칭	74	96.22%	당신	2인칭	98	97.41%
24	당신	2인칭	206	98.31%	아무	부정	357	94.42%	저	재귀	72	96.72%	그녀	3인칭	82	97.76%
25	재	3인칭	196	98.59%	자네	2인칭	319	94.92%	거기	지시	68	97.18%	아무	부정	62	98.03%
26	아무	부정	180	98.84%	이곳	지시	265	95.34%	그곳	지시	60	97.59%	그곳	지시	59	98.28%
27	너희	2인칭	170	99.08%	너희	2인칭	263	95.76%	그녀	3인칭	59	98.00%	이곳	지시	57	98.53%
28	저쪽	지시	87	99.20%	이놈	3인칭	191	96.06%	아무	부정	54	98.36%	자네	2인칭	57	98.77%
29	그	3인칭	57	99.28%	그놈	3인칭	180	96.34%	여러분	2인칭	43	98.66%	언제	부정	43	98.95%
30	언제	부정	54	99.36%	이	지시	170	96.61%	언제	부정	42	98.95%	그대	2인칭	41	99.13%

<표5-2> 사용역에 따른 고빈도 대명사(이형태 통합/기능 분리)

개별 어휘 빈도에 대한 논의

<표5-1>과 <표5-2>는 '내', '네'와 같이 격조사 결합에 따라 달리 나타나는 이형태와 '니', '너그'와 같은 구어 변이형들을 '나', '너', '너희'와 같은 대표형으로 통합하여 그 사용 빈도와 빈도 순위를 제시한 것이다. 뿐만 아니라 이 표에서 제시된 사용 빈도는 '우리나라'의 '우리', '이같이/그같이/저같이'의 '이/그/저'처럼 합성어의 구성 요소로 쓰인 대명사와 수작업을 통해 발견된 말뭉치 오류를 제외한 결과이다. 따라서 형태 분석 말뭉치의 분석 결과를 그대로 이용하여 제시한 2.2의 <표2.2-1>의 결과와 위에서 제시한 <표5-1, 2>의 결과는 다소 달라질 수 있음에 유의할 필요가 있다. 한편, <표5-1>은 대명사의 기능을 통합하여 1인칭대명사, 2인칭대명사, 3인칭대명사를 하나로 묶어 인칭대명사로, 의문대명사와 부정대명사를 묶어 부정/의문대명사로, 재귀대명사의 재귀적 용법과 강조적 용법을 하나로 묶어 재귀대명사로 제시한 것이고, <표5-2>는 대명사의 각각의 기능을 분리하여 제시한 것이다.

우선, '대화'와 '소설'에서는 1인칭대명사 '나'의 사용 빈도가 가장 높고 '신문'과 '학술'에서는 지시대명사 '이'의 사용 빈도가 가장 높다는 특징이 있다. 이러한 양상은 여러 가지 요인이 복합적으로 작용한 결과이겠지만 무엇보다도 발화나 텍스트의 공공성의 유무가 가장 주된 요인이라고 할 수 있다. 앞서 논의했듯이, 모든 발화나 텍스트는 이를 생산하는 화자나 필자 중심으로 이루어진다는 점에서 1인칭대명사는 모든 사용역에서 그 사용 빈도가 높아질 수밖에 없다. 그런데 1인칭대명사 '나'는 화자 개인을 직접적으로 드러내는 것이기 때문에 다수의 독자를 대상으로 하는 공적인 사용역인 '신문'이나 '학술'에서 잘 사용되지 않고 필자와 독자를 아우르는 '우리'를 쓰는 것이 일반적이다.

지시대명사 '이'가 '신문'과 '학술'에서 가장 많이 쓰이는 것은 이들 사용역이 지닌 특성과 격식적인 문어 사용역에서 문맥 지시가 나타나는 일반적인 양상과 관계가 깊다. '신문'과 '학술'은 정보를 전달하는 사용역이기 때문에 '대화'와 '소설'에 비해 텍스트의 통일성이나 응집성이 매우 중요하다. 앞서 언급했듯이 지시대명사는 선행 문맥에 제시된 대상을 후행 문맥에서 지시적으로 연결해 주어 텍스트의 응집성을 형성하는데 여기서 선행 문맥의 대상을 후행 문맥에서 다시 가리켜 지시적으로 연결하는 지시대명사의 기능을 문맥 지시라고 한다(지시대명사의 '문맥 지시'에 대해서는 5.2.2 참고). 그런데 '신문'이나 '학술'과 같은 격식적인 사용역에서는 선행 문맥의 대상을 다시 가리킬 때 아래의 예와 같이 '이'를 쓰는 것이 일반적이다.

〈예5-20〉

가. 2000년 한국보건사회연구원의 전국 장애인 취업실태조사에서 장애인 실업률은 28.4%로 나왔다. 이는 전체 실업률 4.8%에 비해 6배 가량 높은 것이다. [신문]

나. 경찰청이 추진 중인 면허 시험 강화 방안에 따르면 현재와 같은 운전면허 시험에 합격한 사람에게 도로 주행을 할 수 있는 가면허증을 발급한 뒤, 6 개월 이내에 도심으로부터 2~4㎞안 일반 도로에서 10시간 이상의 도로 연수를 받은 사람에 한해 정식 면허를 발급한다는 것이다. 경찰청은 이 같은 운전면허 시험 강화를 위해 연수도로의 확보와 도로교통법 개정 작업을 추진, 빠르면 내년부터 이 제도를 시행할 방침이다. [신문]

다. 트임은 평면으로 재단되는 의복에서 요구되는, 인체의 활동에 필요한 여유분의 기능적 성격을 띠고 있는 것으로 보이는데, 이는 세계의 여러 복식 중 중동이나 카후탄형의 복식에서도 발견되기 때문이다. [학술]

라. 그러다 보니 학력 인플레 현상이 발생해서 이제는 대학 졸업자조차 대접을 받지 못하고 대학원은 나와야 한다는 사태까지 벌어지고 있다. 최근의 대졸 실업자 사태가 이를 잘 보여 준다 할 것이다. [학술]

<예5-20>의 '이'는 모두 선행 문맥에 제시된 밑줄 친 대상을 다시 가리킨다. 이때 '이' 대신 문맥 지시 기능을 할 수 있는 지시대명사 '이것', '그것'을 사용할 수도 있지만 이들 사용역이 격식적인 사용역임을 감안한다면 '이것'과 '그것'은 어색하게 느껴진다. 특히 <예5-20나, 다, 라>와 같이 지시대명사가 선행 명제 내용 전체를 가리킬 때에는 '신문'과 '학술'에서 '이것', '그것'을 사용하는 것은 매우 어색하고 '이'를 사용하는 것이 가장 자연스럽다.

모든 사용역에서 1인칭대명사는 빈도 순위 2위 이내에 나타난다. '대화'와 '소설'에서는 1인칭대명사 단수형인 '나'가, '신문'과 '학술'에서는 1인칭대명사 복수형인 '우리'가 1인칭대명사 중 사용 빈도가 가장 높다. 앞서 논의했듯이, 모든 발화 또는 텍스트는 이를 생산하는 화자 또는 필자를 중심으로 이루어지기 때문에 1인칭대명사의 사용 빈도는 필연적으로 높아질 수밖에 없다. 그런데 1인칭대명사 '나'는 화자 개인을 직접적으로 드러내기 때문에 다수의 독자를 대상으로 하는 공적인 사용역인 '신문'이나 '학술'에서 잘 사용되지 않고 필자와 독자를 아우르는 '우리'를 쓰는 것이 일반적이다. 또한 화자 개인을 직접적으로 드러내는 대명사인 '나'를 쓰게 되면 해당 텍스트는 다분히 주관성을 지니게 되는데, '신문'과 '학술'은 정보 전달을 목적으로 하는 사용역이기 때문에 주관성을 강하게 드러내는 '나'보다는 필자와 독자를 아우르는 '우리'를 사용하여 객관성을 확보하거나 자신의 개인적 주장을 완곡하게 제시하게 되는 것이 일반적이다. '신문'과 '학술'에서 나타나는 1인칭대명사 복수형 '우리'의 사용 양상은 5.1.4.1에서 자세히 다루게 될 것이다.

'대화'를 제외한 모든 문어 사용역에서 3인칭대명사 '그'가 빈도 순위 5위 이내에 나타나지만 '대화'에서는 3인칭대명사 '그'의 사용 빈도가 매우 낮다. 이러한 사실은 한국어는 3인칭대명사가 제대로 발달하지 않은 언어라는 것을 보여 주는 것이다. 왜냐하면 문어 사용역에서는 '그'와 같은 단순 구성을 이루는 3인칭대명사가 자주 쓰이지만 실제 대화 상황에서는 3인칭을 표현하고자 할 때에 '그'와 같은 단순 구성의 3인칭대명사가 아니라 지시관형사 '이/그/저'와 의존명사나 명사가 결합한 복합 구성의 3인칭대명사가 주로 쓰이기 때문이다. 이러한 복합 구성의 3인칭대명사는 일반적으로 3인칭대명사로 다루고 있지만 '이/그/저' 대립을 이룬다는 점, 현장 지시의 기능을 지니고 있다는 점, 문맥이나 상황에 따라 인칭에 변화가 생긴다는 점 등에서 3인칭대명사보다는 지시대명사의 성격을 지니고 있는 것이라고 할 수 있다(5.1.3, 5.1.5.2 참고). '그'는 대체로 남성을 가리키고 여성을 가리킬 때에는 '그녀'를 사용하는 것이 일반적이지만 '그'는 남성과 여성을 모두 나타낼 수도 있다. 이는 한국어에서 성 범주가 문법적으로 반영되지 않기 때문일 것이다. 특히 '신문'에서는 남성과 여성을 잘 구분하지 않고 중성적으로 '그'를 사용하는 경향이 있을 뿐만 아니라(5.1.3 참고) 3인칭의 복수를 나타낼 때에는 성별을 구별하지 않고 중성적으로 '그들'을 쓰는 것이 일반적이다(5.1.4.3 참고). 따라서 '그'는 '그녀'에 비해 사용 빈도가 훨씬 더 높게 나타난다.

모든 문어 사용역에서 높은 사용 빈도를 보이는 3인칭대명사 '그'와 달리 '그녀'는 문어 사용역 중에서도 '소설'에서만 주로 나타난다. 이러한 사실은 '그녀'는 '그'와 달리 '소설'에서만 주로 쓰이는 3인칭대명사라는 것을 알려 주는 것이다. 이와 같이 '그녀'가 '소설'에서만 주로 쓰이는 것은 한국어 3인칭대명사의 발생 과정에서 그 이유를 찾을 수 있다. 이에 대해서는 5.1.3에서 자세히 논의하기로 한다.

부정/의문대명사 '무엇'의 사용 빈도는 '대화'와 '소설'에서 높게 나타나는데, 이는 <표5-2>를 참고했을 때 '대화'와 '소설'에서 의문대명사의 사용 빈도가 높기 때문이라는 것을 알 수 있다. 앞서 언급했듯이 의문대명사는 의문문에서만 나타날 수 있기 때문에 질문 화행이 나타날 수 있는 '대화'와 '소설'에서 그 사용 빈도가 높지만 질문 화행이 제한적으로 나타나는 '신문'과 '학술'에서는 그 사용 빈도가 낮다.

5.1. 인칭대명사

인칭대명사는 '사람을 가리키는 대명사'로 정의할 수 있다. 인칭대명사는 담화에 참여하는 사람의 역할에 따라 1인칭대명사, 2인칭대명사, 3인칭대명사로 구분된다. 1인칭대명사는 화자를, 2인칭대명사는 청자를 3인칭대명사는 화자와 청자를 제외한 나머지 사람을 가리킨다.

한국어는 3인칭대명사가 발달하지 않은 언어이기 때문에 단순 구성 3인칭대명사보다는 두 개 이상의 형태소로 구성된 복합 구성의 3인칭 대명사가 대다수를 차지한다. '그'를 제외하고는 3인칭대명사는 대부분 지시관형사 '이/그/저'와 의존명사나 명사가 결합한 복합 구성을 이루고 있고 '그' 또한 지시대명사에 그 기원을 두고 있다. 이에 대해서는 5.1.3과 5.1.5.2에서 자세히 다룰 것이다.

한국어의 인칭대명사는 인구어처럼 격에 따른 어형의 변화는 없지만 '나', '저', '너'와 같은 일부

대명사는 결합하는 격조사에 따라 그 형태가 달라지기도 한다. 또한 인칭대명사는 화자와 청자의 관계, 즉 상대 높임법 위계에 따라 달리 사용되기도 하는데 이에 대해서는 1인칭대명사와 2인칭대명사를 다루는 5.1.1과 5.1.2에서 자세히 논의할 것이다.

명사는 복수성을 유표적으로 표현하기 위해서 복수 접미사 '-들'을 사용하는 것이 일반적인데 1인칭대명사와 2인칭대명사의 경우에는 복수형 '우리'와 '너희'를 사용하는 것이 일반적이다. 이때 2인칭대명사의 복수형 '너희'는 단수형 '너'에 복수의 접미사 '-희'가 결합된 것이지만, '-희'는 '저희'나 '너희'에서만 나타나는 매우 제한적인 분포를 보이기 때문에 단수의 인칭대명사에 복수 접미사가 결합한 것으로 보기보다는 복수형 대명사로 파악하기로 한다. 3인칭대명사는 1인칭대명사, 2인칭대명사와 달리 복수형이 따로 존재하지 않고 복수 접미사와 결합해서 복수를 표시한다. 이러한 인칭대명사의 복수 표현 양상에 대해서는 5.1.4에서 자세히 다룬다.

말뭉치 계량 결과 제시1

1. 전체 인칭대명사별 사용 비율: 1인칭대명사 〉 3인칭대명사 〉 2인칭대명사

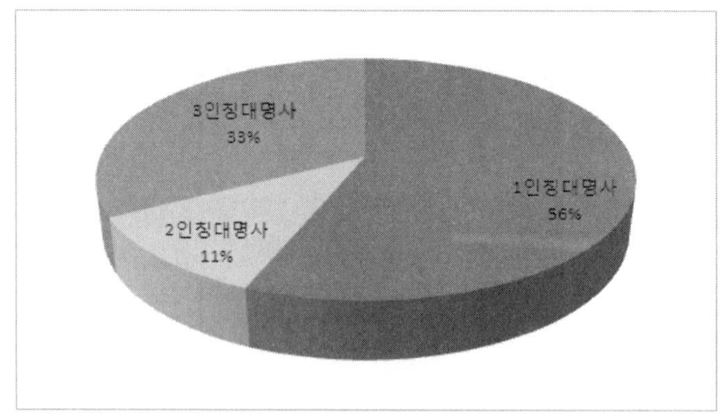

<그래프5.1-1> 전체 인칭대명사별 사용 비율

2. 사용역에 따른 인칭대명사별 사용 비율

대화: 1인칭대명사 〉 2인칭대명사 〉 3인칭대명사
소설: 1인칭대명사 〉 3인칭대명사 〉 2인칭대명사
신문: 1인칭대명사 〉 3인칭대명사 〉 2인칭대명사
학술: 1인칭대명사 〉 3인칭대명사 〉 2인칭대명사

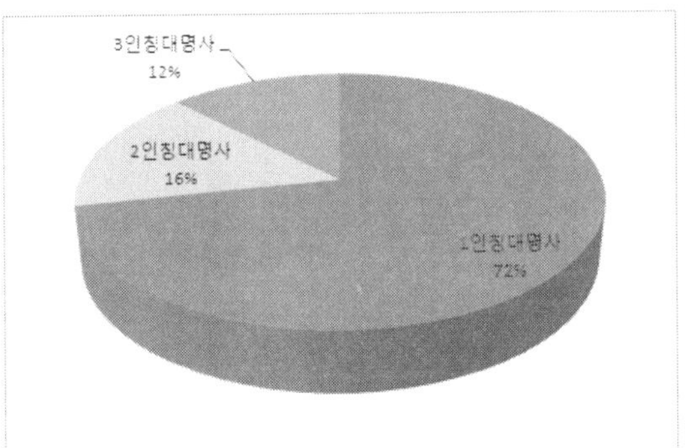

<그래프5.1-2> '대화'의 인칭대명사별 사용 비율

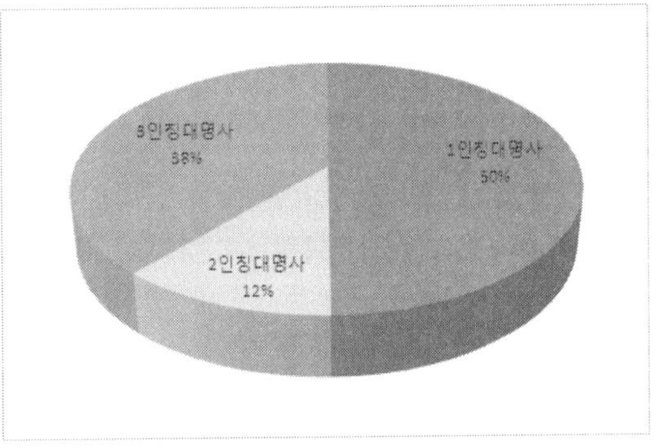

<그래프5.1-3> '소설'의 인칭대명사별 사용 비율

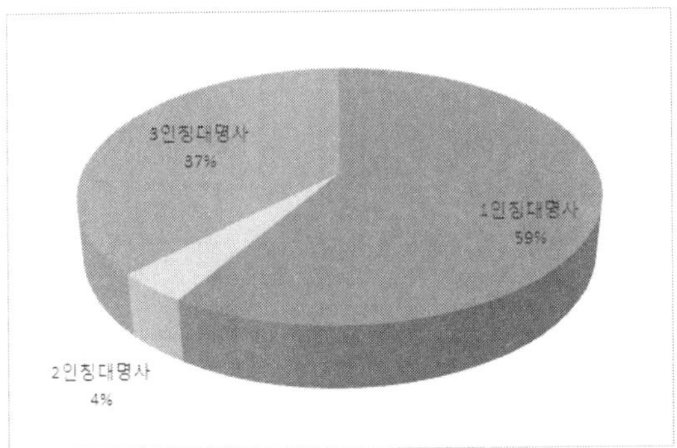

<그래프5.1-4> '신문'의 인칭대명사별 사용 비율

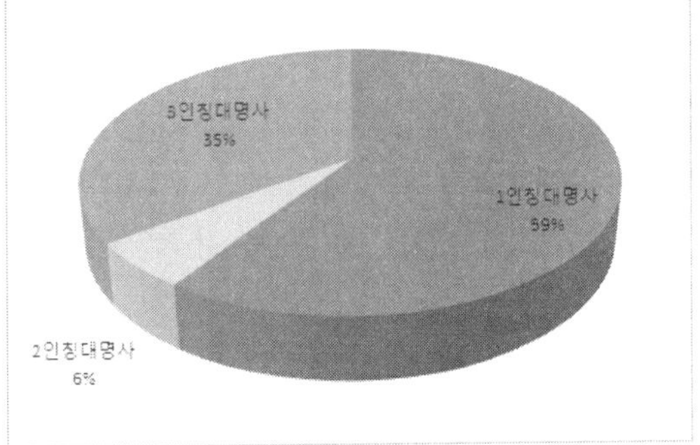

<그래프5.1-5> '학술'의 인칭대명사별 사용 비율

말뭉치 계량 결과에 대한 논의1

전체 말뭉치에서 나타나는 인칭대명사별 사용 비율을 살펴보면, 1인칭대명사의 사용 비율이 가장 높게 나타난다. 이는 앞서 논의했듯이 모든 발화 또는 텍스트가 화자나 필자를 중심으로 이루어지기 때문이다. 특히 '대화'와 '소설'에서는 1인칭대명사의 사용 빈도가 매우 높은데 '대화'와 '소설'에서 나타나는 1인칭대명사의 사용 빈도만으로도 전체 인칭대명사의 사용 빈도의 50% 이상을 차지하는 수준이다. 1인칭대명사는 격식적인 사용역인 '신문'과 '학술'에서도 그 사용 빈도가 높다. 이들 사용역에서 화자 개인을 직접적으로 드러내는 '나'의 사용 빈도는 낮지만 '나' 대신 필자와 독자를 아울러 나타내는 '우리'를 사용하는 경우가 많기 때문이다. 1인칭대명사 다음으로 그 사용 비율이 높은 대명사는 3인칭대명사이고, 2인칭대명사의 사용 비율이 가장 낮다. 발화는 이를 생산하는 화자와 이를 수용하는 청자 사이에서 일어나기 때문에 1인칭대명사만큼 2인칭대명사도 많이 사용될 것으로 예상된다. 하지만 1인칭대명사를 사용하여 화자를 가리키는 경우와 비교해 볼 때 실제 대화에서 2인칭대명사를 이용하여 청자를 가리키는 경우는 드물고 청자의 이름이나 직위, 호칭을 이용하여 청자를 가리키는 것이 일반적이다(5.1.5.1 참고). 또한 앞서 언급했듯이 '신문'이나 '학술'에서 독자를 지시해야 할 경우, 2인칭대명사를 쓰기보다는 1인칭대명사 '우리'를 사용하여 필자와 독자를 아울러 지시하는 것이 일반적이다. 이러한 이유로 인해 2인칭대명사의 사용 비율이 가장 낮게 나타난다고 할 수 있다.

사용역에 따른 인칭대명사별 사용 비율을 살펴보면, '대화'는 다른 사용역에 비해 1인칭대명사의 사용 비율이 압도적으로 높게 나타난다는 특징이 있다. 이는 대화의 주체가 항상 화자인 '나'가 되기 때문이다. 또한 '대화'는 다른 사용역과 달리 3인칭대명사보다 2인칭대명사의 사용 비율이 조금 더 높게 나타난다는 특징도 있다. 이는 문어 사용역과 달리 '대화'에서는 '그'와 같은 3인칭대명사가 잘 사용되지 않기 때문일 것이다. 한국어는 3인칭대명사가 발달되지 않은 언어이기 때문에 문어 사용역에서만 '그'와 같은 3인칭대명사가 일반적으로 사용되고 '대화'와 같은 일상 구어 사용역에서는 '그'와 같은 3인칭대명사가 잘 사용되지 않는다. '소설'은 대화 지문과 1인칭 주인공 시점의 특성으로 인해 1인칭대명사의 사용 비율이 높게 나타난다고 할 수 있다. 앞서 언급했듯이 '신문', '학술'에서도 1인칭대명사의 사용 비율이 높은 것은 '신문'과 '학술'은 공공성을 지니기 때문에 사용역의 특성상 필자를 개인적으로 드러내는 '나' 대신에 '우리'를 사용하고 또한 필자 자신의 주장을 완곡하게 표현하기 위한 수단으로 '나'보다는 '우리'를 선호하는 경향이 있기 때문이다. '대화'를 제외한 모든 문어 사용역에서는 1인칭대명사 다음으로 3인칭대명사의 사용 비율이 높다. '소설'에서는 소설 속의 등장인물을 가리키기 위해 '그'와 '그녀'를 주로 사용하고, '신문'에서는 사건 · 사고에 나타나는 인물을 가리키기 위해 '학술'에서는 논의의 대상이 되는 인물을 가리키기 위해 '그'와 같은 3인칭대명사를 주로 사용한다.

▶ 말뭉치 계량 결과 제시2

- 인칭대명사별 사용역 비율

  1인칭대명사: 대화 〉 소설 〉 학술 ≧ 신문

  2인칭대명사: 소설 ≧ 대화 〉 신문 〉 학술

  3인칭대명사: 소설 〉 대화 〉 학술 〉 신문

	대화	소설	신문	학술
1인칭대명사	■■■■■■■■ ▪	■■■■■■■■	■▪	■▪
2인칭대명사	■■■■■■■■ ■▪	■■■■■■■■ ■▪	▪	▪
3인칭대명사	■■■	■■■■■■■■ ■■■■▪	■▪	■■▪

<그래프5.1-6> 인칭대명사별 사용역 비율

(■ 5%, ▪ 5% 미만)

말뭉치 계량 결과에 대한 논의2

1인칭대명사와 2인칭대명사의 사용역 비율은 '대화'와 '소설'에서 가장 높다. 1인칭대명사와 2인칭대명사는 각각 화자와 청자를 직접 가리키는 대명사이다. 따라서 화자와 청자가 동시에 발화를 주고받는 '대화'에서 화자와 청자가 서로를 지시하기 위해서 1인칭대명사와 2인칭대명사를 가장 많이 사용할 수밖에 없을 것이다. '소설'에서는 1인칭 주인공 시점과 대화 지문의 영향으로 인해 '신문'이나 '학술'에 비해 1인칭대명사와 2인칭대명사가 많이 사용되는 것으로 볼 수 있다. '신문'과 '학술' 내에서 인칭대명사의 사용 비율을 비교하면 다른 인칭대명사에 비해 1인칭대명사 '우리'의 사용 비율이 높지만 이들의 사용 빈도 자체가 낮기 때문에 '대화'와 '소설'에 비해서 1인칭대명사의 사용역 비율이 매우 낮게 나타난다. 앞서 언급했듯이 '신문'과 '학술'은 정보를 객관적으로 전달하는 것이 주된 목적인 사용역이기 때문에 '대화'와 '소설'에 비해 전체 대명사의 사용 빈도 자체가 매우 낮다.

3인칭대명사의 사용역 비율은 '소설'에서 가장 높은 것이 특징이다. 주지하다시피 이는 '소설'에서 등장인물을 가리키기 위해 '그'와 '그녀'와 같은 3인칭대명사를 많이 사용하기 때문이다. 3인칭대명사의 사용역 비율은 '대화'가 '신문'이나 '학술'보다 높게 나타나는 것도 특징적이다. 이는 '대화'에서 문어 사용역에서 주로 쓰이는 '그'와 '그녀'와 같은 3인칭대명사는 잘 쓰이지 않지만 '이 아이', '그 아이', '저 아이'가 축약되어 형성된 3인칭대명사 '얘', '걔', '쟤'가 높은 사용 빈도를 보이기 때문이다. 앞서, '신문'이나 '학술'은 '대화'에 비해 3인칭대명사의 사용 비율이 높다고 언급하였는데 이는 '신문'이나 '학술' 내에서 인칭대명사의 사용 비율을 비교한 결과라는 점에 유의할 필요가 있다. 즉 '신문'이나 '학술'은 인칭대명사 자체가 그리 많이 쓰이지 않기 때문에 3인칭대명사의 사용 빈도가 '대화'에 비해 낮더라도 해당 사용역 내에서는 사용 비율이 높게 나타난다. 그러나 3인칭대명사의 사용 빈도 자체로만 볼 때에는 '대화'가 '신문'이나 '학술'에 비해 높다.

개별 어휘 빈도 제시

1. 모든 사용역에서 공통적으로 1인칭대명사의 사용 빈도가 가장 높은데 '대화', '소설'에서는 '나'의 사용 빈도가 가장 높고 '신문', '학술'에서는 '우리'의 사용 빈도가 가장 높다.
2. 2인칭대명사 '너'는 '대화'와 '소설'에서만 주로 나타나고 '신문'이나 '학술'에서는 거의 나타나지 않는다.
3. 3인칭대명사 '그'는 문어 사용역에서만 주로 나타나고 '대화'에서는 거의 나타나지 않는다.
4. 3인칭대명사 '그녀'는 문어 사용역 중에서도 거의 '소설'에서만 주로 나타난다.
5. 인칭대명사의 유형은 '소설'에서 가장 다양하다.

	대화				소설				신문				학술			
	형태	범주	빈도	누적비율	형태	범주	빈도	누적비율	형태	범주	빈도	누적비율	형태	범주	빈도	누적비율
1	나	1인칭	17259	51.70%	나	1인칭	17241	38.27%	우리	1인칭	2349	36.06%	우리	1인칭	3601	41.36%
2	너	2인칭	4791	66.06%	그	3인칭	10054	60.59%	그	3인칭	2332	71.85%	그	3인칭	2897	74.63%

3	우리	1인칭	4406	79.26%	그녀	3인칭	6453	74.92%	나	1인칭	1360	92.72%	나	1인칭	1434	91.10%
4	걔	3인칭	2211	85.88%	너	2인칭	3149	81.91%	저	1인칭	115	94.49%	여러분	2인칭	148	92.80%
5	저	1인칭	1897	91.56%	우리	1인칭	3087	88.76%	당신	2인칭	109	96.16%	저	1인칭	135	94.36%
6	얘	3인칭	1483	96.00%	저	1인칭	1893	92.96%	너	2인칭	74	97.30%	너	2인칭	134	95.90%
7	저희	1인칭	456	97.37%	당신	2인칭	1293	95.83%	그녀	3인칭	59	98.20%	당신	2인칭	98	97.03%
8	당신	2인칭	206	97.99%	자네	2인칭	319	96.54%	여러분	2인칭	43	98.86%	그녀	3인칭	82	97.97%
9	쟤	3인칭	196	98.58%	너희	2인칭	263	97.13%	그분	3인칭	14	99.08%	자네	2인칭	57	98.62%
10	너희	2인칭	170	99.09%	이놈	3인칭	191	97.55%	그이	3인칭	13	99.28%	그대	2인칭	41	99.09%
11	그	3인칭	57	99.26%	그놈	3인칭	180	97.95%	너희	2인칭	12	99.46%	그분	3인칭	23	99.35%
12	그분	3인칭	50	99.40%	저희	1인칭	136	98.25%	저희	1인칭	10	99.62%	저희	1인칭	16	99.53%
13	이놈	3인칭	50	99.55%	그대	2인칭	106	98.49%	그대	2인칭	10	99.77%	그놈	3인칭	7	99.61%
14	그놈	3인칭	35	99.66%	쇤네	1인칭	65	98.63%	이놈	3인칭	4	99.83%	너희	2인칭	7	99.69%
15	여러분	2인칭	33	99.76%	걔	3인칭	58	98.76%	자네	2인칭	3	99.88%	이놈	3인칭	5	99.75%
16	그녀	3인칭	21	99.82%	저놈	3인칭	53	98.88%	얘	3인칭	2	99.91%	저자	3인칭	4	99.79%
17	자네	2인칭	14	99.87%	네놈	2인칭	49	98.99%	이분	3인칭	2	99.94%	제군	2인칭	4	99.84%
18	이분	3인칭	12	99.90%	그분	3인칭	43	99.08%	그놈	3인칭	2	99.97%	이분	3인칭	3	99.87%
19	저놈	3인칭	12	99.94%	시생	1인칭	42	99.17%	걔	3인칭	1	99.98%	과인	1인칭	2	99.90%
20	저분	3인칭	7	99.96%	이년	3인칭	42	99.27%	댁	2인칭	1	100.00%	얘	3인칭	2	99.92%
21	이녀	3인칭	2	99.96%	얘	3인칭	40	99.36%					그이	3인칭	2	99.94%
22	그네	3인칭	2	99.97%	여러분	2인칭	36	99.44%					저놈	3인칭	2	99.97%
23	이년	3인칭	5	99.99%	그니	3인칭	34	99.51%					쟤	3인칭	1	99.98%
24	그대	2인칭	2	99.99%	궐녀	3인칭	26	99.57%					걔	3인칭	1	99.99%
25	자기	2인칭	2	100.00%	궐자	3인칭	23	99.62%					이이	3인칭	1	100.00%
26					쟤	3인칭	21	99.67%								
27					그년	3인칭	21	99.71%								
28					그이	3인칭	18	99.75%								
29					이분	3인칭	15	99.79%								
30					저년	3인칭	14	99.82%								

<표5.1-1> 사용역에 따른 고빈도 인칭대명사(이형태 통합)

▶▶ 개별 어휘 빈도에 대한 논의

<표5.1-1>은 앞서 제시한 <표5-1, 2>와 동일하게 '내', '네', '니', '너그'와 같은 이형태와 구어 변이형을 '나', '너', '너희'와 같은 대표형으로 통합하여 그 사용 빈도를 제시한 것이다. 또한 <표5.1-1>은 <표5-1, 2>에서와 같이 합성어의 구성 요소로 나타난 대명사와 수작업을 통해 발견된 말뭉치 오류를 제외한 결과이다. 따라서 이 표에서 제시된 결과 역시 2.2의 <표2.2-1> 결과와는 조금씩 달라질 수 있음을 유의할 필요가 있다.

모든 사용역에서 공통적으로 1인칭대명사의 사용 빈도가 가장 높은데 '대화', '소설'에서는 '나'의 사용 빈도가 가장 높고 '신문', '학술'에서는 '우리'의 사용 빈도가 가장 높다는 특징이 있다. 앞서

계속 언급해 온 것처럼 모든 발화 또는 텍스트는 화자나 필자 중심으로 이루어지기 때문에 1인칭대명사의 사용 빈도가 높아질 수밖에 없다. 그런데 '신문'과 '학술'은 공적인 사용역이기 때문에 필자 개인을 직접적으로 드러내는 '나'보다는 필자와 독자를 아울러 지시하는 '우리'를 주로 사용한다. 이와 같이 '우리'를 사용하여 필자 개인을 숨기고 필자와 독자를 아울러 지시하게 되면 앞서 논의한 것과 같이 필자의 주장을 완곡하게 표현하는 효과가 있을 뿐만 아니라 텍스트에서 논의하는 내용에 독자를 참여하게 하는 효과가 있다. '신문'이나 '학술'과 같이 일방향적으로 전달되는 문어 사용역에서는 독자는 필자의 논의에서 배제되기 마련이다. 그러나 '우리'를 사용하여 필자와 독자를 함께 지시하게 되면서 텍스트에서 펼쳐지는 논의에 필자뿐만 아니라 독자도 함께 동참하고 있다는 효과를 주게 되는데 이는 독자가 필자의 입장에서 논의를 이해하게 만듦으로써 필자의 논의를 독자에게 더욱 쉽게 공감하게 한다. 이와 같이 필자와 독자를 아우르기 위해 사용되는 '우리'는 학술적 글쓰기에서 전형적으로 나타나는 양상인데 '우리'가 가진 이러한 효과가 바로 '학술'에서 '우리'를 많이 사용하는 또 하나의 요인으로 볼 수 있다.

2인칭대명사 '너'는 '대화'와 '소설'에서만 주로 나타나고 '신문'이나 '학술'에서는 거의 나타나지 않는다. '너'는 청자 개인을 가리키는 2인칭대명사이기 때문에 다수의 독자를 대상으로 하는 '신문'이나 '학술'에서는 거의 나타나지 않는다. 앞서 논의했듯이 '신문'이나 '학술'에서는 독자를 가리키기 위해 필자와 독자를 함께 아우르는 '우리'를 쓰거나 '여러분'과 같은 복수의 2인칭대명사를 사용하여 독자 전체를 모두 아울러 공적으로 가리키는 것이 일반적이다(5.1.4.1, 5.1.4.2 참고). '대화'에서는 화자와 청자가 동일한 담화 공간에 존재하기 때문에 화자와 청자가 서로를 지시하기 위해 2인칭대명사 '너'를 사용하는 것이 일반적이고 '소설'에서도 대화 지문의 영향으로 '너'의 사용 빈도가 높은 편이라고 할 수 있다.

3인칭대명사 '그'는 거의 문어 사용역에서만 나타나고, '대화'에서는 잘 나타나지 않는다. 앞서 언급하였듯이 이는 한국어가 3인칭대명사가 잘 발달되지 않은 언어라는 사실을 말해 주는 것이다. 그런데 '대화'에서 3인칭대명사의 사용 빈도는 '신문'이나 '학술'에 비해 더 높다는 특징이 있다. 즉 '대화'에서는 단순 구성의 3인칭대명사 '그'가 잘 쓰이지 않을 뿐, 복합 구성으로 이루어진 3인칭대명사의 사용 빈도는 높다는 것이다. '대화'에서는 3인칭을 표현하기 위해 '이 아이', '그 아이', '저 아이'가 축약되어 형성된 3인칭대명사 '얘/걔/쟤'를 빈번히 사용할 뿐만 아니라 지시관형사와 의존명사 또는 일반명사가 결합한 복합 구성을 3인칭대명사의 대체 표현으로 자주 사용한다(5.1.5.2 참고). 3인칭대명사 '그'는 '그녀'와 더불어 '소설'에서 가장 일반적으로 쓰이는데, 서사 문학 장르인 '소설'에서는 등장인물을 지시하기 위해 '그'를 주로 사용하고 '신문'에서는 보도하는 사건 속의 인물을 지시하기 위해 '학술'에서는 논의 대상이 되는 인물을 가리키기 위해 '그'를 주로 사용한다.

3인칭대명사 '그녀'는 문어 사용역 중에서도 '소설'에서만 주로 나타나는데 이는 5장 도입부에서 제시한 '개별 어휘 빈도에 대한 논의'에서 언급하였듯이, 한국어 3인칭대명사의 발생 특성과 관련된다. 이에 대해서는 5.1.3에서 자세히 논의한다.

인칭대명사의 유형은 '소설'에서 가장 다양한데, 이는 '소설'이 표현적 효과가 중요시되는 문학 장르이기 때문에 다양한 문학적 표현 효과를 위해 인칭대명사를 다양하게 사용한다는 점과 관련된다. 예를 들어, '쇤네', '시생', '그니', '그네', '이년', '그년' 등은 일상적인 대화뿐만 아니라 우리가 일상적으로 접할 수 있는 문어 사용역에서도 잘 사용되지 않는다. 이러한 대명사는 '나', '너', '그'와 달리

'비하'나 '높임', '낮춤' 등의 특수한 의미를 지니고 있거나 소설과 같은 문학 장르에서만 사용되는 특성이 있기 때문에 '소설'에서도 그 사용 빈도가 그리 높지 않다. 이러한 대명사들에 대해서는 각각의 인칭대명사를 논의하는 5.1.1~5.1.3에서 자세히 다룬다.

5.1.1. 1인칭대명사

1인칭대명사는 담화에 참여하는 화자를 가리키는 대명사이다. 그렇기 때문에 화자와 청자가 동일한 담화 공간에 존재하고 실시간으로 발화를 주고받아서 화자가 누구인지 확인할 수 있는 대화 상황에서 사용되는 것이 일반적이다. 그러나 문어 사용역에서의 필자는 대화에서의 화자에 해당하기 때문에 필자가 자신을 가리키기 위해 '나'를 사용할 수도 있다. 연구 대상 말뭉치에서 나타난 1인칭대명사로는 '나', '저', '우리', '저희'를 대표적으로 들 수 있고 이외에도 '쇤네', '시생', '소생', '소인', '소관', '과인' 등이 있다.

1인칭대명사 중 가장 일반적인 '나'는 화자와 청자의 지위가 비슷하거나 화자가 청자보다 상위자일 때 사용할 수 있다. 청자가 화자보다 상위자일 때에는 화자가 자신을 낮추어 겸양 표현인 '저'를 사용한다.

〈예5.1.1-1〉

가. A: 그~ 싸일런트힐이라는 거 들어봤냐? B: 응. A: 해 봤냐? A: 아니? **나** 오락 안 해. [대화]

나. "엄마, 감이 왜 이래?" "**내가** 물을 너무 뜨겁게 했나 보다. 어쩌지?" [소설]

다. A: 오빠 **저** 예뻐진 거 같지 않아요? B: 둘 다 조금 더 어른스러워진 거 같애. [대화]

라. "발로자, 나도 발로자 목소리 들으니까 기뻐요. 우리 내일 만납시다." "**저도** 선생님 뵙고 싶어요. 내일 몇 시에 오십니까?" [소설]

<예5.1.1-1가>는 친구들 간의 대화이고 <예5.1.1-1나>는 어머니와 아들 사이의 대화이다. 이를 통해 '나'는 화자와 청자의 지위가 비슷하거나 화자가 청자보다 상위자일 때 사용한다는 것을 알 수 있다. <예5.1.1-1다, 라>에서 '저'가 나타나는 문장은 모두 해요체인데 이를 통해 '저'는 청자가 화자 자신보다 상위자일 때 사용한다는 것을 알 수 있다.

1인칭대명사 '나'와 '저'는 아래의 예에서 보듯이 격조사 '가'와 결합할 때 각각 '내', '제'로 그 형태가 변하고 관형어로 기능할 때 관형격조사 '의'가 결합하지 않으면 '내', '제'로 그 형태가 바뀐다.

〈예5.1.1-2〉 [대화]

가. A: 야 〈name4〉이가 느끼하냐 **내가** 더 느끼하냐? B: 만만치 않아! A: 음 그치, B: 어 만만치 않아.

나. A: 오빠 여섯 시 퇴근, B: 내는 뭐~, A: 어:: 그래 알았어 여섯 시에 **내가** 삼성역 가서 기다릴게,

다. A: 누가 누가 할 건데? B: 이거는 **제가** 하겠습니다, 예, 예, 학개부::

라. A: 근데 갑자기. **제** 동생이 초등학교 때 혈액 검사를 했거든요? 근데 삐형이 나온 거예요. 그래서 되게 깜짝 놀랐어요. B: 응. A: 엄마가 막~, 보건소에 전화하고 막~,

명사는 복수성을 표현하기 위해서 복수의 접미사 '-들'을 사용하는 것이 일반적인데 1인칭대명사는 복수형 대명사로 복수를 표시한다. 1인칭대명사의 복수형에는 '우리'와 '저희'가 있다. '저희'는 겸양 표현인 단수형 1인칭대명사 '저'에 복수 접미사 '-희'가 결합한 형태이지만 '-희'는 '저'와 '너'와 같은 대명사에만 제한적으로 결합하기 때문에 이미 한 단어로 굳어진 것으로 보아 단수형의 1인칭대명사에 복수 접미사가 결합한 형태로 보기보다는 '우리'와 같은 대명사의 복수형으로 보기로 한다. 그런데 복수형의 1인칭대명사에 다시 복수 접미사 '-들'이나 '-네'가 결합한 '우리들', '저희들', '우리네'의 형태도 나타나는데 이러한 1인칭대명사의 이중 복수 표현 양상에 대해서는 5.1.4.1에서 자세히 다룬다.

'나', '저', '우리', '저희' 이외의 1인칭대명사로는 '과인', '소관', '시생', '소인', '쇤네'가 연구 대상 말뭉치에서 나타났는데 이들은 모두 한자어로서 화자가 자신을 낮추어서 표현할 때 사용하는 1인칭대명사라는 특징이 있다. '과인'은 왕이 자신을 낮추어 부르는 말이며, '소관'은 관리가 자신을 낮추어 부르는 말이다. '시생'은 본래 '어른을 모시는 사람'이라는 뜻으로 자신을 낮추어 부르는 말이다. '소인'은 자신을 낮추어 부르는 말이며, '쇤네'는 '소인네'의 줄어든 말로 '소인'보다 낮춤의 의미가 더 강하다. 이들 1인칭대명사는 모두 일상 대화나 우리가 일반적으로 접하는 문어 사용역에서는 잘 사용되지 않는다. 연구 대상 말뭉치에 나타나지는 않았지만 한자어 1인칭대명사로는 '소생', '짐', '본인' 등이 있다.

〈예5.1.1-3〉 [소설]

가. **소관이** 문초한바 이번의 옥사에 있어선 형방의 잘못이 거의 없다는 것을 알게 되었습니다. 이번의 옥사는 그 처음과 끝이 도사(都事)의 복색(服色)을 도용한 적당(賊黨)들이 형리(刑吏)의 눈을 어지럽게 함으로써 일어난 사단이 그 전부가 아니옵니까.

나. "그 일이라면 우리 선단 사람들이 분주를 떨 소간사가 아닐 터인데?" "물론 옳은 말씀입니다. **시생도** 선불리 나설 일이 아니란 건 알고 있습니다만 어젯밤에 **시생의** 처소로 한 작자가 찾아왔습니다."

다. "염려 놓으십시오. 그놈들이야 **소인의** 수하에 있는 놈들이 아닙니까." 최재걸이란 놈을 만지고 주물러서 내보낸 다음 길소개는 해창 어름으로 발길을 놓았다.

라. "**쇤네** 그걸 짐작 못할 리는 만무겠지요. 그러나 **쇤네가** 아옹다옹 내막을 캐어 무엇합니까. 다만 사또 분부 거역할 수 없고 나으리 또한 풍골이 준수하시니 제 마음이 스스로 동할 따름입니다."

말뭉치 계량 결과 제시1

1. 전체 1인칭대명사별 사용 비율: 나 〉 우리 〉 저 〉 저희 〉 기타
   (※ 기타: 쇤네, 시생, 소인, 소관, 과인)

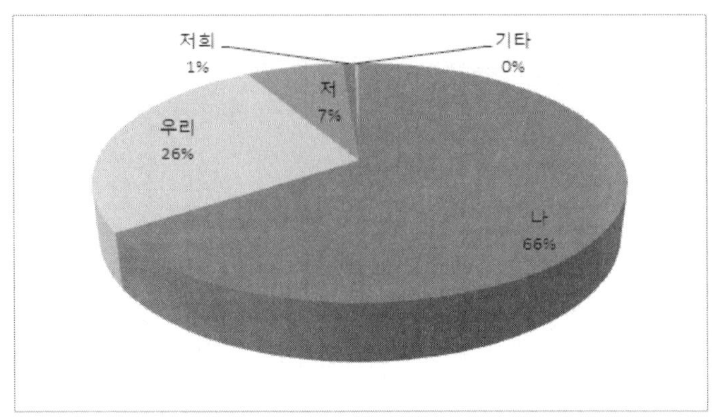

<그래프5.1.1-1> 전체 1인칭대명사별 사용 비율

2. 사용역에 따른 1인칭대명사별 사용 비율
대화: 나 〉 우리 〉 저 〉 저희
소설: 나 〉 우리 〉 저 〉 저희 (※ 기타: 쇤네, 시생, 소인, 소관)
신문: 우리 〉 나 〉 저 〉 저희
학술: 우리 〉 나 〉 저 〉 저희 (※ 기타: 과인)

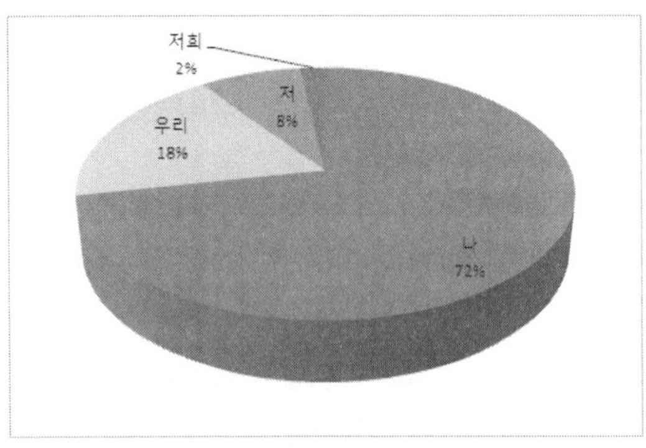

<그래프5.1.1-2> '대화'의 1인칭대명사별 사용 비율

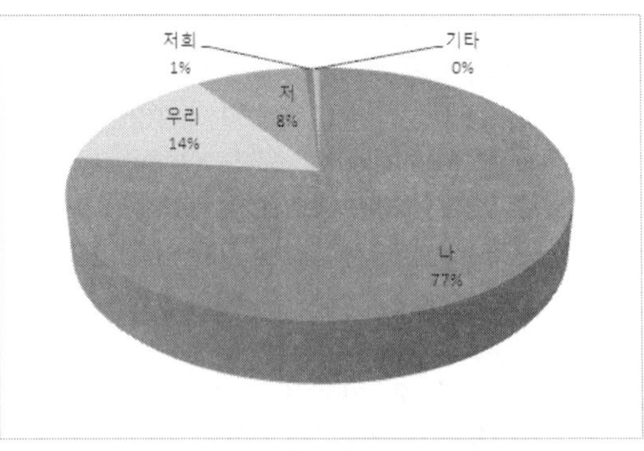

<그래프5.1.1-3> '소설'의 1인칭대명사별 사용 비율

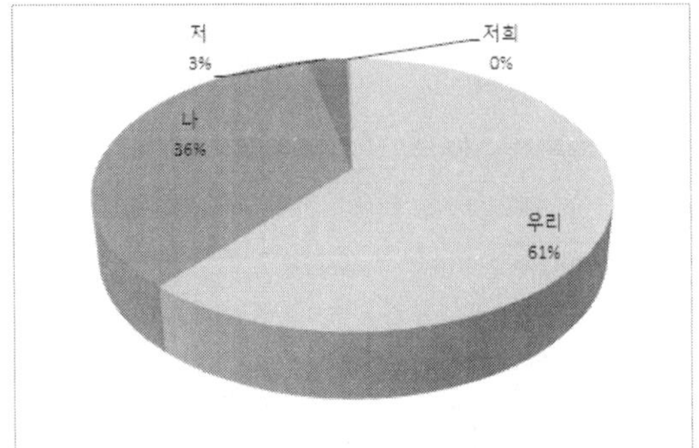

<그래프5.1.1-4> '신문'의 1인칭대명사별 사용 비율

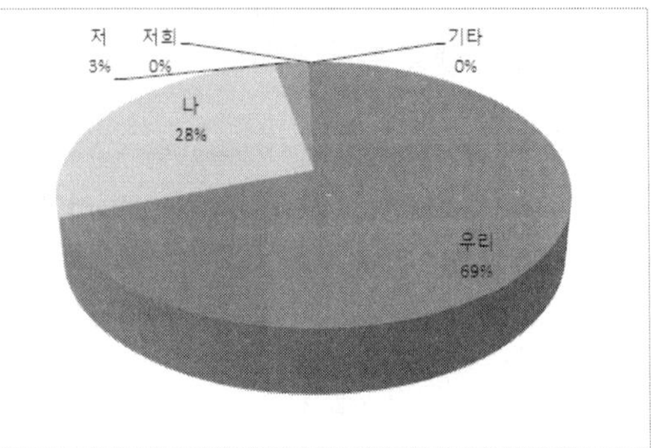

<그래프5.1.1-5> '학술'의 1인칭대명사별 사용 비율

말뭉치 계량 결과에 대한 논의1

전체 말뭉치에서 나타나는 1인칭대명사별 사용 비율을 살펴보면, '나', '우리', '저', '저희'가 일반적으로 사용되고 나머지 기타 1인칭대명사는 사용 비율이 1%도 안 될 만큼 매우 낮다. '나'와 '저'는 단수형 1인칭대명사이고 '우리'와 '저희'는 복수형 1인칭대명사이다. 유표성의 관점에서 단수형이 복수형보다 무표적이기 때문에 '나'는 이에 대응하는 복수형 '우리'보다 그 사용 비율이 높고 '저'는 이에 대응하는 복수형 '저희'보다 그 사용 비율이 높다. 상대높임법의 관점에서 보자면, '나'와 '우리'는 겸양 표현인 '저'와 '저희'보다 무표적이기 때문에 '나'와 '우리'는 이에 대응되는 '저'와 '저희'에 비해 그 사용 비율이 더 높다. 이러한 사실에 비추어 볼 때, 전체 말뭉치에서 나타나는 1인칭대명사별 사용 비율은 매우 자연스러운 결과라고 할 수 있을 것이다.

사용역에 따른 1인칭대명사별 사용 비율을 살펴보면, '대화'와 '소설'은 전체 말뭉치에서 보여주는 자연스러운 사용 양상을 그대로 따르고 있으나 '신문'과 '학술'에서는 이러한 양상과 달리 '우리'의 사용 비율이 가장 높다. '우리'의 사용 비율이 가장 높은 것을 제외하면 '신문'과 '학술'은 '나 > 저 > 저희'의 사용 양상을 보이는데 이는 전체 말뭉치에서 나타나는 1인칭대명사별 사용 양상을 그대로 따르는 것이다. '신문'과 '학술'에서 '우리'가 많이 사용되는 것은 앞서 논의해 온 것처럼 이들 사용역이 지닌 공공성, 학술적 글쓰기의 특징적 양상에 의한 것이다. 이에 대해서는 5.1.4.1에서 자세히 다루기로 한다.

말뭉치 계량 결과 제시2

- 1인칭대명사별 사용역 비율

  나: 대화 ≧ 소설 〉 학술 ≧ 신문
  우리: 대화 〉 소설 〉 학술 〉 신문
  저: 대화 ≧ 소설 〉 학술 ≧ 신문
  저희: 대화 〉 소설 〉 학술 ≧ 신문
  기타: 소설 〉 학술
  (※ 기타: 쇤네, 시생, 소인, 소관, 과인)

	대화	소설	신문	학술
나	■■■■■■■■ ■▪	■■■■■■■■ ■▪	▪	▪
우리	■■■■■■▪	■■■■▪	■■■▪	■■■■■▪

저	■■■■■■■■■▪	■■■■■■■■■▪	▪	▪
저희	■■■■■■■■■■■■■■▪	■■■■▪	▪	▪
기타		■■■■■■■■■■■■■■■■■■■▪		▪

<그래프5.1.1-6> 1인칭대명사별 사용역 비율

(■ 5%, ▪ 5% 미만)

▶▶ 말뭉치 계량 결과에 대한 논의2

전체 1인칭대명사의 사용역 비율은 위의 <그래프5.1-6>에서 확인할 수 있듯이 '대화'와 '소설'에서 높게 나타난다. 이러한 사실에 비추어 볼 때, 개별 1인칭대명사의 사용역 비율은 전체 1인칭대명사의 사용역 비율을 그대로 따르는 것이라고 할 수 있다. 앞서 언급했듯이 대명사는 명사를 대신 가리키는 대용 표현이기 때문에 화자와 청자가 동일한 담화 공간에 존재하고 서로 공유하는 정보가 많아야 쉽게 사용될 수 있다. 만약 화자와 청자가 상이한 담화 공간에 존재하고 공유하는 정보가 적을 때에 대명사를 사용하면 청자는 대명사가 가리키는 지시 대상이 무엇인지 쉽게 알 수 없다. 그렇기 때문에 '신문'이나 '학술'과 같은 문어 사용역에서는 '대화'에 비해 대명사가 적게 사용된다. 뿐만 아니라 '신문'과 '학술'은 정보 전달이 주된 목적인 사용역이기 때문에 대명사와 같은 대용 표현을 쓰기보다는 보통명사나 고유명사를 이용하여 지시 대상을 구체적으로 명확하게 언급하는 것이 일반적이다. 즉, 어떤 대명사이든 '신문'이나 '학술'은 '대화'나 대화 지문이 포함된 '소설'에 비해 그 사용역 비율이 낮을 수밖에 없고 이러한 양상이 전체 1인칭대명사의 사용역 비율에서도 그리고 개별 1인칭대명사의 사용역 비율에서도 그대로 이어지는 것이라고 할 수 있다.

'나'와 '저'의 사용역 비율은 '대화'와 '소설'에서 높게 나타나는 특징이 있다. '나'는 화자를 가리키는 1인칭대명사 중 가장 일반적이기 때문에 '대화'에서 '나'의 사용역 비율이 높은 것은 당연하다고 할 수 있다. '대화'에서는 대화 참여자가 동일한 담화 공간에서 발화를 주고받는데 이때 화자가 자신을 가리키기 위해 '나'를 쓰는 것은 매우 일반적이기 때문이다. '나'는 화자 개인을 직접적으로 드러내는 것이기 때문에 공적 사용역인 '신문'과 '학술'에서 필자를 나타내기 위해 '나'를 쓰는 경우는 매우 드물고 필자와 독자를 아울러 지시하는 '우리'를 쓰는 것이 일반적이다. '저'는 겸양 표현이기 때문에 화자와 청자 사이에 개별적이고 특수한 관계가 있는 상황에서만 사용할 수 있다. 이러한 사실을 고려하면 화자와 청자 사이에 개별적인 관계가 성립되는 '대화'에서 '저'의 사용역 비율이 높은 이유를 쉽게 이해할 수 있다. 그러나 공적 사용역인 '신문'이나 '학술'에서는 필자와 독자가 개별적이고 특수한 관계에 놓여 있지 않기 때문에 '저'는 인용 발화나 예시문에서 매우 제한적으로 나타난다. 그런데 이러한 특성을 지니는 '나'와 '저'의 사용역 비율이 문어 사용역인 '소설'에서도 높게 나타나는 것은 다소 예외처럼 보인다. 하지만 '소설'에는 대화 지문이 많이 포함되어 있기 때문에 '대화'와 공유하는 특성이 매우 많고 1인칭 주인공 시점의 영향으로 '소설'에서도 1인칭대명사 '나'를 매우 일반적으로 사용한다.

〈예5.1.1-4〉 [대화]

가. A: 사고는 안 치니까. **내** 사전에 사고란 없다 B: **나두**. A: 방학 때 여행을 많이 못 다녔던 게 쫌, B: 나는 아쉬워 지금. 나는 너무 아쉬워. 나는 한 번두 안 갔어, 인간이 말이 된다고 인간이 말이 된다고 생각해? 아 **나** 진짜 이번에 진짜 그래서 되게 가구 싶었어. A: 어. B: 특히 방학인데 **내가** 여행을 안 갔잖아, 꼭 간다구 그랬단 말이야.

나. A: 아::. 시어머니야 시어머니. B: **내가** 시어머니랑 살다 보니까 **나도** 모르게 시어머니 역할을 하고 있나 봐. A: 언니 나중에 시어머니 되면 깐깐할 거 같애 B: **나** 안 깐깐해. **난** 조신해. 좋은 게 좋은 좋은 게 좋은 거라고 **내가** 니네들한테 해 준 걸 생각해 봐, B: 아니 시어머니가 되면 시어머니가 되면, 아가야 그런 게 아니란다 이러면서 연설할 거 같애 막.

다. A: 그니까 **전** 찬성도 반대도 안 합니다. B: **저도** 그래요. A: 상관이 없는 거 같애요. 투쟁부가 뭐 어감이 좀 투쟁부라 그래도 상관없고, 개혁부가 좋다면 개혁부라 해도 상관이 쫌 없는데,

라. A: **제가** 바꾼 게 있어서, B: 봐도 잘 모르니까, 바꿔도 모를 거예요. A: 추렸으니까, **제가** 말을 잘 못 해서 그냥 읽을려구, C: 아, **저랑** 같이 볼까요?

<예5.1.1-4>는 '대화'에서 '나'와 '저'가 사용되는 양상을 보인 것이다. <예5.1.1-4가, 나>에서 보듯이 '대화'에서는 대화 참여자들이 자신을 가리키기 위해 '나'를 매우 빈번하게 사용한다. <예5.1.1-4다, 라>에서 '저'는 모두 합쇼체나 해요체가 사용되는 문장에서 나타나는데 이는 화자와 청자 사이에 특별한 관계가 있을 때 '저'를 사용한다는 것을 보여 준다. 즉 상대높임법 상에서 청자를 높여야 하는 상황에서 화자는 자신을 가리키기 위해 겸양 표현인 '저'를 사용한다는 것인데, 화자인 자신을 낮추어 청자를 높인다는 것은 화자와 청자 사이에 개인적이고도 특별한 관계가 있음을 전제하는 것이기 때문이다.

〈예5.1.1-5〉 [소설]

가. "너는 알고 있어." "**나는** 아무것도 모르는데?" "네가 **나를** 누나라고 부르는 순간부터 네 호기심은 아주 괴상한 동물, 상상할 수 없을 정도로 복잡한 동물이 되고 말아." "저런, 호기심이라니…." "여자는 남자의 시선을 잘 읽어.".

나. 신애가 도대체 이것을 어떻게 받아들였을 것인지 짐작하기 어렵지 않다. 그래서 신애는, "…너희들 **나에게** 이러는 것 아니다…." 이런 말로써 **나와** 유지를 싸잡아 얽어 섭섭한 심경을 토로했을 것이고, 급기야는, "…**나는** 이래저래 슬픈 사람이야…".

다. 청년이 화풀이를 하느라고 **내** 김밥 목판을 발로 차 버렸다. 식은 밥이며 다꾸앙 나물 등속이 부엌 바닥에 너저분하게 깔렸다. **나는 내** 재산을 지키기 위해서 소리를 지르며 뛰쳐나왔지만, 어른 셋을 당할 수가 없었다. 청년의 아버지가 파출소로 가자면서 질질 끌어냈다.

라. 벽도 시커멓고 파리도 날아다니고 식탁이나 의자도 아주 낡은 것이었다. 그러니까 음식 값도 싸구려일 것이 뻔했다. 영달이와 **내가** 한 자리를 차지해 앉자 아주머니는 컵을 놓아 주고 물을 따라 주며 다시 물었다. "뭘 먹을래?" "뭘 먹을까?"

위의 예는 '소설'에서 '나'가 사용되는 양상을 보인 것이다. <예5.1.1-5가, 나>를 통해서는 소설 속의

대화 지문으로 인해 '소설'에서 '나'가 빈번히 사용된다는 것을 알 수 있고 <예5.1.1-4다, 라>를 통해서는 1인칭 주인공 시점으로 인해 '소설'에서 '나'가 빈번히 나타난다는 것을 확인할 수 있다.

복수형인 '우리'와 '저희'의 사용역 비율도 전체 1인칭대명사의 사용역 비율과 마찬가지로 '대화'에서 가장 높고 그 다음으로 '소설'에서 높게 나타난다. 복수형 '저희'는 '신문'과 '학술'에서 그 사용역 비율이 낮은 데 반해 '우리'는 '저희'와 달리 '학술'과 '신문'에서도 그 사용역 비율이 다소 높다는 것을 알 수 있다. 이에 대한 논의는 1인칭대명사의 복수를 다루는 5.1.4.1로 미루기로 한다. '저희'는 단수의 겸양 표현인 '저'의 복수형이므로 '저'와 마찬가지로 '대화'와 '소설'에서만 일반적으로 쓰이고 '신문'과 '학술'에서는 아래의 예와 같이 발화를 인용한 인용문이나 예시문에서만 제한적으로 나타난다.

〈예5.1.1-6〉

가. 장상 총리서리는 31일 국회에서 총리 임명동의안이 부결된 데 대해 "저의 부덕의 소치로 국회의 인준을 받지 못해 국정운영에 큰 어려움을 끼쳐드리게 돼 국민 여러분께 송구스럽기 그지없다"며 "국민의 대의기관인 국회의 뜻을 겸허히 수용하고 존중한다"고 말했다. [신문]

나. 사회: 와! 그거, 어떻게 재료를 구하지? 정훈: 그런 재료 많아요. 명찬: **저도** 두 개인데요, 하나는 '환경보전과 국가 경쟁력'이고요, 또 하나는 '환경오염과 윤리적 인간형'이에요. 이렇게 참주제가 정해지면, 주제문을 작성해 본다. 주제문은 글 쓰는 사람이 다루고자 하는 글의 주제를 문장으로 표현한 것이다. [학술]

다. 경부고속철도 입찰 경쟁이 한창이던 시절 경북여고 후배이자 노태우 전 대통령의 부인인 김옥숙 여사를 찾아가 식사하며 알스톰 낙찰을 부탁하자, 김 여사가 "**저희는** 너무 돈이 없어요. 대통령 임기가 얼마 안 남았는데…"라고 말해 정치자금을 마련하려고 생각했다는 것. [신문]

라. 서울의 각 구청을 통해 환경미화원 아버지를 둔 대학생 아들들에게 광고를 의뢰했지만 응하는 학생이 없어 광고를 포기할 즈음 상호 군에게서 연락이 왔다. 그는 "어려운 형편이지만 **저희** 집은 어느 집보다 행복합니다. 땀 흘려 번 정직한 돈으로 저를 키워주신 아버지를 존경합니다." 하며 광고에 응한 것이다. [학술]

<예5.1.1-6가, 나>는 '저'가 '신문'과 '학술'에서 나타나는 양상을 보인 것인데, '신문'과 '학술'에서 '저'는 <예5.1.1-6가>와 같이 화자의 발화를 직접 인용한 인용문이나 <예5.1.1-6나>와 같이 대화 예시문에서 제한적으로 나타난다. <예5.1.1-6다, 라>는 '저희'가 '신문'과 '학술'에서 나타나는 양상을 보인 것이다. 이를 통해 '저희'도 '신문'과 '학술'에서는 '저'와 마찬가지로 인용문이나 대화 예시문에서 매우 제한적으로 나타남을 알 수 있다.

기타 1인칭대명사는 대부분 '소설'에서만 나타나고 다른 사용역에서는 확인하기 힘들다. 기타 1인칭대명사는 모두 실제 발화에서는 거의 쓰이지 않고 '소설'에서 문학적 표현 효과를 위해 주로 사용되기 때문이다. 화자 자신을 낮추는 1인칭대명사 '쇤네', '시생', '소인', '소관', '과인'은 신분과 계급이 사라진 현대에는 거의 쓰이지 않고, 사극으로 구성된 소설이나 드라마, 영화 등에서만 확인할 수 있다 '소설'에서 '쇤네', '시생', '소인', '소관'이 사용된 예를 보이면 아래와 같다.

〈예5.1.1-7〉 [소설]

가. "너도 행방술이 그만하고 또한 색이라면 밤을 새워 싫다 하는 계집이 아니었으니 마음먹기 달린 것이다." "**쇤네에게** 그런 분부 내리시고 나중에 **쇤네를** 내친다면 쇤네는 어찌합니까?" "그때는 또한 그때 가보아서 조처할 일이 아니냐." "만약 **쇤네를** 면박을 하시면 정말 자문을 해버리겠습니다."

나. "자네 관상이 그러한 걸 내가 거짓 하자(瑕疵)를 하겠는가." 이에 길소개의 낯짝이 문득 쓸까스르는 품이

되어, "나으리께서는 시생의 행세를 깎자 하시나 해창거리 백성들은 **시생더러** 가위 신선이라 하더이다."
"이놈, 냉큼 물러나지 못할까. 내 어쩌다 네놈과 한통속이 되어 이 곤욕을 치르는고."

다. "내가 자네 감옥에서 끌어내었다면 다시 감옥으로 보낼 재간도 없지 않다는 것을 명심하게. 자네와 우린 잠시 이익을 위하여 면종을 하려는 것뿐 감히 한골의 상투까지 노려보아선 안 되네." "**소인의** 실언을 용서하십시오, 나으리."

라. 아전 최재걸은 약간의 전장(田庄)도 없이 잔배냉반(殘盃冷飯)의 구차함을 무릅쓰고 **소관을** 보필하여 불철주야 공사를 도왔으니 아무리 엄한 율이 있다 한들 어찌 단련(鍛鍊)을 내릴 수가 있겠습니까. 사또께서는 제발 가련히 여기시와 옥사를 푸는 대덕을 베풀어주십시오.

위의 예에서 보듯이 '쇤네', '시생', '소인', '소관'이 사용된 소설은 현대를 배경으로 하지 않고 근대 이전의 계급 사회를 배경으로 한다는 것을 알 수 있다. 이러한 대명사를 사용함에 따라 소설의 배경이 현대가 아니라 근대 이전의 계급 사회라는 것을 더욱 생생하게 표현할 수 있다. 이러한 이유로 인해 현대에는 거의 쓰이지 않는 대명사가 '소설'에서는 비교적 빈번히 나타나는 것이다. '과인'은 '소설'에서 나타나지 않고 아래의 예와 같이 역사적 주제를 다루는 '학술'에서 왕의 발화를 인용하는 부분에서 나타났다.

〈**예**5.1.1-8〉 [학술]

가. 장왕이 이상하게 여겨 묻기를 "**과인은** 덕이 부족하고 또 일찍이 그대를 특별히 대접한 적도 없었는데, 그대는 무슨 까닭으로 싸움에 나가 죽기를 두려워하지 않기를 이와 같이 하는가?" 하니 그 신하가 말하기를 "신은 죽어 마땅한 사람입니다."

나. "내가 사람들에게 술을 주어서 취하여 실례하게 하였는데, 어떻게 여인네의 조그만 정절을 드러내려고 선비를 욕보이겠는가?" 하고 좌우에게 명하여 말하기를 "오늘 **과인과** 더불어 술을 마시고도 갓끈이 끊어지지 않는 자는 좋은 일이 없을 것이오." 하니, 백여 명이나 되는 여러 신하들이 모두 급히 갓끈을 끊었다. 이윽고 불을 다시 켜고 즐거움을 다한 뒤에 잔치를 끝냈다.

5.1.2. 2인칭대명사

2인칭대명사는 담화에 참여하는 청자를 가리키는 대명사이다. 그렇기 때문에 화자와 청자가 동일한 담화 공간에 존재하고 실시간으로 발화를 주고받아서 청자가 누구인지 확인할 수 있는 대화 상황에서 사용되는 것이 일반적이지만 문어 사용역에서 독자는 대화에서의 청자에 해당하기 때문에 독자를 가리키기 위해 2인칭대명사를 사용할 수도 있다.

〈**예**5.1.2-1〉

가. 지영아 **너는** 집안일을 많이 해서 팔뚝이 두꺼운가 봐. [대화]

나. **자네가** 한 열흘간 일을 못 나오나가 간신히 얼굴이 핼쑥해 가지고 나왔을 때도 나는 총무 과장한테 **자네를** 다시 쓰자고 수없이 졸라댔었네. [소설]

다. ㅇㅇ증권 광고는 지금까지 '자산관리는 플랜마스터에 맡기고 **당신은** 인생에 투자하라'는 콘셉트로 피아노 치는 치과의사, 영화배우 하는 변호사, 경비행기 타는 건축가 등 젊은 전문직 모델을 등장시켜 왔다. [신문]

라. **여러분은** 아마도 어떤 슬픔이나 우울함에 잠겨 있을 때 나직하고 어두운 선율의 음악을 들어본 적이 있을 것이다. [학술]

<예5.1.2-1가>의 '너'는 화자가 청자인 지영이를 가리키고 있고 <예5.1.2-1나>의 '자네'는 소설 속의 대화 지문에서 소설 속의 등장인물 중의 한 명이 화자가 되어 또 다른 등장인물인 청자를 가리키고 있다. <예5.1.2-1다>의 '당신'은 광고 문구에 나타나 광고를 읽는 불특정 다수의 독자를 가리키고 <예5.1.2-1라>의 '여러분' 역시 필자가 글을 읽는 불특정 다수의 독자를 가리킨다. 이와 같이 2인칭대명사는 화자나 필자가 청자나 독자를 가리키는 데 사용된다.

연구 대상 말뭉치에서 나타난 2인칭대명사에는 '너', '당신', '자네', '그대', '댁', '이녁', '자기', '귀하', '임자', '네놈', '네년', '너희', '여러분', '제군' 등이 있다. 이 중 가장 일반적으로 사용되는 2인칭대명사는 '너'이다. '너'는 '대화'와 같은 구어 사용역에서는 '니'와 같은 구어 변이형으로 나타나는 경우가 많다. 또한 '너'는 격조사 '가'와 결합하거나 관형어로 사용될 때 관형격조사 '의'가 결합하지 않으면 '네'로 그 형태가 바뀐다. 그러나 구어 변이형 '니'는 격조사 '가'와 결합하거나 관형어로 사용될 때 관형격조사 '의'가 결합하지 않아도 그 형태가 바뀌지 않는다.

〈예5.1.2-2〉

가. **네가** 다른 여자를 만난다고 은지가 죽기라도 하리라고 생각한다면 대단한 착각이다. [소설]

나. "다 큰 기집애가 시집도 못 가고 서울에서 혼자 사는 게 얼마나 볼썽사나운지 알기나 해? 게다가 지금 경은이 결혼해야 하는데, **네** 큰아버님이 너 먼저 하기 전엔 절대 안 된다고 엄포를 놓으셨다." [소설]

다. A: 가산점 있는 회사 많어. B: 그게 어떤 어떤 회사에 어떻게 적용되는지 전혀 모르니까, A: 왜 몰라? 인터넷 가면 많이 나와 있어. **니가** 검색을 안 해 봐서 그렇지. [대화]

라. A: 나는 **니** 포인트 카드 땜에 책 사고 싶어도 안 사고 있다. B: 진짜야? [대화]

'너'는 청자의 지위가 화자의 지위와 동등하거나 화자가 청자보다 상위자일 때 사용한다.

〈예5.1.2-3〉

가. A: **너** 서울에서 안 태어났어? B: 서울에서 태어났어 왜 이래. [대화]

나. "이번 일만 하자. 그러면 나도 **니** 하는 일에는 아무 말도 않겠다. 동생들도 생각을 해 줘야 안 쓰것냐?" "어머님, 저는 이 순간까지도 내가 선택한 일에는 분명히 옳았다는 확신을 갖고 있습니다." [소설]

<예5.1.2-3가>에서 '너'는 화자가 친구 사이인 청자를 가리키기 위해 사용되었고 <예5.1.2-3 나>에서 '너'는 화자인 어머니가 청자인 아들을 가리키기 위해 사용되었다. 이를 통해, '너'는 청자의 지위가 화자의 지위와 동등하거나 화자가 청자보다 상위자일 때 사용한다는 것을 알 수 있다.

2인칭대명사는 청자를 지시하는 대명사이기 때문에 1인칭대명사와 달리 상대높임법상의 화계에 따라 다양한 종류의 대명사가 존재한다. '자네'는 하게체의 문장에서 사용되는 대명사로 서로 동등한 지위에 있는 화자와 청자가 서로를 점잖게 부를 때 사용하거나 청자보다 상위자인 화자가 청자를 약간 높여줄 때 사용할 수 있다.

〈예5.1.2-4〉

가. "아내도 자네가 집에 와서 묵는다는 걸 알고 있어. 자, 너무 늦기 전에 일어나세." 결코 내키지는 않았지만 모처럼 친구가 베풀려는 호의를 뿌리치는 것은 너무 야박한 짓이었다. [소설]

나. "옥구의 도서원 자리만 제게 주시라는 뜻입지요." "옥구는 해창이 있는 곳이라 향리들이 자못 드세다고 들었네. 그런 판에 관장의 위엄 하나로 도서원 자리를 선뜻 자네에게 넘길 수가 있겠는가?" [소설]

다. 플라톤: 자네 혹시 작년 가을에 상연된 아리스토파네스의 희극 봤나? 아리스토텔레스: 아, 〈구름〉 말입니까? [학술]

<예5.1.2-4가>는 친구 사이인 화자와 청자가 서로를 점잖게 부르기 위해 '자네'를 사용한 예를 보인 것이고 <예5.1.2-4나, 다>는 상위자인 화자가 하위자인 청자를 지시할 때 '자네'를 사용한 예를 보인 것이다. 위의 예에서 '자네'가 나타난 문장에 사용된 종결어미 '-세', '-는가', '-나'를 통해 알 수 있듯이 '자네'는 하게체에서 사용된다.

2인칭대명사 '당신'은 그 사용 양상이 다소 복잡하다. '당신'은 청자를 높여 주는 2인칭대명사로 하오체에서 사용될 수 있는데 일상 대화에서 '당신'이 하오체 문장에 사용되는 예를 발견하기 어렵다. 이는 현대국어에서 상대높임법의 4등분 체계가 잘 지켜지지 않기 때문일 것이다. 일상 대화에서 '당신'이 청자 높임의 의미를 지닐 때는 주로 부부간이나 연인 사이에서 상대방을 가리킬 때 해요체 문장에 사용되는 경우에 해당되고 그 이외에는 오히려 잘 모르는 청자를 낮추어 가리키는 데 사용된다. 한편 '당신'은 문어 사용역에서 필자가 불특정 다수의 독자를 지시할 경우에도 사용되는데 이때는 높임이나 낮춤의 의미가 느껴지지 않는다.

〈예5.1.2-5〉

가. "우리는 절차에 따라 조사를 하고, 법이 정한 대로 처리할 뿐이오. 피의자 조서를 받을 테니 당신은 통역이나 하시오." [소설]

나. 담배를 다 피운 남편은 말한다. "뭐라고 말했지?" "당신 아이를 가졌고 내가 이혼에 동의를 안 해줘서 당신이 이혼할 수 없다고 하더군요." [소설]

다. 그 사람이 사무실 완전 죽치구, 다 휘젓는다니까. 신문이 이래야 되고 저래야 되고, 그러니까 편집장이 열 받아 가지고, 당신이 뭘 알아 이럴 정도야. [대화]

라. "이 아줌씨가 왜 이래? 언제 내가 때렸어? 난 몰라. 누가 때렸는지 어떻게 알아? 이봐, 김기식! 언제 내가 당신 쳤어?" 남편은 아무 말도 하지 않았다. [소설]

마. 가령 당신 속에 예술적 재능이 있다 하자. 그 뛰어난 재능도 아직은 추상적 가능성일 뿐이다. 가능성을 실현하려면 그걸 밖으로 끄집어내, 그림 속에 옮겨 놓아야 한다. [학술]

바. '당신 곁에 훌륭한 지도자가 있나 살펴 주십시오. 지사 후보를 모집합니다.' 작년 말 후쿠오카에서 발행되는 모든 신문에 이런 광고가 실렸다. [학술]

<예5.1.2-5가>의 '당신'은 하오체 문장에서 화자가 잘 모르는 청자를 다소 높여 주기 위해 사용된 것이고 <예5.1.2-5나>의 '당신'은 해요체 문장에서 화자인 아내가 청자인 남편을 다소 높여 주기 위해 사용된 것이다. <예5.1.2-5다, 라>는 '당신'이 분쟁이나 갈등이 있는 상황에서 화자가 청자를 낮추어 가리키기 위해 사용된 경우를 보인 것이다. <예5.1.2-5마, 바>는 '당신'이 불특정 다수의 독자를 지시하는 데 사용된 예를 보인 것이다.

2인칭대명사 '그대'는 하게체나 하오체가 사용되는 상황에서 사용되는데 화자와 청자가 서로 동등한 지위에 있거나 청자가 아랫사람인 경우, 청자를 높여 지시할 때 사용된다. 그러나 '그대'는 일상 대화에서 거의 사용되지 않으며 문학 작품이나 시적 표현, 편지글, 의고적인 문체의 글에서 제한적으로 사용된다.

〈예5.1.2-6〉

가. 보고픈 친구에게. 편지를 보냈는데도 일자 소식을 주지 않는 무정한 **그대를** 생각하면 나는 또 펜을 들었네. [소설]

나. 이로써 동인문학상 후보작은 6월까지 백민석 소설집 '장원의 심부름꾼 소년', 오수연 연작장편 '부엌', 김형경 장편 '사랑을 선택하는 특별한 기준', 이병천 소설집 '홀리데이', 한강 장편 '**그대의** 차가운 손', 권지예 소설집 '꿈꾸는 마리오네뜨', 강영숙 소설집 '흔들리다', 민경현 소설집 '붉은 소묘'를 포함, 모두 10작품이 됐다. [신문]

다. 공연은 새 음반의 수록곡 '새아침', '코스모스', '대한민국' 외에 '행진', '매일 **그대와**', '돌고 돌고 돌고' 등. [신문]

라. 나의 나이는 실로 그대보다 많으나 "덕망도 나보다 높고 재주도 나보다 낫다"는 **그대의** 말을 어떻게 감당하겠소. [학술]

마. 장왕이 이상하게 여겨 묻기를 "과인은 덕이 부족하고 또 일찍이 특별히 대접한 적도 없었는데, **그대는** 무슨 까닭으로 싸움에 나가 죽기를 두려워하지 않기를 이와 같이 하는가?" [학술]

<예5.1.2-6가>의 '그대'는 필자가 친구에게 편지를 쓰면서 독자인 친구를 높이기 위해 사용된 것이다. <예5.1.2-6나, 다>는 소설이나 노래의 제목과 같은 시적 표현에 '그대'가 사용된 것을 보인 것이고 <예5.1.2-6라, 마>는 의고적 문체의 글에서 화자가 청자를 높이기 위해 '그대'를 사용한 것을 보인 것이다.

'그대'와 마찬가지로 '댁', '귀하', '이녁', '임자', '자기' 등도 일반적으로 잘 사용되지 않는 2인칭대명사이다. '댁'은 서로 친근하지 않은 화자와 청자가 지위가 서로 비슷하거나 화자가 청자보다 지위가 높을 때 사용한다. '귀하'는 보통 공적인 상황에서 청자를 높여서 지시할 때 사용하는데, 공적인 편지글에서 주로 사용된다. '임자'는 나이가 지극한 부부나 연인 사이에서 서로를 부를 때 사용되거나 나이가 비슷한 상대나 아랫사람을 높여 부를 때 사용된다. '이녁'은 화자가 청자를 조금 낮추어 부를 때 사용된다. '자기'는 본래 재귀대명사이지만 일상 대화에서 연인 사이나 매우 친밀한 사이에서 청자를 가리킬 때 사용되기도 한다.

〈예5.1.2-7〉

가. "아참, **댁이** 아까 언덕 위의 하얀 집에서 깽깽이 켜던 사람입니까?" 깽깽이라는 소리에 수혜는 살며시 남자를 향해 눈을 흘겼다. "깽깽이가 아니라 바이올린이에요." [소설]

나. 역사가 놓여지고 철로가 부설되는 동안에 할아버지의 물심양면의 노고는 이후로도 대단한 빈축거리가 되었지마는 일본인들을 감동시키기에 충분했고, 그 감동의 결과로 개통식 때 참석한 관리가 금송을 두 그루 주었다. **귀하의** 충성심이 어떻구, 황국신민이 어떻구 하는 사족을 길게 붙여가면서. [소설]

다. "도사공이나 행수선인 만나서 수작을 터볼 것이니 **이녁들은** 곁에서 훈수나 들어주시우." [소설]

라. "새벽바람부터 창피하게 삼이웃 들깨우지 말라구. 반년 동안 몸보신하여 **임자에게다** 죄다 쏟아부었으면 나로

봐선 이만저만한 손재수가 아니지 않은가. 집에 가면 여편네한테 또 당할 판여, 그러지 말라구." [소설]

마. A: 끝나면 오빠 오빠한테 녹음해 녹음해 달라고 그래야지 치사하게? 아. B: **자기야**? A: 지영이가 굉장히 본격적으로 투자해. B: 아:: [대화]

한편, '네놈'과 '네년'은 청자를 하대하여 지시하는 2인칭대명사로 청자를 욕하거나 비하할 때 쓰는 비속한 표현이다.

〈예5.1.2-8〉 [소설]

가. 얼마 전부터 **네놈이** 수상하다고 생각했어. 외출해서 돌아와 보면 꼭 누가 들어왔다 나간 자취가 느껴졌거든. 없어진 물건도 있었고.

나. 헛 그년, 죽겠다는 년이 말도 많다. **네년** 주제에 이승의 미련이 무엇 많다고 그렇게 주저하느냐? 저승길이 멀 터인데 저녁 요기는 든든히 하였느냐?

지금까지 살펴본 바와 같이 2인칭대명사는 청자를 지시하는 대명사이기 때문에 상대높임법상의 화계에 따라 그 형태가 달리 쓰인다. 그런데 아주 높임인 합쇼체에서 사용될 수 있는 2인칭대명사가 없다는 것을 발견할 수 있다. 이와 같이 합쇼체에 사용될 수 있는 2인칭대명사가 없기 때문에 합쇼체를 사용해야 하는 상황에서 청자를 지시할 때에는 2인칭대명사를 쓰지 않고 호칭이나 직함 등에 존칭의 접미사 '-님'이 결합한 형태를 이용하는 것이 일반적이다. 이에 대해서는 2인칭대명사 대체 표현에 대해서 다루는 5.1.5.1에서 자세히 논의할 것이다.

'너희', '여러분', '제군'은 복수형 2인칭대명사이다. '너희'는 청자가 화자보다 아랫사람이거나 청자가 화자와 동등한 지위에 있을 때 사용할 수 있다. '여러분'은 불특정 다수의 청자를 높여 가리킬 때 사용하는데, 주로 격식적인 사용역에서 불특정 다수의 독자나 청자를 가리킬 때 사용한다. '제군'은 학생들이나 군인들을 다소 높여 부를 때 사용하는데 매우 의고적인 문체의 글에서 제한적으로 나타난다. 이러한 복수형 2인칭대명사에 대해서는 2인칭대명사의 복수를 다루는 5.1.4.2에서 자세히 논의하기로 한다.

말뭉치 계량 결과 제시1

1. 전체 2인칭대명사별 사용 비율: 너 〉 당신 〉 자네 〉 너희 〉 여러분 〉 그대 〉 기타
   (※ 기타: 네놈, 네년, 댁, 임자, 제군, 귀하, 자기, 이녁)

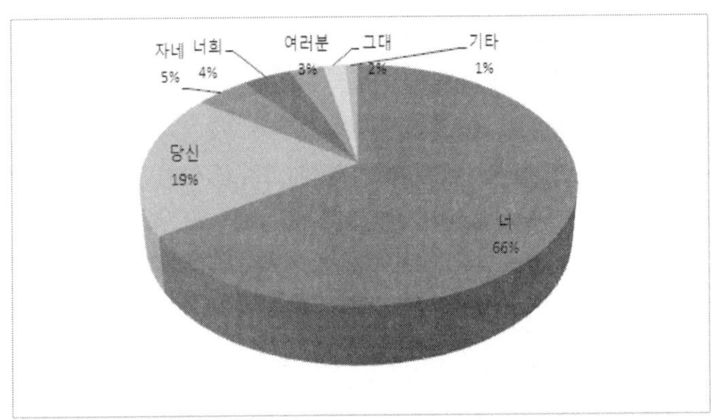

<그래프5.1.2-1> 전체 2인칭대명사별 사용 비율

2. 사용역에 따른 2인칭대명사별 사용 비율

대화: 너 〉 당신 〉 여러분 〉 자네 〉 그대 (※ 기타: 자기)

소설: 너 〉 당신 〉 자네 〉 너희 〉 그대 〉 여러분 (※ 기타: 네놈, 네년, 임자, 댁, 귀하, 이녁)

신문: 당신 〉 너 〉 여러분 〉 너희 〉 그대 〉 자네 (※ 기타: 댁)

학술: 여러분 〉 너 〉 당신 〉 자네 〉 그대 〉 너희 (※ 기타: 제군)

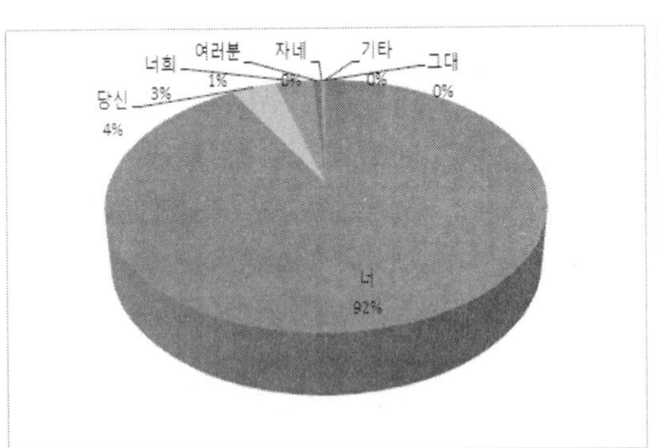

<그래프5.1.2-2> '대화'의 2인칭대명사별 사용 비율

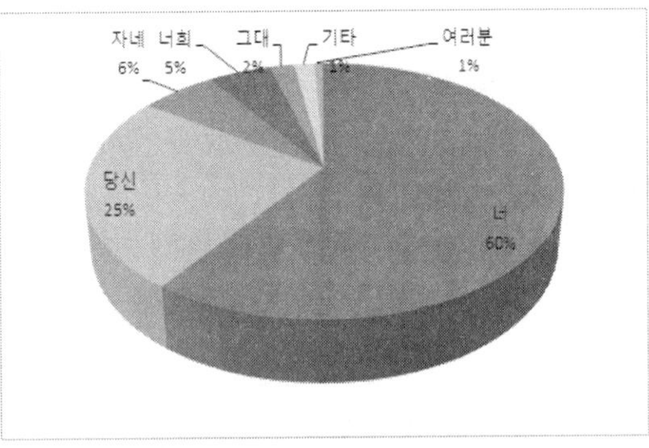

<그래프5.1.2-3> '소설'의 2인칭대명사별 사용 비율

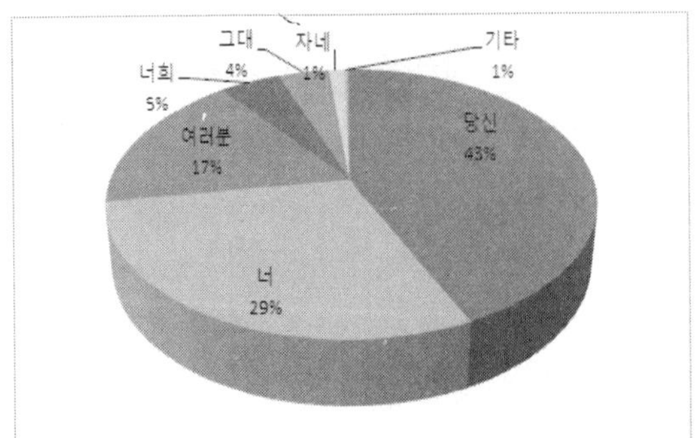

<그래프5.1.2-4> '신문'의 2인칭대명사별 사용 비율

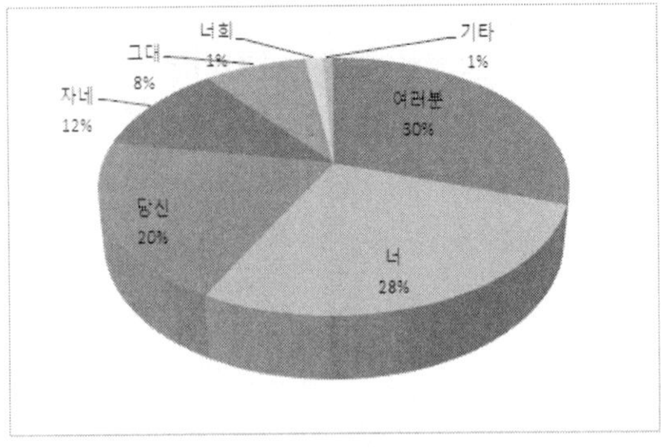

<그래프5.1.2-5> '학술'의 2인칭대명사별 사용 비율

말뭉치 계량 결과에 대한 논의1

전체 말뭉치에서 나타나는 2인칭대명사별 사용 비율을 살펴보면 '너'가 66%로 2인칭대명사의 전체 사용 비율의 절반 이상을 차지하고 있다. '너' 다음으로 사용 비율이 높은 2인칭대명사 '당신'의 사용 비율은 19%로 '너'와 '당신'의 사용 비율이 전체 2인칭대명사의 사용 비율에서 약 85%나 차지한다. '너'와 '당신' 이외의 나머지 2인칭대명사들은 그 사용 비율이 매우 낮은 편이다. 여기서 '기타'는 전체 말뭉치에서 사용 빈도 50 미만의 저빈도 형태를 하나로 묶어 제시한 것으로 '네놈', '네년', '댁', '임자', '제군', '귀하', '자기', '이녁' 등이 '기타'에 포함된다. 이들 기타 형태는 사용역에 따른 사용 비율에서도 '기타'로 처리하였다.

사용역에 따른 2인칭대명사별 사용 비율을 살펴보자. 먼저 '대화'에서 나타나는 2인칭대명사별 사용 비율을 살펴보면 '너'의 사용 비율이 90% 이상으로 압도적으로 높다는 것을 확인할 수 있다. 이와 같이 '대화'에서 '너'의 사용 비율이 압도적으로 높은 것은 '너'가 가장 일반적인 2인칭대명사이고 '대화' 말뭉치가 거의 대부분 20대 친구들 간의 일상 대화로 구성되어 있기 때문이다. '소설'에서도 '너'의 사용 비율이 가장 높기는 하지만 '당신'의 사용 비율도 25%로 비교적 높은 편이고 다른 2인칭대명사들도 '대화'에 비해 그 사용 비율이 높은 편이다. '소설'은 대화 지문을 포함하고 있기 때문에 '대화'와 같이 2인칭대명사 중 가장 일반적으로 사용되는 '너'의 사용 비율이 높게 나타난다. 하지만 '소설'은 문학 장르이기 때문에 표현적 효과를 위해 일상 대화에서는 잘 사용되지 않는 다양한 형태의 2인칭대명사를 사용하는데 이로 인해 '대화'와 달리 '너' 이외의 2인칭대명사도 사용 비율이 비교적 높게 나타나는 것이다.

2인칭대명사는 거의 대부분 '대화'와 '소설'에서 사용되고 '신문'과 '학술'에서는 그 사용역 비율이 매우 낮다(5.1 도입부의 <그래프5.1-6> 참고). 그러나 뒤에서 살펴볼 5.1.4.2의 <그래프5.1.4.2-1>에서 알 수 있듯이 '신문'과 '학술'은 다른 사용역에 비해 복수의 2인칭대명사의 사용역 비율이 높게 나타난다. 즉, '신문'과 '학술'에서는 2인칭대명사가 주로 복수형을 이루어 사용되는 것이다. 따라서 '신문'과 '학술'에서 나타나는 2인칭대명사의 사용 양상은 위에서 제시한 말뭉치 계량 결과보다는 복수의 2인칭대명사의 사용 양상을 고려할 필요가 있기 때문에 '신문'과 '학술'에서의 2인칭대명사의 사용 양상은 2인칭대명사의 복수를 다루는 5.1.4.2에서 보다 자세히 다루기로 한다. 다만 '신문'과 '학술'은 '대화'나 '소설'과 달리 '너'의 사용 비율이 낮게 나타난다는 것은 특징으로 지적할 수 있는데 이는 이들 사용역이 격식적인 사용역이고 불특정 다수의 독자를 대상으로 하는 공적인 사용역이기 때문이다. '신문'과 '학술'에서는 청자에 해당되는 독자를 가리키기 위해서 필자와 독자를 아울러 지시하는 '우리'를 쓰거나(5.1.4.1 참고) 불특정 다수의 청자를 높여 가리키는 '여러분'을 쓰는 것이 일반적이다(5.1.4.2 참고). 그럼에도 불구하고 '신문'과 '학술'에서 '너', '너희', '그대', '자네' 등의 2인칭대명사가 나타나는 것은 아래의 예와 같이 인용문이나 예시문 등의 영향에 의한 것이다.

〈예5.1.2-9〉

가. 이 군은 어머니가 동네 아주머니들과 어울려 길거리에서 팔을 하늘로 뻗치며 TV에서 자주 보는 시위라는 것을 하고 돌아와 "임대 아파트 분양권만 받으면 **너도** 어깨 펴고 학교 다닐 수 있다"고 하시는 말에 희망이 생겼었다. [신문]

나. 곁에 있던 강아름(12) 양은 "어른들의 욕심으로 고통받는 **너희들**, 어떻게 지내고 있니? 텔레비전에서 너희들 모습을 보면서 가슴이 아팠어. 너네도 전쟁이 싫지? 꿈을 잃지 마"라고 썼다. [신문]

다. 라파엘로: 고매하신 두 분, 도대체 어딜 가시는 겁니까? 플라톤: **그대는** 누군데 함부로 길을 막는가? [학술]

라. 자공이 대답했다 "**자네는** 옥돌을 보배라고 말하지만, 나는 그것을 받지 않는 것을 보배라고 생각하네." 노자의 철학에서는 세상에서 추구하는 가치들이 모두 값진 것이 아닙니다. [학술]

말뭉치 계량 결과 제시2

- 2인칭대명사별 사용역 비율

너: 대화 〉 소설 〉 학술 ≧ 신문

당신: 소설 〉 대화 〉 신문 ≧ 학술

자네: 소설 〉 학술 〉 대화 〉 신문

너희: 소설 〉 대화 〉 신문 ≧ 학술

여러분: 학술 〉 신문 〉 소설 ≧ 학술

그대: 소설 〉 학술 〉 신문 〉 대화

기타: 소설 〉 학술 ≧ 대화 ≧ 신문

(※ 기타: 네놈, 네년, 댁, 임자, 제군, 귀하, 자기, 이녁)

	대화	소설	신문	학술
너	■■■■■■■■ ■■■▪	■■■■■■■▪	▪	▪
당신	■■▪	■■■■■■■■ ■■■■■■■	■▪	■▪
자네	▪	■■■■■■■■ ■■■■■■■■	▪	■■■
너희	■■■■■■■▪	■■■■■■■■ ■■■▪	▪	▪
여러분	■■▪	■■▪	■■■▪	■■■■■■■■ ■■■▪
그대	▪	■■■■■■■■ ■■■■■▪	■▪	■■■■■
기타	▪	■■■■■■■■ ■■■■■■■■ ■■▪	▪	▪

<그래프5.1.2-6> 2인칭대명사별 사용역 비율

(■ 5%, ▪ 5% 미만)

말뭉치 계량 결과에 대한 논의2

2인칭대명사별 사용역 비율을 살펴보면 '너'와 '여러분'을 제외한 나머지 2인칭대명사들은 모두 '소설'에서 가장 많이 사용된다는 것을 알 수 있다. '너'가 '소설'보다 '대화'에서 더 많이 사용된다는 것은 앞서 살펴본 '대화'와 '소설'에서의 2인칭대명사 사용 비율을 통해서도 어느 정도 짐작할 수 있었다. '여러분'은 '학술'에서 사용역 비율이 가장 높은데 거의 대부분의 2인칭대명사가 '대화'나 '소설'에서 사용역 비율이 가장 높다는 사실에 비추어 볼 때 이는 매우 특징적이라 할 수 있다. '여러분'은 공적인 상황에서 화자나 필자가 다수의 청자나 독자를 높여 가리킬 때 사용하는 2인칭대명사이다. '학술'은 불특정 다수의 독자를 대상으로 하는 공적인 사용역이므로 독자를 가리키기 위해 '여러분'을 사용하는 경우가 많은데 이로 인해 '여러분'의 사용역 비율이 '학술'에서 가장 높게 나타난다. '여러분'의 사용역 비율과 이에 대한 논의는 복수의 2인칭대명사를 다루는 5.1.4.2에서 자세히 제시할 것이다.

'너'와 '여러분'을 제외한 다른 2인칭대명사들은 모두 '소설'에서 사용역 비율이 가장 높다. 이는 '소설'이 문학 장르로서 표현적 효과를 중시하는 사용역이기 때문이다. '대화'에서는 '너' 이외의 다른 2인칭대명사가 잘 쓰이지 않지만 '소설'에서는 문학적 표현 효과를 위해 일상 대화에서는 잘 쓰이지 않는 2인칭대명사도 다양하게 사용된다. 이러한 양상은 '기타'의 사용역 비율에서 가장 잘 드러난다. '기타'에 포함된 '네놈', '네년', '임자', '댁', '귀하', '이녁' 등은 거의 대부분 '소설'에서만 나타는데 이들 2인칭대명사는 비속한 표현이거나 의고적인 표현이고 사용역의 제약을 심하게 받기 때문에 일상 대화뿐만 아니라 일반적인 문어 사용역에서도 잘 쓰이지 않고 소설과 같은 문학 작품에서 사건의 생생한 묘사나 문체적 효과를 위해서 주로 사용된다.

5.1.3. 3인칭대명사

3인칭대명사는 화자와 청자가 아닌 제3의 인물을 가리키는 대명사이다. 3인칭대명사는 '그'를 제외하고 나면 독자적 형태가 없다. 사실 '그'도 지시대명사에 그 기원을 둔 것으로 독자적으로 3인칭대명사로 발달한 형태라고 보기 어려우며 '그녀'는 '그'에 접미사 '-녀'가 결합된 것으로 볼 수 있다.

'그'와 '그녀'를 제외한 3인칭대명사는 대개 지시관형사 '이/그/저'와 사람을 가리키는 (의존)명사 '자', '분', '이', '놈', '년', '아이' 등이 결합한 복합 구성을 이룬다. '얘', '걔', '쟤'는 원래 '이 아이', '그 아이', '저 아이'의 축약형으로 <표준국어대사전>에 3인칭대명사로 등재되지 않았다. 그러나 이들은 구조적 측면에서 복합 구성을 이루는 3인칭대명사와 동일할 뿐만 아니라 어린 아이만을 가리키는 것이 아니라 일반적인 사람을 포괄적으로 가리키는 데까지 의미적 추상화를 겪었다. 또한 복수 표현 양상에 있어서도 통사적 구성인 '이 아이', '그 아이', '저 아이'와는 다른 양상을 보인다(5.1.5.3 참고). 따라서 여기서는 '얘', '걔', '쟤'를 3인칭대명사로 보고 논의에 포함한다. 복합 구성의 3인칭대명사는 지시관형사 '이/그/저'를 포함하고 있기 때문에 지시사가 가진 속성을 그대로 지닌다. 즉 이들 3인칭대명사는 '그'나 '그녀'와 달리 지시대명사와 마찬가지로 문맥 지시 기능뿐만 아니라 현장 지시의 기능도 지니고 있어서 발화 현장의 지시 대상을 가리킬 때 지시 대상이 화자와 가까이 있는 경우에는

'이' 계열이, 지시 대상이 화자에게서 멀고 청자에게 가까우면 '그' 계열이, 지시 대상이 화자와 청자에게서 멀리 있는 경우에는 '저' 계열이 사용된다. 이 외에도 일반적으로 사용되지는 않지만 '궐녀', '궐자'와 같이 한자어로 된 3인칭대명사도 있다. 연구 대상 말뭉치에서 나타난 3인칭대명사의 목록을 보이면 아래와 같다.

그, 그녀, 이분, 그분, 저분, 이이, 그이(그니), 저이, 이자, 그자, 저자, 이치, 그치, 저치, 이놈, 그놈, 저놈, 이년, 그년, 저년, 얘, 걔, 쟤, 궐녀, 궐자, 그네

'그'는 3인칭대명사 중 가장 일반적으로 사용된다. '그'는 지시 대상에 대한 높임이나 낮춤의 의미가 없고 그 의미가 무표적이기 때문이다. 그러나 '그'는 3인칭대명사가 발달하지 않은 한국어에서 인위적으로 만들어진 것이기 때문에 일상 대화에서는 거의 사용되지 않고 주로 문어 사용역에서만 사용된다. '그'는 3인칭의 남성을 지시하는 데 주로 사용되고 '그녀'는 3인칭의 여성을 가리키는 데 사용된다. '그'가 모든 문어 사용역에서 일반적으로 사용되는 데 반해 '그녀'는 문어 사용역에서 사용되기는 하지만 소설과 같은 문학 작품에서만 주로 사용된다.

〈예5.1.3-1〉

가. 예리는 초대되지 않은 낯선 이탈리아 노인들의 파티에서 쑥스러운 듯 어정쩡한 선우의 스텝에 발맞추며 **그의** 귀에 대고 말했었다. [소설]

나. 이번 포스트시즌에서 호투하는 앤더슨을 좀 더 일찍 쓰는 활용법을 권하고 싶다. 어차피 벼랑 끝 승부라면 **그의** 활용법에 변화가 필요하다. [신문]

다. 왕립 학회 초기의 실험 활동은 거의 전적으로 후크의 개인적 노력에 힘입었지만 **그가** 활동을 멈춘 1680년대에 와서도 학회의 실험활동은 중단되지 않았다. [학술]

〈예5.1.3-2〉 [소설]

가. 다비는 그 사람이 누구인지 확인하려고 고개를 돌리지 않았다. **그녀** 자신의 가슴속을 후비는 아련한 통증을 수습하기에도 벅찼기 때문이다.

나. 완은 미처 **그녀가** 피할 새도 없이 어깨를 한 팔로 감싸 안았다. "싫어요." 여경은 단호하게 그의 팔을 뿌리쳤다.

<예5.1.3-1, 2>에서 확인할 수 있듯이 '그'는 3인칭의 남성을, '그녀'는 3인칭의 여성을 가리키는 데 사용된다. 그러나 '그'가 항상 3인칭의 남성을 가리키는 것만은 아니다.

〈예5.1.3-3〉 [신문]

가. 김 씨는 중국 돈 4천 위안(60만원)에 팔려 시골 마을로 시집을 갔다. **그는** 전과 7범이던 중국 남편에게 학대를 당하다 남편이 범죄를 저질러 구속된 사이 탈출했다.

나. 57년 이화여대 영문과를 졸업한 후 걸스카우트연맹 간사로 사회에 첫 발을 디딘 **그는** 그 후 죽 청소년-여성 단체에서 보수직이든 무보수일이든 가리지 않고 일했다.

다. 당시 12살이던 **그는** 큰집에 맡겨졌지만, 곧 세 자매와 함께 큰집을 나와야 했다. "남동생만 두고 나가라"는 말 때문이었다.

라. 숙명여대 정외과를 나온 **그는** 대학가요제에 출전, '산 너머 저 멀리'란 노래를 취입하기도 한 재주꾼으로, 별정직 공무원이 되면서 수입이 3분의 1로 줄었지만 '봉사'라는 새로운 일이 큰 보람이라고 말한다.

문맥을 확인해 보면 위의 예에서 '그'는 모두 여성을 가리킨다는 것을 알 수 있다. 이와 같이 성별을 구별하지 않고 3인칭의 인물을 중립적으로 지시하는 예는 주로 '신문'에서 나타난다. 이러한 양상은 한국어에서 성 범주가 문법적으로 구분되지 않기 때문에 대명사의 남성형과 여성형의 분화가 제대로 자리 잡지 못하고 있음을 보여주는 것이라 하겠다.

'이분', '그분', '저분'은 지시관형사 '이/그/저'에 의존명사 '분'이 결합한 3인칭대명사이고 '이이', '그이', '저이'는 지시관형사 '이/그/저'에 의존명사 '이'가 결합한 3인칭대명사이다. 이들 3인칭대명사는 모두 지시하는 인물을 높일 때 사용한다. '분' 계열의 3인칭대명사가 '이' 계열의 3인칭대명사보다 '높임'의 의미가 더 강한데 '분' 계열의 3인칭대명사는 화자가 잘 모르는 지시 대상 인물을 높이기 위해 주로 사용된다. '이' 계열 3인칭대명사는 잘 모르는 인물을 지시할 때에는 잘 사용되지 않으며 주로 여자가 자신의 애인이나 남편을 친근하게 지시할 때 사용된다.

〈예5.1.3-4〉

가. A: 근데 제사는 확실히 **그분** 핏줄들만 와서 하는 거 아니야, B: 그치 A: **그분** 직접적으루 애기라두 듣구, 어떤 분이었다 알구 가는 건데. 근데 그::~ 뭐야 기독교에서 하는 거는 뭐랄까 정이 안 간다 그럴까 그런 느낌 많이 받아. [대화]

나. 여기 강선애 선생님 보세요. **이분은** 유수 여성지에서 기사를 쓰던 기자님이셨어요. [소설]

다. "하지만 아버지, **그이는** 오늘 바빠서......" "결혼할 여자 아버지가 보자는데 뭐가 바빠? 당장 불러." [소설]

라. "아이고, 또 시작이다. 두 번만 더 들으면 백 번째네요, 그 얘기. **이이는** 한국에서 손님만 오시면 꼭 이래요." 성게와 멍게를 합친 것처럼, 불긋한 빛깔의 털 같은 돌기로 뒤덮인 과일을 쟁반에 내오던 기섭의 아내가 타박했다. [소설]

<예5.1.3-4가>에서는 화자가 '고인'을 높여 가리키기 위해 '그분'을 사용하였고 <예5.1.3-4나>에서 화자가 현장에 있는 '기자'를 높여 가리키기 위해 '이분'을 사용하였다. <예5.1.3-4다, 라>는 모두 여성 화자가 자신의 애인이나 남편을 가리키기 위해 '그이', '저이'를 사용하고 있음을 보여 준다.

'이자', '그자', '저자'와 '이치', '그치', '저치'는 지시관형사 '이/그/저'에 의존명사 '자'와 '치'가 결합한 3인칭대명사이다. 이들 3인칭대명사는 3인칭의 인물을 조금 낮추어 가리킬 때 사용한다.

〈예5.1.3-5〉 [소설]

가. "농담으로 한 말일세만 그 위인의 거동을 보아하니 행사가 교활해서 사람을 속이고 대중을 현혹시키는 재주가 여간 아니라는 생각이 들더군. 거기다가 부랑배들과 결교(結交)까지 하게 되면 장차 폐단을 저지를 위인이 틀림없지. 자네와 같은 어리보기가 **그자와** 동사한다면 까딱했다간 모해를 입을 것이니 그 점 명심하게."

나. **저자가** 다중이 모인 술자리에서 우리 국가를 모독했기 때문에 시비가 벌어진 것이고, 여기에 온 다음에도 시종 우리나라의 해방을 위해서 투쟁한 열사와 용사들을 모욕했소.

다. 도대체 귀신 씨나락 같은 말들만 잔뜩 써 놓고 무슨 대단한 일이나 한 것처럼 떠드는 것을 보면 기가 막혀서 난 네가 그런 떼거지들과 한통속이 되어 시답잖은 말의 유희나 즐기는 꼴은 볼 수가 없으니까 앞으로는 시 따위는 쓰지도 말고 **그치들과는** 발을 끊으라구.

<예5.1.3-5가>에서 화자는 3인칭의 인물에 대해 부정적으로 평가하고 있음을 알 수 있는데, 이때 '그자'를 사용하여 3인칭의 인물을 낮추어 지시하고 있는 것을 확인할 수 있다. <예5.1.3-5나>에서는 화자가 자신의 무리에 시비를 건 인물을 낮추어 가리키기 위해 '저자'를 사용하고 있음을 알 수 있다. <예5.1.3-5다>에서도 역시 화자는 3인칭의 인물들을 부정적으로 평가하고 '그런 떼거지들'이라고 낮추어 표현하고 있는데, 이때 이들을 '그치들'로 낮추어 가리키고 있다.

'이놈', '그놈', '저놈'과 '이년', '그년', '저년'은 각각 지시관형사 '이/그/저'와 '놈'과 '년'이 결합한 3인칭대명사이다. 이들 3인칭대명사는 지시하는 인물을 비속하게 가리킬 때 사용하는데 '년' 계열의 3인칭대명사가 '놈' 계열의 3인칭대명사보다 비속성의 의미가 더 강하다(3.3 참고).

〈예5.1.3-6〉

가. A: 우리 오빠 티티엘 카드를 안 썼단 말이야 한 번두. 그래서 내가 명의 변경을 할려구 아빠한테 허락까지 받았다? 근데 **이놈이** 절대 그럴 수 절대 그럴 수 없대 자기가 이번부터 쓸 거래 인제. [대화]

나. "어째 그런 악독한 놈들하고 원수를 맺었수?" 석기가 만수의 팔을 붕대로 감으며 물었다. "젠장, **저놈들은** 뒷배경만 믿고 겁 없이 설치는 놈들인 줄 알았어야지." [소설]

다. "야, **이년아** 너도 한심하다." [소설]

라. "**저년이** 정신이 돌아부렀는가비. 워어리, 저년 저 억지소리 허는 년 가서 콱 물어부라." [소설]

'얘', '걔', '쟤'는 '이 아이', '그 아이', '저 아이'가 축약된 형태이다. 그러나 앞서 언급하였듯이 이들 3인칭대명사는 의미적 추상화를 겪었기 때문에 어린 아이만을 가리키는 것이 아니라 일반적인 사람을 두루 가리킨다. '얘', '걔', '쟤'는 주로 구어 사용역에서 사용되며 지시 대상 인물의 지위와 화자의 지위가 동등하거나 지시 대상 인물의 지위가 화자의 지위보다 낮고 화자와 지시 대상 인물의 관계가 비교적 친밀할 때 주로 사용된다.

〈예5.1.3-7〉 [대화]

가. 내 동생보러 그 영화 한번 봐라 그랬더니 그걸 봤더니, **얘가** 눈물을 막 흘리는 거야 그 질질,

나. A: 세현이두 그런다구, B: 세현이두 그런다구? C: **걔** 잃어버린 거 있어?

다. A: 되게 내가 상처를 일학년 때 받았던 게, 그 같이 노는 애 중에 한 명이 딴 사람한테 얘기하는 걸 내 귀에 들어온 거였어 **쟤** 진짜 짜증난다구:: B: 어, A: 지네 집에 돈이 지네 집에 돈이 없으면 얼마나 없다구 맨날 가난하다 그러냐구 그런 얘길 한 거야.

위 예를 통해, '얘', '걔', '쟤'가 화자보다 지위가 낮은 동생이나 화자와 지위가 동일한 친구를 친밀하게 지시하기 위해 사용된다는 것을 확인할 수 있을 뿐만 아니라 이들 3인칭대명사가 가리키는 인물이 어린 아이에 한정되는 것이 아니라는 사실도 확인할 수 있다.

'궐녀', '궐자', '그네'는 소설과 같은 문학 작품에서만 제한적으로 나타나는 3인칭대명사이다. '궐녀'는 3인칭의 여성을, '궐자'는 3인칭의 남성을 지시한다. '궐녀(厥女)'와 '궐자(厥者)'는 의고적인 한자어 대명사이기 때문에 소설에서도 매우 제한적으로 나타난다. '그네'는 '그'에 복수 접미사 '-네'가 결합한 3인칭대명사로 복수의 3인칭을 가리킬 때 사용된다. '그네'는 복수의 3인칭대명사이지만 단독으로 복수의 인물을 지시하는 경우는 드물고 단수의 3인칭대명사와 동일하게 복수의 접미사 '-들'과 결합하

여 복수를 나타내는 것이 일반적이다(5.1.4.3 참고).

〈예5.1.3-8〉 [소설]

가. 길소개가 **궐자를** 가까이로 주질러 앉히고 귀엣말로 무엇인가 당부하는 것이었고, **궐자도** 몇 번인가 상툿고를 주억거리는 것이었다.

나. 헤어진 지 십수 년이 지난 동기간이라 하나 **궐녀는** 첫눈에 봉삼을 알아볼 수 있었다.

다. 석양 무렵만 되면 **그네들은** 잃었던 생기를 되찾고 갑작스레 입들이 걸쭉해지면서 어느새 여자 본래의 모습으로 재빨리 돌아오는 것이었다.

지시관형사 '이/그/저'와 (의존)명사가 결합한 복합 구성의 3인칭대명사는 본래부터 3인칭대명사였던 것이 아니기 때문에 3인칭의 인물이 아니라 1인칭대명사나 2인칭대명사처럼 화자나 청자를 가리키는 경우도 있다.

〈예5.1.3-9〉 [소설]

가. "내가 너 같은 자식을 낳고서도 미역국을 먹었으니. 아이구, **이년의** 팔자야."

나. 우리 팔자 기박하여 어부 놈이 되었구나. **이놈** 팔자 기박하여 정처 없이 다니다가 아차 실수하고 보면 부모처자 못 보고 수중고혼 되나 보다.

〈예5.1.3-10〉 [소설]

가. 내가 **이놈아**, 너한테 죄송하다는 소리 듣자고 이러는 것 같으냐?

나. 야! **이년아** 너도 한심하다.

다. "아빠 왜 난 자꾸 무섭구 나쁜 꿈을 꾸지? 무서워……" "**얘야**, 꼭 꿈속에서만 나쁜 꿈을 꾸는 건 아니란다. 평생의 삶이 나쁜 꿈인 사람도 있단다."

<예5.1.3-9가, 나>의 '이년'과 '이놈'은 화자가 스스로를 낮추어 가리키는 것이고 <예5.1.3-10가, 나, 다>의 '이놈', '이년', '얘'는 모두 청자를 낮추어 가리키는 것이다. 이와 같이 3인칭대명사가 화자나 청자를 가리키는 경우는 지시관형사 '이'와 결합한 복합 구성의 3인칭대명사에서만 가능하다. 그런데 이들 대명사가 1인칭이나 2인칭을 지시한다고 해서 이들 대명사를 1인칭대명사나 2인칭대명사로 보기는 힘들다. 왜냐하면 '이' 계열 복합 구성 3인칭대명사는 현장 지시의 기능을 지니는 지시관형사 '이'의 영향으로 인해 '이' 계열 지시사와 마찬가지로 상황에 따라 발화 현장에 있는 화자나 청자를 가리킬 수 있기 때문이다. 때에 따라 호칭어나 지칭어가 화자나 청자를 가리키는 경우가 있는데(5.1.5.1 참고) '이' 계열의 복합 구성 3인칭대명사가 1인칭이나 2인칭을 나타내는 것도 이와 마찬가지 현상이라고 할 수 있다. 즉, 1인칭이나 2인칭을 가리키는 3인칭대명사는 1인칭대명사, 2인칭대명사가 아니라 3인칭대명사가 특수한 상황에서 1인칭과 2인칭을 가리키는 것으로 볼 수 있다는 것이다. 5.2에서 살펴보게 되겠지만 지시대명사도 1인칭과 2인칭을 가리키는 경우도 있는데 이 또한 3인칭대명사가 1인칭과 2인칭을 가리키는 경우와 동일한 원리에 의한 것이라고 볼 수 있다.

한편, 지시관형사 '이/그/저'와 (의존)명사가 결합한 복합 구성의 3인칭대명사는 3인칭의 인물이 아니라 지시대명사와 마찬가지로 사물을 가리키는 경우도 있다. 한국어는 독자적인 3인칭대명사가

발달하지 않아서 지시관형사 '이/그/저'가 결합한 복합 구성이 3인칭대명사의 역할을 하는데 이들 복합 구성은 지시 대상이 사람이라는 점을 제외하면 사실상 지시대명사와 거의 차이가 없다. 뿐만 아니라 지시대명사도 사람을 지시하는 경우도 있다는 점을 고려하면 지시대명사와 3인칭대명사의 구분은 더더욱 모호해진다. 따라서 여기서는 전통적인 논의에 따라 사람을 가리키는 데 주로 이용되는 일련의 대명사를 3인칭대명사로, 사물이나 장소를 가리키는 데 주로 이용되는 일련의 대명사를 지시대명사로 구분하였지만 사실상 그 문법적 특성만을 따진다면 지시대명사와 복합 구성의 3인칭대명사는 엄밀히 구분하기 어렵다. 이러한 특성으로 인해 3인칭대명사가 지시대명사와 같이 사물을 지시하는 경우가 있는데, 이에 대해서는 5.1.3의 [참고]에서 자세히 다루도록 한다.

말뭉치 계량 결과 제시1

1. 전체 3인칭대명사별 사용 비율: 그 〉 그녀 〉 걔 〉 얘 〉 이놈 〉 그놈 〉 쟤 〉 기타 〉 그분
   (※ 기타: 저놈, 이년, 그니, 그이, 궐녀, 이분, 궐자, 그년, 저년, 그네, 저자, 그자, 저분, 그치, 이이, 이녀, 저이)

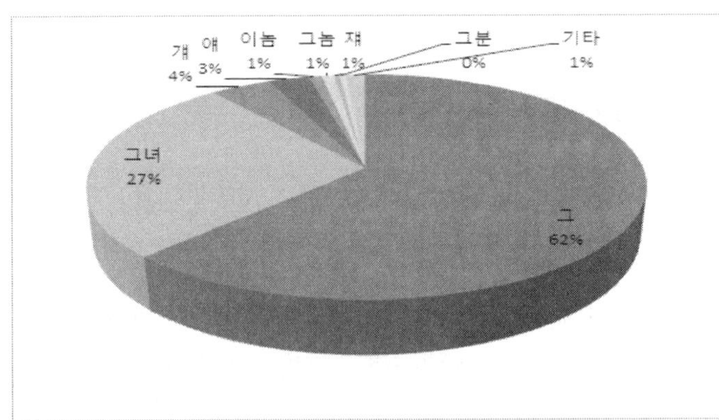

<그래프5.1.3-1> 전체 3인칭대명사별 사용 비율

2. 사용역에 따른 3인칭대명사별 사용 비율
   대화: 걔 〉 얘 〉 쟤 〉 그 = 그분 〉 그놈 〉 그녀
   (※ 기타: 저놈, 이분, 저분, 이년, 그네, 이녀)
   소설: 그 〉 그녀 〉 이놈 〉 그놈 〉 걔 〉 그분 〉 얘 〉 쟤
   (※ 기타: 저놈, 이년, 그니, 궐녀, 궐자, 그년, 그이, 이분, 저년, 그네, 그치, 저자, 저분, 이이, 저이)
   신문: 그 〉 그녀 〉 그분 〉 이놈 〉 그놈 = 이분 = 얘 〉 걔
   (※ 기타: 그이)
   학술: 그 〉 그녀 〉 그분 〉 그놈 〉 이놈 〉 얘 〉 걔 〉 쟤
   (※ 기타: 저자, 이분, 저놈, 그이, 이이)

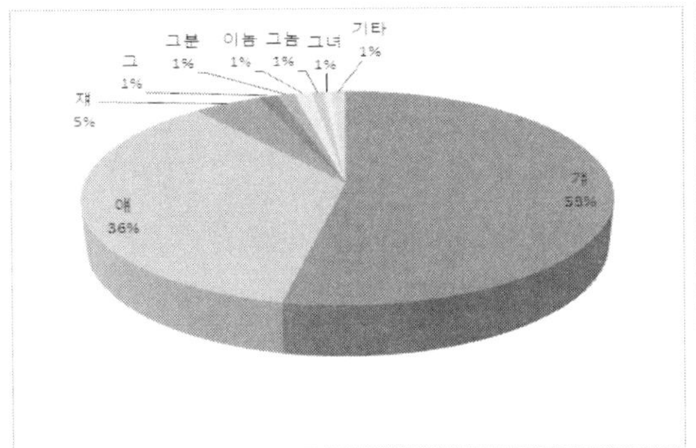

<그래프5.1.3-2> '대화'의 3인칭대명사별 사용 비율

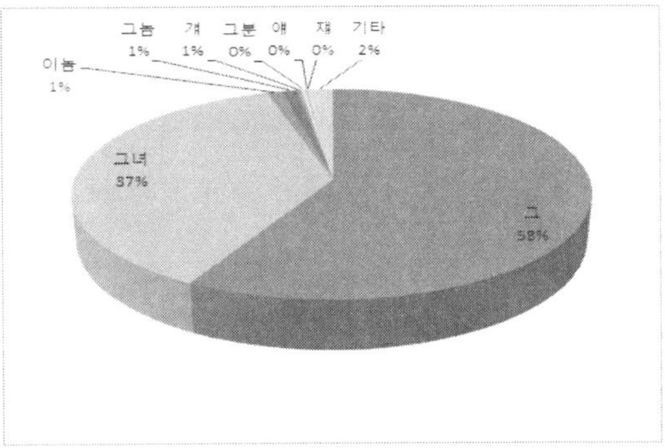

<그래프5.1.3-3> '소설'의 3인칭대명사별 사용 비율

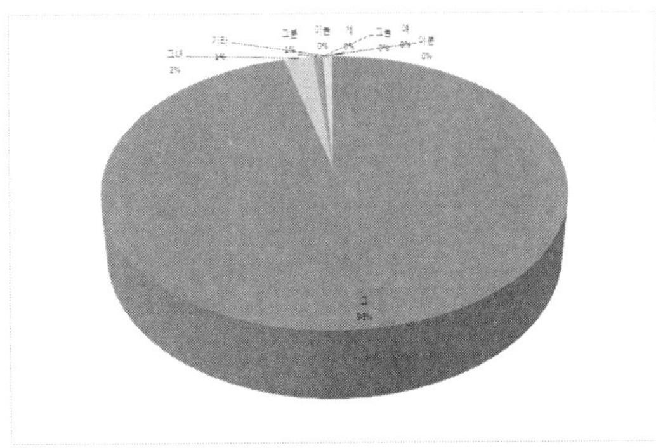

<그래프5.1.3-4> '신문'의 3인칭대명사별 사용 비율

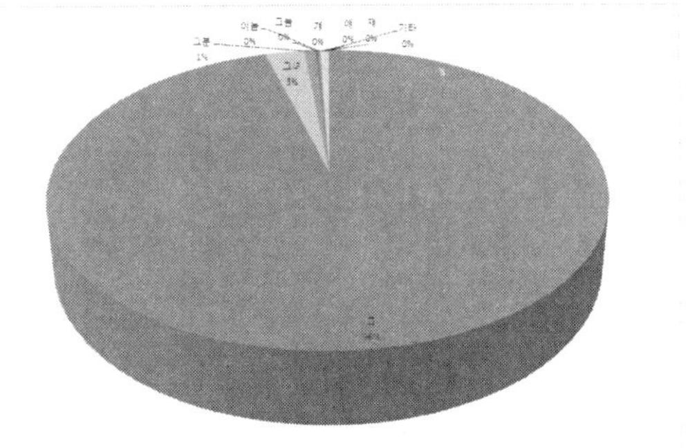

<그래프5.1.3-5> '학술'의 3인칭대명사별 사용 비율

▶▶ 말뭉치 계량 결과에 대한 논의1

전체 말뭉치에서 나타나는 3인칭대명사별 사용 비율을 살펴보면 '그'와 '그녀'가 전체 사용 비율에서 약 90%를 차지하는 것을 확인할 수 있다. 이는 3인칭대명사가 1인칭대명사나 2인칭대명사에 비해 그 유형이 훨씬 더 다양해도 1인칭대명사와 2인칭대명사와 마찬가지로 특정 대명사의 사용이 압도적으로 많다는 것을 알려 주는 것이다. '그'는 3인칭대명사 중 무표적인 의미를 지니고 있을 뿐만 아니라 성별의 구별 없이 중립적으로 3인칭의 인물을 지시하는 등 그 지시 범위가 매우 넓다. 이러한 이유로 인해 '그'는 모든 문어 사용역에서 매우 일반적으로 사용된다. '그녀'는 '그'에 비해 그 사용 비율이 낮지만 '소설'에서 빈번히 사용되기 때문에 그 사용 비율이 높아진 것으로 볼 수 있다. 다시 논의하게 되겠지만 '그'와 '그녀'는 '대화'를 제외한 문어 사용역에서만 주로 나타나고 '그녀'는 '소설'에서 빈번히 사용되지만 '신문'이나 '학술'에서는 그 사용 비율이 매우 낮다. '그'와 '그녀' 이외에는 '얘', '걔', '재', '이놈', '그놈' 등의 사용 비율이 높지만 이들의 사용 비율을 모두 합해도 10%가 되지 않는다. '기타'는 사용 빈도 100 미만의 저빈도 형태를 하나로 묶어 제시한 것으로 '저놈', '이년', '그니', '그이', '궐녀', '이분', '궐자', '그년', '저년', '그네', '저자' 등이 '기타'에 포함된다. 이들 기타 형태는 사용역에 따른 사용 비율에서도 '기타'로 처리하였다.

사용역에 따른 3인칭대명사별 사용 비율을 살펴보면, 우선 '대화'에서는 '그'의 사용 비율이 1% 정도로 문어 사용역과는 달리 '그'가 거의 쓰이지 않는다는 것을 특징으로 들 수 있다. '그'는 3인칭대명사가 발달하지 않은 한국어에서 인위적으로 만들어진 3인칭대명사이기 때문에 일상 대화에서는 거의 쓰이지 않고 문어 사용역에서만 정착되어 사용되고 있다. 이러한 양상이 '대화'에서 나타나는 '그'의 사용 비율에 반영된 것으로 볼 수 있다. 반면, '얘', '걔'의 사용 비율은 '대화'에서 약 90%를 차지하는데 5%의 사용 비율을 보이는 '쟤'까지 고려하면 '대화'에서는 복합 구성의 3인칭대명사 '얘', '걔', '쟤'가 3인칭대명사의 거의 대부분을 차지한다고 할 수 있다. 이는 '얘', '걔', '쟤'가 일상 대화에서 일반적인 3인칭대명사로 자리 잡아 가고 있음을 보여 준다고 할 수 있다. 한편, '대화'에서 '얘', '걔', '쟤'의 사용 비율이 유독 높게 나타나는 것은 '대화' 말뭉치의 구성과도 관계가 있다. 앞서 논의했듯이 '얘', '걔', '쟤'는 화자와 이들 대명사가 지시하는 인물의 관계가 친근할 때에만 사용될 수 있는데 '대화' 말뭉치가 거의 대부분 20대 대학생들 사이의 일상 대화로 구성되어 있기 때문에 친근한 사이에서 자주 사용되는 '얘', '걔', '쟤'의 사용 비율이 매우 높게 나타난 것으로 보인다.

'소설'에서도 전체 말뭉치에서 나타나는 3인칭대명사의 사용 비율과 마찬가지로 '그'의 사용 비율이 가장 높다. 그런데 '신문'이나 '학술'과 달리 '그녀'의 사용 비율이 매우 높다는 것이 특징적이다. 이는 '그녀'가 '그'와 달리 모든 문어 사용역에서 일반적으로 쓰이는 것이 아니라 '소설'에서만 주로 사용되는 3인칭대명사라는 사실을 알려 주는 것이다(5장 도입부의 <표5-1, 2> 참고). 앞서 논의했듯이 한국어는 3인칭대명사가 발달하지 않았는데 현대에 이르러 소설에서 실험적으로 쓰이기 시작한 '그'와 '그녀'가 소설 이외의 다른 문어 사용역에서도 확장되어 쓰이게 된 것이다. 그런데 '그'와 달리 '그녀'는 아직도 소설에서만 일반적으로 쓰이고 다른 문어 사용역에는 그 쓰임이 아직 정착되지 못한 것으로 보인다. 이는 한국어에 문법적인 성 범주가 없기 때문에 성의 구별에 따른 대명사의 분화가 일반적인 것으로 받아들여지지 않기 때문일 것이다.

'신문'과 '학술'은 3인칭대명사의 사용 비율이 거의 비슷한 양상을 보인다. '소설'에서는 '그'의 사용 비율이 약 60%를 차지하지만 '신문'과 '학술'에서는 '그'의 사용 비율이 약 95%를 차지하고 있어 '그'가 3인칭대명사의 거의 대부분을 차지하고 있음을 알 수 있다. '신문'과 '학술'은 격식성과 공공성을 지니는 사용역이기 때문에 무표적이고 중립적으로 인물을 지시하는 '그'를 사용하는 것이 일반적이다. 앞서 설명했듯이 '그', '그녀' 이외의 3인칭대명사는 화자와 지시 대상 인물 사이에 특정한 관계를 전제로 하거나 지시 대상 인물을 낮추거나 높일 때 사용하기 때문에 격식적이고도 공적인 사용역에서 사용하기에는 알맞지 않다. 한편, '그녀'는 지시 대상 인물이 여성임을 나타낸다는 점을 제외하면 무표적이고 중립적인 의미를 지니고 있다. 그럼에도 불구하고 '신문'과 '학술'에서 '그녀'의 사용 비율이 낮은 것은 앞서 언급한 것처럼 '그녀'가 원래부터 사용되기 시작한 소설 이외의 사용역에서는 3인칭대명사로서 확고히 자리 잡지 못했기 때문이라고 볼 수 있다.

말뭉치 계량 결과 제시2

- 3인칭대명사별 사용역 비율

  그: 소설 〉 학술 〉 신문 〉 대화
  그녀: 소설 〉 학술 ≧ 신문 ≧ 대화
  걔: 대화 〉 소설 〉 신문 = 학술
  얘: 대화 〉 소설 〉 신문 = 학술
  이놈: 소설 〉 대화 〉 학술 ≧ 신문
  그놈: 소설 〉 대화 〉 학술 ≧ 신문
  쟤: 대화 〉 소설 〉 학술
  그분: 대화 〉 소설 〉 학술 〉 신문
  기타: 소설 〉 대화 〉 신문 ≧ 학술
  (※ 기타: 저놈, 이년, 그니, 그이, 궐녀, 이분, 궐자, 그년, 저년, 그네, 저자, 그자, 저분, 그치, 이이, 이녀, 저이)

	대화	소설	신문	학술
그	▪	■■■■■■■■ ■■■■■	■■■	■■■▪
그녀	▪	■■■■■■■■ ■■■■■■■■ ■■■▪	▪	▪
걔	■■■■■■■■ ■■■■■■■■ ■■■▪	▪	▪	▪
얘	■■■■■■■■ ■■■■■■■■ ■■■▪	▪	▪	▪
이놈	■■■■	■■■■■■■■ ■■■■■■■▪	▪	▪
그놈	■■■	■■■■■■■■ ■■■■■■■■	▪	▪
쟤	■■■■■■■■ ■■■■■■■■ ■▪	■■		▪

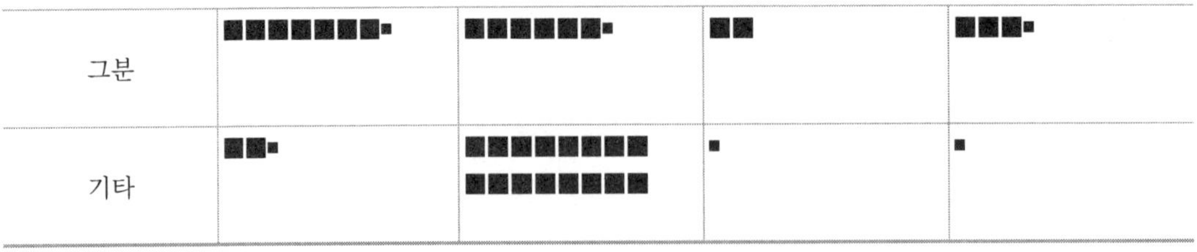

그분	■■■■■■■▪	■■■■■■▪	■■	■■■▪
기타	■■▪	■■■■■■■■ ■■■■■■■■	▪	▪

<그래프5.1.3-6> 3인칭대명사별 사용역 비율

(■ 5%, ▪ 5% 미만)

말뭉치 계량 결과에 대한 논의2

3인칭대명사 중 그 사용 빈도가 가장 높은 '그'의 사용역 비율을 먼저 살펴보면, '그'는 '소설'에서 가장 많이 사용된다는 것을 알 수 있다. 앞서 살펴본, 사용역에 따른 3인칭대명사별 사용 비율에서 '신문'과 '학술'에 나타나는 '그'의 사용 비율이 95% 이상이었음을 감안한다면, '신문'과 '학술'에서 '그'의 사용역 비율이 다소 낮게 나타난 것이 예외적으로 보일 수도 있다. 그러나 앞서 살펴본 사용 비율은 '신문'과 '학술' 내에서 3인칭대명사의 사용 비율이라는 점을 유의할 필요가 있다. 5.1의 도입부에서 제시한 <그래프5.1-6>에서 알 수 있듯이 '신문'과 '학술'에서는 3인칭대명사의 사용역 비율이 낮다. 즉, 3인칭대명사가 많이 사용되지 않는 '신문'과 '학술' 내에서만 3인칭대명사의 사용 비율을 비해 '그'의 사용 비율이 높겠지만 사용 빈도의 관점에서 볼 때에는 '신문'과 '학술'은 '소설'에 비교해서 '그'의 사용 빈도가 매우 낮다는 것이다. 앞서 살펴본 <그래프5.1.3-2~5>에서 확인할 수 있듯이 '그'는 문어 사용역에서만 주로 사용되고 '대화'에서는 거의 나타나지 않는데 이러한 양상은 '그'의 사용역 비율에서도 그대로 나타난다. '대화'에서 '그'의 사용역 비율은 1%도 되지 않는다. '그녀'도 문어 사용역에서만 사용되고 '대화'에서는 거의 쓰이지 않는다. 그런데 '그녀'는 '그'와 달리 '소설'을 제외한 다른 문어 사용역에서는 아직 그 쓰임이 제대로 자리 잡지 못했기 때문에 '신문'과 '학술'에서 '그녀'의 사용역 비율은 1%에 불과할 정도로 매우 낮게 나타난다. 앞서 제시한 <그래프5.1.3-4, 5>에서 확인한 것처럼 '신문'과 '학술'에서 '그녀'의 사용 비율은 매우 낮은데 이러한 양상이 '그녀'의 사용역 비율에서도 그대로 나타나고 있다.

'이 아이', '그 아이', '저 아이'가 축약되어 형성된 '얘', '걔', '쟤'는 모두 '대화'에서 그 사용역 비율이 가장 높다. <그래프5.1.3-2~5>에서 확인하였듯이 이들 3인칭대명사는 '대화'에서 나타나는 3인칭대명사의 사용 비율 대부분을 차지하는데 이러한 결과가 이들 3인칭대명사의 사용역 비율에도 반영된 것이다. '이놈', '그놈'의 경우, '소설'에서 가장 많이 사용되는데 이는 이들 3인칭대명사가 가진 의미 때문이다. '이놈', '그놈'은 지시관형사 '이/그'와 비하의 의미가 있는 '놈'이 결합된 3인칭대명사이기 때문에 3인칭의 인물을 비하하여 가리킬 때에 주로 사용된다. 따라서 이들 3인칭대명사는 격식적이고 공적인 사용역인 '신문'이나 '학술'에서는 거의 쓰이지 않는다. 또한 일상 대화에서도 '이놈', '그놈' 등을 사용하여 3인칭의 인물을 비하하여 지시하는 경우는 그리 많지 않다. 특히나 '대화' 말뭉치는 20대 대학생들 간의 일상 대화가 주를 이루고 있는데 교육 수준이 높은 대학생들이

'이놈', '그놈'과 같은 비속성이 높은 표현을 일반적으로 사용하지 않을 것이다. 그러나 '소설'에서는 이러한 비속한 표현을 사용함으로써 소설 속에서 일어나는 사건을 보다 생생하게 묘사하거나 등장인물의 심리 상태나 계층, 성격 등을 보다 더 잘 드러낼 수 있게 된다. 즉, 소설에서는 문학적 표현 효과를 위해 다른 사용역에 비해 비속성이 높은 '이놈', '그놈'을 많이 사용하기 때문에 '이놈', '그놈'의 사용역 비율이 '소설'에서 가장 높게 나타나는 것이다.

'그분'은 '놈' 계열의 3인칭대명사와 반대로 3인칭의 인물을 높여 가리킬 때 사용된다. 그런데 '높임'의 의미는 '비하'의 의미와 마찬가지로 화자가 지시 대상 인물에 대한 개인적 태도를 드러내는 것이기 때문에 다수의 독자를 대상으로 하는 공적인 사용역인 '신문'과 '학술'에서는 거의 사용되지 않는다. 그러나 일상 대화에서는 화자와 3인칭의 인물 사이의 개인적 관계를 고려하여 3인칭의 인물을 높여 가리키는 것이 일반적이기 때문에 '대화'에서는 '그분'의 사용역 비율이 높게 나타난다. '그분'의 사용역 비율은 '소설'에서도 높게 나타나는데 이는 소설 속 대화 지문의 영향과 문학적 표현 효과 때문으로 볼 수 있다.

'기타' 3인칭대명사는 '소설'에서 사용역 비율이 가장 높다. 이들 3인칭대명사는 비속한 표현 또는 의고적 표현이거나 특정 사용역에서만 사용되는 특성을 지니고 있기 때문에 일상 대화뿐만 아니라 일반적인 문어 사용역에서도 잘 쓰이지 않고 소설과 같은 문학 작품에서만 표현 효과를 위해 주로 쓰인다. 5.1.2에서 살펴본 2인칭대명사의 경우에도 사용 빈도가 매우 낮은 '기타'의 사용역 비율은 '소설'에서 가장 높았는데, 이를 통해 '소설'에서는 다른 사용역에서 일반적으로 잘 쓰이지 않는 인칭대명사를 문학적 표현 효과를 위해 다양하게 사용한다는 것을 알 수 있다.

말뭉치 계량 결과 제시3

1. 3인칭대명사의 '이/그/저' 계열별 사용 비율
   전체: '그' 계열 〉 '이' 계열 〉 '저' 계열
   대화: '그' 계열 〉 '이' 계열 〉 '저' 계열
   소설: '그' 계열 〉 '이' 계열 〉 '저' 계열
   신문: '그' 계열 〉 '이' 계열
   학술: '그' 계열 〉 '이' 계열 〉 '저' 계열

	'그' 계열	'이' 계열	'저' 계열
전체	■■■■■■■■■■■■■ ■■■■■■	▪	▪
대화	■■■■■■■■■■■▪	■■■■■■■▪	■
소설	■■■■■■■■■■■■■ ■■■■■■▪	▪	▪

신문	■■■■■■■■■■■■■ ■■■■■■▪	▪	
학술	■■■■■■■■■■■■■ ■■■■■■▪	▪	▪

<그래프5.1.3-7> 3인칭대명사 '이/그/저' 계열별 사용 비율

(■ 5%, ▪ 5% 미만)

> 2. 3인칭대명사의 '이/그/저' 계열별 사용역 비율
> '그' 계열: 소설 〉 학술 〉 신문 〉 대화
> '이' 계열: 대화 〉 소설 〉 학술 ≧ 신문
> '저' 계열: 대화 〉 소설 〉 학술

	대화	소설	신문	학술
'그' 계열	■	■■■■■■■■ ■■■■■▪	■■	■■▪
'이' 계열	■■■■■■■■ ■■■■■■■■ ▪	■■■	▪	▪
'저' 계열	■■■■■■■■ ■■■■■▪	■■■■■■		▪

<그래프5.1.3-8> 3인칭대명사의 '이/그/저' 계열별 사용역 비율

(■ 5%, ▪ 5% 미만)

▶▶ 말뭉치 계량 결과에 대한 논의3

먼저, 3인칭대명사의 '이/그/저' 계열별 사용 비율을 살펴보면, 전체 말뭉치뿐만 아니라 모든 사용역에서 공통적으로 '그' 계열 3인칭대명사가 90% 이상을 차지한다는 것을 알 수 있다. <그래프5.1.3-2~5>에서 확인할 수 있듯이 '대화'를 제외한 모든 문어 사용역에서 '그' 또는 '그녀'의 사용 비율이 압도적으로 높기 때문에 문어 사용역에서는 '그' 계열 3인칭대명사의 사용 비율이 99%에 이를 정도로 높게 나타난다. 그러나 '그'나 '그녀'가 거의 사용되지 않는 '대화'는 문어 사용역과는 조금 다른 양상을 보인다. '대화'에서도 문어 사용역과 마찬가지로 '그' 계열 3인칭대명사의 사용 비율이 가장 높다. 그러나 이는 문어 사용역과 달리 지시사의 일반적인 사용 양상을 따르는 것이라고 할 수 있다. 5.2.1의 [참고]에서 확인할 수 있듯이 '이/그/저' 계열 대립을 이루는 지시사는 '그' 계열이 가장 많이 사용된다. 하지만 '대화'는 '그'와 '그녀'가 거의 사용되지 않기 때문에 문어 사용역과 달리 '그' 계열 3인칭대명사의 사용 비율이 압도적이지는 않고 '이' 계열 3인칭대명사의 사용 비율도 높게 나타난다. 지시사도 '이' 계열 지시사가 '그' 계열 지시사 다음으로 많이 사용되는데, '대화'에서 '이' 계열 3인칭대명사의

사용 비율이 비교적 높은 것은 '이' 계열 지시사가 가진 현장 지시의 기능 때문으로 보인다. '이' 계열 지시사는 담화 현장에 존재하는 지시 대상을 가리키는 데 가장 일반적으로 쓰이는데 이러한 현장 지시 기능은 화자와 청자가 동일한 담화 공간에 존재하며 지시 대상을 눈으로 확인할 수 있는 상황에서만 사용된다. 즉 지시사의 현장 지시 기능은 일반적인 대화 상황에서나 가능한데 이러한 특성으로 인해 '대화'에서 현장 지시에 가장 일반적으로 쓰이는 '이' 계열 3인칭대명사의 사용 비율이 높게 나타나는 것이다. '이' 계열 지시사가 가진 현장 지시의 기능에 대해서는 지시대명사를 다룬 5.2에서 자세히 논의될 것이다.

3인칭대명사의 '이/그/저' 계열별 사용역 비율을 살펴보면, '그' 계열 3인칭대명사의 사용역 비율은 '소설 > 학술 > 신문 > 대화'의 양상으로 나타난다. '그' 계열 3인칭대명사의 사용 빈도는 '그'와 '그녀'의 사용 빈도가 거의 대부분을 차지하기 때문에 '그' 계열 3인칭대명사의 사용역 비율은 '그'와 '그녀'의 사용역 비율을 그대로 따른다(<그래프5.1.3-6> 참고). '이' 계열 3인칭대명사는 앞서 언급한 것과 같이 '이' 계열 지시사가 주로 현장 지시에 사용된다는 특성으로 인해 실제 담화 상황이 존재하는 '대화'에서 그 사용역 비율이 가장 높고 '대화' 지문을 포함하고 있는 '소설'에서도 다른 문어 사용역에 비해서는 그 사용역 비율이 비교적 높게 나타난다. 한편, '저' 계열 지시사는 문맥 속에서 언급된 대상을 가리키는 문맥 지시 기능도 가지는 '이' 계열 지시사와 달리 거의 현장 지시에만 사용된다. 이로 인해 '저' 계열 3인칭대명사는 '신문'과 '학술'에서 거의 나타나지 않고 실제 발화 현장이 존재하는 '대화'나 대화 지문을 포함하는 '소설'에서만 그 사용 비율이 높게 나타난다.

참고 3인칭대명사의 사물 지시

5.1.3에서 정의했듯이 인칭대명사는 '사람을 가리키는 대명사'이다. 그러나 아래에 제시된 예들과 같이 3인칭대명사가 사람이 아닌 대상을 가리키는 경우도 있다. 한국어는 독자적인 3인칭대명사가 발달하지 않아서 인위적으로 만들어진 '그'와 '그녀'를 제외하고는 지시관형사 '이/그/저'와 (의존)명사가 결합한 복합 구성이 3인칭대명사의 역할을 한다. 그런데 이들 복합 구성은 주된 지시대상이 사람이라는 점을 제외하면 '이것/그것/저것', '이곳/그곳/저곳' 등과 같이 복합 구성을 이루는 지시대명사와 거의 차이가 없다. 이러한 이유로 인해 복합 구성의 3인칭대명사 중 일부는 상황에 따라 지시대명사처럼 사물을 지시하는 경우도 있다.

복합 구성의 3인칭대명사는 '이/그/저' 대립 체계를 이룬다는 점, 현장 지시의 기능이 있다는 점, 맥락과 상황에 따라 지시 대상의 인칭이 변화하기도 한다는 점을 고려하면 인칭대명사보다 지시대명사에 더 가깝다고 할 수 있다. 그러나 여기서는 전통적인 논의에 따라 사람을 가리키는 데 주로 이용되는 일련의 대명사를 3인칭대명사로, 사물이나 장소를 가리키는 데 주로 이용되는 일련의 대명사를 지시대명사로 구분하였기 때문에 3인칭대명사가 사물을 지시할 때에도 이들 대명사를 지시대명사로 보지 않고 3인칭대명사가 사물을 지시하는 경우로 파악하기로 한다. 3인칭대명사가 사물을 지시하는 경우를 보이면 아래와 같다.

〈예5.1.3-11〉

가. A: 큰 배를 이렇게 위에를 잘라 가지구 속에를 다 파내요. B: 어::. A: 파내구, 그 다음에 인제~ 그~ 파낸 속을 다시 또 집어넣어 가지구. B: 끓여. A: 어, B: 죽. A: 은행이랑 뭐~. 잣이랑 요런 거 B: 음. A: 넜던 거 같애요. B: 어. A: 한 다음에 호일로 싸요. 그거를. B: 어. A: 호일로 싼 다음에 **걔를** 까스렌지 위에 올려놓고. 끓여. [대화]

나. A: 내 핸드폰인데 바꾼 진 얼마 안 됐거든요, B: 근데 왜 바꾸세요? A: 바꾼 지 좀 됐지, **얘를** 몇 번 땅바닥에 놓쳤더니, **얘가** 전화를 하다, **얘가** 전화를 하다, 한참 하다 보면 끊어져요. 지가 알아서 끊어, 됐는데, [대화]

다. A: 독어 선생님이 독일 위 유학을 갔다 오신 분이야, 그 학교 얘기를 되게 많이 해 줬었는데, 부럽드라 학교. **걔네** 교육 제도 자체가 부럽드라 정말. [대화]

라. **얘네들의** 평균이, **얘네들의** 평균이, **얘네들의** 평균이, 결국에는, **이놈들** 다::, **이놈들이**, 검은 점들의 평균하고 같다. [대화]

마. "이게 무슨 냄샙니까?" "염산이라. **그놈으로** 소제를 해 버렸더니 냄새도 안 나고 좋구만이라." [소설]

바. 나는 옷을 갈아입다가 속주머니 속에서 종이 한 장을 끄집어냈다. 병무청에서 발급된 입대 영장이었다. '바로 **이놈** 때문이군.' [소설]

사. 어떤 아가씨가 수박 가게에 가서 물었대요. **저놈은** 얼마짜리고 **이놈은** 얼마짜리냐고요. [소설]

<예5.1.3-11가, 나>의 '걔'와 '얘'는 각각 선행 문맥에 언급된 '견과류 등을 넣은 배'와 발화 현장에 존재하는 '핸드폰'을 가리킨다. <예5.1.3-11다>의 '걔네'는 선행 문맥에 언급된 '독일'을 가리키고 <예5.1.3-11라>의 '얘네'는 화자와 청자가 발화를 주고받는 발화 현장에 있는 수학 문제에 나온 숫자들을 가리키고 있다. <예5.1.3-11마, 바>의 '그놈'과 '이놈'은 각각 앞선 문맥에 언급된 '염산'과 발화 현장에

있는 '입대 영장'을 가리키고 <예5.1.3-11사>의 '저놈'과 '이놈'은 발화 현장에 있는 '수박'을 지시한다.

모든 3인칭대명사가 사물을 지시하는 데 사용되는 것은 아니다. 위의 예와 같이 '얘', '걔', '쟤'나 '이놈', '그놈', '저놈'만이 사물을 지시하는 데 사용된다. '얘', '걔', '쟤'가 사람뿐만 아니라 사물까지 지시한다는 것은 의미의 추상화의 정도가 높다는 것을 보여 주는 것이기 때문에 '얘', '걔', '쟤'가 '이 아이', '그 아이', '저 아이'와 같은 통사적 구성이 단순히 축약된 형태가 아니라 독자적인 대명사로 발달하였다고 볼 수 있는 근거라고 할 수 있다. '놈' 계열의 3인칭대명사가 사물을 지시할 때에는 아래의 예와 같이 '이놈의', '그놈의', '저놈의'의 형태로 주로 사용된다.

〈예5.1.3-12〉

가. 아우 나 감기 걸렸어. 몰라::, **이놈의** 감기, 어::, **이놈의** 감기가, 떨어지질 않아, [대화]

나. A: 예비군 훈련이나, 없었음 좋겠다. B: 맞어 예비군 훈련이나 쫌 쫄였으면 좋겠는데::, A: 제대하고 나서 또 계속 얽매이는 거야 **그놈의** 것 땜에, [대화]

다. 실내에 거미줄 같이 쳐놓은 빨랫줄에서는 손으로 한 빨래들이 이상한 냄새를 풍기며 이틀째인데도 다 마르지를 않고 있다. **저놈의** 히터라도 작동한다면 빨래들을 어떻게 해볼 수도 있을 텐데. [소설]

라. 아이구, **저놈의** 텔레비전은 다 뭐랍니까? 사람 정신을 하나도 없게 하는군요. 저래도 아이들은 이야기만 잘하는군요. [소설]

<예5.1.3-12가, 나>의 '이놈'과 '그놈'은 각각 앞선 문맥에서 언급된 '감기'와 '예비군 훈련'을 가리키고 <예5.1.3-12다, 라>에서 '저놈'은 각각 발화 현장에서 떨어져 있는 '히터'와 '텔레비전'을 가리킨다. 이들 대명사는 모두 '이놈의', '그놈의', '저놈의' 형태를 취하면서 자신이 지시하는 대상과 동일한 후행 명사와 동격 관계를 이루면서 후행 명사를 속되게 표현하는 역할을 한다. 이렇게 '놈' 계열의 3인칭대명사가 사물을 지시할 수 있는 것은 의존명사 '놈'이 사람뿐만 아니라 사물을 지시할 수 있기 때문인 것으로 보인다.

〈예5.1.3-13〉

가. A: 근깐, 뭐::~, 하여튼, 이 근처에 오면 연락하거든? B: 음, A: 근데 오늘, 점심 좀 전에, 연락이 왔더라구? 그래서, B: 그렇구나::. 맛있 물냉면? A: 아니, 회냉면, B: 우와, 너 **비싼 놈으로** 먹었다, [대화]

나. 평균은 고대로 여기가 되겠지? 그니까 이런 식으로, 두 개를 뽑고, 이제 **쪼금 좁은 놈을** 뽑고, 또 **긴 놈을** 뽑고, 이런 식으로 두 개를 뽑았단 말야. [대화]

다. "짱뚱이 잡으러 댕기냐?" 어머니가 뻔한 걸 묻자 큰소리로 삼열이도 뻔한 대답을 했다. "그려" …(중략)… "잡으믄 얼매씩이나 준다냐?" "**큰 놈** 한 마리는 오 원짜리 학습장이고 잔챙이는 일 원꼴로 쳐서 준다야." [소설]

라. **그 망할 놈의** 전쟁 삽화 탓에, 내 불안은 그의 행동으로 드러났던 셈이라서, 내 불안에 의한 그의 행동에 대한 내 자의식마저도 다시금 그를 통해 발설되는 곤혹스러움은, 가령 나인 그가 타종수로 차출되던 순간처럼, 더욱 깊은 불안의 회오리로, 내 자의식의 손아귀를 빠져나가 내 감정의 핏줄 속으로 틈입해 고동쳐댔다. [소설]

<예5.1.3-13가>의 '비싼 놈'은 선행 문맥에 언급된 '회냉면'을 가리키고 <예5.1.3-13나>의 '조금 좁은 놈', '긴 놈'은 각각 앞선 문맥에 나타난 '두 개'를 가리킨다. <예5.1.3-13다>의 '큰 놈'은 선행 문맥에 언급된 '짱뚱이'를 가리키고 <예5.1.3-13라>의 '그 망할 놈'은 '전쟁 삽화'를 가리킨다. 이와 같이 의존명사 '놈'은 사물을 지시하는 경우도 있기 때문에 지시관형사 '이/그/저'와 '놈'이 결합한 3인칭대명

사도 맥락에 따라 사물을 지시할 수 있게 되는 것이다.

말뭉치 계량 결과 제시1

1. 전체 3인칭대명사에서의 사물 지시의 사용 비율: 0.92%
2. 3인칭대명사 사물 지시의 사용역 비율: 대화 〉 소설 〉 신문 〉 학술

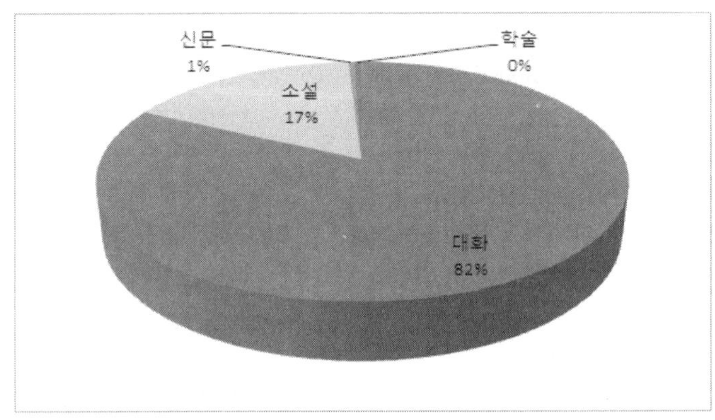

<그래프5.1.3-9> 3인칭대명사 사물 지시의 사용역 비율

말뭉치 계량 결과에 대한 논의1

전체 3인칭대명사에서 3인칭대명사가 사물 지시로 사용되는 비율은 약 1%로 매우 낮다. 즉, 일부 3인칭대명사가 경우에 따라 사물을 지시를 한다고 하더라도 이들 3인칭대명사의 범주에 대해 다시 고려해야 할 수준은 아니라는 것이다. 앞서 우리는 사람을 지시하는 데 주로 이용되는 대명사를 인칭대명사로 설정하였는데 이러한 분류 방식은 다소 임의적인 측면이 있다고 언급하였다. 그러나 이러한 결과는 주된 지시 대상에 따른 대명사의 분류가 어느 정도 타당성이 있다는 것을 보여 준다. 특히, 5.2.3에서 살펴보겠지만 지시대명사도 사람을 지시하는 경우도 있으나 그 비율이 전체 지시대명사에서 차지하는 비중이 매우 낮은 편이다. 이러한 사실은 주된 지시 대상이 무엇이냐에 따라 인칭대명사와 지시대명사를 구분하는 것이 나름 타당한 근거가 있음을 보여 주는 것이라 하겠다.

3인칭대명사의 사물 지시의 사용역 비율을 살펴보면, 3인칭대명사의 사물 지시가 거의 대부분 '대화'와 '소설'에서만 나타난다는 것을 확인할 수 있다. 사물을 지시할 수 있는 3인칭대명사는 '얘', '걔', '쟤', '이놈', '그놈', '저놈'인데 이들 3인칭대명사는 격식적인 사용역에서는 거의 쓰이지 않는다(<그래프5.1.3-6> 참고). 따라서 3인칭대명사의 사물 지시는 격식적인 사용역인 '신문'이나 '학술'에서는 나타나지 않고 비격식적인 '대화'와 '소설'에서만 주로 나타나는 것이다. 특히 '대화'는 '소설'에 비해 3인칭대명사의 사물 지시가 훨씬 더 많이 나타나는데, 이는 3인칭대명사로 사물을 지시하는 경우가 일상 대화 상황에서 흔히 나타난다는 사실을 보여 주는 것이다.

말뭉치 계량 결과 제시2

1. 전체 사물 지시 3인칭대명사별 사용 비율: 얘 〉 이놈 〉 그놈 〉 걔 〉 저놈 〉 쟤

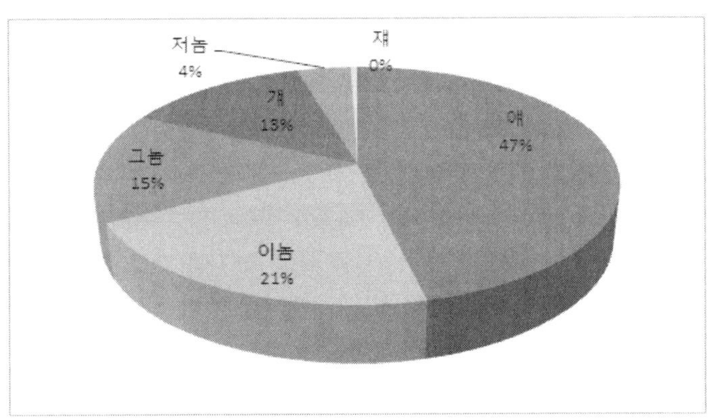

<그래프5.1.3-10> 전체 사물 지시 3인칭대명사별 사용 비율

2. 사용역에 따른 사물 지시 3인칭대명사별 사용 비율
   대화: 얘 〉 걔 〉 이놈 〉 그놈 = 저놈 = 쟤
   소설: 이놈 〉 그놈 〉 저놈
   신문: 이놈
   학술: 그놈

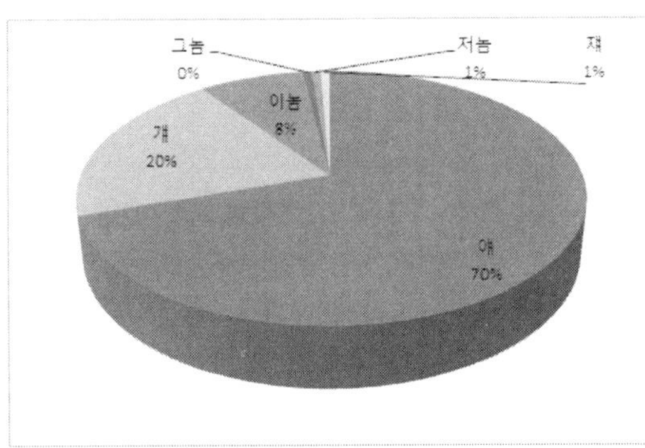

<그래프5.1.3-11> '대화'의 사물 지시 3인칭대명사별 사용 비율

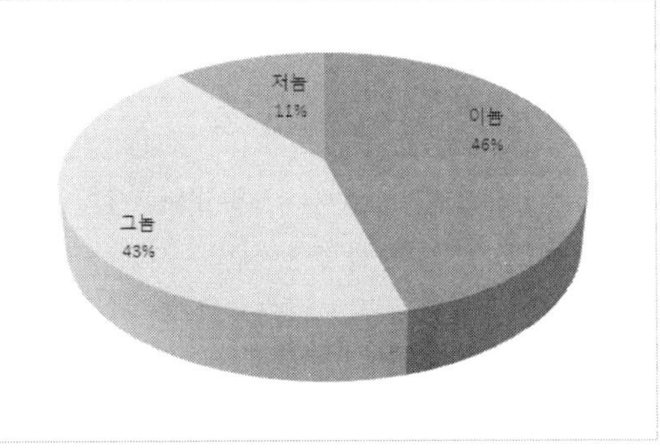

<그래프5.1.3-12> '소설'의 사물 지시 3인칭대명사별 사용 비율

말뭉치 계량 결과에 대한 논의2

전체 말뭉치에서 나타나는 사물 지시 3인칭대명사별 사용 비율을 살펴보면, '얘'와 '이놈'이 전체 사용 비율의 약 70%를 차지한다. 이들 3인칭대명사는 모두 '이' 계열의 3인칭대명사로서 지시사나

3인칭대명사가 모두 '그' 계열의 사용 비율이 가장 높다는 점을 참고한다면 이러한 결과는 다소 예외적인 것으로 보인다(5.2.1 [참고] 참고). 그러나 사물 지시 3인칭대명사는 주로 '대화'나 대화 지문이 포함된 '소설'에서 주로 쓰이기 때문에 발화 현장에 있는 대상을 지시하는 경우가 많은데 이러한 이유로 인해 현장 지시의 기능이 있는 '이' 계열의 '얘', '이놈'의 사용 비율이 높게 나타나는 것으로 보인다. 실제 말뭉치 예를 살펴보면 사물 지시의 '얘'는 '대화'에서 발화 현장에 있는 사물을 가리키는 데 주로 사용되고 사물 지시의 '이놈'은 '소설'의 대화 지문에서 발화 현장에 있는 사물을 비하하여 가리키는 데 주로 사용된다. 한편, '이놈', '그놈', '저놈'은 비속한 표현이기 때문에 비교적 무표적인 의미를 지닌 '얘', '걔', '쟤'에 비해 그 사용 비율이 낮을 수밖에 없을 것이다.

사용역에 따른 사물 지시 3인칭대명사별 사용 비율을 살펴보면, '대화'에서는 '얘'와 '걔'의 사용 비율이 90%를 차지하는 반면, '소설'에서는 '이놈'과 '그놈'의 사용 비율이 약 90%를 차지한다. 이는 3인칭대명사별 사용역 비율에서 '얘', '걔', '쟤'의 사용역 비율은 '대화'에서 가장 높고 '이놈', '그놈', '저놈'의 사용역 비율은 '소설'에서 가장 높다는 사실과 관련이 있을 것이다(<그래프5.1.3-6> 참고). 앞서 언급했듯이, '얘', '걔', '쟤'는 '대화'에서 가장 일반적인 3인칭대명사이고, '이놈', '그놈', '저놈'은 비속한 표현이기 때문에 교양 있는 사람들 간의 일상 대화에서는 일반적으로 쓰이지 않고 소설과 같은 문학 작품에서 표현 효과를 위해 주로 쓰인다. '신문'과 '학술'에서 3인칭대명사가 사물 지시를 하는 데 쓰인 경우는 '신문'에서 '이놈'이 2번, '학술'에서 '그놈'이 2번밖에 나타나지 않았다. 그리고 사물 지시의 '이놈'과 '그놈'이 나타난 예도 모두 인용 발화였다. 따라서 엄밀히 따지면 '신문', '학술'에서 3인칭대명사가 사물 지시를 하는 경우는 없다고 보아도 무방하기 때문에 말뭉치 계량 결과 제시에서 그 그래프를 따로 제시하지 않았다.

5.1.4. 인칭대명사의 복수

5.1.4.1. 1인칭대명사의 복수

1인칭대명사의 복수형에는 '우리'와 '저희'가 있다. '저희'는 겸양 표현인 단수형 1인칭대명사 '저'에 복수 접미사 '-희'가 결합한 형태이지만 '-희'는 대명사 '저'나 '너'에만 제한적으로 결합하고 이미 한 단어로 굳어진 것으로 보아 '저희'와 '너희'를 '그들', '자네들'과 같이 단수형의 인칭대명사에 복수 접미사가 결합한 형태로 보기보다는 '우리'와 같은 대명사의 복수형으로 보기로 한다.

'우리'는 화자만을 포함하고 청자를 배제하는 해석과 화자와 청자를 모두 포함하는 해석이 모두 가능하다.

〈예5.1.4.1-1〉

가. A: 어떤 노래 좋아하세요? B: 예? **우린** 잡식성이라서요. C: 저는 락이랑 헤비메탈 빼 놓고는 다 좋아요. [대화]

나. A: 이리가 아닌데요, 익산인데요, 바뀐 지가 옛날인데요, B: 그래요? **우리는** 시골이 다 이리라고 말하는데, [대화]

다. "어디로 갔나요?" "손님이 어디로 가는 것까지 **우리가** 어떻게 아니?" [소설]

라. "누가 너를 무시하냐? 넌 좋은 화가가 될 수 있어. 네 그림 솜씨는 지금도 미대 다니는 사람들보다 나아. **우리가** 인정한다. 정말이야!" [소설]

〈예5.1.4.1-2〉

가. A: 내 생각엔 근데? 패장... 다시 뽑아야 될 거 같애, B: 어? A: 회장 다시 다시 나와야 될 거 같다고, 둘 다 안 돼, B: **우리** 셋 중에서 하자고? [대화]

나. "참, 사장님도. 그렇게 자꾸 딴 생각 하시면 어떡해요. **우리** 오늘 다 같이 단합대회 하러 가자구요." [소설]

다. 과연 우리가 불편을 감수하면서도 꼭 지켜야 하는 이 원칙은 사고가 난 후에 책임을 물을 때만 필요한 것인지 이 시점에서 **우리는** 한 번쯤 깊이 생각해 볼 필요가 있을 것 같다. [신문]

라. **우리** 모두가 알다시피 구텐베르크(Gutenberg)는 서양에서 최초로 금속활자를 발명한 사람이다. [학술]

<예5.1.4.1-1>은 '우리'가 화자만을 포함하고 청자를 배제하는 것으로 해석되는 예이고 <예5.1.4.1-2>는 '우리'가 화자와 청자를 모두 포함하는 것으로 해석되는 예이다. 다만 <예5.1.4.1-2다, 라>에서 '우리'는 '신문'과 '학술'이 문어 사용역이기 때문에 화자에 해당하는 필자와 청자에 해당되는 독자를 모두 포함하는 것으로 해석된다.

'저희'는 자신을 낮추는 겸양 표현이기 때문에 화자와 청자를 모두 포함하는 해석으로는 사용되기 어렵다. 그러나 '저희'가 화자와 청자를 모두 포함하는 해석으로 사용되는 경우가 전혀 없는 것은 아니다.

〈예5.1.4.1-3〉

가. A: 음. 근데 회사별 차이가:: 지금 **저희한테** 의미가 있어요? B: 아니, 나중에 결론에 부가 설명 의미 정도, [대화]

나. A: 그럼 일단 내부에서는. 내부에선 동의를 하는 거예요? 일단 지금 그걸 묻는 거예요. **저희** 내부에서 동의를 해야 **저희**, B: 이름 되게 집착한다, A: 저희 이름으로 지금 제안할 수 있는 거... [대화]

다. "그놈들이 방파제에서 뭘 하고 있었을까…." "운동하는 놈들이 그런 세단을 타고 다녀요? 형님이 잘못 보신 겁니다. 놈들은 **저희를** 쫓아 내려온 놈들이에요. 운동하는 놈들이 사람보고 다짜고짜 덤빌 리가 없지요." [소설]

위의 예는 '저희'가 화자와 청자를 모두 포함하는 해석으로 사용된 것이다. <예5.1.4.1-3가, 나>는 토론 상황으로서 여기에 나타나는 '저희'는 토론 현장에 있는 모든 청자들을 포함한다. 이때 화자는 공적인 대화 상황에서 자신을 낮추기 위해 '우리' 대신 '저희'를 사용한 것이다. 즉, '저희'는 청자를 포함하는 해석으로 사용되었지만 청자까지 낮추는 것이 아니라 화자 자신만을 낮추는 겸양 표현인 것이다. 이는 <예5.1.4.1-3다>의 경우에도 마찬가지인데 상위자인 형님과 하위자인 동생 간의 대화에서 하위자인 동생은 형님 앞에서 자신을 낮추지만 자신과 청자인 형님을 포함한 복수의 1인칭을 지시하기 위해 '저희'를 사용한 것이다.

화자와 청자를 모두 포함하는 '우리'는 학술 산문에서 화자에 해당하는 필자와 청자에 해당하는 독자를 아우르기 위해 일반적으로 사용되는데 이는 학술적 글쓰기의 특징적 양상이다. 아래의 예에서 '우리'는 필자만을 가리키는 것이 아니라 독자들까지도 함께 가리키고 있다.

〈예5.1.4.1-4〉 [학술]

가. **우리는** 앞에서 컴퓨터의 운영 체제가 매우 중요하다는 사실을 알았다.

나. 이상의 역사적 사실과 체제에 대한 담론들을 들으면서 **우리가** 느끼게 되는 역사적 교훈은 무엇인가?

다. 국민윤리 교과서에서는 아마도 근본적으로 시장이 우월하고 계획적 요소를 부분적으로 도입하는 것이 타당하다고 말할 것이다. 하지만 **우리는** 좀 더 깊이 있게 이 문제를 이해해 보도록 하자.
라. 다시 말해서 그것은 시인의 입장에서 볼 때 자기가 나타내고자 하는 뜻을 다 나타내지 못했다는 뜻이 되기도 한다. 이런 점에서 '물로 씻는다'는 말을 피하고 나서도 **우리는** 다른 말을 많이 떠올릴 수 있다.

이렇게 '우리'를 사용하여 필자와 독자를 함께 지시하게 되면 텍스트에서 이루어지는 논의에 필자뿐만 아니라 독자도 함께 동참하게 하여 독자로 하여금 필자의 논의에 더욱 쉽게 공감하게 만든다. 뿐만 아니라 '우리'를 사용하여 필자와 독자를 아울러 지시하게 되면 필자 개인을 표면적으로 드러내지 않을 수 있게 되는데 이로 인해 논의의 객관성을 확보하거나 필자 개인의 주장을 보다 완곡하게 제시할 수 있게 된다. '우리'가 가진 이러한 효과들로 인해 학술 산문에서는 '우리'를 매우 일반적으로 사용한다.

한편, '우리'가 화자와 청자를 모두 포함하는 것으로 해석되면 단순히 화자와 청자만을 가리키는 것이 아니라 화자와 청자가 소속된 사회, 집단 전체를 가리키는 경우도 있다.

〈예5.1.4.1-5〉

가. A: 근까 일본 사람들도 우리나라 사람처럼, 그렇게 생각하고 있을 수도 있잖아요. 근까 확신::, B: 응. A: 독도 **우리** 꺼라고, 일본, 일본, 왜 저렇게 우기냐고, [대화]
나. 너도나도 머리 싸매고 사생결단을 내자는 판이니, 세상에 이런 험악한 아사리 판은 **우리** 한국밖에 없을 게다. [소설]
다. 이제는 축구뿐만 아니라 **우리** 정치의 선진화를 안팎에 과시할 수 있도록 정성과 노력을 쏟아야 할 때다. [신문]
라. 글을 쓰는 사람이 **우리** 토박이말을 살리지 않으면, 우리말은 설 자리를 잃고 만다. [학술]

<예5.1.4.1-5>의 '우리'는 모두 화자와 청자를 모두 포함하는 것이기는 하지만 앞서 보인 <예5.1.4.1-2>의 '우리'와 달리 화자와 청자뿐만 아니라 이들이 포함된 집단인 '한국 국민', '한국 사회', '한국 민족' 전체를 각각 가리키는 것으로 이해할 수 있다.

'우리'와 '저희'는 각각 1인칭대명사 '나'와 '저'의 복수형이지만 단수의 의미를 나타내기도 한다.

〈예5.1.4.1-6〉

가. 영어는 섭렵한 게 아니구, **우리** 학교에 있는 영어 교양 수업은 내가 다 들어 가지구 들을 게 없어. [대화]
나. 손님이 택시에서 내리더마는 **우리** 집으로 들어왔다. 보니까 **우리** 이모였다. [소설]
다. 박희태(朴熺太) 최고위원은 "민주당과 달리 **우리** 당 지지층의 결집력이 떨어져 있어 투표율이 높은 게 오히려 낫다"고 말한다. [신문]
라. **우리** 자신을 동물과 본질적으로 다르다고 생각하는 것은 자유의지의 이름이든 다른 무엇 때문이든, 환상에 지나지 않는다는 주장이다. [학술]

〈예5.1.4.1-7〉

가. A: **저희** 친척 분 전라북도 고창에 사시거든요, B: 어디요? A: 고창요? A: **저희** 아빠는, 지금 전주에 사시는데, 지금 지방에 근무하시거든요, [대화]
나. A: 광운대가 서울에 있지 않아요? B: 그니까는. **저희** 집은 서쪽 끝이구요, 인덕 인덕 쪽에 있는 거, 저기~

예 **저희** 학교는 동쪽 끝이여서, 보통 그래요, 보통 그래요. [대화]

다. "**저희** 남편이 전화 안 드렸던가요?" "네, 받았습니다. 어렸을 때 충격이 심한 것 같더군요." [소설]

라. "비 맞지 마시고 **저희** 주막에 들러 잠시 쉬어 가십시오. 보아하니 면회 오신 양반 같으신데, 요즘 헛걸음하는 분이 한둘이 아닙니다." [소설]

위의 예에서 '우리'와 '저희'는 모두 복수의 의미를 나타내기보다는 특정 한 개인을 나타내고 있다. 여기서 '우리'와 '저희'는 각각 '내'와 '제'로 바꾸어 써도 의미가 통한다. 그러나 이러한 경우, 한국어는 영어와 달리 단수형보다는 복수형을 쓰는 것이 자연스럽다. '저희'는 '제'로 바꾸어 쓸 경우, '우리'를 '내'로 바꾸어 쓰는 것보다는 덜 어색한 듯하다.

'우리'가 단수를 나타내는 경우는 학술 산문에서 필자를 가리킬 때에도 나타난다.

〈**예**5.1.4.1-8〉 [학술]

가. 여기서 **우리는** 잠깐 이 족보 이야기를 끊고, 빙하 이야기를 할 필요가 있다.

나. **우리가** 이 과정을 연구해야 하는 필요성을 Hochberg(1978)는 다음과 같이 제시하고 있다.

다. **우리가** 진화론을 문제 삼는 것은 그 뜻이 그런 종(種)이 변하느냐 않느냐, 원숭이의 자손이냐 아니냐 하는 것보다 다른 데 있다.

라. 여기까지 논의된 몇 가지의 전제 조건 아래 **우리는** 사회과학 연구에 있어서 선택하여야 할 구체적인 방법에 관하여 다루어 볼 필요를 느낀다.

<예5.1.4.1-8>의 '우리'는 모두 글의 필자를 가리키는 것인데, 이때의 필자는 모두 복수가 아니라 단수이다. 이러한 양상도 학술적 글쓰기의 특징적 양상이라고 할 수 있다. 그런데 <예5.1.4.1-8>의 '우리'는 <예5.1.4.1-4>의 '우리'와 같이 필자와 독자를 모두 아우르는 것으로 해석될 수도 있다. 즉, 학술 산문에서 필자를 가리키는 '우리'가 확실히 필자만을 가리키는 것으로 보이는 경우는 매우 드물고 필자와 독자를 아우르는 것으로 해석되는 것이 일반적이라고 할 수 있다.

한편, 1인칭대명사의 복수형인 '우리'와 '저희'는 다시 복수 접미사 '-들'과 결합하여 '우리들', '저희들'로 나타나기도 하고 복수형 '우리'에 복수 접미사 '-네'가 결합하여 '우리네'가 나타나기도 한다. 이와 같이 '우리들', '저희들', '우리네'는 이중으로 복수가 표시되어 있는 형태라고 할 수 있다. 이들 예는 뒤에서 자세히 제시하기로 한다.

말뭉치 계량 결과 제시1

1. 1인칭대명사의 단수/복수의 사용 비율

   전체: 단수 〉 복수

   대화: 단수 〉 복수

   소설: 단수 〉 복수

   신문: 복수 〉 단수

   학술: 복수 〉 단수

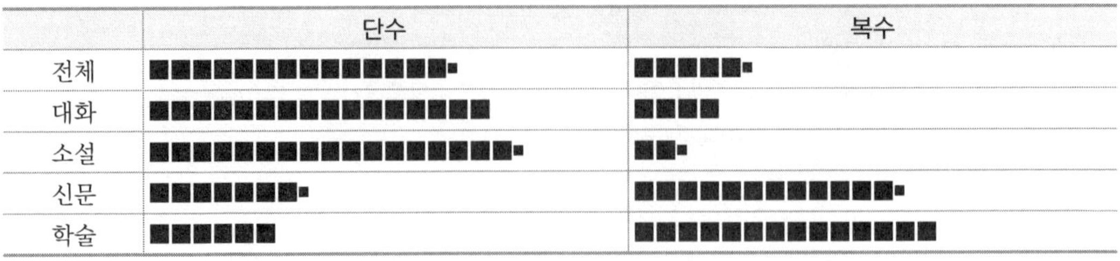

	단수	복수
전체	■■■■■■■■■■■■■■▪	■■■■■▪
대화	■■■■■■■■■■■■■■■■	■■■■
소설	■■■■■■■■■■■■■■■■■▪	■■▪
신문	■■■■■■■▪	■■■■■■■■■■■■▪
학술	■■■■■■	■■■■■■■■■■■■■■

<그래프5.1.4.1-1> 1인칭대명사의 단수/복수의 사용 비율

(■ 5%, ▪ 5% 미만)

> 2. 1인칭대명사의 단수/복수의 사용역 비율
> 1인칭 단수: 소설 ≧ 대화 〉 학술 ≧ 신문
> 1인칭 복수: 대화 〉 학술 〉 소설 〉 신문

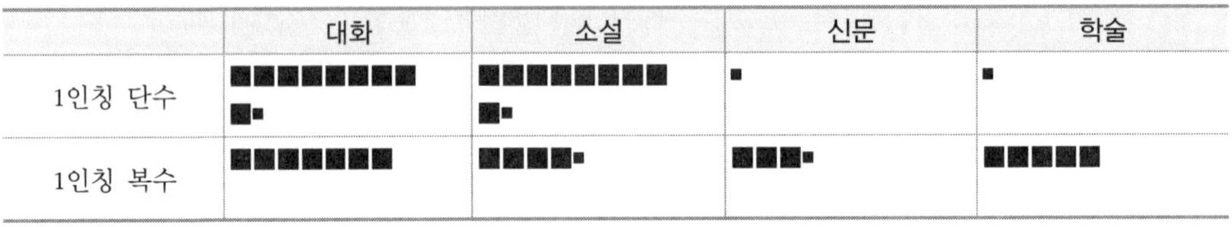

	대화	소설	신문	학술
1인칭 단수	■■■■■■■■■▪	■■■■■■■■■▪	▪	▪
1인칭 복수	■■■■■■■	■■■■▪	■■■▪	■■■■■

<그래프5.1.4.1-2> 1인칭대명사의 단수/복수의 사용역 비율

(■ 5%, ▪ 5% 미만)

말뭉치 계량 결과에 대한 논의1

전체 말뭉치에서 나타나는 1인칭대명사의 단수/복수의 사용 비율은 단수의 사용 비율이 복수의 사용 비율보다 훨씬 높다. 이는 유표성의 관점에서 단수가 복수에 비해 무표적이기 때문이다. 무표적인 의미를 가지는 형태가 유표적인 의미를 가지는 형태보다 사용 빈도가 높은 것은 범언어적으로 일반적인 사실이다.

그러나 1인칭대명사의 단수/복수의 사용 비율은 사용역에 따라 그 양상이 달리 나타난다. '대화'와 '소설'은 전체 말뭉치에서 나타나는 양상과 동일하게 단수의 1인칭대명사가 복수의 1인칭대명사보다 그 사용 비율이 훨씬 높다. 그러나 '신문'과 '학술'에서는 전체 말뭉치에서 나타나는 양상과 반대로 복수의 1인칭대명사가 단수의 1인칭대명사보다 사용 비율이 훨씬 더 높다. 이는 '신문'과 '학술'이 격식적이고 공적인 사용역이라는 사실과 관계가 있다. 단수의 1인칭대명사 '나'와 '저'는 화자나 필자 개인을 나타내는데 '신문'과 '학술'과 같이 격식적이고 공적인 사용역에서는 '나'와 '저'를 이용하여 화자나 필자 개인을 직접적으로 드러내는 경우가 거의 없다. 그 대신 필자와 독자를 함께 아우르는 '우리'를 쓰는 것이 일반적이다. 이는 '신문'과 '학술'의 담화 공간이 필자 개인의 사적인 영역이 아니라 여러 명의 독자와 함께하는 공적인 영역이기 때문이다.

앞서 우리는 복수형인 '우리'가 화자(필자)와 청자(독자)를 모두 포함하는 해석으로 사용되면서 단순히 화자와 청자만을 가리키는 것이 아니라 화자와 청자가 소속된 사회, 집단 전체를 가리키는 경우가 있음을 확인하였다. 화자와 청자가 소속된 사회, 집단 전체를 가리키는 '우리'는 '신문'과 '학술'에서 매우 빈번히 나타난다.

〈예5.1.4.1-9〉

가. 버팀돌을 보강하는 한편, 걸림돌을 치워 버리고 디딤돌을 단단히 한다면 어려운 **우리** 경제는 뜻밖에 쉽게 풀려 나갈 수도 있을 것이다. [신문]

나. 한편 바그다드 주재 우리 대사관 측은 이라크 외무부와 접촉, 여행 허가서를 발급 받아 되돌아 온 **우리** 근로자들에게 지급할 계획이다. [신문]

다. 여러모로 UN은 **우리** 시대의 주요 동향들을 가장 잘 반영하는 기관이라고 할 수 있다. [학술]

라. 유물론에 매여 있는 중국철학과 유물론을 수용해서 넘어서야 하는 **우리** 철학은 당분간 서로 다른 길을 가게 될 것 같다. [학술]

<예5.1.4.1-9가>의 '우리'는 '한국 사회'를, <예5.1.4.1-9나>의 '우리'는 '한국 사람'을 나타내고 <예5.1.4.1-9다>의 '우리'는 '현재를 살아가는 사람들'을, <예5.1.4.1-9라>의 '우리'는 '한국 전통 사회'를 나타낸다. 사회, 집단 전체를 가리키는 '우리'가 '신문'이나 '학술'에서 빈번히 사용되는 것은 이들 사용역이 주로 다루는 주제가 개인적인 영역의 문제가 아니라 공적인 영역의 문제이기 때문이다. 이렇게 화자와 청자가 소속된 사회, 집단 전체를 가리키는 '우리'는 '신문'과 '학술'에서 1인칭대명사 복수의 사용 비율이 1인칭대명사 단수의 사용 비율보다 높아지게 하는 이유가 된다. 특히, '신문'에서 필자와 독자를 모두 포함하는 '우리'는 거의 모든 예가 필자와 독자가 소속된 사회, 집단 전체를 가리키는 '우리'에 해당된다.

한편, '학술'에서는 화자에 해당하는 필자와 청자에 해당하는 독자를 아우르기 위해서, 또는 필자 개인을 가리키기 위해서 '우리'가 일반적으로 사용되는데 이는 학술적 글쓰기에서 나타나는 특징적 양상이다. 이러한 학술적 글쓰기의 특징적인 양상도 '학술'에서 복수 1인칭대명사의 사용 비율이 단수 1인칭대명사의 사용 비율보다 높아지게 하는 요인이 될 것이다.

〈예5.1.4.1-10〉 [학술]

가. 이 분쟁 과정에서 **우리가** 주목할 필요가 있는 것은 당시 언론의 태도다.

나. 여기에서 **우리가** 반드시 알고 넘어가야 할 기계가 모뎀(modem)이라는 기계이다.

다. 이를테면 나라 전체를 하나의 인텔리전트 빌딩화하겠다는 것이다. 이것은 **우리가** 분명히 참고해야 할 사례이다.

라. 새로운 전망 케인스와 고르바초프의 생각을 통해 **우리는** 시장과 계획이 꼭 배타적인 것은 아니라는 사실을 확인할 수 있다.

1인칭대명사의 단수/복수의 사용역 비율을 살펴보면, 단수의 1인칭대명사는 '소설 ≧ 대화 > 학술 ≧ 신문'의 양상이 나타난다. 5.1의 도입부에서 살펴보았듯이 전체 1인칭대명사의 사용역 비율은 '대화 > 소설 > 학술 ≧ 신문'의 양상을 보이는데 이는 단수 1인칭대명사의 사용역 비율과 유사하다고 할 수 있다(5.1 도입부의 '말뭉치 계량 결과에 대한 논의2'와 <그래프5.1-6> 참고). 이와 같이 단수의

1인칭대명사와 전체 1인칭대명사의 사용역 비율이 유사한 양상으로 나타나는 것은 무표적인 단수의 1인칭대명사가 1인칭대명사의 대다수를 차지하기 때문이다.

1인칭대명사 복수의 사용역 비율은 '대화 > 학술 > 소설 > 신문'의 양상을 보이는데 이는 1인칭대명사 단수의 사용역 비율과는 완전히 다른 양상이다. '학술'과 '신문'은 1인칭대명사 단수의 사용역 비율이 매우 낮은 데 반해 1인칭대명사 복수의 사용역 비율은 이에 비해 상당히 높다. 이는 앞서 언급했듯이 '신문'과 '학술'의 사용역 특성상 복수의 1인칭대명사가 단수의 1인칭대명사보다 높은 비율로 사용되기 때문이다. 요컨대, 단수 1인칭대명사는 '대화'와 '소설'에서만 주로 나타나지만 복수 1인칭대명사는 '학술'과 '신문'의 사용역 특성상 '학술'과 '신문'에서도 일반적으로 사용되기 때문에 비교적 모든 사용역에서 고루 나타난다고 할 수 있다.

▶ 말뭉치 계량 결과 제시2

1. 전체 1인칭대명사 복수 형태별 사용 비율: 우리 〉 우리들 〉 저희 〉 저희들 〉 우리네

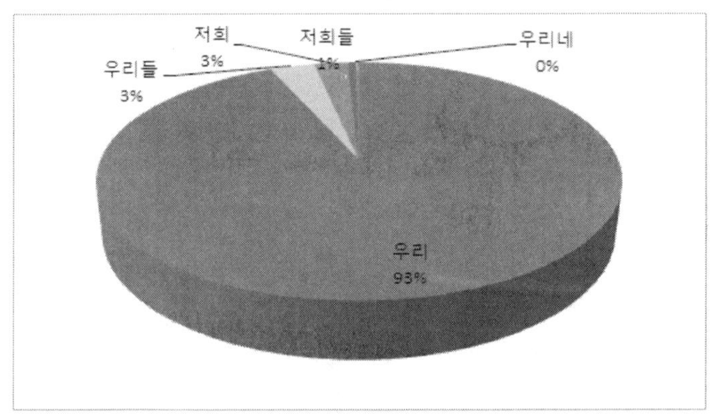

<그래프5.1.4.1-3> 전체 1인칭대명사 복수 형태별 사용 비율

2. 사용역에 따른 1인칭대명사 복수 형태별 사용 비율
   대화: 우리 〉 저희 〉 저희들 〉 우리들 〉 우리네
   소설: 우리 〉 우리들 〉 저희 〉 저희들 〉 우리네
   신문: 우리 〉 우리들 〉 우리네 〉 저희 〉 저희들
   학술: 우리 〉 우리들 〉 저희 〉 저희들 〉 우리네

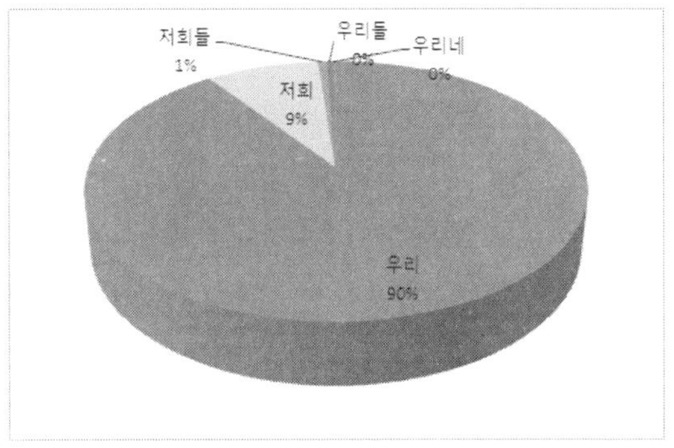

<그래프5.1.4.1-4> '대화'의 1인칭대명사 복수 형태별 사용 비율

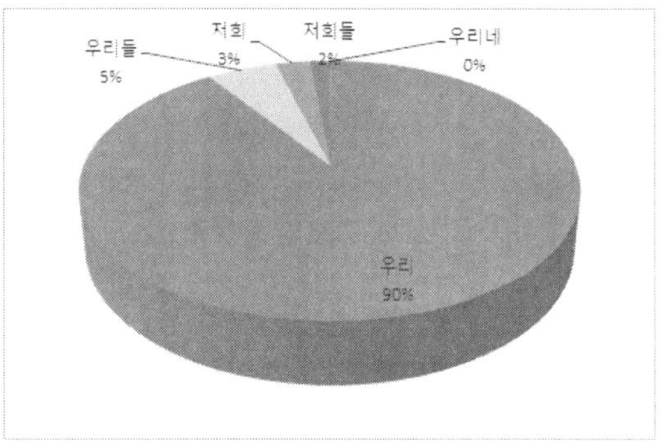

<그래프5.1.4.1-5> '소설'의 1인칭대명사 복수 형태별 사용 비율

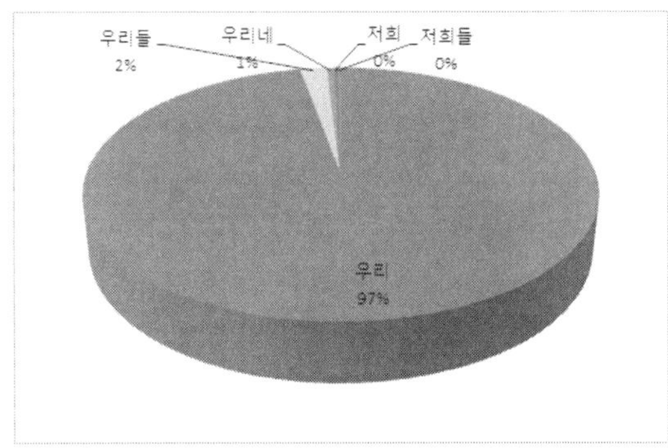

<그래프5.1.4.1-6> '신문'의 1인칭대명사 복수 형태별 사용 비율

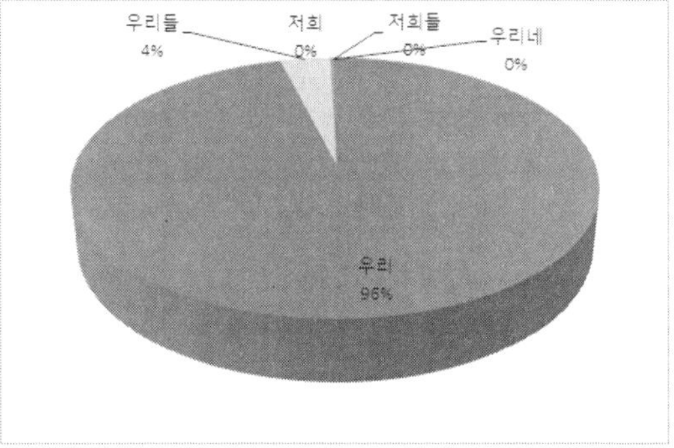

<그래프5.1.4.1-7> '학술'의 1인칭대명사 복수 형태별 사용 비율

말뭉치 계량 결과에 대한 논의2

전체 말뭉치에서 나타나는 1인칭대명사 복수 형태별 사용 비율은 '우리 > 우리들 > 저희 > 저희들 > 우리네'의 양상으로 나타난다. 복수형 '우리'는 1인칭대명사 복수 전체에서 차지하는 사용 비율이 90% 이상으로 매우 압도적이다. 사용역에 따른 1인칭대명사 복수 형태별 사용 비율 양상은 전체 말뭉치에서 나타나는 1인칭대명사 복수 형태별 사용 비율 양상과 거의 비슷하다. 모든 사용역에서 공통적으로 복수형 '우리'가 차지하는 사용 비율이 90% 이상으로 그 사용 비율이 매우 높게 나타난다. 이는 '우리'가 겸양 표현인 '저희'나 이중 복수형인 '우리들', '우리네'에 비해 무표적인 형태이기 때문일 것이다.

그러나 '우리'를 제외한 1인칭대명사의 복수 형태에 있어서는 사용역에 따라 그 사용 비율 양상이 약간씩 달리 나타난다. 특히 '대화'와 '신문'에서 나타나는 사용 비율 양상을 주목할 만하다. 우선, '대화'는 다른 사용역과 달리 '저희'와 '저희들'이 '우리들'보다 그 사용 비율이 높다. 이는 '저희'가 겸양 표현으로 상위자와 하위자가 상정되는 대화 상황에서만 사용될 수 있기 때문이다.

〈예5.1.4.1-11〉 [대화]

가. 저를 보셔도 상상이 가시겠지만, **저희** 오빠도 통통하답니다,

나. A: 카프리 시켜 시켜 줘요? B: 아니 아니요. **저희** 요거 다 못 마셔요.

다. 그래서 이제, 삼학년 때 **저희** 담임:: 선생님 있는데 저는 담임선생님은 절 쫌 예뻐했는데요,

라. **저희** 꽈 친구 애 중에 그런 애가 있거든요. 근데 걔가 **저희** 집에서 개네 집이 꽈 애들 중에서 제일 가까워요. 그니까 개네 집은 주택이구, 저희 집은 아파트예요.

<예5.1.4.1-11>에서 보듯이 '저희'가 사용된 문장은 모두 해요체 종결어미를 사용함으로써 청자를 높이고 있는데 이는 대화 상황이나 대화 상황이 가정된 경우에만 나타날 수 있다. 따라서 '대화'가 아닌 다른 사용역에서 '저희'는 아래의 <예5.1.4.1-12>와 같이 대화 상황이 가정되는 '소설'의 대화 지문이나 '신문'이나 '학술'의 인용문에서만 한정적으로 나타난다. 이러한 이유로 인해, '대화'를 제외한 모든 사용역에서 '저희'와 '저희들'의 사용 비율이 매우 낮게 나타난다고 볼 수 있다.

〈예5.1.4.1-12〉

가. "저……. 진규혁 씨를 만나러 왔는데요." "**저희** 사장님이요. 잠깐 기다리세요." [소설]

나. "아닙니다. 아주머니 덕분에 **저희들이** 새로운 삶을 살 수 있게 되었습니다. 정말 감사합니다." 서로의 안부를 묻고 난 뒤 이들은 손을 맞잡고 안 씨의 신장 이식 수술이 성공적으로 끝날 수 있도록 기도했다. [신문]

다. '우리 미래' 시리즈를 끝내고 다음에 게재된 것이 '한국병' 시리즈(그림 12)이다. 이것도 총 4회로 제작되었는데 '한국병 치유 **저희들이** 앞장서겠습니다'라는 구호로 전반적인 진단, 지역감정, 금권타락, 지역 · 집단 이기주의 등을 꼬집어 이야기하였다. [학술]

'신문'에서는 다른 사용역에서 거의 사용되지 않는 이중 복수형 '우리네'가 상대적으로 높은 사용 비율을 보인다. 3.2.2에서 논의한 바와 같이 복수 접미사 '-네'는 비격식성을 지니고 있기 때문에 '대화'와 '소설'에서 높은 사용 빈도를 보이고 '신문'과 '학술'에서는 거의 사용되지 않는다(복수 접미사 '-네'에 대한 논의는 3.2.2 참고). 따라서 '-네'가 결합한 이중 복수형인 '우리네'가 다른 사용역에 비해 '신문'에서 상대적으로 높은 사용 비율을 보이는 것은 다소 예외적으로 보일 수 있다. 그러나 '신문'에서 '우리네'의 사용 비율은 1% 정도에 불과하고 실제 사용 빈도 또한 그리 높지 않기 때문에 이러한 결과를 예외적인 것으로 보기는 어렵다. 복수 접미사 '-네'는 고유명사와 결합하여 고유명사가 지시하는 개체가 포함된 집단 전체를 나타내거나 대명사와 결합하여 대명사가 가리키는 개체가 포함된 집합을 나타낸다. 따라서 '우리네'는 <예5.1.4.1-13>에서와 같이 화자와 청자가 소속된 사회, 집단 전체를 가리키게 되는데 이러한 이유 때문에 '신문'에서 '우리네'가 다른 사용역에 비해 그 사용 비율이 다소 높게 나타난다고 해석할 수 있다. 왜냐하면 앞서 언급하였듯이 '신문'에서는 '우리'가 단순히 화자와 청자만을 가리키는 것이 아니라 화자와 청자가 소속된 사회, 집단 전체를 가리키는 경우가 매우 빈번히 나타나기 때문이다.

〈예5.1.4.1-13〉 [신문]

가. 국악과 대중음악을 넘나들며 **우리네** 정서를 구성진 탁성에 담아온 장 씨의 노래와 하용부 씨의 〈밀양북춤〉, 김운태 씨의 〈소고춤〉 등을 덤으로 즐길 수 있다.

나. 오는 29일부터 평양에서 열리는 IPU 총회에 **우리네** 국회의원들이 참석하기로 된 참이기도 했다.
다. 전산기는 직업이나 나이를 가릴 수 없이 전면적으로 퍼지고 파고드는 것이기에 **우리네** 언어문화에 대한 외국 전산용어의 교란 상태는 도저히 두고 볼 수 없는 지경에 이르렀다고 생각된다.

위의 예에서 보인 '우리네'는 각각 '우리 한민족', '우리나라', '우리 언중'을 나타낸다고 볼 수 있는데 모두 '우리'와 바꾸어 쓸 수 있다. 그러나 '신문'이 격식적인 사용역임을 감안하면 '우리네'보다는 '우리'가 오히려 더 적절해 보인다.

한편, 모든 사용역에서 공통적으로 복수형 '우리', '저희'는 각각의 이중 복수형인 '우리들', '저희들'보다 사용 비율이 더 높다. 또한 모든 사용역에서 공통적으로 복수 접미사 '-네'가 결합한 이중 복수보다는 복수 접미사 '-들'이 결합한 이중 복수의 사용 비율이 더 높다. 아래의 <예5.1.4.1-14>에서와 같이 삼중 복수인 '우리네들'도 가능하지만 연구 대상 말뭉치에서는 그 예가 나타나지 않았다.

〈예5.1.4.1-14〉
가. 그의 이야기는 **우리네들**의 일상적인 삶의 모습을 잘 담아내고 있다.
나. 매분 매초 급박하게 변하는 세상에 살고 있음에도 불구하고, 여전히 사회와 사람들이 '착한 여자'로 봐 주길 원하는 **우리네들**.

겸양 표현의 '저희'에 접미사 '-네'가 결합한 '저희네'는 연구 대상 말뭉치에서 발견되지 않아 불가능한 표현으로 생각될 수도 있지만 인터넷을 검색해 보면 아래와 같이 '저희네'가 실제로 사용되는 경우를 발견할 수 있고 그 쓰임도 그리 어색해 보이지 않는다.

〈예5.1.4.1-15〉
가. 저 좀 한 번만 도와주세요. **저희네** 식구를 돕는 것이 바로 사람을 살리는 일 아닌가요?
나. 첫 번째는 신랑 돌 사진 두 번째는 울 큰아들 세 번째는 저의 어릴 적 사진 네 번째는 울 둘째 아들입니다. 오묘하게 닮은 알콩달콩 **저희네** 식구입니다.

말뭉치 계량 결과 제시3

1. 1인칭대명사 복수 유형별 사용 비율
   전체: 복수형 〉 복수형+들 〉 복수형+네
   대화: 복수형 〉 복수형+들 〉 복수형+네
   소설: 복수형 〉 복수형+들 〉 복수형+네
   신문: 복수형 〉 복수형+들 〉 복수형+네
   학술: 복수형 〉 복수형+들 〉 복수형+네

	복수형	복수형+들	복수형+네
전체	■■■■■■■■■■■■■ ■■■■■■▪	▪	▪
대화	■■■■■■■■■■■■■ ■■■■■■▪	▪	▪
소설	■■■■■■■■■■■■■ ■■■■■▪	■▪	▪
신문	■■■■■■■■■■■■■ ■■■■■■▪	▪	▪
학술	■■■■■■■■■■■■■ ■■■■■■▪	▪	▪

<그래프5.1.4.1-8> 1인칭대명사 복수 유형별 사용 비율

(■ 5%, ▪ 5% 미만)

2. 1인칭대명사 복수 유형별 사용역 비율
   복수형: 대화 〉 학술 〉 소설 〉 신문
   복수형+들: 소설 〉 학술 〉 대화 〉 신문
   복수형+네: 신문 〉 학술 〉 소설 〉 대화

		대화	소설	신문	학술
복수형	우리	■■■■■■▪	■■■■▪	■■■▪	■■■■■▪
	저희	■■■■■■■■ ■■■■■■■■ ▪	■■■▪	▪	▪
	전체	■■■■■■■	■■■■▪	■■■▪	■■■■■▪
복수형+들	우리들	■▪	■■■■■■■■ ■	■■▪	■■■■■■▪
	저희들	■■■■■■■▪	■■■■■■■■ ■■▪	▪	■■▪
	전체	■■▪	■■■■■■■■ ■▪	■■▪	■■■■■■▪
복수형+네	우리네	■■	■■▪	■■■■■■■ ■■■▪	■■■■▪

<그래프5.1.4.1-9> 1인칭대명사 복수 유형별 사용역 비율

(■ 5%, ▪ 5% 미만)

▶▶ 말뭉치 계량 결과에 대한 논의3

1인칭대명사 복수 유형별 사용 비율을 살펴보면, 전체 말뭉치에서 나타나는 결과와 각 사용역에서 나타나는 결과가 모두 동일하게 '복수형 > 복수형+들 > 복수형+네'의 양상을 보인다. 모든 사용역에서 동일하게 복수형 대명사인 '우리'와 '저희'의 사용 비율이 90% 이상을 차지하는데 이는 '복수형+들'이 이중 복수로 잉여적으로 복수를 표현하는 유표적인 형태이기 때문일 것이다. 그런데 이는 복수의 1인칭대명사에만 나타나는 양상이고 5.1.4.2에서 살펴볼 2인칭대명사의 복수에서는 이러한 양상이 나타나지 않는다. 복수형의 대명사에 복수 접미사 '-들'과 '-네'가 이중적으로 결합하는 것은 각각의 복수 접미사가 단순히 복수의 의미만을 더해 주는 것이 아니라 특수한 의미를 지니고 있기 때문이다. 3.2에서 논의하였듯이 '-들'은 해당 체언이 복수성의 의미를 지니고 있을 때 화자가 복수의 의미를 더욱 명확히 드러내거나 개체 복수를 표시하고 싶을 때 나타난다. 특히, 아래의 <예5.1.4.1-16>에서 보는 것과 같이 복수형 1인칭대명사 '우리'가 복수성을 나타내더라도 개체 복수임을 나타내기 위해서는 '-들'이 필수적으로 나타나야 한다.

〈예5.1.4.1-16〉
가. 우리들의(?우리의) 의견이 저마다 다 달라서 의견의 일치를 보지 못하고 있다.
나. 선생님은 우리들(*우리) 집을 하나하나씩 돌아다니며 가정 방문을 하셨다.

또한 단체 복수를 나타내는 '-네'가 결합한 '우리네'는 '우리'가 화자와 청자가 소속된 사회, 집단 전체를 가리키는 것을 더욱 명확히 해 준다. 이러한 점을 미루어 볼 때, 대명사의 복수형에 복수의 접미사 '-들'이나 '-네'가 결합하는 것은 '-들'이나 '-네'가 명사구에 복수를 표시하는 일반적인 방법이기 때문에 이에 이끌린 결과로 보기보다는 복수 접미사 '-들'과 '-네'가 가진 특수한 기능에 의한 것으로 보는 것이 옳을 것이다.

1인칭대명사 복수 유형에 따른 사용역 비율을 살펴보면, 각각의 복수 유형에 따라 그 양상이 달리 나타난다. 우선 복수형 1인칭대명사의 경우에는, 1인칭대명사 복수 전체가 보이는 사용역 비율과 동일한 양상을 보인다(<그래프5.1.4.1-2> 참고). 모든 사용역에서 공통적으로 복수형 1인칭대명사 '우리'가 1인칭대명사 복수 전체의 90% 이상을 차지하기 때문에(<그래프5.1.4.1-4~7> 참고) 1인칭대명사 복수 전체가 보이는 사용역 비율은 복수형 1인칭대명사가 보이는 사용역 비율을 거의 그대로 따를 수밖에 없을 것이다. 앞서 언급했듯이 1인칭대명사 복수 전체에서 복수형 1인칭대명사가 차지하는 비율이 높은 것은 복수형 1인칭대명사가 복수의 접미사 '-들'이나 '-네'가 결합한 이중 복수보다 무표적이기 때문이다. 대명사의 복수형에 '-들'이 결합한 '복수형+들'의 경우는 '소설'에서 가장 많이 사용된다. 이러한 결과는 복수 접미사 '-들'의 사용 양상과는 다소 달라서 예외적인 것으로 보인다. 3.2.1에서 살펴보았듯이 '-들'의 사용 빈도는 '신문 > 학술 > 소설 > 대화'의 양상으로 나타나는데 '-들'의 사용 빈도가 상대적으로 낮은 '소설'에서 '복수형+들'의 사용역 비율이 가장 높게 나타나기 때문이다. 그런데 '-들'에 의한 이중 복수의 사용역 비율 양상은 뒤에서 살펴볼 2인칭대명사의 복수에서도 동일하게 나타난다는 사실로 미루어 볼 때, '복수형+들'은 '소설'에서 특징적으로 사용되는 것이라고 할 수 있겠다.

〈예5.1.4.1-17〉 [소설]

가. 그녀가 바로 **우리들이** 기다리던 오혜린이었다.

나. 그때 **우리들이** 있는 바로 몇 미터 앞에서 최루탄이 터졌다.

다. 스마트하게 생긴 젊은 남자 종업원이 **우리들의** 빈 유리컵에다 생수를 부어주고 갔습니다.

라. 그 소리를 듣자마자 막 주인이 들어와 전등 스위치를 올린 방안의 바퀴벌레들처럼 **우리들이** 사방으로 좍 흩어진 것은 눈 깜짝할 새였다.

<예5.1.4.1-17>은 '소설'에서 사용된 이중 복수 '우리들'을 보인 것이다. 이중 복수 '우리들'은 '우리'에 비해 복수의 의미가 더욱 명확하게 드러나기 때문에 복수형 '우리'보다 그 표현적 효과가 클 것으로 예상된다. 이러한 표현적 효과가 '복수형+들'의 사용역 비율이 문학 장르인 '소설'에서 가장 높게 나타나게 하는 요인이 된 것으로 추측해 볼 수 있다. 그러나 '복수형+들'이 단순히 복수의 의미를 드러내기만 하는 것이 아니므로 '소설'에서 사용역 비율이 가장 높게 나타나는 이유에 대해서 명확히 밝히기는 어렵다. '복수형+네'는 '신문'에서 사용역 비율이 가장 높다. 이는 앞서 언급한 바와 같이 화자와 청자가 포함된 사회나 집단 전체를 가리키는 '우리네'가 다른 사용역에 비해서 '신문'에서 상대적으로 높은 사용 비율을 보이기 때문이다.

5.1.4.2. 2인칭대명사의 복수

2인칭대명사의 복수는 복수형으로 표시될 수도 있고, 단수형에 복수의 접미사 '-들'이나 '-네'가 결합하여 표시될 수도 있다. 그리고 2인칭대명사도 1인칭대명사와 마찬가지로 복수형에 복수 접미사 '-들'이나 '-네'가 결합하여 이중으로 복수가 표시될 수 있다.

2인칭대명사의 복수형으로는 '너희', '여러분', '제군' 등이 있다. 이들 복수형 2인칭대명사도 단수형 2인칭대명사와 마찬가지로 화자와 청자 사이의 관계에 따라 달리 사용된다. '너희'는 청자가 화자보다 아랫사람이거나 화 · 청자가 동등한 지위에 있을 때 사용할 수 있다. '여러분'은 청자를 높여 부를 때 사용하지만 상위자에게 사용하기보다는 화자와 개별적이거나 특수한 관계가 없는 불특정 다수의 청자를 높여 부르기 위해 주로 사용된다. 5.1.2에서 논의하였듯이 청자가 화자보다 상위자일 때에는 청자를 직접 가리키는 2인칭대명사가 사용되지 않는 것이 일반적이다. '제군'은 청자가 화자보다 아랫사람일 때 청자를 조금 높여 부를 때 주로 사용하는데, 매우 문어적이고 의고적인 문체 이외에는 일반적으로 잘 사용되지 않는다.

〈예5.1.4.2-1〉

가. A: 원래 도리아가 옛날에는 되게 맛있는 걸로 유명했었어 여기. B: 내가 생각한 거 아냐. C: 내가 생각했던 것도 아냐. B: 으응, A: **너희가** 다니던 시절하고 내가 다니던 시절이 틀린가 보지, [대화]

나. 기차가 포항을 출발하여 대구로 가는 도중을 이용해서 손님 **여러분께** 잠시 안내 말씀을 올리겠습니다. [소설]

다. 모두가 아는 것들이지만, 보다 섬세하게 짚고 넘어가기 위해 몇 개만 골라 부연 설명하겠다. **여러분의** 글에서도 꼼꼼하게 따져 보면 정확하지 못한 문장이 많이 나온다. [학술]

라. 또한 38 이남에서는 방공의 명의를 남용하는 방식으로 **제군들이** 흘린 피가 정치 도구화되지 않도록 조심하라. [학술]

<예5.1.4.2-1가>는 친구들 간의 대화에서 '너희'가 쓰인 것을 보인 것이다. <예5.1.4.2-1나>는 안내원이 자신과 특별한 관계가 없는 불특정 다수의 청자들에게 안내 방송을 하면서 '여러분'을 사용하고 있음을 보인 것이고 <예5.1.4.2-1다>는 필자가 익명의 독자들을 가리키기 위해 '여러분'을 사용한 예를 보인 것이다. <예5.1.4.2-1라>는 대학 글쓰기 교재에서 열거식 구성의 글의 예로 든 것의 일부인데, 이 예는 1960년 4.19 혁명 당시의 신문 사설로서 매우 의고적인 문체로 느껴진다.

그런데 '너희'와 '너네'는 각각 2인칭대명사 복수형, 2인칭대명사에 복수 접미사가 결합한 형태이지만 단수를 나타내는 경우도 있다.

〈예5.1.4.2-2〉

가. A: **너희** 아버지는 교사는 아니잖아. B: 아이 우리 외할아버지도 교장이었구, 우리 할아버지도 교감이었구. [대화]

나. 그거 옛날에 지원아:: 기억 안 나? **너네** 동네에서:: 내가 되게 맘에 들어서 되게 비싸게 주고 산 거 있잖아. [대화]

다. "**너희** 엄마, 네 꼴 보시면 쓰러지신다. 너도 눈 있으면 거울 좀 봐라. 바람 불면 날아가게 생겼지." [소설]

라. "근데 어쩌면 그렇게 통 안 내려왔니? 하긴 **니네** 집이 다 이사했으니 올 일도 없었겠지만." [소설]

위의 예에서 '너희'와 '너네'는 모두 복수의 의미를 나타내기보다는 특정 한 개인을 나타낸다. 여기서 '너희'와 '너네'는 모두 '너의'나 '네'로 바꾸어 쓸 수 있다. 1인칭대명사의 경우 개인의 소유나 소속을 나타낼 때, '나의'나 '내'를 쓰지 않고 복수의 '우리'를 쓰는 것과 마찬가지로 2인칭대명사의 경우에도 개인의 소유나 소속을 나타낼 때, 복수의 '너희'와 '너네'를 쓰는 것이다. 다만, 1인칭대명사는 '우리 엄마'를 '내 엄마'로 쓰면 매우 부자연스럽지만 2인칭대명사는 '너희 엄마'를 '네 엄마' 또는 '니 엄마'로 쓴다고 해도 그리 부자연스럽지 않다는 차이가 있다.

단수형 2인칭대명사에 복수 접미사 '-들'이 결합하여 복수를 표시하는 경우에는 '그대들', '네년들', '네놈들', '당신들', '자네들', '이녁들'이 있고 단수형 2인칭대명사에 복수 접미사 '-네'가 결합하여 복수를 표시하는 경우에는 '너네', '당신네'가 있다. 뿐만 아니라, 단수형에 '-네'와 '-들'이 동시에 결합하여 이중으로 복수를 표시하는 경우도 있는데 이러한 예로는 '너네들', '당신네들'이 있다.

2인칭대명사도 1인칭대명사와 동일하게 복수형 2인칭대명사에 다시 복수 접미사 '-들'이나 '-네'가 결합하여 이중으로 복수를 표시하기도 한다. 복수형 2인칭대명사에 '-들'이 결합한 것으로는 '너희들', '여러분들', '제군들'이 있고 복수형 2인칭대명사에 '-네'가 결합한 것으로는 '너희네'가 있다. 또한 2인칭대명사 복수형에 '-네'와 '-들'이 모두 결합하여 삼중으로 복수를 표시하는 '너희네들'도 있다. 단수형 2인칭대명사에 복수 접미사가 결합한 예와 2인칭대명사 복수형에 복수 접미사가 결합한 예에 대해서는 뒤에서 자세히 제시하기로 한다.

말뭉치 계량 결과 제시1

1. 2인칭대명사의 단수/복수의 사용 비율
   전체: 단수 〉 복수
   대화: 단수 〉 복수

소설: 단수 〉 복수
신문: 단수 〉 복수
학술: 단수 〉 복수

	단수	복수
전체	■■■■■■■■■■■■■■■■■▪	■■▪
대화	■■■■■■■■■■■■■■■■■▪	■■▪
소설	■■■■■■■■■■■■■■■■■■■▪	■▪
신문	■■■■■■■■■■■▪	■■■■■■■■▪
학술	■■■■■■■■■■■■■	■■■■■■■

<그래프5.1.4.2-1> 2인칭대명사의 단수/복수의 사용 비율

(■ 5%, ▪ 5% 미만)

2. 2인칭대명사의 단수/복수의 사용역 비율
2인칭 단수: 소설 ≧ 대화 〉 학술 ≧ 신문
2인칭 복수: 대화 〉 소설 〉 학술 〉 신문

	대화	소설	신문	학술
2인칭 단수	■■■■■■■■ ■▪	■■■■■■■■ ■▪	▪	▪
2인칭 복수	■■■■■■■■ ■	■■■■■■▪	■▪	■■▪

<그래프5.1.4.2-2> 2인칭대명사의 단수/복수의 사용역 비율

(■ 5%, ▪ 5% 미만)

말뭉치 계량 결과에 대한 논의2

전체 말뭉치에서 나타나는 2인칭대명사의 단수/복수의 사용 비율은 단수의 사용 비율이 복수의 사용 비율보다 훨씬 높다. 이는 유표성의 관점에서 단수가 복수에 비해 무표적이기 때문으로 무표적인 의미를 가지는 형태가 유표적인 의미를 가지는 형태보다 사용 빈도가 높은 것은 범언어적으로 일반적인 사실이다.

전체 말뭉치에서 나타나는 2인칭대명사의 단수/복수의 사용 양상은 각각의 사용역에서도 공통적으로 나타난다. 그러나 '신문'과 '학술'에서는 다른 사용역에 비해 2인칭대명사 복수의 사용 비율이 비교적 높게 나타난다. 이에 대해서는 크게 세 가지 이유를 들 수 있다.

첫째, '신문'과 '학술'은 다수의 독자를 대상으로 하는 공적인 사용역이기 때문에 '너'와 같은 단수의 2인칭대명사를 사용하여 개별 청자나 독자를 직접 가리키기보다는 아래의 예에서 보는 것처럼 '여러분'과 같은 복수의 2인칭대명사를 사용하여 독자 전체를 모두 아울러 공적으로 가리키는 것이 일반적이다.

〈예5.1.4.2-3〉 [신문]

가. 판갈이의 노동 강도는 독자 **여러분들이** 상상하기 힘들 정도입니다.

나. 조선일보의 활자 혁신-지면 쇄신 노력에 애독자 **여러분의** 성원을 바랍니다.

다. 조선일보 스포츠 레저부는 이번 대회에서 충분하게 경험을 한 만큼 2006년 독일 월드컵은 훨씬 더 좋은 지면을 독자 **여러분께** 선사할 수 있을 것 같습니다.

라. 앞으로 보다 많은 연령대의 흡연자를 검진 대상으로 확대 실시할 수 있기를 바라는 마음 또한 간절하며, 이 사업에 깊은 관심을 가져 주신 투고자 **여러분께** 감사의 말씀을 드린다.

〈예5.1.4.2-4〉 [학술]

가. **여러분들은** 이 중 어떤 입장이 교육의 본질을 가장 잘 설명해 주고 있다고 보는가?

나. 가령, 한 편의 짤막한 글을 문학적으로 써 내라는 과제가 **여러분에게** 주어졌다고 가정해 보자.

다. **여러분** 자신들이 스스로 잘 느낄 수 있듯이 지금 방송을 비롯한 매스미디어의 영향력은 상상을 초월한다.

라. 그런데 유독 '밤의 생활 만족도'에서만큼은 상당히 높은 수준의 점수를 받았다고 한다. 이것이 무엇을 의미하는지는 **여러분도** 대충 짐작할 수 있을 것이다.

독자를 가리키기 위해 '여러분'을 사용하는 것은 '신문'보다는 '학술'에서 훨씬 더 빈번히 나타나지만 그 사용 빈도가 그리 높지는 않다. 5.1.4.1에서 논의하였듯이, '학술'에서는 독자를 가리키기 위해 '우리'를 사용하여 필자와 독자를 아울러 지시하는 것이 일반적이기 때문이다. 그런데 2인칭대명사는 모든 인칭대명사 중에서 그 사용 빈도가 가장 낮고 특히 '신문'과 '학술'에서는 그 사용 빈도가 매우 낮다. 따라서 '신문'과 '학술'에서 2인칭대명사 복수의 사용 비율이 상대적으로 높은 것은 다른 사용역에 비해 그 사용 빈도가 높다는 것을 의미하는 것이 아니라 '신문'과 '학술'이라는 사용역 내에서 2인칭대명사 복수의 사용 비율이 비교적 높게 나타난다는 것을 의미하는 것임을 유의할 필요가 있다.

둘째, '신문'에서는 다른 복수 2인칭대명사보다 '당신들'의 사용 빈도가 가장 높은데 이는 신문 사설의 영향 때문인 것으로 보인다.

〈예5.1.4.2-5〉 [신문]

가. **당신들이** 믿고 있는 그 해방의 전망은 확고한가? 목적에 대한 신념은 과학적으로 확실한가?

나. 조심하지 않으면 안 된다. 하나 지금 **당신들은** 조심성이 있고 없고의 차원을 훨씬 넘어섰다.

다. 지도층에게 다시 한 번 당부한다. **당신들의** 조타만을 믿고 여기까지 흘러온 이 나라 이 국민의 저 허망한 눈망울들을 보고 있는가?

라. 저는 살 길을 찾으면서 죽음을 부추기고 있는 이른바 진보적 지식인들은 선비인가? 악당인가? **당신들은** 지금 굿에서의 이른바 '불림'을 행하는 모양인데, '불림'에는 조건이 있는 법이다.

<예5.1.4.2-5>는 신문 사설에서 '당신들'이 사용된 예를 보인 것으로, '신문'에서 '당신들'은 거의 대부분 위의 예와 같이 신문 사설에서 문제의 대상이 되는 집단을 낮추어 가리키기 위해 사용되었다. 5.1.2에서 논의하였듯이 2인칭대명사 '당신'은 상대편을 낮춰 부를 때 쓰일 수 있는데 위의 예에서 나타나는 '당신'은 '당신'의 이러한 용법과 유사해 보인다.

셋째, '신문'에는 직접 인용된 발화가 많이 포함되는데, 이때 직접 인용된 발화는 대부분 공적인 인물이 다수의 청자를 대상으로 하는 것이다. 따라서 '신문'에서 나타나는 직접 인용 발화에서는

아래의 예와 같이 '여러분'이 많이 나타난다.

〈예5.1.4.2-6〉 [신문]

가. 고이즈미 일본 총리는 인사말에서 "일본 국민을 대표해 김대중 대통령과 함께 전 세계 **여러분을** 진심으로 환영한다"고 말했다.

나. 박찬호는 관중들을 향해 "팬 **여러분을** 직접 만나게 돼 기쁘다"면서 "재미있는 한국시리즈다. 좋은 밤 좋은 경기를 즐길 수 있기를 바란다"고 인사했다.

다. 한편 가이후 일본 총리는 '솔직한 사죄'를 했다. "한반도의 **여러분들이** 우리나라의 행위에 의해 견디기 어려운 고난과 슬픔을 체험하셨는데 대하여 겸허히 반성하며 솔직히 사죄를 드리고자 합니다."

라. 이 장관은 목이 잠긴 목소리로 "외국에서도 구조조정을 담당하던 기관의 직원은 자녀들이 아버지의 얼굴을 잊어버리거나 아버지의 얼굴을 쳐다보지 않으려고 한다"며 "직원 **여러분의** 노력과 헌신을 제 마음의 빚으로 새기겠다"고 직원들의 노고를 치하했다.

요컨대, '신문'은 신문 사설에 나타나는 '당신들'과 직접 인용 발화에서 나타나는 '여러분', '학술'은 독자를 가리키는 '여러분'에 인해 다른 사용역에 비해 2인칭대명사 복수의 사용 비율이 다소 높게 나타나는 것이라고 볼 수 있다.

2인칭대명사의 단수/복수의 사용역 비율을 살펴보면, 단수 2인칭대명사와 복수 2인칭대명사 사이에 그리 큰 차이를 보이지 않는다. 2인칭대명사의 단수가 적게 사용되는 사용역에서는 2인칭대명사의 복수도 적게 사용되는 양상을 보인다. 다만, 2인칭대명사의 단수는 '대화'와 '소설'에서 거의 비슷하게 사용되지만 2인칭대명사의 복수는 '소설'보다 '대화'에서 조금 더 많이 사용된다는 차이를 보인다.

2인칭대명사 단수의 사용역 비율에서 '신문'과 '학술'이 차지하는 비율을 모두 합해도 5% 정도에 불과하다. 이는 '신문'과 '학술'과 같은 공적인 사용역에서 개별적인 청자나 독자를 가리키는 '너'나 '당신'과 같은 단수의 2인칭대명사를 사용하는 일이 극히 드물기 때문이다. 이에 반해, 2인칭대명사 복수의 사용역 비율에서 '신문'과 '학술'이 차지하는 비율은 약 20%로 그 비율이 훨씬 높아졌다. 앞서 확인한 것처럼 '신문'과 '학술'은 다른 사용역에 비해 2인칭대명사의 복수 사용 비율이 높은데 이러한 결과가 2인칭대명사 복수의 사용역 비율에 반영된 것이다.

말뭉치 계량 결과 제시2

1. 전체 2인칭대명사 복수 형태별 사용 비율

   여러분 〉 너희들 〉 너네 〉 너희 〉 당신들 〉 기타 〉 여러분들 〉 너네들 〉 자네들

   (※ 기타: 당신네, 네놈들, 당신네들, 네년들, 그대들, 제군, 제군들, 너희네들, 너희네, 이녁들)

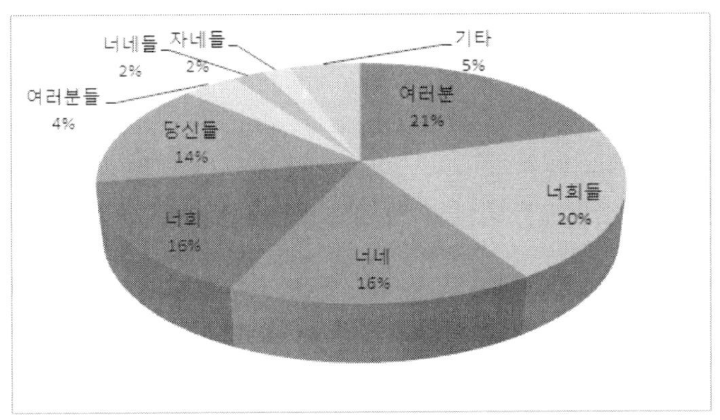

<그래프5.1.4.2-3> 전체 2인칭대명사 복수 형태별 사용 비율

2. 사용역에 따른 2인칭대명사 복수 형태별 사용 비율

대화: 너네 〉 너희들 〉 너희 〉 너네들 〉 여러분 〉 당신들 〉 여러분들
(※ 기타: 당신네, 당신네들)
소설: 너희들 〉 당신들 〉 여러분 〉 자네들 〉 너네 〉 너네들 〉 여러분들
(※ 기타: 그대들, 너희네, 너희네들, 네년들, 네놈들, 당신네, 당신네들, 이녁들)
신문: 당신들 〉 여러분 〉 여러분들 〉 너희들 〉 너희 〉 너네
(※ 기타: 당신네, 당신네들)
학술: 여러분 〉 여러분들 〉 너희들 〉 너희 〉 자네들 〉 너네들
(※ 기타: 그대들, 당신네, 당신들, 제군, 제군들)

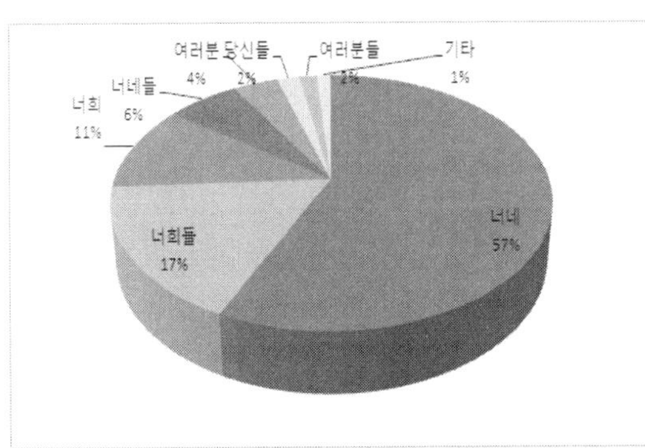

<그래프5.1.4.2-4> '대화'의 2인칭대명사 복수 형태별 사용 비율

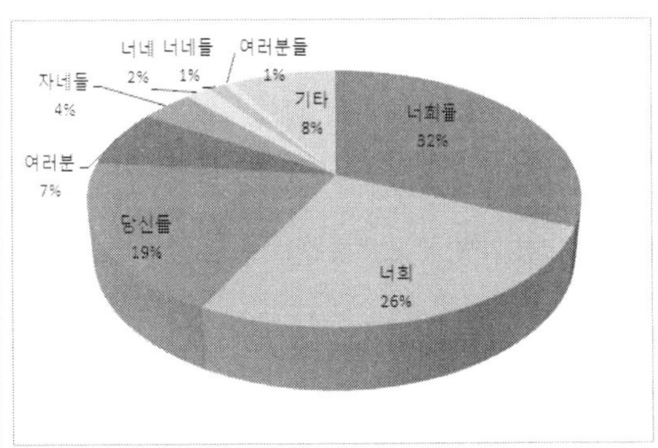

<그래프5.1.4.2-5> '소설'의 2인칭대명사 복수 형태별 사용 비율

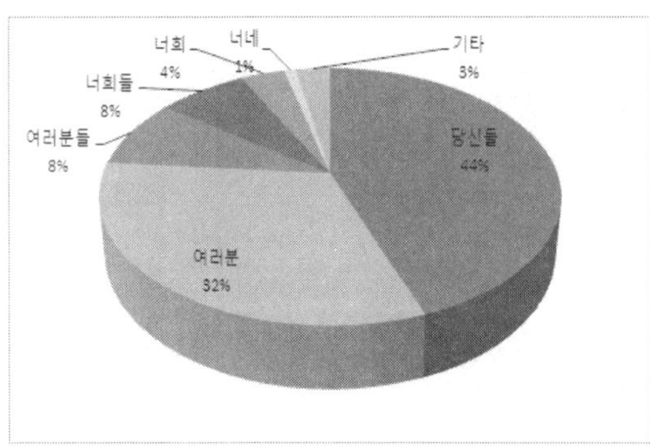

<그래프5.1.4.2-6> '신문'의 2인칭대명사 복수 형태별 사용 비율

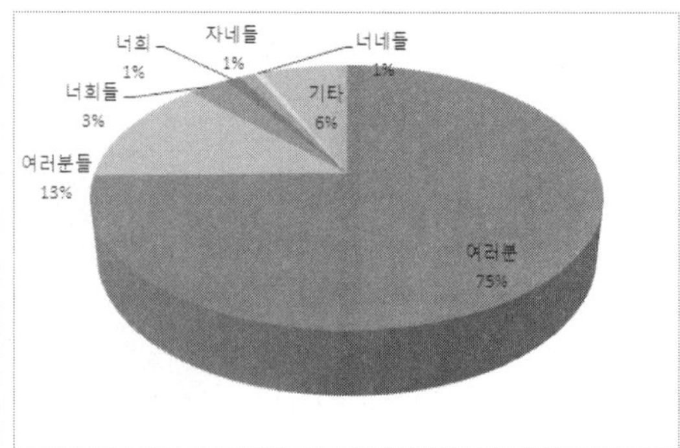

<그래프5.1.4.2-7> '학술'의 2인칭대명사 복수 형태별 사용 비율

▶▶ 말뭉치 계량 결과에 대한 논의2

전체 말뭉치에서 나타나는 2인칭대명사 복수 형태별 사용 비율은 '여러분 > 너희들 > 너네 > 너희 > 당신들 > 기타 > 여러분들 > 너네들 > 자네들'의 양상으로 나타난다. 여기서 '기타'는 사용 빈도 20미만의 저빈도 형태를 하나로 묶어서 제시한 것으로 '당신네', '네놈들', '당신네들', '네년들', '그대들', '제군', '제군들', '너희네들', '너희네', '이녁들'이 있다. 이러한 기타 형태는 사용역에 따른 사용 비율에서도 '기타'로 처리하였다. 그런데 '여러분', '너희들', '너네', '너희', '당신들'의 사용 비율의 차이가 그리 크지 않다. 이들 복수의 2인칭대명사들은 모두 약 15%~20%의 사용 비율을 차지하는데, 이러한 양상은 앞서 살펴본 1인칭대명사 복수와는 매우 다른 것이다. 즉, 1인칭대명사 복수는 복수형 '우리'가 90% 이상의 사용 비율을 차지하는 데 반해, 2인칭대명사 복수는 유사한 사용 비율을 보이는 5가지 형태가 약 90% 정도의 사용 비율을 차지한다. 이는 2인칭대명사의 복수가 1인칭대명사의 복수에 비해 그 종류가 다양하기 때문이다. 1인칭대명사의 복수는 '복수형', '단수형+들', '복수형+들'의 3가지 유형밖에 없지만 2인칭대명사의 복수는 '단수형+들', '단수형+네', '단수형+네+들', '복수형', '복수형+들', '복수형+네', '복수형+네+들'의 7가지 유형이 존재한다. 복수 형태로 보자면 1인칭대명사의 복수는 5가지이지만 2인칭대명사의 복수는 무려 18가지가 존재한다. 2인칭대명사의 복수가 이렇게 다양한 것은 복수 유형뿐만 아니라 2인칭대명사의 유형 자체도 다양하기 때문이다. 5.1.2에서 논의하였듯이 2인칭대명사는 청자를 가리키기 때문에 상대높임법상의 화계에 따라 매우 다양한 종류의 대명사가 존재한다.

사용역에 따른 2인칭대명사 복수 형태별 사용 비율도 1인칭대명사 복수 형태별 사용 비율과는 완전히 다른 양상을 보인다. 1인칭대명사 복수의 경우, 사용역에 따라 약간의 차이가 있었지만 모든 사용역에서 공통적으로 복수형 '우리'가 90% 이상의 사용 비율을 보였다. 그러나 2인칭대명사 복수는 모든 사용역에서 사용 비율 양상이 제각각 달리 나타난다. 우선, '대화'는 '너네'가 약 60%의 사용 비율을 차지하지만 '소설'에서는 '너희'와 '너희들'이 약 60%의 사용 비율을 차지한다는 특징적인 차이를 보인다. '너네', '너희', '너희들'은 각각 '단수형+네', '복수형', '복수형+들'이라는 유형상의 차이를 보이지만 상대높임법상의 쓰임에 있어서는 차이가 없다. 즉 어떠한 형태를 쓰든지 간에 용법상에는 큰 차이가 없다.

〈예5.1.4.2-7〉 [대화]

가. A: 나 지금 졸립다니까. **니네는** 안 졸려? B: 왜 졸려?

나. A: **니네** 수업 언제니? B: 없어요.

다. A: **니네** 학교에 후배 중 괜찮은 애 있냐? B: 여자애? A: 응 여자애.

라. A: 야 **니네** 〈name〉 온 거 알아? B: 왔어?

〈예5.1.4.2-8〉 [소설]

가. "누에 찾는 사람이 **너희** 시어른들뿐인 줄 아냐?"

나. "왜 둘만이야! 그 건물엔 **너희** 둘만 있어?"

다. "그만그만해 **너흰** 별일 없니? 아이들 잘 크고?"

라. 예술 고등학교 거쳐 미대에 가려면 얼마나 많은 돈이 드는 줄 알아? **너희가** 뭘 알아?

<예5.1.4.2-7>과 <예5.1.4.2-8>을 비교해 보면 알 수 있듯이 '너네'와 '너희'는 서로 바꾸어 써도 의미상의 차이 또는 문체상의 차이가 거의 없다. 그렇다면 '대화'에서는 '너네'가 주로 쓰이고 '소설'에서는 '너희'가 주로 쓰이는 이유는 무엇일까? 이는 '소설'의 대화 지문이 일상적인 대화를 모방하여 나타낸 것이기는 하지만 실제 구어로 발화되는 '대화'와는 엄연히 다르기 때문이다. '대화'에서 '너네'는 <예5.1.4.2-6>에서와 같이 거의 모두 '니네'로 나타난다. 즉 일상적인 대화에서는 표준형인 '너희' 대신 비표준적 구어형인 '니네'를 쓰는 것이 일반적인데, '소설'의 대화 지문은 대화를 모방하기는 했지만 일상 대화에서 일반적으로 나타나는 구어형까지는 미처 반영하지 못하고 '너네'와 용법상에 큰 차이가 없는 표준형 '너희'나 '너희들'을 쓴 것이다. 이러한 사실은 구어로 발화되는 실제 대화와 이를 흉내 낸 소설 속의 대화가 어떠한 차이가 있는지를 잘 보여 주는 것이라 할 수 있겠다.

'신문'에서는 '당신들', '여러분', '여러분들'의 사용 비율이 약 85%를 차지하고 '학술'에서는 '여러분'과 '여러분들'의 사용 비율이 약 90%를 차지한다. 앞서 논의했듯이, '신문'에서 나타나는 이러한 양상은 신문 사설에 나타나는 '당신들'과 직접 인용 발화에서 나타나는 '여러분'의 영향으로 인한 것이고 '학술'에서 나타나는 이러한 양상은 독자를 가리키는 '여러분'의 영향으로 인한 것이다.

'소설'은 다른 사용역에 비해 기타 2인칭대명사 복수의 사용 비율이 상대적으로 높게 나타난다. '소설'을 제외한 모든 사용역에서 기타 2인칭대명사 복수의 사용 비율은 3% 이하인데 유독 '소설'에서만 그 사용 비율이 8%를 차지한다. 이는 '소설'에서 매우 다양한 유형의 2인칭대명사 복수가 사용되기 때문이다. 앞서 5.1.2에서 논의하였듯이 '소설'은 문학적 표현 효과 때문에 가장 다양한 유형의 2인칭대명사가 사용되는데, 2인칭대명사의 복수에 있어서도 이와 동일하다고 할 수 있다.

〈예5.1.4.2-9〉 [소설]

가. 얼굴도 본 적 없는 나의 아비여, 어미여 **그대들의** 삶과 **그대들의** 세계에 염증이 나는구나.

나. 살풀이춤이 슬프고 쓸쓸한 춤이라는 것을 아느냐? 본디 무당이 추는 춤이거든. 지금은 음탕한 **네년들** 탓에 왜놈들 눈요기로 전락했지만 말이다.

다. "**네놈들은** 누구냐?" "쇤네는 익산고을에서 출포 나온 농투성이 명색들입죠."

라. "불사조 러이?" **"당신네** 조선소에서 일하는 러이 씨를 말하는 거 아냐?"

마. "괄시들 너무 마시우. **당신네들이나** 우리 행중이나 죽지 못해 연명하자는 수작인데 임의롭게 지내는 것이 나쁠 것이 없지 않소"

바. "도사공이나 행수선인 만나서 수작을 터볼 것이니 **이녁들은** 곁에서 훈수나 들어 주시우."

위의 예는 기타 2인칭대명사 복수가 '소설'에서 사용된 예를 보인 것인데, 이러한 기타 2인칭대명사 복수는 일상생활에서는 잘 쓰이지 않고 소설과 같은 문학 작품에서나 찾아볼 수 있다.

말뭉치 계량 결과 제시3

1. 전체 2인칭대명사 복수 유형별 사용 비율

   복수형 〉 복수 형+들 〉 단수형+들 〉 단수형+네 〉 단수형+네+들 〉 복수형+네 = 복수형+네+들

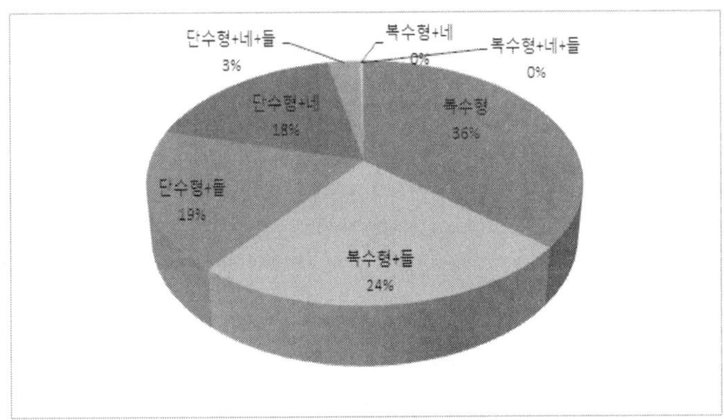

<그래프5.1.4.2-8> 전체 2인칭대명사 복수 유형별 사용 비율

2. 사용역에 따른 2인칭대명사 복수 유형별 사용 비율

   대화: 단수형+네 〉 복수형+들 〉 복수형 〉 단수형+네+들 〉 단수형+들

   소설: 복수형 〉 복수형+들 〉 단수형+들 〉 단수형+네 〉 복수형+네 〉 복수형+네+들

   신문: 단수형+들 〉 복수형 〉 복수형+들 〉 단수형+네 〉 단수형+네+들

   학술: 복수형 〉 복수형+들 〉 단수형+들 〉 단수형+네

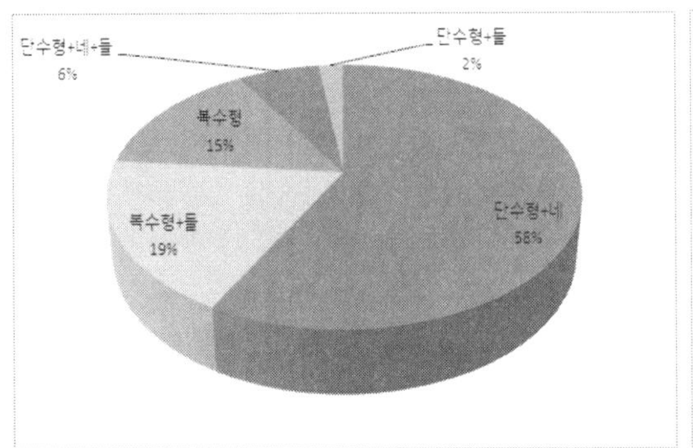

<그래프5.1.4.2-9> '대화'의 2인칭대명사 복수 유형별 사용 비율

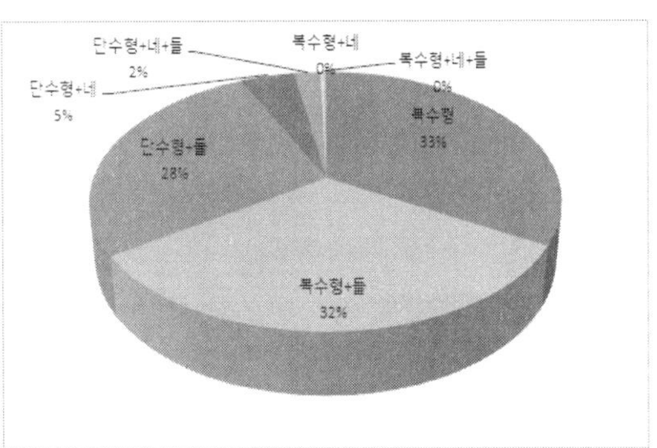

<그래프5.1.4.2-10> '소설'의 2인칭대명사 복수 유형별 사용 비율

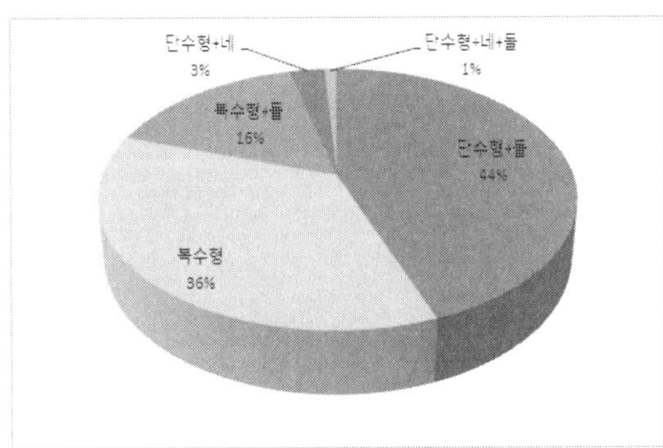

<그래프5.1.4.2-11> '신문'의 2인칭대명사 복수 유형별 사용 비율

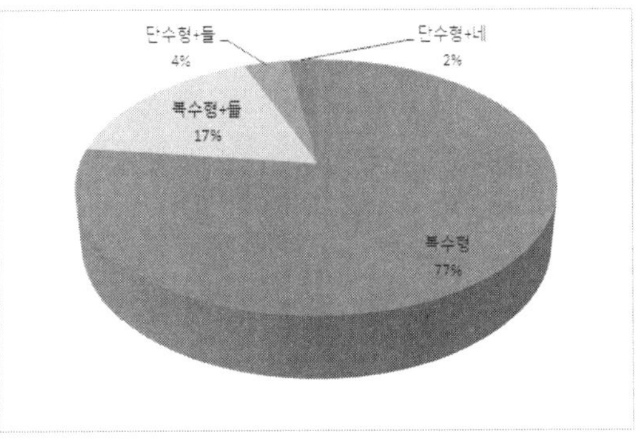

<그래프5.1.4.2-12> '학술'의 2인칭대명사 복수 유형별 사용 비율

3. 2인칭대명사 복수 유형별 사용역 비율

단수형+들: 소설 〉 신문 〉 대화 〉 학술
단수형+네: 대화 〉 소설 〉 학술 ≧ 신문
단수형+네+들: 대화 〉 소설 〉 신문
복수형: 소설 〉 학술 〉 대화 〉 신문
복수형+들: 소설 〉 대화 〉 학술 〉 신문
복수형+네: 소설
복수형+네+들: 소설

		대화	소설	신문	학술
단수형+들	그대들		■■■■■■■ ■■■■■■■ ■		■■■■■
	네년들		■■■■■■■ ■■■■■■■ ■■■■■■		
	네놈들		■■■■■■■ ■■■■■■■ ■■■■■■		
	당신들	■▪	■■■■■■■ ■■■■▪	■■■■■■▪	▪
	자네들		■■■■■■■ ■■■■■■■ ■■■■		■■
	이녁들		■■■■■■■ ■■■■■■■ ■■■■■■		
	전체	■▪	■■■■■■■ ■■■■■■	■■■■■	▪
단수형+네	너네	■■■■■■■ ■■■■■■■ ■■■■■▪	▪	▪	▪
	당신네	■■■■▪	■■■■■■■ ■■■▪	■■	■■■■■
	전체	■■■■■■■ ■■■■■■■ ■■▪	■	▪	▪
단수형+네+들	너네들	■■■■■■■ ■■■■■■■ ■■■▪	■■▪		
	당신네들	■■■■■■▪	■■■■■■■ ■■■▪	■■▪	
	전체	■■■■■■■ ■■■■■■■ ■▪	■■■▪	▪	

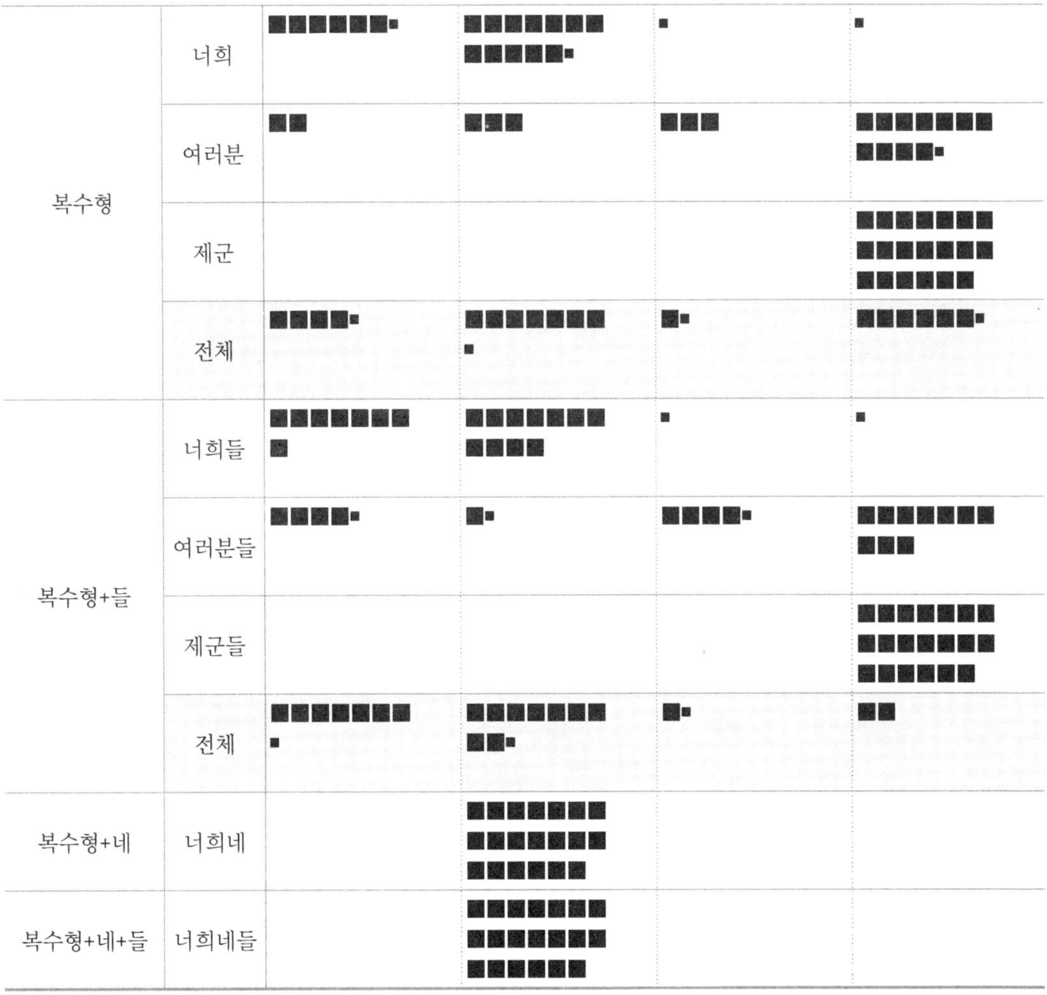

복수형	너희	■■■■■■▪	■■■■■■■ ■■■■■▪	▪	▪
	여러분	■■	■■■	■■■	■■■■■■■ ■■■■▪
	제군				■■■■■■■ ■■■■■■■ ■■■■■■
	전체	■■■■▪	■■■■■■■ ▪	■▪	■■■■■■▪
복수형+들	너희들	■■■■■■■ ■	■■■■■■■ ■■■■	▪	▪
	여러분들	■■■■▪	■▪	■■■■▪	■■■■■■■ ■■■
	제군들				■■■■■■■ ■■■■■■■ ■■■■■
	전체	■■■■■■■ ▪	■■■■■■■ ■■▪	■▪	■■
복수형+네	너희네		■■■■■■■ ■■■■■■■ ■■■■■■		
복수형+네+들	너희네들		■■■■■■■ ■■■■■■■ ■■■■■■		

<그래프5.1.4.2-13> 2인칭대명사 복수 유형별 사용역 비율

(■ 5%, ▪ 5% 미만)

말뭉치 계량 결과에 대한 논의3

2인칭대명사 복수 유형별 사용 비율을 살펴보면, 전체 말뭉치의 결과와 각각의 사용역에 따른 결과가 다소 다르게 나타난다. 우선, 전체 말뭉치에서 나타나는 2인칭대명사 복수 유형별 사용 비율을 살펴보면, '복수형 > 복수형+들 > 단수형+들 > 단수형+네 > 단수형+네+들 > 복수형+네 = 복수형+네+들'의 양상이 나타난다. 이러한 사용 양상은 범언어적인 사실에 비추어 볼 때 자연스러운 결과이다. 2인칭대명사는 1인칭대명사와 달리 복수형으로 복수를 표시할 수도 있고 단수형에 복수의 접미사가 결합해 복수를 표시할 수도 있다. 전자가 일종의 불규칙적인 보충법적 형태라면 후자는 규칙적인 형태라고 할 수 있는데 불규칙형과 규칙형이 공존할 때 불규칙형의 사용 빈도가 높은 것이 일반적이다.

이러한 사실에 비추어 볼 때, 복수형이 단수형에 복수 접미사가 결합한 것보다 사용 빈도가 더 높은 것은 자연스러운 결과라고 할 수 있다. 그리고 복수형에 복수 접미사가 결합한 이중 복수보다 단독 복수형의 사용 비율이 더 높은 것은 무표적인 형태가 유표적인 형태보다 사용 빈도가 더 높다는 유표성의 이론의 관점에서 자연스러운 결과이다.

그런데 이러한 자연스러운 양상은 '소설'과 '학술'에서만 지켜지고 '대화'와 '신문'에서는 이러한 양상과 어긋나는 모습을 보인다. 우선 '신문'에서 나타나는 사용 양상을 살펴보자. '신문'에서는 복수형이 아니라 단수형에 복수 접미사가 결합한 형태의 사용 비율이 가장 높은데, 이 점을 제외하면 전체 말뭉치에서 나타나는 결과와 크게 다르지 않다. '신문'에서 '단수형+들'의 사용 비율이 가장 높은 것은 <그래프5.1.4.2-6>에서 확인할 수 있는 것처럼 '당신들'의 사용 비율이 가장 높기 때문이다. 앞서 논의했듯이, '당신들'은 신문 사설에서만 특징적으로 나타나는데, '신문'에서 2인칭대명사 복수 유형별 사용 비율이 특이한 양상을 보이는 것은 바로 이러한 이유 때문이라고 할 수 있다.

이와 같이 '신문'은 2인칭대명사 복수 유형별 사용 비율이 일반적인 양상에서 벗어나는 이유를 사용역 특성에서 찾을 수 있지만 '대화'의 경우는 그 이유를 찾기가 쉽지 않다. 왜냐하면 앞서 설명한 범언어적 사실은 일반적으로 일상 대화에서 더욱 자연스럽게 나타나야 하기 때문이다. '대화'의 2인칭대명사 복수 유형별 사용 비율이 전체 말뭉치에서 나타나는 일반적인 사용 양상과 어긋나는 것은 바로 '단수형+네'가 높은 사용 비율을 보이기 때문이다. 그런데 '단수형+네'의 거의 대부분을 차지하는 '너네'를 '단수형+네'로 보지 않고 '너희'와 같은 단독 복수형으로 본다면 '복수형 > 복수형+들 > 단수형+들 > 단수형+네 > 단수형+네+들'의 양상이 나타나고 이러한 양상은 전체 말뭉치에서 나타나는 2인칭대명사 복수 유형별 사용 비율과 완전히 동일한 것이 된다. 그렇다면, '너네'를 단수형에 복수 접미사 '-네'가 결합한 것이 아니라 단독의 복수형으로 볼 수 있을까? 앞서 5.1.4.1에서 우리는 '저희', '너희'가 '저', '너'에 접미사 '-희'가 결합한 것이지만 이미 한 단어로 굳어진 것으로 보아 단수형에 복수 접미사가 결합한 것이 아니라 단독의 복수형으로 보았다. '너네'의 경우도 이러한 경우와 마찬가지로 이미 한 단어로 굳어진 것으로 판단하여 단독의 복수형으로 볼 수 있다. 그 근거로는 첫째 '대화'에서 '너네'는 대개 '니네'로 나타나 그 형태상의 변화를 겪고 있다는 점, 둘째 '너네'는 '너희'와 의미상의 차이가 거의 없다는 점을 들 수 있다. 여기서는 분석의 일관성을 위해 '너네'를 '단수형+네'로 분석하여 계량 결과를 제시하였지만 계량 결과에 대한 분석을 고려해 볼 때 '너네'는 '단수형+네'보다 단독의 복수형으로 처리하는 것이 옳다는 결론을 내릴 수 있겠다.

2인칭대명사 복수 유형별 사용역 비율을 살펴보면, 각각의 복수 유형에 따라 그 양상이 각기 달리 나타난다. '단수형+들'은 '소설'에서 가장 많이 사용되는데, 이는 '소설'에서 문학적 표현 효과를 위해 가장 다양한 2인칭대명사가 사용된다는 사실과 관계된다. '단수형+들'에 속하는 2인칭대명사 복수는 사용 빈도가 매우 낮은 기타 2인칭대명사 복수가 대부분이다. 이러한 유형의 2인칭대명사 복수는 일상적으로는 잘 쓰이지 않고 소설과 같은 문학 작품에서나 사용된다. 특히, '네년들', '네놈들', '이녁들'은 다른 사용역에서 전혀 나타나지 않고 '소설'에서만 나타난다.

'단수형+네'와 '단수형+네+들'은 '대화'에서 압도적으로 많이 사용되는데, 이는 '대화'에서 '너네'가 높은 사용 빈도를 보이기 때문이다. 만약 '너네'를 '단수형+네'로 보지 않고 단독의 복수형으로 간주한다면 '단수형+네'에 해당하는 것은 '당신네'밖에 없기 때문에 '단수형+네'가 가장 많이 사용되는 사용역은 '소설'이 될 것이다. '당신네'는 사용 빈도가 매우 낮은 기타 2인칭대명사 복수에 해당되는 것으로 일상 대화에서도 잘 나타나지 않고 소설에서 설정된 갈등 상황 속에서 나타나는 대화 지문에서나 발견할 수 있다.

'복수형'은 '소설'에서 가장 많이 사용되는데, 만약 '너네'를 단독의 복수형으로 본다면 '복수형'은 '대화'에서 그 사용역 비율이 가장 높게 나타날 것이다. '복수형+들'은 '너네'를 단독의 복수형으로 보더라도 '소설'에서 가장 많이 사용된다. 이는 1인칭대명사의 복수에서도 동일하게 나타나는 양상이다. 앞서 5.1.4.1에서 논의하였듯이, 이러한 결과는 복수의 접미사 '-들'의 사용 양상과는 달라서 다소 예외적인 결과로 보인다. 왜냐하면 '-들'의 사용 빈도가 상대적으로 낮은 '소설'에서 '복수형+들'의 사용 빈도가 가장 높기 때문이다.

〈예5.1.4.2-10〉 [소설]

가. "대구까지 놀러 왔어? 거짓말. 내 눈은 못 속여. **너희들** 집에서 도망쳐 왔지?"

나. "봐라, 인마. 그래도 **너희들이** 그 고생을 한 보람이 있어 오빠들보다 지금은 더 잘살고들 있잖냐."

다. "이 녀석들, 여기서 뭘 하고 있는 거야, 응? 임마, 대합실이 **너희들** 잠자는 곳인 줄 알아? 냉큼 일어나지 못해!"

라. 너 지금 나 모함하니? **너희들** 맨날 만나서 양주 마시고 여자들 불러 놓고 포카 치고, **니들** 그동안 어떻게 살았는지 하늘도 알고 땅도 알아.

<예5.1.4.2-10>은 '소설'에서 이중 복수 '너희들'이 사용된 것을 보인 것이다. 이중 복수의 '너희들'은 '너희'에 비해 복수의 의미가 더욱 명확하게 드러나기 때문에 그 표현적 효과가 더욱 클 것으로 예상된다. 이러한 표현적 효과가 아마도 '복수형+들'의 사용역 비율이 '소설'에서 가장 높게 나타나는 이유가 된 것으로 추측해 볼 수 있지만 그 이유를 명확하게 밝히기는 어렵다.

'복수형+네'와 '복수형+네+들'은 '너희네'와 '너희네들'로서 이들 형태는 '소설'에서 각각 하나씩만 나타난다. 그런데 아래의 예에서 보이는 '늬'를 '너희'로 분석하여 '늬네'와 '늬네들'을 '너희네'와 '너희네들'로 보았지만 이들 형태는 각각 '니네', '니네들'로도 볼 수 있는 것이다.

〈예5.1.4.2-11〉 [소설]

가. "너 말인데, **늬네** 아버지를 점점 닮아 가고 있어."

나. 유지는 입버릇처럼 그랬어. 신애야, **늬네들** 참 안됐다…. 딱하구나… 서로 호감을 가지고 있는 것 같은데….

'너희네'와 '너희네들'은 '-들'에 비해 그 의미가 더 특수한 '-네'에 의한 이중 복수, 삼중 복수이기 때문에 그 사용 빈도가 매우 낮은 것은 당연하다고 할 수 있다. 다만, <예5.1.4.2-11>은 '니네'가 '너'에 '-네'가 결합하여 형성된 것이 아니라 '너희'에 '-네'가 결합한 형태가 축약되어 형성되었을 가능성을 제시한다는 점에서 재론의 여지를 남겨 두는 예라고 할 수 있다.

5.1.4.3. 3인칭대명사의 복수

3인칭대명사는 1인칭대명사, 2인칭대명사와 달리 별도의 복수형이 없어서 단수의 3인칭대명사에 복수 접미사 '-들'이나 '-네'가 결합하거나 '-네'와 '-들'이 모두 결합하여 복수가 표시된다.

앞서 살펴본 1인칭대명사 복수, 2인칭대명사 복수와 동일하게 복수의 3인칭대명사도 단수를 가리키는 경우가 있다. 복수의 3인칭대명사가 단수를 가리키는 것으로는 '걔네', '얘네', '쟤네'가 있는데 가장 일반적으로 쓰이는, '그' 계열인 '걔네'의 예를 보이면 다음과 같다.

〈예5.1.4.3-1〉 [대화]

가. A: 옛날에 진짜 내 친구가 연락이 끊긴 거야. **걔네** 집 찾아간 거 알어? B: 진짜?

나. 저희 꽈 친구 애 중에 그런 애가 있거든요. 근데 걔가 저희 집에서 **걔네** 집이 꽈 애들 중에서 제일 가까워요.

다. A: 제 친구두, 초등학교 교사 하고 싶다구 그래 가지구, 초등학교 교사는 교대에 가야 되잖아요, B: 예. A: **걔네** 아버지도 초등학교 교사구, 오빠도 교대에 나오셨는데,

라. A: 거기서 학교 다닌다 그러지 않았어? B: 지금 랭귀지 스쿨:: 마치고 온 거래든데? **걔네** 언니는 아직 못 마쳐서 못 오구 〈name〉는 일찍 마쳐 가지구, 합격해서 왔대는데, 통과해 갖구.

<예5.1.4.3-1>의 '걔네'는 모두 복수의 대상이 아니라 특정한 한 개인을 지시하고 있다. 앞서 복수 1인칭대명사와 복수 2인칭대명사가 단수의 대상을 가리키는 경우가 있다는 것을 논의하였는데 이러한 현상은 3인칭대명사의 복수에서도 동일하게 나타난다. 예컨대, 한 개인의 소유나 소속을 나타낼 때 '내 엄마', '네 엄마'가 아니라 '우리 엄마', '너희 엄마'를 쓰는 것과 마찬가지로 '걔 엄마'가 아니라 '걔네 엄마'로 쓴다는 것이다. 이러한 사실을 통해 우리는 개인의 소유나 소속을 나타낼 때 단수의 인칭대명사를 쓰지 않고 복수의 인칭대명사를 쓰는 현상이 모든 인칭대명사에서 공통적으로 나타나는 것임을 알 수 있다.

3인칭대명사에 '-들'이 결합하여 복수를 표시하는 경우로는 '그들', '이놈들', '그놈들', '걔들', '얘들', '그녀들', '저놈들', '그분들', '이년들', '이분들', '쟤들', '저분들', '그자들', '그치들'이 있고 단수형의 3인칭대명사에 '-네'가 결합하여 복수를 표시하는 경우로는 '얘네', '걔네', '쟤네'가 있다. 단수형의 3인칭대명사에 '-네'와 '-들'이 동시에 결합하여 이중으로 복수를 표시하는 경우로는 '얘네들', '걔네들', '쟤네들', '그네들', '그분네들'이 있다. 각각의 형태에 대한 예는 뒤에서 자세히 제시하기로 한다.

▶ 말뭉치 계량 결과 제시1

1. 3인칭대명사의 단수/복수의 사용 비율
   전체: 단수 〉 복수
   대화: 단수 〉 복수
   소설: 단수 〉 복수
   신문: 단수 〉 복수
   학술: 단수 〉 복수

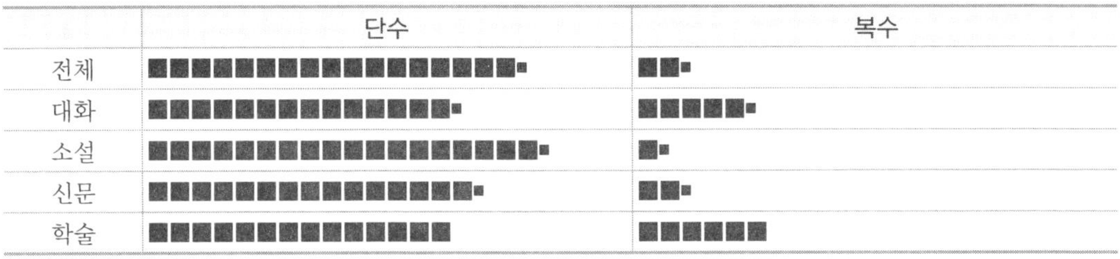

	단수	복수
전체	■■■■■■■■■■■■■■■■■▪	■■▪
대화	■■■■■■■■■■■■■■▪	■■■■■▪
소설	■■■■■■■■■■■■■■■■■■▪	■▪
신문	■■■■■■■■■■■■■■■▪	■■▪
학술	■■■■■■■■■■■■■■	■■■■■■

<그래프5.1.4.3-1> 3인칭대명사의 단수/복수의 사용 비율

(■ 5%, ▪ 5% 미만)

> 2. 3인칭대명사의 단수/복수의 사용역 비율
> 3인칭 단수: 소설 〉 대화 〉 학술 ≧ 신문
> 3인칭 복수: 소설 〉 대화 〉 학술 〉 신문

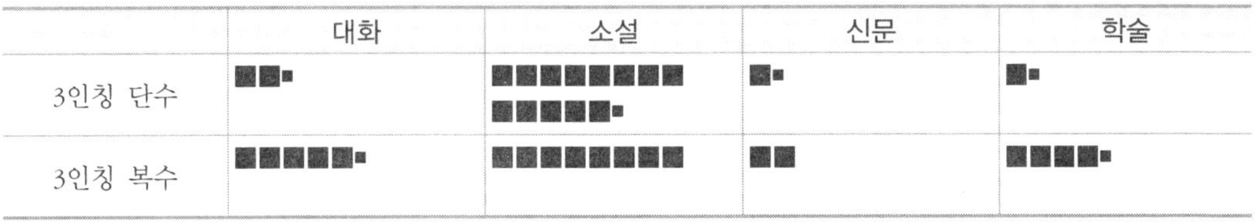

	대화	소설	신문	학술
3인칭 단수	■■▪	■■■■■■■■ ■■■■■▪	■▪	■▪
3인칭 복수	■■■■■▪	■■■■■■■■	■■	■■■■▪

<그래프5.1.4.3-2> 3인칭대명사의 단수/복수의 사용역 비율

(■ 5%, ▪ 5% 미만)

말뭉치 계량 결과에 대한 논의1

3인칭대명사의 단수/복수의 사용 비율을 살펴보면, 전체 말뭉치에서 나타나는 결과와 각 사용역에서 나타나는 결과가 모두 동일하게 단수 3인칭대명사가 복수 3인칭대명사보다 훨씬 더 많이 사용된다. 1인칭대명사는 사용역에 따라 복수의 사용 비율이 더 높은 경우도 있었고 2인칭대명사는 일부 사용역에서 단수의 사용 비율과 복수의 사용 비율의 차이가 그리 크지 않은 경우도 있었다. 그러나 3인칭대명사는 모든 사용역에서 무표적인 단수가 유표적인 복수보다 사용 비율이 훨씬 더 높다. 이는 1인칭대명사 복수, 2인칭대명사 복수와 달리 3인칭대명사의 복수가 복수의 의미를 더해 주는 것 이외에는 사용역과 관련하여 특별한 기능을 가지지 않기 때문이라고 해석할 수 있다. 앞서 논의했듯이 1인칭대명사 복수 '우리'는 화자와 청자를 모두 포함하는 해석을 통해 화자와 청자가 포함된 집단 전체를 가리키거나 글의 필자를 가리킬 수 있다. 이러한 특수한 기능으로 인해 '신문'과 '학술'에서 '우리'의 사용 빈도가 높아지고 결과적으로 '신문'과 '학술'에서 1인칭대명사 복수가 1인칭대명사 단수보다 그 사용 비율이 더 높아지게 된다. 그리고 2인칭대명사 복수 '여러분'은 불특정 다수의 청자를 지시하는 기능으로 인해 글을 읽는 독자를 지시할 수 있게 되는데 이러한 기능은 '학술'에서 '여러분'의 사용 빈도를 높이는 원인이 된다. 이에 반해, 3인칭대명사의 복수는 3인칭의 인물이 복수라는 것을 나타낼 뿐 사용역과 관련된 특수한 기능이 없다.

그러나 '대화'와 '학술'에서는 다른 사용역에 비해 3인칭대명사 복수의 사용 비율이 비교적 높다는 특징은 주목할 만하다. 뒤에서 다시 확인하게 되겠지만 이는 각각의 사용역에서 특징적으로 사용되는 '걔네'와 '그들'의 영향 때문인 것으로 보인다. '대화'에서는 문어 사용역에서 일반적으로 쓰이는 '그'나 '그녀'가 3인칭대명사로 거의 쓰이지 않고 '그 아이', '이 아이', '저 아이'가 축약되어 형성된 3인칭대명사 '걔', '얘', '쟤'가 주로 쓰인다. 그런데 앞서 언급했듯이 '걔네', '얘네', '쟤네'는 복수뿐만 아니라 단수도 가리킬 수 있기 때문에, 이들의 사용 빈도가 늘어날 수밖에 없다. 다시 말해서, 복수의 '걔네', '얘네', '쟤네'는 단수도 표시할 수 있어서 그 기능 부담량이 크기 때문에 복수만을 표시할 수 있는 복수의 3인칭대명사보다 그 사용 빈도가 높아질 수밖에 없고 이로 인해 '대화'는 다른 사용역에 비해 3인칭대명사 복수의 사용 비율이 비교적 높게 나타나게 되는 것이다. '학술'에서 '그들'의 사용 비율이 비교적 높은 것은 학술 산문에서의 논의의 대상이 특정한 한 개인뿐만 아니라 다수의 인물들이 이루는 어떠한 세력이나 집단인 경우도 많기 때문이다.

〈예5.1.4.3-2〉 [학술]

가. 보통 사람들의 사회적 지위와 권리가 신장되면서 **그들도** 문화 활동에 참여하게 되자 큰 변화가 일어났다.
나. 이제 고대국가를 형성한 삼국은 이미 국가형성을 경험한 고조선, 부여와 마찬가지로 **그들만의** 건국신화를 갖게 되었다.
다. 한민족에게 고토라고 의식되는 중국 동북부는 **그들에게는** 당연히 탈환되어야 할 땅이었으며 그 곳에의 진출은 또 오래도록 전해진 꿈이기도 했다.
라. 이 부르주아 드림이 바로 '계몽주의'다. **그들은** 진리의 근원을 인습이나 권위가 아닌 인간의 '이성'에서 찾았고, 이성이 인간에게 무한한 행복을 가져다주리라 굳게 믿었다.

<예5.1.4.3-2>의 '그들'은 각각 '보통 사람들', '삼국 세력', '한민족', '부르주아'를 가리키는데, 이러한 집단 또는 세력은 학술적인 글에서 주요 논의 대상이 된다. 요컨대, '학술'에서는 특정 개인이 아니라 논의의 대상이 되는 집단이나 세력을 가리키기 위해서 복수의 '그들'을 빈번히 사용하는데 이로 인해 다른 사용역에 비해 3인칭대명사 복수의 사용 비율이 다소 높게 나타나는 것이라고 할 수 있다.

3인칭대명사의 단수/복수의 사용역 비율을 살펴보면, 단수 3인칭대명사와 복수 3인칭대명사가 대체적으로 동일한 양상을 보인다. 3인칭대명사의 단수가 적게 사용되는 사용역에서는 3인칭대명사의 복수도 적게 사용된다. 다시 말해서, 3인칭대명사가 적게 사용되는 사용역은 3인칭대명사의 단수와 복수 모두 적게 사용된다는 것이다. 이는 앞서 밝혔듯이 3인칭대명사의 단수와 복수가 복수성의 유무를 제외하고는 그 기능상에서 큰 차이가 없기 때문이다. 3인칭대명사 단수의 사용역 비율에서 '대화'와 '학술'이 차지하는 비율은 모두 합해도 20% 정도인 데 반해 3인칭대명사 복수의 사용역 비율에서 '대화'와 '학술'이 차지하는 비율은 약 50%에 이른다. 즉 3인칭대명사 단수는 '대화'와 '학술'에서 잘 사용되지 않지만 3인칭대명사 복수는 '대화'와 '학술'에서 비교적 많이 사용된다는 것이다. 이는 <그래프5.1.4.3-1> 에서 확인한 것처럼 '대화'와 '학술'이 다른 사용역에 비해 3인칭대명사 복수의 사용 비율이 다소 높게 나타나기 때문이다.

말뭉치 계량 결과 제시2

1. 전체 3인칭대명사 복수 형태별 사용 비율

   그들 〉 걔네 〉 걔네들 〉 기타 〉 이놈들 〉 그놈들 〉 얘네 〉 얘네들

   (※ 기타: 걔들, 얘들, 그녀들, 저놈들, 그네들, 그분들, 쟤네, 이년들, 이분들, 쟤네들, 쟤들, 저분들, 그자들, 그치들, 그분네들)

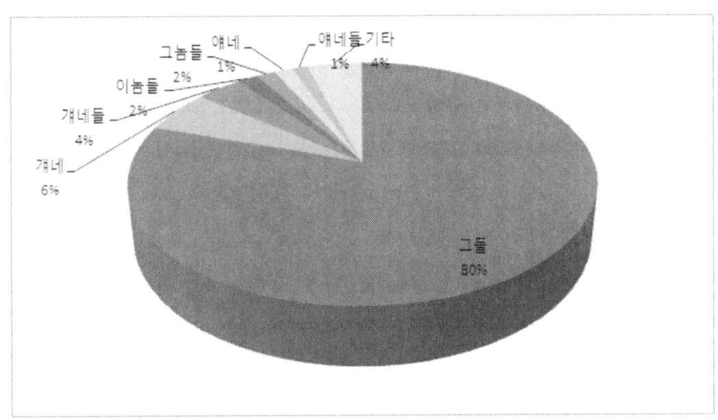

<그래프5.1.4.3-3> 전체 3인칭대명사 복수 형태별 사용 비율

2. 사용역에 따른 3인칭대명사 복수 형태별 사용 비율

   대화: 걔네 〉 걔네들 〉 얘네 〉 얘네들 〉 그들 〉 이놈들 〉 그놈들

   (※ 기타: 얘들, 걔들, 쟤네, 쟤네들, 이년들, 그네들, 그분들, 그녀들, 저분들)

   소설: 그들 〉 이놈들 〉 걔네 〉 걔네들

   (※ 기타: 그녀들, 저놈들, 그네들, 걔들, 얘들, 그분들, 이년들, 쟤들, 이분들, 그분네들, 그자들, 그치들, 저분들)

   신문: 그들 〉 이놈들 = 그놈들

   (※ 기타: 얘들, 이분들, 그녀들, 그분들)

   학술: 그들 〉 그놈들

   (※ 기타: 그분들, 그녀들)

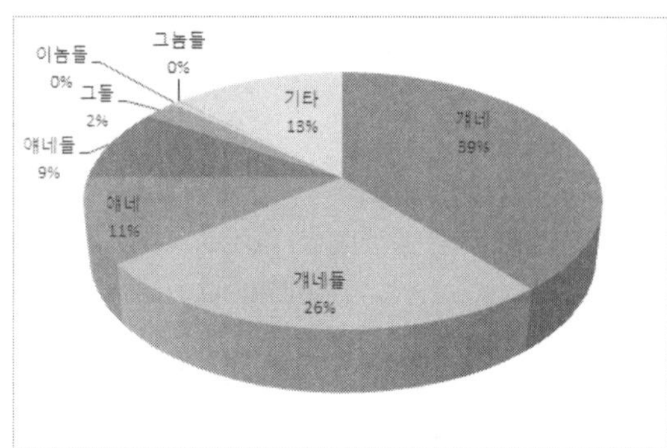

<그래프5.1.4.3-4> '대화'의 3인칭대명사 복수 형태별 사용 비율

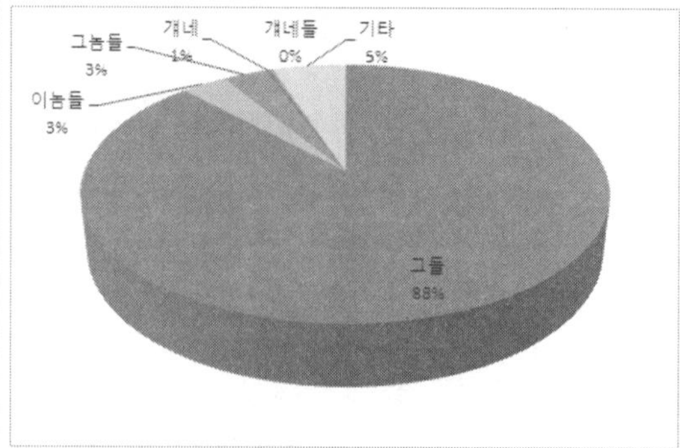

<그래프5.1.4.3-5> '소설'의 3인칭대명사 복수 형태별 사용 비율

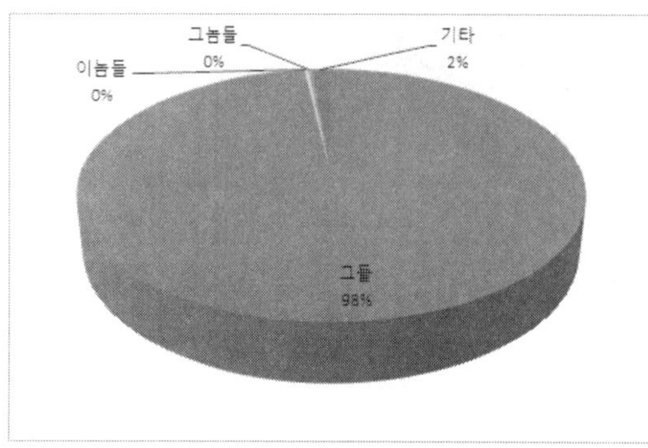

<그래프5.1.4.3-6> '신문'의 3인칭대명사 복수 형태별 사용 비율

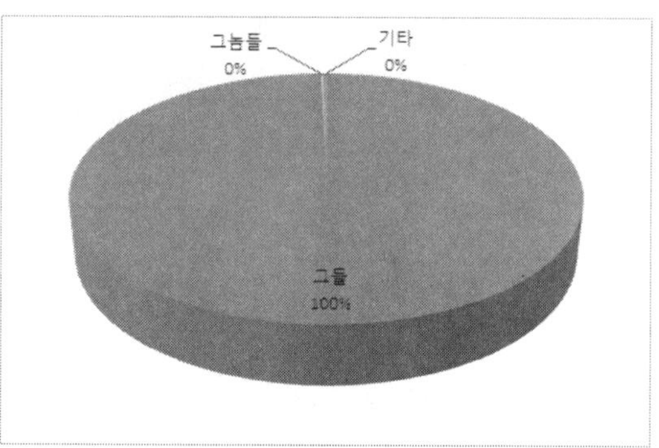

<그래프5.1.4.3-7> '학술'의 3인칭대명사 복수 형태별 사용 비율

말뭉치 계량 결과에 대한 논의2

전체 말뭉치에서 나타나는 3인칭대명사 복수 형태별 사용 비율은 '그들 > 걔네 > 걔네들 > 기타> 이놈들 > 그놈들 > 얘네 > 얘네들'의 양상으로 나타난다. 여기서 '기타'는 빈도 40미만의 저빈도 형태를 하나로 묶어서 제시한 것으로 '걔들', '얘들', '그녀들', '저놈들', '그네들', '그분들', '재네', '이년들', '이분들', '쟤네들', '쟤들', '저분들', '그자들', '그치들', '그분네들'이 있다. 이러한 기타 형태는 사용역에 따른 사용 비율에서도 '기타'로 처리하였다. 이들 기타 3인칭대명사 복수는 주로 '비하'나 '높임'의 의미가 있는 3인칭대명사, '저' 계열의 3인칭대명사의 복수에 해당된다. 5.1.3에서 논의했듯이 이들 3인칭대명사는 의미적 유표성, '이/그/저' 계열의 상대적인 사용 빈도 차이로 인해 사용 빈도가 낮은 것들이다.

전체 말뭉치에서 '그들'의 사용 비율은 약 80%로 3인칭대명사의 복수의 거의 대부분을 차지한다고 볼 수 있다. 이러한 결과는 5.1.3에서 보인 3인칭대명사의 사용 비율과 비교했을 때, 매우 흥미롭다(5.1.3의 <그래프5.1.3-1> 참고). 3인칭대명사는 전체 말뭉치에서 '그'가 약 60%, '그녀'가 약 30%의 사용 비율을 보이는데 3인칭대명사 복수에서 '그녀들'은 거의 나타나지 않는다. 이는 3인칭대명사의 단수와는 달리 3인칭대명사의 복수는 남성과 여성을 구별하지 않고 '그들'을 써서 중성적으로 표현하는 것이 일반적이기 때문이다.

〈예5.1.4.3-3〉

가. 아빠와 엄마가 이혼한 후 **그들은** 다시 아기들을 낳기 시작했거든요. [소설]

나. 홀 저편에는 칠팔 명의 여객들이 소파에 앉아 있었다. **그들은** 모두 신문을 읽고 있거나 잡지를 뒤적거리고 있었다. [소설]

다. 장외의 열두 번째 선수, 붉은 악마들. **그들은** 그 어떤 대가나 보상도 바라지 않았다. [신문]

라. 한국인이 일본인의 장례식을 보면 **그들은** 죽음이란 뭔가 추한, 혹은 부정한 것이라고 생각하여 오직 극단으로 의식화하면서 그 추함을 숨기려는 것 같다고들 한다. [학술]

<예5.1.4.3-3>의 '그들'은 각각 '아빠와 엄마', '칠팔 명의 여객들', '붉은 악마들', '일본인'을 가리킨다. 이들은 남성과 여성이 섞여 있어 성별의 구별이 되지 않을 뿐만 아니라 복수의 대상을 나타내기 때문에 성별의 구별 자체가 중요하지 않기 때문에 중성적인 '그들'을 쓰는 것이다. 뿐만 아니라, 복수 여성을 가리키는 경우에도 '그녀들'을 쓰기보다는 아래의 예와 같이 '그들'을 써서 중성적으로 표현하는 것이 일반적이다.

〈예5.1.4.3-4〉 [소설]

가. 모녀가 깜짝 놀란 듯 몸을 일으켰다. **그들은** 잠옷 차림으로 이부자리에 들어 있었다.

나. "역사에서 보면 위대하고 아름다운 삶을 펼쳤던 여성들이 많아. 수혜는 **그들을** 보고 배울 필요가 있을 거야."

다. 많은 여인들이 길가의 인도에 수백 미터나 될 정도로 길게 줄지어 늘어서서 물건을 팔고 있었다. **그들은** 전문적인 장사꾼이 아니라 일반 가정주부거나 **그들의** 자녀들이었다.

라. 빨강과 흰색과 파랑 풍선의 아치 아래, 미니스커트에 해병 모자 같은 걸 머리에 얹은 아가씨 둘이 핸드마이크를 들고 춤을 추면서 외치고 있었다. 이십대의 문턱을 막 넘어섰을 **그들은** 짧은 치마와 높은 구두 덕분에 다리가 한껏 길게 보였다.

<5.1.4.3-4>의 '그들'은 각각 '모녀', '위대하고 아름다운 삶을 펼쳤던 여성들', '많은 여인들', '아가씨 둘'을 지시하는데, 이들은 모두 복수의 여성임에도 불구하고 '그녀들'이 아니라 중성적인 '그들'로 표현된다. 그러나 복수 여성임을 의도적으로 드러내기 위해서는 아래의 예와 같이 '그녀들'이 나타나기도 하는데 이러한 예는 거의 '소설'에서만 한정적으로 나타날 뿐만 아니라 그 사용 빈도도 매우 낮다.

〈예5.1.4.3-5〉 [소설]

가. 너가 들어올 자리는 없어. 내게는 지나간 사랑이 있어. **그녀들을** 잊을 수 없어.

나. 지적이고 강인한 서양 여자 넷이 활짝 웃고 있다. 우연인지 편집자의 의도인지는 몰라도 **그녀들은** 모두 이혼을 했고, 그리고 사회적으로 성공을 했다.

다. 두 여인은 그에게 마치 가족처럼, 혹은 오래된 친구처럼 자연스럽고 가까이 느껴졌다. 그러자 그는 **그녀들** 사이에서 자라난 운 좋은 사나이 서민욱을 생각하게 되었다.

라. 카운터에 앉아 있는 다방 여종업원도, 주방에서 일하는 아줌마도, 차를 나르는 아가씨도, 모두 텔레비전에 집중하고 있었다. 그들이 유형기를 몰라 볼 리가 없었다. 뉴스가 지나가자 **그녀들이** 동시에 그를 바라봤다.

사용역에 따른 3인칭대명사 복수의 사용 비율은 '대화'를 제외한 모든 문어 사용역에서 유사한 양상을 보인다. '대화'를 제외한 모든 문어 사용역은 공통적으로 '그들'의 사용 비율이 압도적으로 높다. 특히 '신문'과 '학술'에서 '그들'은 거의 100%에 가까운 사용 비율을 보인다. '소설'은 문학적 표현 효과를 위해 매우 다양한 3인칭대명사 복수를 사용할 뿐만 아니라 '그놈들', '이놈들', '그분들'과 같은 '비하'나 '높임'의 의미가 있는 3인칭대명사 복수도 사용하고 대화 지문의 영향으로 '걔네'와 같은 구어형 3인칭대명사 복수를 사용하기도 한다. 하지만 격식적인 문어 사용역인 '신문'과 '학술'은 무표적인 복수 형태인 '그들'을 쓸 수밖에 없을 것이다. '소설'에서만 나타나는 기타 3인칭대명사 복수의 예를 보이면 아래와 같다.

〈**예**5.1.4.3-6〉 [소설]

가. "아까, 그놈들이 박이 터질 때 사람 살리란 고함소리를 들었던 게 분명하군. 그런데 목을 지키던 긋중패들은 어찌 되었길래 **저놈들이** 여기까지 들어서나?" "**저놈들** 장력에 나가떨어진 게지요."

나. 피가 역류하는 것을 느끼는 순간, 복내댁이 앞으로 달려가 **그네들을** 막고 섰다.

다. 자기들이 묻힐 땅 마련 못 하고 돌아가기로는 할아버지와 할머니도 마찬가지였던지, **그분네들은** 또 불안산 서북편 등성이의 공동묘지에 묻혔다고 했다.

라. 이제 이것만 들이밀면 **그자들도** 자신의 말을 듣는 둥 마는 둥 그리도 무색을 주지는 않을 것이다.

마. 난 네가 그런 떼거지들과 한통속이 되어 시답잖은 말의 유희나 즐기는 꼴은 볼 수가 없으니까 앞으로는 시 따위는 쓰지도 말고 **그치들과는** 발을 끊으라구.

<예5.1.4.3-6>에서 보인 '그네들', '그분네들', '그자들', '그치들'은 '소설' 이외의 다른 사용역에서는 거의 사용되지 않고 문체적 효과나 문학적 표현 효과를 위해 주로 '소설'에서만 사용된다. 한편, '신문'이나 '학술'에서도 '이놈들', '그놈들', '그분들'이 나타나기도 하는데 이는 인용 발화나 예문에서 특수하게 나타난 것이고 이마저도 그 사용 빈도가 매우 낮다.

'대화'는 문어 사용역과 달리 '걔네', '걔네들', '얘네', '얘네들'이 약 85%의 사용 비율을 차지한다. '걔네'와 '걔네들'이 '얘네'와 '얘네들'보다 사용 비율이 더 높은 것은 '그' 계열의 대명사가 '이' 계열 대명사보다 사용 빈도가 높다는 일반적인 사실에 기인하는 것이다. '저' 계열인 '쟤네'와 '쟤네들'은 그 사용 빈도가 낮아 '기타'로 분류되었다. 이 또한 '저' 계열 대명사는 '그' 계열 대명사나 '이' 계열 대명사에 비해 그 사용 빈도가 훨씬 낮다는 일반적인 사실과 일치하는 것이다(5.2.1 [참고] 참고). 5.1.3에서 논의하였듯이 '대화'에서는 문어 사용역에서 일반적으로 쓰이는 '그'나 '그녀'가 3인칭대명사로 거의 쓰이지 않고 '그 아이', '이 아이', '저 아이'가 축약되어 형성된 3인칭대명사 '걔', '얘', '쟤'가 주로 쓰인다. 따라서 '대화'에서는 이들 3인칭대명사에 복수 접미사가 결합한 형태가 3인칭대명사 복수의 대다수를 차지할 수밖에 없다. 그런데 흥미로운 점은 '걔', '얘', '쟤'는 한국어에서 가장 일반적으로 사용되는 복수 접미사 '-들'과 결합하는 경우는 매우 드물고 거의 '-네'와만 결합한다는 사실이다. '-들'과 결합할 때에도 '-들'과 직접 결합하기보다는 '-네'가 결합한 '걔네', '얘네', '쟤네'에 다시 '-들'이 결합하는 경우가 더 일반적이다. 이러한 점을 미루어 볼 때, '걔네', '얘네', '쟤네'는

복수의 2인칭대명사 '너네'와 마찬가지로 단수의 3인칭대명사에 복수 접미사 '-네'가 결합한 것이기는 하지만 단독 복수형으로 볼 가능성도 있다. '대화'에서 사용 비율이 높은 '걔네', '걔네들', '얘네', '얘네들'이 사용된 예를 보이면 아래와 같다.

〈예5.1.4.3-7〉 [대화]

가. 나쁜 아니 지금 문제가 되는 거는 걔 김국진하고 김용만 **걔네** 둘이 쓰는 말이 문제가 되는 거야.

나. A: 지금 공공이 없지, 지금 공삼 학번 애들이? 내년에 집행부 될 거 아냐, B: 그거는 상관없는 거지? A: 도와주지 않더라도 **걔네들이** 끌구 나가면은? 그~ 그~ 이제 명수 제대하잖아.

다. A: 아무튼 악 끝은 해피엔딩으로 끝나, 악마 같은 여자가 아니라 악마 같은 친구들이네 다 엽기적이야 **얘네**. B: 어, **얘네 얘네**, 등장하는 인물 모두 다.

라. A: 그~ 칠레 애들두 밥을 먹거든? B: 예. A: 근데 **얘네들은** 밥을 할 때, 맨 처음에 할 맨 처음에 할 때 소금을 쳐서 주잖아.

▶ 말뭉치 계량 결과 제시3

1. 3인칭대명사 복수 유형별 사용 비율
   - 전체: 3인칭+들 〉 3인칭+네 〉 3인칭+네+들
   - 대화: 3인칭+네 〉 3인칭+네+들 〉 3인칭+들
   - 소설: 3인칭+들 〉 3인칭+네+들 〉 3인칭+네
   - 신문: 3인칭+들
   - 학술: 3인칭+들

	3인칭+들	3인칭+네	3인칭+네+들
전체	■■■■■■■■■■■■■■■■■▪	■▪	■▪
대화	■■▪	■■■■■■■■■■▪	■■■■■■■
소설	■■■■■■■■■■■■■■■■■■■▪	▪	▪
신문	■■■■■■■■■■■■■■■■■■■■		
학술	■■■■■■■■■■■■■■■■■■■■		

<그래프5.1.4.1-8> 3인칭대명사 복수 유형별 사용 비율

(■ 5%, ▪ 5% 미만)

2. 3인칭대명사의 복수 유형별 사용역 비율
3인칭+들: 소설 〉 학술 〉 신문 〉 대화
3인칭+네: 대화 〉 소설
3인칭+네+들: 대화 〉 소설

		대화	소설	신문	학술
3인칭+들	그들	▪	■■■■■■■ ■■■	■■▪	■■■■■■■
	그녀들	■▪	■■■■■■■ ■■■■■■■ ■■▪	▪	▪
	그놈들	▪	■■■■■■■ ■■■■■■■ ■■■■▪	▪	▪
	그분들	■■■■■	■■■■■■■ ▪	■■	■■■■▪
	걔들	■■■■■■■ ■■■■■■■ ■■▪	■■■▪		
	그자들		■■■■■■■ ■■■■■■■ ■■■■■■		
	그치들		■■■■■■■ ■■■■■■■ ■■■■■■		
	이년들	■■■■■■■ ▪	■■■■■■■ ■■■■■■■ ▪		
	이놈들	■▪	■■■■■■■ ■■■■■■■ ■■■■	▪	
	이분들		■■■■■■■ ■■■■■■▪	■■■■■■▪	
	얘들	■■■■■■■ ■■■■■■■ ■■■■	■▪	▪	

3인칭+들	저놈들		■■■■■■■ ■■■■■■■ ■■■■■■		
	저분들	■■■■■■■ ■■■■■■■	■■■■■■		
	쟤들		■■■■■■■ ■■■■■■■ ■■■■■■		
	전체	■	■■■■■■■ ■■■▪	■■▪	■■■■■■▪
3인칭+네	걔네	■■■■■■■ ■■■■■■■ ■■■■■▪	▪		
	얘네	■■■■■■■ ■■■■■■■ ■■■■■■			
	쟤네	■■■■■■■ ■■■■■■■ ■■■■■■			
	전체	■■■■■■■ ■■■■■■■ ■■■■■▪	▪		
3인칭+네+들	그네들	■■■▪	■■■■■■■ ■■■■■■■ ■■▪		
	그분네들		■■■■■■■ ■■■■■■■ ■■■■■■		
	걔네들	■■■■■■■ ■■■■■■■ ■■■■■▪	▪		
	얘네들	■■■■■■■ ■■■■■■■ ■■■■■■			
	쟤네들	■■■■■■■ ■■■■■■■ ■■■■■■			
	전체	■■■■■■■ ■■■■■■■ ■■■■■▪	▪		

<그래프5.1.4.1-9> 3인칭대명사 복수 유형의 사용역 비율

(■ 5%, ▪ 5% 미만)

▶▶ 말뭉치 계량 결과에 대한 논의3

우선 전체 말뭉치에서 나타나는 3인칭대명사의 복수 유형별 사용 비율을 살펴보면, '3인칭+들 > 3인칭+네 > 3인칭+네+들'의 양상을 보인다. 한국어에서 '-들'이 가장 일반적으로 사용되는 복수 접미사라는 사실과 두 개의 복수 표지가 결합하여 이중으로 복수를 표시하는 것은 하나의 복수 표지가 결합하는 것보다 더 유표적이라는 점을 고려해 볼 때, 이러한 양상은 아주 자연스러운 것이라고 할 수 있다.

이러한 자연스러운 양상은 '대화'를 제외한 모든 사용역에서 잘 지켜지는 편이다. '신문'과 '학술'에서는 '3인칭+네'와 '3인칭+네+들'이 전혀 나타나지 않고 '-들'에 의한 복수만이 나타나는데 이는 '-네'가 가진 비격식성 때문일 것이다(3.2.2 참고). '대화'에서 나타나는 3인칭대명사 복수 유형별 사용 비율은 '3인칭+네 > 3인칭+네+들 > 3인칭+들'의 양상을 보이는데 이는 전체 말뭉치에서 나타나는 결과와는 완전히 정반대이다. '대화'에서 '3인칭+네'가 가장 많이 사용되는 것은 '대화'에서 주로 사용되는 3인칭대명사 '걔', '얘', '쟤'가 복수 접미사 '-들'과 결합하는 경우가 매우 드물고 주로 '-네'와만 결합하기 때문이다. 뿐만 아니라 이들 3인칭대명사는 '-들'과 결합할 때에도 '-들'과 직접 결합하기보다는 '-네'가 결합한 '걔네', '얘네', '쟤네'에 다시 '-들'이 결합하여 이중 복수를 형성하는 경우가 더 일반적이다. 이러한 이유로 인해 '대화'에서 '3인칭+들'보다 '3인칭+네+들'의 사용 비율이 더 높게 나타난다. 이와 같이 '대화'에서 나타나는 3인칭대명사 복수 유형별 사용 비율 양상은 '-들'이 가장 일반적으로 쓰이는 복수 접미사라는 한국어의 일반적인 사실, 유표적인 형태는 무표적인 형태보다 그 빈도가 낮게 나타난다는 일반적인 사실과 모두 어긋난다. 그런데 이러한 문제는 '걔네', '얘네', '쟤네'를 복수 접미사 '-네'와 결합한 복합 형태로 보기보다는 복수의 1인칭대명사 '저희', 복수의 2인칭대명사 '너희'와 같이 단독의 복수형으로 굳어진 것으로 보면 해결될 수 있다. '걔', '얘', '쟤'가 '-들'과 직접 결합하는 경우보다는 '-네'가 결합한 '걔네', '얘네', '쟤네'에 다시 '-들'이 결합하는 경우가 더 일반적이라는 사실은 '걔네', '얘네', '쟤네'가 단독의 복수형의 굳어져 간다는 것을 보여주는 근거라 하겠다. 그렇다면, 단독의 복수형으로 굳어져 가는 과정이 왜 '너네', '걔네', '얘네', '쟤네'와 같이 '-네'가 결합한 형태에만 일어나는가? 이는 복수 접미사 '-네'가 '-희'보다는 분포가 넓지만 '-들'과 비교했을 때에는 그 분포가 매우 좁은 데에서 그 이유를 찾을 수 있다. 3.2.2에서 논의하였듯이 복수 접미사 '-네'와 결합하는 요소는 다양하지만 대명사와 결합하는 비율이 가장 높다(3.2.2의 <그래프3.2.2-2~5> 참고). 즉, '-네'는 거의 대명사와만 결합하는 복수 접미사이기 때문에 '-네'와 결합한 대명사는 복수 접미사가 결합한 복합 구성으로 인식되기보다는 '저희', '너희'와 같이 단일 구성으로 인식될 가능성이 더 높은 것이다. 이러한 형태는 기존의 대명사 체계에 없는 개신형이기 때문에 보수적인 문어 사용역에는 나타나지 않고 개신형의 반영 속도가 빠른 '대화'와 같은 일상 대화에서 주로 나타나는 것이라고 할 수 있다.

한편, '소설'은 다른 문어 사용역과 마찬가지로 '3인칭+들'의 사용 비율이 가장 높게 나타난다. 그런데 이중 복수인 '3인칭+네+들'이 '3인칭+네'보다 사용 비율이 더 높게 나타나는 특이한 양상을 보인다. 이는 '소설'에서 특징적으로 나타나는 '그네들' 때문이다. '그네'는 단독으로는 복수를 표시하는 경우는 없고 항상 '그네들'로만 나타난다. 이러한 사실들을 고려해 본다면, '그네'는 '그'에 복수 접미사 '-네'가 결합한 형태이지만 단수의 3인칭대명사로 인식되고 있는 것으로 파악할 수 있다.

3인칭대명사 복수 유형에 따른 사용역 비율을 살펴보면, '3인칭+들'은 '소설 > 학술 > 신문 > 대화'의 양상을 보인다. '대화'에서 '3인칭+들'이 가장 적게 사용되는 것은 앞서 설명한 대로 '대화'에서의 3인칭대명사 복수는 '걔네', '얘네', '쟤네'가 주로 사용되기 때문이다. '대화'를 제외하면 '3인칭+들'의 사용역 비율은 '소설 > 학술 > 신문'의 양상을 보이는데 이는 3인칭대명사 복수 전체에서 보이는 사용역 비율 양상과 크게 다를 바가 없다. 왜냐하면, 3인칭대명사는 복수형이 따로 없고 복수 접미사와 결합하여 복수를 표시하는데 '-들'은 한국어에서 가장 일반적인 복수 표시 방법이기 때문이다. 다시 말해서, '-들'과 결합하여 복수를 표시하는 것이 3인칭대명사 복수의 대부분을 차지하기 때문에 '3인칭+들'이 보이는 사용역 비율 양상은 3인칭대명사 복수 전체가 보이는 사용역 비율 양상과 차이가 나지 않는 것이다. '3인칭+네'와 '3인칭+네+들'은 비격식적 구어형이기 때문에 격식적인 문어 사용역인 '신문'과 '학술'에서는 나타나지 않고 주로 '대화'에서만 나타난다.

5.1.5. 인칭대명사의 대체 표현

5.1.5.1. '대화'에서의 1인칭대명사, 2인칭대명사의 대체 표현

인칭대명사가 사용될 자리에 때로는 이들이 사용되지 않는 경우가 있다. 특히 '대화'의 경우 1인칭대명사, 2인칭대명사가 생략되는 경우가 많다.

〈예5.1.5.1-1〉 [대화]

가. A: ∅(2) 뭐 타고 가? B: 지하철 A: 기차? ∅(2) 아침에 몇 시에 타고 가는데? B: ∅(1) 아침에 한 일찍 가면은 일곱시 이십분 십오분 십오분 차를 타고 A: 음 B: ∅(1) 늦게 가면은 한 삼십분 차를 타지.

나. A: ∅(1) 계속 자? 앉아서? B: 나는 이제 신문을 볼려고 노력을 해. ∅(1) 보통 합정역에서 합정역까지 갈 때에는 신문을 봐. A: 음. B: 그런데 그러다가 졸음 조금씩 조금씩 ∅(1) 졸음끼를 느끼기 시작을 해. A: 어. B: 그러다가 ∅(1) 갈아타야 되니까 비몽사몽간에 갈아타는 데로 사람 따라서 쓸려가. A: 음. B: 그러면은, A: 어. B: ∅(1) 예의상 처음부터는 이렇게 신문을 좀 보는 척을 해. 그러다가 ∅(1) 까무룩 잠이 드는 거야, A: 까무룩? B: 근데 ∅(1) 내릴 때는 그래도 기가 막히게 내리지? A: 내릴 때 딱 한 번. B: 어, ∅(2) 들켰어? A: ∅(1) 넘어간 넘어간 적이 있었어, B: 너 어떻게 했어? A: ∅(1) 돌아왔지 뭐~ B: ∅(2) 다시 타고 얼마나 갔는데?

<예5.1.5.1-1>에서 ∅(1)은 1인칭대명사가 생략된 경우를 나타낸 것이며, ∅(2)는 2인칭대명사가 생략된 경우를 나타낸 것이다. 위의 예는 모두 출근길을 주제로 한 대화인데 1인칭대명사와 2인칭대명사가 나타날 자리에 1인칭대명사와 2인칭대명사가 생략된 채 대화가 자연스럽게 진행되고 있음을 보여준다. '대화'에서 1인칭대명사와 2인칭대명사가 자주 생략되는 이유는 이들 대명사가 대화에 참여하는 화자와 청자를 가리키기 때문이다. '대화'에서 화자와 청자는 동일한 담화 공간에 존재하고 공유하는 정보가 많기 때문에 굳이 언어적으로 표현하지 않아도 그 대상을 쉽게 확인할 수 있다. 즉 '대화'에서는 대화가 일어나는 현장 상황만으로도 화자와 청자가 누구인지 쉽게 알 수 있기 때문에 1인칭대명사와 2인칭대명사를 사용하여 화자 자신이나 청자를 구체적으로 지시하지 않아도 되는 것이다. 위의 예에서 1인칭대명사와 2인칭대명사가 생략된 곳에 1인칭대명사와 2인칭대명사가 모두 나타난다면 오히려

어색하게 느껴진다. 이러한 인칭대명사의 생략 현상은 모든 언어에서 나타나는 것은 아니고 한국어에서 특징적으로 나타나는 현상이다. 영어와 같은 언어에서는 위의 예와 같은 상황에서도 1인칭대명사와 2인칭대명사가 생략되지 않는 것이 일반적이다.

'대화'에서 1인칭대명사와 2인칭대명사는 자주 생략되기도 하지만 화자와 청자를 지시하기 위해 다른 표현으로 대체되어 쓰이기도 한다. 일상적인 대화에서는 2인칭대명사를 이용하여 청자를 가리키기도 하지만 2인칭대명사를 대체하는 다른 표현으로 청자를 지시하는 경우가 더 많다. 2인칭대명사 대체 표현으로는 호칭어가 자주 사용된다. 한국어에서는 사람의 이름을 나타내는 고유명사 이외에도 친족어나 직함 등이 호칭어로 자주 사용되는데, 아래의 예문에서 보듯이 청자를 가리키기 위해 2인칭대명사 대신 호칭어가 빈번히 사용되는 것을 확인할 수 있다.

〈예5.1.5.1-2〉 [대화]

가. A: **설희 씨는** 감기 같은 거 자주 걸려요? B: 어~:: 옛날에 한. 중고등학교 그때 다닐 때만 해두. 겨울마다, A: 응. B: 한 번두 감기를 안 걸리구 지나간 적이 없어요. A: 응.

나. A: 이거 이거는 다 알아 **진아** 그러면? B: 응. A: 다 알고? 사십칠 번만 모르는 거야?

다. A: 아 진짜. **오빠** 그~ 습기 그거 넣었어? 나 옷장에 딱 넣는데 B: 아니. A: 일주일두 안 돼 가지구 그냥. 물이 다 됐던데, 물 너무 많이 먹어서, B: 어. A: 습기가 너무 많아. B: 음.

라. A: **언니** 밀리오레 가 봤어요? B: 많이 가 봤지. 근데, A: 예. B: 옷은 많이 안 샀어 나는, 깎지를 못한다 물건 값을?

마. A: 운전 잘 해? B: 운전이야 하지. A: 얼마나? B: 좀 해 나. A: 잘 해? B: 아이 잘은 못 해. A: 또 왜 이래? B: 나보다 못하지? A: 어 **형보다** 못해. B: 그럼:: A: 면허 소지자하구 같겠어 내가.

바. A: 왜냐하면은 그 방송이라면 결국 저기~ 방송을 보는 시청자들한테 영향이 가는 거니까 B: 그러면은 오늘은 사회를 안 봤던 사람이 없죠? 여기서는요. A: **누나가** 다음에 한번 본다고 하시지 않으셨나요? B: 오늘은 내 생각으로는 내 생각으로는 사회를 많이 본 베테랑인 니가, C: 베테 쓰면 안 되지. 전문가 경험자 그래야지 지금. A ; 아 지금 뭐야? C: 너 말고는 거의 다 알아들어.

사. A: **순장님** 되게 사랑스러워 보여요. B: 누가? 내가? 왜? 니가 더 사랑스럽지. A: 아니에요. B: 내가 삼학년인데 뭐가 사랑스럽냐?

아. A: **손님이** 주관심사가 과잉 과다 피지? B: 예 여기 요렇게, A: 예 보셨는데::? 보시면, 얼굴의 어느 부분에서, 건성 또는 지성을 느끼세요?

<예5.1.5.1-2가, 나>는 청자를 가리키기 위해 2인칭대명사 대신 청자의 이름이 사용된 것을 보인 것이고 <예5.1.5.1-2다~바>는 청자를 가리키기 위해 '오빠', '형', '누나', '언니 등의 친족어가 2인칭대명사 대신 사용된 예를 보인 것이다. <예5.1.5.1-2사, 아>에서는 청자를 가리키기 위해 '순장님', '손님' 등의 직함이 2인칭대명사 대신 사용되었다. 고유명, 친족어, 직함은 한국어에서 호칭어로 자주 사용되는데 특히 한국어에서 친족어는 본래의 의미에서 확장되어 친족이 아닌 이들에게도 호칭어로 사용된다. 이들 호칭어가 2인칭대명사의 대체 표현으로 사용되는 경우는 주로 청자가 화자보다 상위자이거나 청자가 화자와 친밀한 관계에 있지 않아 상대방을 높여 주어야 할 때이다. '당신', '그대'와 같이 청자가 화자보다 상위자일 때 사용하는 2인칭대명사가 있기는 하지만 청자가 화자보다 상위자일 때에는 2인칭대명사를 쓰지 않고 호칭어를 통해 청자를 가리키는 것이 일반적이다.

2인칭대명사의 대체 표현으로 호칭어가 자주 사용되는 것은 현대국어의 상대높임법의 체계가

합쇼체, 하오체, 하게체, 해라체의 격식적인 4등분 체계에서 해요체, 해체의 비격식적인 2등분 체계로 옮아가고 있기 때문이라고 분석할 수 있다. 즉 기존의 2인칭대명사는 격식적인 4등분 체계에 적절히 사용될 수 있게 비교적 잘 분화되어 있지만 격식적인 4등분 체계에서 쓰이는 2인칭대명사가 비격식적인 2등분 체계에서는 적절히 사용될 수 없기 때문에 이를 대체하기 위해 호칭어가 사용된다는 것이다. 특히 상대높임법에 따른 다양한 2인칭대명사가 존재하지만 일상 대화에서 상위자에게 적절히 사용할 만한 2인칭대명사를 찾기 쉽지 않다. '자네'는 청자가 화자보다 지위가 낮을 때 청자를 조금 대우해 주기 위해 예사낮춤의 하게체에서 사용되고 '너'는 화자와 청자의 지위가 동등하거나 청자의 지위가 화자보다 낮을 때 아주낮춤의 해라체에서 사용된다. 그런데 예사낮춤의 하게체와 아주낮춤의 해라체는 비격식적인 2등분 체계에서 두루낮춤의 해체로 통합되어 사용되면서 낮춤의 2인칭대명사는 '너'로 통합되어 사용된다. 그래서 '너'는 화자와 청자의 지위가 동등하거나 청자의 지위가 화자보다 낮을 때 비교적 일반적으로 사용되는 것이다. 그러나 '너'는 아주낮춤에서 사용되던 것이기 때문에 '너'를 사용하게 될 때에는 청자를 아주 낮추는 느낌을 준다. 이로 인해 다소 친근하고 부드럽게 청자를 지시하기 위해서는 '너' 대신 고유명사를 대체 표현으로 사용하는 경향이 있다.

격식적인 4등분 체계의 예사낮춤과 아주낮춤이 비격식적인 2등분 체계의 두루낮춤으로 통합되어 사용되듯이 아주높임의 합쇼체와 예사높임의 하오체도 두루높임의 해요체로 통합되어 사용된다. 그런데 격식적인 상대높임법 체계에서 사용되는 높임의 2인칭대명사는 하나로 통합되지 못하여 해요체에서 적절히 사용될 만한 것이 없다. 하오체에서 사용되는 2인칭대명사로는 '당신'과 '그대'가 있다. '당신'은 해요체에서도 사용될 수 있지만 부부 사이에서만 가능하고 그렇지 않은 사이에서는 오히려 청자를 낮추는 표현이 된다. '그대'는 해요체에서 사용될 수 없을 뿐만 아니라 일상 대화에서는 거의 사용되지 않고 잔존 형태로만 남아 문어 사용역에서 매우 특수한 상황에서만 사용된다. '귀하'와 '귀형' 등은 합쇼체에서 사용될 수 있는데 이들 대명사는 합쇼체에 적절하기 때문에 두루높임의 해요체에서는 사용될 수 없다. 그리고 이들 대명사도 편지와 같은 서간문에서 주로 나타나고 일상 대화에서는 거의 사용되지 않는다. 특히 합쇼체에 해당하는 2인칭대명사는 원래부터 발달되지 않았기 때문에 이를 대신하여 존칭의 호칭어를 쓰는 것이 일반적이었다. 이러한 이유로 인해 청자를 높이기 위해 사용할 수 있는 적절한 대명사를 찾기 힘든데 비교적 친근한 사이에서 해요체를 쓰는 경우에는 청자의 이름에 '씨'를 붙이거나 '언니', '오빠', '형', '누나'와 같은 친족어를 2인칭대명사의 대체 표현으로 사용하고, 격식을 갖추어 합쇼체를 사용해야 하는 경우에는 '사장님', '선생님'과 같이 직함 뒤에 접미사 '-님'을 붙이거나 '아버님', '어머님'과 같이 친족어에 접미사 '-님'을 붙인 존칭의 호칭어를 2인칭대명사의 대체 표현으로 사용하는 것이 일반적이다.

호칭어는 때로 1인칭대명사가 사용되어야 할 자리에 사용되기도 한다. 그 예를 보이면 아래와 같다.

〈예5.1.5.1-3〉 [대화]

가. A: 종이 하나만. B: 종이? A: 가리는 건 가려야. B: 알았어. **선생님** 눈 감고 있을게.

나. A: 뭔 말이냐 하면, 삼십 헤르쯔 이하는 별루 소용이 없다는 뜻이지. 그지? 그래서, 어떤 사람은, **선생님**도 그렇게 믿구 있고, 오십 헤르쯔에서, 십오 키로헤르쯔 까지만, 피에이에서 맨 처음 XXX에서, 필요한 거 같애.

다. A: 있잖아요. 그걸 갖다가 이렇게 꼬매는데, 미리 자기가 이렇게 연습해서 꼬매구서는, 사람 수술 환자한테 직접 이렇게 하더라구요. 우와:: 진짜 엄청난 기술이더라구요. B: 그러니:: 이것두::, **엄마두**:: 여기 얼마나 중요한 부분이 있냐? A: 예. B: 근까 목 있지, 성대 있지, 숨 쉬는 데 있지, 얼마나 위험한 데야. 그 사람이 과장이래나 봐:: 그~ 큰 병을 안 앓구 **엄마두**, 수술을 처음 한 거니까,

라. A: 오빠. B: 뭐? A: 수강신청 했어요? B: 어. **오빠는** 교육학만 많이 남았어. A: 그럼 뭐뭐 들어요?

<예5.1.5.1-3>의 '선생님', '엄마', '오빠'는 모두 화자 자신을 가리킨다. 화자가 자신을 가리킬 때 1인칭대명사를 사용하지 않고, 대화에 참여하고 있는 청자가 화자 자신을 가리키기 위해 사용하는 호칭어를 사용하고 있는 것이다. 화자가 자신을 가리키면서 호칭어를 사용하는 것은 다소 어색한 것이기는 하나 주로 화자가 청자보다 지위가 높을 때 이러한 대체 표현이 사용된다. 화자가 자신을 가리키는 데 호칭어를 사용하는 것은 화자가 화시의 중심을 화자 자신에서 청자의 관점으로 옮겨서 화자 자신을 가리키기 위함이다. 위 예문에서 '선생님', '엄마', '오빠'는 청자의 관점에서 화자를 부르거나 가리킬 때 쓰는 것으로 청자에게 화자 자신이 '선생님', '엄마', '오빠'가 되는 것이다. 이렇게 화시의 중심을 화자가 아니라 청자로 옮겨 화자 자신을 가리키는 것은 청자를 배려한 표현이라고 할 수 있다.

화시의 중심을 화자에서 청자로 옮겨 표현하는 경우는 친족어 호칭어의 사용에서 흔히 발견할 수 있다. 친족어는 화시적 성격을 가지고 있어 화시의 중심이 누구에게 있느냐에 따라 이들 친족어가 가리키는 대상이 달라진다. 가령, 이종사촌 관계에 있는 A, B가 있다고 했을 때 A가 이모라고 부르는 사람은 B의 어머니가 되고 B가 이모라고 부르는 사람은 A의 어머니가 된다. 반대로 A가 어머니라고 부르는 사람은 B에게는 이모가 되고 B가 어머니라고 부르는 사람은 A에게는 이모가 된다. 따라서 지시 대상 연결에 있어 혼란을 없애고 청자의 이해를 돕기 위해 친족어를 사용할 때에는 화시의 중심을 청자로 옮겨서 사용하는 경우가 일반적이다. 예를 들어 전화 대화에서 화자가 조카에게 자신의 언니를 바꾸어 달라고 할 때 화시의 중심을 청자에게로 옮겨 아래와 같이 표현하는 것이 '언니 좀 바꾸어 주렴'이라고 하는 것보다 더 자연스럽다.

〈예5.1.5.1-4〉

이모: 철수야, 엄마(자신의 언니) 좀 바꾸어 주렴. 조카: 네.

만약 위와 같은 상황에서 화자가 '언니 좀 바꾸어 주렴'이라고 한다면 청자는 자신의 언니로 오해할 수도 있으므로 화자가 청자를 중심으로 하여 지시 대상을 표현함으로써 오해의 여지를 없애고 청자의 이해를 돕는 것이다. 화시의 중심을 이동하여 1인칭대명사 '나' 대신 청자가 사용하는 호칭을 사용하는 것도 이러한 관점에서 이해할 수 있을 것으로 보인다.

5.1.5.2. 3인칭대명사의 대체 표현

한국어는 3인칭대명사가 발달되지 않은 언어이다. '그'와 '그녀'가 가장 일반적으로 사용되는 3인칭 대명사이기는 하지만 문어 사용역에서만 주로 쓰이고 일상적인 대화에서는 거의 사용되지 않는다. 그 대신 일상 대화에서는 지시관형사 '이/그/저'와 사람을 가리키는 의존명사나 보통명사가 결합한

복합 구성이 3인칭대명사로 주로 쓰인다. 지시관형사 '이/그/저'와 의존명사 또는 보통명사가 결합한 복합 구성의 3인칭대명사는 <표준국어대사전>에 대명사로 등재된 경우도 있지만 아직 대명사로 등재되지 않은 경우도 있다. 지시관형사 '이/그/저'와 '분', '놈', '년', '이', '자'가 결합된 '이분/그분/저분', '이놈/그놈/저놈', '이년/그년/저년', '이이/그이/저이', '이자/그자/저자'는 <표준국어대사전>에 대명사로 등재되어 있으나 '대화'에서 가장 일반적으로 사용되는 '얘/걔/쟤'는 <표준국어대사전>에 대명사로 등재되어 있지 않다. 앞서 언급했듯이 '얘/걔/쟤'는 의미의 추상화와 축약을 겪어 '이 아이/그 아이/저 아이'와는 다른 성격을 지닌다. 이들 3인칭대명사는 '지시관형사+(의존)명사' 복합 구성을 이루기 때문에 아래에 제시된 통사적 구성도 3인칭대명사가 사용되어야 할 상황에서 3인칭대명사 대신 자주 사용된다.

{이, 그, 저} + {사람, 인간, 친구, 자식, 새끼, 아이, 양반, 남자, 녀석, 사나이, 여자, 여성, 여인}

이들 구성은 지시관형사 '이/그/저'와 사람을 가리키는 보통명사가 결합된 통사적 구성으로 복합 구성의 3인칭대명사와 구조적으로 동일하다. 뿐만 아니라 '이/그/저'와 결합하는 보통명사는 '양반'을 제외하고는 특정 지위나 특정 집단의 사람을 가리키는 것이 아니라 비교적 포괄적으로 사람을 지시하는 명사이기 때문에 의미상으로 복합 구성의 3인칭대명사와 유사하다. 사실, '양반'도 '이/그/저'와 결합하여 3인칭대명사 대신 사용될 때는 특정 지위에 속한 사람을 가리키는 것이 아니라 남자를 낮추어 가리키는 것이다. 즉 위에서 제시한 구성은 '이/그/저'와 결합한 복합 구성의 3인칭대명사와 구조적 측면과 의미적 측면에서 유사한데 이로 인해 3인칭대명사의 대체 표현으로 사용될 수 있다.

위의 통사적 구성에는 지시 대상을 낮추어 가리킬 때 사용하는 것과 그렇지 않은 것이 있다. 지시관형사 '이/그'/저'와 '인간', '양반', '녀석'의 결합 구성은 지시 대상을 낮추어 가리킬 때 사용하고 '이/그/저'와 '새끼', '자식'의 결합 구성은 이보다 더 지시 대상을 낮추어 비속하게 가리킬 때 사용한다.

〈예5.1.5.2-1〉

가. A: 내 치마 안 입잖아 언니. 치마 사 가지구 이뻐 가 사 가지구 안 입는 게 몇 개 있거든. B: 에. A: 안 입는데 이 **인간이** 또 치마 정장을 사야 된다고 했잖아. [대화]

나. **저 양반이** 그래도 겉은 멀쩡하잖아요? 그래서 처음에는 나도 한 재산 있는 줄 알았는데, 시집이라고 덜컥 와보니 아홉 식구 딸린 홀아비더라구요. [소설]

다. "설마 **그 녀석들이** 그런 못난 놈들이라는 것은 아니겠지?" [소설]

〈예5.1.5.2-2〉 [대화]

가. A: 키 째그맣구서는 안경 끼고 귀엽게 생긴 애 있잖아::? 아 **이 자식이** 막 슬슬 자존심을 건드리는 거야 막.

나. A: 나도 병장 생활하니까 바로 못하는 애들은 괜히 미워지는 거야 저게. B: 진짜 그래. A: 아후 **저 새끼** 진짜 밉다. 그리고::, 도움 안 되겠다.

이외에 지시관형사 '이/그/저'와 '사람', '친구', '아이', '남자', '사나이', '여자', '여성', '여인'이 결합한 구성은 지시 대상을 낮추어 가리키는 의미를 지니고 있지 않다. 한편, '이/그/저'와 '친구', '인간', '양반', '녀석', '새끼', '자식'이 결합한 구성은 주로 지시 대상이 남성일 때 사용되고 '이/그/저'와

'여자', '여성', '여인'의 결합 구성은 지시 대상이 여성일 때에만 사용된다.

〈예5.1.5.2-2〉

가. A: 그::~, 아르바이트::, 할 때::, 막 이렇게 좀, 별 이상한 사람이 있다 그랬잖아, B: 어, A: 근데 **그 사람** 오늘 만났는데, [대화]

나. "**이 친구** 오랜만에 만나니 화가가 아니라 철학자가 돼 있는 걸?" [소설]

다. 선생님이 들어오고 수업이 시작되어서야 **그 아이는** 자리에 앉았고 나는 헐떡이며 주저앉았다. [소설]

라. 양복 윗옷을 한 손에 걸친 넥타이 차림 남자가 양미간의 주름을 잡으며 들고 있던 책을 떨어뜨렸다 ...(중략)... 나는 피식 웃으며 **그 남자** 앞을 지나쳤다. [소설]

마. 그곳에는 오십대 초반의 베트남 사내 하나가 달랑 앉아 있었다. 건석은 비로소 **그 사내가** 조선소의 작업복을 입고 있다는 것을 깨달았다. [소설]

바. "어쩜 저렇게 춤을 멋있게 출까? 여자가 봐도 **저 여자** 정말 매력 있다." [소설]

사. 수년 전 미국의 한 남성이 스토킹해 온 여성의 주소를 웹사이트에서 유료로 알아낸 뒤 **이 여성을** 찾아가 살인을 저지르면서 인터넷상의 정보 공개주의자와 개인정보 보호주의자들 간의 논쟁은 더욱 가열됐다. [신문]

아. **그 여인은** 오후 한나절을 하숙집에서 머물렀다. [소설]

요컨대 3인칭대명사 대체 표현은 지시관형사와 결합하는 명사의 의미에 따라 지시 대상에 특정한 의미가 부여되는데 이는 '이분/그분/저분', '이놈/그놈/저놈', '이년/그년/저년' 등과 같은 복합 구성의 3인칭대명사가 지시관형사 '이/그/저'와 결합한 명사의 의미에 따라 지시 대상에 부여되는 의미가 달라지는 것과 동일한 것이다.

3인칭대명사의 대체 표현은 복합 구성의 3인칭대명사만큼이나 일반적으로 사용된다. 이는 복합 구성의 3인칭대명사가 기본적으로 지시관형사와 명사의 결합한 것이기 때문에 구조적으로나 의미적으로나 3인칭대명사 대체 표현과 차이가 없을 뿐만 아니라 3인칭대명사만으로는 다양한 지시 대상을 가리키는 데에 한계가 있기 때문이다. 3인칭대명사 중 가장 일반적으로 사용되는 '그'는 그 의미가 무표적이기 때문에 널리 사용될 수는 있으나 화자가 표현하고자 하는 의미를 자세히 나타내는 데에는 한계가 있다. 반면에 복합 구성의 3인칭대명사는 '그'처럼 무표적이지 않기 때문에 화자가 의도하는 바를 자세히 표현할 수는 있으나 대명사를 구성하고 있는 명사의 본래의 의미로 인해 사용될 수 있는 상황이 한정되어 있다. 다시 말해서, 기존의 3인칭대명사만으로는 3인칭의 인물을 다양하게 지시하는 데에 한계가 있기 때문에 이를 대체할 만한 표현이 필요한 경우가 자주 발생하는 것이다. 그런데 복합 구성의 3인칭대명사는 결국 지시관형사와 명사가 결합한 것이기 때문에 이와 구조적, 의미적으로 유사한 지시관형사와 명사가 결합한 통사적 구성이 대체 표현으로 사용되는 것이다.

복합 구성의 3인칭대명사의 의미를 살펴보면, 먼저 '이분/그분/저분'은 '분'에 '높임'의 의미가 있기 때문에 화자가 지시 대상을 높일 때에만 사용할 수 있다. 화자가 지시 대상을 높이지 않을 때는 '얘/걔/쟤'나 지시관형사에 '이', '자'가 결합한 '이이/그이/저이', '이자/그자/저자'를 사용할 수 있는데, '얘/걔/쟤'는 화자가 대명사가 지시하는 인물과 비교적 친밀할 때에만 사용할 수 있다는 제약이 있고, '이이/그이/저이'는 주로 여성 화자가 사용하고 남성 화자는 잘 사용하지 않는다. '이자/그자/저자'는 지시 대상을 조금 낮추어 가리키는 의미가 있을 뿐만 아니라 일상 대화보다는 소설과 같은 문학 작품에서 일반적으로 사용된다. 이외에 '이놈/그놈/저놈', '이년/그년/저년'이 있는데 이들

3인칭대명사는 지시 대상을 비속하게 가리킬 때 사용된다. 이와 같이 복합 구성의 3인칭대명사는 3인칭의 인물을 무표적으로 지시할 수가 없는데 이러한 공백을 채우기 위해 비교적 무표적인 의미를 지니는 '사람', '남자', '여자' 등과 지시관형사가 결합한 통사적 구성을 3인칭대명사 대체 표현으로 사용한다고 볼 수 있다. 그리고 기존의 3인칭대명사와 다른 의미나 어감을 전달하기 위해 그 외의 다양한 3인칭대명사 대체 표현이 사용된다.

말뭉치 계량 결과 제시1

1. 3인칭대명사의 전체 사용 빈도와 비교한 대체 표현의 사용 비율: 11.19%
2. 3인칭대명사 대체 표현의 사용역 비율: 대화 〉 소설 〉 신문 〉 학술

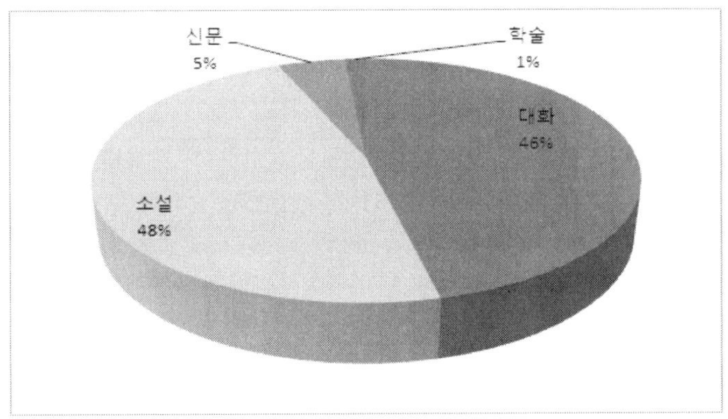

<그래프5.1.5.2-1> 3인칭대명사 대체 표현의 사용역 비율

말뭉치 계량 결과에 대한 논의1

3인칭대명사의 전체 사용 빈도와 비교한 3인칭대명사 대체 표현의 사용 비율은 약 11%로 뒤에서 살펴볼 복합 구성의 3인칭대명사의 사용 비율과 비슷하다. 이는 3인칭대명사의 대체 표현이 복합 구성의 3인칭대명사만큼이나 빈번히 사용된다는 것을 알려 주는 것이다.

3인칭대명사 대체 표현의 사용역 비율을 살펴보면 '대화'와 '소설'이 90% 이상을 차지한다. 즉 3인칭대명사 대체 표현은 거의 '대화'와 '소설'에서만 사용되는데 이는 뒤에서 살펴볼 복합 구성의 3인칭대명사에서도 동일하게 나타나는 양상이다. '대화'에서 3인칭대명사 대체 표현의 사용 비율이 높은 것은 문어 사용역에서 일반적으로 사용되는 '그', '그녀'가 '대화'에서는 거의 사용되지 않기 때문이다. 즉 '대화'에서는 '그'와 '그녀'가 사용되지 않기 때문에 복합 구성의 3인칭대명사와 함께 3인칭대명사의 대체 표현의 사용 빈도가 높은 것이다. 그런데 3인칭대명사 '그'의 사용 빈도가 매우 높은 '소설'에서도 3인칭대명사 대체 표현이 많이 사용되는 것은 다소 예외처럼 보인다. 그러나 '소설'은 대화 지문을 많이 포함하고 있으므로 '대화'에서 빈번히 사용되는 3인칭대명사 대체 표현이 많이

사용될 뿐만 아니라 서사 문학 장르라는 점에서 표현적 효과를 높이기 위해 다양한 표현을 할 수 있는 대체 표현을 활발히 사용하기 때문이다.

'신문'과 '학술'에서는 '대화'와 '소설'에 비해 3인칭대명사 대체 표현의 사용이 매우 제한되는 것을 확인할 수 있다. '신문'과 '학술'은 격식적이고 공적인 사용역이기 때문에 3인칭대명사로 인물을 지시할 때 무표적인 '그'를 사용하는 것이 일반적이기 때문이다. 5.1.3에서 확인하였듯이 '신문'과 '학술'에서 '그'의 사용 비율은 90%이상으로 매우 압도적이다.

개별 어휘 빈도 제시

1. 모든 사용역에서 '사람' 계열 대체 표현의 사용 빈도가 가장 높고 그 다음으로 '여자', '아이', '남자', '친구' 계열의 대체 표현의 사용 빈도가 높게 나타난다.
2. 모든 사용역에서 '여자' 계열 대체 표현이 '남자' 계열 대체 표현보다 사용 빈도가 높다.
3. '새끼', '자식' 계열 대체 표현의 사용 빈도는 '대화'와 '소설'에서 높게 나타난다.

	전체		대화		소설		신문		학술	
	형태	빈도	형태	빈도	형태	빈도	형태	빈도	형태	빈도
1	사람	1635	사람	1001	사람	507	사람	19	사람	108
2	여자	566	여자	300	아이(애)	376	아이	16	아이(애)	18
3	아이(애)	456	새끼	116	여자	259	여성	5	친구	17
4	남자	304	남자	113	남자	182	남자	5	여인	6
5	친구	222	친구	88	친구	116	양반	3	인간	6
6	새끼	177	아이(애)	46	녀석	101	여인	2	녀석	6
7	자식	123	자식	40	자식	80	여자	2	여자	5
8	녀석	119	녀석	11	새끼	59	친구	1	남자	4
9	양반	61	인간	12	양반	49	녀석	1	자식	3
10	사나이(사내)	39	양반	9	사나이(사내)	38			여성	2
11	인간	38	여인	2	여인	10			새끼	2
12	여인	20			인간	20			사나이(사내)	1
13	여성	9			여성	2				

<표5.1.5.2-1> 사용역에 따른 3인칭대명사 대체 표현의 명사 유형별 사용 빈도

	대화			소설			신문			학술		
	형태	빈도	누적비율	형태	빈도	누적비율	형태	빈도	누적비율	형태	빈도	누적비율
1	그_사람	646	37.09%	그_아이(애)	321	18.03%	그_아이(애)	10	18.52%	그_사람	82	46.07%
2	이_사람	286	53.53%	그_사람	318	35.90%	이_사람	9	35.19%	이_사람	17	55.62%

3	그_여자	161	62.77%	그_여자	195	46.85%	그_사람	8	50.00%	이_친구	11	61.80%
4	이_여자	125	69.97%	그_남자	157	55.67%	이_아이(애)	6	61.11%	그_아이(애)	10	67.42%
5	그_남자	76	74.32%	이_사람	120	62.42%	이_여성	4	68.52%	저_사람	9	72.47%
6	이_새끼	71	78.40%	그_친구	80	66.91%	그_남자	3	74.07%	이_여인	6	75.84%
7	저_사람	69	82.34%	저_사람	69	70.79%	그_양반	2	77.78%	이_아이(애)	5	78.65%
8	그_친구	64	86.01%	그_녀석	58	74.04%	이_여인	2	81.48%	그_여자	5	81.46%
9	그_아이(애)	35	88.04%	그_자식	39	76.24%	그_여자	2	85.19%	그_친구	4	83.71%
10	이_자식	31	89.81%	이_여자	38	78.37%	이_남자	2	88.89%	그_인간	4	85.96%
11	이_남자	28	91.44%	이_새끼	37	80.45%	저_사람	2	92.59%	그_남자	4	88.20%
12	그_새끼	26	92.93%	이_자식	32	82.25%	그_친구	1	94.44%	저_녀석	3	89.89%
13	저_새끼	19	94.02%	이_녀석	30	83.93%	그_여성	1	96.30%	그_녀석	3	91.57%
14	이_친구	17	94.97%	이_양반	27	85.45%	이_양반	1	98.15%	이_여성	2	92.70%
15	저_여자	14	95.79%	저_여자	26	86.91%	그_녀석	1	100.00%	저_친구	2	93.82%
16	저_남자	9	96.33%	이_친구	26	88.37%				저_애	2	94.94%
17	그_자식	9	96.88%	이_아이(애)	19	89.44%				그_자식	2	96.07%
18	저_친구	7	97.28%	그_양반	18	90.45%				이_인간	2	97.19%
19	그_녀석	7	97.69%	이_남자	18	91.46%				이_자식	1	97.75%
20	그_양반	7	98.10%	저_아이(애)	16	92.36%				이_애	1	98.31%
21	이_인간	7	98.51%	저_녀석	13	93.09%				그_사나이(사내)	1	98.88%
22	이_아이(애)	7	98.91%	그_새끼	13	93.82%				이_새끼	1	99.44%
23	그_인간	5	99.18%	그_사나이(사내)	12	94.49%				그_새끼	1	100.00%
24	저_녀석	2	99.32%	저_애	12	95.17%						
25	그_여인	2	99.46%	저_친구	10	95.73%						
26	이_애	2	99.59%	저_새끼	9	96.24%						
27	저_애	2	99.73%	그_여인	9	96.74%						
28	이_녀석	2	99.86%	저_자식	9	97.25%						
29	저_양반	2	100.00%	그_인간	8	97.70%						
30				이_애	8	98.15%						
31				저_남자	7	98.54%						
32				저_인간	6	98.88%						
33				이_사내	6	99.21%						
34				이_인간	6	99.55%						
35				저_양반	4	99.78%						
36				그_여성	2	99.89%						
37				이_사나이(사내)	1	99.94%						
38				이_여인	1	100.00%						

<표5.1.5.2-2> 사용역에 따른 3인칭대명사 대체 표현의 사용 빈도

개별 어휘 빈도 제시에 대한 논의

3인칭대명사 대체 표현 중에서 사용 빈도가 가장 높은 것은 '사람' 계열 대체 표현이다. '사람' 계열의 3인칭대명사 대체 표현은 그 다음으로 사용 빈도가 높은 '여자' 계열 대체 표현보다 3배 정도 사용 빈도가 더 높고, 모든 사용역에서 공통적으로 사용 빈도가 가장 높다. '사람' 계열 대체 표현의 사용 빈도가 가장 높은 것은 지시관형사와 결합한 명사 '사람'의 의미가 다른 명사들에 비해 가장 무표적이고 포괄적이기 때문이다. 특히 '대화'에서는 '그'가 사용되지 않기 때문에 무표적인 '사람' 계열의 대체 표현이 그 역할을 대신하는데 이로 인해 다른 사용역에 비해 '사람' 계열 대체 표현의 사용 빈도가 훨씬 더 높다.

'사람' 계열 대체 표현 다음으로 '여자', '아이', '남자', '친구' 계열 대체 표현의 사용 빈도가 높게 나타난다. '여자', '남자'는 성별로 구분되지만 비교적 무표적이고 포괄적으로 사람을 가리키는 명사 중의 하나이므로 대체 표현으로 빈번히 사용된다고 볼 수 있다. '아이' 계열 대체 표현은 지시 대상이 어린 아이일 때 사용할 수도 있지만 의미적 추상화를 겪어 아래의 예와 같이 대체 표현이 지시하는 인물이 화자와 친근한 사이일 때 어린 아이가 아닌 성인을 지시하는 경우에도 사용되는 것을 확인할 수 있다.

〈예5.1.5.2-4〉 [소설]

가. 그때 **그 앤** 산후우울증에 걸렸어요. 밥도 안 넘어가고, 죽으려고도 했대요.

나. 참, 네 동생 경은이는? **그 애는** 언제 결혼해?

다. 사실 이건 내가 혼자 속에만 담아 두려고 했던 건데 말이야, 그날 **그 애들이** 들어왔을 때 나는 아주 희미하게 풍기는 술 냄새를 맡을 수가 있었어.

<예5.1.5.2-4>에서 '그 아이'가 가리키는 인물은 어린 아이가 아닌 성인이다. 즉 '아이'의 의미가 일반적인 사람으로 확장된 것이다. 이와 같이 '아이' 계열 대체 표현은 어린 아이뿐만 아니라 친근한 사이에서 일반적인 사람을 가리킬 수 있으므로 그 사용 빈도가 높게 나타난다. 실제로 지시관형사 '이/그/저'에 '아이'가 결합한 '이 아이/그 아이/저 아이'에서 의미적 확장과 축약이 일어난 '애/걔/쟤'는 '대화'에서 3인칭대명사 중 그 사용 비율이 가장 높다(5.1.3 참고). '친구' 계열 대체 표현도 '아이' 계열 대체 표현과 마찬가지로 대체 표현이 지시하는 인물이 화자와 반드시 친구 사이여야만 사용할 수 있는 것은 아니다. '친구' 계열 대체 표현은 주로 지시하는 인물이 남성일 때 그 인물을 친근하게 지시하거나 다소 낮추어 지시할 때 사용한다.

〈예5.1.5.2-5〉 [소설]

가. 내가 들어오면서 보았는데? 나 들어오기 직전까지 풀 깎는 총각과 노닥거렸잖소? **저 친구** 말씀이신가요? 그리스로 들어온 지 얼마 안 되는 쿠르드인이라서 말이 안 통해요.

나. 햄릿? **그 친구는** 셰익스피어 영감탱이가 만들어낸 가짜잖아.

다. **그 친구는** 이미 강력계 맥시밀리언 경감의 손으로 넘어갔고, 병원도 마약사범들을 전담으로 치료하고 있는 슈타인호프 쪽으로 옮겼네.

<예5.1.5.2-5>의 '저 친구', '그 친구'가 지시하는 인물은 화자와 친구 사이가 아니다. 다만 화자가 지시 대상을 친근하게 지시하거나 다소 낮추어 지시하기 위해 3인칭대명사 대신 사용한 것이다. 이처럼 '친구', '아이'의 경우 지시관형사와 함께 3인칭대명사 대체 표현으로 사용될 때 그 의미가 일반화되어 일반적인 사람을 지시하게 되므로 대체 표현으로 사용되는 빈도가 높다고 볼 수 있다.

반면 의미적으로 유표성을 지니는 다른 대체 표현들은 상대적으로 그 사용 빈도가 낮다. '새끼', '자식' 계열 대체 표현은 그 의미가 비속한 표현이며 '자식', '녀석', '양반', '인간' 계열 대체 표현은 지시하는 인물을 비하하는 표현이므로 이들의 사용 빈도는 상대적으로 낮게 나타날 수밖에 없다. 한편, '여자' 계열 대체 표현은 사용 빈도가 높은 데 비해 그 의미가 유사한 '여인', '여성' 계열 대체 표현의 사용 빈도는 매우 낮다는 특성이 있다. 이는 '여자', '여인', '여성'이 지시적으로는 동일한 의미를 가지지만 사용역에 따라 달리 쓰이는 특성이 있기 때문이다. '여자'는 사용역과 관계없이 무표적으로 사용될 수 있지만 '여인'은 '소설'과 같은 문학 장르에서, '여성'은 공적이고 격식적인 사용역에서 사용하는 것이 자연스러우므로 그 사용 빈도가 낮은 것이다(3.1.2 참고). 이와 마찬가지로 '사나이(사내)' 계열 대체 표현도 '남자' 계열 대체 표현에 비해 사용역의 영향을 많이 받기 때문에 그 사용 빈도가 낮은 편이다.

3인칭대명사 대체 표현의 전체 사용 빈도 결과에서 또 하나 특징적으로 언급할 만한 사실은 '여자' 계열 대체 표현이 '남자' 계열 대체 표현보다 그 사용 빈도가 높다는 것이다. 이러한 경향은 모든 사용역에서 동일하게 나타난다. 3인칭 남성과 3인칭 여성을 각각 가리키는 대명사로는 '그'와 '그녀'가 대표적이다. 그런데 '그'는 모든 문어 사용역에서 3인칭 남성을 가리키는 데 일반적으로 사용되지만 3인칭 여성을 가리키기 위해 '그녀'를 사용하는 것은 '소설'을 제외하고는 문어 사용역에서도 일반적이지 않다. 한국어는 원래 별도의 3인칭대명사가 발달하지 않았을 뿐만 아니라 성별의 구분이 대명사에 반영되지도 않았다. 그러던 것이 현대에 이르러 '그'와 '그녀'가 소설에서 등장인물을 가리키기 위해 쓰이기 시작했고 이것이 정착되어 소설 이외의 다른 문어 사용역에도 확대되어 쓰이게 된 것이다. 그런데 '그'는 소설 이외의 다른 문어 사용역에서도 그 쓰임이 비교적 잘 정착되었지만 여성형인 '그녀'는 소설 이외의 다른 문어 사용역에까지 그 쓰임이 일반화되지는 못하였다. 이는 아마도 한국어에 문법적인 성 범주가 존재하지 않기 때문일 것이다. 이러한 이유로 인해 3인칭 남성을 지시할 때보다 3인칭 여성을 지시할 때 대체 표현을 더 많이 사용하게 되는데 이러한 경향이 '여자' 계열 대체 표현이 '남자' 계열 대체 표현보다 그 사용 빈도가 높아지게 하는 것이라고 할 수 있다.

한편 사용역에 따른 3인칭대명사 대체 표현의 사용 양상을 보면 그 의미가 비속한 '새끼', '자식' 계열 대체 표현의 사용 빈도가 '대화', '소설'에서 높게 나타나는 것을 확인할 수 있다. 이는 이런 표현들이 비속성이 높아 격식적인 사용역인 '신문'이나 '학술'에 적절하지 않기 때문이다. '새끼', '자식' 계열의 대체 표현은 '소설'보다는 '대화'에서 더 많이 나타난다는 특징이 있다. 이들 대체 표현은 원래 비속한 표현으로 사용되는 것이지만 실제 언어생활에서는 비속한 의미를 나타내기보다는 친한 사이에서 친근감을 표현하기 위해 자주 사용하기 때문에 '대화'에서 그 사용 빈도가 높게 나타나는 것으로 볼 수 있다. 특히 '대화' 말뭉치의 화자는 거의 20대이고 일상 대화가 거의 대부분이라는 점에서 '새끼', '자식' 계열 대체 표현은 20대 남자들 사이의 일상적인 언어 습관을 반영하는 결과라고 할 수 있을 것이다.

말뭉치 계량 결과 제시2

1. 전체 3인칭대명사에서의 복합 구성 3인칭대명사의 비율: 10.3%
2. 복합 구성 3인칭대명사의 사용역 비율: 대화 〉 소설 〉 신문 〉 학술

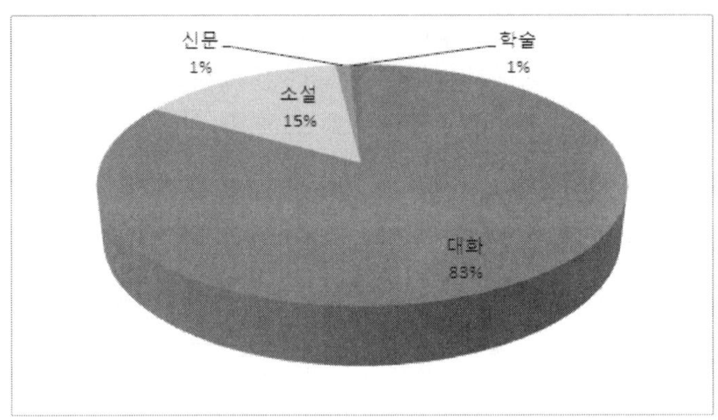

<그래프5.1.5.2-2> 복합 구성 3인칭대명사의 사용역 비율

말뭉치 계량 결과에 대한 논의2

전체 3인칭대명사 중에서 복합 구성의 3인칭대명사가 차지하는 비율은 약 10%이다. '그녀'는 '그'에 접미사 '-녀'가 결합된 것이지만 '이/그/저' 대립을 이루지 않을 뿐만 아니라 일반적인 복합 구성의 3인칭대명사와는 다른 특성을 보이기 때문에 복합 구성의 3인칭대명사의 사용 빈도에서 제외하였다. 앞서 살펴보았듯이, 복합 구성의 3인칭대명사의 사용 비율은 3인칭대명사의 대체 표현의 사용 비율과 유사하게 나타난다. 이는 복합 구성의 3인칭대명사가 3인칭대명사의 대체 표현과 구조적, 의미적 특성이 동일할 뿐만 아니라 복합 구성의 3인칭대명사가 사용되는 동기도 3인칭대명사 대체 표현이 사용되는 동기와 유사하기 때문이다.

복합 구성의 3인칭대명사의 사용역 비율을 살펴보면, 앞서 살펴본 3인칭대명사 대체 표현의 사용역 비율과 유사하게 복합 구성 3인칭대명사는 거의 '대화'와 '소설'에서만 주로 사용된다. 3인칭대명사 대체 표현의 경우 '대화', '소설'에서 약 90%의 사용역 비율을 보였는데 복합 구성의 3인칭대명사는 '대화', '소설'에서 98%의 사용역 비율을 보인다. 다만 차이가 있다면, 3인칭대명사 대체 표현은 '대화'와 '소설'의 사용역 비율이 거의 비슷했지만 복합 구성의 3인칭대명사는 '소설'에 비해 '대화'에서 3배 이상 더 많이 사용된다는 것이다. 앞서 논의했듯이 이는 3인칭대명사 '그'의 사용 양상과 관련이 있다. '소설'에서는 '그'의 사용 빈도가 매우 높은 반면 '대화'에서는 '그'가 거의 사용되지 않는다. 따라서 '대화'는 '소설'보다 복합 구성의 3인칭대명사의 사용 빈도가 훨씬 더 높은 것이다. '신문'과 '학술'에서 복합 구성 3인칭대명사의 사용역 비율이 매우 낮은 것은 이들 사용역이 격식적이고 공적인 특성을 지니고 있어 3인칭의 인물을 지시할 때 그 의미가 상대적으로 유표적인 복합 구성 3인칭대명사를 쓰기보다는 그 의미가 매우 무표적인 '그'를 사용하는 것이 일반적이기 때문이다.

말뭉치 계량 결과 제시3

1. 전체 복합 구성 3인칭대명사별 사용 비율
   걔 〉 얘 〉 이놈 〉 그놈 〉 기타〉 쟤 〉 그분 〉 저놈
   (※ 기타: 이년, 그이, 이분, 그년, 저년, 저자, 그자, 저분, 그치, 저이, 이이)

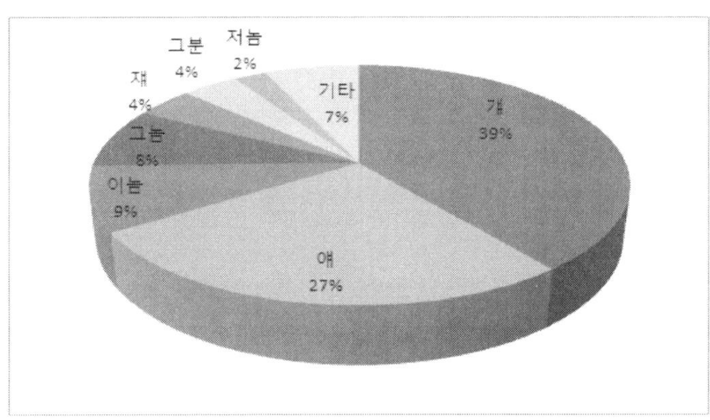

<그래프5.1.5.2-3> 전체 복합 구성 3인칭대명사별 사용 비율

2. 사용역에 따른 복합 구성 3인칭대명사별 사용 비율
   대화: 걔 〉 얘 〉 쟤 〉 이놈 〉 그분 〉 그놈 〉 저놈
   (※ 기타: 이분, 저분, 이년)
   소설: 이놈 〉 그놈 〉 걔 〉 저놈 〉 그분 〉 얘 〉 쟤
   (※ 기타: 이년, 그년, 그이, 이분, 저년, 그자, 그치, 저자, 저분, 이이, 저이)
   신문: 그분 〉 이놈 〉 얘 〉 그놈 〉 걔
   (※ 기타: 그이, 이분)
   학술: 그분 〉 그놈 〉 이놈 〉 얘 = 저놈 〉 걔 = 쟤
   (※ 기타: 저자, 이분, 그이, 이이)

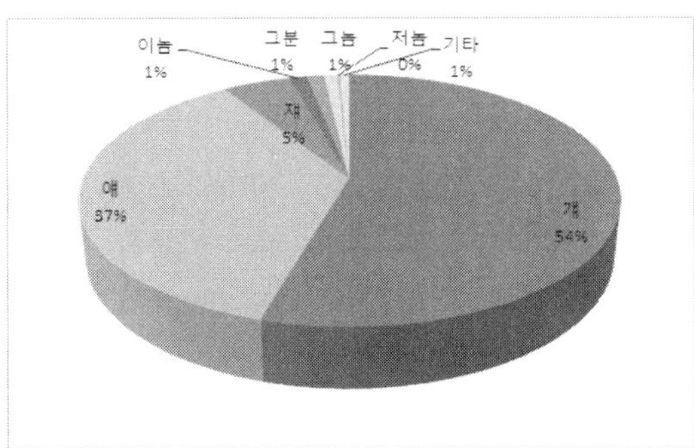

<그래프5.1.5.2-4> '대화'의 복합 구성 3인칭대명사별 사용 비율

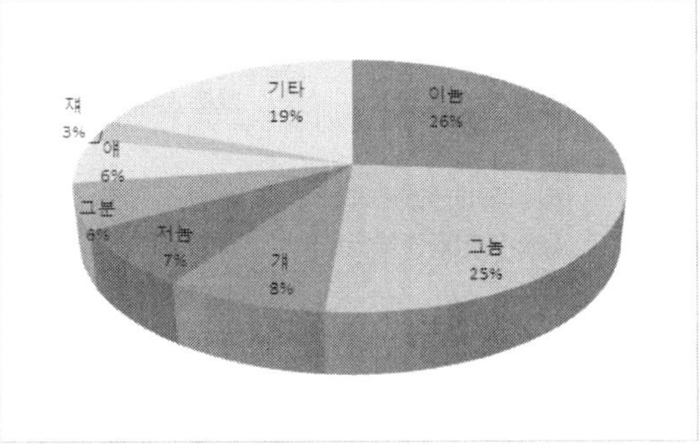

<그래프5.1.5.2-5> '소설'의 복합 구성 3인칭대명사별 사용 비율

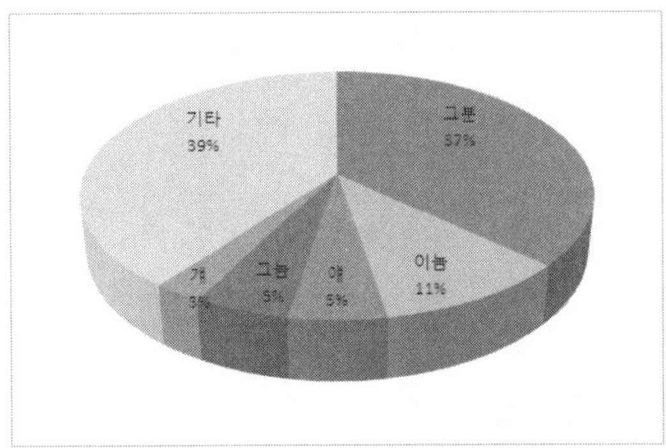

<<그래프5.1.5.2-6> '신문'의 복합 구성 3인칭대명사별 사용 비율

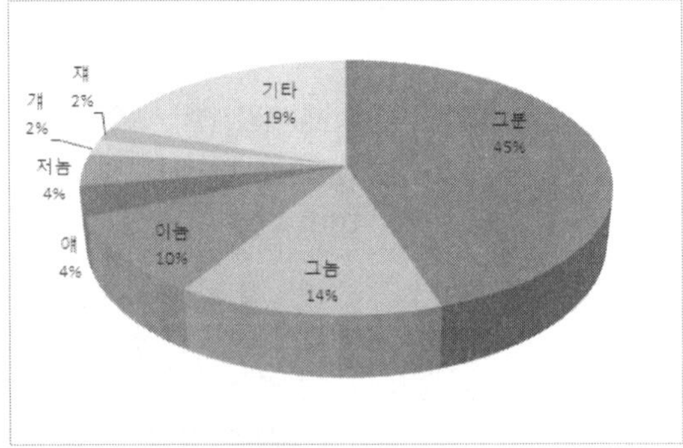

<그래프5.1.5.2-7> '학술'의 복합 구성 3인칭대명사별 사용 비율

	대화	소설	신문	학술
그년		■■■■■■■■■■ ■■■■■■■■■■		
그놈	■■■	■■■■■■■■■■ ■■■■■■	▪	▪
그분	■■■■■■■▪	■■■■■■▪	■■	■■■▪
걔	■■■■■■■■■■ ■■■■■■■■■▪	▪	▪	▪
그이		■■■■■■■■■■ ■	■■■■■■■■	■▪
그자		■■■■■■■■■■ ■■■■■■■■■■		
그치		■■■■■■■■■■ ■■■■■■■■■■		
이년	■■	■■■■■■■■■■ ■■■■■■■■		
이놈	■■■■	■■■■■■■■■■ ■■■■■▪	▪	▪
이분	■■■■■■■▪	■■■■■■■■■▪	■▪	■■
얘	■■■■■■■■■■ ■■■■■■■■■▪	▪	▪	▪
이이		■■■■■■■■■■ ■■■▪		■■■■■■▪
저년		■■■■■■■■■■ ■■■■■■■■■■		

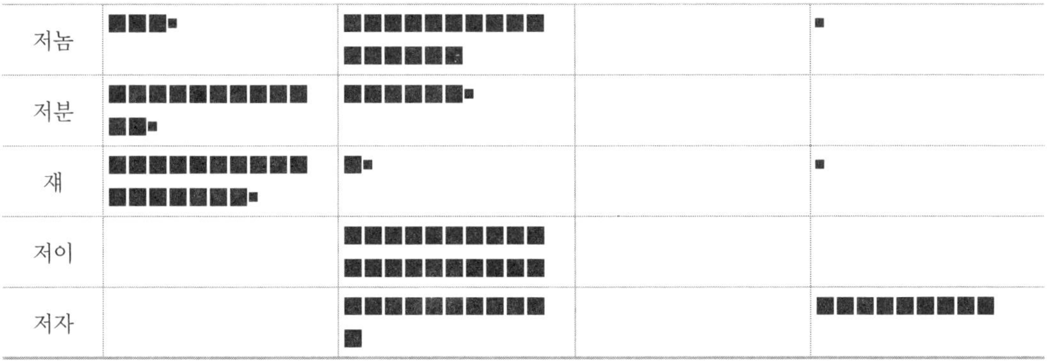

저놈	■■■▪	■■■■■■■■■■ ■■■■■■		▪
저분	■■■■■■■■■■ ■■▪	■■■■■■▪		
쟤	■■■■■■■■■■ ■■■■■■■▪	■▪		▪
저이		■■■■■■■■■■ ■■■■■■■■■■		
저자		■■■■■■■■■■ ■		■■■■■■■■■

<그래프5.1.5.2-8> 복합 구성 3인칭대명사별 사용역 비율

(■ 5%, ▪ 5% 미만)

▶▶ 말뭉치 계량 결과에 대한 논의3

전체 말뭉치에서 나타나는 복합 구성 3인칭대명사별 사용 비율을 살펴보면, '얘/걔/쟤'가 차지하는 사용 비율이 약 70%, '이놈/그놈/저놈'이 차지하는 사용 비율이 약 14%로, 두 계열의 복합 구성 3인칭대명사가 사용 비율 거의 대부분을 차지하고 있다. <그래프5.1.5.2-8>에서 확인할 수 있듯이 '얘/걔/쟤'는 '대화'에서 주로 나타나는데 이는 '대화'에서 3인칭대명사 '그'가 쓰이지 않기 때문이기도 하지만 '대화' 말뭉치의 구성과도 관련이 있다. '대화'에서 3인칭대명사 '얘/걔/쟤'가 유독 많이 쓰이는 것은 '대화' 말뭉치가 주로 20대 화자들 간의 일상대화로 구성되어 있기 때문이다. '얘/걔/쟤'는 지시하는 인물과 화자가 친근한 사이일 때에 주로 쓰일 뿐만 아니라 비교적 젊은 세대에서 사용된다.

사용역에 따른 복합 구성 3인칭대명사의 사용 비율을 살펴보면, '대화'에서는 '얘/걔/쟤'의 사용 비율이 약 90%를 차지한다. 이는 앞서 설명한 대로 '대화'에서 '그'가 쓰이지 않는다는 사실과 '대화' 말뭉치의 성격과 관련이 있다. 한편 '소설'에서는 '놈', '년' 계열의 복합 구성 3인칭대명사의 사용 비율이 절반 이상을 차지하고 있다. 이들 복합 구성 3인칭대명사는 매우 비속한 표현이기 때문에 '대화'에서도 잘 사용되지 않지만 '소설'은 문학 장르이기 때문에 문학적 표현 효과를 위해 이러한 비속한 표현도 자주 사용된다. '신문'과 '학술'은 복합 구성 3인칭대명사의 사용 빈도가 매우 낮아서 위에서 제시한 계량 결과를 해석하여 일반화하기 어려운 점이 있다. '신문'과 '학술'에서 저빈도로 나타나는 '기타'의 사용 비율이 높은 것도 이들 사용역에서 사용되는 복합 구성 3인칭대명사의 빈도 자체가 매우 낮기 때문이다. 다만 '신문'과 '학술'에서 '분' 계열 복합 구성 3인칭대명사의 사용 비율이 가장 높게 나타난다는 것은 특징으로 지적할 수 있다. '그분'은 그 의미가 비속하지 않아서 다른 복합 구성 3인칭대명사에 비해 그나마 격식적인 사용역에서 사용될 가능성이 높기 때문이다.

말뭉치 계량 결과 제시4

1. 복합 구성 3인칭대명사의 '이/그/저' 계열별 사용 비율
   전체: '그' 계열 〉 '이' 계열 〉 '저' 계열
   대화: '그' 계열 〉 '이' 계열 〉 '저' 계열
   소설: '그' 계열 〉 '이' 계열 〉 '저' 계열
   신문: '그' 계열 〉 '이' 계열
   학술: '그' 계열 〉 '이' 계열 〉 '저' 계열

	'그' 계열	'이' 계열	'저' 계열
전체	■■■■■■■■■■▪	■■■■■■■▪	■▪
대화	■■■■■■■■■■■▪	■■■■■■■▪	■
소설	■■■■■■■■■▪	■■■■■■■■	■■▪
신문	■■■■■■■■■■■■■ ■■■	■■■■	
학술	■■■■■■■■■■■■■	■■■■	■■■

<그래프5.1.4.1-9> 복합 구성 3인칭대명사의 '이/그/저' 계열별 사용 비율

(■ 5%, ▪ 5% 미만)

2. 복합 구성 3인칭대명사의 '이/그/저' 계열별 사용역 비율
   '그' 계열: 대화 〉 소설 〉 학술 ≧ 신문
   '이' 계열: 대화 〉 소설 〉 학술 ≧ 신문
   '저' 계열: 대화 〉 소설 〉 학술

	대화	소설	신문	학술
'그' 계열	■■■■■■■■■ ■■■■■■■■	■■▪	▪	▪
'이' 계열	■■■■■■■■■ ■■■■■■■▪	■■■	▪	▪
'저' 계열	■■■■■■■■■ ■■■■▪	■■■■■■		▪

<그래프5.1.4-10> 복합 구성 3인칭대명사의 '이/그/저' 계열별 사용역 비율

(■ 5%, ▪ 5% 미만)

말뭉치 계량 결과에 대한 논의4

복합 구성 3인칭대명사의 '이/그/저' 계열별 사용 비율을 살펴보면 뒤에서 제시할 지시사의 '이/그/저' 계열별 사용 비율 양상과 동일하게 나타난다(5.2.1 [참고] 참고). 지시사의 사용 비율은 "'그' 계열 > '이' 계열 > '저' 계열' 순으로 나타나는데, 결국 복합 구성의 3인칭대명사는 지시관형사 '이/'그'/저'와 명사가 결합한 구성이므로 지시사의 계열별 사용 양상과 동일하게 나타나는 것이다. 한편, '신문'에서는 '저' 계열 복합 구성 3인칭대명사가 나타나지 않는다는 특징이 있는데, 이는 '저' 계열 지시사가 가진 특성에서 기인하는 것이다. 이에 대해서는 지시대명사를 다루는 5.3에서 종합적으로 논의하기로 한다.

또한 복합 구성 3인칭대명사의 '이/그/저' 계열별 사용 비율은 앞서 5.1.3에서 살펴본 전체 3인칭대명사의 '이/그/저' 계열별 사용 비율 양상을 그대로 따르고 있다. 다만 차이가 있다면 전체 3인칭대명사에서는 '그' 계열 3인칭대명사의 사용 비율이 '이' 계열, '저' 계열 3인칭대명사의 사용 비율에 비해 압도적이었다면 복합 구성 3인칭대명사 경우에는 '이' 계열 3인칭대명사와 '저' 계열 3인칭대명사의 사용 비율도 비교적 높게 나타난다는 것이다. 이는 3인칭대명사 '그', '그녀'의 사용 빈도와 관련이 있다. 전체 3인칭대명사에서 '그'와 '그녀'가 차지하고 있는 비율이 매우 커서 '그'와 '그녀'를 제외한 복합 구성 3인칭대명사만으로 그 사용 비율을 비교하면 '그' 계열이 차지하고 있는 비율이 그만큼 줄어들기 때문이다.

복합 구성 3인칭대명사의 '이/그/저' 계열별 사용역 비율을 보면, '이/'그'/저' 계열 모두 '대화'에서 그 사용역 비율이 가장 높고 그 다음으로는 '소설'에서 사용역 비율이 높으며 '신문'과 '학술'에서는 사용역 비율이 매우 낮게 나타난다. 이는 앞서 <그래프5.1.5.2-2>에서 제시한 복합 구성 3인칭대명사 전체의 사용역 비율 양상과 일치하는 것이다. 즉, 복합 구성 3인칭대명사는 '이/그/저' 계열에 관계없이 주로 '대화'나 '소설'에서 사용되고 '신문'과 '학술'에서는 잘 사용되지 않는다. 한편, '이' 계열 복합 구성 3인칭대명사의 사용역 비율, '저' 계열 복합 구성 3인칭대명사의 사용역 비율은 각각 '이' 계열 3인칭대명사 전체의 사용역 비율, '저' 계열 3인칭대명사 전체의 사용역 비율과 유사한 양상을 보인다. 하지만 '그' 계열 복합 구성 3인칭대명사의 사용역 비율은 '그' 계열 3인칭대명사 전체의 사용역 비율과는 완전히 다른 양상을 보인다(5.1.3의 '말뭉치 계량 결과 제시3' 참고). '그' 계열 3인칭대명사 전체의 사용역 비율은 '소설'에서 65%, '신문'과 '학술'에서 각각 약 10%, '대화'에서 5%를 차지하는데 반해, '그' 계열 복합 구성 3인칭대명사는 이와는 반대로 '대화'에서 90% 정도의 사용역 비율을 보이고 나머지 사용역에서는 사용역 비율이 매우 낮다. 이 또한 문어 사용역에서만 나타나는 '그'와 '그녀'의 영향 때문이다. 5.1.3의 <그래프5.1.3-6>에서 확인할 수 있듯이 '그', '그녀'는 문어 사용역에서만 사용되고 '대화'에서는 거의 사용되지 않는다. 따라서 '그'와 '그녀'를 제외하고 복합 구성의 3인칭대명사만으로 사용역 비율을 비교하면 '그' 계열의 사용역 비율이 '대화'에서는 대폭 늘어나지만 나머지 문어 사용역에서는 큰 폭으로 줄어들게 되는 것이다. 앞서 논의했듯이 '대화'는 3인칭을 지시하기 위해 '그'와 '그녀'를 쓰지 않고 3인칭대명사 대체 표현을 쓰거나 복합 구성의 3인칭대명사를 쓰는 것이 일반적이다. '대화'에서의 이러한 양상이 '그' 계열 복합 구성 3인칭대명사의 사용역 비율에 반영되어 나타나는 것이라고 할 수 있다.

5.2. 지시대명사

지시대명사는 '이/그/저' 계열 대립 체계를 이루고 주로 사물이나 장소를 가리키는 대명사를 말한다. 다음의 예는 지시대명사가 사물을 가리키는 것을 보인 것이다.

〈예5.2-1〉

가. A: **요거** 얼마야? B: 뭐가? A: 담배, B: 십삼. A: 천삼백 원, **저거는**? 천육백 원? [대화]

나. 그녀를 소파에 앉히고 홈이 깊은 뚜껑에다 양주를 따랐다. **그걸** 그녀에게 억지로 먹이고 보리차물을 들이밀었다. [소설]

다. 실제 나토군의 개입이 코소보의 인권 상황을 개선했는가라는 의문에 아직 국제 사회는 명확한 해답을 찾지 못하고 있다. 이런 와중에 다시 인도주의적 개입의 목소리가 뉴욕의 유엔 안보리 회의장에서 울려 퍼지고 있다. 사담 후세인의 대량살상무기와 압정에서 이라크 국민의 인권을 지켜야 한다는 목소리가 바로 **그것이**다. [신문]

라. 손이 많이 가는 불편함도 인쇄기의 약점 중 하나. **이를** 극복하기 위해 이 회사가 착안해 낸 것은 자동차와 오토바이다. 자동차와 오토바이에 인쇄기를 싣고 고객이 원하는 곳까지 출장한다. [학술]

<예5.2-1가>의 '요거'와 '저거'는 각각 화 · 청자가 발화를 주고받는 현장에 있는 실제 사물인 담배를 가리킨다. <예5.2-1나>의 '그거'는 선행 문맥에 나타난 '양주'를 가리킨다. 여기서 '그거'는 선행 문맥의 명사구를 지시하는 것이지만 명사나 명사구가 지시하는 바가 사물이므로 명사나 명사구를 다시 가리키는 지시대명사도 결국은 사물을 가리킨다고 할 수 있는 것이다. <예5.2-1다>의 '그것'은 선행 문맥의 '인도주의적 개입의 목소리'를 가리킨다. '인도주의적 개입의 목소리'와 같은 추상적 대상은 사물로 보기 어려울지도 모른다. 그러나 넓은 의미에서 추상적 대상도 사물로 해석하여 이 예도 지시대명사가 사물을 가리키는 것으로 볼 수 있다. <예5.2-1라>의 '이'는 선행 문맥의 '손이 많이 가는 불편함'을 가리킨다. 이 예는 지시대명사가 명사절을 가리키는 것인데, 명사절은 의미상으로는 명제를 나타내지만 통사적으로는 명사와 같은 역할을 한다. 일반적인 문장이 시간 구조를 가지고 있는 데 반해 명사화된 대상은 시간 구조를 가질 수 없고 명사와 같이 관찰의 대상물로 인식되므로 명사절이 가리키는 대상 또한 사물로 볼 수 있다. 따라서 <예5.2-1라>의 '이'도 사물을 지시하는 예라고 할 수 있다.

아래의 예는 지시대명사가 장소를 가리키는 것을 보인 것이다.

〈예5.2-2〉

가. A: 휴지 좀 줘 봐. B: 휴지 없어요. A: **저기** 있잖아. [대화]

나. 내가 서울서 병원을 때려치우고 이곳 서포리에 온 것은 무의촌에서 일하겠다는 봉사 정신 때문이 아니라 너를 안전하게 치료할 곳이 **여기밖에** 없었기 때문이다. [소설]

다. 고속정 두 척은 북 경비정이 북방한계선을 넘어오는 것을 보고 **그쪽으로** 달려갔다. [신문]

라. 그는 곧 청나라의 탄압을 피해 광시로 가서 1850 년에 난을 일으켜 이듬해 '태평 천국'을 세우고, 화남 일대의 농민들의 지지를 얻어 1853 년에는 난징을 점령, **그곳을** 도읍지로 삼았다. [학술]

<예5.2-2가>의 '저기'는 발화를 주고받는 화자와 청자에게서 모두 멀리 떨어져 있는 장소를 가리키고

<예5.2-2나>의 '여기'는 화자가 현재 있는 장소를 가리킨다. <예5.2-2다, 라>의 '그쪽', '그곳'은 각각 선행 문맥에서 언급된 장소인 '북방한계선', '난징'을 가리킨다.

그런데 지시대명사는 사물이나 장소 이외에도 발화 현장에서 현재 벌어지는 상황 그 자체나 문맥에 나타난 문장이 나타내는 명제 전체를 가리키는 경우도 있다. 먼저 지시대명사가 발화 현장에서 현재 벌어지는 상황을 가리키는 예를 보이면 다음과 같다.

〈예5.2-3〉

가. A: 너무 웃긴다, B: 재밌었어. A: 어:: B: 그래서 영화를 좋아하는… A: **이거** 전사하면 되게 웃길 거 같애 난 계속 어::, 어 재밌겠다 이런 얘기 오빠, 오빠 계::속 얘기하고 내가 말이 좀 많아. [대화]

나. A: 만나면 늘 이렇게 싸워요? B: 저희는::, **이게** 싸우는 건::가요? A: 아. C: 저희는 안 생각하는데 남들이 보면은 A: 어. C: 말릴려 A: 보통 C: 그래요. A: 보통 대화 수준이 그~::, [대화]

다. "어머 **저것** 좀 봐. 꼬마들 너무 귀엽다." 이윽고 효철의 품을 벗어나 창밖을 내다보며 다희가 명랑하게 말했다. 국민학교 저학년으로 보이는 여러 명의 아이들이 색색 가방을 든 채 학교로 향하고 있었다. [소설]

라. "얘, 너 그러다가 정신병원에 들어가면 어떻게 되는 줄 알아? 돈은 돈대로 나가고 사람은 사람대로 망가지고…… 니가 지금 **그게** 사람 사는 거니?" [소설]

<예5.2-3가>의 '이거'는 현재 이루어지고 있는 화 · 청자의 대화 상황을 가리키는 것이고 <예5.2-3나>의 '이거'도 현재 화 · 청자에게 동시에 일어나고 있는 현재의 상황을 가리키는 것이다. <예5.2-3다, 라>는 소설의 대화 지문에 지시대명사가 나온 예로 대화 상황을 전제로 하여 해석하면 여기서 '저것'과 '그거'는 상황을 가리킨다. '저것'은 등장인물들의 발화 현장에서 공간적으로 멀리 떨어져서 벌어지고 있는 현재의 상황을 지시하는 것이며, '그거'는 청자가 현재 처해 있는 상황을 가리키는 것이다.

다음의 예는 지시대명사가 선 · 후행 문맥에 나타난 문장이 나타내는 명제를 지시하는 것을 보인 것이다.

〈예5.2-4〉

가. 인제 첫 번째 파트는::, <u>얘가 어떤 정규분포를 따르냐</u>, **그거를** 구한 거고, [대화]

나. "**그거** 아세요? 여기 아이들은요, <u>어떤 사람이 자기를 사랑하게 해 달라고 기도할 때에 꽃을 바치면서 기도한대요.</u>" [소설]

다. 박씨가 구속되자 <u>부인 고덕헌(高德憲 · 52)씨와 3명의 자녀들이 "옥중에 있는 남편의 진실을 믿어 달라"며 운동을 폈고</u> **여기**에 감동한 마을 주민 등은 집안일을 뒤로한 채 박씨 선거 운동 돕기에 나섰다. [신문]

라. <u>사회적 문제가 제시되는 경우에도 그것이 기존 질서나 사회 체제의 잘못으로 인한 것이라기보다는 일탈적인 개인이나 집단의 잘못으로만 제시된다. 언론은 그 사회의 지배적인 기존 질서와 제도는 기본적으로는 건강한 것으로 보고 그에 대해서는 문제 삼지 않는 것이다.</u> **이**와 같이 언론의 현실 규정력은 언론의 정치 경제학적 구조에 의해 기득권층의 관점에서 이루어지는 경향이 크기 때문에 공익은 무시되거나 홀대받게 된다. [학술]

<예5.2-4가>의 '그거'는 선행 문맥의 문장이 나타내는 명제를 지시하고 <예5.2-4나>의 '그거'는 후행 문맥의 문장이 나타내는 명제를 지시한다. <예5.2-4다>의 '여기'는 선행절이 나타내는 명제를 가리키고 <예5.2-4라>의 '이'는 선행 문맥에서 여러 문장으로 제시된 명제 내용을 가리키고 있다.

이와 같이 지시대명사가 '사물'이나 '장소'뿐만 아니라 '명제'나 '상황'도 가리킬 수 있다는 지시적 특성 때문에 앞서 제시한 지시대명사의 정의를 수정할 필요는 없을 것으로 보인다. 만약 지시대명사가 '명제'나 '상황'도 가리킨다는 점을 고려하여 지시대명사를 "'이/그/저' 대립 체계를 이루고 '사람'이 아닌 대상을 가리키는 대명사"라고 그 정의를 수정한다면 정의항을 부정 형식으로 제시해야 한다는 문제가 있다. 전통적으로 지시대명사는 그것이 주로 가리키는 대상을 기준으로 하여 사물 지시대명사와 장소 지시대명사로 분류하여 왔으며, 실제로도 이들 대명사는 각각 주로 사물과 장소를 가리키는 데 사용된다. 따라서 우리는 "'이/그/저' 대립 체계를 이루고 사물이나 장소를 가리키는 대명사"라는 지시대명사의 정의를 그대로 유지하기로 한다. 지시대명사의 지시 대상에 대해서는 5.2.3에서 자세히 논의될 것이다.

앞서 언급했듯이 지시대명사는 주로 사물을 가리키는 데 사용되는 사물 지시대명사와 주로 장소를 가리키는 데 사용되는 장소 지시대명사로 나눌 수 있다. 사물 지시대명사에는 단독형인 '이/그/저'와 지시관형사 '이/그/저'에 사물을 대용하는 가장 포괄적인 의존명사 '것'이 결합한 '이것/그것/저것'이 있다. 장소 지시대명사에는 공시적으로 더 이상 분석이 되지 않는 '여기/거기/저기'와 지시관형사 '이/그/저'에 장소를 대용하는 의존명사인 '곳', '쪽', '편' 등이 결합한 '이곳/그곳/저곳', '이쪽/그쪽/저쪽', '이편/그편/저편' 등이 있다. '여기/거기/저기'는 현대국어에서 공시적으로 더 이상 분석이 되지 않지만 통시적으로는 지시관형사 '이/그/저'와 의존명사 '어긔'가 결합된 것으로 기원적으로는 다른 장소 지시대명사와 동일하게 복합 구성을 이루고 있는 것이라고 할 수 있다.

지시관형사 '이/그/저'는 작고 귀여운 어감을 나타내거나 지시 대상을 약간 낮잡아 나타낼 때에는 '요/고/조'로 나타나는데 이와 마찬가지로 일부 지시대명사의 경우도 '요것/고것/조것'과 같이 '요/고/조' 계열의 형태로 나타난다. 이러한 '요/고/조' 형태의 지시대명사는 구어 변이형은 아니지만 주로 구어 사용역에서만 나타나고 문어 사용역에서는 잘 나타나지 않는다. 한편, 일부 지시대명사는 주로 구어에서 나타나는 구어 변이형을 가지는 경우도 있는데, '여', '거', '것', '이거', '그거', '저거' 등이 그 예이다.

〈예5.2-5〉 [대화]

가. A: 전도가 굉장히 중요하잖아요. B: 그치, 전파, A: 어. **고게** 굉장히 중요한 목표잖아요.

나. **요걸** 움직이면 안 돼 까다롭게 돼 이게 이게 이게 커진 게 되잖아. **요기 요기서 요까지 요쪽** 끝에서 **요쪽** 끝에까지, 단계가 이렇게 있잖아.

〈예5.2-6〉 [대화]

가. 요새 **거** 뭐지? 백조 같은 그런 백조 같은 그런 보트 있잖아,

나. 지금이야 뭐~ 애들한테 뭐~ 아마 단축되면 **그::거**에 따른 휴가 같은 것두 줄이고 그러니까::,

다. 근데 **여** 보면요, 그~ 녹음한 시간::의 그~ 녹음한 시간::의 한두 세 배는 더 걸리거든요,

라. 뭐 **저거** 이삼십억 정도 투자할 이삼십억 정도 투자할 수 있는 그런 능력 있는 사람들이,

<예5.2-5>는 '요/고/조' 형태의 지시대명사를 보인 예로서, <예5.2-5가>의 '고거', <예5.2-5나>의 '요거'는 각각 '그거'와 '이거'의 '요/고/조' 형태이고 <예5.2-5나>의 '요기', '요'는 '여기'의 '요/고/조' 형태이며 <예5.2-5나>의 '요쪽'은 '이쪽'의 '요/고/조' 형태이다. <예5.2-6>은 지시대명사의 구어 변이형을 보인 것으로, <예5.2-6가, 나>의 '거'는 '그것'의 구어 변이형이고 <예5.2-6다, 라>의 '여'와 '저거'는

각각 '여기'와 '저것'의 구어 변이형이다.

이상에서 논의한 바와 같이 연구 대상 말뭉치에서 나타난 사물 지시대명사와 장소 지시대명사의 목록을 '요/고/조' 형태와 변이형과 함께 보이면 아래와 같다.

- 사물 지시대명사: 이/그/저(요/고/조)
  이것/그것/저것(이거, 요것, 요거/그거, 것, 고것, 고거/저거, 조것, 조거)
- 장소 지시대명사: 여기/거기/저기(여, 요기/거, 고기/저, 조기)
  이곳/그곳/저곳
  이쪽/그쪽/저쪽(요쪽/고쪽/조쪽)
  이편/그편/저편
  이켠/그켠/저켠

지시대명사는 '이/그/저' 계열 대립 체계를 이루는 것이 특징인데, 화자나 청자를 중심으로 한 지시 대상의 거리에 따라 '이/그/저' 계열이 달리 사용된다. 지시 대상이 화자에 가까울 때는 '이' 계열 지시대명사가, 지시 대상이 화자에게 멀고 청자에게 가까울 때에는 '그' 계열 지시대명사가, 지시 대상이 화·청자에게서 모두 멀리 있을 때에는 '저' 계열 지시대명사가 사용된다.

〈예5.2-7〉

가. A: **이거는** 언니 뭐예요? B: **고거는** 아까 보여 드린 쉬아 립스틱. [대화]

나. "**거기** 안 서. 너 도망가면 진짜로 죽는다!" [소설]

다. "**저기** 보이는 봉우리 있죠. 원래 이름은 시왕봉인데 저희들은 '문필봉(文筆峰)'으로 불러요." [신문]

라. 플라톤: **저기** 피타고라스 선생님 그린 삼각형 좀 보게. **저게** 완전할까? 아리스토텔레스: 아뇨, 아무리 정확히 그려도 몇만 분의 1의 오차는 있겠죠. [학술]

<예5.2-7가>는 화장품 가게의 점원과 손님의 대화인데 이 예에서 손님인 A와 점원인 B가 각각 '이거'와 '고거'로 지시하는 대상은 동일한 것이다. 이와 같이 동일한 지시 대상을 놓고 손님과 점원이 서로 다른 지시대명사를 사용하는 것을 보면 '이' 계열 지시대명사와 '그' 계열 지시대명사의 대립 체계를 쉽게 확인할 수 있다. <예5.2-7가>에서 손님인 A는 자신이 현재 들고 있는 립스틱을 '이거'로 지시하고, 즉 화자 자신에게 가까운 것을 지시하기 위해 '이' 계열 지시대명사를 사용하고 있고 점원인 B 입장에서는 청자인 손님 A에게 가까이 있는 립스틱을 '그' 계열 지시대명사로 지시하고 있는 것이다. <예5.2-7나>에서 화자는 청자에게 지금 현재 청자가 있는 장소에서 움직이지 말라고 명령하고 있는데, 이때 그 장소는 화자에게는 멀리 떨어져 있고 청자에게는 가까운 곳이므로 '그' 계열 지시대명사인 '거기'가 사용되는 것이다. <예5.2-7다, 라>의 '봉우리'와 '삼각형'은 화·청자 모두에게 멀리 떨어진 곳에 위치한다. 따라서 이들은 '저기', '저거'의 '저' 계열 지시대명사로 지시되는 것이다. 이와 같이 지시대명사는 화·청자를 중심으로 하여 그 지시 대상과의 거리에 따라 일정한 대립 체계를 이루고 있다. 지시대명사의 대립 체계는 위의 예와 같이 물리적 거리뿐만 아니라 심리적 거리까지도 반영하는데 이에 대해서는 5.2.1에서 보다 자세히 다룰 것이다. 또한 지시대명사의 '이/그/저' 계열 대립 체계는 그 지시 양상에 따라 서로 다른 양상을 보인다. 이에 대해서는 5.2.2.1에서 자세히 논의할 것이다.

인칭대명사는 1인칭대명사, 2인칭대명사의 경우 각각 발화 현장에 있는 화자와 청자를 가리키고 '이/그/저' 대립 체계를 이루지 않는 '그'와 '그녀'의 경우 문맥에서 언급된 3인칭의 인물을 가리킨다는 점에서 그 지시 양상이 비교적 단순하다. 그러나 지시대명사는 그 지시 양상이 인칭대명사에 비해 매우 복잡하다. 지시대명사는 화자와 청자가 있는 발화 현장에 존재하는 대상을 가리킬 수도 있고 화자와 청자의 발화 내에 존재하는 대상을 가리킬 수도 있다. 지시대명사가 발화 현장에 있는 지시 대상을 가리키는 경우는 주로 일상 대화에서 나타나고 문어 사용역에서는 대화를 전제로 하는 대화 지문이나 발화를 인용한 경우에만 나타난다. 아래의 예는 지시대명사가 발화 현장에 있는 대상을 가리키는 것을 보인 것이다.

〈예5.2-8〉

가. 아 **여기** 토박이세요? 아 **여기** 사세요? [대화]

나. A: 좋겠다 너, 좋겠다. B: 안 좋아. 밥도 못 먹고 **이게** 뭐야. [대화]

다. 예리야, **저기** 끝에 모여 있는 바위들 보이지? 부서지는 파도가 제법이잖아? 우리 **저기** 한번 가 볼까? [소설]

라. 주민 권태봉 씨(53)는 "도로공사 소속 여자 미화원 한 명과 주민들이 **이곳을** 치우지만 쓰레기를 따로 쌓아 둘 곳이 없어 문제다"고 말했다. [신문]

마. 맹자는 사람의 본성이 착하다는 증거로 우물에 빠지려는 아이의 예를 들었습니다. 누구든 길을 가다가 우물에 빠지려는 아이를 보면 즉시 '저런 **저거** 안 되는데' 하는 생각이 든다는 것입니다. [학술]

지시대명사가 문맥에서 제시된 대상을 가리킬 때에는 선행 문맥에 제시된 대상을 가리킬 수도 있고 후행 문맥에 제시되는 대상을 가리킬 수도 있다. <예5.2-9가, 라>는 지시대명사가 후행 문맥에 제시된 대상을 가리키는 예이며 <예5.2-9나, 다>는 지시대명사가 선행 문맥에 제시된 대상을 가리키는 예이다.

〈예5.2-9〉

가. A: 토인이 자꾸::, **그거**, **그거** 보러 가재는 거야. 십일 안에::, 남자 친구에게 채이는, B: 남자 친구에게 채이는 법? [대화]

나. 방안에 가만히 앉아 있어도 온몸이 으스스 떨려 오고 손이 시렸다. **그뿐인가**? 윗목에 떠다 놓은 물그릇의 물조차 하얗게 얼어붙었고 천장 위의 새앙쥐네도 사뭇 달달 떨고 있는지 연신 찍찍 울음소리를 내곤 했다. [소설]

다. '다예랑' 청담동점과 커피숍 '라리'에서는 대학 캠퍼스에서 30잔을 마실 수 있는 돈을 한 잔 값으로 치르는 사람들을 볼 수 있다 비싸기로 소문난 호텔 커피 값도 **이들** 카페에 비하면 비싸다고 말할 수 없을 정도. [신문]

라. 이제 남아 있는 결정은 **이것뿐이다**. 다시 한 번 고쳐서 걸레의 운명을 면할 것인가, 아니면 과감히 버리고 새로운 작업을 처음부터 다시 시작할 것인가? [학술]

지시대명사는 위의 예와 같이 거의 대부분 발화 현장이나 선·후행 문맥에 있는 대상을 지시하지만 경우에 따라 그 지시 대상이 담화 현장이나 앞뒤 문맥에 드러나지 않을 수도 있다. 지시대명사의 지시 대상을 현장이나 문맥에서 확인할 수 없는 경우로는 지시대명사가 화·청자의 공통 인식 내에 존재하는 대상을 가리킬 때, 지시대명사가 텍스트 공간 전체나 텍스트 공간 내의 특정 위치를 가리킬 때를 들 수 있다. 전자의 예는 <예5.2-10가, 나>에서, 후자의 예는 <예5.2-10다, 라>에서 확인할 수 있다.

〈예5.2-10〉

가. A: 야 그런데 나 니거 보면서 생각난 작품 있었어. B: 뭐? A: 옛날 우리 배운 거. B: 뭐? A: 겨울 나들이하고, 음. **그거 그거** 있잖아. C: 나두 나두 그거 생각했어. [대화]

나. A: 학점 어떻게 나오던 대충 그냥, B: 어, 아니 그래서 그 얘기 들었죠? **거** 안 들어간다구, A: 어 그래엉. [대화]

다. **여기에서** 논술하고자 하는 율기론은 바로 속편 제8장 어리장(御吏章)에 포함되어 있는 내용을 중심으로 한 것이다. [학술]

라. **여기서** 지금까지 우리는 대학의 본질, 사명 및 기능을 대학의 이념이라는 제목 하에서 다루었다. [학술]

지시대명사가 <예5.2-10가, 나>와 같이 화 · 청자의 공통 인식 내에 있는 대상을 지시하는 경우는 일상 대화에서 주로 나타나고 지시대명사가 <예5.2-10다, 라>와 같이 텍스트 공간을 가리키는 경우는 학술적인 글에서 특징적으로 나타난다. 지시대명사가 화 · 청자의 공통 인식 내에 있는 대상을 가리킬 때에는 그 지시 대상이 명시적으로 드러나지 않기 때문에 지시대명사가 가리키는 바를 청자가 이해하기 위해서는 화 · 청자 간에 공유하는 정보가 많아야 할 뿐만 아니라 화 · 청자가 동일한 담화 공간에 있으면서 청자가 화자의 발화 의도 등을 잘 파악해야 한다. 따라서 이러한 경우는 일상 대화에서 일반적으로 나타난다. 일상 대화 상황에서 발화를 주고받는 화자와 청자는 개별적으로 친분 관계가 있어 공유 정보가 많을 뿐만 아니라 동일한 담화 공간에 있어 청자는 화자의 발화 의도, 표정, 억양 등을 쉽게 파악할 수 있기 때문에 화자가 공통 인식 내에 있는 대상을 지시대명사로 지시해도 청자는 그 대상을 비교적 쉽게 확인할 수 있다. 또한 대화 상황에서는 청자가 대명사가 지시하는 대상을 잘 모른다고 하더라도 화자에게 그 대상을 다시 물어 볼 수 있고 화자도 청자가 지시 대상을 잘못 파악하고 있다고 느낄 때에는 청자에게 그 지시 대상을 다시 확인시켜 줄 수 있기 때문에 화자가 공통 인식 내에 있는 대상을 지시대명사로 지시한다고 해도 의사소통의 실패가 일어나지 않는다. 그러나 문어 사용역에서 독자와 필자는 개별적으로 아무런 관계를 맺고 있지 않으며 더욱이 동일한 담화 공간 내에 존재하지 않기 때문에 <예5.2-10가, 나>와 같은 경우가 나타날 수가 없다. 지시대명사가 가상의 텍스트 공간을 지시하는 경우는 학술적인 글쓰기에서 특징적으로 나타난다. 이는 학술적인 글이 복잡하고 어려운 내용을 독자에게 논리정연하게 전달해야 하기 때문인 것으로 보인다. 학술 산문에서 필자는 독자의 이해를 돕기 위해 논의의 구조와 방향을 명시적으로 알려줄 필요가 있는데 이때 지시대명사를 사용하여 현재 논의가 펼쳐지는 지점을 명확히 표시하는 것이다. 지금까지 살펴본 바와 같이 지시대명사는 그 지시 양상이 복잡한데, 지시대명사의 지시 양상에 대해서는 5.2.2에서 자세히 다룰 것이다.

▶ 말뭉치 계량 결과 제시1

1. 사물 지시대명사와 장소 지시대명사의 사용 비율

   전체: 사물 지시대명사 〉 장소 지시대명사

   대화: 사물 지시대명사 〉 장소 지시대명사 | 소설: 사물 지시대명사 〉 장소 지시대명사

   신문: 사물 지시대명사 〉 장소 지시대명사 | 학술: 사물 지시대명사 〉 장소 지시대명사

	사물 지시대명사	장소 지시대명사
전체	■■■■■■■■■■■■■■■▪	■■■■▪
대화	■■■■■■■■■■■■■■▪	■■■■■▪
소설	■■■■■■■■■■■■▪	■■■■■■■▪
신문	■■■■■■■■■■■■■■■■■▪	■■▪
학술	■■■■■■■■■■■■■■■■■▪	■■▪

<그래프5.2-1> 사물 지시대명사와 장소 지시대명사의 사용 비율

(■ 5%, ▪ 5% 미만)

> 2. 사물 지시대명사와 장소 지시대명사의 사용역 비율
> 사물 지시대명사: 대화 〉 학술 〉 소설 ≧ 신문
> 장소 지시대명사: 대화 〉 소설 〉 학술 〉 신문

	대화	소설	신문	학술
사물 지시대명사	■■■■■■■■ ■■▪	■■▪	■■▪	■■■■▪
장소 지시대명사	■■■■■■■■ ■■■▪	■■■■■▪	■	■■▪

<그래프5.2-2> 사물 지시대명사와 장소 지시대명사의 사용역 비율

(■ 5%, ▪ 5% 미만)

말뭉치 계량 결과에 대한 논의1

전체 말뭉치에서 나타나는 사물 지시대명사와 장소 지시대명사의 사용 비율을 보면 사물 지시대명사가 장소 지시대명사보다 사용 비율이 약 4배 정도 더 높다. 이러한 경향은 정도의 차이는 있으나 모든 사용역에서 동일하게 나타난다. 장소 지시대명사보다 사물 지시대명사의 사용 비율이 더 높은 것은 사물 지시대명사가 주로 사물과 명제를 지시하는 데 사용되기 때문이다. 5.2.3에서 살펴보겠지만 지시대명사의 지시 대상은 크게 '사물', '명제', '장소', '상황', '사람' 으로 나눌 수 있는데 이 중 지시대명사가 지시하는 대상의 약 80%가 '사물'과 '명제'이다. 다시 말해서, 지시대명사는 주로 '사물'과 '명제'를 가리키는 데 사용되는데 '사물'과 '명제'는 장소 지시대명사보다 주로 사물 지시대명사로 지시되기 때문에 사물 지시대명사가 장소 지시대명사보다 그 사용 비율이 높게 나타나는 것이다.

장소 지시대명사는 거의 대부분 '장소'를 지시하는 데에만 사용된다. 그러나 장소 지시대명사의 약 10% 정도가 '명제'를 지시하는 데 사용되기도 하는데(5.2.3, 5.2.4 참고) 이때도 단순히 명제 내용을 지시하기보다는 명제를 발화나 글의 한 지점으로 가리키거나 또는 앞선 명제가 가리키는 사건을 화자가 기술하고 있는 전체 사건의 한 지점으로 나타낼 때 주로 사용한다. 다시 말해서, 장소 지시대명사가 '명제'를 지시하는 경우도 사물 지시대명사처럼 명제 내용을 가리킨다기보다는 명제 자체를 일종의 장소로 취급한다는 것이다.

〈예5.2-9〉

가. 것만 것만 것만큼만 찍자, 됐어 **거까지만** 말해 이제, 오케이 **거기까지**. [대화]

나. 잘 있어? 나도 그럭저럭 잘 있어. 딱 **거기서**, 결혼한 후 처음으로 써 보려던 연애 감정의 편지에 말이 막혔다. [소설]

다. 이날 경기에서 조규제는 3.2이닝 동안 4안타 2실점하고 마운드를 위재영에게 넘겼다. **여기서** 위재영은 스트라이크아웃 낫아웃이 빌미가 돼 1실점했지만 3.1이닝 동안 11타자를 상대로 무안타 6탈삼진으로 방어했다. [신문]

라. 그 지지의 근거도 많은 경우가 공공적인 것이 아니라 사적인 것이어서 공공적인 성격을 따져본다면 지지율은 더 낮아진다. **여기서** 공공적인 것이란 자신의 지지 이유를 다른 사람에게 쉽게 설명하고 그 논거를 가지고 설득을 계속할 수 있는 정도를 말한다. [학술]

<예5.2-9가>에서 '거기'는 청자가 앞서 언급한 명제를 가리키는데 명제 내용 자체보다는 그 명제를 발화의 한 지점으로 지시하고 있는 것이다. <예5.2-9나>의 '거기'는 밑줄 친 선행 문맥의 명제를 가리키는데 이때도 명제 내용이 아니라 그 명제 자체를 한 지점으로 가리킨다. <예5.2-9다>의 '여기'는 밑줄 친 선행 문맥의 명제를 가리키는데, 이때 필자는 그 명제가 가리키는 사건을 자신이 기술하고 있는 전체 사건의 한 지점으로 나타내고 있다. <예5.2-9라>의 '여기'는 밑줄 친 선행 문맥의 명제를 가리키지만 명제 내용이 아니라 '공공적인 것'이라는 명사구가 나온 공간으로서 그 명제를 가리키는 것이다. 위와 같은 특별한 쓰임이 아니고서는 명제나 사물의 지시에는 장소 지시대명사보다 사물 지시대명사가 사용되는 것이 일반적이다. 아래의 예는 사물 지시대명사가 '사물'이나 '명제'를 가리키는 경우로서 이때 사물 지시대명사 대신 장소 지시대명사를 사용하면 매우 어색해진다.

〈예5.2-10〉

가. 축구나 할걸, 어렸을 때, 진짜, **이거**(*여기) 후회돼요. [대화]

나. "비켜, 비키라니깐." 친구가 아이들에게 할 수 있는 말은 **그**(*거기)뿐이었다. [소설]

다. 초기엔 수거함에 폐지, 빈병과 같은 재활용품과 음식 쓰레기들이 한데 섞여 있기 일쑤였다. 부녀회가 정비되지 않은 데다 반장이 자주 교체되는 등 운동을 주도적으로 이끌 만한 구심체가 없었기 때문이다. **이에**(*여기에) 통장을 맡고 있던 백 씨 등이 중심이 돼 반상회에서 주민들에게 분리수거를 역설했다. [신문]

라. 이만큼이나 해 놓고도 그 시인은 자신의 정성과 대상의 고귀함을 제시함에 만족을 느끼지 못하는 모양이다. **그게**(*거기가) 인간의 욕구다. [학술]

사용역에 따른 사물 지시대명사와 장소 지시대명사의 사용 비율을 보면 모든 사용역에서 사물 지시대명사가 장소 지시대명사보다 비율이 더 높다. 다만 그 사용 비율의 차이는 사용역마다 다소 다른데, '대화'와 '소설'에서 나타나는 장소 지시대명사의 사용 비율은 '신문'과 '학술'에서 나타나는 장소 지시대명사의 사용 비율보다 다소 높다는 특징이 있다. '대화'와 '소설'에서 '신문'이나 '학술'보다 장소 지시대명사의 사용 비율이 더 높게 나타나는 것은 '신문'이나 '학술'에서 지시대명사가 '명제'나 '사물'을 지시하는 비율이 매우 높기 때문이다(5.2.3의 <그래프5.2.3-1> 참고). 따라서 장소를 지시하는 데 주로 사용되는 장소 지시대명사의 사용 비율이 상대적으로 낮아지는 것이다. 한편, '소설'에서는 다른 사용역에 비해 장소 지시대명사의 사용 비율이 가장 높게 나타난다. '소설'은 소설 속 사건을 묘사하면서 사건이 이루어지는 공간적 배경을 지시해야 하는 경우가 많은데 이에 따라 장소 지시대명사의 사용 비율이 높아진 것으로 볼 수 있다.

사물 지시대명사와 장소 지시대명사의 사용역 비율을 살펴보면 먼저 사물 지시대명사와 장소 지시대명사 모두 ‘대화’에서 그 사용역 비율이 가장 높다는 것을 알 수 있다. 이는 ‘대화’에서 지시대명사 사용역 비율이 가장 높기 때문이다(5장 도입부의 <그래프5-6 참고>). 대명사는 대용 표현으로 화자와 청자가 동일한 담화 공간에 존재하고 공유하는 정보가 많아서 지시 대상을 쉽게 확인할 수 있는 사용역에서 빈번히 사용된다. 따라서 ‘대화’는 대명사의 사용 빈도가 가장 높은데(2.2의 <그래프2.2-1> 참고) 이러한 특성이 지시대명사의 사용역 비율에도 그대로 반영되는 것이라고 할 수 있다.

사물 지시대명사, 장소 지시대명사 모두 ‘대화’에서 사용역 비율이 가장 높지만 ‘대화’ 다음으로 사용역 비율이 높은 사용역에는 차이가 있다. 사물 지시대명사는 ‘대화’ 다음으로 ‘학술’에서 그 사용역 비율이 높다. 5.2.3의 <그래프5.2.3-2>에서 확인할 수 있듯이 ‘학술’은 ‘대화’ 다음으로 지시대명사의 ‘명제’ 지시와 ‘사물’ 지시의 사용역 비율이 높게 나타난다. 따라서 ‘명제’와 ‘사물’을 주로 지시하는 사물 지시대명사가 ‘대화’ 다음으로 ‘학술’에서 높은 사용역 비율을 보이는 것이다. 장소 지시대명사는 ‘대화’ 다음으로 ‘소설’에서 그 사용역 비율이 높다. 앞서 살펴보았듯이, ‘소설’은 다른 사용역에 비해, 장소 지시대명사의 사용 비율이 가장 높다. 또한 5.2.3의 <그래프5.2.3-2>에서 확인할 수 있듯이, ‘소설’은 ‘대화’ 다음으로 ‘장소’ 지시의 사용역 비율이 높다. 앞서 논의한 바와 같이 이는 ‘소설’은 소설 속 사건을 묘사하면서 사건이 이루어지는 공간적 배경을 지시해야 하는 경우가 많기 때문인 것으로 보인다.

말뭉치 계량 결과 제시2

1. 사물 지시대명사별 사용 비율
   전체: 이것/그것/저것 〉 이/그/저
   대화: 이것/그것/저것 〉 이/그/저 | 소설: 이것/그것/저것 〉 이/그/저
   신문: 이것/그것/저것 〉 이/그/저 | 학술: 이것/그것/저것 〉 이/그/저

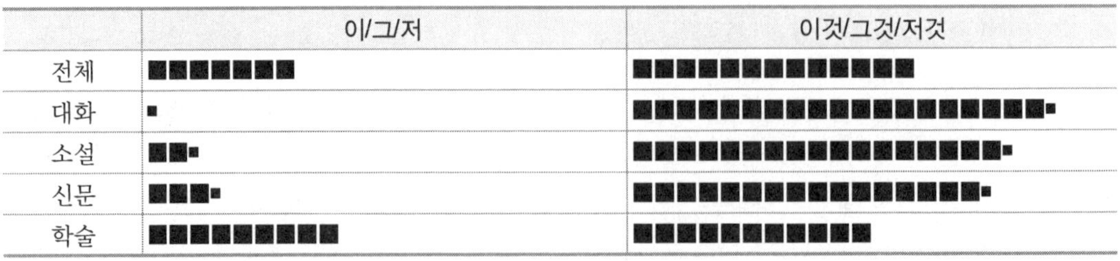

	이/그/저	이것/그것/저것
전체	■■■■■■■	■■■■■■■■■■■■■
대화	▪	■■■■■■■■■■■■■■■■■■■▪
소설	■■▪	■■■■■■■■■■■■■■■■■▪
신문	■■■▪	■■■■■■■■■■■■■■■■▪
학술	■■■■■■■■■	■■■■■■■■■■■

<그래프5.2-3> 사물 지시대명사별 사용 비율

(■ 5%, ▪ 5% 미만)

2. 사물 지시대명사별 사용역 비율
   이/그/저: 학술 〉 신문 〉 소설 〉 대화
   이것/그것/저것: 대화 〉 소설 〉 학술 〉 신문

	대화	소설	신문	학술
이/그/저	▪	■▪	■■■■■■■■ ▪	■■■■■■■■ ■■▪
이것/그것/저것	■■■■■■■■ ■■■■■▪	■■■	▪	■■▪

<그래프5.2-4> 사물 지시대명사별 사용역 비율

(■ 5%, ▪ 5% 미만)

말뭉치 계량 결과에 대한 논의2

사물 지시대명사 '이/그/저'와 '이것/그것/저것'의 사용 비율을 비교해 보면 '이/그/저'보다 '이것/그것/저것'의 사용 비율이 더 높다는 특징이 있다. 이러한 경향은 정도의 차이는 있으나 모든 사용역에서 동일하게 나타난다. 그런데 흥미로운 점은 '대화'에서 '이것/그것/저것'은 '이/그/저'에 비해 압도적으로 그 사용 비율이 높은데, '소설', '신문', '학술'로 갈수록 그 사용 비율이 점점 줄어든다는 것이다. 특히, '학술'에서는 '이/그/저'와 '이것/그것/저것'의 사용 비율의 차이가 그리 크지 않다. 이러한 결과는 '이것/그것/저것'과 달리 '이/그/저'가 사용역에 따라 제약을 많이 받는다는 것을 알려 준다. '대화'에서는 지시대명사 '이/그/저'가 거의 사용되지 않을 뿐만 아니라 지시대명사 '저'는 '대화'에서 아예 나타나지 않는다. 이를 통해, '이/그/저'가 주로 문어 사용역에서 사용되고 '대화'와 같은 구어 사용역에서는 그 사용에 있어 심한 제약을 받는다는 것을 알 수 있다. 한편, 문어 사용역이라고 하더라도 '소설'에서는 '이/그/저'의 사용 비율이 매우 낮고 '신문'과 '학술'에서는 '이/그/저'의 사용역 비율이 비교적 높다는 차이가 있다. 이러한 사실을 통해 '이/그/저'가 격식성이 있는 사용역에서 주로 사용된다는 것을 알 수 있다.

'이/그/저'가 보이는 사용역 특성은 사물 지시대명사별 사용역 비율을 통해 조금 더 분명히 드러난다. 사물 지시대명사별 사용역 비율을 살펴보면 '이/그/저'와 '이것/그것/저것'이 서로 정반대의 양상을 보이는 것을 확인할 수 있다. '이/그/저'는 거의 대부분 '신문'과 '학술'에서만 사용되며, '이것/그것/저것'은 거의 대부분 '대화'에서 사용된다. 이러한 결과를 통해, '이/그/저'는 주로 문어 사용역, 그 중에서도 격식성이 높은 사용역에서 사용되고 이와 반대로 '이것/그것/저것'은 주로 구어 사용역과 비격식적인 사용역에서 사용된다는 것을 다시 한 번 더 확인할 수 있다.

〈예5.2-11〉

가. 거의 일주일에 한 번씩 꼭 올라갔거든 남산타워를. 꽤 길잖아 **그게** 걸어 올라가면 것두 차도로 올라가는데. [대화]

나. "어머나, 너두 강아지 키우니?" **저건** 또 무슨 소리람. 설마 나보고 하는 소린 아닐 테고, 여기에 자기 개말고 또 무슨 개가 있단 말인가. [소설]

다. 후장 들어서는 지난 연말 기관의 대량 매입으로 유동 물량이 줄고 시중 유동성 증가에 따라 금융 장세가 일어날 것이라는 판단이 퍼지고 금융 산업 개편안 확정설도 유포돼 금융주를 중심으로 상승세가 확산됐다. **이** 같은 활황 장세로 상한가 종목이 4백 66개를 기록했다. [신문]

라. 만일 어떤 학습 과제를 반복 연습시키기 위해 컴퓨터를 활용한다면 프랑스 정부의 판단이 옳을 것이다. 그러나 이와 달리 학생들에게 컴퓨터 프로그래밍 기법을 가르쳐주고 자신의 아이디어를 컴퓨터에 자유롭게 표현해보게 한다든지, 컴퓨터 그래픽 방법을 가르쳐주고 자신의 아이디어를 컴퓨터 그래픽으로 나타내보도록 한다면 창의력은 신장될 것이고 학생들의 개성이 자유롭게 발현될 수 있을 것이다. [학술]

<예5.2-11가, 나>의 '그거', '저거'를 각각 '그'와 '저'로 바꾸어 쓸 수 없는 데 반해, <예5.2-11다, 라>의 '이'는 모두 '이것'이나 '그것'으로 바꾸어 쓸 수도 있다. 그런데 <예5.2-11다, 라>가 '신문'과 '학술'에서 나타나는 예라는 점을 고려하면, '이'를 '이것'이나 '그것'으로 바꾸어 쓸 때 그 격식성이 떨어진다는 것을 확인할 수 있다.

말뭉치 계량 결과 제시3

1. 장소 지시대명사별 사용 비율

   전체: 여기/거기/저기 〉 이곳/그곳/저곳 〉 이쪽/그쪽/저쪽
   대화: 여기/거기/저기 〉 이쪽/그쪽/저쪽 〉 이곳/그곳/저곳
   소설: 여기/거기/저기 〉 이곳/그곳/저곳 〉 이쪽/그쪽/저쪽
   신문: 여기/거기/저기 〉 이곳/그곳/저곳 〉 이쪽/그쪽/저쪽
   학술: 여기/거기/저기 〉 이곳/그곳/저곳 〉 이쪽/그쪽/저쪽

	여기/거기/저기	이곳/그곳/저곳	이쪽/그쪽/저쪽	이편/그편/저편	이켠/그켠/저켠
전체	■■■■■■■■ ■■■■■■■■ ▪	■■▪	■■	▪	▪
대화	■■■■■■■■ ■■■■■■■■ ■■■▪	▪	■■▪		
소설	■■■■■■■■ ■■■▪	■■■■▪	■■▪	▪	▪
신문	■■■■■■■■ ■■■▪	■■■■■■■■ ■▪	▪	▪	
학술	■■■■■■■■ ■■■■■■■■ ■■■■▪	■▪	▪	▪	

<그래프5.2-5> 장소 지시대명사별 사용 비율

(■ 5%, ▪ 5% 미만)

2. 장소 지시대명사별 사용역 비율
여기/거기/저기: 대화 〉 소설 〉 학술 〉 신문 | 이곳/그곳/저곳: 소설 〉 신문 〉 학술 〉 대화
이쪽/그쪽/저쪽: 대화 〉 소설 〉 학술 ≧ 신문 | 이편/그편/저편: 소설 〉 학술 〉 신문
이켠/그켠/저켠: 소설

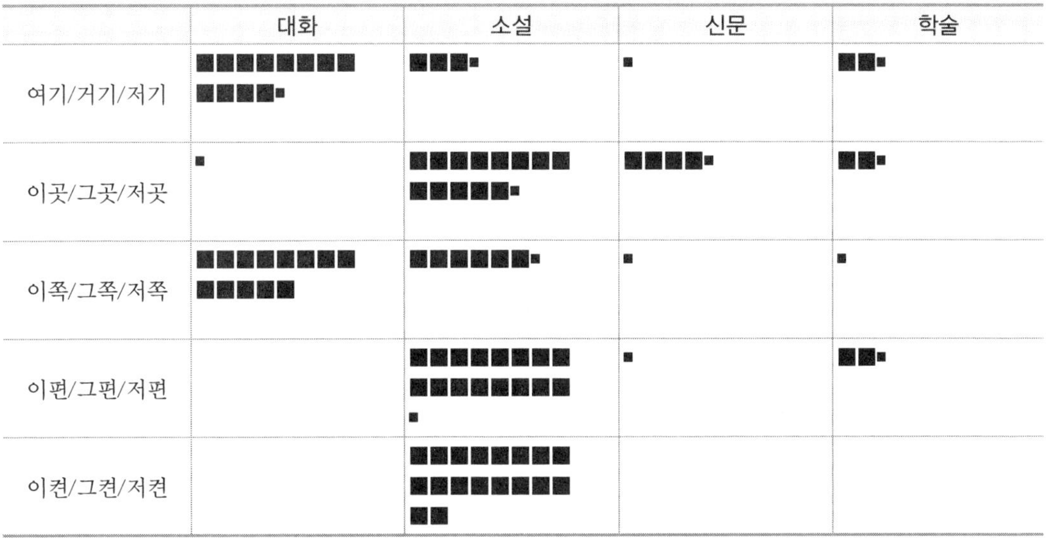

	대화	소설	신문	학술
여기/거기/저기	■■■■■■■■ ■■■■▪	■■■▪	▪	■■▪
이곳/그곳/저곳	▪	■■■■■■■■ ■■■■■▪	■■■■▪	■■▪
이쪽/그쪽/저쪽	■■■■■■■■ ■■■■■	■■■■■■▪	▪	▪
이편/그편/저편		■■■■■■■■ ■■■■■■■■ ▪	▪	■■▪
이켠/그켠/저켠		■■■■■■■■ ■■■■■■■■ ■■		

<그래프5.2-6> 장소 지시대명사별 사용역 비율

(■ 5%, ▪ 5% 미만)

말뭉치 계량 결과에 대한 논의3

장소 지시대명사별 사용 비율을 보면 '여기/거기/저기'의 사용 비율이 가장 높은데 이는 정도성의 차이는 있으나 모든 사용역에서 공통적으로 나타나는 양상임을 확인할 수 있다. 전체 말뭉치에서 '여기/거기/저기'는 약 75%의 사용 비율을 보이고 '이곳/그곳/저곳', '이쪽/그쪽/저쪽'이 약 10% 정도의 사용 비율로 사용된다. 즉, 장소 지시대명사는 '여기/거기/저기'가 압도적으로 높은 사용 비율을 보이는데 이는 '여기/거기/저기'가 장소 지시대명사 중 가장 포괄적이고 무표적인 장소 지시대명사라는 것을 알려 주는 것이다. '여기/거기/저기'는 기원적으로 지시관형사 '이/그/저'에 '어긔'가 결합한 형태로 현대국어에서는 공시적으로 분석이 불가능하다. 즉, '여기/거기/저기'는 공시적 분석이 가능한 다른 어떤 장소 지시대명사보다 이른 시기에 만들어진 형태인 것이다. 따라서 '여기/저기/거기'는 이른 시기부터 사용되어 장소 지시대명사 중 가장 안정적으로 정착하였을 것으로 볼 수 있는데 이로 인해 현재 가장 널리 사용되는 것으로 판단된다.

장소 지시대명사 '이편/그편/저편'과 '이켠/그켠/저켠'은 모든 사용역에서 공통적으로 그 사용 비율이 매우 낮다. 또한 장소 지시대명사 '이편/그편/저편'과 '이켠/그켠/저켠'은 거의 대부분 '저' 계열만이 아래와 같이 사용된다.

〈예5.2-12〉 [소설]

가. 문 **저편에는** 지금 아무도 없는 것만 같았다.

나. 어둠 **저편에** 미소 짓고 있는 그가 보였다.

다. 아버지가 비켜선 유리창 **저켠에서** 눈이 내리고 있었다.

위의 예에서 확인할 수 있듯이 '저편', '저켠'은 '장소'를 가리키는 것 이외에도 '건너편' 또는 '멀리 있는 어딘가'라는 특수한 의미를 나타낸다. 즉, '저편'과 '저켠'은 일반적인 장소를 지시하는 경우에는 잘 사용되지 않는데 이러한 의미상의 유표성 때문에 그 사용 비율이 매우 낮게 나타나는 것이다.

사용역에 따른 장소 지시대명사의 사용 비율을 살펴보면, 모든 사용역에서 공통적으로 '여기/거기/저기'의 사용 비율이 가장 높기는 하지만 사용역마다 약간씩 차이가 있다. '대화'에서는 거의 대부분 '여기/거기/저기'를 사용하며, 그 다음으로 '이쪽/그쪽/저쪽'이 약 10% 정도의 사용 비율을 보인다. '소설'은 '대화'보다 '여기/거기/저기'의 사용 비율이 낮아지는 반면, '이곳/그곳/저곳'의 사용 비율이 높아진다. '대화'에서 '이곳/그곳/저곳'의 사용 비율은 매우 낮은 데 반해 '소설'에서는 약 25%의 사용 비율을 보이고, 신문에서는 무려 약 45%의 사용 비율을 보인다. 반면 '이쪽/그쪽/저쪽'은 '신문'에서는 거의 사용되지 않고 '학술'에서도 그 사용 비율이 매우 낮다. 이러한 사실을 종합해 볼 때, '이곳/그곳/저곳'은 문어 사용역에서 주로 사용되고 '이쪽/그쪽/저쪽'은 격식적인 사용역에는 잘 사용되지 않는 장소 지시대명사라는 것을 알 수 있다.

장소 지시대명사별 사용역 비율을 살펴보면, '여기/거기/저기'는 전체 장소 지시대명사의 사용역 비율을 그대로 따르고 있다. 장소 지시대명사는 '대화'에서 가장 많이 사용되고 그 다음으로 '소설', '학술', '신문'의 순서를 따르는데 '여기/거기/저기'도 이런 양상을 보이고 있다. 이는 '여기/거기/저기'가 장소 지시대명사 중 가장 많이 사용되는 것이기 때문이다. '이쪽/그쪽/저쪽'도 전체 장소 지시대명사의 사용역 비율과 비슷한 양상을 보이나 차이가 있다면 '신문'과 '학술'에서 그 사용역 비율이 매우 낮게 나타난다는 것이다. 이러한 사실을 통해 '이쪽/그쪽/저쪽'은 격식적인 사용역에서는 잘 사용되지 않는다는 것임을 다시 한 번 더 확인할 수 있다. '이곳/그곳/저곳'은 전체 장소 지시대명사의 사용역 비율 양상과 달리 '소설'에서 가장 많이 사용되고 그 다음으로 '신문'과 '학술'에서 많이 사용되지만 '대화'에서는 거의 사용되지 않는다. 이를 통해 '이곳/그곳/저곳'은 주로 문어 사용역에서 사용되는 장소 지시대명사라는 것을 다시 확인할 수 있다. '이편/그편/저편'과 '이켠/그켠/저켠'은 거의 대부분 '소설'에서만 사용된다. 이들 장소 지시대명사는 '저' 계열인 '저켠'과 '저편'만 주로 사용되는데 '저편'과 '저켠'은 장소를 지시하는 것 이외에도 특별한 의미를 지닌다. 이러한 의미적 유표성은 표현적 효과와 관련이 되는데 이로 인해 주로 '소설'에서만 사용되는 것으로 보인다.

개별 어휘 빈도 제시

1. '대화'와 '소설'에서는 '그것'이, '신문'과 '학술'에서는 '이'의 사용 빈도가 가장 높다.
2. '그것', '이것', '여기'의 사용 빈도는 모든 사용역에서 빈도 순위 5위 이내에 나타난다.
3. '이' 계열 지시대명사, '그' 계열 지시대명사는 대부분 사용 빈도가 높지만 '저' 계열 지시대명사는 '이'

계열 지시대명사, '그' 계열 지시대명사에 비해 그 사용 빈도가 매우 낮다.

4. '대화'에서는 다른 문어 사용역과 달리 사물 지시대명사 '이/그/저'의 사용 빈도가 매우 낮을 뿐만 아니라 '저'는 아예 나타나지 않는다.
5. 장소 지시대명사 '이쪽/그쪽/저쪽', '이편/그편/저편', '이켠/그켠/저켠'은 모든 사용역에서 공통적으로 빈도 순위가 낮다.

	대화				소설				신문				학술			
	형태	범주	빈도	누적비율	형태	범주	빈도	누적비율	형태	범주	빈도	누적비율	형태	범주	빈도	누적비율
1	그것	사물	11335	44.72%	그것	사물	3281	42.60%	이	사물	3688	69.65%	이	사물	3963	41.08%
2	이것	사물	6648	70.95%	여기	장소	882	54.05%	그것	사물	590	80.79%	그것	사물	2355	65.50%
3	여기	장소	2734	81.73%	이것	사물	790	64.31%	여기	장소	258	85.67%	이것	사물	1351	79.51%
4	거기	장소	2606	92.01%	거기	장소	729	73.77%	이것	사물	251	90.41%	여기	장소	881	88.65%
5	저것	사물	759	95.01%	그곳	장소	454	79.67%	이곳	장소	193	94.05%	그	사물	563	94.48%
6	저기	장소	393	96.56%	그	사물	365	84.41%	그	사물	145	96.79%	거기	장소	327	97.88%
7	이쪽	장소	381	98.06%	이곳	장소	265	87.85%	거기	장소	68	98.07%	그곳	장소	59	98.48%
8	그쪽	장소	357	99.47%	이	사물	170	90.05%	그곳	장소	60	99.21%	이곳	장소	57	99.07%
9	저쪽	장소	87	99.81%	이쪽	장소	149	91.99%	저쪽	장소	9	99.38%	저	사물	30	99.38%
10	그	사물	24	99.91%	저쪽	장소	146	93.88%	그쪽	장소	7	99.51%	저것	사물	18	99.57%
11	이	사물	21	99.99%	그쪽	장소	110	95.31%	저것	사물	7	99.64%	그쪽	장소	10	99.67%
12	이곳	장소	2	100.00%	저기	장소	109	96.73%	저편	장소	5	99.74%	저편	장소	10	99.77%
13					저것	사물	96	97.97%	저기	장소	5	99.83%	저쪽	장소	8	99.86%
14					저편	장소	96	99.22%	저	사물	5	99.92%	저기	장소	6	99.92%
15					저	사물	47	99.83%	이쪽	장소	4	100.00%	그편	장소	3	99.95%
16					이편	장소	6	99.91%					이쪽	장소	3	99.98%
17					저켠	장소	5	99.97%					이편	장소	2	100.00%
18					그편	장소	2	100.00%								

<표5.2-1> 사용역에 따른 고빈도 지시대명사

개별 어휘 빈도에 대한 논의

'대화'와 '소설'에서 그 사용 빈도가 가장 높은 지시대명사는 '그것'인데, '그것'은 '신문'과 '학술'에서도 빈도 순위 2위 이내에 나타난다. 앞서 살펴보았듯이, 사물 지시대명사는 장소 지시대명사보다 그 사용 비율이 3배 정도 더 높고(<그래프5.2-1> 참고), 사물 지시대명사 중에서도 '이것/그것/저것'의 사용 비율이 '이/그/저'의 사용 비율보다 높다(<그래프5.2-3> 참고). 또한 지시대명사는 '그' 계열의 사용 빈도가 가장 높다(5.2.1의 <그래프5.2.1-1> 참고). 따라서 '그것'은 모든 사용역에서 사용 빈도가 높게 나타난다. 즉, 지시대명사는 사물 지시대명사가 장소 지시대명사보다 자주 사용되고 사물 지시대명사 중에서도 단독형 '이/그/저'보다 '이것/그것/저것'이 더 자주 사용되는 경향성이 전체 사용역에서도 그대로 드러난다고 할 수 있다. 그런데 '신문'과 '학술'에서는 '이'의 사용 빈도가 매우 높아 '그것'의 빈도 순위가 2위로 밀려난다. 앞서 언급했듯이 이는 '이'가 격식적 사용역에서 특징적으로 사용되기 때문이다.

'그것', '이것', '여기', '거기'는 모든 사용역에서 공통적으로 자주 사용되는 지시대명사이다. 이들 대명사는 대체로 모든 사용역에서 빈도 순위 5위 이내에 나타난다. 다만 '거기'만 '신문'에서 빈도 순위 6위, '학술'에서 빈도 순위 7위에 나타난다. 정도의 차이는 있으나 '그것/이것', '여기/거기'의 사용 빈도가 대체로 빈도 순위 5위 이내에 나타나는 것은 앞서 살펴보았듯이 사물 지시대명사에서는 '이것/그것/저것'이, 장소 지시대명사에서는 '여기/거기/저기'가 차지하는 비율이 가장 크기 때문이다 (그래프5.2-3, 5> 참고). 다만 '저' 계열 지시대명사 '저것', '저기'의 빈도 순위는 모든 사용역에서 낮게 나타나는데 이는 '저' 계열 지시대명사가 '이' 계열 지시대명사나 '그' 계열 지시대명사에 비해 그 사용 빈도가 낮기 때문이다(5.2.1의 <그래프5.2.1-1> 참고). 위의 표에서도 확인할 수 있듯이 '이' 계열 지시대명사와 '그' 계열 지시대명사는 대부분 빈도 순위상에서 상위에 나타나지만 '저' 계열의 지시대명사는 대부분 빈도 순위상에서 중 하위에 나타난다.

앞서 우리는 사물 지시대명사 '이/그/저'가 격식적인 문어 사용역에서만 제한적으로 나타나는 경향성이 있다고 언급한 바 있는데, <표5.2-1>은 이러한 사실을 더욱 명확히 보여 준다. 비격식적인 구어 사용역인 '대화'에서 지시대명사 '이/그'의 사용 빈도는 매우 낮을 뿐만 아니라 '저'는 아예 출현하지도 않는다. 격식적인 문어 사용역인 '신문'과 '학술'에서 지시대명사 '이/그/저'는 그 빈도 순위가 매우 높은데 두 사용역에서 모두 '이'의 빈도 순위가 가장 높고 '그'도 빈도 순위 5위 내에 나타난다. '신문'과 '학술'에서는 '저'의 빈도 순위도 다른 사용역과 비교했을 때 매우 높은 편이다. 이러한 결과는 '이/그/저'가 격식적인 문어 사용역에서만 제한적으로 나타나는 경향이 있다는 사실을 명확히 뒷받침해 준다고 할 수 있다.

장소 지시대명사 '이쪽/그쪽/저쪽', '이편/그편/저편', '이켠/그켠/저켠'은 모든 사용역에서 그 사용 빈도가 매우 낮다. 이들 장소 지시대명사는 사용역에 따라 출현하지 않는 것도 있는데 특히 '대화'에서는 '이편/그편/저편', '이켠/그켠/저켠'이 모두 나타나지 않는다. '소설'에서는 '이편/그편/저편'이 모두 나타나고, '이켠/그켠/저켠'은 '저' 계열인 '저켠'만 확인된다. '신문'에서는 '저편'만 나타나고, '학술'에서는 '이편/그편/저편'이 모두 나타나지만 '이켠/그켠/저켠'이 나타나지 않는다.

5.2.1. 지시대명사의 계열 관계

한국어의 지시대명사는 화자를 중심으로 하여 지시 대상과의 거리에 따라 '이/그/저' 계열 대립 체계를 이룬다. 화시 표현은 '여기-지금-나'를 화시의 중심으로 삼는데 지시대명사도 화시 표현이기 때문에 현재 여기서(발화 현장에서) 발화하고 있는 화자가 화시의 중심에 놓이는 것이다. 화자와 청자의 거리가 멀어 화자와 청자의 공간이 비교적 명확히 분리되어 대립될 때에는 화자에게 가까운 사물이나 장소는 '이' 계열 지시대명사로 가리키고, 화자에게 멀고 청자에게 가까운 사물이나 장소는 '그' 계열 지시대명사로 가리킨다. 화자와 청자에게 모두 멀리 있는 사물이나 장소를 가리킬 때에는 '저' 계열 지시대명사가 사용된다. 화자와 청자의 거리가 가까워서 화·청자의 공간이 대립을 이루지 못할 때에는 화·청자가 같이 기준이 되어 이들에게 가까이 있는 사물이나 장소를 가리키기 위해

'이' 계열 지시대명사가 사용되고 이들에게 멀리 있는 사물이나 장소를 가리키기 위해 '저' 계열 지시대명사가 사용된다.

이러한 지시대명사의 '이/그/저' 계열 양상은 아래의 예를 통해 확인할 수 있다.

〈예5.2.1-1〉

가. 그리구 내가 이거 되게 자랑을 했다, 누구한테 자랑했었지? 선배한테, 남자 선배한테 내가 되게 자랑했다. 오빠 **이거** 되게 이쁘지? 딱 그랬더니, 아 **그거** 프린터로 복사해서 그냥 붙이면 되는 거 아냐, **그거** 스티커 팔어. 막 이런다. [대화]

나. A: 오빠 저 가방 좀 빨지? B: **저거** 빨 때 되면 버릴 거야. [대화]

다. "저기 보이죠? **저기가** 헛간이에요." 그녀는 문을 열고 서서 저편에 세워져 있는 가건물 하나를 가리켜 보였다. [소설]

라. "선생님은 **여기서** 사시지만 **이곳** 태생은 아니시죠?" [소설]

<예5.2.1-1가>에서 '이거'와 '그거'는 밑줄 친 인용 발화 내에서 나타나는데 인용 발화 내에 있는 화자와 청자는 어느 정도가 거리가 떨어져 있어 화자의 공간과 청자의 공간이 대립 관계를 이루고 있다. 이때 화자 자신에게 가까운 것은 '이거'로 지시하는 데 반해, 화자에게 멀고 상대방 청자에게 가까운 것은 '그거'로 가리킨다는 것을 알 수 있다. <예5.2.1-2나, 다, 라>는 화자와 청자가 공간적 대립을 이루지 않고 화자와 청자가 함께, 즉 '우리'가 화시적 중심을 이루고 있다. <예5.2.1-2나, 다>의 '저기'가 가리키는 대상은 화시적 중심인 화 · 청자에게 모두 멀리 있는 것이다. <예5.2.1-1라>에서 지시대명사가 지시하는 대상은 화자와 청자가 함께 존재하는 현재의 공간이므로 '여기'와 '이곳'으로 지시되는 것이다.

그런데 화자나 청자와 지시 대상 사이의 거리는 물리적이고 객관적인 거리에 의해 결정되기보다는 지시 대상과의 거리를 인식하는 화자의 판단에 의해 결정되는 측면이 강하다. 다시 말해서, 화자가 자신의 발화 공간을 청자와 대립되는 공간으로 판단하는지 또는 화자 자신과 지시 대상과의 거리를 어떻게 판단하는지에 따라 '이/그/저' 계열 지시대명사의 사용이 달라지는 것이다.

〈예5.2.1-2〉 [대화]

A: 베이지색 계통보다는, 요런 오렌지 컬러 많이들 찾으시구요. B: 음~. A: 아~ 이거는 거의 글로스한 느낌으로 바르실 수 있구요…(중략)… A: 바르시면 괜찮구요. B: **이게** 그~핑크랑 오렌지랑 같이 섞인, A: 예 핑크랑 오렌지, B: 그렇게 섞인 거는 **그거** 한 종류밖에 없어요?

위의 <예5.2.1-2>는 화장품 매장에서의 점원 A와 손님 B의 대화로, 점원인 화자 A가 립스틱을 들고 손님인 화자 B에게 제품에 대해 설명을 해 주고 있는 상황이다. 이 대화를 주고받는 화자와 청자는 물리적으로 매우 가까이에 있고 이러한 물리적 거리는 위 대화 상황 중에는 달라지지 않는다. 이러한 상황에서 손님인 화자 B는 립스틱을 지시하기 위해 처음에는 '이거'를 사용하지만 두 번째에는 '그거'를 사용하고 있다. 이는 지시 대상과의 거리를 파악하는 화자 자신의 인식의 차이에 따라 '이/그/저' 계열 지시대명사가 달리 사용된다는 것을 보여 주는 것이라고 할 수 있다. 실제로 립스틱은 점원 A가 들고 있는 상황이기 때문에 물리적인 거리를 엄밀하게 따진다면 손님인 화자 B는 '그거'를 이용하여 립스틱을 지시하는 것이 옳을 것이다. 그러나 화자 A와 화자 B는 서로 매우 가까이에 있기 때문에 손님인 화자 B는 상대방인 화자 A가 들고 있는 물건이라고 할지라도 화자와 청자의 공간적 대립을 상정하지 않고 '이거'로 립스틱을 지시하지만 다시 립스틱을 지시할 때에는 화자와 청자의 공간적 대립을 상정하고 '그거'를 이용한다. 즉, 위의 예와 같이 지시 대상과 화자 사이의 물리적 거리에는 변함이 없으나 '이' 계열 지시대명사와 '그' 계열 지시대명사를 달리 사용한다는 것은 지시 대상과 화자 사이의 거리는 물리적이고 객관적인 기준에 따르는 것이 아니라 화자의 판단 기준에 따르는 것이라고 볼 수 있는 것이다.

위에서 확인한 바와 같이 '이/그/저' 계열에 따른 지시대명사의 사용은 지시 대상과 화·청자와의 공간적 거리에 따라 결정되기도 하지만 지시대명사의 지시 대상이 문맥에 존재하는 경우에는 이러한 공간적 거리를 상정할 수 없다. 따라서 이러한 경우에는 지시 대상에 대한 화자의 심리적 거리에 따라 '이/그/저' 계열 대립 체계가 나타난다. 5.2.2.1에서 다시 확인하겠지만 '이' 계열 지시대명사와 '그' 계열 지시대명사는 모두 선행 문맥에 제시된 대상을 지시할 수 있는데, 이때 '이' 계열 지시대명사가 선택되느냐, '그' 계열 지시대명사가 선택되느냐는 화자와 지시 대상 사이의 심리적 거리에 따라 달리 선택된다고 볼 수 있다.

〈예5.2.1-3〉

가. A: 우리는 이거 먹으까 라자냐 먹으까? B: 우리 이거부터 먹으까? A: 뭐? B: 아까 그~ 뭐 델리야낀가? **그거** 싫어? A: 그래 먹구. 니가 **그거** 먹어. [대화]

나. 아. 제 시간 퇴근 제 시간 출근 **이게** 중요한 건데, [대화]

다. 영광 굴비의 본디 이름은 정주 굴비다. 고려 인종 때 정권 싸움에 밀려 지금의 영광인 정주로 귀양을 갔던 이자겸은 **그곳**에서 처음 말린 조기를 보았다. [신문]

라. 지금의 벽제관은 1625 년(인조 3년)에 고양 군청을 옮기면서 세운 객관이다. 특히 **이곳은** 임진왜란 때 개성에서 패주한 왜군과 명나라의 이여송 군 사이에 치열한 싸움이 벌어졌던 곳으로 유명하다. [학술]

<예5.2.1-3가>의 '그거'는 선행 문맥의 '델리야끼'를 가리키는 것인데, 화자 B의 발화에 나타난 '아까 그~ 뭐'를 통해 알 수 있듯이 '델리야끼'는 현재 시점에서 처음 언급된 것이 아니라 이전 발화 시점에서 한 번 언급되었던 것이다. 그래서 화자 A나 화자 B에게 '델리야끼'는 심리적으로 거리를 느끼는 대상이라고 할 수 있는데 이로 인해 '이' 계열 지시대명사가 아니라 '그' 계열 지시대명사로 지시된 것이라고 할 수 있다. <예5.2.1-3나>의 '이거'는 선행 문맥의 '제 시간 퇴근 제 시간 출근'을 가리키는 것으로 '그거'로 교체되어 사용될 수도 있다. 그러나 '이거'로 지시되는 대상은 화자 자신이 현재 중요하게 생각하는 것이기 때문에 화자와 지시 대상 사이의 심리적 거리는 매우 가까운 것이라고 할 수 있고 이로 인해 '그거' 대신 '이거'가 사용된다고 볼 수 있다. 여기서 '이거'를 '그거'로 교체하게 되면, 화자가 문맥에 제시된 대상과 거리를 유지하여 자신의 개인적 의견이 아니라 비교적으로 객관적인 사실을 언급한다는 느낌을 주게 된다. <예5.2.1-3다>의 '그곳'은 선행 문맥의 '정주'를 가리키고 <예5.2.1-3라>의 '이곳'은 선행 문맥의 '벽제관'을 가리킨다. 이때 '이곳'을 사용하게 되면 필자가 관점을 이입하여 마치 자신이 지시 대상과 가까이 있다는 현장감을 주는 효과가 있다. 반면에 '그곳'을 사용하면 필자가 객관적인 논의의 대상으로서 지시 대상을 언급하고 있다는 느낌을 준다. 사실, 심리적 거리는 화자의 인식 내에만 존재하는 것이기 때문에 이를 객관적으로 보여줄 만한 근거를 찾기 어려운

측면이 있다. 그러나 문맥에 존재하는 대상을 지시할 때, ‘이’ 계열 지시대명사와 ‘그’ 계열 지시대명사 중 어느 것이 선택되느냐는 수의적인 측면이 매우 강하기 때문에 지시 대상과의 심리적 거리 이외에는 이를 적절히 설명할 방법이 없다. 이에 대해서는 5.2.2.1에서 다시 확인하게 될 것이다.

한편, 지시대명사의 ‘이/그/저’ 계열 대립 체계는 지시대명사의 지시 양상에 따라 달라질 수 있다. 예컨대, 지시대명사가 발화 현장에 존재하는 지시 대상을 가리키는 경우는 ‘이/그/저’ 세 계열 대립 체계가 나타나지만 선행 문맥의 지시 대상을 가리키는 경우에는 ‘이/그’ 두 계열 대립 체계를 보인다는 차이가 있다. 지시대명사의 지시 양상에 따른 ‘이/그/저’ 계열 대립 체계에 대해서는 5.2.2.1에서 자세하게 다루어질 것이다.

말뭉치 계량 결과 제시

1. 지시대명사의 ‘이/그/저’ 계열별 사용 비율
   전체: ‘그’ 계열 ≧ ‘이’ 계열 〉 ‘저’ 계열
   대화: ‘그’ 계열 〉 ‘이’ 계열 〉 ‘저’ 계열 | 소설: ‘그’ 계열 〉 ‘이’ 계열 〉 ‘저’ 계열
   신문: ‘이’ 계열 〉 ‘그’ 계열 〉 ‘저’ 계열 | 학술: ‘이’ 계열 〉 ‘그’ 계열 〉 ‘저’ 계열

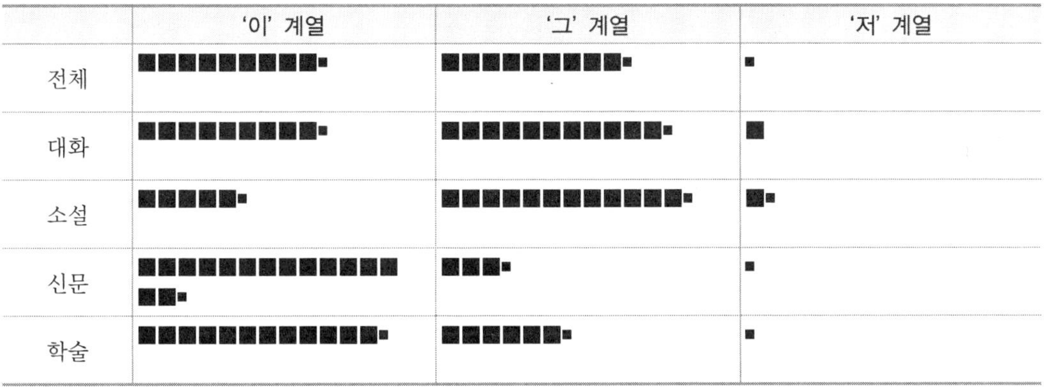

	‘이’ 계열	‘그’ 계열	‘저’ 계열
전체	■■■■■■■■■▪	■■■■■■■■■▪	▪
대화	■■■■■■■■■▪	■■■■■■■■■■■▪	■
소설	■■■■■▪	■■■■■■■■■■■■▪	■▪
신문	■■■■■■■■■■■■■■■▪	■■■▪	▪
학술	■■■■■■■■■■■■▪	■■■■■■▪	▪

<그래프5.2.1-1> 지시대명사의 ‘이/그/저’ 계열별 사용 비율

(■ 5%, ▪ 5% 미만)

2. 지시대명사 ‘이/그/저’ 계열별 사용역 비율
   ‘이’ 계열: 대화 〉 학술 〉 신문 〉 소설
   ‘그’ 계열: 대화 〉 소설 〉 학술 〉 신문
   ‘저’ 계열: 대화 〉 소설 〉 학술 ≧ 신문

	대화	소설	신문	학술
'이' 계열	■■■■■■■■▪	■■	■■■■	■■■■■▪
'그' 계열	■■■■■■■■■ ■■■▪	■■■■▪	▪	■■▪
'저' 계열	■■■■■■■■■ ■■■■▪	■■■■■▪	▪	▪

<그래프5.2.1-2> 지시대명사의 '이/그/저' 계열별 사용역 비율

(■ 5%, ▪ 5% 미만)

▶▶ 말뭉치 계량 결과에 대한 논의

전체 말뭉치에서 나타나는 지시대명사의 '이/그/저' 계열별 사용 비율을 살펴보면, '그' 계열 지시대명사와 '이' 계열 지시대명사가 거의 비슷한 사용 비율을 보이며 전체 사용 비율의 거의 대부분을 차지하지만 '저' 계열 지시대명사는 그 사용 비율이 매우 낮다는 특징이 있다. 사용역에 따른 지시대명사의 '이/그/저' 계열별 사용 비율을 살펴보면 모든 사용역에서 공통적으로 '저' 계열 지시대명사의 사용 비율은 매우 낮다. '대화'에서는 '그' 계열 지시대명사가 '이' 계열 지시대명사보다 그 사용 비율이 조금 더 높고 '소설'도 '대화'와 마찬가지로 '그' 계열 지시대명사의 사용 비율이 가장 높지만 '대화'에 비해 '그' 계열 지시대명사의 사용 비율이 훨씬 더 높다. '대화'와 '소설'에서는 '그' 계열 지시대명사가 '이' 계열 지시대명사보다 더 많이 사용되는 데에 반해, '신문'과 '학술'에서는 '이' 계열 지시대명사의 사용 비율이 매우 높게 나타난다는 차이가 있다. 이는 앞서 언급했듯이, 격식적인 사용역인 '신문'과 '학술'에서 아래의 예와 같이 선행 문맥의 대상을 지시하기 위해 지시대명사 '이'를 매우 빈번히 사용하기 때문이다.

〈예5.2.1-4〉

가. <u>다른 방법으로, 즉 쿠웨이트 지역의 이라크 방어선에 대한 정면 공격으로 전쟁을 치르게 되면 연합국 측에 상당한 손실을 가져오고, 질질 끄는 소모 전쟁으로 인해 서방측이 비난을 받게 될 것이다</u>. 이는 사담 후세인이 바라던 바이다. [신문]

나. <u>또 어느 한 기업이 분규를 겪게 되면 같은 업종의 다른 기업들이 생산량을 늘림으로써 전체적인 공급 물량을 맞춰 나가려는 경향이 있다는 점도 노동 연구원의 보고서는 지적했다</u>. 이 밖에도 그 보고서는 기업들이 분규에 익숙하게 되면 분규에 미리 대비해 재고를 늘리는 전략을 구사하게 된다는 사실까지도 고려해야 할 것이라고 밝히고 있다. [신문]

다. <u>그림 8(b)는 eccentric을 보여주는데 행성(P)의 원 궤도의 중심(O)이 태양(S)과 일치하지 않고 벗어나 있고 그에 따라 행성이 O를 중심으로 등속운동을 해도 S를 중심으로 보면 부등속운동을 하는 것을 나타내 준다</u>. 이와 반대로 그림 8(c)의 equant는 행성(P)이 원 궤도의 중심인 태양(S)을 중심으로 등속운동을 하지 않고 그로부터 벗어난 점 A를 중심으로 그 각도(α)에 있어서 등속운동을 하게 함으로써 S를 중심으로 볼 때는 부등속운동을 하는 것을 나타내 준다. [학술]

라. <u>미국과 유럽, 일본 등의 7개국</u>은 세계 인구의 10%도 대표하지 않은 그룹이지만 실질적인 '글로벌 경제 가버넌스'의 핵심 역할을 맡고 있다. 이들 국가들이 세계를 대표하는 근거는 2차 세계대전의 역사적 배경과

경제력으로 설명되나 역사적 배경은 이제 시대 상황이 바뀌면서 그 시효가 소멸된 것으로 볼 수 있으며, 또 경제력에도 심각한 대표성 문제가 있다. [학술]

지시대명사의 '이/그/저' 계열별 사용역 비율을 살펴보면, '이/그/저' 계열 모두 '대화'에서 가장 많이 사용된다는 것을 확인할 수 있다. 이는 '대화'에서 전체 지시대명사의 사용 빈도가 가장 높기 때문이다. 즉 '대화'는 지시대명사가 가장 많이 사용되는 사용역이기 때문에 지시대명사의 '이/그/저' 계열 모두 '대화'에서 그 사용역 비율이 가장 높은 것이다. '그' 계열 지시대명사와 '저' 계열 지시대명사는 모두 '대화 > 소설 > 학술 > 신문'의 양상을 보이는데 이는 전체 대명사의 사용역 비율 양상과 동일한 것이다. 여기서 특이한 것은 '그' 계열 지시대명사와 '저' 계열 지시대명사가 전체 지시대명사의 사용역 비율 양상을 따르지 않고 전체 대명사의 사용역 비율 양상을 따른다는 점이다(5장 도입부의 <그래프5-6> 참고). 이러한 특이한 양상을 보이는 것은 위의 <그래프5.2.1-2>에서 확인할 수 있듯이 '신문'과 '학술'에서 '이' 계열 지시대명사의 사용역 비율이 높기 때문이다. '이' 계열 지시대명사는 '대화'에서 가장 많이 사용되기는 하지만 '그' 계열 지시대명사, '저' 계열 지시대명사와 달리 '신문'과 '학술'에서 각각 20%, 25% 이상의 사용역 비율을 보인다. 이와 같이 '신문'과 '학술'에서 '이' 계열 지시대명사의 사용역 비율이 높은 것은 격식적인 사용역인 '신문'과 '학술'에서 사물 지시대명사 '이'를 매우 빈번히 사용하기 때문이다. 특히 '학술'은 '이' 계열 지시대명사가 '대화' 다음으로 많이 사용되는데, 이러한 이유로 인해 '그' 계열 지시대명사, '저' 계열 지시대명사가 '대화 > 소설 > 학술 > 신문'의 양상을 보이지만 전체 지시대명사에서는 '대화 > 학술 > 소설 > 신문'의 양상이 나타나는 것이다. 즉, '학술'에서 '이' 계열 지시대명사의 사용 빈도가 매우 높아서 전체 지시대명사의 사용 빈도에 있어서는 '학술'이 '소설'보다 조금 더 많아지는 결과가 생긴 것이다.

참고 ‘이/그/저’ 계열 지시사의 사용 양상

지시사는 ‘이/그/저’ 계열 대립 체계를 이루고 지시 대상을 대신 가리키는 데 사용되는 범주를 말한다. 지시사의 ‘이/그/저’ 계열 대립 체계는 일정한 기준점을 중심으로 지시 대상과의 물리적 거리나 심리적 거리에 따라 달리 사용된다. 또한 지시사의 지시 대상은 그 자체로 해석되는 것이 아니라 발화 현장이나 선·후행 문맥을 통해서만 해석된다는 특징이 있다. 이는 지시대명사가 전형적으로 가지고 있는 특성들이다. 다시 말해서, 5.2에서 살펴보는 지시대명사는 지시사의 한 부류인 것이다. 따라서 지시대명사의 사용 양상을 이해하기 위해서는 지시대명사 이외의 지시사의 사용 양상도 참고할 필요가 있다.

지시사에는 지시대명사뿐만 아니라 ‘이/그/저’ 계열 대립 체계를 이루는 일부 3인칭대명사, 지시관형사, 지시부사, 지시용언(동사, 형용사)이 있다. 지시대명사를 제외한 지시사의 예를 일부 보이면 아래와 같다.

- 3인칭대명사 : ‘얘/걔/쟤’, ‘이분/그분/저분’, ‘이놈/그놈/저놈’ 등
- 지시관형사 : ‘이/그/저’, ‘이런/그런/저런’ 등
- 지시부사 : ‘이리/그리/저리’, ‘이만큼/그만큼/저만큼’, ‘이대로/그대로/저대로’ 등
- 지시동사 : ‘이리하다/그리하다/저리하다(이러다/그러다/저러다)’ 등
- 지시형용사 : ‘이러하다/그러하다/저러하다(이렇다/그렇다/저렇다)’ 등

앞서 우리는 지시대명사의 ‘이/그/저’ 계열별 사용 비율과 사용역 비율을 살펴보았는데, 여기서는 전체 대명사 내에서 ‘이/그/저’ 계열별 사용 비율과 사용역 비율이 어떻게 나타나는지, 대명사 이외의 지시사가 ‘이/그/저’ 계열별로 사용 비율과 사용역 비율이 어떻게 나타나는지 살펴보도록 하겠다.

말뭉치 계량 결과 제시1

1. 대명사의 ‘이/그/저’ 계열별 사용 비율
   전체: ‘그’ 계열 〉 ‘이’ 계열 〉 ‘저’ 계열
   대화: ‘그’ 계열 〉 ‘이’ 계열 〉 ‘저’ 계열 | 소설: ‘그’ 계열 〉 ‘이’ 계열 〉 ‘저’ 계열
   신문: ‘이’ 계열 〉 ‘그’ 계열 〉 ‘저’ 계열 | 학술: ‘이’ 계열 〉 ‘그’ 계열 〉 ‘저’ 계열

	‘이’ 계열	‘그’ 계열	‘저’ 계열
전체	■■■■■■▪	■■■■■■■■■■■■■▪	▪
대화	■■■■■■■▪	■■■■■■■■■■■■▪	■

소설	■■	■■■■■■■■■■■■■ ■■■■▪	▪
신문	■■■■■■■■■■■▪	■■■■■■■■▪	▪
학술	■■■■■■■■■▪	■■■■■■■■■▪	▪

<그래프5.2.1-3> 대명사의 '이/그/저' 계열별 사용 비율

(■ 5%, ▪ 5% 미만)

> 2. 대명사의 '이/그/저' 계열별 사용역 비율
> '이' 계열: 대화 〉 학술 〉 신문 〉 소설
> '그' 계열: 소설 〉 대화 〉 학술 〉 신문
> '저' 계열: 대화 〉 소설 〉 학술 ≧ 신문

	대화	소설	신문	학술
'이' 계열	■■■■■■■■■ ▪	■■	■■■▪	■■■■■
'그' 계열	■■■■■■■	■■■■■■■■■	■▪	■■▪
'저' 계열	■■■■■■■■■ ■■■■▪	■■■■■▪	▪	▪

<그래프5.2.1-4> 대명사의 '이/그/저' 계열별 사용역 비율

(■ 5%, ▪ 5% 미만)

▶▶ 말뭉치 계량 결과에 대한 논의1

위의 그래프는 지시대명사와 3인칭 대명사를 모두 포함하여 계량 결과를 보인 것이다. 즉, 전체 대명사에서 나타나는 '이/그/저' 계열별 사용 양상을 살펴본 것이다. 전체 말뭉치에서 나타나는 대명사의 '이/그/저' 계열별 사용 비율을 살펴보면, 앞서 살펴본 지시대명사의 '이/그/저' 계열별 사용 비율과 동일하게 "'그' 계열 > '이' 계열 > '저' 계열"의 양상이 나타나는데(<그래프5.2.1-2> 참고), 다만 '그' 계열의 사용 비율이 조금 더 높아졌다는 차이가 있다. 사용역에 따른 대명사의 '이/그/저' 계열별 사용 비율을 살펴보면, '대화', '소설'은 전체 말뭉치에서 나타나는 양상과 거의 유사하지만 '소설'은 '대화'에 비해 '그' 계열 대명사의 사용 비율이 훨씬 더 높게 나타난다는 특징이 있다. '대화', '소설'과 달리 '신문'과 '학술'은 '이' 계열 대명사의 사용 비율이 가장 높은데, 이는 앞서 살펴본 지시대명사의 '이/그/저' 계열별 사용 비율 양상과 유사한 것이다. 다만, '그' 계열의 사용 비율이 늘어나 '학술'에서는 '이' 계열과 '그' 계열의 사용 비율이 거의 비슷하다는 차이가 있다. 이와 같이 대명사의 '이/그/저' 계열별 사용 양상이 지시대명사의 '이/그/저' 계열별 사용 양상과 유사하되, '그' 계열의 사용 비율이 모든 사용역에 걸쳐 조금씩 늘어난 이유는 3인칭대명사의 대부분이 '그' 계열이기 때문이다. 특히,

3인칭대명사 중 가장 높은 사용 빈도를 보이는 ‘그’가 ‘그’ 계열이기 때문에 ‘그’의 사용 빈도만으로도 대명사의 ‘이/그/저’ 계열별 사용 비율 양상에서 ‘그’ 계열의 사용 비율을 높이는 원인이 된다. 요컨대, ‘그’ 계열 3인칭대명사의 높은 사용 빈도로 인해 대명사의 ‘이/그/저’ 계열별 사용 비율에서는 지시대명사의 ‘이/그/저’ 계열별 사용 비율에서보다 ‘그’ 계열의 사용 비율이 차지하는 비중이 높아진 것이다. 한편, 이상의 사실을 통해 우리는 3인칭대명사, 지시대명사, 전체 대명사에서 모두 동일하게 ‘그’ 계열이 가장 많이 사용되고 그 다음으로 ‘이’ 계열이 많이 사용되며, ‘저’ 계열의 사용 빈도가 가장 낮다는 것을 알 수 있다. 따라서 한국어 대명사는 전반적으로 “‘그’ 계열 > ‘이’ 계열 > ‘저’ 계열”의 양상을 따른다고 할 수 있다. 그리고 뒤에서 살펴보겠지만 이러한 양상은 전체 지시사의 ‘이/그/저’ 계열별 사용 양상을 그대로 따르는 것이다.

대명사의 ‘이/그/저’ 계열별 사용역 비율을 살펴보면 ‘그’ 계열을 제외하고는 지시대명사의 ‘이/그/저’ 계열별 사용역 비율과 동일한 경향을 보인다(<그래프5.2.1-2> 참고). ‘이’ 계열 대명사, ‘저’ 계열 대명사는 지시대명사와 마찬가지로 모두 ‘대화’에서 가장 많이 사용되는데, ‘그’ 계열 대명사만이 ‘소설’에서 가장 많이 사용된다. 이는 3인칭대명사 ‘그’와 ‘그녀’가 ‘소설’에서 압도적으로 많이 사용되기 때문이다.

말뭉치 계량 결과 제시2

1. 지시사의 ‘이/그/저’ 계열별 사용 비율

- 지시관형사

  전체: ‘그’ 계열 〉 ‘이’ 계열 〉 ‘저’ 계열

  대화: ‘그’ 계열 〉 ‘이’ 계열 〉 ‘저’ 계열 | 소설: ‘그’ 계열 〉 ‘이’ 계열 〉 ‘저’ 계열

  신문: ‘이’ 계열 〉 ‘그’ 계열 〉 ‘저’ 계열 | 학술: ‘그’ 계열 〉 ‘이’ 계열 〉 ‘저’ 계열

- 지시부사

  전체: ‘그’ 계열 〉 ‘이’ 계열 〉 ‘저’ 계열

  대화: ‘그’ 계열 〉 ‘이’ 계열 〉 ‘저’ 계열 | 소설: ‘그’ 계열 〉 ‘이’ 계열 〉 ‘저’ 계열

  신문: ‘그’ 계열 〉 ‘이’ 계열 〉 ‘저’ 계열 | 학술: ‘그’ 계열 〉 ‘이’ 계열 〉 ‘저’ 계열

- 지시동사

  전체: ‘그’ 계열 〉 ‘이’ 계열 〉 ‘저’ 계열

  대화: ‘그’ 계열 〉 ‘이’ 계열 〉 ‘저’ 계열 | 소설: ‘그’ 계열 〉 ‘이’ 계열 〉 ‘저’ 계열

  신문: ‘그’ 계열 〉 ‘이’ 계열 〉 ‘저’ 계열 | 학술: ‘그’ 계열 〉 ‘이’ 계열 〉 ‘저’ 계열

- 지시형용사

  전체: ‘그’ 계열 〉 ‘이’ 계열 〉 ‘저’ 계열

  대화: ‘그’ 계열 〉 ‘이’ 계열 〉 ‘저’ 계열 | 소설: ‘그’ 계열 〉 ‘이’ 계열 〉 ‘저’ 계열

  신문: ‘그’ 계열 〉 ‘이’ 계열 〉 ‘저’ 계열 | 학술: ‘그’ 계열 〉 ‘이’ 계열 〉 ‘저’ 계열

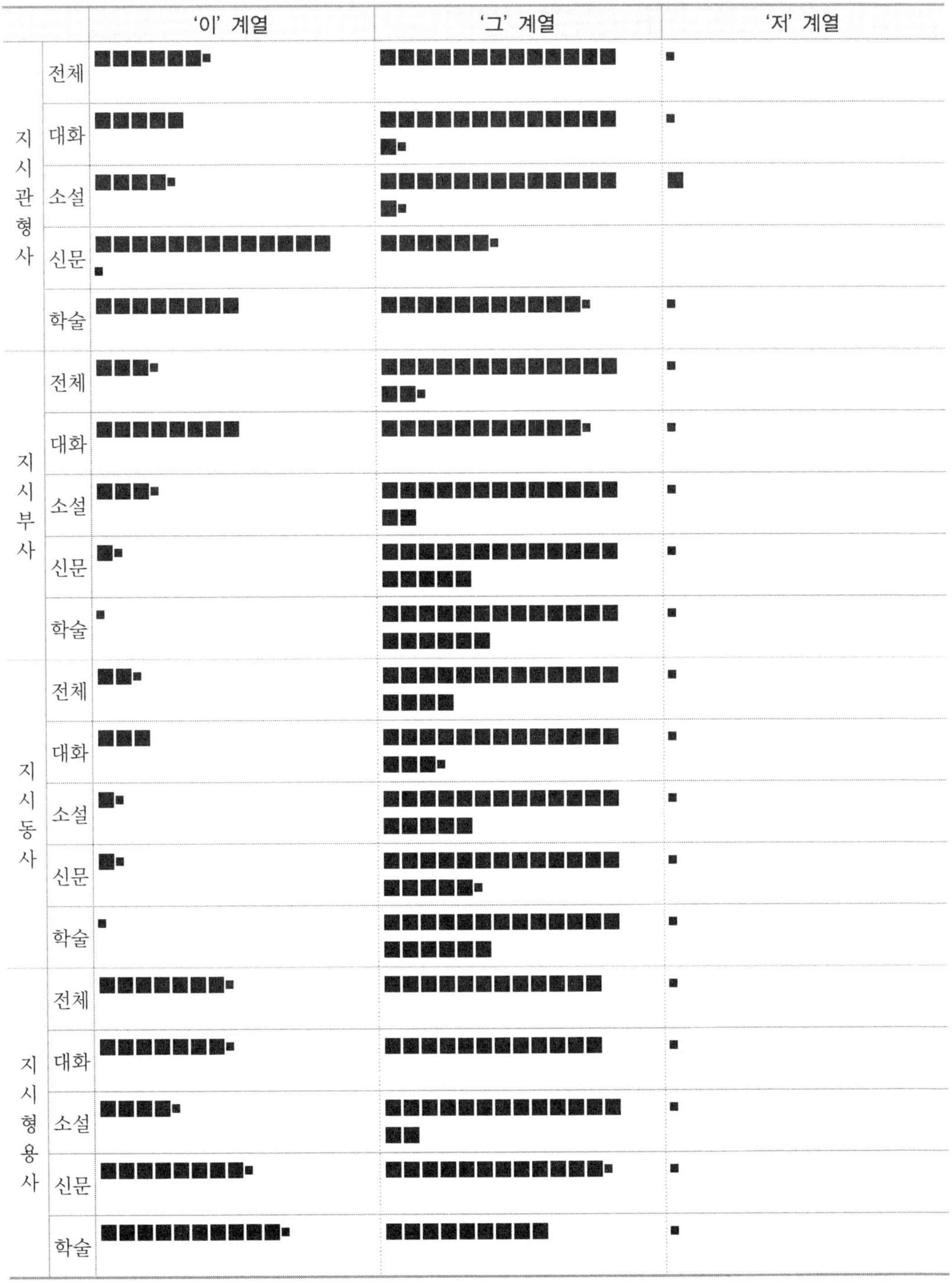

		'ㅇ' 계열	'그' 계열	'저' 계열
지시관형사	전체	■■■■■■▪	■■■■■■■■■■■■■	▪
	대화	■■■■■	■■■■■■■■■■■■■■▪	▪
	소설	■■■■▪	■■■■■■■■■■■■■■▪	■
	신문	■■■■■■■■■■■■■▪	■■■■■■▪	
	학술	■■■■■■■■	■■■■■■■■■■■▪	▪
지시부사	전체	■■■▪	■■■■■■■■■■■■■■■▪	▪
	대화	■■■■■■■■	■■■■■■■■■■■▪	▪
	소설	■■■▪	■■■■■■■■■■■■■■■	▪
	신문	■▪	■■■■■■■■■■■■■■■■■■	▪
	학술	▪	■■■■■■■■■■■■■■■■■■■	▪
지시동사	전체	■■▪	■■■■■■■■■■■■■■■■■	▪
	대화	■■■	■■■■■■■■■■■■■■■■▪	▪
	소설	■▪	■■■■■■■■■■■■■■■■■■	▪
	신문	■▪	■■■■■■■■■■■■■■■■■■▪	▪
	학술	▪	■■■■■■■■■■■■■■■■■■■	▪
지시형용사	전체	■■■■■■■▪	■■■■■■■■■■■■	▪
	대화	■■■■■■■▪	■■■■■■■■■■■■	▪
	소설	■■■■▪	■■■■■■■■■■■■■■■	▪
	신문	■■■■■■■■▪	■■■■■■■■■■■■▪	▪
	학술	■■■■■■■■■■▪	■■■■■■■■■	▪

<그래프5.2.1-5> 지시사의 'ㅇ/그/저' 계열별 사용 비율

(■ 5%, ▪ 5% 미만)

2. 지시사의 '이/그/저' 계열별 사용역 비율

- 지시관형사

  전체: 대화 〉 소설 〉 학술 〉 신문 | '이' 계열: 대화 ≧ 학술 〉 신문 〉 소설

  '그' 계열: 대화 〉 소설 〉 학술 〉 신문 | '저' 계열: 소설 〉 대화 〉 학술 〉 신문

- 지시부사

  전체: 소설 〉 대화 ≧ 학술 〉 신문 | '이' 계열: 대화 〉 소설 〉 신문 〉 학술

  '그' 계열: 소설 〉 학술 〉 신문 ≧ 대화 | '저' 계열: 소설 〉 대화 〉 학술 ≧ 신문

- 지시동사

  전체: 대화 〉 소설 〉 신문 ≧ 학술 | '이' 계열: 대화 〉 소설 〉 신문 ≧ 학술

  '그' 계열: 대화 〉 소설 〉 학술 ≧ 신문 | '저' 계열: 소설 〉 대화 〉 학술 〉 신문

- 지시형용사

  전체: 대화 〉 소설 〉 학술 〉 신문 | '이' 계열: 대화 〉 학술 〉 소설 〉 신문

  '그' 계열: 대화 〉 소설 〉 학술 〉 신문 | '저' 계열: 소설 〉 대화 〉 학술 ≧ 신문

		대화	소설	신문	학술
지시 관형사	전체	■■■■■■■ ▪	■■■■■	■■▪	■■■■▪
	'이' 계열	■■■■■▪	■■■▪	■■■■■	■■■■■▪
	'그' 계열	■■■■■■■ ■▪	■■■■■▪	■▪	■■■■▪
	'저' 계열	■■■■■■■	■■■■■■■ ■■■▪	▪	■▪
지시 부사	전체	■■■■▪	■■■■■■■ ■	■■■	■■■■▪
	'이' 계열	■■■■■■■ ■■■	■■■■■■■ ▪	■▪	▪
	'그' 계열	■■■▪	■■■■■■■ ▪	■■■▪	■■■■■▪
	'저' 계열	■■■	■■■■■■■ ■■■■■■■	■▪	■▪

지시동사	전체	■■■■■■■ ■■■■■■■ ■	■■■▪	▪	▪
	'이' 계열	■■■■■■■ ■■■■■■■ ■■■▪	■■	▪	▪
	'그' 계열	■■■■■■■ ■■■■■■■ ▪	■■■■	▪	▪
	'저' 계열	■■■■■■■	■■■■■■■ ■■■	▪	■▪
지시형용사	전체	■■■■■■■ ■■■■■	■■■■	▪	■■■▪
	'이' 계열	■■■■■■■ ■■■■■	■■▪	■▪	■■■■▪
	'그' 계열	■■■■■■■ ■■■■■	■■■■▪	▪	■■▪
	'저' 계열	■■■■■■■ ■■■▪	■■■■■■■ ■▪	▪	▪

<그래프5.2.1-6> 지시사의 '이/그/저' 계열별 사용역 비율

(■ 5%, ▪ 5% 미만)

말뭉치 계량 결과에 대한 논의2

여기서는 대명사 이외의 지시사, 즉 지시관형사, 지시부사, 지시동사, 지시형용사의 '이/그/저' 계열별 사용 양상을 살펴본다. 먼저, 지시사의 '이/그/저' 계열별 사용 비율을 살펴보자. 앞서 우리는 3인칭대명사, 지시대명사, 전체 대명사에서 모두 "'그' 계열 > '이' 계열 > '저' 계열'의 사용 양상을 보인다고 했는데 이는 다른 지시사에서도 동일하게 나타난다. 또한 이러한 양상은 지시관형사를 제외하고 모든 사용역에서 동일하게 나타나는 것이다. 즉 '신문'에서의 지시관형사의 사용 양상을 제외하면, 모든 지시사가 모든 사용역에서 동일하게 "'그' 계열 > '이' 계열 > '저' 계열'의 양상을 보인다는 것이다. 이러한 사실은 한국어에서 '이/그/저' 계열 대립 체계를 이루는 모든 지시사가 "'그' 계열 > '이' 계열 > '저' 계열'의 사용 양상을 따르고 있음을 알려 주는 것이다. 한편, 지시관형사는 다른 지시사와 달리 '신문'에서 '이' 계열의 사용 비율이 가장 높고 '학술'에서도 '이' 계열 지시관형사의 사용 비율이 비교적 높은데, 이는 지시관형사가 지시대명사의 '이/그/저' 계열별 사용 비율과 어느 정도 유사한 양상을 보이는 것이다.

지시사의 '이/그/저' 계열별 사용역 비율은 지시부사를 제외하고는 모든 지시사가 대체적으로 '대화 > 소설 > 학술 > 신문'의 양상을 따른다. 이러한 사용 양상은 전체 대명사의 사용역 비율과 동일한 것이다. 이와 같은 양상이 나타나는 것은 지시사의 속성과 관련이 있다. 앞서 언급했듯이 지시사는 지시 대상을 대신 가리키는 데 사용되는 대용 표현 범주이기 때문에 대명사와 마찬가지로 화자와 청자가 동일한 담화 공간에 존재하고 공유하는 정보가 많을 때 그 사용 빈도가 높다. '대화'에서 지시사의 사용역 비율이 가장 높게 나타나는 것도 이러한 이유 때문이다. '신문'과 '학술'은 정보 전달을 목적으로 하는 사용역이기 때문에 대용 표현을 쓰기보다는 구체적인 표현을 쓰는 것이 일반적이다. 이로 인해, 지시사의 사용역 비율은 '신문'과 '학술'에서 가장 낮게 나타나는 것이다. 그런데 이러한 전체적인 경향에서 벗어나는 다음과 같은 양상이 발견되기도 한다. 첫째, 모든 '저' 계열 지시사는 '소설 > 대화 > 학술 > 신문'의 양상이 나타난다. 둘째, 지시부사는 '소설 > 대화 > 학술 > 신문'의 양상이 나타난다. 즉, 모든 '저' 계열 지시사, 지시부사는 '대화'보다 '소설'에서 그 사용역 비율이 높게 나타나는 예외적 결과를 보인다. 이와 같이 전체적인 경향에서 벗어나는 지시사의 사용역 비율이 나타나는 이유에 대해서는 개별 지시사의 특성을 살펴보지 못한 현재의 단계로서는 해석하기 어렵다. 다만, '저' 계열 지시사는 '저' 계열 지시대명사와 마찬가지로 어떠한 대상을 지시하는 것 이외에도 여러 가지 특수한 의미를 지니는 경우가 많은데, 이러한 특수한 의미는 표현적 효과를 높이는 역할을 하기 때문에 문학적 표현 효과가 중요시되는 '소설'에서 '저' 계열 지시사가 가장 많이 사용되는 것이라고 추측해 볼 수 있다.

5.2.2. 지시대명사의 지시 양상

대명사는 그것이 지시하는 지시 대상을 확인함으로써 그 의미 해석이 가능하다. 앞서 살펴본 1인칭대명사와 2인칭대명사는 각각 화자와 청자를 지시하고 3인칭대명사 '그'와 '그녀'는 발화 맥락에서 언급된 3인칭의 인물을 지시한다. 이와 같이 인칭대명사는 그 지시 양상이 비교적 단순한 데 비해 지시대명사는 그 지시 양상이 매우 복잡하고 다양하다.

지시대명사는 문맥에 존재하는 대상이나 발화 현장에 존재하는 대상을 가리키는 것이 가장 일반적이다. 이와 같이 화·청자의 발화 맥락 내에 존재하는 대상을 지시하는 것을 **문맥 지시**라고 하고 발화 현장에 존재하는 대상을 지시하는 것을 **현장 지시**라고 한다.

〈예5.2.2-1〉

가. A: 아이 그:: 브릿지존슨의 일기::,B: 응. A: **거기** 나왔던 여자 몰라? [대화]

나. 진짜거나 가짜거나 능실은 어차피 **그것을** 지어 만든 사람이나 지섭들에겐 어김없는 대왕의 능실일 수밖에 없었다. [소설]

다. 5월 이후 현재까지 이라크 주둔 14만6000명의 미군에 대한 게릴라식 공격으로 모두 23명이 사망했다. 사고사까지 합치면 63명이 목숨을 잃었으니 **이는** 전쟁 중 사망한 138명의 절반에 육박한다. [신문]

라. 다만, 여기서 강조하는 것은 정보화 사회에서 소프트웨어 프로그래밍은 소규모의 집단에 의해 주도될 가능성이 크다는 점이다. **이것은** 바로 정보 네트워크 때문에 가능하다. [학술]

<예5.2.2-1>은 문맥 지시의 예를 보인 것으로 굵은 글씨로 표시된 지시대명사는 문맥 내에 제시된 대상을 가리킨다. <예5.2.2-1가, 나>의 '거기'와 '그것'은 각각 밑줄 친 '브릿지 존슨의 일기', '능실'을 가리키고 <예5.2.2-1다, 라>의 '이'와 '이것'은 밑줄 친 '63명', '정보화 사회에서 소프트웨어 프로그래밍은 소규모의 집단에 의해 주도될 가능성이 크다는 점'을 각각 지시한다. 한편, <예5.2.2-1>에 제시된 예는 모두 지시대명사가 선행 문맥에 언급된 대상을 가리키는 경우인데 이를 **선행 문맥 지시**라고 하고 아래의 예와 같이 지시대명사가 후행 문맥에 언급되는 대상을 가리키는 경우는 **후행 문맥 지시**라고 한다.

〈예5.2.2-2〉

가. 얘 얘네 얘네 컴퓨터 완전 **그거야**. 게임방이야, 아이콘 을마나 많은지 몰라, [대화]

나. A: 굴두 들어가구. 근데 젓갈이 **저쪽** 남쪽 지방은 멸치젓을 쓴다? B: 예. A: 여기는 새우젓을 쓰잖아. B: 에. A: 중부 지방은. B: 에. [대화]

다. 내가 할 수 있는 일은 고작 **거기까지였다**. 파출소에 신고하고 마음의 무게를 더는 일. [소설]

라. 하지만 놀랍게도 우리 삶의 한 구석엔 고대인들의 심성이 여전히 살아 있다. **여기선** 아직도 그들처럼 세계를 보고 듣고 느낄 수 있다. 바로 예술의 세계다. [학술]

<예5.2.2-2>는 지시대명사가 후행 문맥에서 제시되는 대상을 지시하는 후행 문맥 지시의 예를 보인 것이다. 후행 문맥 지시는 지시대명사를 먼저 제시하고 그 뒤에 지시대명사가 지시하는 지시 대상을 언급하는 것이기 때문에 청자는 지시대명사의 지시 대상을 확인하기 위해서는 화자의 발화를 기다려야 한다. 이로 인해 청자는 화자의 발화에 더욱 집중하게 되는데 화자가 이러한 효과를 적극적으로 의도하여 후행 문맥 지시를 사용하는 경우도 있고, 화자가 이러한 효과와 상관없이 후행 문맥 지시를 사용하는 경우도 있다. 화자가 청자의 집중 효과를 의도하지 않고 후행 문맥 지시를 사용하는 것은 대개 일상 대화에서 화자가 자연스럽게 발화를 하면서 지시대명사의 지시 대상을 선행 문맥에 언급하지 않은 것을 알고 뒤늦게 지시 대상을 언급하는 경우에 해당한다. 위의 예에서 <예5.2.2-2가, 나>는 비의도적인 후행 문맥 지시에 해당하는 것으로 볼 수 있고 <예5.2.2-2다, 라>는 독자의 집중 효과를 의도한 후행 문맥 지시에 해당하는 것으로 볼 수 있다. 이에 대해서는 5.2.2.1과 5.2.2.2에서 보다 자세히 다루도록 한다.

현장 지시는 실제 발화 현장에 있는 지시 대상을 가리키는 것이기 때문에 아래와 같이 일상 대화 또는 대화 상황을 전제로 하는 소설의 대화 지문에서 주로 나타난다.

〈예5.2.2-3〉

가. A: 근데 약간 톡 쏘니까 독하지 않냐? … 카스지 **이거**? B: **이게** 카스 카스가 아니구요, A: **이거** 카스 아니야, [대화]

나. A: **요거** 얼마야? B: 뭐가? A: 담배, B: 십삼. 천삼백 원, A: **저거는**? B: 천삼백 원. …천육백 원? [대화]

다. "들고 있는 **그건** 뭐고, 이 더운 날씨에 어딜 다녀오는 길이오?" [소설]

라. "아 네, **저기** 뒷마을에 삽니다. **저쪽** 골목으로 한참 올라가면 제가 사는 데가 나옵니다." "나는 **이쪽** 아파트에 사는데요." [소설]

<예5.2.2-3>은 현장 지시의 예를 보인 것으로 굵은 글씨로 표시된 지시대명사의 지시 대상은 발화 현장에서 확인할 수 있다. <예5.2.2-3가>의 '이거'는 발화 현장에 놓여 있는 맥주를 가리키고 있고 <예5.2.2-3나>의 '요거'와 '저거'는 발화 현장에 보이는 담배를 가리키고 있다. <예5.2.2-3다>의 '그거'는 발화 현장에서 현재 청자가 들고 있는 물건을 지시하고 <예5.2.2-3라>의 '저기', '저쪽', '이쪽'은 화자와 청자가 발화 현장에서 확인할 수 있는 장소를 지시한다.

그러나 아래의 예와 같이 대화 상황을 전제로 하지 않더라도 지시대명사가 현장 지시로 해석되는 경우가 있다. 이러한 예는 주로, 소설에서 나타나는 1인칭 시점, 3인칭 전지적 시점의 특성으로 인해 나타난다.

〈예5.2.2-4〉 [소설]

가. 어차피 **이곳은** 나의 세상이 아니었다. 나는, 만일 나의 세상이라는 것이 있다면, 그것이 아무리 작고 보잘것 없는 것이라 할지라도, 이 세상과 바꿀 생각이란 없었다.

나. 밤기차 역에서 문득 던진 한마디 말이 씨앗이 되어 이방의 청년이 **이곳까지** 찾아오게 되었다는 사실이 신기했다. 친구로 사귀자는 제안은 내가 먼저 했지만 그 여행 이후 나는 약속에 뒤따르는 아무런 노력도 하지 않았다.

다. 하루아침에 엄청난 소용돌이에 빠져 버린 자신의 처지가 믿겨지지 않았다. 누군가는 깨어 보니 유명해져 있더라고 했다는데 **이건** 깨어 일어나 보니 살인범이 되어 있었고 깡패들의 공격 대상이 되어 있었다.

라. 학생은 문득 '베쓰'가 바람을 타고 하늘로 올라가는 것만 같았다. **이곳을** 지나는 사람은 조그만 무덤 앞에 말뚝 한 개를 볼 수 있었다.

<예5.2.2-4가, 나>는 1인칭 시점의 예로, 이 예에서 나타나는 '이곳'은 1인칭의 작중 화자의 시점에서 현재 작중 화자가 있는 곳을 가리킨다. 따라서 이러한 예는 대화 상황을 전제로 하지 않지만 1인칭 작중 화자가 독자들에게 자신의 내적 발화를 들려주는 것이라는 점에서 지시대명사가 발화 현장에 존재하는 대상을 지시하는 현장 지시의 예로 볼 수 있다. <예5.2.2-4다, 라>는 3인칭 전지적 시점의 예로 '이거'와 '이곳'은 각각 3인칭의 전지적 화자가 등장인물의 관점에서 관점 이입을 하여 마치 1인칭 작중 화자처럼 현재 처해 있는 상황과 등장인물 자신이 현재 있는 곳을 가리킨다. 다시 말해서, 이러한 예도 대화 상황을 전제로 하지 않지만 1인칭 시점의 예와 마찬가지로 작중 화자가 자신의 내적 발화를 독자들에게 전달한다는 점에서 현장 지시로 해석할 수 있다.

문맥 지시와 현장 지시는 앞서 든 예에서와 같이 그 구별이 명확한 경우가 일반적이지만 상황에 따라 문맥 지시와 현장 지시의 구별이 모호한 경우도 있다.

〈예5.2.2-5〉

가. 이거 어떻게, 아니 **이거** <u>냄비</u> 쏟을 거 같애. [대화]

나. 요기 있는 요거는 **요기** <u>빨간 버튼</u>을 누르면 불이 들어와서, 정지가 되는 거고. [대화]

다. "그래요, 그럼. 이 일은 **저쪽** <u>재산관리계</u>로 가셔야 하거든요. 그쪽으로 가시죠." [소설]

라. 내가 서울서 병원을 때려치우고 **이곳** <u>서포리</u>에 온 것은 무의촌에서 일하겠다는 봉사 정신 때문이 아니라 너를 안전하게 치료할 곳이 여기밖에 없었기 때문이야. [소설]

위의 예에서 제시된 지시대명사는 모두 발화 현장에서 확인할 수 있기 때문에 현장 지시의 예로 볼 수 있지만 후행하는 문맥에 이어서 지시대명사가 지시하는 대상이 나타난다는 점에서 후행 문맥 지시의 예로도 볼 가능성도 있다. 이러한 예들은 대개 지시대명사와 지시대명사가 지시하는 대상을 나타내는 명사구가 동격 구성을 이루는데 지시대명사에 후행하는 동격 명사구는 발화 현장에서 확인할 수 있는 지시 대상을 더욱 분명히 확인할 수 있게 해 준다. 가령, <5.2.2-5가>에서 화자가 '이거'로 사물을 지시하였을 때, 청자는 화자에게 가까이 있는 사물을 지시한다는 것을 알 수 있지만 화자 주변에 여러 개의 사물이 있다면 '이거'가 가리키는 사물이 정확하게 무엇인지 확인하기 어려울 수도 있다. 그러나 후행 문맥에서 '냄비'를 다시 한 번 더 언급해 주게 되면 청자는 지시대명사가 가리키는 대상을 명확하게 알 수 있게 된다. 이러한 점을 고려한다면, <예5.2.2-5>와 같은 예는 문맥 지시보다는 현장 지시로 해석하는 것이 더 타당할 것으로 보인다.

문맥 지시와 현장 지시의 구별이 모호한 또 다른 경우는 아래의 예와 같이 인용 발화나 대화 지문 내에서는 현장 지시로 사용되었지만 청자나 독자들이 실제로는 문맥을 통해서 지시 대상을 확인할 수 있는 경우를 들 수 있다.

〈예5.2.2-6〉

가. 타이타닉:: 딱 그~ 국내 그 미국 내 평론가들이 그랬대매, 이건 절대 망한다. 세계적으로 떠야지 겨우 본전 친다 이랬는데 전세계적으로 떴잖아. [대화]

나. 그는 나에게 전화번호를 휘갈겨 써 주었다. 영등포의 무슨 다방 전화번호였다. "여기로 전화하면 나하고 연락이 될 거야." [소설]

다. TNC의 양식장은 올 2월 남미 갈라파고스 국립공원 관계자들의 연수 코스가 되기도 했다. 마이어 씨는 "한국에선 어떤 횟감이 잘 팔리느냐"며 "이곳 양식어들은 현지 유통망을 통해 홍콩 시장으로 팔릴 예정"이라고 덧붙였다. [신문]

라. 장자는 자기의 우주 여행 보고서를 이렇게 썼습니다. "저쪽에서 이 땅을 보라. 그러면 역시 마찬가지일 것이다." [학술]

<예5.2.2-6가>의 '이거'는 인용 발화 내에서 현장 지시로 사용된 것이지만 청자는 인용 발화가 일어나던 현장에 있었던 것이 아니기 때문에 발화 현장에서 그 지시 대상을 확인할 수 없고 화자가 앞선 문맥에서 언급한 '타이타닉'을 통해 '이거'의 지시 대상을 알 수 있다. <예5.2.2-6나>의 '여기'는 등장인물들 간의 대화 내에서 현장 지시로 사용된 것이지만 독자는 앞선 문맥을 통해 '여기'가 '영등포의 무슨 다방 전화번호'를 지시한다는 것을 알 수 있다. <예5.2.2-6다>의 '이곳'은 직접 인용한 인터뷰 내용 내에서 화자가 현장 지시로 사용한 것이지만 독자는 앞선 문맥에 제시된 'TNC의 양식장'을 통해 '이곳'이 지시하는 대상을 확인할 수 있다. <예5.2.2-6라>의 '저쪽'은 장자의 인용 발화 내에서 현장 지시로 사용된 것이지만 독자는 앞선 문맥에서 제시된 '우주 여행 보고서'를 통해 '우주'를 가리킨다는 것을 파악할 수 있다. 이러한 경우는 청자나 독자의 관점보다는 화자의 관점에서 지시 양상을 분석하는 것이 더 합리적일 것이다. 특히, <예5.2.2-6라>에서는 '저쪽'이 지시하는 대상이 앞선 문맥에서 정확하게 제시된 것이 아니라 '우주 여행 보고서'라는 명사구를 통해서 '우주'를 가리킨다는 것을 유추하여 알 수 있을 뿐이다. 실제로 <예5.2.2-6가, 나, 다>도 <예5.2.2-6라>와 같이 지시대명사가 선행 문맥에 제시된 대상을 지시하는 것이 아니라 선행 문맥에 제시된 대상을 통해 인용 발화 내에

제시된 대상이 무엇인지 유추할 수 있는 경우라고 할 수 있다. 따라서 <예5.2.2-6>과 같은 예도 문맥 지시보다는 현장 지시의 예로 해석하는 것이 타당할 것이다.

이상에서 제시한 <예5.2.2-5, 6>은 화자나 필자의 지시 의도와 청자나 독자의 지시 해석이 불일치하는 경우로서, 화자나 필자의 지시 의도는 현장 지시이지만 청자나 독자가 지시 대상을 해석할 때에는 문맥에 의존하는 것이다. 이러한 경우에 우리는 청자나 독자의 지시 해석이 아니라 화자나 필자의 지시 의도를 기준으로 하여 지시대명사의 지시 양상을 결정하고자 한다. 왜냐하면 화자나 필자는 청자나 독자의 지시 해석을 염두에 두고 지시대명사를 사용하는 것이 아닐 뿐만 아니라 청자나 독자도 사실상 화자나 필자의 지시 의도를 파악한 뒤 이에 따라 지시 대상을 해석하기 때문이다. 예컨대, <예5.2.2-5가>에서 청자는 '이거'를 문맥 지시로 파악하여 문맥 내에서 지시 대상을 찾는 것이 아니라 화자의 지시 의도를 파악해 우선 현장에서 그 지시 대상을 찾을 것이고 <예5.2.2-6가>에서도 청자는 '이거'를 문맥 지시로 파악하는 것이 아니라 인용 발화 내에서 나타나는 현장 지시라는 것을 파악하고 난 뒤, 현재의 발화 현장 내에서는 지시 대상을 찾을 수 없다는 것을 알고 문맥 전체를 참조하여 지시 대상을 유추하게 되는 것이다. 이러한 이유로 인해, 화자의 지시 의도는 현장 지시이지만 지시 대상의 해석을 문맥에 의존하게 되는 경우는 지시 해석이 아니라 지시 의도를 중심으로 하여 지시 양상을 결정하는 것이 타당하다고 할 수 있다.

지시대명사는 문맥에 제시된 대상이나 발화 현장에서 확인할 수 있는 대상을 가리키는 것이 일반적이지만 화자와 청자가 공유하는 인식 내에 있는 대상을 지시하는 경우도 있다. 이와 같이 지시대명사가 화 · 청자의 공통 인식 내에 있는 대상을 지시하는 것을 **상맥(想脈) 지시**라고 한다.

〈예5.2.2-7〉

가. A: 학교 오랜만에 가서, 어디에서 차 타는지두 모르겠어, 어디야? 옛날 **거기야**? B: 응. 당연하지. [대화]

나. A: 아, 그래서, 거길 보면은, 아~ 보니까 방학 때 학교에서 막~ **그거** 하는 거 있더라구요? 정보 통신 거기서::, 정보 통신 거기서::, B: 음. 아, 비싸지 않아, 학교에서 하는 거? [대화]

다. 그녀의 목소리가 여전히 고왔기 때문에, 나는 잠시 초조함을 견뎌내야 했다. "**거기서**?" "응, **거기서**." [소설]

라. "아저씨랑 아주머니 지금도 **거기** 사세요?" "어머니만 서울 동생 집에 살고 아버진 돌아가셨어. 산업재해를 입으셨거든." [소설]

위의 예는 상맥 지시의 예를 보인 것으로 문맥이나 발화 현장을 통해 그 지시 대상을 확인할 수 없지만 화자는 화 · 청자의 공통 인식 공간 내에 있는 대상을 가리키고 청자는 이를 통해 그 대상을 알 수 있다. <예5.2.2-7가>의 '거기'는 화자와 청자가 서로 알고 있는 어떠한 장소를 가리키고 <예5.2.2-7나>의 '그거'는 화자와 청자가 서로 알고 있는 어떠한 대상을 가리키는데 아마도 '학교에서 하는 특강'을 지시하는 듯하다. <예5.2.2-7다, 라>의 '거기'도 화자와 청자가 서로 알고 있는 장소를 가리키는데, <예5.2.2-7다>의 '거기'는 화자와 청자가 자주 만나던 곳이라서 서로가 이미 익숙하게 잘 알고 있는 장소를 가리키고 <예5.2.2-7라>의 '거기'는 화자가 예전에 청자에게 들어서 알고 있는, 청자의 거주 지역을 가리킨다. 이러한 상맥 지시는 화자와 청자 사이에 충분히 공유된 정보를 바탕으로 할 때에 가능하지만 다음과 같이 화자와 청자 사이에 개별적으로 공유된 정보가 충분하지 않을 때에도 상맥 지시를 사용할 수 있다.

〈예5.2.2-8〉 [소설]

가. "결혼 전엔 나 어땠는 줄 아니? 결혼하면 있지. 남편이랑 매일 **그걸** 할 수 있으니 얼마나 좋단 말인가, 하고 생각했거든 황홀했지."

나. "염병할! 이럴 줄 알았으면 어젯밤에 마누라하고 진하게 하고 오는 건데. 며칠 동안 갇혀 있으면 **그거** 하고 싶어서 어쩌나?" 모두들 나직이 웃었다.

다. 그녀의 **그곳은** 따스하면서도 미끈한, 입안과는 또 다른 천국이었다.

라. 크지도 작지도 않은 유두를 이빨로 가볍게 깨물고 있는 사이 그녀의 손아귀에 들어가 있던 그의 **그것은** 빠르게 부풀어 오르기 시작했다.

<예5.2.2-8가, 나>의 '그거'는 모두 '성관계'를 가리키고 <예5.2.2-8다, 라>의 '그곳'과 '그것'은 각각 '여성의 성기'와 '남성의 성기'를 가리키는데 이들을 가리키는 명사는 일종의 사회적 금기어이기 때문에 화자는 특별한 상황이 아닌 이상에는 이들을 노골적으로 표현하는 것을 매우 곤란해 한다. 따라서 이러한 경우, 화자와 청자가 공유하는 담화의 주제가 분명하고 지시해야 할 대상의 직접적 표현이 금기시되어 있다는 것이 화·청자 사이에 공유되어 있기 때문에 지시대명사를 사용하여도 그 지시 대상을 확인할 수 있는 것이다. 따라서 <예5.2.2-8>과 같은 예는 화자와 청자 사이에 개별적으로 형성된 정보를 공유하지 않아도 화자와 청자가 함께 존재하는 사회 내에서 형성된 공유 정보로 인해 상맥 지시가 가능한 것으로 볼 수 있다.

상맥 지시는 화자가 지시 대상을 명시적으로 드러내지 않기 때문에 화자가 충분히 공유된 정보를 바탕으로 상맥 지시를 의도한다고 하더라도 청자가 지시 대상의 확인에 실패하는 경우가 많다. 반대로 화자가 상맥 지시를 의도하지 않고 지시 대상을 표현할 만한 적절한 표현이 떠오르지 않아 화자의 인식 내에만 존재하는 대상을 지시대명사로 지시하더라도 청자가 발화 맥락을 통해 그 지시 대상을 유추하여 확인하거나 굳이 그 지시 대상을 확인하지 않고 넘어가는 경우도 많다.

〈예5.2.2-9〉 [대화]

가. A: 나는 … **그거** 있잖아, 원투 나와 가지고 원투 나와 가지고 뭐지? 상하로 나눠졌는데, 아, 그 전쟁:: 같은 거 있잖아, B: 어::,

나. A: 근까 군사는. 북한 북한::을 둘러싼 **그게** 있잖아. B: 어. 근데, 지::금 뭐~ 일본은::, 솔직히 뭐~ 미국 편이라 그러는데, 아직 중국은 자기네들 힘 때문에 아직 그런 게 아니잖아.

다. A: 엽기적인 그녀 그거 피씨 통신상에 **그거** 해 가지구 영화 했대는데. 여 그~ 뭐지? B: 예고편 세 개 다 봤는데 아 인상적이든데?

라. A: 내가 근데 먹는 걸 줄이니까::, 변비가 생기는 거야 또::, B: 어::. A: 그래서 먹는 거 줄이는 거는 아무:: **그게** 없어.

<예5.2.2-9>는 화자 A가 상맥 지시를 의도했다기보다는 지시 대상에 대한 적절한 표현이 떠오르지 않아 '그거'를 사용하여 자신의 인식 내에만 있는 대상을 가리키고 이에 청자 B는 '그거'가 가리키는 대상을 맥락을 통해 유추하여 이해하고 대화를 이어나가고 있는 경우라고 할 수 있다. 더 정확하게 말해서, 위의 예는 화자가 상맥 지시를 의도했는지도 분명하지 않을 뿐만 아니라 청자가 지시대명사로 지시된 대상을 정확히 이해했는지도 확실하지 않는 경우라고 할 수 있다. 따라서 여기서는 화자가 상맥 지시를 의도하고 그 지시 대상을 청자가 성공적으로 확인했다는 것이 확실한 경우만을 한정하여

상맥 지시로 보기로 하고 <예5.2.2-9>와 같은 경우는 화자의 인식 내에만 지시 대상이 존재하는 경우로 보아 뒤에서 다루게 될 '지시 대상 확인 불가' 유형으로 분석한다. 상맥 지시는 화자와 청자 사이에 충분히 공유된 정보를 바탕으로 성립하는 것이기 때문에 화자의 지시 의도와 청자의 지시 해석이 서로 일치할 때에만 상맥 지시로 보는 것이 가장 타당하기 때문이다.

지시대명사는 현재 논의가 이루어지고 있는 텍스트 공간 전체나 텍스트 공간상의 특정 위치를 지시하는 경우도 있는데 이를 **텍스트 지시**라고 한다. 지시대명사의 텍스트 지시는 가상의 텍스트 공간을 전제로 하여 이루어지는 것이기 때문에 문어 사용역에서만 나타날 수 있고 문어 사용역 중에서도 학술 산문에서 특징적으로 나타난다.

〈예5.2.2-10〉 [학술]

가. 다만 **여기서** 말하고자 하는 것은 컴퓨터의 도입으로 인해 나타난 새로운 양식의 대중문화이다.

나. 실용문의 범위는 제한하기 어려우나, **여기서는** 취업 시 요구되는 이력서 · 자기소개서 · 추천서의 글, 축사 · 조사 등의 식사(式辭), 점차 증가하고 있는 각종 모임의 초대 글과 규약문 등의 서식(書式), 부조 시 필요한 봉투 쓰기에 관한 것들의 순으로 살펴보도록 한다.

다. 물론 이 경우 바로크는 플랑드르의 루벤스, 프랑스의 푸생, 네덜란드의 렘브란트, 스페인의 벨라스케즈 등 매우 다른 흐름들을 모두 포괄한다. 하지만 **여기선** 바로크를 고전주의와 대립되는 좁은 의미로만 사용하기로 하자.

라. 따라서 우리는 새로운 리더십에 대해서도 깊은 관심을 가질 필요가 있다. 물론 이 분야에 대해서는 많은 토론이 필요하다. **여기에서는** 일단 로마클럽의 이야기를 참고하기로 하자.

<예5.2.2-10>에서 '여기'는 현재 논의가 이루어지는 텍스트 공간을 가리킨다. 현재의 논의가 이루어지는 가상의 텍스트 공간을 가리킨다는 점에서 텍스트 지시는 현재의 발화가 이루어지는 공간을 지시하는 현장 지시와 동일한 원리에서 이루어지는 것이라고 할 수 있다. 즉, 실제 발화 현장에서 발화가 이루어지는 공간을 지시하면 현장 지시가 되지만 가상의 텍스트 공간에서 논의가 이루어지는 가상의 텍스트 공간을 지시하면 텍스트 지시가 되는 것이다. 그래서 실제로 발화가 이루어지는 장소를 가리키는 '여기'가 텍스트 지시에 주로 사용된다.

그런데 다음의 예와 같이 텍스트 지시와 선행 문맥 지시의 구분이 모호한 경우도 있다.

〈5.2.2-11〉 [학술]

가. 소유 구조의 문제 언론의 공공성을 감안한다면 언론은 공적으로 소유되는 것이 바람직하다. **여기서** 공적 소유구조란 국가나 기업 또는 개인이 아닌 제3의 소유 형태를 말한다.

나. 修辭란 말이나 글을 다듬고 꾸미는 일이다. **여기서** '꾸민다'는 말은 그것을 아름답게 만든다는 뜻이기도 한데, 그 '아름답게'라는 말이 단순히 美辭麗句를 뜻하는 것만은 아니다.

다. 그런데 문제는 글쓰기에 있어 독특한 새로운 관점이 절실히 요구되는 점이다. **여기서** 새로운 관점이란 대체적으로 소재의 개성이나 주제의 심각성을 들 수 있다고 본다.

라. 흰색은 직물의 표백에서 얻어진 흰색이 있겠고 또 하나는 직물의 원래의 색인 소색(素色)이 있겠으나, **여기서는** 사람의 손에 의하여 가공된 표백의 빛을 말한다.

<예5.2.2-11>에서 나타나는 '여기'는 논의가 이루어지는 텍스트 공간 자체를 가리키는 것으로도 볼

수 있다. 그러나 <예5.2.2-11>의 '여기'는 <예5.2.2-10>의 '여기'와 달리, 텍스트 공간 전체나 논의가 이루어지는 텍스트 공간상의 특정 위치보다는 선행 문맥에 제시된 명제 전체를 가리키는 것이다. 따라서 <예5.2.2-11>의 '여기'는 텍스트 지시보다는 선행 문맥 지시로 보는 것이 타당할 것이다.

이상에서 살펴본 바와 같이 지시대명사는 발화 맥락이나 문맥 내에 있는 대상, 발화 현장에 있는 대상, 화·청자 간의 공통 인식 내에 존재하는 대상을 가리키거나 텍스트 공간 자체를 가리키는데 상황에 따라 지시 대상을 확인하는 것이 불가능하거나 지시 대상이 없는 경우도 있다. 앞서 살펴본 <예5.2.2-9>는 지시대명사의 지시 대상이 화자의 인식 내에만 존재해서 그 지시 대상을 확인하는 것이 불가능한 경우라면 아래의 예와 같은 경우는 지시 대상 자체가 없거나 지시 대상이 불분명하여 지시 대상을 확인하는 것이 불가능한 경우라고 할 수 있다.

〈예5.2.2-12〉

가. A: 아:: 맞어. 그걸 얘기해 줘야 돼. 동기와 이유. B: 아 **그게 그거** 아니야 근데 핸드폰이, 그럴 만한 게, 냉장고나, 뭐 딴 걸, [대화]

나. 그 순간은 내 긴 어둠의 **저편에서** 헤어온 어떤 상상의 꿈이 하나의 씨앗으로 굳어 불현듯 내 몸 속으로 박혀올 때였다. [소설]

다. 사진은 그때 **그곳에서** 무슨 일이 있었는가를 보는 가장 정확한 눈이었고, 그때 **그곳에서** 무슨 일이 있었는지를 전하는 가장 정직한 입이었다. [소설]

라. 사회과학은 대립적인 견해가 있을 때 **이것도 저것도** 모두 옳다는 식의 양시양비론이 아니라 어떤 것이 중요하고 본질적인 것인지, 어떤 것이 덜 중요하고 부차적인 것인지를 평가하고자 한다. [학술]

<5.2.2-12가>의 '그거'는 '그게 그거다'라는 관용 표현 내에 나타나 그 지시 대상이 없는 경우이고 <예5.2.2-12나>의 '저편'은 구체적인 장소를 지시하기보다는 관용적으로 '멀리 있는 곳'이라는 의미로 해석되어 그 지시 대상이 불분명한 경우라고 할 수 있다. <예5.2.2-12다>의 '그곳'은 '어디'와 같이 부정대명사처럼 해석되는 경우이고 <예5.2.2-12라>의 '이것'과 '저것'은 지시대명사의 계열 대립 의미만 분명하고 그 지시 대상은 불분명한 경우라고 할 수 있다. 이와 같이 지시대명사의 지시 대상을 확인하는 것이 불가능한 경우는 그 유형이 다양한데 이에 대해서는 5.2.2.2에서 자세히 다루기로 한다.

이상에서 논의한 지시대명사의 지시 양상을 정리하여 제시하면 아래와 같다.

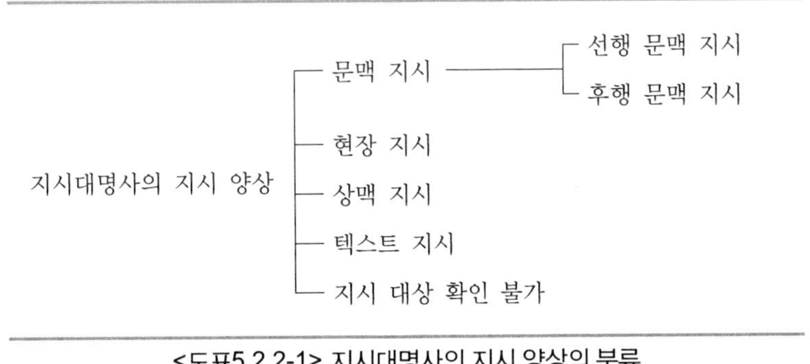

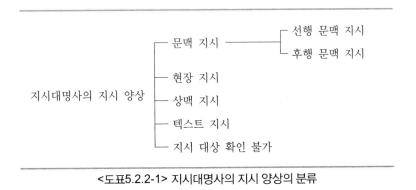

<도표5.2.2-1> 지시대명사의 지시 양상의 분류

▶ 말뭉치 계량 결과 제시

1-1. 지시대명사의 지시 양상별 사용 비율

전체: 문맥 지시 〉 현장 지시 〉 지시 대상 확인 불가 ≧ 텍스트 지시 ≧ 상맥 지시

대화: 문맥 지시 〉 현장 지시 〉 지시 대상 확인 불가 ≧ 상맥 지시

소설: 문맥 지시 〉 현장 지시 〉 지시 대상 확인 불가 ≧ 상맥 지시 ≧ 텍스트 지시

신문: 문맥 지시 〉 현장 지시 ≧ 지시 대상 확인 불가

학술: 문맥 지시 〉 텍스트 지시 〉 현장 지시 ≧ 지시 대상 확인 불가

1-2. 문맥 지시의 지시 양상별 사용 비율

전체: 선행 문맥 지시 〉 후행 문맥 지시

대화: 선행 문맥 지시 〉 후행 문맥 지시 | 소설: 선행 문맥 지시 〉 후행 문맥 지시

신문: 선행 문맥 지시 〉 후행 문맥 지시 | 학술: 선행 문맥 지시 〉 후행 문맥 지시

<table>
<tr><td rowspan="2"></td><td colspan="2">문맥 지시</td><td colspan="2">현장 지시</td><td colspan="2">텍스트 지시</td><td colspan="2">상맥 지시</td><td colspan="2">지시 대상 확인 불가</td></tr>
<tr><td colspan="5">선행 문맥 지시</td><td colspan="5">후행 문맥 지시</td></tr>
<tr><td rowspan="2">전체</td><td colspan="2">■■■■■■■■
■■■■■■■■</td><td colspan="2">■■■▪</td><td colspan="2">▪</td><td colspan="2">▪</td><td colspan="2">▪</td></tr>
<tr><td colspan="5">●●●●●●●●●●●●●●●●●●•</td><td colspan="5">•</td></tr>
<tr><td rowspan="2">대화</td><td colspan="2">■■■■■■■■
■■■■■</td><td colspan="2">■■■■■■▪</td><td colspan="2"></td><td colspan="2">▪</td><td colspan="2">▪</td></tr>
<tr><td colspan="5">●●●●●●●●●●●●●●●●●•</td><td colspan="5">●●•</td></tr>
<tr><td rowspan="2">소설</td><td colspan="2">■■■■■■■■
■■■■■▪</td><td colspan="2">■■■■■▪</td><td colspan="2">▪</td><td colspan="2">▪</td><td colspan="2">▪</td></tr>
<tr><td colspan="5">●●●●●●●●●●●●●●●●●●●•</td><td colspan="5">•</td></tr>
<tr><td rowspan="2">신문</td><td colspan="2">■■■■■■■■
■■■■■■■■
■■■▪</td><td colspan="2">▪</td><td colspan="2"></td><td colspan="2"></td><td colspan="2">▪</td></tr>
<tr><td colspan="5">●●●●●●●●●●●●●●●●●●●•</td><td colspan="5">•</td></tr>
<tr><td rowspan="2">학술</td><td colspan="2">■■■■■■■■
■■■■■■■■
■■■▪</td><td colspan="2">▪</td><td colspan="2">▪</td><td colspan="2"></td><td colspan="2">▪</td></tr>
<tr><td colspan="5">●●●●●●●●●●●●●●●●●●●•</td><td colspan="5">•</td></tr>
</table>

<그래프5.2.2-1> 지시대명사의 지시 양상별 사용 비율

(■/● 5%, ▪/• 5% 미만)

2. 지시대명사의 지시 양상별 사용역 비율

문맥 지시: 대화 〉 학술 〉 소설 ≧ 신문
선행 문맥 지시: 대화 〉 학술 〉 소설 ≧ 신문
후행 문맥 지시: 대화 〉 소설 ≧ 학술 ≧ 신문
현장 지시: 대화 〉 소설 〉 학술 ≧ 신문
텍스트 지시: 학술 〉 소설
상맥 지시: 대화 〉 소설
지시 대상 확인 불가: 대화 〉 소설 〉 학술 〉 신문

		대화	소설	신문	학술
문맥 지시	전체	■■■■■■■■■	■■■	■■■	■■■■■
	선행	●●●●●●●●•	●●●	●●●	●●●●●•
	후행	●●●●●●●●● ●●●●●●●●● ●	•	•	•
현장 지시		■■■■■■■■■ ■■■■■■▪	■■■■▪	▪	▪
텍스트 지시			■		■■■■■■■■■ ■■■■■■■■■ ■
상맥 지시		■■■■■■■■■ ■■■■	■■■■■		
지시 대상 확인 불가		■■■■■■■■■ ■■■■▪	■■▪	▪	■▪

<그래프5.2.2-2> 지시대명사의 지시 양상별 사용역 비율

(■/● 5%, ▪/• 5% 미만)

▶▶ 말뭉치 계량 결과에 대한 논의

우선, 지시대명사의 지시 양상별 사용 비율을 살펴보면, 전체 말뭉치에서 나타나는 양상과 사용역에 따른 양상이 거의 유사하게 나타난다. 모든 사용역에서 공통적으로 문맥 지시의 사용 비율이 압도적으로 가장 높고 '학술'을 제외한 모든 사용역에서 문맥 지시 다음으로 현장 지시의 사용 비율이 높다. 그 이외에 텍스트 지시, 상맥 지시, 지시 대상 확인 불가는 모두 특수한 지시 양상이기 때문에 5%

미만으로 그 사용 비율이 매우 낮거나 사용역에 따라 아예 나타나지 않는 경우도 있다.

지시대명사가 문맥 지시로 사용되는 경우는 모든 사용역에서 그 비율이 가장 높을 뿐만 아니라 문맥 지시 다음으로 사용 비율이 높은 현장 지시에 비해 그 사용 비율이 훨씬 더 높다. 이러한 사실은 지시대명사가 현장에 존재하는 대상보다는 문맥에서 언급된 대상을 지시하는 데 훨씬 더 많이 사용된다는 것을 알려 준다. 문맥 지시는 선행 문맥 지시와 후행 문맥 지시로 나눌 수 있는데 모든 사용역에서 공통적으로 선행 문맥 지시가 후행 문맥 지시에 비해 그 사용 비율이 압도적으로 높다. 앞서 언급했듯이, 후행 문맥 지시는 지시대명사를 먼저 제시하고 후행 발화에서 지시 대상을 언급하는 것이기 때문에 청자가 화자의 발화에 집중하고 기다리게 하는 효과를 가지거나 선행 발화에서 언급하지 않은 지시 대상을 후행 발화에서 다시 언급해 선행 발화를 보충하고 교정하는 효과를 가진다. 즉, 청자의 집중을 의도하는 의도적인 후행 문맥 지시이든지 선행 발화 교정으로 인해 나타나는 비의도적인 후행 문맥 지시이든지 간에 후행 문맥 지시는 그 사용상에 특별한 동기가 있는 것이다. 이러한 특수성으로 인해 모든 사용역에서 후행 문맥 지시는 선행 문맥 지시에 비해 그 사용 비율이 매우 낮다.

그런데 '대화'에서는 후행 문맥 지시의 사용 비율이 약 10%로 다른 문어 사용역에 비해 그 사용 비율이 매우 높다는 특징이 있다. 이는 선행 발화 교정과 관련되는 비의도적 후행 문맥 지시가 '대화'에서 매우 빈번히 나타나기 때문이다. 비의도적 후행 문맥 지시가 '대화'에서 매우 빈번히 나타나는 것은 대화의 실시간성과 화자의 대화 유지 전략과 관련된다. '대화'에서는 발화가 실시간으로 오고 가기 때문에 화자는 상대방의 발화에 즉각적으로 반응을 해야 한다. 이러한 실시간성으로 인해 화자는 자신이 의도하는 적절한 표현이 곧바로 떠오르지 않은 경우가 많다. 그럼에도 불구하고 화자는 발화를 계속 이어나가야 하는데 만약 화자가 생각나지 않는 표현을 생각해 내기 위해 발화를 중간에 끊는다면 대화의 흐름이 끊기고 대화에 실패하게 될 수도 있기 때문이다. 따라서 화자는 자신이 의도하는 적절한 표현이 생각나지 않더라도 대화의 흐름을 유지하기 위해 우선 지시대명사로 먼저 표현하고 그 뒤에 지시 대상을 언급하여 선행 발화를 보충하고 교정하는 것이다. 이러한 이유로 인해 '대화'에서는 비의도적 후행 문맥 지시의 사용 빈도가 매우 높고 그 결과로 후행 문맥 지시의 사용 비율이 높게 나타나는 것이다. 비의도적 후행 문맥 지시는 지시적 측면에서만 보자면 후행 문맥 지시이지만 무엇인가를 지시하기 위해 사용되기보다는 대화의 실시간성으로 인해 발생한 불완전한 선행 발화를 보충하고 교정하는 발화 전략으로 사용되는 것이라고 할 수 있다. 이에 대해서는 5.2.2.2에서 다시 논의하게 될 것이다.

현장 지시는 '학술'을 제외한 모든 사용역에서 문맥 지시 다음으로 그 사용 비율이 높다. '대화'와 '소설'은 현장 지시의 사용 비율이 25% 이상이지만 '신문'과 '학술'은 현장 지시의 사용 비율이 5% 미만으로 그 사용 비율이 매우 낮다. 현장 지시는 실제 발화 현장에서 확인할 수 있는 대상을 지시하는 것이기 때문에 실제 발화 공간을 전제로 한다. 따라서 일상 대화인 '대화'나 대화 지문이 있는 '소설'에서 현장 지시의 사용 비율이 높다. 반면에 '신문'이나 '학술'은 가상의 텍스트 공간에서 담화가 형성되기 때문에 현장 지시가 불가능하고 현장 지시가 나타난다고 하더라도 아래의 예와 같이 실제 발화를 직접 인용한 경우나 대화 예시문에서 제한적으로 나타난다.

〈예5.2.2-13〉

가. 이를 진정시키려던 이 후보까지 "여기가 시정잡배들의 모임이냐"고 큰소리를 치며 상기된 얼굴로 자리를 떴다. [신문]

나. 시인은 "이 시집을 읽은 분들이 이것도 시냐, 이 정도이면 나도 시인이 될 수 있겠다는 생각을 갖도록 만들었다"면서, "그로 인해 우리 모두가 시인의 마음으로 살 수 있으면 좋지 않느냐"고 말했다. [신문]

다. 이윽고 스승은 육환장을 높이 들어 법상을 두어 번 내리친 다음에 이렇게 말하였다. "일체의 진리가 여기에 있느니라." 이 말을 끝으로 스승은 법상에 앉은 채 조용히 입적(入寂)하였다. [학술]

라. 플라톤: 저기 피타고라스 선생이 그린 삼각형 좀 보게. 저게 완전할까? 아리스토텔레스: 아뇨, 아무리 정확히 그려도 몇 만 분의 1의 오차는 있겠죠. [학술]

텍스트 지시는 가상의 텍스트 공간을 지시하는 것이기 때문에 문어 사용역에서만 나타날 수 있다. 따라서 '대화'에서는 텍스트 지시가 나타나지 않는다. 문어 사용역 중에서도 '신문'에서는 텍스트 지시가 나타나지 않고 '소설'과 '학술'에서만 텍스트 지시가 나타난다. 앞서 언급했듯이 텍스트 지시는 학술적 글쓰기에서 특징적인 양상이다. 따라서 '학술'에서는 텍스트 지시의 사용 비율도 다소 높게 나타나고, 매우 미미한 차이이기는 하지만 텍스트 지시가 현장 지시보다 그 사용 비율이 더 높은 특징이 있다. 매우 특이하게도 '소설'에서도 텍스트 지시가 나타나는데 이는 소설 속 화자가 소설 자체를 가리키는 데 사용된 것이다. 이에 대해서는 5.2.2.1에서 살펴보기로 한다.

상맥 지시는 화·청자의 공통 인식 내에 존재하는 대상을 지시하는 것이기 때문에 화자와 청자 사이에 정보가 충분히 공유될 때 사용 가능하다. 따라서 화자와 청자가 동일한 담화 공간에 존재하고 개별적인 친분 관계가 있는 일상 대화나 이러한 일상 대화를 가정하는 대화 지문에서 상맥 지시가 나타날 수 있는데 이러한 이유로 인해 '대화'와 '소설'에서만 상맥 지시가 나타난다. 상맥 지시는 화자와 청자가 정보를 충분히 공유한다고 하더라도 화자가 지시 대상을 명시적으로 드러내지 않기 때문에 청자는 지시 대상 확인에 실패하는 경우가 많다. 그렇기 때문에 상맥 지시가 나타날 수 있는 '대화'나 '소설'에서도 상맥 지시의 사용 비율은 매우 낮게 나타난다. 한편, 상맥 지시는 사회적 금기어를 표현할 때에도 사용된다. 금기어를 표현하기 위해 사용되는 상맥 지시의 경우에는 화자와 청자 사이에 개별적인 정보가 공유되지 않아도 '섹스', '성기', '대소변'과 같은 일종의 사회적 금기어는 직접적으로 표현되지 않는다는 합의가 어느 정도 공유되어 있기 때문에 상맥 지시를 사용할 수 있다. 이러한 점을 고려한다면, '신문'이나 '학술'에서도 상맥 지시는 나타날 수 있을 것으로 예상된다. 그러나 '신문'이나 '학술'은 정보를 객관적으로 그리고 정확하게 전달하는 것을 목적으로 하기 때문에 사회적 금기어라고 할지라도 지시대명사를 통해 우회적으로 표현하지 않고 직접적인 표현으로 그 지시 대상을 정확하게 드러내는 것이 일반적이다. 따라서 사회적 금기어를 상맥 지시로 표현하는 경우도 '신문'과 '학술'에서 나타나지 않는 것이다.

지시 대상을 확인하는 것이 불가능한 경우도 텍스트 지시나 상맥 지시처럼 모든 사용역에서 5% 미만으로 그 사용 비율이 매우 낮다. 지시 대상 확인 불가는 그 유형이 다양하기 때문에 이에 대한 논의는 5.2.2.2에서 자세히 다루기로 한다.

이제 지시대명사의 지시 양상별 사용역 비율을 살펴보기로 하자. 문맥 지시의 사용역 비율은 '대화 > 학술 > 소설 ≧ 신문'의 양상으로 나타나는데 이는 선행 문맥 지시의 사용역 비율 양상과 완전히 동일하다. 이는 지시대명사가 문맥 지시로 사용될 때에는 거의 대부분 선행 문맥 지시로 나타나기 때문이다. 앞서 언급했듯이, 후행 문맥 지시는 그 사용상에 특별한 동기가 있는 것이기 때문에 선행 문맥 지시에 비해 그 사용 빈도가 매우 낮다. 문맥 지시는 문맥 내에 존재하는 대상을 지시하는 것이기 때문에 '대화'보다는 문어 사용역에서 그 사용역 비율이 더 높을 것으로 생각할 수도 있다. 그러나 5장의 도입부에서 살펴보았듯이 지시대명사는 '대화'에서 그 사용역 비율이 가장 높을 뿐만 아니라(<그래프5-6> 참고) 문맥 지시는 전체 지시대명사의 지시 양상 중 그 사용 비율이 압도적으로 가장 높기 때문에 지시대명사의 사용역 비율이 높은 '대화'에서 문맥 지시의 사용역 비율도 가장 높은 것이다. 한편, 문맥 지시의 사용역 비율이 '대화 > 학술 > 소설 ≧ 신문'의 양상으로 나타나는 것은 5.2 도입부의 <그래프5.2-2>에서 제시한 사물 지시대명사의 사용역 비율과 동일하다. 이러한 사실은 사물 지시대명사뿐만 아니라 장소 지시대명사도 문맥 지시에 사용되지만 문맥 지시에는 장소 지시대명사보다 사물 지시대명사가 주로 이용된다는 것을 알려 주는 것이다. 이에 대해서는 지시대명사의 지시 양상과 지시 대상을 다룬 5.2.3.2의 <그래프5.2.3.2-1>을 통해 다시 확인할 수 있다.

현장 지시의 사용역 비율은 '대화 > 소설 > 학술 ≧ 신문'의 양상으로 나타난다. 앞서 설명했듯이, 현장 지시는 발화 현장에 있는 대상을 지시하는 것이므로 실제 발화 공간이 존재하는 '대화'나 대화 지문이 있는 '소설'에서 주로 나타난다. 다른 문어 사용역에서는 현장 지시의 사용 비율이 5% 미만이지만 '대화'와 '소설'에는 현장 지시의 사용 비율이 25% 이상으로 비교적 높게 나타난다는 것을 앞서 확인하였는데, 이러한 결과가 현장 지시의 사용역 비율에도 그대로 반영되는 것이라고 할 수 있다. 한편, 현장 지시의 사용역 비율은 5.2 도입부의 <그래프5.2-2>에서 제시한 장소 지시대명사의 사용역 비율과 동일하다. 이는 장소 지시대명사가 문맥 지시보다는 현장 지시에 주로 이용된다는 것을 알려 주는 것이다. 문맥 지시에는 사물 지시대명사가 주로 사용되고 현장 지시에는 장소 지시대명사가 주로 사용된다는 것은 문맥 지시의 주된 지시 대상이 주로 '사물'과 '명제'이고 현장 지시의 주된 지시 대상은 '장소'라는 것을 함의하는데, 이에 대해서는 지시 대명사의 지시 양상과 지시 대명사의 지시 대상을 다룬 5.2.3.2에서 자세히 논의하기로 한다.

텍스트 지시는 앞서 언급했듯이 '대화'와 '신문'에서는 나타나지 않고 '소설'과 '학술'에만 나타난다. '소설'에서 나타나는 텍스트 지시는 '소설' 말뭉치에 포함된 몇몇의 소설 작품 때문에 기인하는 것으로 매우 특이한 것이고 텍스트 지시는 '학술'에서 일반적으로 나타난다. 상맥 지시는 '대화'와 '소설'에서만 나타나는데 '대화'보다 '소설'의 사용역 비율이 더 높다. 앞서 언급했듯이, 텍스트 지시는 지시대명사가 가상의 텍스트 공간을 지시하는 것이므로 '대화'에서는 나타날 수 없을 뿐만 아니라 학술적인 글쓰기에서 특징적으로 나타나는 것이기 때문에 '학술'에서 그 사용역 비율이 가장 높다. 상맥 지시는 지시대명사가 화·청자의 공통 인식 내에 존재하는 대상을 가리키기 때문에 화·청자의 공유 정보가 많은 '대화'나 대화 지문이 있는 '소설'에서 일반적으로 나타난다.

지시 대상을 확인할 수 없는 경우는 '대화'에서 사용역 비율이 가장 높게 나타난다. 이는 '대화'에서 지시 대상이 화자의 인식 내에만 존재하여 그 지시 대상을 확인할 수 없는 경우가 많이 나타나기 때문이다(5.2.2.2의 <그래프5.2.2.2.1-1, 2> 참고). 지시 대상이 화자의 인식 내에만 존재하여 그 지시 대상을 확인할 수 없는 경우는 후행 발화에 지시 대상이 나타나지 않는다는 차이만 있을 뿐 기본적으로 그 원리는 비의도적 후행 문맥 지시와 동일한 것이다(5.2.2.2 참고). 따라서 화자가 대화를 유지하기 위한 전략으로 '대화'에서 비의도적 후행 문맥 지시를 일반적으로 사용하는 것과 마찬가지로 지시 대상이 화자의 인식 내에만 존재하는 경우도 '대화'에서 매우 일반적으로 나타난다. 지시 대상 확인 불가의 경우, '대화'를 제외한 다른 사용역에서는 다양한 지시 대상 확인 불가 유형이 나타나므로 이에 대해서는 지시 대상 확인 불가 유형을 다루는 5.2.2.2에서 자세히 다룰 것이다.

5.2.2.1 지시대명사의 계열과 지시 양상

앞서 5.1에서 살펴보았듯이 지시대명사는 화시적 중심을 기준으로 하여 지시 대상과의 물리적 거리나 심리적 거리에 따라 '이/그/저' 계열이 달리 사용된다는 특성이 있다. 그런데 이러한 대립 체계는 지시대명사의 지시 양상에 따라 달리 나타난다. 가령, 선행 문맥 지시에서는 '이/그' 두 계열이 대립 체계를 이룬다면, 현장 지시에서는 '이/그/저' 세 계열이 모두 대립 체계를 이룬다. 뿐만 아니라 특정 지시 양상에서 주로 사용되는 지시대명사의 계열도 존재한다. 예컨대, 현장 지시에서는 '이/그/저' 세 계열의 지시대명사가 모두 대립 체계를 이루지만 '그/저' 계열 지시대명사보다는 '이' 계열 지시대명사가 주로 사용된다는 특성이 있다. 따라서 5.2.2.1에서는 지시대명사의 지시 양상에 따라 지시대명사의 '이/그/저' 계열이 어떠한 대립 체계를 이루는지, 어떠한 사용상의 특성을 보이는지에 대해 살펴보기로 한다.

문맥 지시는 선행 문맥 지시와 후행 문맥 지시에서 나타나는 '이/그/저' 계열 대립 체계 양상이 서로 다르다. 선행 문맥 지시는 '이/그' 두 계열 대립 체계를 이루지만 후행 문맥 지시는 의도적 후행 문맥 지시냐 비의도적 후행 문맥 지시냐에 따라 각각 '이/그' 두 계열 대립 체계, '이/그/저' 세 계열 대립 체계를 이룬다.

우선, 선행 문맥 지시를 살펴보자. 사실, 선행 문맥 지시에 '저' 계열 지시대명사가 사용되지 않는 것은 아니다. 그러나 '저' 계열 지시대명사가 선행 문맥 지시에 사용될 때에는 아래의 예와 같이 문어 사용역에서 지시대명사 '저'가 '저들'의 형태로 '사람'을 지시하는 경우밖에 없다. 따라서 지시대명사가 선행 문맥 지시에 사용될 때에는 '이/그/저' 세 계열 대립 체계를 이루는 것으로 보기는 힘들고 '이/그' 두 계열 대립 체계를 이루고 있다고 보는 것이 타당하다.

〈5.2.2.1-1〉

가. 대왕이 이날로 어수를 다했거나 혹은 목숨을 부지하여 이 땅을 떠나갔거나, 남아 있는 <u>그 땅의 유민들</u>에겐 그것이 **저들의** 임금을 마지막으로 섬길 수 있었던 날이었다. [소설]

나. <u>북한 측</u>이 기회 있을 때마다 내세워 온 '범민족' 명분하의 행사들은, 특히 판문점이라는 특수 고립 지대에서 치러진다 할 때 그것이 민족 전체의 염원인 통일을 앞당긴다기보다는 **저들의** 정치 선전 수단에 불과함을 우리는 알고 있다. [신문]

다. 그러나 그런 것은 차라리 외양의 장식에 지나지 않는 것이 아닐까? 인간 저 자신의 마음이 과연 <u>네안데르탈인</u>보다 선해진 것이 있을까? **저들도** 오히려 사자의 정중한 매장을 행한 것을 보면 생명을 대접할 줄을 알았다. [학술]

5.1에서 언급했듯이 발화 현장에 있는 대상을 지시할 때에는 화자나 청자를 중심으로 한 물리적 거리에 따라 '이/그/저' 계열의 사용이 달라지는데 이에 따르면 선행 문맥 지시에서는 아래의 예와 같이 화자에게 가까운 것이라고 볼 수 있는, 화자 자신의 발화에서 언급된 대상은 '이' 계열 지시대명사로 지시되고 청자에게 가까운 것이라고 볼 수 있는, 상대방 청자의 발화에서 언급된 대상은 '그' 계열

지시대명사로 지시된다고 사용된다고 가정해 볼 수도 있다.

〈예5.2.2.1-2〉 [대화]

가. 연락하면 될 거 같고 그 다음에 대청소, 환경 미화를 한번 해야 될 거 같은데, 이제 **이거는** 다 같이, 날짜를 쪼금 논의해 봐야 될 거 같애요.

나. 트랜스포머, 즉, 말하자면, 코일 감겨 있는 거, **이것** 때문에, 자장이 발생해서, 여기에 이 회로에, 인풋이나 아웃풋 회로 근처에 있다면, 회로에 영향을 줘서 잡음이 생길 수 있잖아,

다. A: 스타워즈 에피소드 봤냐? B: **그거** 원까지.

라. A: 씨리얼두 종류대루 바꿔 가면서 바나나두 넣다가::, B: **그것두** 달잖아.

위의 예에서 보듯이 <예5.2.2.1-2가, 나>의 '이것'은 각각 화자 자신의 발화에서 언급된 대상을 가리키고 <예5.2.2.1-2다, 라>의 '그것'은 각각 상대방 청자의 발화에서 언급된 대상을 가리킨다.

그러나 실제로 문맥 지시에서 '이' 계열 지시대명사와 '그' 계열 지시대명사의 사용 양상은 화자의 영역, 청자 영역과 관계없이 아래의 예와 같이 수의적인 경우가 더 많다.

〈예5.2.2.1-3〉 [대화]

가. A: 뭐더라, 성질 죽인긴가? B: 음::, A: **그거** 그냥 막 헐리우드 코믹인데::, B: 음. 누구 나오는 거야?

나. 토플이나 토익이라 하더라두, **그거** 전문으로 하는 데서 찍어 주는 대로만 하면은 뭐~ 금세 뭐~ 오백 오십 이상 넘는데,

다. A: 이 웅진 마크만 보면, 코웨이 정수기 생각이 나 가지구. B: 코웨이? 나 있어. 웅진 코웨이. A: **이거** 주식 뭐~ 뛰었다고 나왔더라,

라. A: 음 버티컬? B: **이것도** 하고 교실 사물함도 착 하고 책장도 착 하고, 할라고 학부모 회의 때 총회 때 얘기를 했다,

<예5.2.2.1-3가, 나>의 '그것'은 모두 화자 자신의 발화에서 언급된 대상을 가리키고 <예5.2.2.1-3다, 라>의 '이것'은 모두 상대방 청자의 발화에서 언급된 대상을 가리킨다. 특히나 문어 사용역에서는 모든 텍스트가 화자에 대응되는 필자가 언급하는 것이기 때문에 모두 '이' 계열 지시대명사가 사용되어야 할 것으로 생각되지만 아래의 예와 같이 '그' 계열 지시대명사도 일반적으로 사용된다.

〈예5.2.2.1-4〉

가. 가급적이면 환경마크가 붙어 있는 상품을 사는 일, **그것이** 소비자들의 환경 운동이다. [신문]

나. 우리가 외국 군대를 필요로 하는 것은 **그것** 없이는 아직도 우리의 존립 자체가 위협을 받고 있다는 엄연한 현실 때문이다. [신문]

다. 조선조는 성리학에 의한 통치를 하게 되었고, 성리학은 **그것을** 관학으로 채택한 조선조에서 크게 발전할 계기를 맞은 것이다. [학술]

라. 미적 가치는 문장의 아름다운 표현이나 주제의 감동, 묘사와 서술의 기교, 모국어에 대한 관심과 **그것을** 갈고 닦으려는 노력과 결실 등의 다양한 요소들에서 유래한다. [학술]

<예5.2.2.1-3, 4>에 비추어 볼 때, 선행 문맥 지시에서 '이' 계열 지시대명사와 '그' 계열 지시대명사는

화자의 발화에 언급된 것이냐, 청자의 발화에 언급된 것이냐에 따라 달리 사용된다기보다는 화자를 기준으로 한 심리적 거리에 따라 달리 사용되는 것이라고 보는 것이 옳을 듯하다. 즉, 화자가 문맥 내에 언급되는 대상이 자신의 영역에 속하는 것이라고 생각하고 심리적으로 가깝게 느끼게 될 때 '이' 계열 지시대명사를 사용하고 이와 반대로 문맥 내에 언급된 대상과 심리적 거리를 느끼거나 대상에 대한 객관적 태도를 유지하고자 할 때에는 '그' 계열 지시대명사를 사용한다는 것이다. 요컨대, 선행 문맥 지시에서는 지시 대상에 대한 화자의 관점 이입 정도에 따라 '이' 계열 지시대명사와 '그' 계열 지시대명사가 달리 사용된다고 할 수 있다.

후행 문맥 지시는 청자의 집중 효과를 의도한 의도적인 후행 문맥 지시와 청자의 집중 효과를 의도하지 않은 비의도적인 후행 문맥 지시로 나뉜다. 의도적인 후행 문맥 지시는 '이/그' 계열 지시대명사만이 사용되는 데 반해 비의도적인 후행 문맥 지시는 '이/그/저' 계열 지시대명사가 모두 사용된다.

〈예5.2.2.1-5〉

가. 그래서 나의 기본은 **이거야** 내가 애를 사귀면, 애 주변에 친한 사람들하고 난 친해야 돼. [대화]

나. A: **그거** 아냐 따뜻한 난로? B: 어 나 여기 찜질하는 거야. [대화]

다. 잘은 모르겠지만, 이것만은 안다. 그녀의 몸 둘레에 씌워져 있는 투명막이라는 게, 단추만 풀면 언제라도 벗어던질 수 있는 외투 따위와는 정말 다르다는 것. [소설]

라. 인류만이 사용하는 것이요, **그것** 때문에 인류 생활이 있게 되었다고도 할 불 같은 것도 이런 환경에서 싸워 나가는 중에 알게 된 것일 것이다. [학술]

위의 예에서 보듯이 화자가 청자의 집중 효과를 의도하고 일부러 지시 대상을 후행 문맥에 언급하는 의도적 후행 문맥 지시에서는 '이' 계열 지시대명사와 '그' 계열 지시대명사가 사용되는데 이때 '이' 계열이 선택되느냐, '그' 계열이 선택되느냐는 선행 문맥 지시와 마찬가지로 대상에 대한 화자의 관점 이입 정도에 따라 달라지는 것으로 볼 수 있다.

의도적인 후행 문맥 지시와 달리 비의도적인 후행 문맥 지시에서는 아래의 예와 같이 '이/그/저' 계열이 모두 사용된다.

〈예5.2.2.1-6〉 [대화]

가. A: 작업 끝나고 전화한다면서? B: 아 **이거** 뭐야 그 주소록 작업 있거든. 그것 좀 도와주기로 했는데 그거 좀.

나. 엘지 카드 있으면 **그거** 할인 되드라. 머, 그 머지? 드롭. 샤또. 드롭 엑스

다. 야 니네 다 **저거** 뭐야 출신지가 다 서울이니?

라. A: 얼마 들었어? 한 십 몇 만원 들지 않어? B: 아니야 도로 주행 할 때는 **저거** 뭐야 십만 원.

<예5.2.2.1-6>에서 확인할 수 있듯이 비의도적 후행 문맥 지시는 화자가 선행 발화에서 지시 대상을 표현할 명사구가 금방 생각나지 않아 지시대명사를 통해 먼저 발화하고 후행 발화에서 선행 발화를 보충하고 교정하기 위해 다시 지시 대상을 언급할 때 나타난다. 따라서 비의도적 후행 문맥 지시는 문어 사용역에서는 나타나지 않고 일상 대화에서만 나타난다. 특히 비의도적 후행 문맥 지시는 그 지시 대상이 확실하지 않기 때문에 화자는 그 심리적 거리를 매우 멀게 느끼게 되는데 이러한 이유로

인해 비의도적 문맥 지시에서는 '이' 계열 지시대명사보다는 '그' 계열 지시대명사나 '저' 계열 지시대명사가 주로 사용된다.

현장 지시는 발화 현장에 있는 대상이 화자에게 가까이 있느냐, 화자에게 멀고 청자에게 가까이 있느냐, 화자와 청자 모두에게 멀리 있느냐에 따라 '이/그/저' 계열 대립 체계를 이룬다.

〈예5.2.2.1-7〉

가. A: **이거는** 언니 뭐예요? B: **고거는** 아까 보여 드린 쉬아 립스틱, [대화]

나. A: 아::, **이게**:: 쏘니 거네? B: 네, **그거** 막 만지면 안 돼요, [대화]

다. "아니야. 내 무지개는 아직 살아 있어요. **저것** 좀 보셔요. 저기 있잖아요. 빨주노초파남보 일곱 빛깔 무지개가 저렇게 찬란히 걸려 있는데 보이지 않으셔요?" [소설]

라. "**저기** 보이는 저 흰 건물 말인가요?" 푸른 제복을 입은 남자가 대합실 창문을 통하여 저 멀리 보이는 하얀 고층빌딩을 손으로 가리키며 물었다. [소설]

<예5.2.2.1-7가, 나>에서 알 수 있듯이 화자 A는 자신에게 가까이 있는 대상을 '이것'으로 지시하는 데 반해 화자 B는 청자인 상대방 A에게 가까이 있는 대상을 '그것'으로 지시한다. <예5.2.2.1-7다>에서는 화자와 청자에게도 모두 멀리 떨어져 있는 '무지개'와 그것이 있는 장소를 가리키기 위해 '저것'과 '저기'를 사용한다는 것을 알 수 있고 <예5.2.2.1-7라>에서는 화자와 청자에게 모두 멀리 떨어진 '흰 건물'이 있는 장소를 가리키기 위해 '저기'를 사용한다는 것을 알 수 있다.

그런데 현장 지시는 화자와 청자가 비교적 멀리 떨어져 있어 화·청자의 공간이 서로 대립된다고 느낄 때와 화자와 청자가 가까이에 있어 화·청자의 공간이 대립되지 않는다고 느낄 때에 따라 '이/그/저' 계열 대립 체계 양상이 달리 나타난다. 화자의 공간과 청자의 공간이 대립을 이루는 발화 공간에서는 <예5.2.2.1-7가, 나>와 같이 지시 대상이 화자에게 가까이 있느냐, 화자에게는 멀고 청자에게 가까이 있느냐에 따라 '이' 계열 지시대명사와 '그' 계열 지시대명사가 대립 체계를 이루지만 화자와 청자가 공간 대립을 이루지 않을 때에는 이러한 대립 체계가 나타나지 않는다. 다음의 예를 보자.

〈예5.2.2.1-8〉 [대화]

가. A: **이거** 하나 시켜 놓고 아직도 여기 계속 있는 거야? B: **이거** 먹으면 진짜 살찌겠다. 그치?

나. A: 아우 암튼 **이거** 다시 좀 정리해서 올리도록 할게요, B: 근데 **이게**, 아까 말대로, 은지 말대로, 이게 육장이, 가장 정리가 잘 된 느낌이 들었다고,

다. A: 난 여기 맛있다는 생각이 안 든다 **여기**. B: 맛이, 맛이 있지는 않은데, 원래 도리아가 옛날에는 되게 맛있는 걸로 유명했었어 **여기**.

라. A: 좋아 **여기서** 밥 먹을래 아니면 저기서 밥 먹을래? **여기서** 밥 먹을래 그럼? B: 아니 오빠가 사 줄 거면 나가구 아니면은 **여기서** 먹어요 그냥. A: **여기서** 먹을 거야 우리.

위의 예는 화자와 청자가 공간 대립을 이루지 않을 때 현장 지시가 사용되는 양상을 보인 것이다. <예5.2.2.1-8가, 나>에서 화자 A의 발화에서 나타나는 '이것'과 화자 B의 발화에서 나타나는 '이것'은 모두 그 지시 대상이 동일하다. 즉 각각의 화자가 자신에게 가까이 있는 것을 '이것'으로 가리키는 것이 아니라 화자와 청자가 동일한 지시 대상을 보고 화·청자인 '우리'를 중심으로 하여 '우리'에게

가까이 있는 것을 '이것'으로 가리키는 것이다. 이와 마찬가지로 <예5.2.2.1-8다, 라>에서 '여기'도 화자 A와 화자 B가 각각 다른 장소를 가리키는 것이 아니라 '우리'를 기준으로 하여 '우리'에게 가까이 있는 동일한 장소를 가리키는 것이다. 이와 같이 화자의 공간과 청자의 공간이 대립을 이루지 않을 때에는 '이' 계열 지시대명사와 '그' 계열 지시대명사는 대립 체계를 이루지 않고 '우리'에게 가까이 있는 것을 가리키기 위해 '이' 계열 지시대명사만을 사용한다. 화자의 공간과 청자의 공간이 대립을 이루지 않을 때, '우리'에게 멀리 있는 것은 화 · 청자의 공간이 서로 대립될 때와 마찬가지로 '저' 계열 지시대명사를 통해 지시된다.

텍스트 지시에는 '이' 계열 지시대명사만 사용되는데 그 중에서도 장소 지시대명사 '여기'와 '이곳'만이 텍스트 지시에 사용된다. 앞서 논의했듯이 텍스트 지시는 가상의 텍스트 공간을 마치 현재 발화가 이루어지는 장소인 것처럼 지시하는 것으로 현장 지시에서 현재 발화가 이루어지는 장소를 가리키는 '여기'와 '이곳'이 사용된다. 이와 같이 텍스트 지시에 '그' 계열 지시대명사가 사용되지 않고 '이' 계열 지시대명사만 사용되는 것은 가상의 텍스트 공간이 화자의 공간과 청자의 공간이 대립되지 않는 '우리'의 발화 공간이거나(5.1.4.1 참고) 혹은 화자만의 발화 공간이기 때문일 것이다. 즉, 텍스트 공간은 발화 공간으로 따지자면 화자와 청자가 함께 존재하는 공간 또는 화자만의 공간이기 때문에 청자만의 공간을 지시하는 '그' 계열 지시대명사는 텍스트 지시에 사용되지 않는 것이다. 그런데 텍스트 지시는 주로 학술적인 글에서 나타나고 학술적인 글에서 필자는 필자와 독자를 아우르는 '우리'로 지시된다는 점을 고려한다면 텍스트 지시는 화자만의 발화 공간보다는 화자와 청자가 함께 존재하는 발화 공간을 가리키기 때문에 '이' 계열 지시대명사가 사용된다고 볼 수 있다.

상맥 지시에는 '그' 계열 지시대명사만 나타난다. 앞서 논의했듯이 상맥 지시는 화자와 청자 사이에 충분히 공유된 정보를 바탕으로 성립하는 것이기 때문에 우리는 화자의 지시 의도와 청자의 지시 해석이 서로 일치할 때에만 상맥 지시로 보는 입장을 취한다. 따라서 상맥 지시의 범위를 어떻게 보느냐에 따라 상맥 지시에서 나타나는 지시대명사의 계열 대립 관계에 대해서는 이견의 여지가 있을 수 있다. 다음의 예를 보자.

〈예5.2.2.1-9〉 [대화]

가. A: 거기 걔들 가면 무조건, 하이바 안 써, 이 빵 **이거** 쓰고, B: 아:: 그 XX? A: 총은 여기다 레이저 달고, 맨날 그런 거나 하고,

나. A: 삼 일만 아니 그렇게 이 주 지나고 나서, 어::, 바그다드까지 입성하고 나서? B: 어::, A: **이게** 점점 미국 쪽으로 기우니까, B: 어::, 그 소리가 줄어들잖아::.

다. A: 그리고 그 전에 또 몰래 녹음했다가 한 번, 눈물 쏙 빼도록 혼나구 그 다음에 이거 동의서를 받아야지 **저거가** 되거든. B: 잘못했네 당연히.

라. A: 팔팔이 한 백 씨씨 되나? 안 될걸. … 구십인가 택트가 **저거** 오십이잖아, B: 어. A: 음:: 아 언덕은 가뿐해,

<예5.2.2.1-9>의 '이거'와 '저거'의 지시 대상은 문맥에도 존재하지 않고 발화 현장에도 존재하지 않는 것으로 상맥 지시로 볼 여지가 있는 것이다. 대화의 맥락을 살펴보면, <예5.2.2.1-9가, 나>의 '이것'은 각각 '베레모', '전세(戰勢)'를 가리키는 것으로, <예5.2.2.1-9다, 라>의 '저것'은 각각 '녹음 이용', '배기량'을 가리키는 것으로 이해할 수 있듯이 청자도 맥락을 통해 그 지시 대상을 이해할

수 있다. 그러나 이러한 예들은 화자가 상맥 지시를 의도했다기보다는 지시 대상을 표현할 만한 명사구가 금방 생각나지 않아 지시대명사를 통해 지시 대상을 표현한 것으로 이해되고 청자도 화자의 인식 속에 있는 대상이 무엇인지 명확하게 알고 있는 것이 아니라 맥락을 통해 그 지시 대상을 유추하는 것에 불과하다는 점에서 상맥 지시로 보기 어렵다. 만약 <예5.2.2.1-9>에 제시된 지시대명사를 상맥 지시의 예로 본다면, 상맥 지시도 '이/그/저' 세 계열 대립 체계를 이룬다고 볼 수 있을 것이다. 그러나 여기서는 지시 의도와 지시 해석이 불분명한 이러한 예들을 상맥 지시로 보지 않고 상맥 지시에는 '그' 계열 지시대명사만 나타난다고 볼 것이다.

지시 대상의 확인이 불가능한 경우는 그 유형에 따라 '이/그/저' 계열 대립 체계 양상이 달리 나타난다. 지시 대상이 화자 인식 내에만 존재하는 경우는 지시 대상에 이입되는 화자의 관점의 정도에 따라 '이/그/저' 세 계열 대립 체계를 이루는데 지시대명사의 지시 대상이 없고 '이/그/저' 계열 대립 의미만 있는 경우는 주로 '이/저' 두 계열 대립 체계를 이룬다는 특징이 있다. 또한 '그게 그거다'와 같은 관용 표현은 '그' 계열 지시대명사만 나타나고, 지시대명사가 부정대명사처럼 사용되는 경우는 '이' 계열 지시대명사와 '그' 계열 지시대명사만 나타난다는 특징이 있다. 지시 대상 확인 불가 유형과 그 특성에 대해서는 5.2.2.2에서 자세히 살펴보기로 한다.

말뭉치 계량 결과 제시1

1. '이' 계열 지시대명사의 지시 양상별 사용 비율
   전체: 문맥 지시 〉 현장 지시 〉 텍스트 지시 ≧ 지시 대상 확인 불가 | 선행 문맥 지시 〉 후행 문맥 지시
   대화: 현장 지시 〉 문맥 지시 〉 지시 대상 확인 불가 | 선행 문맥 지시 〉 후행 문맥 지시
   소설: 현장 지시 〉 문맥 지시 〉 지시 대상 확인 불가 ≧ 텍스트 지시 | 선행 문맥 지시 〉 후행 문맥 지시
   신문: 문맥 지시 〉 현장 지시 〉 지시 대상 확인 불가 | 선행 문맥 지시 〉 후행 문맥 지시
   학술: 문맥 지시 〉 텍스트 지시 ≧ 현장 지시 ≧ 지시 대상 확인 불가 | 선행 문맥 지시 〉 후행 문맥 지시

2. '그' 계열 지시대명사의 지시 양상별 사용 비율
   전체: 문맥 지시 〉 현장 지시 ≧ 지시 대상 확인 불가 ≧ 상맥 지시 | 선행 문맥 지시 〉 후행 문맥 지시
   대화: 문맥 지시 〉 지시 대상 확인 불가 ≧ 현장 지시 ≧ 상맥 지시 | 선행 문맥 지시 〉 후행 문맥 지시
   소설: 문맥 지시 〉 현장 지시 ≧ 상맥 지시 ≧ 지시 대상 확인 불가 | 선행 문맥 지시 〉 후행 문맥 지시
   신문: 문맥 지시 〉 지시 대상 확인 불가 ≧ 현장 지시 | 선행 문맥 지시 〉 후행 문맥 지시
   학술: 문맥 지시 〉 지시 대상 확인 불가 ≧ 현장 지시 | 선행 문맥 지시 〉 후행 문맥 지시

3. '저' 계열 지시대명사의 지시 양상별 사용 비율
   전체: 현장 지시 〉 문맥 지시 〉 지시 대상 확인 불가 | 후행 문맥 지시 〉 후행 문맥 지시
   대화: 문맥 지시 ≧ 현장 지시 〉 지시 대상 확인 불가 | 후행 문맥 지시 〉 후행 문맥 지시
   소설: 현장 지시 〉 지시 대상 확인 불가 〉 문맥 지시 | 선행 문맥 지시 〉 후행 문맥 지시
   신문: 현장 지시 〉 지시 대상 확인 불가 〉 문맥 지시 | 선행 문맥 지시 〉 후행 문맥 지시
   학술: 지시 대상 확인 불가 〉 문맥 지시 〉 현장 지시 | 선행 문맥 지시 〉 후행 문맥 지시

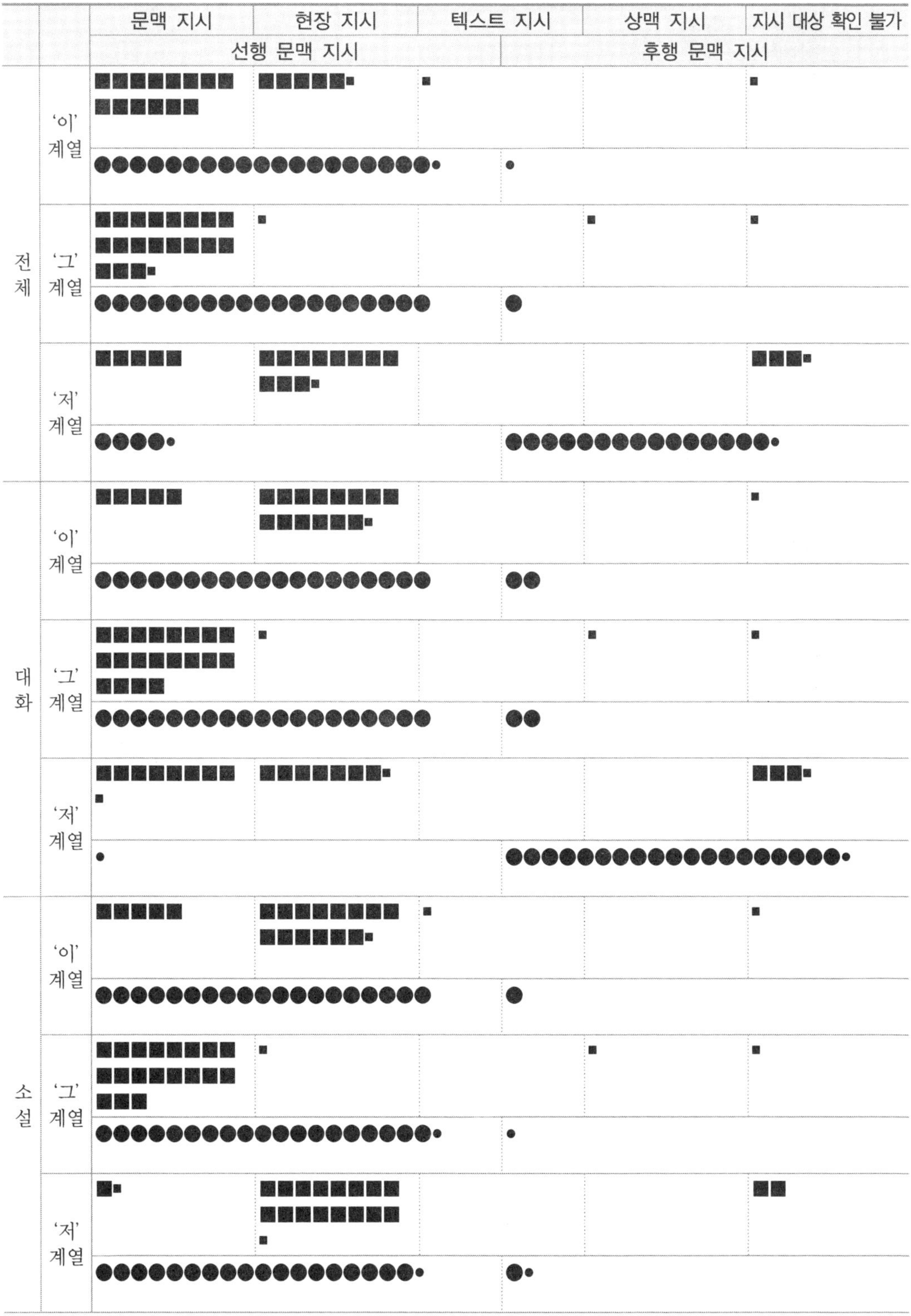

<table>
<tr><th rowspan="2"></th><th rowspan="2"></th><th>문맥 지시</th><th>현장 지시</th><th colspan="2">텍스트 지시</th><th>상맥 지시</th><th>지시 대상 확인 불가</th></tr>
<tr><th colspan="3">선행 문맥 지시</th><th colspan="3">후행 문맥 지시</th></tr>
<tr><td rowspan="6">전체</td><td rowspan="2">'이' 계열</td><td>■■■■■■■■
■■■■■■</td><td>■■■■■▪</td><td colspan="2">▪</td><td></td><td>▪</td></tr>
<tr><td colspan="3">●●●●●●●●●●●●●●●●●●●•</td><td colspan="3">•</td></tr>
<tr><td rowspan="2">'그' 계열</td><td>■■■■■■■■
■■■■■■■■
■■■▪</td><td>▪</td><td colspan="2"></td><td>▪</td><td>▪</td></tr>
<tr><td colspan="3">●●●●●●●●●●●●●●●●●●●</td><td colspan="3">●</td></tr>
<tr><td rowspan="2">'저' 계열</td><td>■■■■■</td><td>■■■■■■■■
■■■▪</td><td colspan="2"></td><td></td><td>■■■▪</td></tr>
<tr><td colspan="3">●●●●•</td><td colspan="3">●●●●●●●●●●●●●●●•</td></tr>
<tr><td rowspan="6">대화</td><td rowspan="2">'이' 계열</td><td>■■■■■</td><td>■■■■■■■■
■■■■■■▪</td><td colspan="2"></td><td></td><td>▪</td></tr>
<tr><td colspan="3">●●●●●●●●●●●●●●●●●●●</td><td colspan="3">●●</td></tr>
<tr><td rowspan="2">'그' 계열</td><td>■■■■■■■■
■■■■■■■■
■■■■</td><td>▪</td><td colspan="2"></td><td>▪</td><td>▪</td></tr>
<tr><td colspan="3">●●●●●●●●●●●●●●●●●●●</td><td colspan="3">●●</td></tr>
<tr><td rowspan="2">'저' 계열</td><td>■■■■■■■■
▪</td><td>■■■■■■■▪</td><td colspan="2"></td><td></td><td>■■■▪</td></tr>
<tr><td colspan="3">•</td><td colspan="3">●●●●●●●●●●●●●●●●●●●•</td></tr>
<tr><td rowspan="6">소설</td><td rowspan="2">'이' 계열</td><td>■■■■■</td><td>■■■■■■■■
■■■■■■▪</td><td colspan="2">▪</td><td></td><td>▪</td></tr>
<tr><td colspan="3">●●●●●●●●●●●●●●●●●●●</td><td colspan="3">●</td></tr>
<tr><td rowspan="2">'그' 계열</td><td>■■■■■■■■
■■■■■■■■
■■■</td><td>▪</td><td colspan="2"></td><td>▪</td><td>▪</td></tr>
<tr><td colspan="3">●●●●●●●●●●●●●●●●●●●•</td><td colspan="3">•</td></tr>
<tr><td rowspan="2">'저' 계열</td><td>■▪</td><td>■■■■■■■■
■■■■■■■■
▪</td><td colspan="2"></td><td></td><td>■■</td></tr>
<tr><td colspan="3">●●●●●●●●●●●●●●●●●●•</td><td colspan="3">●•</td></tr>
</table>

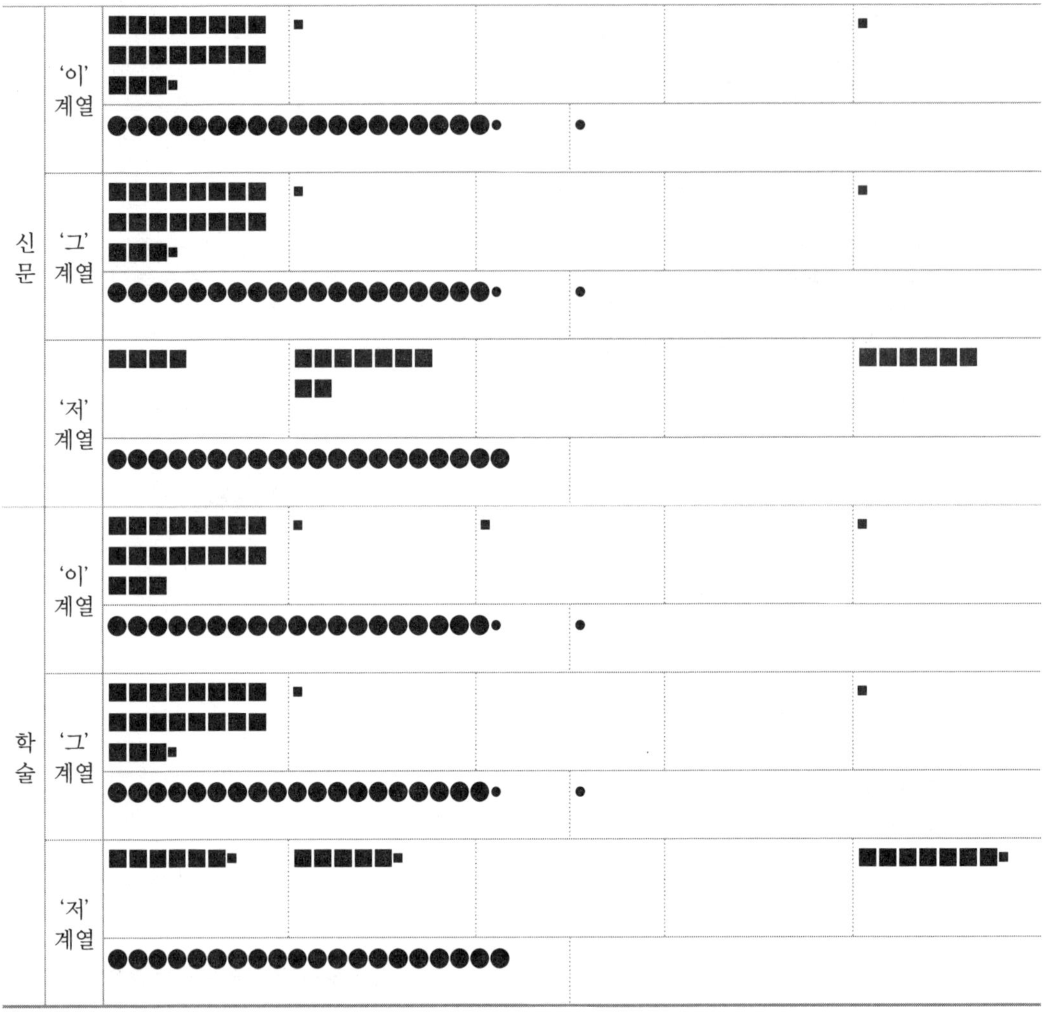

신문 '이' 계열

신문 '그' 계열

신문 '저' 계열

학술 '이' 계열

학술 '그' 계열

학술 '저' 계열

<그래프5.2.2.1-1> 지시대명사의 '이/그/저' 계열에 따른 지시 양상별 사용 비율

(■/● 5%, ▪/• 5% 미만)

▶▶ 말뭉치 계량 결과에 대한 논의1

여기서는 지시대명사의 '이/그/저' 계열에 따라 그 지시 양상이 어떻게 달리 사용되는지 지시대명사의 '이/그/저' 계열별로 나누어 각각 살펴보기로 한다.

• '이' 계열 지시대명사의 지시 양상별 사용 비율

먼저, '이' 계열 지시 대명사의 지시 양상별 사용 비율을 살펴보자. '신문'과 '학술'은 전체 말뭉치에서 나타나는 사용 양상과 거의 유사하나 '대화'와 '소설'은 전체 말뭉치에서 나타나는 사용 양상과 다소 다르다. '대화'와 '소설'에서는 현장 지시의 사용 비율이 가장 높지만 '신문'과 '학술'에서는 문맥 지시의 사용 비율이 가장 높다. 이러한 사실은 '이' 계열 지시대명사가 문맥 지시와 현장 지시에 모두 사용되지만 격식적인 문어 사용역에서는 주로 문맥 지시에 사용되고 비격식적인 사용역에서는 주로 현장 지시에 사용된다는 것을 알려 주는 것이다.

이러한 결과가 나타나는 것은 격식적인 문어 사용역인 '신문'과 '학술'에서 '이' 계열 지시대명사인 '이'가 선행 문맥 지시에 주로 사용되기 때문이다(5.2 도입부의 <표5.2-1> 참고).

〈예5.2.2.1-10〉

가. 게다가 운전사에게 안전 교육도 제대로 실시하지 않았다니, 한마디로 '안전 무방비'였던 셈이다. 회사 측의 무책임은 **이에서** 끝나지 않는다. [신문]

나. 새로운 인력 관리 시스템이 시행되면 각 부서에서 분기별로 필요한 인력 등 인원 증감 계획을 수립하고 **이를** 기초로 인건비를 편성해 자체적으로 운용하게 된다. [신문]

다. 국가는 국가를 구성하는 세 가지 요소, 곧 영토, 국민, 주권으로 이루어진다. 이 중에서도 가장 중요한 것은 국가가 행사하는 주권, 곧 최고의 통치 권력이다. 한 나라의 정치는 **이를** 기초로 하여 행하여진다. [학술]

라. 모든 과제는 무선 통신망을 통해 교수에게 전송되며, **이에** 관한 피드백과 성적 역시 통신망을 통해 학생에게 전달된다. [학술]

<예5.2.2.1-10>에서 지시대명사 '이'는 선행 문맥 지시에 이용될 수 있는 '이것'이나 '그것'으로 바꾸어 쓸 수도 있다. 그러나 '이'를 '이것'이나 '그것'으로 바꾸어 쓸 때에는 '신문'이나 '학술'에서 주는 격식적인 문체의 느낌이 사라진다. 특히 '신문'과 '학술'에서는 <예5.2.2.1-11>과 같이 선행 문맥에 언급된 복수의 대상들을 '이들'로 지시하고 '이들' 뒤에 동격의 명사구를 연결하는 '이들 ~' 형태가 많이 나타난다.

〈예5.2.2.1-11〉

가. 도서 교환 시장에는 헌 옷이나 바가지 세숫대야 등 각종 중고 생활 용품도 갖춰 놓고 있다. 북구 새마을 부녀회가 각 가정에서 수집해 판매하는 **이들 중고 용품의** 가격은 5백~1천원선. [신문]

나. 최근 인기를 끄는 만기 5년 이상 장기채들에는 국민주택채권 1종, 지역개발채권, 도시철도채권, 국고채 등이 있다. 그러나 **이들 채권은** 월 발행 물량이 약 3000억 원에 불과해 증권사마다 물량 확보에 어려움을 겪고 있다. [신문]

다. 맥도날드, KFC, 롯데리아 등으로 **이들 일곱 개 업체는** 전국에 약 700개의 매장을 가지고 있으며, 이들이 한 달에 버리는 쓰레기는 100리터짜리 봉투 약 60만 개에 달한다(쓰시협, 1998a: 46-57). [학술]

라. 따라서 최근까지 개발 패러다임을 '가버넌스' 패러다임으로 전환시키는 일이 세계은행, UN개발계획, OECD, EU 등의 일관된 작업이 되었다. **이들 국제 개발 기관에서는**, "가버넌스가 경제적 관리의 개선, 공공 책임의 제고를 포함하는 포괄적 개념이 되어 왔다"(Hyden, 1998). [학술]

위의 예에서 보인 '이들 ~' 형태에서 '이들'은 선행 문맥에서 언급된 여러 개의 대상을 한꺼번에 지시해 주고 후행하는 동격의 명사구는 선행 문맥에 언급된 지시 대상의 성격을 다시 규정해 주어 지시 대상을 보다 구체적으로 드러내 준다. 대명사는 대용 표현이기 때문에 대명사로 지시되는 대상은 한정 명사구나 고유명사를 이용하여 직접 지시되는 대상보다 그 구체성이 떨어진다. 그래서 정보 전달을 목적으로 하는 '신문'이나 '학술'에서는 대명사보다는 일반명사나 고유명사를 이용하여 구체적으로 지시 대상을 표현하는 것이 일반적이다. 그런데 <예5.2.2.1-11>과 같이 여러 개의 지시 대상을 다시 언급해 주어야 할 때에는 지시대명사를 쓸 수밖에 없는데, 이러한 상황에서도 지시 대상의 구체성을 확보하기 위해 후행의 동격 명사구를 통해 그 성격을 다시 규정해 주는 것이다. 그런데 '이들 ~' 형태에서 지시대명사 '이' 이외의 다른 지시대명사는 사용될 수 없는데 이러한 특성도 '신문'과 '학술'에서 지시대명사 '이'가 많이 사용되는 요인으로 보인다.

'이' 계열 지시대명사가 문맥 지시에 사용될 때에는 모든 사용역에서 동일하게 선행 문맥 지시가 후행 문맥 지시보다 압도적으로 그 사용 비율이 높다. 이러한 양상은 앞서 살펴본 전체 지시대명사의 지시 양상별 사용 비율 양상과 동일한 것이다(<그래프5.2.2-1> 참고). 다만, '대화'에서는 후행 문맥 지시의 사용 비율이 약 10%로 다른 사용역에 비해 다소 높다는 특징이 있다. 이는 '대화'에서 '이' 계열 지시대명사가 아래의 예와 같이 비의도적 후행 문맥 지시에 많이 사용되기 때문이다.

〈예5.2.2.1-12〉 [대화]

가. 와서 텔레비전하고 연결했는데 **이게** 안 맞나 봐 코드가,

나. 저는 **이쪽으로** 인제~ 터미널이랑 더 가까운 쪽으로 이사를 왔거든요?

다. 어 이거 막상 당해 보니까 **이게** 장난이 아니거든, 유죄 무죄 선고가,

라. 어제 스누피 매점 가는데 스누피:: **이게** 너무 이쁜 거야 파일이::.

'학술'에서는 현장 지시보다 텍스트 지시의 사용 비율이 조금 더 높다는 특징이 있는데 이는 텍스트 지시가 학술적인 글에서 특징적으로 나타나는 양상이기 때문이다. 특히 텍스트 지시에는 '여기'와 '이곳'의 '이' 계열 지시대명사만 나타나기 때문에 '이' 계열 지시대명사는 '학술'에서 문맥 지시 다음으로 텍스트 지시로 사용되는 비율이 높게 나타난다. 하지만 텍스트 지시가 '학술'에서 사용되는 비율은 5% 미만에 불과해 현장 지시만큼이나 그 사용 비율이 매우 낮은 편이다. 요컨대, 텍스트 지시는 '이' 계열 지시대명사에서만 나타나고 '학술'에서 특징적으로 나타나는 지시 양상이지만 그 지시 양상 자체가 특수한 것이기 때문에 그 사용 비율은 매우 낮게 나타난다.

'이' 계열 지시대명사에서 상맥 지시는 나타나지 않는다. 또한 지시 대상을 확인하는 것이 불가능한 경우는 모든 사용역에서 그 사용 비율이 매우 낮게 나타난다.

• '그' 계열 지시대명사의 지시 양상별 사용 비율

'그' 계열 지시대명사의 지시 양상별 사용 비율은 전체 말뭉치에서 나타나는 결과와 각 사용역에서 나타나는 결과가 거의 유사하다. 모든 사용역에서 문맥 지시의 사용 비율이 압도적으로 높고 사용역에 따라 약간의 차이가 있지만 문맥 지시 다음으로 사용 비율이 높은 현장 지시와 지시 대상 확인 불가가 거의 유사한 비율로 나타난다. 그런데 현장 지시, 지시 대상 확인 불가가 문맥 지시 다음으로 사용 비율이 높다고 하지만 그 사용 비율이 모두 5% 미만에 불과해 특징적인 양상을 보인다고 할 수는 없다.

앞서 살펴본 '이' 계열 지시대명사 경우, '대화'와 '소설'에서는 주로 현장 지시에 사용되고 '신문'과 '학술'에서는 주로 문맥 지시에 사용된다는 사용역 상의 차이가 있었지만 '그' 계열 지시대명사는

이러한 차이를 보이지 않고 모든 사용역에서 주로 문맥 지시에 사용된다. 이는 '그' 계열 지시대명사가 현장 지시에는 잘 사용되지 않기 때문이다(<그래프5.2.2.1-2> 참고). 지시대명사가 현장 지시로 사용될 때에는 화자나 청자를 기준으로 한 물리적 거리에 따라 '이/그/저' 세 계열 대립 체계를 이룬다. 그러나 이러한 세 계열 대립 체계는 화자의 공간과 청자의 공간이 대립될 때에만 나타나고 화자의 공간과 청자의 공간이 대립되지 않을 때에는 '이/저' 두 계열 대립 체계를 이룬다. 그런데 실제의 일상 대화에서는 화자와 청자가 근거리에 있는 경우가 많기 때문에 화 · 청자는 화자에게 가까이 있는 것, 청자에게 가까이 있는 것을 구분하기보다는 '우리'를 기준으로 하여 화 · 청자에게 가까이 있는 것을 '이' 계열 지시대명사로 지시하고 화 · 청자에게 멀리 있는 것을 '저' 계열 지시대명사로 지시하는 것이 일반적이다. 예컨대, 화 · 청자가 동시에 보고 있는, 가까이 있는 사물을 가리킨다고 했을 때, 화자는 그 사물이 자신에게 가까이 있느냐, 상대방에게 가까이 있느냐를 판단하여 '이' 계열 지시대명사와 '그' 계열 지시대명사를 구별하여 쓰는 것이 아니라 '우리'를 기준으로 하여 '이' 계열 지시대명사를 사용한다. 뿐만 아니라 모든 발화는 발화의 생산자인 화자가 중심이 되기 때문에 화자와 청자가 어느 정도 물리적 거리를 유지하고 있는 발화 상황에서 청자에게 가까이 있는 것을 지시할 때에도 화자가 심리적으로 가까이 있다고 느낄 때에는 '이' 계열 지시대명사를 사용하기도 한다. 또한 화자와 지시 대상이 물리적으로 멀리 떨어져 있다고 해도 화자는 지시 대상의 근처까지 이동하여 자신과의 물리적 거리를 좁혀 '이' 계열 지시대명사를 사용하는 경우도 많다. 따라서 실제 발화에서 '그' 계열 지시대명사를 현장 지시에 사용하는 경우는 그리 흔하지 않은데 현장 지시의 사용 비율이 가장 높은 '대화'에서도 '그' 계열 지시대명사가 현장 지시로 사용되는 비율은 약 2%에 불과하다.

'그' 계열 지시대명사가 문맥 지시에 사용될 때에는 '이' 계열 지시대명사와 마찬가지로 모든 사용역에서 공통적으로 선행 문맥 지시가 후행 문맥 지시보다 그 사용 비율이 압도적으로 높다. 또한 '그' 계열 지시대명사는 '이' 계열 지시대명사와 마찬가지로 '대화'에서는 후행 문맥 지시의 사용 비율이 약 10%로 다른 사용역에 비해 후행 문맥 지시의 사용 비율이 다소 높다는 특징이 있다. 이는 '대화'에서 '그' 계열 지시대명사가 아래의 예와 같이 비의도적 후행 문맥 지시에 많이 사용되기 때문이다.

〈예5.2.2.1-13〉 [대화]

가. A: 근데 너 **그거 그거** 교직 이수했냐? B: 안 했지.

나. 내 친구들 몇 명하고 **거기서** 먹었다. 조선호텔 거기서, 먹고 안 가드라구.

다. 뭐~ 그럴 수도 있는데, 다:: 정치하는 놈의 새끼들이, 정치인 놈 중에 몇 명이, **거기다가** 본적을 **거기에다가** 뒀댄다. 다케시마 거기에다.

라. 어디 좀 휴식하구 이렇게 좀 관광할 수 있는 데보다두 게 쫌 **그게** 많은 거 같애. 쇼핑하구 먹구 마시구 좀 이런 데가 서울 투어 이렇게 해 가지구 나오드라.

앞서 언급했듯이 화자의 집중 효과를 의도하는 의도적 후행 문맥 지시는 '이/그' 두 계열 대립 체계를 이루고 화자의 집중 효과를 의도하지 않고 선행 발화의 보충이나 교정과 관련되는 비의도적 후행 문맥 지시는 '이/그/저' 세 계열 대립 체계를 이룬다. 그런데 '대화'에서 '이' 계열 지시대명사와 '그' 계열 지시대명사가 의도적 후행 문맥 지시로 사용되는 경우는 드물고 거의 대부분 선행 발화를 보충하거나 교정하는 비의도적 후행 문맥 지시로 사용된다.

텍스트 지시가 '이' 계열 지시대명사에만 나타나듯이 상맥 지시는 '그' 계열 지시대명사에만 나타난다. 상맥 지시는 화·청자의 공통 인식 내에 존재하는 대상을 가리키는 것이기 때문에 화·청자의 공유 정보가 많은 '대화'나 대화 지문이 있는 '소설'에서 일반적으로 나타난다. 따라서 필자와 독자가 공유하는 정보가 거의 없다시피 한 '신문'과 '학술'에서는 상맥 지시가 나타나지 않는 것이 당연하다고 할 것이다.

- **'저' 계열 지시대명사의 지시 양상별 사용 비율**

'저' 계열 지시대명사의 지시 양상별 사용 비율은 전체 말뭉치에서 나타나는 양상과 각 사용역에서 나타나는 양상이 약간 다르다. '저' 계열 지시대명사는 '저들'의 형태로 '사람'을 지시하는 경우를 제외하면 선행 문맥 지시에서 나타나지 않으며 후행 문맥 지시에서도 의도적 후행 문맥 지시로는 사용되지 않고 비의도적 후행 문맥 지시로만 사용된다. 따라서 전체 말뭉치에서 나타나는 지시 양상별 사용 비율에서 '저' 계열 지시대명사는 현장 지시와 후행 문맥 지시의 사용 비율이 높게 나타난다. 또한 '저' 계열 지시대명사는 '이' 계열 지시대명사나 '그' 계열 지시대명사와 달리 지시 대상 확인 불가의 사용 비율도 다소 높다는 특징이 있다. 이는 '대화'에서 '저' 계열 지시대명사가 화자의 인식 내에만 지시 대상이 있어 지시 대상을 확인하는 것이 불가능한 경우에 많이 사용되기 때문이다. 5.2.2.2에서 다시 언급하겠지만 지시 대상이 화자의 인식 내에만 존재하는 경우는 화자가 지시 대상을 명확하게 떠올리지 못해 그 심리적 거리를 매우 멀게 느끼기 때문에 '이' 계열보다는 '그' 계열이나 '저' 계열 지시대명사가 주로 사용된다. 다만, '그' 계열 지시대명사는 '저' 계열 지시대명사보다 그 사용 빈도가 매우 높기 때문에 '그' 계열 지시대명사가 지시 대상 확인 불가로 사용되는 빈도가 높다고 하더라도 그 비율이 매우 낮게 나타나지만 '저' 계열 지시 대명사는 사용 빈도가 '그' 계열 지시대명사보다 매우 낮기 때문에 지시 대상 확인 불가로 사용되는 비율이 '그' 계열 지시대명사에 비해 높게 나타난다. 다시 말해서, 화자의 인식 내에만 있는 지시 대상을 가리키는 데에는 '저' 계열 지시대명사보다 '그' 계열 지시대명사가 더 많이 사용되지만(5.2.2.2의 <그래프5.2.2.2-2> 참고) '저' 계열 지시대명사는 사용 빈도 자체가 낮기 때문에 지시 대상 확인 불가의 사용 비율이 비교적 높게 나타나는 것이다.

'대화'는 현장 지시보다 후행 문맥 지시의 사용 비율이 조금 더 높게 나타난다는 특징이 있다. 앞서 언급했듯이 '저' 계열 지시대명사는 현장 지시, 비의도적 후행 문맥 지시에만 나타난다. 따라서 비의도적 후행 문맥 지시가 거의 나타나지 않는 '소설'이나 비의도적 후행 문맥 지시가 전혀 나타나지 않는 '신문'에서는 현장 지시의 사용 비율이 가장 높은 반면, 선행 발화의 보충이나 교정이 빈번히 일어나서 비의도적 후행 문맥 지시의 사용 빈도가 높은 '대화'에서는 후행 문맥 지시와 현장 지시의 사용 비율이 거의 비슷하게 나타나는 것이다. 그런데 '학술'에서는 다른 사용역과 달리 지시 대상 확인 불가의 사용 비율이 가장 높고 문맥 지시가 현장 지시보다 사용 비율이 더 높다는 특징이 있다. '학술'에서 '저' 계열 지시대명사가 지시 대상 확인 불가에 사용되는 비율이 높은 것은 아래의 예와 같이 '저' 계열 지시대명사가 '이/그/저' 계열 대립 의미만 나타내는 경우가 많기 때문이다(지시대명사의 지시 대상 확인 불가 유형에 대해서는 5.2.2.2 참고).

〈예5.2.2.1-14〉 [학술]

가. 이것과 **저것을** 한데 붙여 생각할 때 **저것은** 이것을 위하여서 된 길고 긴 준비임을 알 수 있다.

나. **저것과** 이것 사이에는 다만 변형이 있을 뿐 아니라, 새 것의 발전이 있다.

다. 현실 세계에서 서로 대립하고 있는 둘을 이것도 옳고 **저것도** 옳다고 하는 것은 있을 수 없고 결국 하나가 옳은 것으로 되어야 합니다.

라. 그때그때 당면하는 상황에 대하여 행동의 주체로서 행동하려면 당면에 가로놓이는 문제는 항상 이것이냐 **저것이냐**의 선택 결정이다.

그런데 유의해야 할 점은 뒤에서 제시할 <그래프5.2.2.2-5>에서 확인할 수 있듯이 '저' 계열 지시대명사가 '이/그/저' 계열 대립 의미만 나타내는 경우는 '학술'이 아니라 '대화'와 '소설'에서 가장 많이 사용된다는 것이다. 즉, '저' 계열 지시대명사가 '이/그/저' 계열 대립 의미만 나타내는 경우는 '학술'에서 가장 많이 사용되는 것이 아니라는 것이다. 즉, '학술'에서는 '저' 계열 지시대명사가 사용되는 빈도가 매우 낮기 때문에 지시 대상 확인 불가의 사용 빈도가 높지 않더라도 그 사용 빈도가 극히 낮은 문맥 지시나 현장 지시에 비해 상대적으로 그 사용 비율이 높게 나타나는 것이다. 이와 같이 '학술'은 '저' 계열 지시대명사의 사용 빈도 자체가 낮기 때문에 지시 양상별 사용 비율 결과를 유의미하게 해석하기 힘든 측면이 있다. 사실상, '신문'도 '저' 계열 지시대명사가 전체 지시대명사에서 차지하는 비율이 5% 미만일 뿐만 아니라(<그래프5.2.1-1> 참고) '저' 계열 지시대명사의 사용역 비율도 5% 미만이기 때문에(<그래프5.2.1-2> 참고) '신문'에서 나타나는 '저' 계열 지시대명사의 지시 양상별 사용 비율도 '학술'과 마찬가지로 유의미하게 해석하기 힘들다고 할 수 있다.

말뭉치 계량 결과 제시2

1-1. 지시대명사의 문맥 지시의 '이/그/저' 계열별 사용 비율

전체: '그' 계열 〉 '이' 계열 〉 '저' 계열

대화: '그' 계열 〉 '이' 계열 〉 '저' 계열 | 소설: '그' 계열 〉 '이' 계열 〉 '저' 계열

신문: '이' 계열 〉 '그' 계열 〉 '저' 계열 | 학술: '이' 계열 〉 '그' 계열 〉 '저' 계열

1-2. 지시대명사의 선행 문맥 지시의 '이/그/저' 계열별 사용 비율

전체: '그' 계열 〉 '이' 계열 〉 '저' 계열

대화: '그' 계열 〉 '이' 계열 〉 '저' 계열 | 소설: '그' 계열 〉 '이' 계열 〉 '저' 계열

신문: '이' 계열 〉 '그' 계열 〉 '저' 계열 | 학술: '이' 계열 〉 '그' 계열 〉 '저' 계열

1-3. 지시대명사의 후행 문맥 지시의 '이/그/저' 계열별 사용 비율

전체: '그' 계열 〉 '저' 계열 〉 '이' 계열

대화: '그' 계열 〉 '저' 계열 〉 '이' 계열 | 소설: '그' 계열 〉 '이' 계열 〉 '저' 계열

신문: '이' 계열 〉 '그' 계열 | 학술: '이' 계열 〉 '그' 계열

2. 지시대명사의 현장 지시의 '이/그/저' 계열별 사용 비율
전체: '이' 계열 〉 '저' 계열 〉 '그' 계열
대화: '이' 계열 〉 '저' 계열 〉 '그' 계열 | 소설: '이' 계열 〉 '저' 계열 〉 '그' 계열
신문: '이' 계열 〉 '저' 계열 〉 '그' 계열 | 학술: '이' 계열 〉 '저' 계열 〉 '그' 계열

3. 지시대명사의 텍스트 지시의 '이/그/저' 계열별 사용 비율
학술: '이' 계열

4. 지시대명사의 상맥 지시의 '이/그/저' 계열별 사용 비율
전체: '그' 계열
대화: '그' 계열 | 소설: '그' 계열

5. 지시대명사의 지시 대상 확인 불가의 '이/그/저' 계열별 사용 비율
전체: '그' 계열 ≧ '저' 계열 〉 '이' 계열
대화: '그' 계열 〉 '저' 계열 〉 '이' 계열 | 소설: '저' 계열 〉 '이' 계열 〉 '그' 계열
신문: '이' 계열 〉 '그' 계열 = '저' 계열 | 학술: '저' 계열 〉 '그' 계열 〉 '이' 계열

			'이' 계열	'그' 계열	'저' 계열
전체	문맥 지시	전체	■■■■■■■■■▪	■■■■■■■■■■▪	▪
		선행	●●●●●●●●●	●●●●●●●●●●•	•
		후행	●●●	●●●●●●●●●●● ●•	●●●●•
	현장 지시		■■■■■■■■■■■ ■■■■■▪	■	■■▪
	텍스트 지시		■■■■■■■■■■■ ■■■■■■■■■		
	상맥 지시			■■■■■■■■■■■ ■■■■■■■■■	
	지시 대상 확인 불가		■■■■■■	■■■■■■■	■■■■■■■

대화	문맥 지시	전체	■■■	■■■■■■■■■■■ ■■■■■▪	▪
		선행	●●●	●●●●●●●●●●● ●●●●●●	•
		후행	●●•	●●●●●●●●●●● ●•	●●●●●
	현장 지시		■■■■■■■■■■■ ■■■■■■■	▪	■▪
	텍스트 지시				
	상맥 지시			■■■■■■■■■■■ ■■■■■■■■■	
	지시 대상 확인 불가		■■■■■▪	■■■■■■■■▪	■■■■■■▪
소설	문맥 지시	전체	■■▪	■■■■■■■■■■■ ■■■■■■▪	▪
		선행	●●	●●●●●●●●●●● ●●●●●●•	•
		후행	●●●●●●●•	●●●●●●●●●●● •	•
	현장 지시		■■■■■■■■■■■ ■■■▪	■▪	■■■▪
	텍스트 지시		■■■■■■■■■■■ ■■■■■■■■■		
	상맥 지시			■■■■■■■■■■■ ■■■■■■■■■	
	지시 대상 확인 불가		■■■■■■▪	■■■■■▪	■■■■■■■■▪
신문	문맥 지시	전체	■■■■■■■■■■■ ■■■■■▪	■■■▪	▪
		선행	●●●●●●●●●●● ●●●●●•	●●●•	•
		후행	●●●●●●●●●●● ●●•	●●●●●●•	
	현장 지시		■■■■■■■■■■■ ■■■■■▪	▪	■■■
	텍스트 지시				
	상맥 지시				
	지시 대상 확인 불가		■■■■■■■■■▪	■■■■■▪	■■■■■▪

학술	문맥 지시	전체	■■■■■■■■■■■ ■▪	■■■■■■■	▪
		선행	●●●●●●●●●●● ●•	●●●●●●●	•
		후행	●●●●●●●●●●● ●●●●	●●●●●	
	현장 지시		■■■■■■■■■■■ ■■■■▪	■	■■■▪
	텍스트 지시			■■■■■■■■■■■ ■■■■■■■■■	
	상맥 지시				
	지시 대상 확인 불가		■■■■■▪	■■■■■■▪	■■■■■■■▪

<그래프5.2.2.1-2> 지시대명사의 지시 양상에 따른 '이/그/저' 계열별 사용 비율

(■/● 5%, ▪/• 5% 미만)

▶▶ 말뭉치 계량 결과에 대한 논의2

여기서는 지시대명사의 지시 양상에 따라 지시대명사의 '이/그/저' 계열이 어떻게 달리 사용되는지 지시대명사의 지시 양상별로 나누어 각각 살펴보기로 한다.

• 문맥 지시의 '이/그/저' 계열별 사용 비율

전체 말뭉치에서 나타나는 문맥 지시의 '이/그/저' 계열별 사용 비율은 전체 지시대명사의 '이/그/저' 계열별 사용 비율과 동일하다(<5.2.1의 그래프5.2.1-1> 참고). 이는 문맥 지시가 전체 지시대명사의 지시 양상에서 차지하는 비율이 압도적으로 높기 때문이다(<그래프5.2.2-1> 참고). 다시 말해서, 문맥 지시가 전체 지시 대명사의 지시 양상에서 80%를 차지하기 때문에 전체 지시대명사의 '이/그/저' 계열별 사용 비율은 문맥 지시의 '이/그/저' 계열별 사용 비율과 동일하게 나타나는 것이다. 뿐만 아니라 문맥 지시에서 선행 문맥 지시가 차지하는 비율은 95% 이상이기 때문에(<그래프5.2.2-1> 참고) 선행 문맥 지시의 '이/그/저' 계열별 사용 비율은 전체 문맥 지시의 '이/그/저' 계열별 사용 비율과 완전히 동일하다. 따라서 여기서는 전체 문맥 지시의 '이/그/저' 계열별 사용 비율에 대한 논의는 생략한다.

• 선행 문맥 지시의 '이/그/저' 계열별 사용 비율

앞서 언급했듯이 선행 문맥 지시는 전체 문맥 지시에서 95% 이상의 비율을 차지하기 때문에 전체 문맥 지시에서 보이는 '이/그/저' 계열별 사용 비율과 동일하다. 그런데 전체 말뭉치에서 나타나는 '이/그/저' 계열별 사용 비율 양상과 사용역에 따른 '이/그/저' 계열별 사용 비율 양상이 다르다는 특징이 있다. '대화'와 '소설'은 전체 말뭉치에서 나타나는 문맥 지시의 '이/그/저' 계열별 사용 비율 양상, 전체 지시대명사에서 나타나는 '이/그/저' 계열별 사용 비율 양상(<그래프5.2.1-1> 참고), 전체 대명사에서 나타나는 '이/그/저' 계열별 사용 비율 양상(5.2.1 [참고]의 <그래프5.2.1-3> 참고), 전체 지시사에서 나타나는 '이/그/저' 계열별 사용 비율 양상(5.2.1 [참고]의 <그래프5.2.1-5> 참고)과 모두 동일하게 나타난다. 하지만 '신문'과 '학술'은 이러한 양상과 달리 '이' 계열 지시대명사가 '그' 계열 지시대명사보다 그 사용 비율이 높게 나타난다. 이는 앞서 5.2.1과 5.2.2.1의 '말뭉치 계량 결과에 대한 논의1'에서 언급하였듯이, 격식적인 문어 사용역인 '신문'과 '학술'에서 '이' 계열 지시대명사인 '이'가 문맥 지시에 주로 사용되기 때문이다. '저' 계열 지시대명사는 '저들'의 형태로 '사람'을 지시하는 경우가 아니라면 선행 문맥 지시에 이용되는 경우가 없기 때문에 모든 사용역에서 '저' 계열 지시대명사의 사용 비율이 가장 낮다. 전체 말뭉치에서 선행 문맥 지시에 '저' 계열 지시대명사가 사용되는 비율은 0.26%에 불과하다. 이러한 말뭉치 계량 결과는 선행 문맥 지시가 '이/그/저' 세 계열 대립 체계를 이룬다기보다는 '이/그' 두 계열 대립 체계를 이룬다고 보는 것이 적절하다는 것을 뒷받침해 준다.

• **후행 문맥 지시의 '이/그/저' 계열별 사용 비율**

전체 말뭉치에서 나타나는 후행 문맥 지시의 '이/그/저' 계열별 사용 비율 양상은 '대화'에서 나타나는 '이/그/저' 계열별 사용 비율 양상과 동일하다. 그러나 '대화'를 제외한 나머지 사용역에서 나타나는 '이/그/저' 계열별 사용 비율 양상은 이와 다르다. 이는 후행 문맥 지시가 '대화'에서 압도적으로 가장 많이 사용되기 때문이다(<그래프5.2.2-2> 참고). 즉, 후행 문맥 지시는 95% 이상이 '대화'에서 나타나기 때문에 '대화'에서 나타나는 후행 문맥 지시의 '이/그/저' 계열별 사용 비율 양상이 곧 전체 말뭉치에서 나타나는 '이/그/저' 계열별 사용 비율 양상이 되는 것이다.

앞서 언급했듯이, 후행 문맥 지시는 청자의 집중 효과를 의도하는 의도적 후행 문맥 지시와 청자의 집중 효과와 관계없이 나타나는 비의도적 후행 문맥 지시로 나뉜다. 비의도적 후행 문맥 지시는 선행 발화를 보충하거나 교정하기 위해 선행 발화에서 미처 언급하지 못했던 지시 대상을 후행 발화에서 언급하는 것이기 때문에 일상 대화나 대화를 모방한 대화 지문에서만 나타날 수 있고 일반적인 문어 사용역에서는 나타날 수 없다. 또한 후행 문맥 지시는 그 성격에 따라 '이/그/저' 계열 대립 체계가 달리 나타나는데, 의도적 후행 문맥 지시는 '이/그' 두 계열 대립 체계를 이루고 비의도적 후행 문맥 지시는 '이/그/저' 세 계열 대립 체계를 이룬다. 이로 인해 의도적 후행 문맥 지시만 나타나는 '신문'과 '학술'에서는 '저' 계열 지시대명사가 나타나지 않는 것이다. 그런데 '신문'과 '학술'에서 후행 문맥 지시가 사용된 빈도는 20 이하로서 '이' 계열 지시대명사와 '그' 계열 지시대명사 중 어느 것이 더 우세하게 사용된다고 유의미한 결론을 내리기는 어렵다.

'대화'는 비의도적 후행 문맥 지시가 매우 빈번히 사용되기 때문에 '대화'에서의 후행 문맥 지시는 거의 대부분 비의도적 후행 문맥 지시로 보아도 무방하다. 따라서 '대화'에서 나타나는 후행 문맥 지시의 '이/그/저' 계열별 사용 비율은 비의도적 후행 문맥 지시의 '이/그/저' 계열별 사용 비율과 동일하다고 할 수 있다. 비의도적 후행 문맥 지시는 화자가 선행 발화에서 지시 대상을 표현할 명사구가 바로 생각나지 않아 지시대명사를 통해 먼저 발화하고 후행 발화에서 선행 발화를 보충하거나 교정하기 위해 다시 지시 대상을 언급할 때 나타나는 것이므로 화자는 지시 대상에 대해 그 심리적 거리를 매우 멀게 느끼게 된다. 이로 인해, 비의도적 후행 문맥 지시에는 '이' 계열보다는 '그' 계열, '저' 계열 지시대명사가 주로 사용된다. 그래서 '대화'에서 후행 문맥 지시는 '그' 계열 지시대명사의 사용 비율이 가장 높고 그 다음으로 '저' 계열 지시대명사의 사용 비율이 높은 것이다. 비의도적 후행 문맥 지시에서도 '그' 계열 지시대명사가 '저' 계열 지시대명사보다 그 사용 비율이 더 높은데 이는 일반적인 지시대명사의 '이/그/저' 계열별 사용 양상을 따르는 것이라 볼 수 있다.

'소설'은 일부 대화 지문을 제외하고는 비의도적 후행 문맥 지시가 나타나지 않고 후행 문맥 지시의 대부분의 예가 의도적 후행 문맥 지시에 해당한다. '소설'에서 비의도적 후행 문맥 지시로 사용된 예에는 '저' 계열 지시대명사밖에 없으며 '이' 계열 지시대명사와 '그' 계열 지시대명사는 아래의 예에서와 같이 모두 의도적 후행 문맥 지시로 사용되었다.

〈예5.2.2.1-15〉 [소설]

가. 그렇다면 내가 그 주소를 알아낼 수 있는 방법은 **이것뿐이었다**. 나는 원장실 안을 둘러보았다.

나. "정말 정말 **이건** 대답하지 않아도 돼요." 그녀가 금방 다시 물었다. "그녀와 잤나요?"

다. 하지만 **이것만은** 알 수 있답니다. 당신을 사랑하는 내 마음이요. 당신도 꼭 나를 사랑하고 있는 것만 같은 내 마음이요.

라. 남편은 그런 부모의 맏이이자 여섯 동생의 형이자 오빠였지만, **이건** 순전히 정옥의 판단이긴 하지만, 손에 흙 한번 묻히고 살아본 적 없는 도시 남자였는지라 끝없이 자기 부모 원망하면서 성장하였다.

〈예5.2.2.1-16〉 [소설]

가. **그것**이 인생이야, 속고 속이는 것, 뺏고 빼앗는 것, 그것이 인생이라고.

나. 플레이보이들의 약점은 바로 **거기**에 있었다. 여자 마음을 다 안다고 속단하는 것 말이다.

다. 나는 걸음을 멈추고 고개를 들었다. **거기**, 태창 나염 공장의 밥 어미가 낡아빠진 짐자전거 위에 올라앉아 나를 내려다보고 있었다.

라. 진입로 입구 쪽에서 순대와 떡볶이를 팔던 김 씨는 일착으로 소방차가 짓쳐들어가고 있는 바로 **그곳**, 103동 1304호 밑으로 달려가 있는 참이었다.

따라서 '소설'에서 나타난 후행 문맥 지시의 '이/그/저' 계열별 사용 비율 양상은 의도적 후행 문맥 지시의 '이/그/저' 계열별 사용 양상이라고 할 수 있다. 이러한 점을 고려한다면, 의도적 후행 문맥 지시는 '그' 계열보다는 '이' 계열로 사용되는 비율이 더 높다고 할 수 있는데, 이 또한 일반적인 지시대명사의 '이/그/저' 계열별 사용 양상을 따르는 것이라 할 수 있다.

- **현장 지시의 '이/그/저' 계열별 사용 비율**

현장 지시는 전체 말뭉치에서 나타나는 '이/그/저' 계열별 사용 양상과 개별 사용역에서 나타나는 '이/그/저' 계열별 사용 양상이 모두 동일하다. 앞서 5.2.2.1의 '말뭉치 계량 결과에 대한 논의1'에서 논의하였듯이 '이' 계열 지시대명사의 경우, '대화'와 '소설'에서는 주로 현장 지시에 사용되고 '신문'과 '학술'에서는 주로 문맥 지시에 사용된다는 사용역 상의 차이가 있지만 '그' 계열 지시대명사의 경우에는 모든 사용역에서 문맥 지시로 사용되는 비율이 가장 높다. 이는 <그래프5.2.2.1-2>에서 확인할 수 있듯이 모든 사용역에서 공통적으로 '그' 계열 지시대명사는 현장 지시에 잘 사용되지 않기 때문이다. 이와 같이 '그' 계열 지시대명사가 현장 지시에 사용되는 비율이 낮은 이유에 대해서는 5.2.2.1의 '말뭉치 계량 결과에 대한 논의1'에서 이미 자세히 기술하였다. '소설'에서 현장 지시는 대화 지문

또는 1인칭 화자의 서술, 3인칭 전지적 화자의 서술에 나타나는데 대화 지문이나 화자의 서술 또한 일상 대화의 원리를 따르는 것이기 때문에 '대화'와 동일한 양상이 나타난다. '신문'과 '학술'에서의 현장 지시는 직접 인용 발화, 대화 예시문에서 나타나는데 이 또한 일상 대화의 원리를 따르는 것이기 때문에 '대화'와 동일한 양상이 나타나는 것이다.

- **텍스트 지시의 '이/그/저' 계열별 사용 비율**

텍스트 지시는 가상의 텍스트 공간을 마치 현재 발화가 이루어지는 장소인 것처럼 지시하는 것이기 때문에 현장 지시에서 현재 발화가 이루어지는 장소를 가리키는 '여기'와 '이곳'이 사용된다. 텍스트 지시에 '그' 계열 지시대명사사 사용되지 않고 '이' 계열 지시대명사만 사용되는 것은 가상의 텍스트 공간이 화자의 공간과 청자의 공간이 대립되지 않는 발화 공간이거나(5.1.4.1 참고) 혹은 화자만의 발화 공간이기 때문이다. 즉 텍스트 공간은 화자와 청자가 함께 존재하는 발화 공간 또는 화자만의 발화 공간이기 때문에 청자만의 공간을 지시하는 '그' 계열은 텍스트 지시에 사용되지 않는 것이다. 텍스트 지시는 학술적인 글쓰기에서 특징적으로 나타나는 양상이지만 아래의 예에서와 같이 '소설'에서도 나타나는 경우가 있다.

〈예5.2.2.1-17〉 [소설]

가. 백제의 꽃과 홍은준 박사의 와당문 병풍에 관한 이야기를 **여기서** 잠시 소개하고 가도록 하자.

나. 내 삶의 한 기록으로 삼고자 그때 일을 **여기** 적는다. 언젠가, 먼 훗날에, 혹시 이 기록을 보고 웃을 날도 있겠지, 하는 희망도 품어보면서.

다. 지금 이것도 내 작품이니까, **여기서의** 나는, 아무리 보편적으로 여겨지는 작가의 처지를 늘어놓을 때조차, 내 진술의 특수성에 입각하지 않을 수 없다.

<예5.2.2.1-17>에서 보듯이 '소설'에서 나타나는 텍스트 지시는 소설 속의 화자가 자신이 서술하는 이야기의 공간이 소설이라는 텍스트 공간임을 의도적으로 드러내고 그 공간을 지시할 때 나타난다. 그러나 이러한 텍스트 지시는 매우 특이한 것으로 '소설'에서의 텍스트 지시가 전체 텍스트 지시에서 차지하는 비율은 5% 미만에 불과하다(<그래프5.2.2.1-3> 참고).

- **상맥 지시의 '이/그/저' 계열별 사용 비율**

상맥 지시에는 '그' 계열 지시대명사만 사용되고 '이' 계열 지시대명사와 '저' 계열 지시대명사는 사용되지 않는다. 상맥 지시에 대한 논의는 5.2.2의 도입부와 5.2.2.1의 도입부, '말뭉치 계량 결과에 대한 논의1'에서 이미 자세히 기술되었다.

- **지시 대상 확인 불가의 '이/그/저' 계열의 사용 비율**

지시 대상 확인 불가는 그 유형이 다양하여 지시 대상 확인 불가 유형과 그 특성을 확인하기 이전에는 '이/그/저' 계열별 사용 비율 양상을 자세히 논의하기 어렵다. 그러나 지시 대상 확인 불가의 유형을 확인하지 않아도 특징적으로 드러나는 양상이 있다. 전체 말뭉치에서 나타나는 지시 대상 확인 불가의 '이/그/저' 계열별 사용 양상과 '대화'에서 나타나는 지시 대상 확인 불가의 '이/그/저'

계열별 사용 양상이 거의 동일하다는 것이다. 이러한 양상이 나타나는 것은 '대화'에서 지시 대상 확인 불가가 가장 많이 나타나기 때문이다(<그래프5.2.2-2> 참고). 다시 말해서, 지시 대상 확인 불가가 '대화'에서 가장 많이 사용되기 때문에 '대화'에서 나타나는 지시 대상 확인 불가의 '이/그/저' 계열별 사용 양상이 곧 전체 말뭉치에서 나타나는 지시 대상 확인 불가의 '이/그/저' 계열별 사용 양상을 결정하게 되는 것이다.

여기서 또 하나 주목할 점은 '대화'에서 나타나는 지시 대상 확인 불가의 '이/그/저' 계열별 사용 양상이 '대화'에서 나타나는 후행 문맥 지시의 '이/그/저' 계열별 사용 양상과 완전히 동일하다는 것이다. 앞서 언급했듯이 '대화'에서 나타나는 후행 문맥 지시는 거의 대부분이 비의도적 후행 문맥 지시이다. 이러한 점을 고려하면, '대화'에서 주로 나타나는 지시 대상 확인 불가 유형과 비의도적 후행 문맥 지시가 어떠한 관련이 있을 것으로 예상할 수 있다. 5.2.2.2에서 다시 확인하겠지만 '대화'에서 나타나는 지시 대상 확인 불가 유형은 거의 대부분 지시 대상이 화자의 인식 내에만 존재하는 경우인데, 지시 대상이 화자 인식 내에만 있어 지시 대상을 확인하기 불가능한 경우는 지시 대상이 후행 발화에 나타나지 않는다는 점을 제외하고는 비의도적 후행 문맥 지시와 동일한 성격을 지닌다. 즉, '대화'에서 주로 나타나는 지시 대상 확인 불가의 유형은 비의도적 후행 문맥 지시와 동일한 성격을 지니고 있기 때문에 '대화'에서 나타나는 지시 대상 확인 불가의 '이/그/저' 계열별 사용 양상이 '대화'에서 나타나는 후행 문맥 지시의 '이/그/저' 계열별 사용 양상과 동일하게 나타나는 것이다.

말뭉치 계량 결과 제시3

1. '이' 계열 지시대명사의 지시 양상별 사용역 비율
   - 문맥 지시: 학술 〉 신문 〉 대화 〉 소설
   - 선행 문맥 지시: 학술 〉 신문 〉 대화 〉 소설
   - 후행 문맥 지시: 대화 〉 소설 〉 학술 ≧ 신문
   - 현장 지시: 대화 〉 소설 〉 학술 ≧ 신문
   - 텍스트 지시: 학술 〉 소설
   - 지시 대상 확인 불가: 대화 〉 소설 〉 학술 ≧ 신문

2. '그' 계열 지시대명사의 지시 양상별 사용역 비율
   - 문맥 지시: 대화 〉 소설 〉 학술 〉 신문
   - 선행 문맥 지시: 대화 〉 소설 〉 학술 〉 신문
   - 후행 문맥 지시: 대화 〉 소설 ≧ 학술 ≧ 신문
   - 현장 지시: 대화 〉 소설 〉 학술 ≧ 신문
   - 상맥 지시: 대화 〉 소설
   - 지시 대상 확인 불가: 대화 〉 소설 〉 학술 〉 신문

3. '저' 계열 지시대명사의 지시 양상별 사용역 비율

문맥 지시: 대화 〉 소설 〉 학술 〉 신문
선행 문맥 지시: 소설 〉 학술 〉 신문 〉 대화
후행 문맥 지시: 대화 〉 소설
현장 지시: 대화 〉 소설 〉 학술 ≧ 신문
지시 대상 확인 불가: 대화 〉 소설 〉 학술 〉 신문

			대화	소설	신문	학술
'이' 계열	문맥지시	전체	■■■▪	▪	■■■■■■▪	■■■■■■■■▪
		선행	●●●•	•	●●●●●●•	●●●●●●●●● •
		후행	●●●●●●●●● ●●●●●●●●● ●•	●●	•	•
	현장 지시		■■■■■■■■■ ■■■■■■■■■	■■■▪	▪	▪
	텍스트 지시			▪		■■■■■■■■■ ■■■■■■■■■ ■▪
	상맥 지시					
	지시 대상 확인 불가		■■■■■■■■■ ■■■■■▪	■■▪	■▪	■▪
'그' 계열	문맥 지시	전체	■■■■■■■■■ ■■■	■■▪	▪	■■■
		선행	●●●●●●●●● ●●•	●●●●•	•	●●●
		후행	●●●●●●●●● ●●●●●●●●● ●•	•	•	•
	현장 지시		■■■■■■■■■ ■■■■	■■■■■■▪	▪	▪
	텍스트 지시					
	상맥 지시		■■■■■■■■■ ■■■■■■	■■■■■■■		
	지시 대상 확인 불가		■■■■■■■■■ ■■■■■■■■■ ▪	■▪	▪	■▪

'저' 계열	문맥 지시	전체	■■■■■■■■■ ■■■■■■■■▪	■▪	▪	▪
		선행	•	●●●●●●•	●•	●●●●●●●•
		후행	●●●●●●●●● ●●●●●●●●● ●•	•		
	현장 지시		■■■■■■■■■ ■▪	■■■■■■■■▪	▪	▪
	텍스트 지시					
	상맥 지시					
	지시 대상 확인 불가		■■■■■■■■■ ■■■■■▪	■■■	▪	■▪

<그래프5.2.2.1-3> 지시대명사의 '이/그/저' 계열에 따른 지시 양상별 사용역 비율

(■/● 5%, ▪/• 5% 미만)

▶▶ 말뭉치 계량 결과에 대한 논의3

여기서는 '이/그/저' 계열 지시대명사의 개별 지시 양상이 어떠한 사용역에서 많이 사용되는가를 지시대명사의 '이/그/저' 계열별로 나누어 각각 살펴보기로 한다.

• '이' 계열 지시대명사의 지시 양상별 사용역 비율

'이' 계열 지시대명사의 선행 문맥 지시의 사용역 비율은 '학술'이 가장 높고 그 다음으로 '신문'이 높다. 위의 <그래프5.2.2.1-3>에서 확인할 수 있듯이 지시대명사의 전 계열에서 대부분의 지시 양상이 '대화'에서 가장 많이 사용되는데, '이' 계열 지시대명사의 선행 문맥 지시는 '신문'과 '학술'에서 가장 많이 사용된다는 특이한 양상을 보인다. 이는 앞서 살펴보았듯이 '신문'과 '학술'에서는 선행 문맥 지시에 '그' 계열 지시대명사보다는 '이' 계열 지시대명사가 주로 사용되기 때문이다(<그래프5.2.2.1-2> 참고). '신문'과 '학술'에서는 선행 문맥 지시에 '이' 계열 지시대명사인 '이'가 주로 사용되는데 이는 '신문'과 '학술'이 가진 격식성과 이들 사용역의 주된 목적이 정보 전달에 있다는 점에서 기인하는 것으로 볼 수 있다(5.2.2.1 '계량 결과에 대한 논의1, 2' 참고).

선행 문맥 지시를 제외하고는 '이' 계열 지시대명사에서 발견되는 특이한 양상은 없다. 후행 문맥 지시는 비의도적 후행 문맥 지시가 많이 사용되는 '대화'에서 그 사용역 비율이 가장 높다. 현장 지시는 발화 현장에 있는 대상을 지시하는 것이기 때문에 실제 발화 현장이 존재하는 '대화'나 대화 지문이 나타나는 '소설'에서 가장 많이 사용된다. 이는 '이' 계열 지시대명사뿐만 아니라 뒤에서 살펴볼 '그' 계열 지시대명사와 '저' 계열 지시대명사에서도 동일하게 적용된다. 텍스트 지시에는 '여기'와 '이곳'의 '이' 계열 지시대명사만 사용되는데, 텍스트 지시는 학술적 글쓰기에서 나타나는 특징적 양상이기 때문에 '학술'에서 그 사용역 비율이 가장 높게 나타난다. 지시 대상 확인 불가는 '이' 계열 지시대명사의 선행 문맥 지시를 제외한 다른 지시 양상과 동일하게 사용역 비율 양상이 나타난다. 사실상, '이' 계열 지시대명사의 선행 문맥 지시, 텍스트 지시, '저' 계열 지시대명사의 선행 문맥 지시를 제외하고는 모든 계열의 지시대명사의 지시 양상에서 '대화 > 소설 > 학술 > 신문'의 사용 양상을 보인다. 이러한 사용역 비율 양상은 앞서 2.2의 <그래프2.2-1>과 5장 도입부의 <그래프5-6>에서 살펴본 전체 대명사의 사용 빈도 양상을 그대로 따르는 것이다. 요컨대, '이' 계열 선행 문맥 지시, '저' 계열 선행 문맥 지시, 텍스트 지시를 제외하고는 지시대명사의 계열에 따른 지시 양상별 사용역 비율은 모두 전체 대명사의 사용역 비율을 그대로 따른다는 것인데 이는 결국 지시대명사도 대명사의 한 종류이기 때문이다. 즉, 지시대명사도 대명사의 한 종류이기 때문에 대명사가 많이 사용되는 사용역에서 그 사용역 비율이 높게 나타난다는 것이다.

이와 같이 지시대명사는 '이' 계열 선행 문맥 지시, '저' 계열 선행 문맥 지시, 텍스트 지시를 제외하고는 모두 전체 대명사의 사용역 비율을 그대로 따른다. 그런데 특이하게도 전체 지시대명사의 사용역 비율 양상은 전체 대명사의 사용역 비율을 따르지 않는다. 5장 도입부의 <그래프5-6>에서 확인할 수 있듯이 전체 지시대명사의 사용역 비율은 '대화 > 학술 > 소설 > 신문'의 양상으로 나타나 전체 대명사의 사용역 비율과 달리 '소설'과 '학술'에서 빈도 역전 현상이 일어난다. 이러한 현상이 나타나는 것은 앞서 살펴본 것처럼 '학술'에서 나타나는 '이' 계열 지시대명사가가 선행 문맥 지시에 사용되는 빈도가 매우 높기 때문이다. 즉, '이' 계열 지시대명사가 '학술'에서 선행 문맥 지시로 사용되는 빈도가 높기 때문에 '소설'에 비해 전체 지시대명사의 사용 빈도가 조금 더 높아지는 결과가 나타나게 된 것이다.

• '그' 계열 지시대명사의 지시 양상별 사용역 비율

'그' 계열 지시대명사의 지시 양상별 사용역 비율은 모든 지시 양상에서 '대화 > 소설 > 학술 > 신문'의 양상을 보인다. 이는 앞서 살펴본 바와 같이 전체 대명사의 사용역 비율 양상을 그대로 따르는 것이다. 상맥 지시는 '대화'와 '소설'에서만 나타나는 특징이 있는데 이에 대한 논의는 5.2.2.1의 '말뭉치 계량 결과에 대한 논의1'과 '말뭉치 계량 결과에 대한 논의2'에서 자세히 다루었으므로 여기서는 생략하기로 한다.

• '저' 계열 지시대명사의 지시 양상별 사용역 비율

'저' 계열 지시대명사의 지시 양상별 사용역 비율은 선행 문맥 지시를 제외하고는 전체 대명사의 사용역 비율과 동일하게 '대화 > 소설 > 학술 > 신문'의 양상을 보인다. '저' 계열 지시대명사가 선행 문맥 지시에 사용될 때에는 '저들'의 형태로 '사람'만을 지시한다. 이러한 특성으로 인해, 논의에 따라 '저'가 '저들'의 형태로 나타날 때에는 3인칭대명사로 보기도 한다. 즉, '저'가 선행 문맥 지시에 이용될 때에는 3인칭대명사와 유사하다고 볼 수도 있는데 이로 인해 선행 문맥 지시의 '저'는 3인칭대명사의 사용역 비율과 유사한 양상을 보인다(5.1의 <그래프5.1-6> 참고). 다만, '저들'로 '사람'을 지시하는 것은 일상 대화에서는 거의 쓰이지 않는 문어적 표현이기 때문에 '대화'에서 그 사용역 비율이 매우 낮다. '저' 계열 지시대명사가 후행 문맥 지시에 이용될 때에는 모두 선행 발화 보충이나 교정과 관련되는 비의도적 후행 문맥 지시이다. 따라서 '대화'나 대화 지문이 있는 '소설'에서만 나타나고 '신문'과 '학술'에서 나타나지 않는다.

5.2.2.2. 지시대명사의 지시 대상이 확인 불가능한 경우

앞서 살펴보았듯이 지시대명사는 주로 발화 현장에 존재하는 대상, 선행 문맥이나 후행 문맥에 존재하는 대상을 지시하고 특수한 경우, 화·청자의 공통 인식 내에 존재하는 대상이나 텍스트 공간 자체를 지시할 수도 있다. 이와 같이 지시대명사의 지시 대상이 명확하여 그것을 확인할 수 있는 경우가 있는가 하면, 지시대명사의 지시 대상이 없거나 그 지시 대상이 화자의 인식 내에만 있어 지시 대상을 확인하는 것이 불가능한 경우도 있다. 지시 대상 확인 불가 유형은 아래와 같이 몇 가지 유형으로 나누어 볼 수 있다.

첫째, 지시 대상이 화자의 인식 내에만 있어서 청자가 그 지시 대상을 확인할 수 없는 다음과 같은 경우이다.

〈예5.2.2.2-1〉 [대화]

가. A: 삼 일만 아니 그렇게 이 주 지나고 나서, 어::, 바그다드까지 입성하고 나서? B: 어::, A: 이게 점점 미국 쪽으로 기우니까, B: 어::, 그 소리가 줄어들잖아::.

나. A: 내가 근데 먹는 걸 줄이니까::, 변비가 생기는 거야 또::, B: 어::. A: 그래서 먹는 거 줄이는 거는 아무:: 그게 없어.

다. A: 그리고 그 전에 또 몰래 녹음했다가 한 번, 눈물 쏙 빼도록 혼나구 그 다음에 이거 동의서를 받아야지 저거가 되거든. B: 잘못했네 당연히.

라. A: 팔팔이 한 백 씨씨 되나? 안 될걸. … 구십인가 택트가 저거 오십이잖아, B: 어. A: 음:: 아 언덕은 가뿐해,

위의 예는 <예5.2.2-9>와 <예5.2.2.1-9>를 다시 가져온 것이다. 이들 예는 지시 대상이 발화 현장이나 문맥에서 명시적으로 나타나지 않지만 대화의 실패가 일어나지 않고 대화의 흐름이 지속된다는 점에서 상맥 지시와 유사하지만 화자의 지시 의도와 청자의 지시 해석 여부가 불분명하다는 측면에서 상맥 지시와 차이가 있다. 위의 예에서 화자는 화·청자의 공통 인식 내에 있는 대상을 지시하는 상맥 지시를 의도했다기보다는 어떠한 대상을 정확하게 표현할 만한 명사구가 바로 생각나지 않아 이를 대신하여 지시대명사를 사용한 것으로 이해된다. 그리고 청자도 지시대명사로 지시되는 대상을 화자가 의도하는 대로 정확히 해석했는지 분명하지 않다. 여기서 청자가 지시 대상을 정확히 확인할 수 없음에도 불구하고 대화의 실패가 일어나지 않는 것은 청자가 맥락을 통해 화자가 의도하는 바를 어느 정도 유추할 수 있기 때문이다. 위의 예에서 나타나는 발화의 맥락을 살펴보면, <예5.2.2.2-1가, 나>의 '이것'과 '그것'은 각각 '전세(戰勢)'와 '효과'를 지시한다는 것을 어느 정도 파악할 수 있고, <예5.2.2.2-1다, 라>의 '저것'은 각각 '녹음 이용'과 '배기량'을 가리킨다는 것을 유추할 수 있다. 청자도 이와 같이 발화 맥락을 통해 화자의 인식 내에만 있는 지시 대상을 충분히 유추할 수 있다.

그런데 화자의 인식 내에만 있는 지시 대상을 정확하게 확인하는 것은 대화의 진행에서 크게 중요하지 않다. 대화는 화·청자가 발화를 주고받으면서 이루어지는데 이 과정에서 청자가 화자의 발화를 제대로 이해하지 못하여 화자의 발화 내용을 되물어보는 것은 대화의 자연스러운 흐름에 방해가 된다. 따라서 화자가 자신의 인식 내에만 있는 대상을 지시대명사를 통해 불명확하게 지시한다고 해도 청자는 그 대상이 정확하게 무엇인지 물어서 확인하기보다는 대화의 흐름이 끊어지지 않게

하기 위해 발화 맥락을 통해 대충 이해하고 넘어가는 것이다. 사실상, 화자가 자신의 인식 내에만 존재하는 대상을 지시대명사를 통해 불분명하게 지시하는 것은 대화의 흐름을 자연스럽게 이어가기 위한 전략으로 이해할 수 있다. 대화는 화 · 청자가 실시간으로 발화를 주고받음으로써 진행되기 때문에 화자는 청자의 발화에 즉각적으로 반응해야 한다. 이러한 실시간성으로 인해 화자는 적절한 언어 표현이 생각나지 않음에도 불구하고 발화를 계속 이어나가야 하는 경우가 많은데 이때 화자는 대화의 흐름을 자연스럽게 이어나가기 위해 자신의 인식 내에서 어렴풋이 떠오르는 대상을 지시대명사로 불명확하게 지시하는 것이다. 요컨대, 화자는 발화 생산자의 입장에서 대화의 흐름을 이어나가기 위해 적절한 표현이 떠오르지 않아도 지시대명사를 통해 그 대상을 지시하고 청자는 발화 수용자의 입장에서 대화의 흐름을 끊어지지 않게 하기 위해 화자가 지시하는 대상이 명확히 확인되지 않더라도 맥락을 통해 그 대상을 유추하여 이해하고 넘어가는 것이다. 따라서 지시대명사의 지시 대상이 화자의 인식 내에만 있어 지시 대상을 확인하는 것이 불가능한 경우에는 지시대명사가 지시적 역할을 하는 것이라기보다는 대화의 흐름을 유지하는 역할을 하는 것이라고 할 수 있다. 한편, 지시대명사의 지시 대상이 화자의 인식 내에만 있는 경우는 지시대명사의 지시 대상이 불명확하기 때문에 화 · 청자가 서로 동일한 공간에서 많은 정보를 공유하며 의사소통을 진행하는 경우가 아니라면 의사소통에 실패하는 것이 일반적이다. 따라서 필자가 독자에게 일방적으로 내용을 전달하는 문어 사용역에서는 지시대명사의 지시 대상이 화자의 인식 내에만 존재하는 경우가 나타나기 어렵다. 뿐만 아니라 비교적 긴 시간을 가지고 텍스트를 생산하는 문어 사용역에서는 의도적으로 구어의 효과를 노리지 않는다면 필자가 적절한 표현이 떠오르지 않아 필자의 인식 내에만 존재하는 대상을 지시대명사로 표현하는 경우는 없을 것이다.

지시대명사의 지시 대상이 화자의 인식 내에만 존재하는 경우는 '이/그/저' 세 계열 대립 체계를 이루는데, 화자의 관점 이입 정도에 따라 '이/그/저' 계열이 달리 사용된다. 지시 대상이 화자의 인식 내에만 존재하는 경우는 선행 발화의 보충과 교정을 위해 후행 문맥에서 지시 대상을 언급하는 비의도적 후행 문맥 지시와 크게 다를 바가 없다. 화자가 적절한 표현이 금방 생각나지 않아 지시대명사로 우선 지시 대상을 가리키고 후행 문맥에서 지시 대상을 언급해 주면 비의도적 후행 문맥 지시가 되지만 후행 문맥에서 지시 대상을 언급해 주지 않으면 화자의 인식 내에만 지시 대상이 존재하는 경우가 되는 것이기 때문이다. 따라서 지시 대상이 화자의 인식 내에만 존재하는 경우는 비의도적 후행 문맥 지시에서 보이는 '이/그/저' 계열 대립 체계를 그대로 따른다. 앞서, 비의도적 후행 문맥 지시는 어렴풋이 떠오르는 대상을 지시하는 것이기 때문에 화자는 지시 대상에 대한 심리적 거리를 매우 멀게 느끼게 되는데 이러한 이유로 인해 비의도적 문맥 지시에서는 '그' 계열이나 '저' 계열의 지시대명사가 주로 사용된다고 언급하였다. 이와 마찬가지로 지시 대상이 화자의 인식 내에만 존재하는 경우에도 화자가 지시 대상을 명확하게 떠올리지 못해 지시 대상과의 심리적 거리를 매우 멀게 느끼기 때문에 주로 '이' 계열보다는 '그' 계열이나 '저' 계열 지시대명사가 사용된다.

둘째, 지시대명사가 지시하는 대상이 분명하지 않고 지시대명사의 '이/그/저' 계열의 대립 의미만 나타나는 경우이다.

〈예5.2.2.2-2〉

가. 오이디푸스 콤플렉스가 그거잖아요? 원래 어머니:: 품에만 있다가, 나중에 아버지가 나타나서, 뭐~ 너 **이거** 하지 마라 **저거** 하지 마라 이러니까, [대화]

나. 산이라는 것이, **여기에서** 보면 이 모습이요, **저기에서** 보면 저 모습이듯이, 산 짊어지고 사는 사람들이 일쑤 하는, 문법이 이상한 말도 이렇게 들으면 이 뜻이 되기도 하고, 저렇게 들으면 저 뜻이 되기도 한다. [소설]

다. 그런데도 한나라당은 정부 기구 가운데 **이것을** 포기하면 **저것은** 수용한다는 식으로 맞교환하는 협상을 시도했다니 이해할 수 없다. [신문]

라. 현실 세계에서 서로 대립하고 있는 둘을 **이것도** 옳고 **저것도** 옳다고 하는 것은 있을 수 없고 결국 하나가 옳은 것으로 되어야 합니다. [학술]

위의 예에서는 지시대명사가 무엇을 지시하는지를 확인할 수 없을 뿐만 아니라 그 지시 대상을 확인하는 것도 그리 중요하지 않다. 오히려 '이' 계열 지시대명사와 '저' 계열 지시대명사가 대립 관계를 이루며 이러한 계열적 대립으로 인해 각각의 지시대명사가 서로 다른 종류의 무엇인가를 가리킨다는 것 자체가 중요하다. 이와 같이 '이/그/저' 계열의 대립 의미만 나타나 지시 대상을 확인하는 것이 불가능한 경우는 '이' 계열과 '저' 계열이 대립 체계를 이루고 '그' 계열은 나타나지 않는 것이 일반적이다. 그러나 예외적으로 '그' 계열이 나타나기도 하는데 이에 대해서는 뒤에서 다시 논의하기로 한다.

셋째, 지시대명사가 마치 부정대명사와 같이 사용되어 그 지시 대상을 확인하기 어려운 경우가 있다.

〈예5.2.2.2-3〉

가. A: 기본적으루 해야 되는 것들이 **이쪽은** 크구 **이쪽이** 작구 이런 게 있어. B: **이쪽이** 크구 **이쪽이** 작으면 니가 그걸 찾아다니면서 하면 되잖아, [대화]

나. 사진은 그때 **그곳에서** 무슨 일이 있었는가를 보는 가장 정확한 눈이었고, 그때 **그곳에서** 무슨 일이 있었는지를 전하는 가장 정직한 입이었다. [소설]

다. 남편은 아마 자신의 시간을 갖기 위해 아침부터 부지런히 스파게티를 만든 건지도 모르겠습니다. **이걸** 하고, **이걸** 끝내 놓고, **이걸** 한다. 남편은 시간을 아주 잘 쪼개 쓰는 타입이었으니까요. [신문]

라. 글쓴이인 '나'는 모든 중요 행동의 주체이며 모든 사건의 주인공이다. 이처럼 '나는 그때 **거기서** 이런 일을 겪었다.'는 식의 서술에 개재된 관점을 일인칭 서술 관점이라 부른다. [학술]

<예5.2.2.2-3가>의 '이쪽'은 화자에게 가까운 장소나 문맥에서 제시된 장소를 가리키는 것이 아니라 '어떤 쪽'으로 해석되고 <예5.2.2.2-3나>의 '그곳'은 '어딘가'로 해석된다. <예5.2.2.2-3다>의 '이것'은 '무엇'으로 해석되고 <예5.2.2.2-3라>의 '거기'는 '어떤 곳'으로 해석된다. 이처럼 위의 예에서 보인 각각의 지시대명사는 문맥이나 발화 현장에 있는 대상을 가리키는 것이 아니라 부정대명사와 같이 그 지시 대상이 구체적이지 않은 어떤 대상을 가리키기 때문에 지시 대상을 확인하기 어려운 경우에 해당한다. 지시대명사가 부정대명사처럼 사용되는 경우에는 '이' 계열 지시대명사와 '그' 계열 지시대명사만 나타나고 '저' 계열 지시대명사는 나타나지 않는다.

넷째, 지시대명사가 지시 대상을 가지지 않고 관용 표현의 일부로 나타나거나 지시대명사가 관용적 의미를 지니는 경우가 있다. 우선 지시대명사가 관용 표현의 일부로 나타나는 경우를 보이면 다음과

같다.

〈예5.2.2.2-4〉

가. 왜냐면 똑같은 말 몇 십 번씩 거의 써 주니까 거의 이게, 애들 수준이 **거기서 거기니까** 다양한 말을 써 주면 써 줄수록, [대화]

나. A: 지원이 뭐야? B: 시인. 시인론. A: 아이 씨. 다 **그게 그걸** 거 같애. [대화]

다. "깽깽이가 아니라 바이올린이에요." "**그게 그거** 아닙니까." [소설]

라. "그냥 눌러앉아 버릴까 생각중이야. 하지만 좀 지겨워. 영국 생활도 매일 **그게 그거야**." [소설]

위의 예에서 '거기', '그거'는 '차이가 없다'는 의미를 가진 관용적 표현인 '거기서 거기다', '그게 그거다'의 일부로 나타나는데 이들 지시대명사는 지시 대상을 가진다고 보기 어렵다. '차이가 없다'는 의미를 가지는 관용 표현에서는 '거기', '그거'와 같은 '그' 계열 지시대명사만 사용된다. 아래의 예는 지시대명사가 지시 대상을 지시하기보다는 지시대명사가 관용적 의미를 나타내는 경우이다.

〈예5.2.2.2-5〉

가. 꿈이란 잠에서 깨면 **그처럼** 허망한 것도 없어. 네가 그 사람 시를 좋아한다고 해서 그가 남편으로도 좋다는 것과는 백팔십도 다른 얘기야. [소설]

나. 단구에다가 도전적 음악 자세 때문에 '팝계의 나폴레옹'이라고도 불리는 그는 **이처럼** 힘든 영역에 덤벼드는 창의적인 뮤지션의 기질을 발휘해 음악인들의 부러움을 사고 있다. [신문]

〈예5.2.2.2-6〉

가. 그는 스무 해 **저쪽의** 어지러운 세월을 가늠해보면서 음침한 그늘이 서려 있는 주방과, 퇴색한 비닐커버를 씌운 탁자 셋과 여남은 개쯤 될 듯한 기댈 게 없는 둥근 의자들을 둘러보았다. [소설]

나. 상상은, 그로 하여금, 그 어둠의 반복되는 헤침 끝에서. 그 어둠의 **저쪽** 건너편을 헤쳐 오는 그녀와, 만나게 하고자 한다. [소설]

다. 포연 자욱한 지구촌 **저편의** 비극을 아는지 모르는지, 무심하게 무르익는 남국의 봄은 가슴 시리도록 아름답다. [신문]

라. 어떤 상황에 맞닥뜨리게 되면, 일단 우리의 인식 **저편에** 있을 수도 있는 문제의 본질을 파악하는 일이 필요하다. [학술]

<예5.2.2.2-5>의 '그처럼', '이처럼'에서 나타나는 지시대명사 '그'와 '이'는 구체적인 지시 대상이 없고 '그처럼', '이처럼'이 하나의 구성을 이루어 '그토록', '이토록'의 의미를 나타내는 것으로 볼 수 있다. 물론, '그처럼', '이처럼'의 '그'와 '이'가 화자나 필자가 생각하는 어떠한 대상이나 관념을 지시한다고도 볼 수도 있다. 그러나 이들 지시대명사가 가리키는 지시 대상이 있다고 하더라도 그 지시 대상이 화자나 필자의 인식 내에만 존재하기 때문에 지시 대상을 확인할 수는 없다. <예5.2.2.2-6>의 '저쪽', '저편'은 구체적인 장소를 지시하기보다는 '과거의 어느 한 시점', '저 멀리 있는 어느 곳'이라는 의미를 나타낸다. <예5.2.2.2-6가>의 '저쪽'은 '과거의 어느 한 시점'을, <예5.2.2.2-6나, 다, 라>의 '저쪽', '저편'은 각각 '저 멀리 있는 어느 곳'을 나타낸다. 이러한 경우에도 지시대명사가 지시하는 대상이 없는 것은 아니라고 볼 수도 있는데 그렇다고 하더라도 그 지시 대상이 모호하여 지시 대상을

확인할 수 없는 경우라는 사실에는 변함이 없다.

다섯째, 지시대명사가 책이나 영화, 노래의 제목, 시나 노래 가사의 일부, 혹은 영어 번역 등에 나타나서 그 지시 대상을 확인할 수 없는 경우가 있다.

〈예5.2.2.2-7〉

가. 어 그래. 프롬 히얼 투 데얼 하면, **여기부터 거기까지**::,라는 말이야. 알았지? [대화]

나. "아저씨, 지금 나오는 그 노래 제목이 뭐여요?" "**그것은** 인생이라는 것이다, 왜?" [소설]

다. 종교 부문으로 가면, 신간인 '마음…'뿐 아니라 '**거기서 그것과** 하나 되시게', '첫사랑은 맨 처음 사랑이 아니다'도 올라 있습니다. [신문]

라. (3) 광고문의 사례: **거기**, 송사리 싱싱하게 살고 나무 파랗게 숨 쉬어 좋았다. 깨끗한 환경을 먼저 생각합니다. [학술]

<예5.2.2.2-7가>의 '여기'와 '거기'는 각각 영어의 'from'과 'here'의 번역어로 나온 것이기 때문에 그 지시 대상이 없는 경우이고 <예5.2.2.2-7나, 다, 라>의 '그것'과 '거기'는 각각 노래 제목, 책 제목, 광고문의 일부와 같이 불충분한 맥락 내에 나타나 그 지시 대상을 확인할 수 없는 경우이다. 즉, 이러한 경우는 지시대명사가 메타 언어적으로 쓰이거나 지시 대상을 충분히 확인할 수 없는 맥락에 나타난 것이기 때문에 지시대명사의 지시 대상을 확인할 수 없는 경우라고 할 수 있다. 따라서 <예5.2.2.2-7>과 같은 지시 대상 확인 불가의 유형은 <예5.2.2.2-1~7>에서 살펴본 지시 대상 확인 불가 유형과 달리 화자의 대화 유지 전략이나 의도적 표현 효과와는 관계가 없는 것이라고 할 수 있다.

▶ 말뭉치 계량 결과 제시1

1. 지시대명사의 지시 대상 확인 불가 유형별 사용 비율

   전체: 화자 인식 〉 이/그/저 대립 〉 관용적 표현 ≧ 기타 〉 부정

   대화: 화자 인식 〉 이/그/저 대립 〉 부정 ≧ 기타 ≧ 관용적 표현

   소설: 이/그/저 대립 〉 관용적 표현 〉 기타 ≧ 화자 인식 = 부정

   신문: 기타 〉 이/그/저 대립 〉 관용 표현 〉 부정

   학술: 이/그/저 대립 〉 관용 표현 ≧ 기타 〉 부정

	화자 인식	이/그/저 대립	관용 표현	부정	기타
전체	■■■■■■■■	■■■■■■	■■▪	■▪	■■
대화	■■■■■■■■ ■■■■■▪	■■■	■	■▪	■
소설	▪	■■■■■■■■	■■■■▪	▪	■▪

		■■■■▪			
신문		■■■■■■■	■■■	■▪	■■■■■■■■ ▪
학술		■■■■■■■■ ■	■■■■▪	■■	■■■■▪

<그래프5.2.2.2-1> 지시대명사의 지시 대상 확인 불가 유형별 사용 비율

(■ 5%, ▪ 5% 미만)

> 2. 지시대명사의 지시 대상 확인 불가 유형별 사용역 비율
> 화자 인식: 대화 〉 소설
> 이/그/저 대립: 대화 〉 소설 〉 학술 〉 신문
> 관용 표현: 대화 〉 소설 〉 학술 〉 신문
> 부정: 대화 〉 학술 〉 소설 〉 신문
> 기타: 대화 〉 학술 〉 신문 〉 소설

	대화	소설	신문	학술
화자 인식	■■■■■■■■■ ■■■■■■■■■ ■▪	▪		
이/그/저 대립	■■■■■■■■■ ▪	■■■■■■▪	■▪	■■■
관용 표현	■■■■■■■■▪	■■■■■■▪	■▪	■■■■▪
부정	■■■■■■■■■ ■■■■■■■	■▪	▪	■■
기타	■■■■■■■■■ ■▪	■■	■■■▪	■■■■

<그래프5.2.2.2-2> 지시대명사의 지시 대상 확인 불가 유형별 사용역 비율

(■ 5%, ▪ 5% 미만)

▶▶ 말뭉치 계량 결과에 대한 논의1

본격적인 논의에 앞서 위 그래프에서 사용된 약어들에 대해 설명하면 다음과 같다. '화자 인식'은 지시 대상이 화자의 인식 내에만 있어 지시 대상을 확인할 수 없는 경우이고 '이/그/저 대립'은 지시대명사가 '이/그/저' 계열 대립 의미만 있어 지시 대상을 확인할 수 없는 경우이다. '관용 표현'은 지시대명사

가 관용 표현의 일부로 나타나거나 지시대명사가 관용적 의미를 지니고 있어 그 지시 대상이 없거나 지시 대상을 확인할 수 없는 경우이고 '부정'은 지시대명사 부정대명사처럼 사용되는 경우이다. '기타'는 지시대명사가 책이나 영화, 노래의 제목, 시나 노래 가사의 일부, 혹은 영어 번역어 등에 나타나서 그 지시 대상을 확인할 수 없는 경우를 말한다. 이후 이어지는 논의에서는 지시 대상 확인 불가의 유형을 위에서 보인 약어를 통해 나타내기로 한다.

우선, 지시대명사의 지시 대상 확인 불가 유형별 사용 비율을 살펴보자. 전체 말뭉치에서 나타나는 지시 대상 확인 불가 유형별 사용 양상과 개별 사용역에서 나타나는 지시 대상 확인 불가 유형별 사용 양상은 제각기 다른 모습을 보이는 듯하지만, '대화'에서 나타나는 양상과 전체 말뭉치에서 나타나는 양상이 어느 정도 유사하다는 것을 알 수 있다. 이는 앞서 제시한 <그래프5.2.2-2>에서 확인할 수 있듯이 '대화'에서 지시 대상 확인 불가가 가장 많이 사용되기 때문이다.

'대화'에서는 '화자 인식'의 사용 비율이 가장 높은데 이는 앞서 논의한 바와 같이 '대화'에서의 화자의 대화 유지 전략과 관련된다. 화자는 대화의 흐름을 끊지 않기 위해 자신이 의도하는 적절한 표현이 생각나지 않더라도 지시대명사를 이용하여 먼저 표현하고 대화를 계속 이어 나간다. 이와 같이 화자는 대화의 흐름을 유지하기 위해 자신의 인식 내에만 존재하는 대상을 지시대명사로 표현하지만 청자는 여러 가지 맥락 및 공유 정보를 통해 화자의 인식 내에 있는 대상을 유추하여 이해할 수 있다. 이러한 이유로 인해 '화자 인식'은 일상 대화나 대화를 모방한 대화 지문에서만 나타나고 일반적으로 문어 사용역에서는 나타나지 않는다. '대화'에서 '화자 인식' 다음으로 사용 비율이 높은 것은 '이/그/저 대립'인데 '소설'과 '학술'에서는 '이/그/저 대립'이 가장 높은 사용 비율을 보이고 '신문'에서는 '기타' 다음으로 '이/그/저 대립'이 높은 사용 비율을 보인다. 여기서 유의할 것은 '이/그/저 대립'의 사용 빈도는 '이것저것', '여기저기', '이쪽저쪽'과 같이 <표준국어대사전>에 명사로 등재된 요소의 사용 빈도가 제외된 것이라는 점이다. 만약 이러한 요소들까지 '이/그/저 대립'에 포함된다면 전체 말뭉치뿐만 아니라 모든 사용역에서 '이/그/저' 대립의 사용 비율이 가장 높아진다.

한편, '신문'에서는 다른 문어 사용역과 다소 다르게 '기타'의 사용 비율이 가장 높은데 이는 '신문'에서 책이나 영화, 노래를 소개하면서 그 제목의 일부로 지시대명사가 나타나는 경우가 많기 때문이다. 그러나 '신문'에서 나타나는 지시 대상 확인 불가의 사용 빈도는 매우 낮아 (<그래프5.2.2-2> 참고) 다른 사용역과 달리 그 결과에 대한 유의미한 해석을 내리기 어려운 측면이 있다. <그래프5.2.2.2-2>에서 확인할 수 있듯이 '기타'의 사용역 비율은 다른 사용역에 비교했을 때 매우 낮은 편이지만 '신문'에서 지시 대상 확인 불가가 사용되는 빈도 자체가 매우 낮기 때문에 '기타'의 사용 비율이 상대적으로 매우 높게 나타나는 것이다.

다음으로, 지시 대상 확인 불가 유형별 사용역 비율에 대해서 살펴보도록 하자. '화자 인식'은 앞서 언급한 대로 화자의 대화 유지 전략이기 때문에 '대화'와 대화 지문이 나타나는 '소설'에서만 나타나는데, 사실상 '화자 인식'은 '소설'에서도 그 사용역 비율이 5% 미만에 불과하다. 이러한 결과는 소설의 대화 지문이 대화를 모방한 것이기는 하지만 실제 대화와는 엄연히 다르다는 것을 보여주는 것이다. 실제 대화에서는 화자가 대화를 유지하기 위해 언뜻 생각나지 않는 것을 지시대명사로 표현하는 것이 일반적이지만 소설의 대화 지문은 생생한 대화 양상을 그대로 반영하는 것이 아니라 유창하게 이루어지는 대화의 양상만을 흉내 낸 것이기 때문에 '소설'에서는 '화자 인식'이 거의 나타나지 않는 것이다. '화자 인식'을 제외하고도 '이/그/저 대립', '관용 표현', '부정', '기타' 모두 '대화'에서 그 사용역 비율이 가장 높은데 이는 '대화'에서 지시 대상 확인 불가가 가장 많이 사용되기 때문이다(<그래프5.2.2-2> 참고). 다시 말해서, '대화'는 지시 대상 확인 불가가 가장 많이 사용되는 사용역이기 때문에 지시 대상 확인 불가의 개별 유형 모두 '대화'에서 가장 많이 사용되는 것이다. 그 사용 빈도가 상대적으로 높은 '이/그/저 대립'은 전체 지시 대상 확인 불가의 사용역 비율과 동일하게(<그래프5.2.2-2> 참고) '대화 > 소설 > 학술 > 신문'의 양상을 보인다. 그러나 그 사용 빈도가 매우 낮은 '관용 표현', '부정', '기타'는 '대화'에서 그 사용역 비율이 가장 높다는 점은 동일하지만 그 이외에는 다소간의 차이를 보인다. 그러나 이러한 차이에 대해서는 이들 지시 대상 확인 불가 유형의 사용 빈도가 매우 낮아서 유의미한 해석을 내리기 힘들다.

말뭉치 계량 결과 제시2

1. '이' 계열 지시대명사의 지시 대상 확인 불가 유형별 사용 비율
   전체: 이/그/저 대립 〉 부정 〉 화자 인식 〉 기타 〉 관용 표현
   대화: 이/그/저 대립 〉 부정 〉 화자 인식 〉 기타
   소설: 이/그/저 대립 〉 화자 인식 = 부정 〉 기타
   신문: 기타 〉 이/그/저 대립 〉 부정 〉 관용 표현
   학술: 이/그/저 대립 〉 기타 〉 부정

2. '그' 계열 지시대명사의 지시 대상 확인 불가 유형별 사용 비율
   전체: 화자 인식 〉 관용 표현 〉 기타 〉 이/그/저 대립 = 부정
   대화: 화자 인식 〉 관용 표현 〉 기타 〉 이/그/저 대립 ≧ 부정
   소설: 관용 표현 〉 이/그/저 대립 = 기타 〉 화자 인식 = 부정
   신문: 기타 〉 관용 표현
   학술: 기타 〉 관용 표현 〉 부정

3. '저' 계열 지시대명사의 지시 대상 확인 불가 유형별 사용 비율
   전체: 화자 인식 ≧ 이/그/저 대립 〉 관용 표현 〉 기타
   대화: 화자 인식 〉 이/그/저 대립
   소설: 이/그/저 대립 〉 관용 표현 〉 기타
   신문: 이/그/저 대립 〉 관용 표현
   학술: 이/그/저 대립 〉 관용 표현

		화자 인식	이/그/저 대립	관용 표현	부정	기타
전체	'이' 계열	■■■▪	■■■■■■■■■■▪	▪	■■■■▪	■■▪
	'그' 계열	■■■■■■■■■■■▪	■	■■■■▪	■	■■■▪
	'저' 계열	■■■■■■■■■▪	■■■■■■■■■▪	■■▪		▪
대화	'이' 계열	■■■■■	■■■■■■▪		■■■■■▪	■■▪
	'그' 계열	■■■■■■■■■■■■■■■■■▪	▪	■■▪	▪	■
	'저' 계열	■■■■■■■■■■■■■■■■■■■	■■■			
소설	'이' 계열	■▪	■■■■■■■■■■■■■■■■■■▪		■▪	▪
	'그' 계열	■▪	■■■▪	■■■■■■■■■■■■	■▪	■■■▪
	'저' 계열		■■■■■■■■■■■■■■■■■	■■■■▪		▪
신문	'이' 계열		■■■■■■▪	■▪	■■■▪	■■■■■■■■■▪
	'그' 계열			■■■■▪		■■■■■■■■■■■■■■■■■▪
	'저' 계열		■■■■■■■■■■■■■■■■■▪	■■■■▪		
학술	'이' 계열		■■■■■■■■■■■■■■■■■▪		■■	■■▪
	'그' 계열			■■■■■	■■■■	■■■■■■■■■■■■
	'저' 계열		■■■■■■■■■■■■■	■■■■■■■■■		

<그래프5.2.2.2-3> 지시대명사의 '이/그/저' 계열에 따른 지시 대상 확인 불가 유형별 사용 비율

(■ 5%, ▪ 5% 미만)

▶▶ 말뭉치 계량 결과에 대한 논의2

여기서는 지시대명사의 '이/그/저' 계열에 따라 지시 대상 확인 불가 유형이 어떻게 달리 사용되는지 지시대명사의 '이/그/저' 계열별로 각각 나누어 살펴보기로 한다.

• '이' 계열 지시대명사의 지시 대상 확인 불가 유형별 사용 비율

'이' 계열 지시대명사의 지시 대상 확인 불가 유형별 사용 비율에서 가장 특징적인 양상은 전체 말뭉치뿐만 아니라 '신문'을 제외한 모든 사용역에서 '이/그/저 대립'의 사용 비율이 가장 높다는 것이다. 이와 같이 '이' 계열 지시대명사의 지시 대상 확인 불가 유형 중 '이/그/저 대립'의 사용 비율이 가장 높은 것은 '이' 계열 지시대명사가 '화자 인식'에 사용되는 비율이 낮기 때문이다(<그래프5.2.2.2-4>). 앞서 살펴보았듯이, 지시 대상 확인 불가는 '화자 인식'으로 가장 많이 사용되고 그 다음으로는 '이/그/저 대립'으로 많이 사용된다(<그래프5.2.2.2-1> 참고). 따라서 '화자 인식'의 사용 비율이 낮아지면 상대적으로 '이/그/저 대립'의 사용 비율이 높아지게 되는 것이다. '화자 인식'은 화자가 지시 대상을 명확하게 떠올리지 못할 때 나타나는 것으로서 화자는 지시 대상에 대한 심리적 거리를 매우 멀게 느끼게 된다. 그래서 '화자 인식'에는 '이' 계열보다는 '그' 계열이나 '저' 계열 지시대명사가 주로 사용된다(<그래프5.2.2.2-4> 참고).

• '그' 계열 지시대명사의 지시 대상 확인 불가 유형별 사용 비율

'그' 계열 지시대명사의 지시 대상 확인 불가 유형별 사용 비율은 '대화'에서 나타나는 양상이 전체 말뭉치에서 나타나는 양상과 동일하다는 특징이 있다. 이는 '저' 계열 지시대명사에서도 마찬가지인데, 5.2.2.2의 '말뭉치 계량 결과에 대한 논의1'에서 언급했듯이 지시 대상 확인 불가의 사용 빈도가 '대화'에서 가장 높기 때문이다. 즉, 지시 대상 확인 불가는 '대화'에서 가장 많이 사용되기 때문에 '대화'에서 나타나는 지시 대상 확인 불가 유형의 사용 비율 양상이 곧 전체 말뭉치에서 나타나는 지시 대상 확인 불가 유형의 사용 비율 양상이 되는 것이다. <그래프5.2.2.2-1>에서 확인하였듯이 '대화'에서는 전체 지시 대상 확인 불가 유형 중 '화자 인식'의 사용 비율이 가장 높은데, 이는 '그' 계열 지시대명사뿐만 아니라 '저' 계열 지시대명사에서도 마찬가지이다.

한편, '그' 계열 지시대명사는 '이' 계열 지시대명사, '저' 계열 지시대명사와 달리 '이/그/저 대립'의 사용 비율이 매우 낮다. 특히, '신문'과 '학술'에서는 '그' 계열 지시대명사가 '이/그/저 대립'에 나타나는 경우가 없다. 이는 '이/그/저 대립'에 '이' 계열 지시대명사와 '저' 계열 지시대명사가 주로 사용되기 때문이다. '이/그/저' 계열의 대립 의미를 이루는 지시대명사가 결합하여 한 단어가 된 '이것저것', '여기저기', '이쪽저쪽' 등에서 알 수 있듯이 '이/그/저 대립'에서는 '이' 계열 지시대명사와 '저' 계열 지시대명사가 대립 체계를 이루는 것이 일반적이다. 그러나 아래의 예와 같이 '그' 계열 지시대명사도 '이/그/저 대립'에 나타나는 경우도 있다.

〈예5.2.2.2-8〉

가. 즉 교회는 새 영토를 위해, 그래 <u>이것, 그것도 아니고 저것도</u> 아닌, 너무 한쪽으로 치우치지 너무 한쪽으로 치우치지 말라, 이 사람은 그렇게 하거든요? [대화]

나. 안개를 헤치고 다니면서 자기의 영혼 넣어놓은 늙은 소나무를 찾았다. 여기가 거기인 것 같고, 거기가 여기인 것 같고……. [소설]
다. 일껏 잡혀질 것 같은데도 이거다 보면 그것이 아니고, 이것은 아니더라도 이러할 것이라고 잡아 올리면 윤곽도 없이 사라져버리더군요. [소설]

위의 예에서 보듯이 '그' 계열 지시대명사도 '이/그/저 대립'에 나타나는데 이러한 경우는 매우 특수한 경우로서 '그' 계열 지시대명사가 '이/그/저 대립'에 사용되는 빈도는 매우 낮다.

• **'저' 계열 지시대명사의 지시 대상 확인 불가 유형별 사용 비율**

'저' 계열 지시대명사도 '그' 계열 지시대명사와 마찬가지로 '대화'에서 나타나는 지시 대상 확인 불가 유형별 사용 양상이 전체 말뭉치에서 나타나는 지시 대상 확인 불가 유형별 사용 양상과 동일하다. 앞서 언급한 대로 이는 지시 대상 확인 불가의 사용 빈도가 '대화'에서 가장 높기 때문이다. 전체 말뭉치에서 '저' 계열 지시대명사는 '화자 인식'과 '이/그/저 대립'으로 사용되는 비율이 가장 높은데, '화자 인식'의 사용 빈도가 매우 높은 '대화'를 제외하고는 모든 사용역에서 '이/그/저 대립'의 사용 비율이 가장 높다. '이/그/저 대립'은 '이것저것', '여기저기'와 같이 주로 '이' 계열 지시대명사와 '저' 계열 지시대명사가 동시에 나타나기 때문에 '이' 계열 지시대명사가 '이/그/저 대립'에 사용되는 빈도만큼 '저' 계열 지시대명사의 사용 빈도도 높아진다. 따라서 '이' 계열 지시대명사가 '이/그/저 대립'에 사용되는 비율이 높듯이 '저' 계열 지시대명사도 '이/그/저 대립'에 사용되는 비율이 높은 것이다.

한편, '저' 계열 지시대명사에는 '부정'이 나타나지 않는다. 지시대명사가 부정대명사처럼 사용될 때에는 '이' 계열 지시대명사와 '그' 계열 지시대명사만 나타나기 때문이다. '저' 계열 지시대명사가 '관용 표현'으로 사용될 때에는 앞서 제시한 <예5.2.2.2-6>에서와 같이 '멀리 있는 어느 곳', '과거의 어느 시점'을 나타낸다.

▶ 말뭉치 계량 결과 제시3

1. '화자 인식'의 '이/그/저' 계열별 사용 비율
   전체: '그' 계열 〉 '저' 계열 〉 '이' 계열
   대화: '그' 계열 〉 '저' 계열 〉 '이' 계열 | 소설: '이' 계열 〉 '그' 계열

2. '이/그/저 대립'의 '이/그/저' 계열별 사용 비율
   전체: '이' 계열 ≧ '저' 계열 〉 '그' 계열
   대화: '이' 계열 〉 '저' 계열 〉 '그' 계열 | 소설: '저' 계열 〉 '이' 계열 〉 '그' 계열
   신문: '저' 계열 〉 '이' 계열 | 학술: '저' 계열 〉 '이' 계열

3. '관용 표현'의 '이/그/저' 계열별 사용 비율
   전체: '그' 계열 〉 '저' 계열 〉 '이' 계열

대화: '그' 계열 | 소설: '그' 계열 〉 '저' 계열
신문: '그' 계열 = '저' 계열 〉 '이' 계열 | 학술: '저' 계열 〉 '그' 계열

4. '부정'의 '이/그/저' 계열별 사용 비율
전체: '이' 계열 〉 '그' 계열
대화: '이' 계열 〉 '그' 계열 | 소설: '이' 계열 〉 '그' 계열
신문: '이' 계열 〉 '그' 계열 | 학술: '그' 계열 〉 '이' 계열

5. '기타'의 '이/그/저' 계열별 사용 비율
전체: '그' 계열 〉 '이' 계열 〉 '저' 계열
대화: '이' 계열 〉 '그' 계열 | 소설: '그' 계열 〉 '저' 계열 〉 '이' 계열
신문: '그' 계열 = '이' 계열 | 학술: '그' 계열 〉 '이' 계열

		'이' 계열	'그' 계열	'저' 계열
전체	화자 인식	■■▪	■■■■■■■■■▪	■■■■■■■▪
	이/그/저 대립	■■■■■■■■■▪	■▪	■■■■■■■■■▪
	관용 표현	▪	■■■■■■■■■■■■▪	■■■■■■■▪
	부정	■■■■■■■■■■■■■ ■▪	■■■■▪	
	기타	■■■■■■■▪	■■■■■■■■■■■▪	▪
대화	화자 인식	■■▪	■■■■■■■■■▪	■■■■■■■■
	이/그/저 대립	■■■■■■■■■■■	■■	■■■■■■■
	관용 표현		■■■■■■■■■■■■■ ■■■■■■■	
	부정	■■■■■■■■■■■■■ ■■■■■▪	■▪	
	기타	■■■■■■■■■■■▪	■■■■■■■■▪	

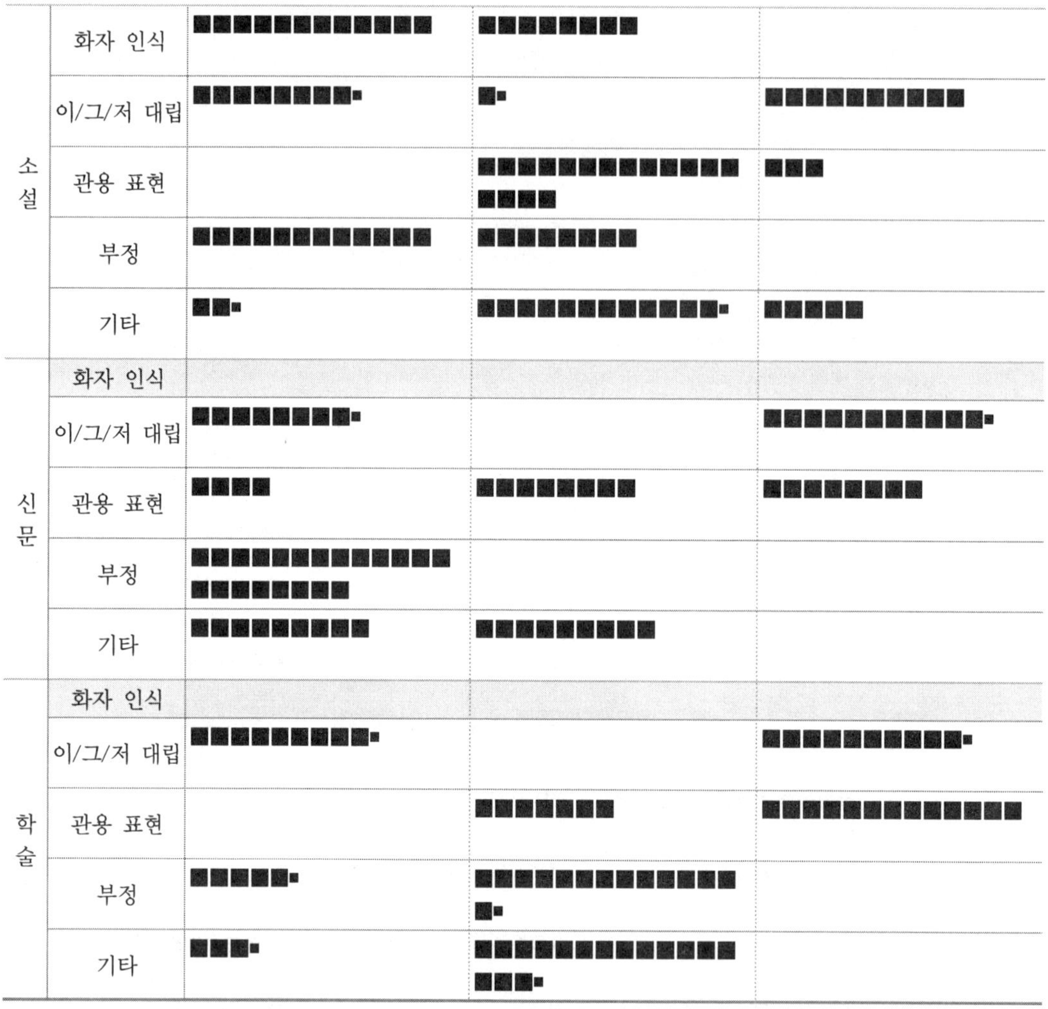

소설	화자 인식	■■■■■■■■■■■■	■■■■■■■■	
	이/그/저 대립	■■■■■■■■▪	■▪	■■■■■■■■■■
	관용 표현		■■■■■■■■■■■■■ ■■■■	■■■
	부정	■■■■■■■■■■■■	■■■■■■■■	
	기타	■■▪	■■■■■■■■■■■■▪	■■■■■
신문	화자 인식			
	이/그/저 대립	■■■■■■■■▪		■■■■■■■■■■■▪
	관용 표현	■■■■	■■■■■■■■	■■■■■■■■
	부정	■■■■■■■■■■■■■ ■■■■■■■■		
	기타	■■■■■■■■■	■■■■■■■■■	
학술	화자 인식			
	이/그/저 대립	■■■■■■■■■▪		■■■■■■■■■■▪
	관용 표현		■■■■■■■	■■■■■■■■■■■■■
	부정	■■■■■▪	■■■■■■■■■■■■■ ■▪	
	기타	■■■▪	■■■■■■■■■■■■■ ■■■▪	

<그래프5.2.2.2-4> 지시대명사의 지시 대상 확인 불가 유형에 따른 '이/그/저' 계열별 사용 비율

(■ 5%, ▪ 5% 미만)

▶▶ 말뭉치 계량 결과에 대한 논의3

여기서는 지시대명사의 지시 대상 확인 불가 유형에 따라 지시대명사의 '이/그/저' 계열이 어떻게 달리 사용되는지 지시 대상 확인 불가 유형에 따라 각각 나누어 살펴보기로 한다.

• '화자 인식'의 '이/그/저' 계열별 사용 비율

지시대명사의 지시 대상이 화자의 인식 내에만 존재하는 '화자 인식'은 화자가 지시 대상을 명확하게 떠올리지 못해 지시 대상에 대해 심리적 거리를 매우 멀게 느끼기 때문에 '이' 계열보다는 '그' 계열이나 '저' 계열 지시대명사가 주로 사용된다. 한편, '화자 인식'은 단순한 발화 실수가 아니라 화자의 대화 유지 전략으로 '대화'에서 특징적으로 나타나는 것이다. 그래서 '소설'의 대화 지문이 대화를 모방한 것이기는 하지만 실제 대화와는 엄연히 다르기 때문에 '소설'에서는 '화자 인식'이 잘 나타나지 않고 그 사용 빈도도 매우 낮다. 따라서 '소설'에서 나타나는 '화자 인식'의 '이/그/저' 계열별 사용 비율은 유의미하게 해석하기 어렵다.

또한 '화자 인식'은 후행 발화에 지시 대상이 나타나지 않는다는 점을 제외하면 비의도적 후행 문맥 지시와 동일한 성격을 지닌다. 따라서 비의도적 후행 문맥 지시가 매우 빈번히 사용되는 '대화'에서 나타나는 후행 문맥 지시의 '이/그/저' 계열별 사용 양상은 '대화'에서 나타나는 '화자 인식'의 '이/그/저' 계열별 사용 양상과 동일하다는 특성이 있다(<그래프5.2.2.1-2> 참고).

• '이/그/저 대립'의 '이/그/저' 계열별 사용 비율

전체 말뭉치에서 나타나는 '이/그/저 대립'의 '이/그/저' 계열별 사용 비율은 '이' 계열 지시대명사와 '저' 계열 지시대명사가 유사한 사용 비율을 보이고 '그' 계열 지시대명사는 가장 낮은 사용 비율을 보인다. '이/그/저 대립'은 '이것저것', '여기저기' 등과 같이 주로 '이' 계열 지시대명사와 '저' 계열 지시대명사가 대립 체계를 이루면서 '이' 계열 지시대명사와 '저' 계열 지시대명사가 동시에 나타나기 때문이다. '대화'를 제외한 모든 사용역에서 '저' 계열 지시대명사가 '이' 계열 지시대명사보다 조금 더 높은 사용 비율을 보인다. 그런데 '대화'와 '소설'은 '그' 계열 지시대명사가 '이/그/저 대립'에 나타나기 때문에 '이' 계열 지시대명사와 '저' 계열 지시대명사가 동일한 사용 비율을 보이지 않는 것이 당연하지만 '이/그/저 대립'에 '그' 계열 지시대명사가 나타나지 않는 '신문'과 '학술'에서도 '이' 계열 지시대명사와 '저' 계열 지시대명사가 서로 다른 사용 비율을 보이는 것은 예외적인 결과이다. 왜냐하면 '이/그/저 대립'에는 '이' 계열 지시대명사와 '저' 계열 지시대명사가 동시에 나타나므로 '그' 계열 지시대명사가 '이/그/저 대립'에 나타나지 않는다면, '이' 계열 지시대명사와 '저' 계열 지시대명사가 동일한 사용 비율을 보여야 하기 때문이다. 이러한 예외적 결과는 말뭉치 분석 오류에 의한 결과 때문인데, 이러한 분석 오류 사례는 그 빈도가 매우 낮아서 사실상 전체 지시대명사 분석 결과에는 아무런 영향을 미치지 않는다.

• '관용 표현'의 '이/그/저' 계열별 사용 비율

지시대명사가 지시 대상을 가지지 않고 관용 표현의 일부로 나타나거나 관용적 의미를 나타내는 경우는 '그게 그거다'와 같은 관용 표현의 일부로 나타나는 경우, '그처럼/이처럼'이 하나의 구성을 이루어 '그토록/이토록'의 의미를 나타내는 경우, '저' 계열 지시대명사가 '멀리 있는 어느 곳이나 시점'을 나타내는 경우로 나누어 볼 수 있다. '대화'에서 '관용 표현'으로 '그' 계열 지시대명사만 나타나는 것은 '대화'에서 여러 '관용 표현' 유형 중 '그게 그거다'와 같은 관용 표현만 나타나기 때문이다. 앞서 언급하였듯이, '그게 그거다'와 같은 관용 표현에는 '그' 계열 지시대명사만 사용된다. '신문'에서는 다른 사용역에서는 나타나지 않는 '이' 계열 지시대명사가 나타나는데 '이' 계열 지시대명사가 '관용 표현'에 사용되는 경우는 '이처럼'이 '이토록'의 의미를 지니는 경우밖에 없다.

• '부정'의 '이/그/저' 계열별 사용 비율

지시대명사가 부정대명사처럼 사용될 때에는 '이' 계열 지시대명사와 '그' 계열 지시대명사만 나타난다. '학술'을 제외한 모든 사용역에서 '이' 계열 지시대명사가 '그' 계열 지시대명사보다 그 사용 비율이 높다. 그런데 지시대명사가 부정대명사처럼 사용되는 빈도는 매우 낮기 때문에 '부정'의 '이/그/저' 계열별 사용 양상에 대해서 유의미한 해석을 내리기 어려운 측면이 있다.

• '기타'의 '이/그/저' 계열별 사용 비율

'기타'는 지시대명사가 책이나 영화, 노래의 제목, 시나 노래 가사의 일부, 혹은 영어 번역 등에 나타나서 그 지시 대상을 확인할 수 없는 경우로 화자의 대화 전략이나 특별한 표현 의도와는 관계가 없을 뿐만 아니라 그 사용 빈도도 매우 낮아서 '이/그/저' 계열별 사용 비율 양상에 대한 해석을 내리기 어렵다.

▶ 말뭉치 계량 결과 제시4

1. '이' 계열 지시대명사의 지시 대상 확인 불가 유형별 사용역 비율
   - 화자 인식: 대화 〉 소설
   - 이/그/저 대립: 대화 〉 소설 〉 학술 〉 신문
   - 관용 표현: 신문
   - 부정: 대화 〉 소설 = 신문 ≧ 학술
   - 기타: 대화 〉 신문 〉 학술 〉 소설

2. '그' 계열 지시대명사의 지시 대상 확인 불가 유형별 사용역 비율
   - 화자 인식: 대화 〉 소설
   - 이/그/저 대립: 대화 〉 소설
   - 관용 표현: 대화 〉 소설 〉 학술 〉 신문
   - 부정: 대화 = 학술 〉 소설
   - 기타: 대화 〉 학술 〉 신문 〉 소설

3. '저' 계열 지시대명사의 지시 대상 확인 불가 유형별 사용역 비율
   - 화자 인식: 대화
   - 이/그/저 대립: 소설 ≧ 대화 〉 학술 〉 신문
   - 관용 표현: 학술 〉 소설 〉 신문
   - 기타: 소설

		대화	소설	신문	학술
'이' 계열	화자 인식	■■■■■■■■■ ■■■■■■■■■ ■	■		
	이/그/저 대립	■■■■■■■■■ ■▪	■■■■■▪	▪	■■▪
	관용 표현			■■■■■■■■■ ■■■■■■■■■ ■■	
	부정	■■■■■■■■■ ■■■■■■■■▪	■	■	▪
	기타	■■■■■■■■■ ■■■■▪	▪	■■■■	■▪
'그' 계열	화자 인식	■■■■■■■■■ ■■■■■■■■■ ■▪	▪		
	이/그/저 대립	■■■■■■■■■ ■■■■	■■■■■■■		
	관용 표현	■■■■■■■■■ ■■▪	■■■▪	▪	■■
	부정	■■■■■■■■▪	■■■▪		■■■■■■■■▪
	기타	■■■■■■■■	■■▪	■■■▪	■■■■■■
'저' 계열	화자 인식	■■■■■■■■■ ■■■■■■■■■ ■■			
	이/그/저 대립	■■■■■■■▪	■■■■■■■▪	■▪	■■■▪
	관용 표현		■■■■■■■■▪	■▪	■■■■■■■■■ ▪
	부정				
	기타		■■■■■■■■■ ■■■■■■■■■ ■■		

<그래프5.2.2.2-5> 지시대명사의 '이/그/저' 계열에 따른 지시 대상 확인 불가 유형별 사용역 비율

(■ 5%, ▪ 5% 미만)

말뭉치 계량 결과에 대한 논의4

여기서는 지시대명사의 '이/그/저' 계열에 따라 개별 지시 대상 확인 불가 유형이 어떠한 사용역에서 많이 사용되는가를 '이/그/저' 계열별로 각각 나누어 살펴보기로 한다. 그런데, '화자 인식'과 '이/그/저 대립'을 제외한 나머지 지시 대상 확인 불가 유형은 그 사용 빈도가 낮아서 사용역 비율에 있어 유의미한 해석을 내리기 어려운 측면이 있어 이를 미리 언급해 둔다.

- **'이' 계열 지시대명사의 지시 대상 확인 불가 유형별 사용역 비율**

'화자 인식'은 화자의 대화 유지 전략이기 때문에 '대화'와 '소설'의 대화 지문에서만 나타난다. '소설'의 대화 지문은 실제 대화를 모방한 것이기는 하지만 실제 대화와는 다르기 때문에 실제 대화에서 빈번히 나타나는 '화자 인식'이 일반적으로 나타나지는 않는다. 그래서 '이' 계열 지시대명사의 '화자 인식'이 '소설'에서 나타나는 사용역 비율은 5%에 불과하다. '이/그/저 대립'은 '대화 > 소설 > 학술 > 신문'의 양상으로 나타나는데, 이는 전체 대명사의 사용역 비율 양상과 동일한 것이다. 5.2.2.1의 '말뭉치 계량 결과에 대한 논의3'에서 논의했듯이, 지시대명사의 지시 양상별 사용역 비율은 거의 대부분 전체 대명사의 사용역 비율 양상과 동일하게 '대화 > 소설 > 학술 > 신문'의 양상을 보이는데 '이/그/저 대립'도 이러한 양상을 그대로 따르는 것이라고 할 수 있다. '이' 계열 지시대명사가 '관용 표현'으로 쓰이는 것은 '이처럼'이나 '이토록'의 의미를 나타내는 경우밖에 없는데, '신문'에서만 이러한 '관용 표현'이 나타난다. '부정'과 '기타'는 그 사용 빈도가 매우 낮아 사용역 비율에 대한 유의미한 해석을 내리기 어렵다. 다만, '부정'과 '기타'도 대명사의 사용 빈도가 가장 높은 '대화'에서 그 사용역 비율이 가장 높게 나타난다는 일반적인 사실에는 변함이 없다.

- **'그' 계열 지시대명사의 지시 대상 확인 불가 유형별 사용역 비율**

'그' 계열 지시대명사의 '화자 인식'과 '이/그/저 대립'은 '이' 계열 지시대명사와 동일한 사용역 비율 양상을 보인다. 이러한 결과가 나타나는 것은 앞서 언급한 것과 마찬가지의 이유에서 기인하는 것이다. 즉, '그' 계열 지시대명사도 '이' 계열 지시대명사와 마찬가지로 '화자 인식'은 화자의 대화 유지 전략이기 때문에 '대화'와 '소설'에서만 나타나고 '이/그/저 대립'은 다른 지시대명사의 지시 양상과 마찬가지로 '대화 > 소설 > 학술 > 신문'의 양상을 따르는 것이다. '그' 계열 지시대명사의 '관용 표현', '부정', '기타'도 '이' 계열 지시대명사와 마찬가지로 그 사용 빈도가 매우 낮아 사용역 비율에 대한 유의미한 해석을 내리기 어렵지만 '대화'에서 그 사용역 비율이 가장 높게 나타난다는 사실에는 변함이 없다.

- **'저' 계열 지시대명사의 지시 대상 확인 불가 유형별 사용역 비율**

'저' 계열 지시대명사의 '화자 인식'은 '이' 계열 지시대명사, '그' 계열 지시대명사와 동일한 사용역 비율 양상을 보인다. 그러나 '이/그/저 대립'은 '이' 계열 지시대명사, '그' 계열 지시대명사와 달리 '소설'이 '대화'에 비해 그 사용역 비율이 조금 더 높게 나타난다는 특징이 있다. 이는 '대화'에서 '그' 계열 지시대명사가 '이' 계열 지시대명사와 함께 '이/그/저 대립'에 사용되는 경우가 '소설'에 비해 조금 더 많기 때문이다. 다시 말해서, '대화'에서는 '그' 계열 지시대명사가 '이/그/저 대립'을 이루는 경우가 '소설'보다 많아 상대적으로 '소설'에서 '저' 계열 지시대명사의 '이/그/저 대립' 사용역 비율이 조금 더 높아진 것이다. '저' 계열 지시대명사의 '관용 표현'은 '대화'에서 나타나지 않고 '학술'이 '소설'에 비해 그 사용역 비율이 조금 더 높게 나타난다. 그러나 '저' 계열 지시대명사의 '관용 표현'의 사용 빈도는 매우 낮아서 이러한 결과를 토대로 유의미한 해석을 도출해 내기는 어렵다.

5.2.3. 지시대명사의 지시 대상

지시대명사는 주된 지시 대상에 따라 크게 사물 지시대명사와 장소 지시대명사로 나눌 수 있다. 그러나 앞서 언급했듯이 사물 지시대명사가 '사물'만을 지시하고 장소 지시대명사가 '장소'만을 지시하는 것은 아니다. 지시대명사는 '사물'과 '장소' 이외에도 '명제', '상황', '사람'을 지시한다. 논의에 따라 '이쪽/그쪽/저쪽', '이편/그편/저편'을 방향 지시대명사로 분류하고 이들 대명사가 '방향'을 지시하는 것으로 볼 수도 있지만 여기서는 이들을 모두 장소 지시대명사로 본다. 또한 '이때/그때/접때'를 시간 지시대명사로 파악하면 지시대명사가 '시간'을 지시한다고 볼 수도 있다. 그러나 여기서는 <표준국어대사전>을 따라 이들을 대명사가 아닌 명사로 보기 때문에 지시대명사가 '시간'을 지시하는 경우는 없다고 본다.

지시대명사는 '사물'을 가리키는 것이 가장 일반적이다. 지시대명사가 '사물'을 가리킬 때에는 현장 지시와 문맥 지시가 모두 가능하고 '이/그/저' 계열 대립 체계에 따라 화자에게 가까운 것은 '이' 계열이, 청자에게 가까운 것은 '그' 계열이, 화 · 청자에게 모두 먼 것은 '저' 계열이 사용된다.

〈예5.2.3-1〉

가. A: **이거** 플레이보이 아냐? B: 맞어. 지갑 벨트 세트데, 지 벨트는 떤져 버리구, 지갑만. C: 이 사진 보니까.: 닮은 거 같애. A: **저게** 토끼였어? B: 어. A: 난 독수리로 봤다, 독수리. [대화]

나. "**그거** 뭐냐?" 강신애가, 내가 들고 있던 보퉁이를 가리키면서 물었다. [소설]

다. 특성이 같고 모양이 다른 두 단위를 서로 맞게 이어 주는 역할을 하는 것은 <u>어댑터(adapter)</u>라고 하는데 **이것은** '맞이음기'로 순화한 바 있고, 특성도 같고 모양도 같은 두 단위를 이어 주는 역할을 하는 것은 <u>커넥터(connector)</u>라고 하며 **이것은** '이음기'로 순화한 바 있다. [신문]

라. 즉 두 물체의 중력의 중심을 기준으로 하면 <u>두 물체</u>의 속도는 항상 **그것들의** 크기-질량-에 반비례할 것이다. [학술]

마. <u>매일 규칙적인 운동</u>은 숙면을 돕지만 **이것도** 취침 두 시간 전까지는 마치는 것이 좋다. [신문]

바. 필자는 역사의 흐름이 근대주의에서 탈근대주의(포스트모더니즘)로, 또한 탈근대주의는 <u>휴머니즘의 세계화</u>로 그리고 **그것의** 심화로 이어질 것이라는 증명되지 않는 가설을 갖고 있다. [학술]

<예5.2.3-1가, 나>의 '이거', '저거', '그거'는 발화 현장에 있는 사물을 지시하고 있다. <예5.2.3-1가>의 화자 A는 화 · 청자에게 모두 가까이 있는 지갑을 '이거'로 지시하고 있고 화 · 청자에게 모두 멀리 있는 사진 속의 사물을 '저거'로 지시하고 있다. <예5.2.3-1나>의 '그거'는 소설 속 등장인물인 '강신애'가 청자인 '나'가 들고 있는 '보퉁이'를 가리키고 있다. <예5.2.3-1다, 라>의 '이것'과 '그것'은 선행 문맥에 제시된 사물을 가리킨다. <예5.2.3-1다>의 '이것'은 각각 선행 문맥의 '어댑터'와 '커넥터'를

지시하고 <예5.2.3-1라>의 '그것' 역시 선행 문맥의 '두 물체'를 지시한다. <예5.2.3-1마, 바>의 '이것'과 '그것'은 각각 '매일 규칙적인 운동'과 '휴머니즘의 세계화'를 지시한다. 이들 지시 대상은 구체적인 사물이 아니라 추상적인 대상이기 때문에 지시대명사가 추상적 대상을 지시할 때에는 '사물' 지시로 보기 어려울지도 모른다. 그러나 앞서 논의했듯이 넓은 의미에서 추상적 대상도 사물로 해석할 수 있기 때문에 이러한 예들도 '사물' 지시의 예로 볼 수 있다.

지시 대상이 '사물'일 경우에는 <예5.2.3-1>처럼 주로 사물 지시대명사가 쓰인다. 하지만 '사물'을 꼭 사물 지시대명사로만 가리키는 것은 아니다.

〈예5.2.3-2〉

가. A: 근데, 금속도 괜찮지::, B: 음::, A: 신소재. **이쪽으로** 가면은. B: 음. A: 공대가 취직은 잘 되지. [대화]

나. 혹은 베드로 후서에 나오는 것처럼, 그날에는 체질이 뜨거운 불에 풀어지듯. 내 나이 스물세 살일 때의 일이었다. **그곳에서** 들은 핵심적인 내용 가운데 하나는 예수가 죽으러 온 게 아니라는 것이었다. [소설]

다. 조선 시대 이래 오늘까지도 큰 변화 없이 시원한 국물에 만 메밀국수, **여기에** 채소와 고기를 두루 곁들인 냉면은 완전 영양 식단이라 하겠다. [신문]

라. 기저막에는 소리를 느끼는 장치인 코르티기관이 있는데, **여기에는** 청세포가 늘어서 있다. [학술]

<예5.2.3-2>는 모두 장소 지시대명사가 '사물'을 가리키는 예로 볼 수 있는 것이다. <예5.2.3-2가>의 '이쪽'은 '신소재'를, <예5.2.3-2나>의 '그곳'은 '베드로 후서'를 가리키고, <예5.2.3-2다>의 '여기'는 '메밀국수'를, <예5.2.3-2라>의 '여기'는 '코르티기관'을 지시한다. 이들 예에서 장소 지시대명사가 지시하는 대상은 그 의미적 속성으로만 보자면 '사물'임이 분명하다. 그러나 이때 장소 지시대명사는 지시 대상을 개체적으로 파악해 '사물'로서 지시하는 것이 아니라 처소적으로 파악해 '장소'로서 지시하는 것이다. 이와 반대로 지시 대상이 지닌 의미적 속성은 '장소'이지만 사물 지시대명사로 지시되는 경우도 있다. 다음의 예를 보자.

〈예5.2.3-3〉

가. 그 옛날에 그~ 뭐지? 중앙 박물관인가? **그거** 대체 어디루 갔어? [대화]

나. 단배 사람은 갑동이에게 말했다. "자 **이게** 당신 집이오. 들어갑시다." [소설]

다. 프랑스에서 공원은 하나의 '제도'입니다. **그것은** 몽상을 위해 남겨진 장소지요. 파리의 도시계획위원회에서 내게 공원에 무엇을 설치하면 좋겠느냐고 조언을 구한 적이 있습니다. [신문]

라. 이중 원산 · 마산 · 강경장이 가장 크고 유명하였다. 보부상은 **이들** 장시를 하나의 유통망으로 연계시킨 생산자와 소비자를 연결하는 고리로서 작용하였으며, 17세기 이후로 서울이 상공업도시로 변모하는 것과 거의 같은 시기에 전국 각지의 도시도 지역적 유통권의 거점이 되어갔다. [학술]

<예5.2.3-3가>의 '그거'는 선행 문맥의 '중앙 박물관'을 지시하고 <예5.2.3나>의 '이거'는 발화 현장에 있는 '집'을 지시한다. <예5.2.3-3다, 라>의 '그것'과 '이'는 각각 '공원'과 '원산 · 마산 · 강경장'을 가리킨다. 이들 예에서 사물 지시대명사가 지시하는 대상은 그 의미적 특성으로만 본다면 '장소'이지만 이들을 처소적으로 파악해 '장소'로서 지시하는 것이 아니라 이들을 개체적으로 파악해 '사물'로서 지시하는 것이다. 따라서 여기서는 <예5.2.3-2>와 같이 장소 지시대명사가 사물을 처소적으로 지시하는

경우는 '장소' 지시로 파악하고 <예5.2.3-3>과 같이 사물 지시대명사가 장소를 개체적으로 지시하는 경우는 '사물' 지시로 파악하고자 한다. 이와 같이 지시대명사의 지시 대상은 그 해석 기준에 따라 동일한 지시 대상을 달리 파악할 수도 있는데 이러한 양상은 이어질 '명제' 지시, '장소' 지시 등에서도 동일하게 나타난다.

지시대명사는 '사물' 지시가 가장 일반적이지만 그에 못지않게 '명제'를 가리키는 경우도 많다. '사물' 지시의 경우, 현장 지시와 문맥 지시가 모두 가능하지만 '명제' 지시의 경우에는 문맥 지시만이 가능하다. '명제' 지시는 지시대명사가 문장이 나타내는 명제 내용을 가리키는 것으로 문장이 나타내는 명제 내용은 발화의 선·후행 맥락에서만 나타나기 때문이다. 지시대명사가 '명제'를 가리킬 때는, 선·후행 문장 하나가 나타내는 명제를 가리키는 경우도 있지만 때로는 여러 문장이 이루는 내용 전체를 가리키는 경우도 있다.

〈예5.2.3-4〉

가. A: 오히려 더 보편적이고 근본적인 거를, 강조하는, 종교가 나타난다는, B: 아! 맞다 맞다 맞다! **그건** 거 같애, 어 **그거** 맞는 거 같애, 어 **그거** 본 거 같애, 내가, A: 그렇게 이해를 했는데, [대화]

나. 그녀는 어이가 없어 미처 말이 안 나온다. "배고프지 않으세요?" "아뇨, **그보다도** 실은…." 그러나 그는 말끝을 채 맺지 못하고 마치 짚단이 무너지듯 스르르 주저앉아 버리고 말았다. [소설]

다. 둔산 새도시 건설로 시청 등 각급 기관이 둔산으로 이전하면서 동구와 중구 등 옛 도심은 인구가 줄고, 장사도 잘 안 되면서 주민들의 소외감도 커졌다. **이를** 두고 한쪽에서는 "옛 도심의 공동화 현상이 충분히 예견됐는데도 대비책이 빈약했고 서북부 지역에 편중된 개발정책을 펴왔다"고 비판한다. [신문]

라. 셋째로, 홈쇼핑은 다양한 상품을 제시할 수 있다. 기존의 쇼핑센터는 많은 상품을 전시하기 위해 더욱 넓은 공간을 필요로 하게 되고, 공간이 확대됨에 따라 비용이 커지는 것과 동시에 구매자들의 부담도 늘어난다. **이**에 비해 컴퓨터 홈쇼핑은 원하는 만큼의 상품을 전시할 수 있다. [학술]

〈예5.2.3-5〉

가. A: 그래서, 모평균이, 여기서 인제, 큰 넘이고, 그 안에 인제 표본이 들어가 있다. 그래서 모평균이 엠인 모집단에서, 크기 이인, 표본을 추출하는 상황이다. **이게** 뭔 소리냐::, 모평균이 엠이야, 자 다시, **이와** 같은 경우는, 지금 얘가, 여기, [대화]

나. 역사, 국가, 민족, 계급, 도덕, 심지어는 문학예술이니 결혼에 관해서까지, 그 책은 몇 줄씩의 정의를 내리고 있어, 국가는 이런 거고 민족은 이런 거다, 문학은 이래야 한다, 결혼은 이래야 한다고, **그**에 어긋나는 생각이나 행동을 하는 사람은 모두가 부르조아적 관념에 빠진 교화대상자가 되어 자신을 반성해야만 돼. [소설]

다. 1911년 네덜란드의 과학자 카메링 온네스가 헬륨에서 이러한 성질을 처음 발견했다. 또 이러한 상태에서는 외부에서 자기장을 가하더라도 도체 표면에 외부자기장을 상쇄시키는 방향으로 유도전류가 생겨 내부에는 자기장이 존재하지 않는다는 사실이 밝혀졌다. **이와** 같이 어떤 특정한 온도(이를 임계온도라고 부른다) 이하에서 저항이 완전히 사라지고 내부에 자기장이 존재하지 못하는 상태를 초전도상태(superconduc-tingstate)라고 부른다. [신문]

라. 다른 한편 한 아기의 출생은 그 사회의 출생률과 관계를 가진다. 또 아기 자신에게는 출생이라는 사실이 곧바로 부모의 지위에 따른 귀속적 지위를 획득하는 과정이기도 하다. **이처럼** 출생이라는 인간의 가장 원초적인 사건도 객관적인 사회관계의 관점에서 여러 가지 각도로 이해될 수 있다. [학술]

<예5.2.3-4>는 지시대명사가 한 문장이 나타내는 명제 내용만을 지시하는 것을 보인 것이고 <예5.2.3-5>는 지시대명사가 두 문장 이상이 나타내는 명제 내용을 지시하는 것을 보인 것이다. 문맥 지시에서 '사물' 지시는 문맥에 제시된 명사구 자체가 지시 대상이 될 수 있지만 '명제' 지시의 경우에는 문맥에 제시된 문장 자체만으로는 지시 대상이 될 수 없고 문장이 나타내는 명제 내용을 보문 형식으로 재구성한 것이 지시 대상이 된다. 예컨대, <예5.2.3-4나>의 '그'는 선행 문맥의 '배고프지 않으세요?'라는 문장 자체를 지시하는 것이 아니라 문장 내용이 나타내는 명제 내용을 보문으로 재구성한 '배고픈 것'을 가리킨다.

'명제' 지시에는 '사물' 지시와 마찬가지로 주로 사물 지시대명사가 쓰인다. 이는 앞서 제시한 <예5.2.3-4, 5>를 통해 확인할 수 있다. 하지만 아래와 같이 장소 지시대명사가 '명제'를 가리키는 경우도 존재한다.

〈예5.2.3-6〉

가. A: 걔네는 완전 계 계토, 그런데 보면 애들이 다 반이 다 마약 하고 막. 장난 아니잖아, 총 들고 다니고 막. 너무 **그쪽으로** 이렇게, **그쪽한테** 가니까. 이케, 그니까 뭐지, 걔네 문제는 보면은 이렇게. 그쪽에 쏟아야 될 돈을, 국방비로 날리고, [대화]

나. 줄기둥에 맨 바를 타고 올라 어름 녹밧줄 한편 가녘으로 성큼 올라서는 것과 때를 같이하여 꽹과리와 징과 북, 장고가 자진가락으로 넘어가고 **거기**에 날라리가 곁들여져서 덩더꿍 칠채 가락으로 넘어가다 말고 뚝 멎는다. [소설]

다. 이어 12월 사채업자 하모(38 · 구속)씨에게 접근한 장 씨는 하 씨로부터 21억 원짜리 자기앞수표를 받는 데 성공했다. 장 씨의 사기극은 **여기서** 멈추지 않았다. [신문]

라. 자연 모방이란 관념에서 해방된 탓으로, 중세 회화는 대상이 가진 원래의 형태와 색채에서 과감히 벗어나 '형태와 색채의 자유로운 구성'에 도달할 수 있었다. 중세 예술의 위대함이 바로 **여기**에 있는데, 사실 대상에서 해방된 형태와 색채의 자유로운 구성은 곧 현대 회화의 원리기도 하다. [학술]

<예5.2.3-6>은 모두 장소 지시대명사가 '명제'를 가리키는 경우를 보인 것이다. 앞서 살펴본 <예5.2.3-2>의 경우와 마찬가지로 이때도 장소 지시대명사가 명제 내용을 나타낸다기보다는 명제 자체를 처소적으로 가리키는 것이다. 따라서 <예5.2.3-6>과 같은 경우는 명제를 추상적 처소의 일종으로 파악하여 '장소' 지시에 해당하는 것으로 볼 수 있다. 그러나 여기서는 사물을 처소적으로 지시하는 '장소' 지시와는 달리, 장소 지시대명사가 명제를 지시하는 경우는 '명제' 지시로 분석하고자 한다. 왜냐하면 구체적 사물이 개체가 아니라 처소로 파악되는 것은 일반적이지만 명제가 처소로 파악되는 것은 매우 특수한 것이기 때문이다. 앞서, 5.2.2에서 논의한 바와 같이 지시대명사가 가상의 텍스트 공간을 가리키는 텍스트 지시는 현장 지시와 동일한 원리에서 이루어지는 것이다. 그러나 가상의 텍스트 공간을 가리킨다는 특수성을 중시해, 현장 지시와는 구분하여 텍스트 지시를 별도의 지시 양상으로 파악했던 것과 마찬가지로 장소 지시대명사가 '명제'를 가리키는 경우도 그 특수성을 고려해 '장소' 지시로 파악하지 않고 '명제' 지시로 파악하고자 한다.

'명제' 지시는 '사물' 지시나 '장소' 지시와 구분이 모호한 경우도 있다. 아래의 예는 지시대명사가 '사물'을 가리키는 것인지 '명제'를 가리키는 것인지 판단하기 힘든 경우라고 할 수 있다.

〈예5.2.3-7〉

가 A: 양념갈비요. 생갈 생::등심하고, 비교를 한번 해 볼게요. 양념갈비는, 이렇게 칼질을 굉장히 많이 해 놔요. 거기다 간장에 옇고 하루나 이틀을 쑥 이렇게, 숙성을 시켜요. [대화]

나. 부축을 받은 사람은 아주 천천히 발을 움직였고, 부축을 한 사람도 그에 맞춰 매우 조심스럽게 걸음을 옮겼다. [소설]

다. 무청에 소금을 켜켜로 뿌려 반나절 동안 나른해지도록 절였다 물에 헹궈낸다. 무를 곱게 채 썰어 불린 고춧가루로 빨갛게 물들인 다음 파, 다진 마늘, 생강, 찹쌀 풀을 섞는다. 여기에 액체 육젓을 넣어 골고루 버무리고 통깨를 뿌려 소를 만든다. [신문]

라. 담담하게 씌어진 이 글에 쌀 수입 문제, 우루과이 라운드(UR), 그린 라운드(GR)의 문제가 직접적으로 언급되어 있지는 않으나 글의 내부에 이 같은 문제의식이 용해되어 있음을 알 수 있다. 특히 이 같은 글은 논리적이어야만 설득적일 수 있고, 울림을 줄 수 있다. [학술]

위 예에서 지시대명사의 지시 대상은 명시적으로 나타나지 않고 앞선 명제 내용을 참조했을 때, '사물'이나 사물이 처소적으로 해석되는 '장소'라는 것을 알 수 있다. <예5.2.3-7가>의 '거기'는 '칼집을 넣은 고기'를 처소적으로 지시하고 <예5.2.3-7나>의 '그'는 '아주 천천히 움직이는 발걸음'을 가리킨다는 것을 앞선 명제 내용을 통해 유추할 수 있으며, <예5.2.3-7다>의 '여기'는 '절인 무를 채 썰어 양념에 버무린 것'을 처소적으로 지시하고 <예5.2.3-7라>의 '이'는 '문제의식이 용해된 글'을 가리킨다는 것을 앞선 명제 내용을 통해 파악할 수 있다. 앞서, 문맥 지시에서의 '사물' 지시는 문맥에 제시된 명사구를 통해 그 지시 대상을 확인할 수 있지만 '명제' 지시는 문장이 나타내는 명제 내용을 보문 형식으로 재구성한 것이 지시 대상이 된다고 언급하였다. 따라서 지시대명사의 지시 대상을 명제 내용을 바탕으로 하여 '사물'이나 '장소'로 추정할 수 있는 경우에도 문맥에 제시된 문장의 명제 내용을 재구성하여 지시 대상의 해석이 이루어지는 것이므로 '명제' 지시로 파악하고자 한다.

한편, 아래의 예와 같이 명제 내용이 '것' 명사절 형식으로 제시된 경우에도 지시대명사가 지시하는 대상을 '명제'로 파악해야 하는 것인지 명확하지 않다.

〈예5.2.3-8〉

가. 아들이 군대에 가기 전에 장가를 들이면 며느리와 같이 살 것이고, 거기다 손자까지 보면 오히려 식구가 하나 더 늘 것이란 생각에 할머니는 며느리 감을 고르기 시작했습니다. [소설]

나. 이 새로운 코페르니쿠스의 우주구조는 프톨레마이오스의 구조와 거의 비슷하고 단지 우주의 중심에 있던 지구와 달을 태양과 그 위치를 바꾸어서 태양이 우주의 중심에 오게 한 것과 항성천구의 1일 1회전의 운동을 없앤 것뿐이다. 그 대신 지구가 태양을 중심으로 도는 일방 자체의 축을 중심으로 自轉하게 함으로서 별자리의 운동을 나타내주고 있다. [학술]

<예5.2.3-8>의 '거기'와 '그'는 '것' 명사절을 지시하는데, 명사절은 명제 내용을 나타내기 때문에 '명제' 지시로 볼 수도 있다. 그러나 일반적인 문장이 나타내는 명제는 시간 구조를 가지고 있는 데 반해 명사절은 명사화된 대상으로 시간 구조를 가질 수 없고 명사와 같이 관찰의 대상으로 인식되므로 <예5.2.3-8>과 같이 지시대명사가 명사절을 지시하는 경우에는 '사물' 지시로 파악하기로 한다.

또한 '명제' 지시는 늘 문맥 지시에서만 나타나지만 장소 지시대명사가 '명제'를 지시할 때에는 텍스트 지시와 쉽게 구별되지 않을 때가 있다(5.2.2 참고).

〈예5.2.3-9〉 [학술]

가. 그런데 의식개혁의 본질에 대해서 의문을 제기하는 사람들도 많다. 그 이유는 의식개혁에 관한 이해부족에서 연유되고 있는 것이 아닌가 생각된다. **여기서** 한 가지 지적해 주어야 할 일은 어떠한 문제에 관한 개념 제시에 있어서 구체성이 결여될수록 대중적인 참여를 유도하기 어렵고, 또한 적극적인 의욕을 이끌어 내기도 어렵다는 점이다.

나. 그 결과로 웅녀가 환웅과 결혼한 것을 보면, 시련이란 인간이 되기 위하여 치르는 절차라고 볼 수 있다. 말하자면, 동물 수준의 인간에서 인간다운 인간으로 거듭나기 위해서는 금기와 수련의 과정을 거쳐야 하며 이러한 과정은 큰 인내를 요구한다는 것이다. **여기에서** 우리는 우리 민족의 정신 지향성을 확인하게 된다.

<예5.2.3-9>는 지시대명사가 앞선 문맥의 명제를 지시하는 것으로 볼 수도 있고, 현재 논의가 이루어지고 있는 텍스트 공간을 지시하는 것으로 볼 수도 있다. 하지만 <예5.2.3-9>의 '여기'는 텍스트 공간 전체나 현재 논의가 이루어지는 텍스트 공간 전체를 지시하기보다는 선행 문맥에서 언급되는 명제를 일종의 장소처럼 가리키는 것이다. 따라서 여기서는 <5.2.3-9>와 같은 '명제' 지시는 텍스트 지시가 아니라 선행 문맥 지시로 파악할 것이다.

다음으로 지시대명사가 장소를 지시하는 '장소' 지시를 살펴보자. '장소' 지시는 '사물' 지시와 마찬가지로 현장 지시와 문맥 지시에서 모두 나타난다.

〈예5.2.3-10〉

가. A: 아 언니 간대. B: 왜 일어나요? **여기** 더 앉어 계시다 가요, C: 일어날게. **여기** 앉어 우진이하구. B: **여기** 앉으면 돼. 잠깐만 있어요. 아유 뭐야. [대화]

나. 그는 영순이가 얼른 떠나가주기를 바라는 기색이 역력했고, 그래서 그녀는 이태원에 있는 나이트클럽 주티, **그곳** 옥상에 방이 하나 있다는 얘기만을 듣고 서둘러 그의 집에서 빠져나와야 했다. [소설]

다. 그는 "서울에서 강릉이나 속초로 내려오는 길에 꼭 **이곳에** 들러 곤드레 돌솥 밥을 드시는 분도 있다"고 말했다. [신문]

라. 역사(驛舍)의 왼편, 나오는 문 안쪽으로 '청량리 경찰서 근무소' 간판이 걸려 있기는 하지만, **거기는** 문이 닫혀 있었다. 로터리 건너편에도 파출소가 하나 있기는 하다. 그러나 구역이 다르니까 **거기서도 이곳** 청량리역을 직접 관할하지는 않을 것이다. [학술]

<예5.2.3-10가>의 '여기'는 화·청자가 현재 대화를 나누고 있는 공간을 지시하고, <예5.2.3-10나>의 '그곳'은 선행 문맥에 제시된 '나이트클럽 주티'를 지시한다. <예5.2.3-10다>의 '이곳'은 인용 발화에 나타난 것으로 화자가 현재 발화를 하고 있는 곳인 '강릉휴게소'를 가리킨다. <예5.2.3-10라>의 '거기'는 각각 선행 문맥의 '역사의 왼편'과 '파출소'를 지시하고, '이곳'은 후행 문맥의 '청량리역'을 지시한다. 이와 같이 '장소'는 장소 지시대명사로만 지시된다. 앞서 언급했듯이 사물 지시대명사가 '장소'를 지시한다고 하더라도 이는 장소를 처소적으로 가리키는 것이 아니라 개체적으로 가리키는 것으로 보기 때문에 사물 지시대명사가 '장소' 지시를 하는 경우는 없다고 할 수 있다.

위의 예에서 보듯이 장소 지시대명사는 주로 공간적 위치, 처소를 가리키는데 처소의 의미가 추상화되어 아래와 같이 시간적 위치를 나타내게 되면 화·청자가 처해 있는 상황이나 특정 발화 지점을 가리키는 경우도 있다.

〈예5.2.3-11〉

가. A: 일로 와 보세용, 졸려 웅범이? B: 네. A: 그래. 여기 오늘 **여기까지만** 하자 우리, 이거 빨리 하자. 빨리 하고 빨리, B: 졸려요. A: 빨리 하면 빨리 끝나는데? 이거 일 분, [대화]

나. "저 장물아비란 놈은 눈에 보이는 것이 없는 놈인데 만약 강경의 가택을 알았다간 목숨 구해준 것을 빙자하여 평생을 두고 들락거리며 지다위할 터인데 그 행실을 어찌하려고 그러시오?" "제가 **여기에** 이르러 구더기 무서워 장 못 담글까요?" [소설]

다. 그는 종업원을 올려다보았다. "삼선 짜장 하나 하고요, 탕수육, 유부 우동, 깐풍기, 부추잡채랑 꽃빵, 그리고 군만두!" 동준은 **거기서** 말을 끊더니 잠깐 고개를 갸웃하고는 다시 말했다. [소설]

라. "하루 종일 그 생각에만 몰두해 있다 보니 생각이 편집적으로 흘러갔을 거예요. 정보기관에 근무하는 분이 주변에 가까이 있었던 것도 이유라면 이유였겠지요." **거기서** 다시 그녀는 말을 중단했다. [소설]

<예5.2.3-11가, 나>의 '여기'는 지금 현재 시점을 나타내어 화·청자의 현재 상황을 가리키고 있고 <예5.2.3-11다, 라>의 '거기'는 소설 속 화자의 앞선 발화가 방금 끝난 그 시점을 나타내어 선행 문맥의 명제를 발화 지점으로 가리키고 있다. 이와 같이 장소 지시대명사가 추상적으로 시간적 위치를 나타낼 때에는 시간적 위치 자체를 가리키는 것이 아니라 그 시간적 위치에서 나타나는 상황이나 발화를 가리키는 것이다. 따라서 <5.2.3-11>과 같은 예는 '장소' 지시로 보지 않고 그 구체적인 지시 대상에 따라 <예5.2.3-11가, 나>의 경우는 후술하게 될 '상황' 지시로, <예5.2.3-11다, 라>의 경우는 '명제' 지시로 본다.

지시대명사는 발화 현장에서 벌어지고 있는 상황이나 사태 자체를 가리키는 경우가 있는데, 이를 '상황' 지시라고 한다. '명제' 지시가 문장이 나타내는 명제 내용을 가리키는 것이기 때문에 문맥 지시에만 나타나는 것과는 반대로 '상황' 지시는 발화 현장에서 벌어지는 상황이나 사태를 지시하는 것이기 때문에 현장 지시에만 나타난다.

〈예5.2.3-12〉

가. A: 어디서, 나는 지금 내가, 이렇게 꽃 피는 그 계절에 서 있는데, 뭐, 사진도 못 찍고 **이게** 뭐야? B: 왜:: 형제들이랑 사진 찍어야지, A: 아이, 뭐 사진이야 다들 바빠 가지구. [대화]

나. 이따위 하나 마나 한 말은 그들의 불화로에 휘발유가 될 뿐이다. "**이건** 아냐! **이건** 불륜이야! 알았어?" 이 불경스런 말은 그들의 맹렬을 가속화시킬 뿐이다. [소설]

다. 사람들이 언덕 위를 쳐다볼 때는 '베쓰'는 비호같이 언덕을 내달리고 있었다. "**저것** 봐……" "**저것** 봐……, 똥개가……" 사람들은 모두 피했다. '베쓰'는 쏜살같이 내려가더니 염소의 목을 물에 잠그고 있는 어른의 팔꿈치를 칵 물었다. [소설]

라. "일봉네도 그만 집으로 건너가게. 이웃 보기 창피하지도 않나. 하루 이틀도 아니고 밤마다 **이게** 무슨 꼴인가." "아이고, 아주머니, 저 지금 들어가면 죽어요. 술에 취해 제정신이 아니라니까요." [소설]

위의 예는 '상황' 지시의 예로 <예5.2.3-12가>의 '이거'는 '꽃 피는 계절에 사진도 못 찍고 있는' 현재 화자의 상황을 가리키고 있고 <예5.2.3-12나>의 '이거'는 화자와 함께 있는 청자들이 현재 벌이고 있는 '불륜' 상황을 가리킨다. <예5.2.3-12다>의 '저거'는 화자와 청자 모두에게서 멀리 떨어져 있는 곳에서 벌어지고 있는, '개가 사람을 무는' 상황을 지시하고 <예5.2.3-12라>는 화자와 가까운 곳에 있는 청자가 현재 '술에 취해 제정신이 아닌' 상황을 지시하고 있다. '상황' 지시는 모두 현장 지시에만 나타나기 때문에 화·청자의 공간이 대립되는 발화 공간에서는 '이/그/저' 세 계열 대립 체계를 이루고 화·청자의 공간이 대립되지 않는 발화 공간에서는 '이/저' 두 계열 대립 체계를 이룬다.

5.1의 도입부와 5.2의 도입부를 통해 우리는 주로 사람을 지시하는 대명사를 인칭대명사라고 정의하고 '이/그/저' 계열 대립 체계를 이루고 주로 사물이나 장소를 지시하는 대명사를 지시대명사라고 정의하였다. 그런데 지시대명사가 '사람'을 지시하는 경우도 있다. '이'와 '저'는 단독 형태로 사람을 지시하지 못하지만, 아래의 예와 같이 복수 접미사 '-들'이 결합된 '이들', '저들'의 형태로 '사람'을 지시하는 경우가 나타난다. 특히 '저' 계열 지시대명사는 선행 문맥 지시에 나타날 수 없음에도 불구하고 특이하게도 '저'는 '저들'의 형태로 '사람'을 지시할 때에는 선행 문맥 지시에 나타날 수 있다(5.2.2 참고).

〈예5.2.3-13〉

가. 백제의 유민들은 왕의 무덤을 지으면서 **저들의** 말도 그곳에 함께 묻었을 수가 있었을 터이었다. 혹은 처음부터 그곳에 **저들의** 말을 묻어 전하기 위해 왕의 무덤을 지었을 수도 있었을 것이었다. [소설]

나. 경찰이 잡아가려고 쳐들어오는 것은 아닌가 하는 우려로 그녀의 가슴은 세차게 방망이질쳤다. 미행하는 걸로 봐서는 연행하지 않을 거라고 고승우는 안심시켜 주었지만 **저들의** 행태는 상식으로 이해할 수 없다는 것이 그녀의 생각이었다. [소설]

다. 카라얀이 타계한 뒤 무터가 새롭게 만난 음악의 동반자는 미국의 지휘자 제임스 레바인. **이들** 콤비는 바르토크의 협주곡 제 2번, 베르크의 협주곡 등 현대 음악 분야에서 주목할 만한 녹음들을 잇달아 내놓고 있다. [신문]

라. 당시에는 명가와 후기 묵가들의 역설적 논리가 지배적이었습니다. 순자는 **이들의** 논리를 극복하기 위해 명(名)과 실(實)의 문제를 따진 것입니다. [학술]

지시대명사가 '사람'을 지시할 때에는 위의 예와 같이 '이'와 '저'가 주로 사용되지만 매우 한정적으로 아래의 예와 같이 사물 지시대명사 '이것/그것/저것'이 사용되기도 하고 장소 지시대명사가 사용되기도 한다.

〈예5.2.3-14〉

가. A: 그래서 부른 건데 늦게 가두 괜 괜찮냐고, 그 새벽 세 시에 네 시에 늦게 가도 괜찮냐고 B: 그렇게 물어 보면 뭐라 그래 A: 어 아니요 그래두 집에 가 봐야 되는데 한 번씩은 튕긴다 **이것들이** 그러면, 시간도 없으니까 그냥 자리를 저::~ 옮기시죠, 그냥 우리 괜찮은 데 가서 먹도록 하죠? [대화]

나. 그리고 입언저리가 온통 뒤틀리면서 코웃음으로 빈정거리는 것이었다. "누구는 머 **저게** 씨다듬고 보듬고 싶을 만침 이뻐서 그냥저냥 두고 보는 종 아시오? 천만에 만만에요! 나대로 다아 생각이 있기 땜시 그러는 게요." [소설]

다. "이봐요, 벌써 꿈나라로 갑니까? 재미도 없게." "너무 피곤해서 그래요." "내가 **그쪽을** 뭐라고 불러야 하죠?" "김동정이라고 불러주세요. 제 이름이죠." [소설]

라. "그렇군요. 그러니까 **이쪽에서** 연락할 방법은 전혀 없다는 말씀이세요?" "부끄럽지만 그렇습니다. 그쪽에서 어쩌다 갑자기 전화를 걸어올 때가 있긴 한데 대개 밤늦게 전활 걸어서 자기 얘기만 몇 마디 불쑥 하고는 곧 끊어버립니다." [소설]

<예5.2.3-14가, 나>의 '이것'과 '저것'은 모두 '사람'을 지시하는 것으로 '이 사람', '저 사람'을 비하하여 지시하는 의미가 있다. <예5.2.3-14다, 라>의 '그쪽'과 '이쪽'은 각각 청자와 화자를 가리키는 것이다. 앞서 5.1.3에서 논의한 바와 같이 3인칭대명사가 '사물'을 지시하는 경우라고 하더라도 이들 3인칭대명사를 지시대명사로 보지 않은 것과 마찬가지로 <예5.2.3-13, 14>와 같이 지시대명사가 '사람' 지시에 이용되더라도 이들 지시대명사를 3인칭대명사로 보지 않는다.

한편, '이들'이 단체를 지시하거나 동물을 지시할 때에는 그 지시 대상을 '사람'으로 파악해야 할지 아니면 '사물'로 파악해야 할지 모호한 경우가 있다.

〈예5.2.3-15〉

가. 브라질 아르헨티나 프랑스는 세계 최고의 팀들이다. 하지만 **이들은** 지난 3일까지 각각 한 경기를 치르면서 완승을 거두지 못했다. [신문]

나. 반면 집권 사회당은 20.5~21%의 지지도를 보였는데 의석수로 볼 때 **이들** 야당 연합은 대략 4백 10~4백 50석, 사회당은 90~1백 10석을 각각 확보할 것으로 보인다. [신문]

다. 이 환경운동에 적극 관여한 구여성단체들로는 YWCA, 주부클럽, 주부교실 등이 있다. **이들** 단체들의 활동 상황은 크게 세 가지로 나뉜다. [학술]

라. 특히 인수와 합병이 유행하면서 초대형 초국적기업들이 속속 탄생되고 있어 **이들의** 수중에 세계 자본이 집중되면서, 1997-99년 기간 아시아 금융 위기와 같은 심각한 사태들이 발생하였다. [학술]

위의 예에서 '이들'은 모두 단체를 지시하고 있는데, 이러한 단체는 사람들로 구성되어 있기 때문에 '이들'이 '사람'을 지시하는 것으로도 볼 가능성이 있다. 그러나 단체가 사람들로 구성되어 있다고 하더라도 단체 자체를 사람으로 보기 힘들기 때문에 지시대명사가 단체를 지시하는 경우는 '사물' 지시의 예로 파악한다.

〈예5.2.3-16〉

가. 근데 그 생물학자가 그러드라구. **그게** 저~ 뭐야 턱이 그~ 그~ 뭐야 식인 물고기 있잖아 파라 뭐~. [대화]

나. 4월에는 두꺼비 수만 마리가 나무 위로 모여들었고, 서울 사람들이 까닭 없이 놀라 달아나며, **이를** 잡아 죽여 쓰러진 자가 백여 명이나 되었으며 재물을 잃은 것 등은 헤아릴 수가 없었다. [소설]

다. 법정 보호종이 아니더라도 개구리와 뱀 등 야생동물을 특별한 이유 없이 잡거나 먹은 사람도 형사 처벌되고, **이를** 밀거래하다 적발된 사람은 처벌과 함께 과징금을 물게 된다. [신문]

라. 일반적으로 쥐를 중간 방에 넣으면, 쥐는 곧바로 검정색 방으로 뛰어들어 그곳에 머물러 있는다. Ungar와 그의 동료들은 **이들** 쥐가 검은 방으로 뛰어들기만 하면, 즉시로 전기적인 충격을 이용하여 고통스런 충격을 가하였다. [학술]

위의 예에서 지시대명사는 동물을 가리키는데, 동물은 유정성을 지니고 있기 때문에 단순히 '사물'로 보기 어려운 측면이 있다. 그러나 '사람' 이외의 개체를 '사물'로 본다는 입장을 취한다면 이 역시도 '사물' 지시의 하나로 볼 수 있을 것이다.

지금까지 지시대명사의 지시 대상을 '사물', '장소', '명제', '상황', '사람'으로 나누어 살펴보았는데, 지시 양상에 따라 지시대명사의 지시 대상을 설정할 수 없는 경우도 있다. 현장 지시의 경우에는 '사물', '장소', '상황', '사람'이 나타나고 문맥 지시의 경우에는 '사물', '장소', '명제', '사람'이 나타난다.

그러나 텍스트 지시는 가상의 텍스트 공간을 지시하는 것이기 때문에 그 지시 대상을 따로 설정할 수 없다. 텍스트 지시의 지시 대상을 굳이 설정하자면, '장소'로 볼 수도 있겠지만 여기서는 텍스트 지시의 특수성을 고려해 그 지시 대상을 따로 설정하지 않기로 한다. 상맥 지시는 화 · 청자의 공통 인식 내에 있는 대상을 지시하는 것이기 때문에 그 지시 대상이 명시적으로 드러나지 않는다. 물론 상맥 지시의 경우에도 전후 맥락을 통해 그 지시 대상을 파악할 수는 있지만 지시 대상이 명시적으로 드러나지 않기 때문에 지시 대상을 따로 설정하지 않을 것이다. '지시 대상 확인 불가'는 말 그대로 지시 대상을 확인하는 것이 불가능한 경우이기 때문에 그 지시 대상을 설정할 수 없다(5.2.2 참고). 이와 같이 텍스트 지시, 상맥 지시, 지시 대상 확인 불가의 경우에는 지시대명사가 지시하는 대상을 설정할 수 없는데, 앞으로 제시될 논의에서 Ø는 이와 같이 지시 양상에서 지시 대상을 설정할 수 없는 경우를 나타낸다.

말뭉치 계량 결과 제시

1. 지시대명사의 지시 대상별 사용 비율

전체: 사물 ≧ 명제 〉 장소 〉 사람 〉 ø 〉 상황

대화: 사물 〉 명제 ≧ 장소 〉 ø ≧ 상황 〉 사람 | 소설: 장소 ≧ 명제 〉 사물 〉 사람 ≧ 상황 ≧ ø

신문: 명제 〉 사물 〉 사람 〉 장소 〉 ø ≧ 상황 | 학술: 명제 〉 사물 〉 장소 〉 사람 〉 ø ≧ 상황

	사물	장소	명제	상황	사람	Ø
전체	■■■■■■■▪	■■■▪	■■■■■■■▪	▪	■	▪
대화	■■■■■■■■■▪	■■■■▪	■■■■▪	▪	▪	▪
소설	■■■■■▪	■■■■■■▪	■■■■■■▪	▪	▪	▪
신문	■■■■■▪	■▪	■■■■■■■■■■	▪	■■▪	▪
학술	■■■■■■■■	■▪	■■■■■■■■■	▪	■	▪

<그래프5.2.3-1> 지시대명사의 지시 대상별 사용 비율

(■ 5%, ▪ 5% 미만)

2. 지시대명사의 지시 대상의 사용역 비율

사물:	대화 〉 학술 〉 소설 〉 신문	장소:	대화 〉 소설 〉 학술 〉 신문
명제:	대화 〉 학술 〉 신문 ≧ 소설	상황:	대화 〉 소설 〉 학술 ≧ 신문
사람:	신문 〉 학술 〉 소설 〉 대화	ø :	대화 〉 학술 〉 소설 〉 신문

	대화	소설	신문	학술
사물	■■■■■■■■■■■■▪	■■	■▪	■■■■
장소	■■■■■■■■■■■■▪	■■■■■▪	■	■▪
명제	■■■■■■■▪	■■■▪	■■■▪	■■■■■▪
상황	■■■■■■■■■■■▪	■■■■■■■■	▪	▪
사람	■■▪	■■■	■■■■■■■■■	■■■■■▪
ø	■■■■■■■■■■■■■	■■▪	▪	■■■■

<그래프5.2.3-2> 지시대명사의 지시 대상별 사용역 비율

(■ 5%, ▪ 5% 미만)

말뭉치 계량 결과에 대한 논의

먼저, 지시대명사의 지시 대상별 사용 비율을 살펴보면, 전체적으로 '사물'과 '명제'의 사용 비율이 가장 높다. 이러한 양상은 사물 지시대명사와 장소 지시대명사의 사용 양상을 반영하는 것이다. 5.2 도입부에서 제시한 <그래프5.2-1>을 통해 알 수 있듯이, '사물'과 '명제'를 지시하는 데 주로 사용되는 사물 지시대명사는 '장소'를 지시하는 데 주로 사용되는 장소 지시대명사보다 그 사용 비율이 4배 이상 높다. 한편, '명제' 지시는 문맥 지시에서만 나타나고 '사물' 지시는 현장 지시와 문맥 지시 모두에서 나타난다. 그런데 '명제' 지시는 '사물' 지시와 거의 유사한 사용 비율을 보인다. 이는 지시대명사의 지시 양상에서 문맥 지시가 차지하는 비율이 매우 높다는 사실을 반영하는 것이다(5.2.2의 <그래프5.2.2-1> 참고). '사람' 지시는 전반적으로 그 사용 비율이 낮은데 이는 주로 사람을 지시하는 대명사를 인칭대명사로, 사물이나 장소를 주로 지시하는 대명사를 지시대명사로 설정하는 것이 타당하다는 것을 보여 주는 것이라 할 수 있다.

'대화'에서는 '사물' 지시의 사용 비율이 다른 사용역에 높게 나타난다는 특징이 있다. 이는 '대화'에서 현장 지시가 많이 이루어지기 때문으로 보인다(5.2.2의 <그래프5.2.2-2> 참고). 현장 지시는 발화 현장에 있는 대상을 가리키는데, 그 대상은 구체적인 사물 또는 장소가 된다. 따라서 '대화'에서는 '사물' 지시의 사용 비율이 다른 사용역에 비해 높게 나타나고 '장소' 지시도 '소설'을 제외한 다른 사용역에 비해 그 사용 비율이 비교적 높은 편이다. '소설'은 '사물' 지시나 '명제' 지시가 가장 높은 사용 비율을 보이는 다른 사용역과 달리 '장소' 지시의 사용역 비율이 가장 높다는 특징이 있다. 5.2의 도입부에서 제시한 <그래프5.2-1>에서 확인한 것처럼 '소설'은 다른 사용역에 비해 장소 지시대명사의 사용 비율이 매우 높은데 이러한 양상이 지시 대상별 사용 양상에도 그대로 반영된 것이라고 할 수 있다. 이와 같이 '소설'에서 '장소' 지시의 사용 비율이 높은 것은 5.2 도입부의 '말뭉치 계량 결과에 대한 논의1'에서 설명한 바와 같이 '소설'에서는 소설 속의 사건을 묘사하면서 사건이 이루어지는 공간적 배경을 지시해야 하는 경우가 많다는 사실과 관련된다.

'신문'과 '학술'에서는 모두 '명제' 지시의 사용 비율이 가장 높다는 특징이 있다. 반면, '신문'과 '학술'에서는 '장소' 지시의 사용 비율이 매우 낮은 편인데 이러한 결과는 '신문'과 '학술'에서 장소 지시대명사의 사용 비율이 매우 낮다는 사실과 일치하는 것이다(5.2 도입부의 <그래프5.2-1> 참고). 문맥 지시의 사용 비율이 압도적으로 높고 현장 지시의 사용 비율이 매우 낮은 '신문'과 '학술'에서 '장소' 지시의 사용 비율이 매우 낮다는 사실은 '장소' 지시가 문맥 지시보다는 '현장' 지시에서 주로 사용된다는 사실을 암시해 주는 것이라고 할 수 있다. 이에 대해서는 5.2.3.2에서 다시 살펴보기로 한다. 한편, '신문'에서는 '사람' 지시의 사용 비율이 다른 사용역에 비해 다소 높다는 특성이 있는데 이는 '신문'에서 '이들'이 빈번히 사용된다는 것과 관련이 된다. '신문'은 정보를 객관적이고 구체적으로 전달하는 사용역이기 때문에 사람을 가리킬 때에는 대용 표현인 대명사를 쓰기보다는 구체적 표현인 고유명사를 주로 사용하는데, 선행 문맥에서 제시된 여러 명의 사람을 다시 언급해야 할 경우에는 여러 사람의 이름을 일일이 나열하기보다는 지시대명사 '이들'로 지시하는 것이 일반적이다.

지시대명사의 지시 대상별 사용역 비율을 살펴보면, '사람'을 제외한 모든 지시 대상이 '대화'에서 가장 많이 사용된다는 것을 확인할 수 있다. 이는 '대화'에서 지시대명사가 가장 많이 사용되기 때문이다(5장 도입부의 <그래프5-2> 참고). 즉, '대화'에서 지시대명사가 가장 많이 사용되기 때문에 모든 지시 대상이 '대화'에서 그 사용역 비율이 높아질 수밖에 없는 것이다. '대화'에서는 화 · 청자가 공유하는 정보가 많고 동일한 담화 공간에 존재하기 때문에 구체적인 표현을 쓰기보다는 대명사와 같은 대용 표현을 빈번히 사용한다. 그래서 '대화'는 지시대명사뿐만 아니라 대명사 전체의 사용 빈도가 가장 높다(2.2의 <그래프2.2-1> 참고). 다만 '사람' 지시는 '대화'에서 그 사용역 비율이 낮다. 지시대명사가 '사람' 지시에 사용되는 것은 일상 대화에서는 잘 나타나지 않고 '신문'이나 '학술'과 같이 정보 전달을 목적으로 하고 격식적인 사용역에서 특징적으로 나타나는 양상이기 때문이다.

'사물' 지시의 사용역 비율은 '대화 > 학술 > 소설 > 신문'의 양상을 보이는데 이는 사물 지시대명사 '이것/그것/저것'의 사용역 비율 양상을 그대로 따르는 것이다(5.2 도입부의 <그래프5.2-4> 참고). 이러한 사실은 사물 지시대명사가 주로 '사물'과 '명제'를 지시하는데, '이것/그것/저것'은 주로 '사물' 지시에 사용되고 '이/그/저'는 주로 '명제' 지시에 사용된다는 것을 알려 주는 것이다(5.2.4 참고). '명제' 지시의 사용역 비율은 '대화 > 학술 > 신문 ≧ 소설'의 양상을 보여서 '사물' 지시의 사용역 비율 양상과 약간 차이가 난다. 즉 '신문'의 사용역 비율이 '소설'보다 조금 더 높아졌다는 차이를 보이는데 이는 사물 지시대명사 중 '이/그/저'의 사용 양상에 기인한다. 지시대명사 '이/그/저'는 격식적인 사용역인 '신문'과 '학술'에서만 주로 나타나기 때문이다(5.2 도입부의 <그래프5.2-4> 참고). 한편, '명제' 지시는 문맥 지시에서만 나타나기 때문에 '명제' 지시의 사용역 비율은 문맥 지시의 사용역 비율과 동일한 양상을 보인다는 특성이 있다는 것도 언급해 둘 만하다(5.2.2의 <그래프5.2.2-2> 참고>).

'장소' 지시의 사용역 비율은 '대화 > 소설 > 학술 > 신문'의 양상을 보여서 장소 지시대명사 중 가장 사용 비율이 높은 '여기/거기/저기'의 사용역 비율을 대체로 따르고 있다(5.2 도입부의 <그래프 5.2-6> 참고). 앞서 우리는 '장소' 지시가 현장 지시와 밀접한 관련을 맺고 있을 것이라고 언급하였는데, 이러한 관련성은 현장 지시가 잘 나타나지 않는 '신문'과 '학술'에서는 '장소' 지시의 사용역 비율이 매우 낮고 현장 지시가 빈번히 나타나는 '대화'와 '소설'에서 '장소' 지시의 사용역 비율이 높다는 사실을 통해서도 간접적으로 드러난다. '상황' 지시의 사용역 비율은 '대화 > 소설 > 학술 ≧ 신문'의 양상으로 나타난다. '상황' 지시는 현장 지시를 전제로 하는 것이기 때문에 이러한 양상은 현장 지시의 사용역 비율과 동일하다(5.2.2의 <그래프5.2.2-2> 참고). 필자와 독자가 실제의 발화 현장에 존재하지 않는 '신문'과 '학술'에서는 현장 지시가 나타날 수 없기 때문에 아래의 예와 같이 인용 발화에서만 '상황' 지시가 나타난다.

〈예5.2.3-17〉

가. 송 대리는 8월 초부터 메리츠 증권 홍보팀장으로 자리를 옮긴다. 증권사 최연소 홍보팀장 기록도 덤으로 따라 붙었다. "작년 5월 기자실에 들렀다가 우연히 메신저를 보고 시작한 서비스가 **이처럼** 큰 호응을 얻을 줄 몰랐습니다. 정보를 조금 더 빨리 전하려는 생각에서 시작했을 뿐인데…." [신문]

나. 유운이 술에 취해 나가다가 화장실에 가지 않고 근처에서 오줌을 눈 일이 있었다. 이것을 본 조광조가 "종용(從龍, 유운의 자)아, 종용아. **이게** 무슨 짓이냐." 하자. "난 도학이 싫어. 이게 좋아"라고 하였는데, 그 뒤로 조광조는 유운을 도학을 하지 않는다고 배척하였다. [학술]

'사람' 지시는 '신문'에서 사용역 비율이 가장 높고 그 다음으로 '학술'에서 사용역 비율이 높다. '신문'과 '학술'에서 지시대명사가 '사람'을 지시하는 경우는 주로 '이들'과 '저들'인데, '저들'보다 '이들'의 사용 빈도가 더 높다. 앞서 언급했듯이, '신문'과 '학술'에서는 선행 문맥에서 제시된 사람이 여러 명이라서 그 이름을 일일이 다시 나열해야 하는 번거로운 상황에서 지시대명사 '이들'을 이용해 복수의 사람들을 한꺼번에 지시하는 것이 일반적이다. 이와는 달리, '대화'와 '소설'에서 나타나는 '사람' 지시는 주로 지시 대상 인물을 조금 비하하는 의도로 '이것/그것/저것'을 사용하거나 잘 모르는 사람을 가리키기 위해 '이쪽/그쪽/저쪽'을 사용하는 경우에 해당한다.

Ø 지시는 앞서 언급했듯이, 텍스트 지시, 상맥 지시, 지시 대상 확인 불가에 해당한다. 따라서 Ø 지시는 이들 세 지시 양상 전체의 사용 양상을 그대로 따른다. Ø 지시는 주로 '대화'와 '학술'에서 많이 나타나는데, '대화'는 상맥 지시와 지시 대상 확인 불가의 높은 사용역 비율에서 기인한 것이고 '학술'은 텍스트 지시의 높은 사용역 비율에서 기인하는 것이다(5.2.2의 <그래프5.2.2-2> 참고). '신문'은 텍스트 지시와 상맥 지시가 아예 나타나지 않고 지시 대상 확인 불가도 네 사용역 중 사용역 비율이 가장 낮기 때문에 Ø 지시의 사용역 비율이 가장 낮다.

5.2.3.1. 지시대명사의 계열과 지시 대상

5.2.2.1에서 살펴보았듯이, 지시대명사는 화시적 중심을 기준으로 하여 지시 대상과의 물리적 거리나 심리적 거리에 따라 '이/그/저' 계열이 달리 사용된다는 공통적 특성이 있는데, 이러한 계열 대립 양상은 지시 양상에 따라 조금씩 차이가 난다. 이와 마찬가지로 지시 대명사가 주로 지시하는 대상도 '이/그/저' 계열에 따라 조금씩 차이가 있다. 따라서 5.2.3.1에서는 지시대명사의 계열과 지시 대상의 상관관계에 대해서 살펴보기로 한다. 다만, 지시대명사의 '이/그/저' 계열에 따른 지시 대상과의 상관관계는 지시 양상을 고려하여 살펴볼 수밖에 없기 때문에 경우에 따라 지시대명사의 지시 양상도 논의에 포함될 것이다.

말뭉치 계량 결과 제시1

1. '이' 계열 지시대명사의 지시 대상별 사용 비율
   전체: 명제 〉 사물 〉 장소 〉 사람 〉 ø ≧ 상황
   대화: 사물 〉 장소 〉 명제 〉 상황 ≧ ø ≧ 사람 | 소설: 장소 〉 사물 ≧ 명제 〉 상황 〉 사람 ≧ ø
   신문: 명제 〉 사물 〉 사람 〉 장소 〉 ø ≧ 상황 | 학술: 명제 〉 사물 〉 사람 〉 장소 〉 ø ≧ 상황

2. '그' 계열 지시대명사의 지시 대상별 사용 비율
   전체: 사물 〉 명제 〉 장소 〉 ø ≧ 사람 ≧ 상황
   대화: 사물 〉 명제 〉 장소 〉 상황 ≧ ø ≧ 사람 | 소설: 명제 〉 사물 〉 장소 〉 사람 ≧ ø ≧ 상황
   신문: 사물 〉 명제 〉 장소 〉 ø ≧ 상황 = 사람 | 학술: 사물 〉 명제 〉 장소 〉 ø ≧ 사람

3. '저' 계열 지시대명사의 지시 대상별 사용 비율
   전체: 장소 〉 사물 〉 ø 〉 사람 〉 명제 ≧ 상황
   대화: 사물 〉 장소 〉 ø 〉 명제 〉 상황 ≧ 사람 | 소설: 장소 〉 사람 〉 사물 ≧ ø 〉 상황
   신문: 사람 ≧ ø 〉 장소 〉 사물 | 학술: ø ≧ 사람 〉 장소 〉 사물 〉 상황

		사물	장소	명제	상황	사람	Ø
전체	'이' 계열	■■■■■ ■▪	■■■▪	■■■■■ ■■▪	▪	■▪	▪
	'그' 계열	■■■■■ ■■■■	■■■▪	■■■■■ ■■▪	▪	▪	▪
	'저' 계열	■■■■■ ▪	■■■■■ ■■▪	▪	▪	■■▪	■■■▪
대화	'이' 계열	■■■■■ ■■■■■ ▪	■■■■■ ■	■■	▪	▪	▪
	'그' 계열	■■■■■ ■■■■▪	■■■▪	■■■■■ ■▪	▪	▪	▪
	'저' 계열	■■■■■ ■■■■	■■■■▪	■▪	▪	▪	■■■▪

소설	'이' 계열	■■■▪	■■■■■■■■■■▪	■■■▪	■▪	▪	▪
	'그' 계열	■■■■■■▪	■■■■▪	■■■■■■■■▪	▪	▪	▪
	'저' 계열	■■▪	■■■■■■■■■■■▪		▪	■■■▪	■■
신문	'이' 계열	■■■■▪	■▪	■■■■■■■■■■▪	▪	■■■▪	▪
	'그' 계열	■■■■■■■■■▪	■■▪	■■■■■■■■	▪	▪	▪
	'저' 계열	■■▪	■■■■■			■■■■■■▪	■■■■■▪
학술	'이' 계열	■■■■■■	■	■■■■■■■■■■▪	▪	■▪	▪
	'그' 계열	■■■■■■■■■■■▪	■▪	■■■■■■▪		▪	▪
	'저' 계열	■▪	■■▪		▪	■■■■■■■■▪	■■■■■■■▪

<그래프5.2.3.1-1> 지시대명사의 '이/그/저' 계열에 따른 지시 대상별 사용 비율

(■ 5%, ▪ 5% 미만)

▶▶ 말뭉치 계량 결과에 대한 논의1

여기서는 지시대명사의 '이/그/저' 계열에 따라 그 지시 대상이 어떻게 달리 사용되는지 지시대명사의 '이/그/저' 계열별로 각각 나누어 살펴보기로 한다. 여기서 미리 언급해 둘 것은 '이' 계열 지시대명사와 '그' 계열 지시대명사는 전체 지시대명사의 지시 대상별 사용 양상인 '사물 ≧ 명제 > 장소 > 사람 > Ø > 상황'에서 '사물'과 '명제'의 사용 비율 순서가 조금 달리 나타난다는 차이는 있지만 대체로 전체 지시대명사의 지시 대상별 사용 비율을 따르는 편이고, '저' 계열 지시대명사는 전체 지시대명사의 지시 대상별 사용 비율과 큰 차이를 보인다는 전반적인 특징이 있다는 것이다(<그래프5.2.3-1> 참고).

• '이' 계열 지시대명사의 지시 대상별 사용 비율

전체 말뭉치에서 나타나는 '이' 계열 지시대명사의 지시 대상별 사용 비율은 '명제 > 사물 > 장소

> 사람 > Ø ≧ 상황'의 양상을 보인다. 이러한 양상은 전체 지시대명사의 지시 대상별 사용 양상과 비교했을 때 '명제' 지시의 사용 비율이 '사물' 지시의 사용 비율보다 더 높다는 차이가 있다. 이와 같이 '이' 계열 지시대명사가 '명제' 지시의 사용 비율이 가장 높은 것은 '신문'과 '학술'에서 '이' 계열 지시대명사가 '명제' 지시에 사용되는 빈도가 매우 높기 때문이다. 5.2.2.1에서 제시한 <그래프 5.2.2.1-2>에서 확인할 수 있듯이 '신문'과 '학술'에서는 다른 사용역과 달리 문맥 지시에 '이' 계열 지시대명사가 가장 많이 사용된다. 이는 지시대명사 '이'의 높은 사용 빈도에서 기인하는데(5.2 도입부의 <표5.2-1> 참고), '신문'과 '학술'에서는 이들 사용역이 지닌 격식성으로 인해 문맥 지시에 '이'가 주로 사용된다. 한편, 5.2.3의 '말뭉치 계량 결과에 대한 논의'에서 우리는 지시대명사 '이/그/저'가 주로 '명제' 지시에 이용된다고 언급하였는데, '신문'과 '학술'에서 '이' 계열 지시대명사가 '명제' 지시에 가장 많이 사용된다는 사실과 '신문'과 '학술'에서 지시대명사 '이'가 가장 많이 사용된다는 사실은 지시대명사 '이/그/저'가 주로 '명제' 지시에 사용된다는 것을 다시 한 번 더 증명해 주는 것이라 할 수 있다.

'대화'에서 나타나는 '이' 계열 지시대명사의 지시 대상별 사용 비율은 '대화'에서 나타나는 전체 지시대명사의 지시 대상별 사용 비율 양상을 대체로 따르지만(<그래프5.2.3-1> 참고), '장소'가 '명제'보다 사용 비율이 높게 나타난다는 차이가 있다. 이는 장소 지시대명사 '여기'의 높은 사용 빈도에서 기인하는 것으로 보인다. '대화'에서 '여기'가 사용된 빈도는 '대화'를 제외한 세 사용역에서 '여기'가 사용된 빈도보다 높다(5.2 도입부의 <표5.2-1> 참고). 이와 같이 '대화'에서 '여기'의 사용 빈도가 높은 것은 현장 지시의 높은 사용 비율과 관련이 된다. 앞서 언급했듯이 '장소' 지시는 현장 지시와 일정한 관련이 있기 때문에 현장 지시의 사용 비율이 높은 사용역에서 '장소' 지시의 사용 비율도 높다.

'소설'에서 나타나는 '이' 계열 지시대명사의 지시 대상별 사용 비율은 '대화'와 마찬가지로 '장소'가 '명제'보다 그 사용 비율이 더 높지만 '장소' 지시의 사용 비율이 가장 높다는 특징이 있다. 이와 같이 '소설'에서 '장소' 지시의 사용 비율이 가장 높은 것은 앞서 언급했듯이, '소설'에서는 소설 속의 사건이나 상황을 묘사하기 위해 공간적 배경을 지시해야 하는 경우가 많기 때문인 것으로 보인다. 한편, '소설'에서는 '이' 계열 지시대명사 중 장소 지시대명사 '여기'의 사용 빈도가 가장 높은데(5.2 도입부의 <표5.2-1> 참고), 이러한 사실도 '장소' 지시가 주로 현장 지시로 사용된다는 것을 간접적으로 보여 주는 것이다. '소설'에서도 '대화'에서와 마찬가지로 '이' 계열 지시대명사는 주로 현장 지시에 사용되는데(5.2.2.1의 <그래프5.2.2.1-1> 참고), '장소' 지시에 주로 사용되는 '이' 계열 지시대명사가 현장 지시에 가장 많이 사용된다는 것은 '장소' 지시가 주로 현장 지시에서 나타난다는 것을 알려 주는 것이기 때문이다. 장소 지시와 현장 지시의 관련성은 후술할 5.2.3.2의 <그래프 5.2.3.2-1>에서 확인할 수 있다.

'신문'과 '학술'에서는 '명제' 지시가 가장 많이 사용된다는 특성 이외에도 '대화'와 '소설'에 비해 '사람' 지시의 사용 비율이 높고 '상황' 지시의 사용 비율이 가장 낮다는 특징이 있다. '신문'과 '학술'에서는 '사람' 지시가 '장소' 지시보다 그 사용 비율이 높다. 앞서 논의한 바와 같이 '이' 계열 지시대명사의 '장소' 지시는 대개 현장 지시의 성격을 띠고 있기 때문에 현장 지시가 거의 나타나지 않는 '신문'과 '학술'에서 '장소' 지시는 그 사용 빈도가 매우 낮다. 반면에 '신문'과 '학술'에서는 선행 문맥에서 제시된 복수의 사람들을 '이들'을 이용하여 지시하는 경우가 빈번히 나타난다. 이러한 이유로 인해

'신문'과 '학술'에서는 '장소' 지시의 사용 비율이 낮아지고 '사람' 지시의 사용 비율이 높아지는 것이다. '상황' 지시는 그 사용 빈도 자체가 낮을 뿐만 아니라 현장 지시를 전제로 하는 것이기 때문에 인용 발화와 같이 매우 특수한 경우에만 현장 지시가 나타나는 '신문'과 '학술'에서 그 사용 비율이 가장 낮을 수밖에 없다.

• '그' 계열 지시대명사의 지시 대상별 사용 비율

전체 말뭉치에서 나타나는 '그' 계열 지시대명사의 지시 대상별 사용 비율은 '사물 > 명제 > 장소 > Ø ≧ 사람 ≧ 상황'의 양상을 보이는데, 이러한 양상은 대체로 모든 사용역에서 공통적으로 나타난다. 다만 '대화'에서는 '사람' 지시보다 '상황' 지시의 사용 비율이 조금 더 높고 '소설'에서는 '명제' 지시가 '사물' 지시보다 사용 비율이 더 높다는 차이가 있다. '상황' 지시는 현장 지시에서만 나타나기 때문에 현장 지시의 사용역 비율이 가장 높은 '대화'에서(5.2.2의 <그래프5.2.2-2> 참고) '상황' 지시의 사용 비율이 비교적 높게 나타난다. '소설'에서 '명제' 지시가 '사물' 지시보다 높게 나타나는 것은 다소 예외적이라고 할 수 있는데, 이러한 예외적 결과에 대해서는 유의미한 해석을 내리기 어렵다.

• '저' 계열 지시대명사의 지시 대상별 사용 비율

전체 말뭉치에서 나타나는 '저' 계열 지시대명사의 지시 대상별 사용 비율은 '장소 > 사물 > Ø > 사람 > 명제 ≧ 상황'의 양상을 보이는데, 이는 전체 지시대명사의 지시 대상별 사용 비율과는 매우 다른 양상이다. 앞서, 살펴본 '이' 계열 지시대명사와 '그' 계열 지시대명사는 '사물'과 '명제'의 사용 비율 순서가 조금 달리 나타난다는 차이를 제외하고는 대체로 전체 지시대명사의 지시 대상별 사용 비율 양상을 따르는 편이었다. 그러나 이러한 양상과 달리 '저' 계열 지시대명사는 '장소' 지시의 사용 비율이 가장 높다는 특징이 있다. 이는 '저' 계열 지시대명사의 거의 대부분이 '저기', '저쪽' 등과 같은 장소 지시대명사로 사용되기 때문이다. 한편, '저' 계열 지시대명사는 비의도적 후행 문맥 지시, 현장 지시, 지시 대상 확인 불가에만 사용되는데, 그 중에서 현장 지시의 사용 비율이 가장 높다(5.2.2.1의 <그래프5.2.2.1-1> 참고). 이와 같이 현장 지시의 사용 비율이 가장 높은 '저' 계열 지시대명사가 '장소' 지시로 사용되는 비율이 가장 높다는 사실도 앞서 계속 언급해 온 '장소' 지시와 '현장' 지시의 관련성을 방증하는 것이라고 할 수 있다.

'대화'에서는 전체 말뭉치에서 나타나는 '저' 계열 지시대명사의 지시 대상별 사용 양상과 달리 '사물' 지시의 사용 비율이 가장 높다. '대화'에서 '저' 계열 지시대명사는 후행 문맥 지시에 주로 사용되는데(5.2.2.1의 <그래프5.2.2.1-1> 참고) 5.2.3.2의 <그래프5.2.3.2-1>에서 다시 확인하겠지만 '대화'에서 후행 문맥 지시는 주로 '사물'을 지시하는 데 이용된다. '소설'에서는 '사람' 지시가 '사물' 지시보다 사용 비율이 더 높다는 특징이 있다. 이는 '소설'에서 '저들'의 사용 빈도가 비교적 높기 때문이다. 앞서 언급한 것과 같이, '저' 계열 지시대명사가 선행 문맥 지시에 사용되는 것은 '저들'의 형태로 '사람'을 지시하는 경우에 한정된다. '저들'은 선행 문맥에 제시된 사람을 지시한다는 측면에서 3인칭대명사와 유사한 특성을 지닌다고 할 수 있는데, 이로 인해 3인칭대명사의 사용 빈도가 가장 높은 '소설'에서 '사람' 지시의 사용 비율이 비교적 높게 나타난다고 할 수 있다. '신문'과 '학술'에서는 '저' 계열 지시대명사의 사용 빈도가 매우 낮기 때문에 '신문'과 '학술'에서 나타나는 '저' 계열 지시대명사의 지시 대상별 사용 비율에 대해서는 유의미한 해석을 내리기 어렵다.

말뭉치 계량 결과 제시2

1. '사물' 지시의 '이/그/저' 계열별 사용 비율
전체: '그' 계열 〉 '이' 계열 〉 '저' 계열
대화: '그' 계열 〉 '이' 계열 〉 '저' 계열 | 소설: '그' 계열 〉 '이' 계열 〉 '저' 계열
신문: '이' 계열 〉 '그' 계열 〉 '저' 계열 | 학술: '이' 계열 〉 '그' 계열 〉 '저' 계열

2. '장소' 지시의 '이/그/저' 계열별 사용 비율
전체: '이' 계열 〉 '그' 계열 〉 '저' 계열
대화: '이' 계열 〉 '그' 계열 〉 '저' 계열 | 소설: '이' 계열 〉 '그' 계열 〉 '저' 계열
신문: '이' 계열 〉 '그' 계열 〉 '저' 계열 | 학술: '이' 계열 〉 '그' 계열 〉 '저' 계열

3. '명제' 지시의 '이/그/저' 계열별 사용 비율
전체: '그' 계열 〉 '이' 계열 〉 '저' 계열
대화: '그' 계열 〉 '이' 계열 〉 '저' 계열 | 소설: '그' 계열 〉 '이' 계열 〉 '저' 계열
신문: '이' 계열 〉 '그' 계열 | 학술: '이' 계열 〉 '그' 계열

4. '상황' 지시의 '이/그/저' 계열별 사용 비율
전체: '이' 계열 〉 '저' 계열 〉 '그' 계열
대화: '이' 계열 〉 '저' 계열 = '그' 계열 | 소설: '이' 계열 〉 '저' 계열 〉 '그' 계열
신문: '이' 계열 〉 '그' 계열 | 학술: '이' 계열 〉 '저' 계열

5. '사람' 지시의 '이/그/저' 계열별 사용 비율
전체: '이' 계열 〉 '그' 계열 〉 '저' 계열
대화: '그' 계열 〉 '이' 계열 〉 '저' 계열 | 소설: '이' 계열 〉 '저' 계열 〉 '그' 계열
신문: '이' 계열 〉 '저' 계열 ≧ '그' 계열 | 학술: '이' 계열 〉 '저' 계열 〉 '그' 계열

6. ø 지시의 '이/그/저' 계열별 사용 비율
전체: '이' 계열 〉 '그' 계열 〉 '저' 계열
대화: '그' 계열 〉 '저' 계열 〉 '이' 계열 | 소설: '그' 계열 〉 '저' 계열 ≧ '이' 계열
신문: '이' 계열 〉 '그' 계열 = '저' 계열 | 학술: '이' 계열 〉 '저' 계열 〉 '그' 계열

		'이' 계열	'그' 계열	'저' 계열
전체	사물			
	장소			
	명제			
	상황			
	사람			
	∅			
대화	사물			
	장소			
	명제			
	상황			
	사람			
	∅			
소설	사물			
	장소			
	명제			
	상황			
	사람			
	∅			

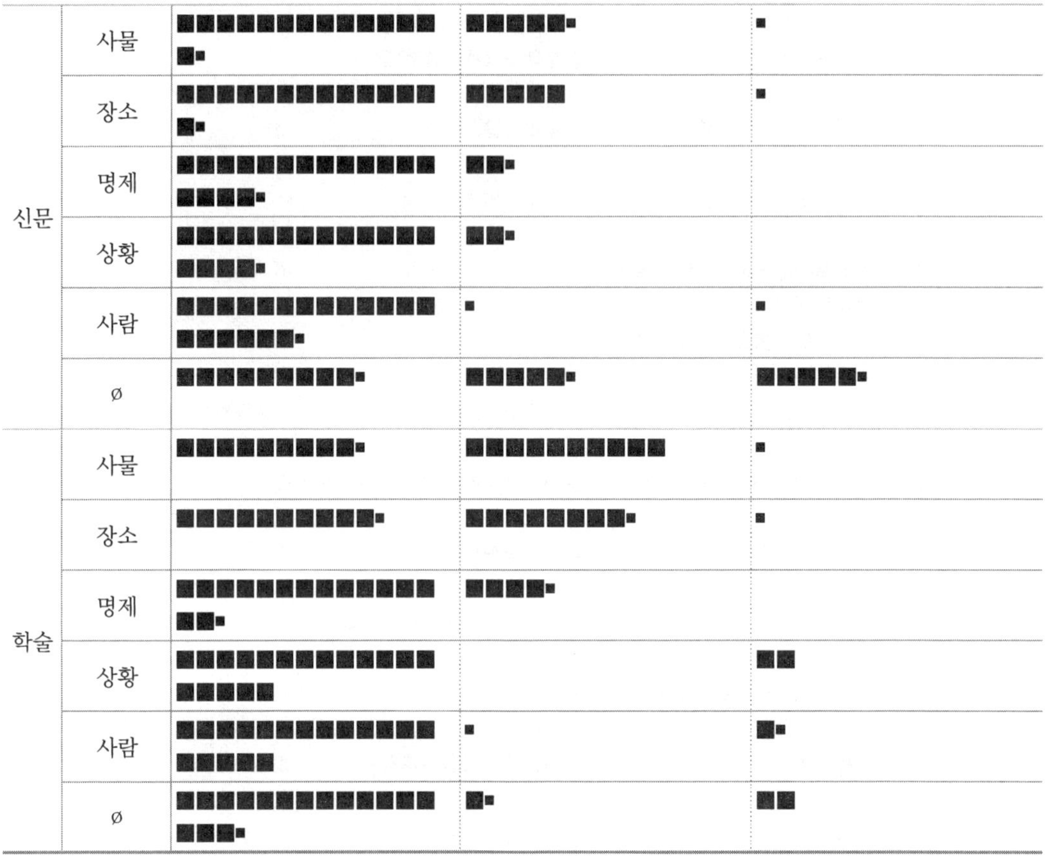

신문	사물	■■■■■■■■■■■■■■▪	■■■■■▪	▪
	장소	■■■■■■■■■■■■■■▪	■■■■■	▪
	명제	■■■■■■■■■■■■■■■■■▪	■■▪	
	상황	■■■■■■■■■■■■■■■■■▪	■■▪	
	사람	■■■■■■■■■■■■■■■■■■■▪	▪	▪
	ø	■■■■■■■■■▪	■■■■■▪	■■■■■▪
학술	사물	■■■■■■■■■▪	■■■■■■■■■■	▪
	장소	■■■■■■■■■■▪	■■■■■■■■▪	▪
	명제	■■■■■■■■■■■■■■■▪	■■■■▪	
	상황	■■■■■■■■■■■■■■■■■■		■■
	사람	■■■■■■■■■■■■■■■■■■	▪	■▪
	ø	■■■■■■■■■■■■■■■■▪	■▪	■■

<그래프5.2.3.1-2> 지시대명사의 지시 대상에 따른 '이/그/저' 계열별 사용 비율

(■ 5%, ▪ 5% 미만)

▶▶ 말뭉치 계량 결과에 대한 논의2

여기서는 지시대명사의 지시 대상에 따라 '이/그/저' 계열 지시대명사가 어떻게 달리 사용되는지를 살펴보기로 한다. 여기서 미리 언급해 둘 것은 전체 지시대명사의 지시 대상 중 가장 높은 비율을 차지하는 '사물'과 '명제'는 전체 지시대명사의 '이/그/저' 계열별 사용 비율과 동일하게 '대화'와 '소설'에서는 "'그' 계열 > '이' 계열 > '저' 계열'의 양상이 나타나고 '신문'과 '학술'에서는 "'이' 계열 > '그' 계열 > '저' 계열'의 양상이 나타난다는 사실이다(5.2.1의 <그래프5.2.1-1> 참고). 이는 '사물'과 '명제'가 지시대명사의 지시 대상의 거의 대부분을 차지하므로 '사물' 지시와 '명제' 지시만으로도 전체 지시대명사의 '이/그/저' 계열별 사용 비율 양상을 거의 대부분 결정해 버리기 때문이다.

- **'사물' 지시의 '이/그/저' 계열별 사용 비율**

전체 말뭉치에서 나타나는 '사물' 지시의 '이/그/저' 계열별 사용 비율은 전체 지시대명사의 '이/그/저'

계열별 사용 비율 양상과 동일하게 나타난다(5.2.1의 <그래프5.2.1-1> 참고). 앞서 논의했듯이, 이는 전체 지시대명사의 지시 대상 중에서 '사물' 지시가 차지하는 비중이 매우 높기 때문이다. '대화'와 '소설'은 전체 지시대명사의 '이/그/저' 계열별 사용 양상과 동일하지만 '신문'과 '학술'에서는 '이' 계열 지시대명사가 '그' 계열 지시대명사보다 더 많이 사용된다는 차이가 있다. 이러한 사용역상의 차이도 5.2.1의 <그래프5.2.1-1>에서 확인할 수 있듯이 전체 지시대명사의 '이/그/저' 계열별 사용 양상에서 동일하게 나타나는 것이다. '신문'과 '학술'에서 '이' 계열 지시대명사의 사용 비율이 높은 것은 격식성을 지니는 사물 지시대명사 '이'가 두 사용역에서 많이 사용되기 때문이다. '저' 계열 지시대명사는 '이' 계열 지시대명사나 '그' 계열 지시대명사에 비해 그 사용 빈도가 매우 낮은데 이러한 일반적 결과에 따라 모든 사용역에서 '저' 계열 지시대명사는 그 사용 비율이 가장 낮게 나타난다.

• **'장소' 지시의 '이/그/저' 계열별 사용 비율**

전체 말뭉치에서 나타나는 '장소' 지시의 '이/그/저' 계열별 사용 비율은 "'이' 계열 > '그' 계열 > '저' 계열"의 양상을 보이는데, 이러한 양상은 모든 사용역에서 동일하게 나타난다. 이는 '장소' 지시가 주로 현장 지시로 사용된다는 사실과 '대화'와 '소설'에서 '이' 계열 지시대명사가 주로 현장 지시에 사용된다는 사실과 관련된다. '장소' 지시는 '대화'와 '소설'에서만 주로 사용되고(5.2.3의 <그래프5.2.3-2> 참고), '대화'와 '소설'에서 현장 지시는 주로 '이' 계열 지시대명사가 사용된다(5.2.2.1의 <그래프5.2.2.1-2> 참고). 다시 말해서, '장소' 지시는 주로 '대화'와 '소설'에서 현장 지시로 사용되기 때문에 현장 지시에서 그 사용 비율이 가장 높은 '이' 계열 지시대명사가 '장소' 지시에 사용되는 비율이 가장 높아지는 것이다. 전체 지시대명사에서 '저' 계열의 사용 비율은 가장 낮은데 모든 사용역에서 '저' 계열 지시대명사의 사용 비율이 가장 낮은 것도 이러한 일반적 결과를 그대로 따르는 것이라고 할 수 있다.

• **'명제' 지시의 '이/그/저' 계열별 사용 비율**

전체 말뭉치에서 나타나는 '명제' 지시의 '이/그/저' 계열별 사용 비율은 "'이' 계열 > '그' 계열 > '저' 계열"의 양상으로 나타나는데, '대화'와 '소설'은 '그' 계열 지시대명사의 사용 비율이 가장 높게 나타나고 '신문'과 '학술'은 '이' 계열 지시대명사의 사용 비율이 가장 높다. 이러한 양상은 앞서 살펴본 '사물' 지시에서의 '이/그/저' 계열별 사용 양상과 완전히 동일한 것이고 이러한 양상이 나타나는 이유 또한 '사물' 지시에서와 마찬가지의 이유 때문이다. 한편, '신문'과 '학술'에서는 '명제' 지시에 '저' 계열 지시대명사가 전혀 사용되지 않는다는 점이 특징적인데, 이는 '저' 계열 지시대명사가 '저들'의 형태로 '사람'을 지시하는 경우가 아니라면 선행 문맥 지시에 전혀 사용되지 않기 때문이다. 명제 지시는 문맥 지시에서만 나타나므로 선행 문맥의 '명제'를 지시하지 못하는 '저' 계열 지시대명사가 '명제'를 지시하는 상황은 후행 문맥 지시에서만 나타날 수밖에 없다. 그러나 '저' 계열 지시대명사의 후행 문맥 지시는 선행 발화의 보충이나 교정과 관련된 비의도적 후행 문맥 지시만 가능하여 문어 사용역에서는 나타나지 않는다. 비의도적 후행 문맥 지시는 실시간으로 발화가 오고가는 대화 상황에서 화자가 대화를 유지하는 전략으로 사용되는 것이기 때문에 비교적 오랜 시간을 두고 텍스트를 생산하는 문어 사용역에서는 의도적으로 일상 대화를 생생하게 모방한 대화 지문을 쓰지 않는 이상 나타나지 않는다. 실제로 대화 지문이 빈번히 나타나는 '소설'에서도 비의도적 후행 문맥 지시는 그 예를 찾아보기 힘들 정도이다(5.2.2 참고).

• '상황' 지시의 '이/그/저' 계열별 사용 비율

전체 말뭉치에서 나타나는 '상황' 지시의 '이/그/저' 계열별 사용 비율은 "'이' 계열 > '저' 계열 > '그' 계열'의 양상을 보인다. '상황' 지시는 현장 지시에서만 사용되기 때문에 현장 지시에서 보이는 '이/그/저' 계열 대립 체계 양상을 대체로 따른다. 5.2.2.1에서 논의했듯이, 일상 대화에서 화자와 청자는 일반적으로 매우 가까운 위치에 있기 때문에 화 · 청자의 공간이 대립되기보다는 화자의 공간과 청자의 공간이 융합되는 것이 일반적이다. 따라서 현장 지시에서는 '이' 계열 지시대명사와 '저' 계열 지시대명사의 사용 비율이 '그' 계열 지시대명사의 사용 비율보다 높게 나타나데, 이러한 양상은 현장 지시에서만 나타나는 '상황' 지시에도 대체적으로 반영된다고 할 수 있다. 현장 지시가 나타날 수 없는 '신문'과 '학술'에서 나타나는 '상황' 지시는 인용 발화에 의한 것이다.

• '사람' 지시의 '이/그/저' 계열별 사용 비율

전체 말뭉치에서 나타나는 '사람' 지시의 '이/그/저' 계열별 사용 비율은 "'이' 계열 > '저' 계열 > '그' 계열'의 양상을 보이지만 각각의 사용역에서는 이러한 사용 양상과 조금씩 차이를 보인다. 먼저 '대화'에서는 다른 사용역과 달리 "'그' 계열 > '이' 계열 > '저' 계열'의 양상을 보이는데 이는 전체 지시대명사의 '이/그/저' 계열별 사용 양상을 그대로 따르는 것이라고 할 수 있다. '대화'를 제외한 문어 사용역에서는 '이' 계열 지시대명사와 '저' 계열 지시대명사의 사용 비율이 높은데, 이는 문어 사용역에서는 '사람' 지시에 '이들'과 '저들'이 많이 사용되기 때문이다. 그런데 문어 사용역에서 일반적으로 나타나는 '사람' 지시의 '이'와 '저'가 '대화'에서는 전혀 나타나지 않는다. 이러한 사실을 통해, 우리는 '이들'과 '저들'의 형태로 '이'와 '저'가 '사람'을 지시하는 경우는 문어 사용역에서만 특수하게 나타나는 양상이라는 결론을 내릴 수 있다.

• Ø 지시의 '이/그/저' 계열별 사용 비율

전체 말뭉치에서 나타나는 Ø 지시의 '이/그/저' 계열별 사용 비율은 "'이' 계열 > '그' 계열 > '저' 계열'의 양상을 보이지만 각각의 사용역에서는 이러한 사용 양상에서 조금씩 차이를 보인다. 우선, 전체 말뭉치에서 '이' 계열 지시대명사와 '그' 계열 지시대명사 많이 사용되는 것은 Ø 지시가 나타나는 상맥 지시, 지시 대상 확인 불가, 텍스트 지시에서 보이는 '이/그/저' 계열별 사용 비율 양상을 그대로 따르기 때문이다. 상맥 지시에는 '그' 계열 지시대명사만이 사용되고 텍스트 지시에는 '여기', '이곳'의 '이' 계열 지시대명사만이 사용된다. 또한 지시 대상 확인 불가는 그 유형이 다양하지만 주로 '화자 인식'과 '이/그/저 대립'에서 사용되는데(5.2.2.2의 <그래프5.2.2.2-1> 참고), '화자 인식'에서는 '그' 계열 지시대명사가 가장 많이 사용되고 '이/그/저 대립'에서는 '이' 계열 지시대명사가 가장 많이 사용된다(5.2.2.2의 <그래프5.2.2.2-4> 참고). '대화'에서는 텍스트 지시가 나타나지 않고 지시 대상 확인 불가, 상맥 지시만 나타나는데, '대화'에서 지시 대상 확인 불가는 '화자 인식'의 사용 비율이 가장 높다. 상맥 지시에는 '그' 계열 지시대명사만이 사용되고 '화자 인식'은 "'그' 계열 > '저' 계열 > '이' 계열'의 양상을 보인다. 따라서 '대화'에서 Ø 지시는 '그' 계열 지시대명사의 사용 비율이 가장 높고 그 다음으로 '저' 계열 지시대명사의 사용 비율이 높은 것이다. '학술'에서는 텍스트 지시의 사용 빈도가 가장 높으며 텍스트 지시에는 '이' 계열 지시대명사만이 사용되기 때문에 '학술'에서 Ø 지시는 '이' 계열 지시대명사의 사용 비율이 가장 높다. '소설'에서는 상맥 지시의 사용 빈도가 가장 높아 Ø 지시에서 '그' 계열 지시대명사의 사용 비율이 가장 높게 나타난다. 그러나 '소설'에서 Ø 지시에 사용된 '이' 계열 지시대명사와 '저' 계열 지시대명사는 그 빈도가 매우 낮아 두 계열 사이에는 유의미한 해석을 내리기 어렵다. '신문'은 Ø 지시의 사용 빈도 자체가 매우 낮아 '신문'에서 나타나는 Ø 지시의 '이/그/저' 계열별 사용 양상을 해석하기 어려운 측면이 있다.

말뭉치 계량 결과 제시3

1. '이' 계열 지시대명사의 지시 대상별 사용역 비율
   - 사물: 대화 〉 학술 〉 신문 〉 소설 | 장소: 대화 〉 소설 〉 학술 ≧ 신문
   - 명제: 학술 〉 신문 〉 대화 〉 소설 | 상황: 대화 〉 소설 〉 학술 ≧ 신문
   - 사람: 신문 〉 학술 〉 소설 〉 대화 | ø: 대화 ≧ 학술 〉 소설 〉 신문

2. '그' 계열 지시대명사의 지시 대상별 사용역 비율
   - 사물: 대화 〉 학술 〉 소설 〉 신문 | 장소: 대화 〉 소설 〉 학술 〉 신문
   - 명제: 대화 〉 소설 〉 학술 〉 신문 | 상황: 대화 〉 소설 〉 신문
   - 사람: 대화 〉 소설 〉 학술 〉 신문 | ø: 대화 〉 소설 〉 학술 〉 신문

3. '저' 계열 지시대명사의 지시 대상별 사용역 비율
   - 사물: 대화 〉 소설 〉 학술 〉 신문 | 장소: 대화 ≧ 소설 〉 학술 ≧ 신문
   - 명제: 대화 | 상황: 소설 〉 대화 〉 학술
   - 사람: 소설 〉 대화 〉 학술 〉 신문 | ø: 대화 〉 소설 〉 학술 〉 신문

		대화	소설	신문	학술
'이' 계열	사물	■■■■■■■■■■■■▪	▪	■■▪	■■■■▪
	장소	■■■■■■■■■■■■▪	■■■■■	■▪	■▪
	명제	■■▪	■	■■■■■■▪	■■■■■■■■■▪
	상황	■■■■■■■■■■■■	■■■■■■■▪	▪	▪
	사람	■	■▪	■■■■■■■■■■■▪	■■■■■■▪
	ø	■■■■■■■■▪	■■	▪	■■■■■■■■▪

'ㄱ' 계열	사물	■■■■■■■■■■■■▪	■■■	▪	■■■▪
	장소	■■■■■■■■■■■■▪	■■■■■▪	▪	■▪
	명제	■■■■■■■■■■■▪	■■■■■	▪	■■▪
	상황	■■■■■■■■■▪	■■■■■■■■■▪	■▪	
	사람	■■■■■■■■■■■	■■■■■■■▪	▪	■▪
	ø	■■■■■■■■■■■■■■■■▪	■■▪	▪	■
'저' 계열	사물	■■■■■■■■■■■■■■■■■▪	■■	▪	▪
	장소	■■■■■■■■■▪	■■■■■■■■■▪	▪	▪
	명제	■■■■■■■■■■■■■■■■■■■■			
	상황	■■■■■▪	■■■■■■■■■■■■■▪		▪
	사람	■■■■■▪	■■■■■■■■■■▪	■▪	■■■▪
	ø	■■■■■■■■■■■■■■▪	■■■■■	▪	■▪

<그래프5.2.3.1-3> 지시대명사의 '이/그/저' 계열에 따른 지시 대상별 사용역 비율

(■ 5%, ▪ 5% 미만)

▶▶ 말뭉치 계량 결과에 대한 논의3

여기서는 각각의 '이/그/저' 계열 지시대명사가 지시하는 대상이 어떠한 사용역에서 얼마나 나타나는지를 그 사용역 비율을 통하여 살펴보기로 한다. 여기서 미리 언급해 둘 것은 전체 '이' 계열 지시대명사는 '대화 > 학술 > 신문 > 소설'의 사용역 비율을 보이고, 전체 '그' 계열 지시대명사, 전체 '저' 계열 지시대명사는 모두 '대화 > 소설 > 학술 > 신문'의 사용역 비율을 보인다는 것이다(5.2.1의 <그래프 5.2.1-1> 참고). 이러한 양상은 각각의 '이/그/저' 계열 지시대명사가 지시하는 대상의 사용역 비율에서도 거의 유사하게 드러난다.

• '이' 계열 지시대명사의 지시 대상별 사용역 비율

'이' 계열 지시대명사의 '사물' 지시의 사용역 비율은 '대화 > 학술 > 신문 > 소설'의 양상을 보인다. 이는 전체 '이' 계열 지시대명사의 사용역 비율과 동일한 것이다. 지시대명사는 주로 '사물' 지시나 '명제' 지시에 이용되기 때문에(5.2.3의 <그래프5.2.3-1> 참고), '사물' 지시에 이용되는 '이' 계열 지시대명사의 사용역 비율은 전체 '이' 계열 지시대명사의 사용역 비율과 동일한 양상을 보인다.

한편, 전체 '이' 계열 지시대명사는 '그' 계열 지시대명사, '저' 계열 지시대명사와 달리 '학술'과 '신문'의 사용역 비율이 '소설'의 사용역 비율보다 높게 나타난다. 이는 격식성을 지니는 '학술'과 '신문'에서 사물 지시대명사 '이'의 사용 빈도가 유독 높게 나타나기 때문이다. 그런데 사물 지시대명사 '이'는 '사물'보다는 '명제' 지시에 사용되는 비율이 더 높다. 따라서 '이'의 사용 빈도가 높은 '신문'과 '학술'에서 '명제' 지시의 사용역 비율이 높게 나타나는 것이다. 사물 지시대명사 '이'의 지시 대상별 사용 비율에 대해서는 개별 지시대명사의 사용 양상을 제시한 5.2.4의 <그래프5.2.4-1-4>를 통해 확인할 수 있다.

'이' 계열 지시대명사의 '장소' 지시와 '상황' 지시는 '대화 > 소설 > 학술 > 신문'의 양상을 보인다. '장소' 지시는 주로 현장 지시로 나타나고 '상황' 지시는 현장 지시에서만 나타나기 때문에 현장 지시의 사용역 비율이 높은 '대화'와 '소설'에서 '장소' 지시와 '상황' 지시의 사용역 비율이 높게 나타날 수밖에 없다(5.2.2의 <그래프5.2.2-2> 참고). '이' 계열 지시대명사의 '사람' 지시의 사용역 비율은 '신문 > 학술 > 소설 > 대화'의 양상을 보이는데, 이는 '이들'의 사용 빈도를 그대로 반영하는 것이다. 앞서 언급했듯이, 정보 전달을 목적으로 하는 '신문'과 '학술'에서는 인칭대명사로 사람을 지시하는 경우가 다른 사용역에 비해 많지 않지만 선행 문맥에 여러 명의 사람이 언급되어 복수의 사람을 다시 언급해야 할 때에는 '이들'을 이용하는 경우가 빈번히 나타난다. 이러한 양상이 '이' 계열 지시대명사의 '사람' 지시의 사용역 비율에 그대로 반영되어 나타난 것이라고 할 수 있다.

'이' 계열 지시대명사의 Ø 지시는 '대화'와 '학술'에서 사용역 비율이 높다. '대화'에서는 네 사용역 중 지시 대상 확인 불가의 사용역 비율이 가장 높기 때문이고, '학술'에서는 네 사용역 중 텍스트 지시의 사용 빈도가 높기 때문이다. 특히, 텍스트 지시는 학술적 글쓰기에서 특징적으로 나타나는 양상이고 '여기', '이곳'의 '이' 계열 지시대명사만 사용되기 때문에 '이' 계열 지시대명사의 Ø 지시에서 '학술'이 차지하는 사용역 비율은 매우 높게 나타날 수밖에 없을 것이다. 그러나 후술하는 바와 같이 텍스트 지시가 나타나지 않는 '그' 계열 지시대명사나 '저' 계열 지시대명사의 경우에는 Ø 지시에서 '학술'이 차지하는 사용역 비율은 매우 낮다.

• '그' 계열 지시대명사의 지시 대상별 사용역 비율

'그' 계열 지시대명사의 지시 대상에 따른 사용역 비율은 전체 '그' 계열 지시대명사의 사용역 비율인 '대화 > 소설 > 학술 > 신문'의 양상을 대체적으로 따른다. 다만, '그' 계열 지시대명사의 '사물' 지시의 사용역 비율은 다른 지시 대상과 달리 '학술'이 '소설'보다 더 높다는 차이가 있다. 이러한 양상과 앞서 살펴본 '이' 계열 지시대명사의 '명제' 지시의 사용역 비율을 함께 고려해 보면, '신문'에서는 '명제'와 '사물'을 지시하는 데에 '이' 계열 지시대명사만을 주로 사용하지만 '학술'에서는 '명제'를 지시하는 데에 주로 '이' 계열 지시대명사가, '사물'을 지시하는 데에 '이' 계열 지시대명사와 '그' 계열 지시대명사가 모두 많이 사용된다는 것을 알 수 있다. '상황' 지시는 '학술'에서 전혀 나타나지 않는데, 이는 '상황' 지시가 현장 지시를 전제로 하기 때문이다. '신문'과 '학술'은 문어 사용역이기 때문에 인용 발화가 아닌 이상에는 현장 지시가 나타나지 않는다. 따라서 '신문'과 '학술'에서는 현장 지시의 지시 대상 중에서도 그 비중이 매우 낮은 '상황' 지시가 거의 나타나지 않는다.

• **'저' 계열 지시대명사의 지시 대상별 사용역 비율**

'저' 계열 지시대명사는 현장 지시와 비의도적 후행 문맥 지시에서만 나타난다. 이러한 이유로 인해, 대체적으로 현장 지시와 비의도적 후행 문맥 지시가 모두 나타나는 '대화'에서 그 사용역 비율이 가장 높게 나타난다. '저' 계열 지시대명사의 '사물' 지시, '장소' 지시는 현장 지시와 비의도적 후행 문맥 지시에서 모두 나타나므로 현장 지시와 비의도적 후행 문맥 지시가 가장 많이 사용되는 '대화'에서 그 사용역 비율이 가장 높고, 비의도적 후행 문맥 지시는 거의 나타나지 않지만 현장 지시의 사용역 비율이 높은 '소설'이 '대화' 다음으로 그 사용역 비율이 높다.

'명제' 지시는 문맥 지시를 전제로 하는 것이기 때문에 '저들' 이외에는 선행 문맥 지시에 사용되지 않는 '저' 계열 지시대명사가 '명제'를 지시하는 경우는 후행 문맥 지시에서만 나타날 수 있다. 그런데 '저' 계열 지시대명사의 후행 문맥 지시는 모두 비의도적 후행 문맥 지시이기 때문에 '저' 계열 지시대명사의 '명제' 지시는 '대화'에서만 나타난다. '저' 계열 지시대명사의 '상황' 지시는 '소설'이 '대화'보다 그 사용역 비율이 높게 나타나는 특징이 있다. '저' 계열 지시대명사의 '사람' 지시가 '소설'에서 가장 많이 사용되는 것은 '소설'에서 '저들'의 사용 빈도가 높기 때문이다. '사람'을 지시하는 '저들'은 여러 가지 측면에서 3인칭대명사와 유사하지만 3인칭대명사의 복수형인 '그들'에 비해 심리적 거리를 멀게 하는 효과를 가지고 있어 문학적 표현 효과가 더 강하다. 따라서 다른 사용역에 비해 '소설'은 '저들'의 사용 빈도가 가장 높고 이로 인해 '저' 계열 지시대명사의 '사람' 지시의 사용역 비율이 '소설'에서 가장 높아지는 것이다.

5.2.3.2. 지시대명사의 지시 양상과 지시 대상

5.2.3.2에서 살펴보았듯이, 지시대명사의 지시 대상은 지시대명사의 '이/그/저' 계열에 따라 그 실현 양상에 차이가 있다. 우리는 지시대명사의 계열 관계와 지시 대상 사이의 관련성에 대해 논의하면서 지시대명사의 지시 대상은 지시대명사의 지시 양상과도 밀접한 관련을 맺고 있다는 것을 알 수 있었다. 가령, '사물' 지시, '장소' 지시는 현장 지시와 문맥 지시에서 모두 나타날 수 있지만 '사물' 지시는 문맥 지시로, '장소' 지시는 현장 지시로 사용되는 경향이 강하다. 뿐만 아니라, '명제' 지시는 문맥 지시를 전제로 하는 것이고 '상황' 지시는 현장 지시를 전제로 한다는 특성이 있다. 이와 같이 지시대명사의 지시 대상은 지시 양상과 관련성을 지니는데 5.2.3.2에서는 지시대명사의 지시 대상에 따라 지시 양상이 어떻게 달리 나타나는지, 지시 양상에 따라 지시 대상이 어떻게 달리 나타나는지를 살펴보기로 한다. 다만, 앞서 5.2.3.1에서 지시대명사의 지시 대상과 '이/그/저' 계열과의 상관관계를 설명하면서 지시 양상에 따른 지시 대상의 사용 양상에 대해서 거의 대부분 언급이 되었기 때문에 여기서는 새로운 내용이 언급되기보다는 앞서 언급된 내용을 다시 확인하고 조금 더 자세히 논의하게 될 것이다.

▶ 말뭉치 계량 결과 제시1

1-1. 문맥 지시의 지시 대상별 사용 비율

전체: 명제 〉 사물 〉 장소 〉 사람
대화: 사물 〉 명제 〉 장소 〉 사람 | 소설: 명제 〉 사물 〉 장소 〉 사람
신문: 명제 〉 사물 〉 사람 〉 장소 | 학술: 명제 〉 사물 〉 장소 〉 사람

1-2. 선행 문맥 지시의 지시 대상별 사용 비율
전체: 명제 〉 사물 〉 장소 〉 사람
대화: 사물 〉 명제 〉 장소 〉 사람 | 소설: 명제 〉 사물 〉 장소 〉 사람
신문: 명제 〉 사물 〉 사람 〉 장소 | 학술: 명제 〉 사물 〉 장소 〉 사람

1.3. 후행 문맥 지시의 지시 대상별 사용 비율
전체: 사물 〉 명제 〉 장소 〉 사람
대화: 사물 〉 명제 〉 장소 〉 사람 | 소설: 명제 〉 사물 〉 장소 〉 사람
신문: 사물 = 장소 | 학술: 사물 = 장소 = 명제

2. 현장 지시의 지시 대상별 사용 비율
전체: 장소 〉 사물 〉 상황 〉 사람
대화: 사물 〉 장소 〉 상황 〉 사람 | 소설: 장소 〉 사물 〉 상황 〉 사람
신문: 장소 〉 사물 〉 상황 〉 사람 | 학술: 장소 〉 사물 〉 상황 〉 사람

			사물	장소	명제	상황	사람
전체	문맥 지시	전체	■■■■■■■▪	■■▪	■■■■■■■■■		■
		선행	●●●●●●●•	●●•	●●●●●●●●●		●
		후행	●●●●●●●●●●●•	●●●•	●●●●●		•
	현장 지시		■■■■■■■■	■■■■■■■■■■		■▪	▪
대화	문맥 지시	전체	■■■■■■■■■▪	■■■▪	■■■■■■■		▪
		선행	●●●●●●●●●•	●●●•	●●●●●●●•		•
		후행	●●●●●●●●●●●●	●●●	●●●●•		•
	현장 지시		■■■■■■■■■■■▪	■■■■■■■▪		■	▪

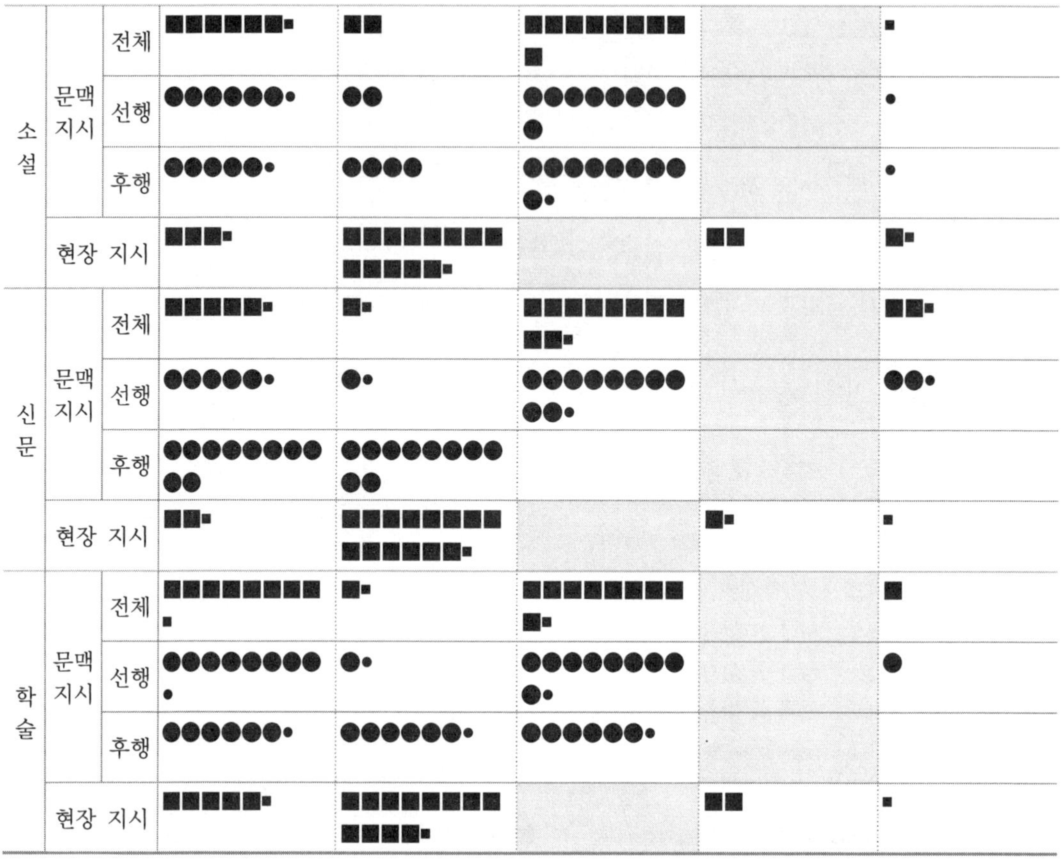

소설	문맥 지시	전체	■■■■■■■▪	■■	■■■■■■■■■ ■		▪
		선행	●●●●●●•	●●	●●●●●●●●● ●		•
		후행	●●●●●•	●●●●	●●●●●●●●● ●•		•
	현장 지시		■■■▪	■■■■■■■■■ ■■■■■▪		■■	■▪
신문	문맥 지시	전체	■■■■■▪	■▪	■■■■■■■■■ ■■▪		■■▪
		선행	●●●●●•	●•	●●●●●●●●● ●●•		●●•
		후행	●●●●●●●●● ●●	●●●●●●●●● ●●			
	현장 지시		■■▪	■■■■■■■■■ ■■■■■■■▪		■▪	▪
학술	문맥 지시	전체	■■■■■■■■■ ▪	■▪	■■■■■■■■■ ■▪		■
		선행	●●●●●●●●● •	●•	●●●●●●●●● ●•		●
		후행	●●●●●●•	●●●●●●•	●●●●●●•		
	현장 지시		■■■■■▪	■■■■■■■■■ ■■■■▪		■■	▪

<그래프5.2.3.2-1> 지시대명사의 지시 양상에 따른 지시 대상별 사용 비율

(■/● 5%, ▪/• 5% 미만)

말뭉치 계량 결과에 대한 논의1

여기서는 지시대명사의 지시 양상에 따른 지시 대상별 사용 비율을 살펴보기로 한다. <그래프 5.2.3.2-1>에서 음영으로 표시된 것은 이론적으로 나타날 수 없는 영역을 나타낸다. '상황' 지시는 현장 지시를 전제로 하는 것이기 때문에 문맥 지시에서는 나타날 수 없고, '명제' 지시는 문맥 지시를 전제로 하는 것이기 때문에 현장 지시에서는 나타날 수 없다. 한편, 지시 대상을 설정할 수 없는 상맥 지시, 텍스트 지시, 지시 대상 확인 불가는 모두 공통적으로 Ø 지시이기 때문에 위 그래프에서는 이들 지시 양상을 나타내지 않았다.

• 문맥 지시의 지시 대상별 사용 비율

전체 말뭉치에서 나타나는 문맥 지시의 지시 대상별 사용 비율은 '명제 > 사물 > 장소 > 사람'의 양상을 보인다. 사물 지시대명사는 장소 지시대명사보다 그 사용 비율이 압도적으로 높고, 사물 지시대명사는 주로 '명제'나 '사물'을 지시하기 때문에 '명제'와 '사물'이 '장소'나 '사람'에 비해 그 사용 비율이 높은 것은 자연스러운 결과라고 할 수 있다. 각 사용역에서 나타나는 문맥 지시의 지시 대상별 사용 비율은 대체적으로 전체 말뭉치에서 나타나는 양상을 따르고 있지만 '대화'에서는 '사물'이 '명제'보다 사용 비율이 더 높고 '신문'에서는 '사람'이 '장소'보다 사용 비율이 더 높다는 특징이 발견된다. '대화'에서 '사물'의 사용 비율이 가장 높은 것은 '대화'에서 나타나는 전체 지시대명사의 지시 대상별 사용 양상을 그대로 따르는 것이다. '신문'에서 '사람' 지시가 '장소' 지시의 사용 비율이 높은 것은 앞서 언급했듯이 '신문'에서 지시대명사가 '이'가 '이들'의 형태로 '사람' 지시에 사용되는 비율이 높기 때문이다.

• **선행 문맥 지시의 지시 대상별 사용 비율**

전체 말뭉치에서 나타나는 선행 문맥 지시의 지시 대상별 사용 비율은 '명제 > 사물 > 장소 > 사람'의 양상으로 나타난다. 이는 앞서 살펴본 전체 문맥 지시에서 나타나는 지시 대상별 사용 양상을 그대로 따르는 것이다. 뿐만 아니라, 각 사용역에서 나타나는 선행 문맥 지시의 지시 대상별 사용 비율도 전체 문맥 지시에서 나타나는 양상과 완전히 동일하다. 이는 선행 문맥 지시가 전체 문맥 지시의 거의 대부분을 차지하기 때문이다(5.2.2의 <그래프5.2.2-1> 참고).

• **후행 문맥 지시의 지시 대상별 사용 비율**

전체 말뭉치에서 나타나는 후행 문맥 지시의 지시 대상별 사용 비율은 '사물 > 명제 > 장소 > 사람'의 양상으로 나타나는데, '대화'에서도 이와 동일한 양상이 나타난다. 이는 후행 문맥 지시의 사용역 비율이 '대화'에서 압도적으로 높게 나타나서(5.2.2의 <그래프5.2.2-2> 참고) '대화'에서 나타나는 후행 문맥 지시의 지시 대상별 사용 양상이 전체 말뭉치에서 나타나는 후행 문맥 지시의 지시 대상별 사용 양상을 결정해 버리기 때문이다. 한편, '대화'와 '소설'에서는 선행 문맥 지시와 후행 문맥 지시가 지시 대상별 사용 비율에 있어서 동일한 양상을 보인다. 그러나 '신문'과 '학술'은 선행 문맥 지시와 후행 문맥 지시가 지시 대상별 사용 비율에서 동일한 양상으로 나타나지 않는다. '신문'에서는 후행 문맥 지시에 '명제'와 '사람'이 나타나지 않고 '사물'과 '장소'의 사용 비율이 같으며 '학술'에서는 후행 문맥 지시에 '사람'이 나타나지 않고 '사물', '장소', '명제'가 모두 같은 사용 비율을 보인다. 그러나 '신문'과 '학술'에서는 후행 문맥 지시의 사용 빈도가 매우 낮아서 이러한 결과를 유의미하게 해석할 수 없다.

• **현장 지시의 지시 대상별 사용 비율**

전체 말뭉치에서 나타나는 현장 지시의 지시 대상별 사용 비율은 '장소 > 사물 > 상황 > 사람'의 양상으로 나타나 문맥 지시의 지시 대상별 사용 비율과는 사뭇 다른 양상을 보인다. 문맥 지시에서는 '명제'와 '사물'이 많이 사용되지만 현장 지시에서는 '장소'가 많이 사용되는 특성이 있다. 앞서 5.2.3.1에서 우리는 현장 지시와 '장소' 지시와의 관련성을 간접적으로 살펴볼 수 있었다. 즉, 현장 지시에 가장 많이 사용되는 '이' 계열 지시대명사는 '대화'와 '소설'에서 '장소' 지시로 사용되는 비율이 높게 나타나고, '장소' 지시에서는 현장 지시에 가장 많이 사용되는 '이' 계열 지시대명사의 사용 비율이 높게 나타나는 것을 확인하였는데, 이러한 결과는 현장 지시와 '장소' 지시 사이에 어떠한 관련성이 있음을 시사하는 것이다. 이러한 관련성은 전체 말뭉치에서 나타나는 현장 지시의 지시 대상별 사용 비율에서 '장소'가 가장 높게 나타나는 것을 통해 직접적으로 확인할 수 있다. 각 사용역별로 현장 지시의 지시 대상별 사용 양상을 살펴보면 '대화'를 제외하고는 전체 말뭉치에서 나타나는 사용 양상을 그대로 따른다. '대화'는 다른 사용역과 달리 '사물'이 '장소'보다 그 사용 비율이 높은 것이 특징이다.

말뭉치 계량 결과 제시2

1. '사물' 지시의 지시 양상별 사용 비율
   전체: 문맥 지시(선행 〉 후행) 〉 현장 지시
   대화: 문맥 지시(선행 〉 후행) 〉 현장 지시 | 소설: 문맥 지시(선행 〉 후행) 〉 현장 지시
   신문: 문맥 지시(선행 〉 후행) 〉 현장 지시 | 학술: 문맥 지시(선행 〉 후행) 〉 현장 지시

2. '장소' 지시의 지시 양상별 사용 비율
   전체: 문맥 지시(선행 〉 후행) 〉 현장 지시
   대화: 현장 지시 〉 문맥 지시(선행 〉 후행) | 소설: 현장 지시 〉 문맥 지시(선행 〉 후행)
   신문: 문맥 지시(선행 〉 후행) 〉 현장 지시 | 학술: 문맥 지시(선행 〉 후행) 〉 현장 지시

3. '명제' 지시의 지시 양상별 사용 비율
   전체: 문맥 지시(선행 〉 후행)
   대화: 문맥 지시(선행 〉 후행) | 소설: 문맥 지시(선행 〉 후행)
   신문: 문맥 지시(선행 〉 후행) | 학술: 문맥 지시(선행 〉 후행)

4. '사람' 지시의 지시 양상별 사용 비율
   전체: 문맥 지시(선행 〉 후행) 〉 현장 지시
   대화: 문맥 지시(선행 〉 후행) 〉 현장 지시 | 소설: 문맥 지시(선행 〉 후행) 〉 현장 지시
   신문: 문맥 지시(선행 〉 후행) 〉 현장 지시 | 학술: 문맥 지시(선행 〉 후행) 〉 현장 지시

		문맥 지시	현장 지시
		선행 문맥 지시	후행 문맥 지시
전체	사물	■■■■■■■■■■■■■■■■■■▪	■■■▪
		●●●●●●●●●●●●●●●●●●●	●
	장소	■■■■■■■■■■▪	■■■■■■■■■▪
		●●●●●●●●●●●●●●●●●●●	●
	명제	■■■■■■■■■■■■■■■■■■■■	
		●●●●●●●●●●●●●●●●●●●•	•
	상황		■■■■■■■■■■■■■■■■■■■■
	사람	■■■■■■■■■■■■■■■■■■	■■
		●●●●●●●●●●●●●●●●●●●•	•

대화	사물		
	장소		
	명제		
	상황		
	사람		
소설	사물		
	장소		
	명제		
	상황		
	사람		
신문	사물		
	장소		
	명제		
	상황		
	사람		
학술	사물		
	장소		
	명제		
	상황		
	사람		

<그래프5.2.2.3-2> 지시대명사의 지시 대상에 따른 지시 양상별 사용 비율

(■/● 5%, ▪/• 5% 미만)

▶▶ 말뭉치 계량 결과에 대한 논의2

여기서는 지시대명사의 지시 대상에 따른 지시 양상별 사용 비율을 살펴보기로 한다. 앞서 제시한 그래프와 마찬가지로 그래프에서 음영으로 표시된 것은 이론적으로 나타날 수 없는 영역을 의미한다. 상황 지시는 현장 지시를 전제로 하기 때문에 문맥 지시가 나타나지 않는다. 또한 상맥 지시, 텍스트 지시, 지시 대상 확인 불가는 모두 지시 대상을 설정할 수 없는 Ø 지시이므로 이 그래프에서는 문맥 지시와 현장 지시만을 대상으로 하여 그 사용 비율을 나타내기로 한다.

• '사물' 지시의 지시 양상별 사용 비율

전체 말뭉치에서 나타나는 '사물' 지시의 지시 양상별 사용 비율은 '문맥 지시(선행 > 후행) > 현장 지시'의 양상을 보이고 이는 각 사용역에서도 모두 동일하다. 이러한 양상은 전체 지시대명사의 지시 양상별 사용 비율에서 나타나는 양상과 같은 것이다(5.2.2의 <그래프5.2.2-1> 참고). '사물'은 전체 지시대명사의 지시 대상별 사용 비율에서 '명제' 다음으로 그 비중이 높기 때문에 '사물' 지시의 지시 양상별 사용 비율은 전체 지시대명사의 지시 양상별 사용 비율이 보이는 경향을 그대로 따르는 것이라고 할 수 있다.

• '장소' 지시의 지시 양상별 사용 비율

전체 말뭉치에서 나타나는 '장소' 지시의 사용 비율은 '문맥 지시(선행 > 후행) > 현장 지시'의 양상을 보이고 이 또한 지시대명사가 일반적으로 보이는 지시 양상별 사용 비율과 일치하는 것이다. 그러나 사용역에 따라 지시 양상별 사용 양상은 조금씩 차이를 보인다. '대화'와 '소설'에서 '장소' 지시는 문맥 지시보다 현장 지시에 더 많이 나타나는 반면, '신문'과 '학술'에서 '장소' 지시는 현장 지시보다 문맥 지시에 더 많이 나타난다는 차이가 있다. 이러한 차이는 '장소' 지시와 현장 지시가 밀접한 관련을 맺고 있다는 것을 보여 주는 것이다. '신문'과 '학술'에서는 기본적으로 현장 지시가 나타나지 않으므로 현장 지시와 밀접한 관련이 있는 '장소' 지시에 현장 지시가 나타나는 비율이 낮게 나타나는 반면, 실제 발화 공간이 존재하는 '대화'와 대화 지문이 나타나는 '소설'에서는 현장 지시가 빈번히 나타나므로 현장 지시와 밀접한 관련이 있는 '장소' 지시에 현장 지시가 나타나는 비율이 높게 나타나기 때문이다. 앞서 제시한 <그래프5.2.3.2-1>를 통해 현장 지시와 '장소' 지시와의 관련을 직접적으로 확인할 수 있었는데, 이러한 관련성은 '장소' 지시의 지시 양상 사용 비율에서 다시 확인할 수 있다.

• '명제' 지시의 지시 양상별 사용 비율

'명제' 지시는 문맥 지시를 전제하는 것이기 때문에 현장 지시는 나타날 수 없고 문맥 지시만 나타난다. 선·후행 문맥 지시의 사용 비율은 모든 사용역에서 '선행 문맥 지시 > 후행 문맥 지시'의 양상을 보이는데 이 역시 지시대명사가 일반적으로 보이는 지시 양상별 사용 비율을 그대로 따르는 것이다. 다만 '대화'에서는 다른 사용역에 비해 후행 문맥 지시의 사용 비율이 다소 높다는 특징이 있다. 이는 '대화'에서 화자의 대화 유지 전략으로 비의도적 후행 문맥 지시가 빈번히 사용된다는 사실과 관련이 있다. 앞서 특별히 언급하지 않았지만, '대화'에서는 비의도적 후행 문맥 지시가 빈번히 사용되기 때문에 '사물' 지시, '장소' 지시도 '대화' 이외의 사용역에서는 후행 문맥 지시가 문맥 지시 내에서 나타나는 비율이 5% 미만인데, '대화'에서만 5% 이상으로 그 사용 비율이 비교적 높게 나타나는 특성이 있다.

• **'사람' 지시의 지시 양상별 사용 비율**

전체 말뭉치에서 나타나는 '사람' 지시의 지시 양상별 사용 비율은 '문맥 지시(선행 > 후행) > 현장 지시'의 양상을 보이고 있어, 지시대명사가 일반적으로 보이는 지시 양상별 사용 양상을 그대로 따르고 있고 이는 모든 사용역에서도 동일하다. '대화'는 다른 사용역에 비해 후행 문맥 지시의 사용 비율이 다소 높은데 이 또한 실시간으로 발화를 주고받는 '대화'에서 화자의 대화 유지 전략으로 비의도적 후행 문맥 지시가 빈번히 사용된다는 사실과 관련된다.

▶ 말뭉치 계량 결과 제시3

1-1. 문맥 지시의 지시 대상별 사용역 비율

사물: 대화 〉 학술 〉 소설 〉 신문 | 장소: 대화 〉 소설 〉 학술 〉 신문

명제: 대화 〉 학술 〉 신문 〉 소설 | 사람: 신문 〉 학술 〉 대화 ≧ 소설

1-2. 선행 문맥 지시의 지시 대상별 사용역 비율

사물: 대화 〉 학술 〉 소설 〉 신문 | 장소: 대화 〉 소설 〉 학술 〉 신문

명제: 대화 〉 학술 〉 신문 〉 학술 | 사람: 신문 〉 학술 〉 대화 〉 소설

1-3. 후행 문맥 지시의 지시 대상별 사용역 비율

사물: 대화 〉 소설 ≧ 학술 ≧ 신문 | 장소: 대화 〉 소설 〉 학술 ≧ 신문

명제: 대화 〉 소설 ≧ 학술 | 사람: 대화 〉 소설

2. 현장 지시의 지시 대상별 사용역 비율

사물: 대화 〉 소설 〉 학술 ≧ 신문 | 장소: 대화 〉 소설 〉 신문 ≧ 학술

상황: 대화 〉 소설 〉 학술 ≧ 신문 | 사람: 소설 〉 대화 〉 신문 ≧ 학술

			대화	소설	신문	학술
문맥 지시	전체	사물	■■■■■■■■■■■▪	■■▪	■■	■■■■■
		장소	■■■■■■■■■■■■▪	■■■■▪	■▪	■■▪
		명제	■■■■■■■▪	■■■	■■■▪	■■■■■▪
		사람	■■	■■	■■■■■■■■■■■	■■■■■■
	선행	사물	●●●●●●●●●●•	●●•	●●	●●●●●•
		장소	●●●●●●●●●●●●	●●●●●	●•	●●•
		명제	●●●●●●●•	●●●•	●●●•	●●●●●●
		사람	●●	●•	●●●●●●●●●●●	●●●●●●•
	후행	사물	●●●●●●●●●●●●●●●●●●●●●•	•	•	•
		장소	●●●●●●●●●●●●●●●●●●●●•	●	•	•
		명제	●●●●●●●●●●●●●●●●●●●●•	●•		•
		사람	●●●●●●●●●●●●●●●●●●●●•	●•		
현장 지시		사물	■■■■■■■■■■■■■■■■■■■■▪	■▪	▪	▪
		장소	■■■■■■■■■■■■■▪	■■■▪	▪	▪
		상황	■■■■■■■■■■■■▪	■■■■■■■	▪	▪
		사람	■■■■■■▪	■■■■■■■■■■■■■■	▪	▪

<그래프5.2.2.3-3> 지시대명사의 지시 양상에 따른 지시 대상별 사용역 비율

(■/● 5%, ▪/• 5% 미만)

▶▶ 말뭉치 계량 결과에 대한 논의3

여기서는 지시 양상에 따른 지시 대상별 사용역 비율을 살펴보기로 한다. 이 그래프에서도 앞서 제시한 그래프와 마찬가지로, 상맥 지시, 텍스트 지시, 지시 대상 확인 불가는 모두 지시 대상을 설정할 수 없는 Ø 지시이므로 문맥 지시와 현장 지시만을 대상으로 하여 지시 대상별 사용역 비율을 나타내기로 한다.

• 문맥 지시의 지시 대상별 사용역 비율

문맥 지시에서 나타나는 '사물' 지시의 사용역 비율은 '대화 > 학술 > 소설 > 신문'의 양상을 보이는데, 이는 전체 '사물' 지시에서 보이는 사용역 비율 양상과 동일하다(5.2.3의 <그래프5.2.3-2> 참고). 뿐만 아니라 문맥 지시에서 나타나는 '장소' 지시, '명제' 지시, '사람' 지시도 전체 '사물' 지시에서 보이는 사용역 비율 양상과 동일하게 나타난다. 이는 문맥 지시가 전체 지시 양상에서 차지하는 비중이 압도적으로 높아서(5.2.2의 <그래프5.2.2-1> 참고) 문맥 지시에서 나타나는 각각의 지시 대상별 사용역 비율이 전체 지시 대상에서 나타나는 각각의 사용역 비율 양상을 결정하기 때문이다. 이러한 사실은 위의 그래프와 5.2.3의 <그래프5.2.3-2>를 비교해 보면 쉽게 확인할 수 있다. 다만, 문맥 지시에서 나타나는 '사람' 지시의 사용역 비율은 전체 '사람' 지시의 사용역 비율과 달리 '대화'가 '소설'보다 조금 더 높게 나타난다는 차이가 있다. 이는 후술할 현장 지시에서는 '사람' 지시의 사용역 비율이 '대화'보다 '소설'에서 훨씬 더 높게 나타나서 전체 '사람' 지시의 사용역 비율에서는 '소설'이 '대화'보다 높게 나타나기 때문이다.

• 선행 문맥 지시의 지시 대상별 사용역 비율

선행 문맥 지시에서 나타나는 각각의 지시 대상별 사용역 비율은 모두 전체 문맥 지시에서 나타나는 각각의 지시 대상별 사용역 비율과 동일하다. 이는 문맥 지시의 거의 대부분이 선행 문맥 지시이기 때문에 선행 문맥 지시의 사용 양상이 전체 문맥 지시의 사용 양상을 결정하기 때문이다.

• 후행 문맥 지시의 지시 대상별 사용역 비율

후행 문맥 지시의 지시 대상별 사용역 비율에서는 모든 지시 대상이 거의 '대화'에서만 사용되는 것을 확인할 수 있다. 그나마 '소설'에서는 '사물', '명제', '장소', '사람'이 모두 나타나지만 '신문'에서는 '명제' 지시와 '사람' 지시가 나타나지 않고 '학술'에서는 '사람' 지시가 나타나지 않는다. 이처럼 후행 문맥 지시가 '대화'에서만 주로 나타나고 문어 사용역에서는 거의 나타나지 않는 것은 후행 문맥 지시의 대부분이 비의도적 후행 문맥 지시이기 때문이다. 비의도적 후행 문맥 지시는 화자가 대화를 유지하기 위해 잘 생각나지 않는 지시 대상을 구체적으로 언급하지 않고 우선 지시대명사로 지시한 다음 그 발화를 보충하거나 교정하기 위해 지시 대상을 후행 문맥에서 언급하는 경우에 나타난다. 따라서 문어 사용역에서는 필자가 발화를 있는 그대로 생생하게 전사해서 인용하거나 매우 정밀하게 대화 지문을 꾸미지 않는 이상에는 비의도적 후행 문맥 지시가 나타나지 않는다. 문어 사용역에서 사용되는 후행 문맥 지시는 독자를 집중하게 하기 위해 사용되는 의도적 후행 문맥 지시인데, 이러한 의도적 후행 문맥 지시는 독자들에게 궁금증을 유발하고 독자들을 논의에 집중하게 하는 효과를 가지지만 정보 전달에 있어서는 비효율적이다. 왜냐하면 선행 문맥 지시에서는 앞서 제시된 정보를 바탕으로 하여 그 지시 대상의 확인이 실시간으로 일어나지만 후행 문맥 지시에서는 지시 대상의 확인이 후행 문맥으로 미루어지기 때문이다. 따라서 '신문'과 '학술'과 같이 정보 전달을 목적으로 하는 사용역에서는 의도적 후행 문맥 지시가 사용된다고 하더라도 그 사용이 극히 제한된다.

• 현장 지시의 지시 대상별 사용역 비율

현장 지시가 나타나기 위해서는 실제 발화 공간이 전제되어야 하기 때문에 기본적으로 '신문'과 '학술'에서는 현장 지시가 나타날 수 없다. 위의 <그래프5.2.2.3-3>에서 확인할 수 있듯이, 현장 지시가 '신문'과 '학술'에서 나타나는 것은 모두 인용 발화에 의한 것이다. 따라서 현장 지시에서 나타나는 각각의 지시 대상별 사용역 비율은 '대화 > 소설'의 사용 양상을 보인다고 정리할 수 있는데, '사람' 지시의 경우에만 '소설'이 '대화'보다 2배 이상의 높은 사용역 비율을 보인다는 특징이 있다. 이처럼 현장 지시에서 나타나는 '사람' 지시의 사용역 비율이 '대화'보다 '소설'에서 더 높게 나타나는 것은 '소설'에서 지시대명사로 '사람'을 지시하는 경우가 많기 때문이 아니라 '대화'에서 지시대명사로 '사람'을 지시하는 경우가 매우 적기 때문일 것이다. 일상생활에서 지시대명사로 '사람'을 지시할 때는 대개 잘 모르는 사람을 지시하기 위해 '이쪽/그쪽/저쪽'을 쓰거나 상대방을 아주 비하하는 의미에서 '이거/그거/저거'를 쓰는 경우인데, 서로를 잘 알고 있고, 교양 수준이 어느 정도 높은 대학생 친구들 사이의 대화가 주를 이루는 '대화' 말뭉치에서 이러한 예는 그리 많이 나타나지 않는다.

5.2.4. 개별 지시대명사의 사용 양상

5.2의 도입부에서 논의하였듯이 지시대명사는 사물을 가리키는 데 주로 사용되는 사물 지시대명사와 장소를 가리키는 데 주로 사용되는 장소 지시대명사로 나눌 수 있는데 연구 대상 말뭉치에서 나타나는 사물 지시대명사와 장소 지시대명사의 목록을 보이면 다음과 같다.

- 사물 지시대명사: 이/그/저(요/고/조)
  이것/그것/저것(이거, 요것, 요거/그거, 것, 고것, 고거/저거, 조것, 조거)
- 장소 지시대명사: 여기/거기/저기(여, 요기/거, 고기/저, 조기)
  이곳/그곳/저곳
  이쪽/그쪽/저쪽(요쪽/고쪽/조쪽)
  이편/그편/저편
  이켠/그켠/저켠

지금까지 우리는 위에서 제시한 지시대명사 전체를 대상으로 하여, '이/그/저' 계열 관계(5.2.1), 지시 양상(5.2.2), 지시 대상(5.2.3)을 살펴보았다. 그런데 개별 지시대명사들이 모두 동일한 성격을 띠는 것은 아니다. 사물 지시대명사, 장소 지시대명사의 구별에서 이미 알 수 있듯이 개별 지시대명사에 따라 주된 지시 대상이 다를 뿐만 아니라 지시 양상, 계열 관계에 있어서도 조금씩 차이를 보인다. 따라서 5.2.4에서는 개별 지시대명사의 계열 관계, 지시 양상, 지시 대상을 중심으로 하여 그 사용

양상을 자세히 보이고자 한다. 다만, 개별 지시대명사의 사용 양상은 전체 지시대명사의 사용 양상과 대개 일치하기 때문에 그 사용 양상에 대한 논의는 생략하고 '이/그/저' 계열 개별 지시대명사의 지시 양상과 지시 대상에 대한 계량 결과와 개별 지시대명사의 용례만을 자세히 제시하고자 한다. 여기서 제시하는 개별 지시대명사의 사용 양상에 대한 계량 결과와 개별 지시대명사의 용례는 5.2.1~5.2.3에서 제시한 계량 결과 및 이에 대한 논의를 더욱 세밀히 보충하거나 이를 뒷받침하는 참고 자료가 될 것이다. 한편, 장소 지시대명사 '이편/그편/저편', '이켠/그켠/저켠'은 전체 지시대명사의 사용 빈도에서 차지하는 비율이 1% 미만에 불과하므로 그 사용 양상을 유의미하게 보이기 힘들다. 따라서 여기서는 '이편/그편/저편', '이켠/그켠/저켠'은 제외하고 사물 지시대명사 '이/그/저', '이것/그것/저것', 장소 지시대명사 '여기/거기/저기', '이곳/그곳/저곳', '이쪽/그쪽/저쪽' 5개의 개별 지시대명사를 대상으로 그 사용 양상과 용례를 보일 것이다.

뒤에서 제시될 그래프와 용례에 대해서 미리 언급해 둘 몇 가지 사실이 있다. 첫째, 그래프에서 음영으로 표시된 부분은 해당 용법이 하나도 나타나지 않음을 뜻한다. 예컨대, 텍스트 지시에는 '이' 계열 장소 지시대명사 '여기'와 '이곳'만 나타나기 때문에 다른 지시대명사의 경우, 텍스트 지시는 음영으로 표시된다. 또한 사물 지시대명사는 '장소' 지시가 나타나지 않기 때문에 사물 지시대명사에서 '장소'는 모두 음영으로 표시된다. 둘째, 용례에서 음영으로 표시된 부분은 해당 용례가 말뭉치에서 하나도 나타나지 않는다는 것을 의미한다. 용례에서 음영으로 표시되지 않았지만 용례가 하나도 제시되지 않은 부분은 그 용례의 수가 매우 적어서 해당 지시대명사의 용법을 전형적으로 보여 주기에 적절하지 않거나 한정된 지면 안에서 그 용법을 명확하기 보여 주기 힘든 경우에 해당한다.

사물 지시대명사 ‘이/그/저’의 지시 양상

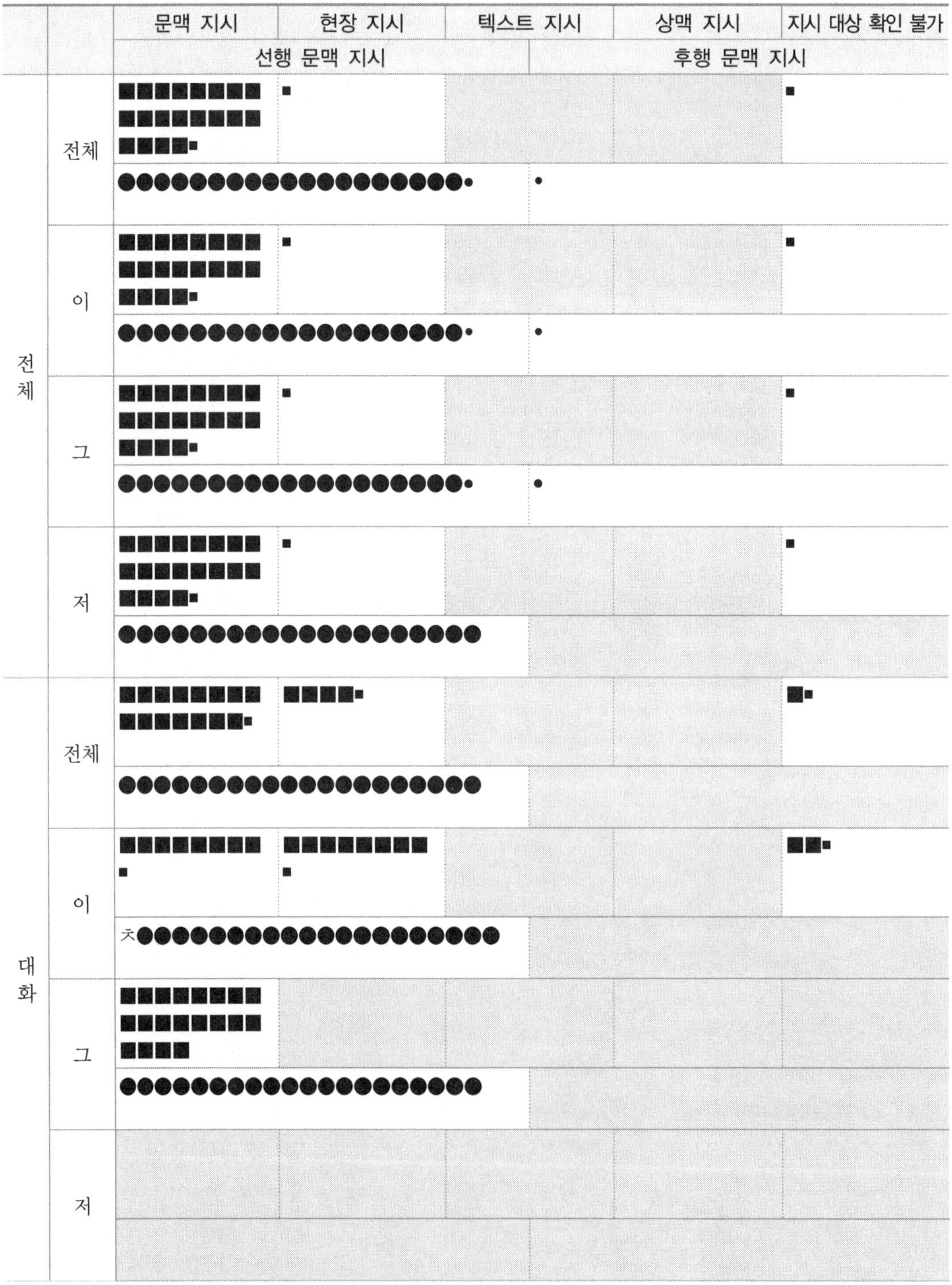

<table>
<tr><td rowspan="2"></td><td rowspan="2"></td><td colspan="2">문맥 지시</td><td colspan="2">현장 지시</td><td colspan="2">텍스트 지시</td><td colspan="2">상맥 지시</td><td colspan="2">지시 대상 확인 불가</td></tr>
<tr><td colspan="5">선행 문맥 지시</td><td colspan="5">후행 문맥 지시</td></tr>
<tr><td rowspan="8">전체</td><td rowspan="2">전체</td><td colspan="2">■■■■■■■■
■■■■■■■■
■■■■▪</td><td colspan="2">▪</td><td colspan="2"></td><td colspan="2"></td><td colspan="2">▪</td></tr>
<tr><td colspan="5">●●●●●●●●●●●●●●●●●●●•</td><td colspan="5">•</td></tr>
<tr><td rowspan="2">이</td><td colspan="2">■■■■■■■■
■■■■■■■■
■■■■▪</td><td colspan="2">▪</td><td colspan="2"></td><td colspan="2"></td><td colspan="2">▪</td></tr>
<tr><td colspan="5">●●●●●●●●●●●●●●●●●●●•</td><td colspan="5">•</td></tr>
<tr><td rowspan="2">그</td><td colspan="2">■■■■■■■■
■■■■■■■■
■■■■▪</td><td colspan="2">▪</td><td colspan="2"></td><td colspan="2"></td><td colspan="2">▪</td></tr>
<tr><td colspan="5">●●●●●●●●●●●●●●●●●●●•</td><td colspan="5">•</td></tr>
<tr><td rowspan="2">저</td><td colspan="2">■■■■■■■■
■■■■■■■■
■■■■▪</td><td colspan="2">▪</td><td colspan="2"></td><td colspan="2"></td><td colspan="2">▪</td></tr>
<tr><td colspan="5">●●●●●●●●●●●●●●●●●●●●</td><td colspan="5"></td></tr>
<tr><td rowspan="8">대화</td><td rowspan="2">전체</td><td colspan="2">■■■■■■■■
■■■■■■■▪</td><td colspan="2">■■■■▪</td><td colspan="2"></td><td colspan="2"></td><td colspan="2">■▪</td></tr>
<tr><td colspan="5">●●●●●●●●●●●●●●●●●●●●</td><td colspan="5"></td></tr>
<tr><td rowspan="2">이</td><td colspan="2">■■■■■■■■
▪</td><td colspan="2">■■■■■■■■
▪</td><td colspan="2"></td><td colspan="2"></td><td colspan="2">■■▪</td></tr>
<tr><td colspan="5">ㅊ●●●●●●●●●●●●●●●●●●●●</td><td colspan="5"></td></tr>
<tr><td rowspan="2">그</td><td colspan="2">■■■■■■■■
■■■■■■■■
■■■■</td><td colspan="2"></td><td colspan="2"></td><td colspan="2"></td><td colspan="2"></td></tr>
<tr><td colspan="5">●●●●●●●●●●●●●●●●●●●●</td><td colspan="5"></td></tr>
<tr><td rowspan="2">저</td><td colspan="2"></td><td colspan="2"></td><td colspan="2"></td><td colspan="2"></td><td colspan="2"></td></tr>
<tr><td colspan="5"></td><td colspan="5"></td></tr>
</table>

소설	전체					
	이					
	그					
	저					
신문	전체					
	이					
	그					
	저					

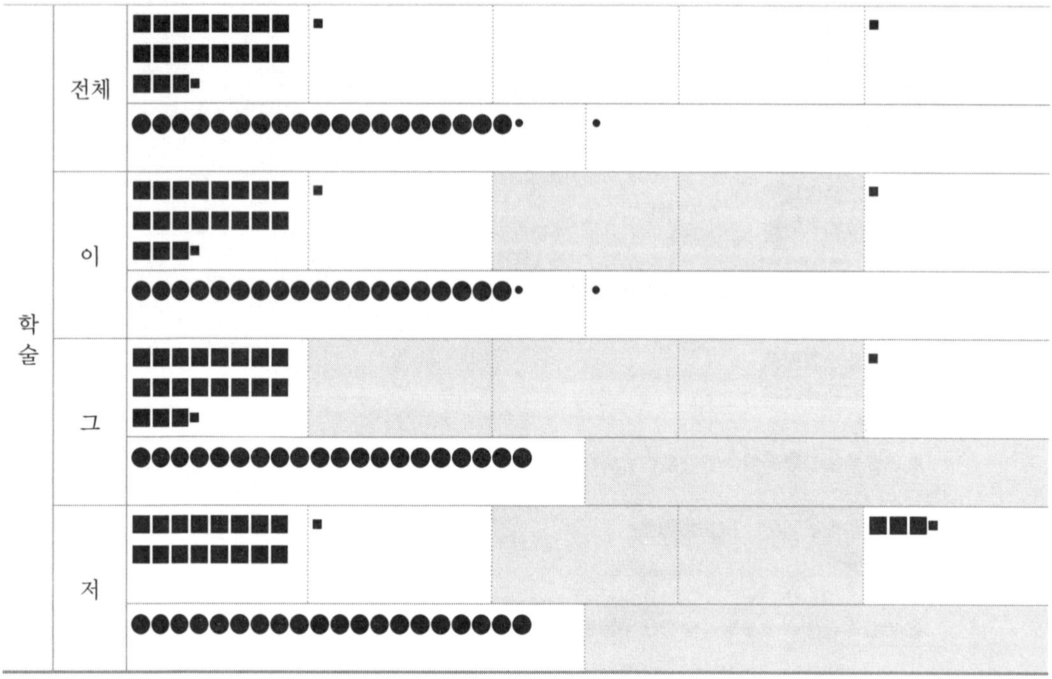

구분						
학술	전체	■■■■■■■■■■■■■■■■■■■▪	▪			▪
학술	전체	●●●●●●●●●●●●●●●●●●●•	•			
학술	이	■■■■■■■■■■■■■■■■■■■▪	▪			▪
학술	이	●●●●●●●●●●●●●●●●●●●•	•			
학술	그	■■■■■■■■■■■■■■■■■■■▪				▪
학술	그	●●●●●●●●●●●●●●●●●●●●				
학술	저	■■■■■■■■■■■■■■■■	▪			■■■▪
학술	저	●●●●●●●●●●●●●●●●●●●●				

<그래프5.2.4-1-1> 사물 지시대명사 '이/그/저'의 지시 양상별 사용 비율

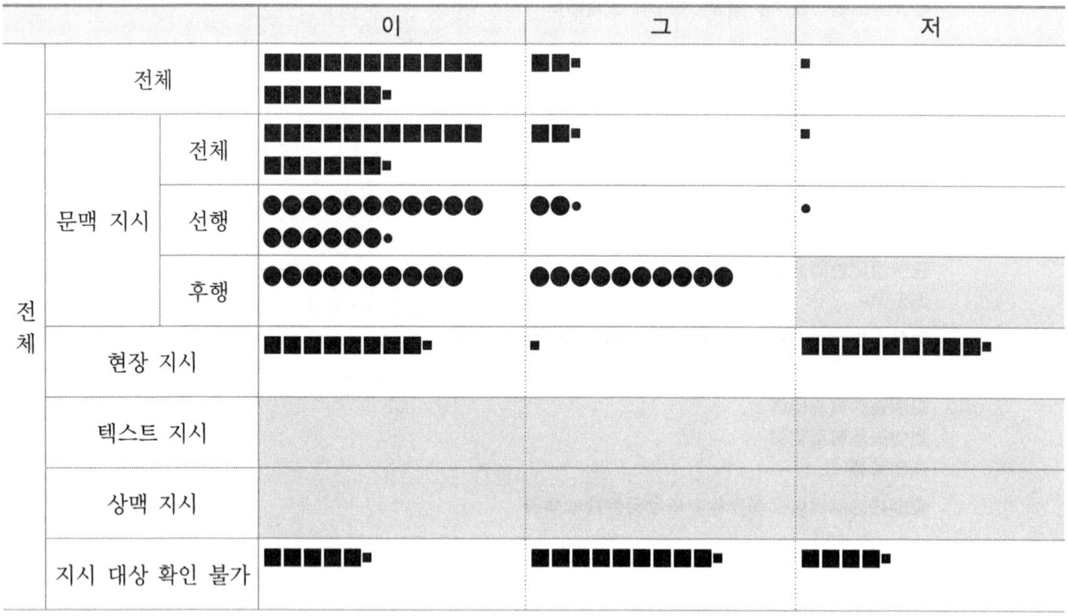

			이	그	저
전체	전체		■■■■■■■■■■■■■■■■■▪	■■▪	▪
전체	문맥 지시	전체	■■■■■■■■■■■■■■■■■▪	■■▪	▪
전체	문맥 지시	선행	●●●●●●●●●●●●●●●●●•	●●•	•
전체	문맥 지시	후행	●●●●●●●●●●	●●●●●●●●●●	
전체	현장 지시		■■■■■■■■▪	▪	■■■■■■■■■▪
전체	텍스트 지시				
전체	상맥 지시				
전체	지시 대상 확인 불가		■■■■■▪	■■■■■■■■■▪	■■■■▪

대화	전체		■■■■■■■■■▪	■■■■■■■■■■▪	
	문맥 지시	전체	■■■■■▪	■■■■■■■■■■■ ■■■▪	
		선행	●●●●●•	●●●●●●●●●●● ●●●•	
		후행			
	현장 지시		■■■■■■■■■■■ ■■■■■■■■■		
	텍스트 지시				
	상맥 지시				
	지시 대상 확인 불가		■■■■■■■■■■■ ■■■■■■■■■		
소설	전체		■■■■■▪	■■■■■■■■■■■ ■▪	■▪
	문맥 지시	전체	■■■■■■	■■■■■■■■■■■ ■▪	■▪
		선행	●●●●●●•	●●●●●●●●●●● ●•	●•
		후행		●●●●●●●●●●● ●●●●●●●●●	
	현장 지시		■■▪	■■▪	■■■■■■■■■■■ ■■■■▪
	텍스트 지시				
	상맥 지시				
	지시 대상 확인 불가		■■	■■■■■■■■■■■ ■■▪	■■■■▪

신문	전체		■■■■■■■■■■■ / ■■■■■■■▪	▪	▪
	문맥 지시	전체	■■■■■■■■■■■ / ■■■■■■■▪	▪	▪
		선행	●●●●●●●●●●● / ●●●●●●●•	•	•
		후행		●●●●●●●●●●● / ●●●●●●●●●	
	현장 지시		■■■■■■■■■■■ / ■■■■■■■■■		
	텍스트 지시				
	상맥 지시				
	지시 대상 확인 불가		■■■■■■■■■■■ / ■	■■■■■■■■	
학술	전체		■■■■■■■■■■■ / ■■■■■▪	■■▪	▪
	문맥 지시	전체	■■■■■■■■■■■ / ■■■■■▪	■■▪	▪
		선행	●●●●●●●●●●● / ●●●●●●•	●●•	•
		후행	●●●●●●●●●●● / ●●●●●●●●●		
	현장 지시		■■■■■■■■■■■ / ■■■■■		■■■■
	텍스트 지시				
	상맥 지시				
	지시 대상 확인 불가		■■■■■■▪	■■■■■	■■■■■■■■▪

<그래프5.2.4-1-2> 지시 양상에 따른 사물 지시대명사 '이/그/저'의 사용 비율

			대화	소설	신문	학술
전체	전체		▪	■▪	■■■■■■■■▪	■■■■■■■■■ ■▪
	문맥 지시	전체	▪	■▪	■■■■■■■■▪	■■■■■■■■■ ■▪
		선행	•	●•	●●●●●●●●•	●●●●●●●●● ●•
		후행		●●●●●	●●●●●	●●●●●●●●● ●
	현장 지시		■■■■■▪	■▪	■■■■■■■■▪	■■■■■■■■■ ■▪
	텍스트 지시					
	상맥 지시					
	지시 대상 확인 불가		■▪	■■■■■■■■■ ▪	■■▪	■■■■■■▪
이	전체		▪	▪	■■■■■■■■▪	■■■■■■■■■ ■▪
	문맥 지시	전체	▪	▪	■■■■■■■■▪	■■■■■■■■■ ■▪
		선행	•	•	●●●●●●●●● •	●●●●●●●●● ●•
		후행				●●●●●●●●● ●●●●●●●●● ●●
	현장 지시		■■■■■■■■■ ■▪	■■▪	■■■▪	■■■■▪
	텍스트 지시					

<table>
<tr><td rowspan="2">이</td><td colspan="2">상맥 지시</td><td></td><td></td><td></td><td></td></tr>
<tr><td colspan="2">지시 대상 확인 불가</td><td>■■■■▪</td><td>■■■▪</td><td>■■■■■▪</td><td>■■■■■■■</td></tr>
<tr><td rowspan="8">그</td><td colspan="2">전체</td><td>▪</td><td>■■■■■■▪</td><td>■■▪</td><td>■■■■■■■■■
■▪</td></tr>
<tr><td rowspan="3">문맥 지시</td><td>전체</td><td>▪</td><td>■■■■■■▪</td><td></td><td></td></tr>
<tr><td>선행</td><td>•</td><td>●●●●●●•</td><td>●●•</td><td>●●●●●●●●●
●•</td></tr>
<tr><td>후행</td><td></td><td>●●●●●●●●●
●</td><td>●●●●●●●●●
●</td><td></td></tr>
<tr><td colspan="2">현장 지시</td><td></td><td>■■■■■■■■■
■■■■■■■■■
■■</td><td></td><td></td></tr>
<tr><td colspan="2">텍스트 지시</td><td></td><td></td><td></td><td></td></tr>
<tr><td colspan="2">상맥 지시</td><td></td><td></td><td></td><td></td></tr>
<tr><td colspan="2">지시 대상 확인 불가</td><td></td><td>■■■■■■■■■
■■■■■▪</td><td>■■▪</td><td>■■■▪</td></tr>
<tr><td rowspan="4">저</td><td colspan="2">전체</td><td></td><td>■■■■■■■■■
■■▪</td><td>■▪</td><td>■■■■■■■▪</td></tr>
<tr><td rowspan="3">문맥 지시</td><td>전체</td><td></td><td>■■■■■■■■■
■▪</td><td>■▪</td><td>■■■■■■■■▪</td></tr>
<tr><td>선행</td><td></td><td>●●●●●●●●●
●•</td><td>●•</td><td>●●●●●●●●•</td></tr>
<tr><td>후행</td><td></td><td></td><td></td><td></td></tr>
</table>

저	현장 지시		■■■■■■■■■ ■■■■■■■■■ ▪		■▪
	텍스트 지시				
	상맥 지시				
	지시 대상 확인 불가		■■■■■■■■■		■■■■■■■■■ ■■

<그래프5.2.4-1-3> 사물 지시대명사 '이/그/저'의 지시 양상별 사용역 비율

사물 지시대명사 '이/그/저'의 지시 대상

		사물	장소	명제	상황	사람	Ø
전체	전체	■■■■■ ■		■■■■■ ■■■■■ ■	▪	■■▪	▪
	이	■■■■■ ■▪		■■■■■ ■■■■■ ■▪	▪	■■■	▪
	그	■■■■■ ■■■▪		■■■■■ ■■■■■ ▪	▪	▪	▪
	저	▪			▪	■■■■■ ■■■■■ ■■■■■ ■■	■■
대화	전체	■■■■■ ■■■■■ ■■▪		■■■■■ ▪	■▪		■▪
	이	■■■■■ ■■■■■ ■▪		■■■■▪	■■▪		■■▪

대화	그	■■■■■ ■■■■■ ■■■■		■■■■■ ■			
	저						
소설	전체	■■■■▪		■■■■■ ■■■■■ ■▪	▪	■■▪	▪
	이	■■■▪		■■■■■ ■■■■■ ■▪	▪	■■■■▪	▪
	그	■■■■■ ▪		■■■■■ ■■■■■ ■■■▪	▪	▪	▪
	저	▪			▪	■■■■■ ■■■■■ ■■■■■ ■■	■▪
신문	전체	■■■■■		■■■■■ ■■■■■ ■	▪	■■■■	▪
	이	■■■■■		■■■■■ ■■■■■ ■	▪	■■■■	▪
	그	■■■■■ ■■■■▪		■■■■■ ■■■■▪		▪	
	저					■■■■■ ■■■■■ ■■■■■ ■■■■■	

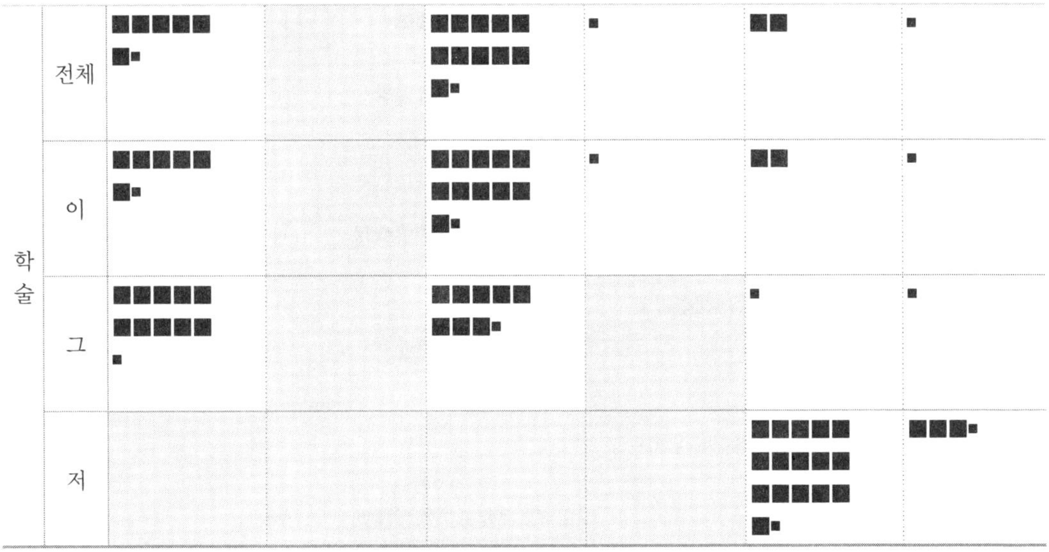

학술	전체						
	이						
	그						
	저						

<그래프5.2.4-1-4> 사물 지시대명사 '이/그/저'의 지시 대상별 사용 비율

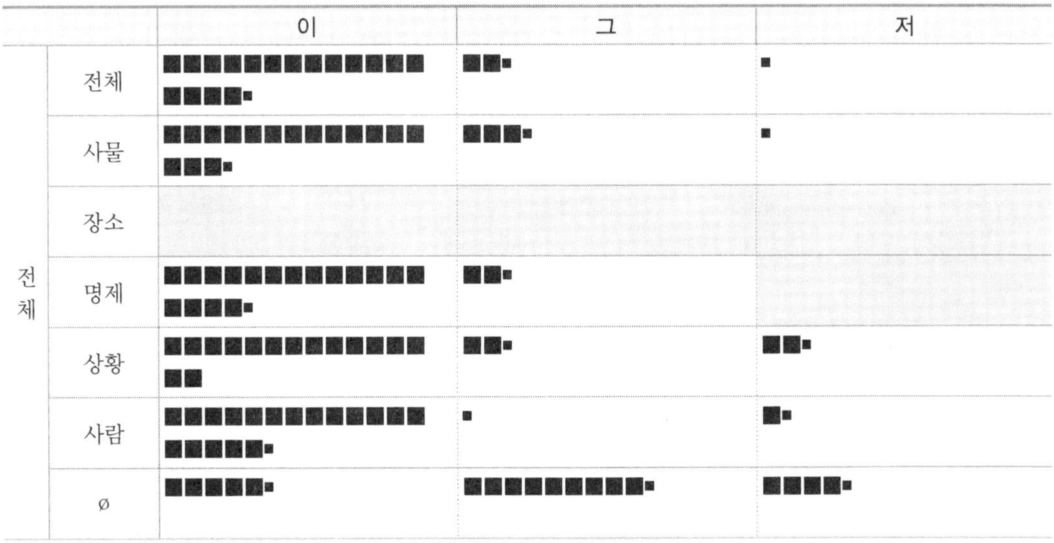

		이	그	저
전체	전체			
	사물			
	장소			
	명제			
	상황			
	사람			
	ø			

대화	전체	■■■■■■■■■▪	■■■■■■■■■■▪	
	사물	■■■■■■■■▪	■■■■■■■■■■■▪	
	장소			
	명제	■■■■■■■	■■■■■■■■■■■■	
	상황	■■■■■■■■■■■■■ ■■■■■■■		
	사람			
	ø	■■■■■■■■■■■■■ ■■■■■■■		
소설	전체	■■■■■▪	■■■■■■■■■■■■▪	■▪
	사물	■■■■■	■■■■■■■■■■■■■ ■▪	▪
	장소			
	명제	■■■■■▪	■■■■■■■■■■■■■ ■▪	
	상황	■■■■■■■■■■	■■■■■	■■■■■
	사람	■■■■■■■■▪	■■▪	■■■■■■■■■▪
	ø	■■▪	■■■■■■■■■■■■■ ▪	■■■■▪
신문	전체	■■■■■■■■■■■■■ ■■■■■■▪	▪	▪
	사물	■■■■■■■■■■■■■ ■■■■■▪	■▪	
	장소			
	명제	■■■■■■■■■■■■■ ■■■■■■▪	▪	
	상황	■■■■■■■■■■■■■ ■■■■■■■		
	사람	■■■■■■■■■■■■■ ■■■■■■▪	▪	▪
	ø	■■■■■■■■■■■■	■■■■■■■■	

학술	전체	■■■■■■■■■■■■■■■■■▪	■■▪	▪
	사물	■■■■■■■■■■■■■■■■	■■■■	
	장소			
	명제	■■■■■■■■■■■■■■■■	■■	
	상황	■■■■■■■■■■■■■■■■■■■■		
	사람	■■■■■■■■■■■■■■■■■■▪	▪	■▪
	ø	■■■■■▪	■■■■■	■■■■■■■■▪

<그래프5.2.4-1-5> 지시 대상에 따른 사물 지시대명사 '이/그/저'의 사용 비율

		대화	소설	신문	학술
전체	전체	▪	■▪	■■■■■■■■▪	■■■■■■■■■■
	사물	▪	▪	■■■■■■■▪	■■■■■■■■■■■▪
	장소				
	명제	▪	■▪	■■■■■■■■▪	■■■■■■■■■■
	상황	■■■■■	■■■■■■■■▪	■■■■▪	■■
	사람		■▪	■■■■■■■■■■■▪	■■■■■■■
	ø	■▪	■■■■■■■■■■	■■▪	■■■■■■▪

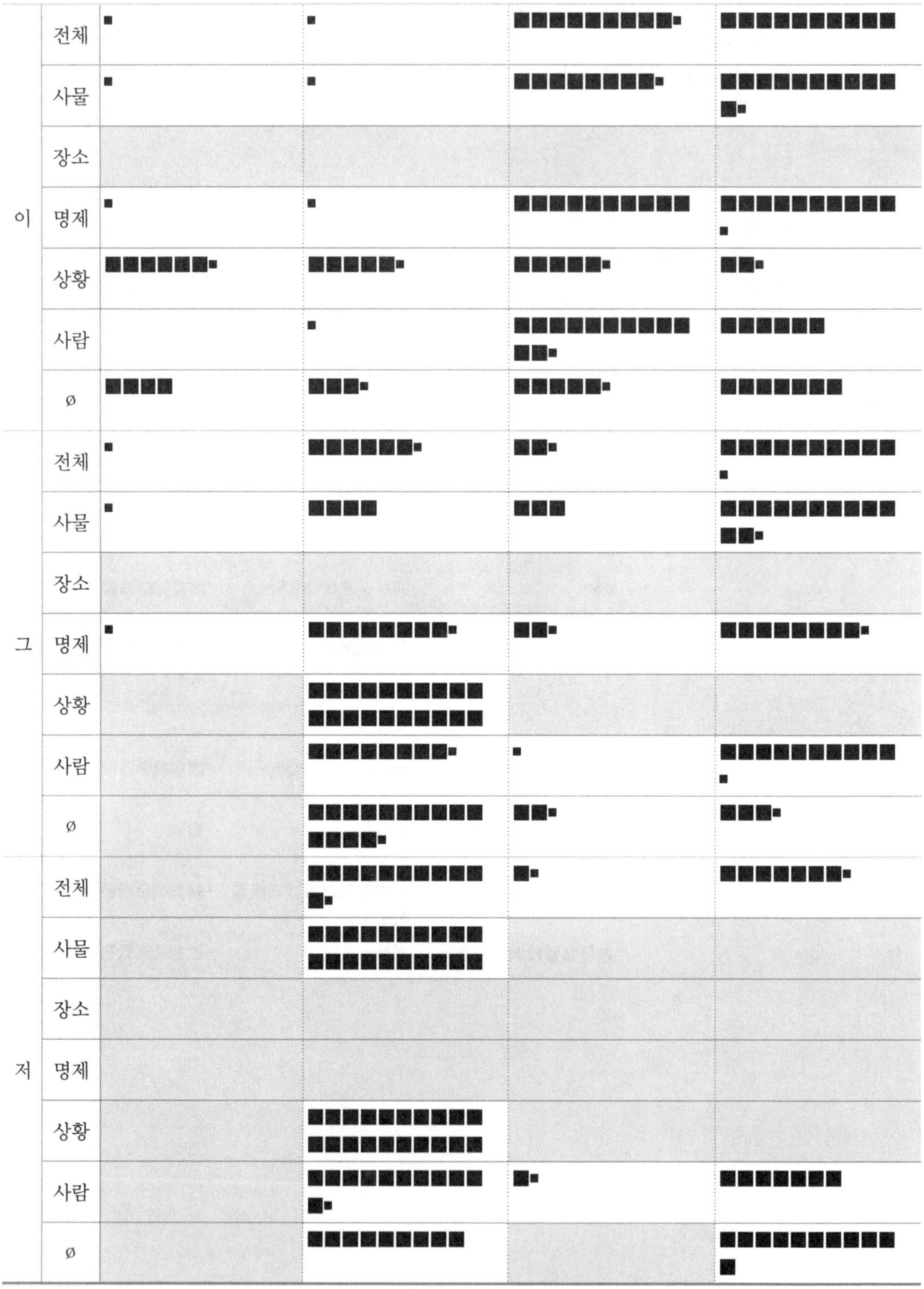

이	전체				
	사물				
	장소				
	명제				
	상황				
	사람				
	ø				
그	전체				
	사물				
	장소				
	명제				
	상황				
	사람				
	ø				
저	전체				
	사물				
	장소				
	명제				
	상황				
	사람				
	ø				

<그래프5.2.4-1-6> 사물 지시대명사 '이/그/저'의 지시 대상별 사용역 비율

사물 지시대명사 '이/그/저'의 용례

지시 대명사	지시 양상		지시 대상	예문
이	문맥 지시	선행	사물	이날 오후부터 SK텔레콤이 1만여 장의 붉은 색 티셔츠를 무료로 제공한다는 소식이 전해지자 **이를** 받으려는 시민들이 대학로 중앙에서 인근 동숭 파출소까지 500여m나 늘어서기도 했다. [신문] 연역은 3단 논법(三段論法, syllogism)이라고도 말하며, **이는** 귀납과 반대로 일반에서 특수의 인식에 이용된다. [학술]
			장소	
			명제	국립대 병원들은 취약계층과 노인·장애인·어린이·모성 의료 등 민간의료기관이 담당하기 쉽지 않은 공공의료 기능을 강화한다. **이를** 위해 복지부는 지난 19일 10개 국립대 병원장을 불러 국립대병원이 공공의료기관 구실을 해주도록 요청했다. [신문] 조선시대는 농잠을 장려하여 왕비가 친잠례 의식을 행하면서 견의 생산을 장려하였다. **이는** 그만큼 견의 수요가 많았음을 입증하는 것이며 실제 궁중에서는 견직물 의료를 주로 사용하였다고 한다. [학술]
			사람	탈북 여성 2명과 두 살배기 어린이 등 탈북자 3명이 또 주중국 한국공관에 진입해 한국 망명을 요청했다. **이들은** 9일 오후 4시30분께 베이징 주재 총영사관으로 들어가 "한국행을 요구했다"고 주중국 한국 대사관 쪽이 밝혔다. [신문] 특히 용맹과 지략을 자랑하던 넷째인 방간(芳幹)과 다섯째인 방원(芳元)이 특히 그러했다. **이들은** 자기들의 사병(私兵)을 동원하여 아버지의 쿠데타에 참여한 전력이 있었다. [학술]
		후행	사물	
			장소	
			명제	
			사람	
	현장 지시		사물	A: 그 다음에 직접 대입할 거야 다? B: 응. A: 언니가 그렇게 알려 줬나? **이** 봐 진아야. 이거는::, 자, 이런 식이 나왔을 때::, 이거는 이꼴 영 만들어 준다고 했던 거 기억 안 나 진아야? [대화]
			장소	
			상황	송 대리는 8월 초부터 메리츠 증권 홍보팀장으로 자리를 옮긴다. 증권사 최연소 홍보팀장 기록도 덤으로 따라 붙었다. "작년 5월 기자실에 들렀다가 우연히 메신저를 보고 시작한 서비스가 **이처럼** 큰 호응을 얻을 줄 몰랐습니다. 정보를 조금 더 빨리 전하려는 생각에서 시작했을 뿐인데…." [신문] 장왕이 이상하게 여겨 묻기를 "과인은 덕이 부족하고 또 일찍이 그대를 특별히 대접한 적도 없었는데, 그대는 무슨 까닭으로 싸움에 나가 죽기를 두려워하지 않기를 **이와** 같이 하는가?" [학술]
			사람	
	텍스트 지시			
	상맥 지시			
	지시 대상 확인 불가			네년과 내가 적수공권으로 짝패 되어 호구하자고 이 지랄타가 그나마 정근(情根)이 생겨 **이도** 저도 못하고 개죽음할 때만을 기다리게 되었구나. [소설] 이 우주의 광대로 인하여 이 역사의 위대한 것임을. 그러나 **이와** 저는 서로 딴 것이 아니다. **이는** 저의 안에 있는 것이요, 저의 꽃이요, 저는 이의 뿌리다. [학술]

그	문맥 지시	선행	사물	그 어느 것도 우리로서는 대책을 세우지 않을 수 없는 문제들이다. 미군의 역할과 기능 전환 **그에** 따른 부대의 경량화는 한마디로 감축을 의미한다. [신문] {백과전서}의 이 같은 색채는 그 속에 담긴 여러 항목들에 나타났는데 과학, 특히 베이컨주의 과학이나 **그와** 거의 같은 뜻으로 여겨진 뉴튼 과학의 정신을 표방해서 주장되었고, 과학이나 기술과 관계가 있는 항목들에 표현되었다. [학술]
			장소	
			명제	노인이 마을 사람들과 유골들을 한곳에 거둬 장사지내고 그 혼령들을 위로하는 제사를 지냈더니, 과연 마을을 괴롭히던 역병이 씻은 듯이 물러갔다. **그로부터** 이곳에서는 3년 거리로 이른 봄의 길일을 택해 위령제를 지내왔으며, 그러한 제속은 최근까지도 은산 지방에서 명맥이 이어져 내려오고 있는 터였다. [소설] 시장 크기로 따진다면, 영화(국산 영화)는 TV의 20 분의 1에도 미치지 못한다. 어디 **그 뿐인가**. 우리 국민은 1 인당 매일 평균 2 시간 정도 TV를 시청하지만 영화에 할애하는 시간은 1 년에 2 시간 정도에 지나지 않는다. [학술]
			사람	일곱 명의 안토니 후보들. 다비는 갑자기 자신이 잠자리 노예를 간택하는 여왕이라도 된 것 같은 기분이 들었다. **그** 중 네 명은 다비도 아는 얼굴들이었다. [소설] 국방부는 군병원에서 지난 94년 이후 건강한 사병 198명을 정신질환 등의 질병에 걸린 것으로 꾸며 의병 전역시킨 사실을 적발했다고 한다. 이 사병들은 대부분 부유층의 자제로 **그** 가운데 일부는 관계자에게 금품을 건넨 사실이 밝혀지기도 했다. [신문]
		후행	사물	
			장소	
			명제	그가 달라진 이유는 오직 **그뿐**, 네가 그 여자애가 못 되기 때문이라고 여기려고 애썼다. [소설]
			사람	
	현장 지시		사물	요새는 군대 짬밥도 **그보다는** 낫겠어요. K가 이렇게 말하자 그는 믿어지지 않는다는 표정과 목소리로, 아, 그래요? [소설]
			장소	
			상황	가족들이 그가 김치와 된장국을 맛있게 먹는 모습을 무척 신기한 눈길로 바라보았다. 어떻게 한국말을 **그처럼** 잘할 수 있느냐고 아내가 물었다. [소설]
			사람	
	텍스트 지시			
	상맥 지시			
	지시 대상 확인 불가			어머니가 면회에 힘주어 말할 때마다 영혜는 어린 시절, 풀에 베었던 손가락의 아픔을 생각해 냈다. **그처럼** 연하고 나긋나긋한 것이, 약한 바람에도 따라서 쉬 움직이곤 하던 것이, 아무런 해도 줄 것 같지 않던 것들이 순간적으로 횡으로 누우면서, 날카로운 비수가 되어 사람을 상하게 할 수 있다는 사실을 그제야 알았다. [소설] 파란 눈에 금발머리를 가진 SAS스튜어디스들이 웃음을 지으며 기내 서비스를 시작했을 때야 비로소 나는 **그처럼** 오랫동안 관념으로만 굳어져서 도저히 실현될 수 없을 것이라고 여겼던 로마행이 이번에야말로 확실히 이루어지고 있다는 것을 깨달았다. [소설]

<table>
<tr><td rowspan="15">저</td><td rowspan="8">문맥
지시</td><td rowspan="4">선
행</td><td>사물</td><td></td></tr>
<tr><td>장소</td><td></td></tr>
<tr><td>명제</td><td></td></tr>
<tr><td>사람</td><td><u>아파트의 구석구석에 숨어 있다가 한꺼번에 쏟아져 나온, 그가 모르는 사람들</u>. 죽은 여자에 관해 한마디씩 말을 던지는 저들에 대해 죽은 그 여자는 손가락 한마디만큼도 모를 것이다. [소설]
<u>북한 측</u>이 기회 있을 때마다 내세워 온 '범민족' 명분하의 행사들은, 특히 판문점이라는 특수 고립 지대에서 치러진다 할 때 그것이 민족 전체의 염원인 통일을 앞당긴다기보다는 저들의 정치 선전 수단에 불과함을 우리는 알고 있다. [신문]</td></tr>
<tr><td rowspan="4">후
행</td><td>사물</td><td></td></tr>
<tr><td>장소</td><td></td></tr>
<tr><td>명제</td><td></td></tr>
<tr><td>사람</td><td></td></tr>
<tr><td colspan="2" rowspan="4">현장
지시</td><td>사물</td><td>"들어가고 들어가고 들어가면 나도 그 나무를 볼 수 있을까? 나도 저 속으로 들어가고 싶다고 중얼거리곤 해. 저 속으로 들어가서 나도 저들 가운데 무엇인가가 되고 싶다고 생각하곤 해. 저 속으로 들어가서 하늘만 아니라 시간까지도 떠받치고 있는 그 거대한 물푸레나무를 만져보고 싶다는 꿈을 꾸곤 해." 형은 혼잣말을 하는 것처럼 말했다. [소설]</td></tr>
<tr><td>장소</td><td></td></tr>
<tr><td>상황</td><td>장윤 씨와 만태는 마치 한 쌍의 다정한 사제지간 같았다. 대관절 언제부터 저들이 저처럼 거창하게 국사를 논하게 된 것이었을까. 남한과 북한을 오가며, 정·재계 원로들과 표적동맹을 한 손에 주무르며. 그들은 마주 보며 잠시 고개를 끄덕였다. [소설]</td></tr>
<tr><td>사람</td><td>나는 저 사람들에 대해 알고 있는 것을 더 말해달라고 요청했다. 여자는 영문을 모르겠다는 표정을 지어 보이고는, 보는 대론데 무슨 설명이 따로 필요하냐고 반문했다. 나는 저들이 자주 오느냐고 다시 물었다. 그녀는 가끔씩 온다고 대답하고는 감상에 젖은 목소리로 혼잣말 비슷하게 중얼거렸다. [소설]
설마 자기를 죽이기야 하겠느냐는 생각을 하면서 두려움을 달랬다. 저들이 찾는 것은 성호다, 나를 잡아다가 족치겠지만 모른다는데 어쩔 거냐 하는 배짱도 생겼다. 그러나 놈들은 만돌이를 데리고 일어나지 않았다. [소설]</td></tr>
<tr><td colspan="3">텍스트 지시</td><td></td></tr>
<tr><td colspan="3">상맥 지시</td><td></td></tr>
<tr><td colspan="3">지시 대상
확인 불가</td><td>친구들 중에는 명문 사립대학 배지를 단 동우 선배를 보았다는 친구도 있었다. 동우 선배가 이도 저도 아닌, 또 다른 대학의 배지를 달고 있는 것을 목격했다는 친구도 있었다. [소설]
그러나 이와 저는 서로 딴 것이 아니다. 이는 저의 안에 있는 것이요, 저의 꽃이요, 저는 이의 뿌리다. 이와 저는 하나를 이루는 삶 그것이다. [학술]</td></tr>
</table>

사물 지시대명사 '이것/그것/저것'의 지시 양상

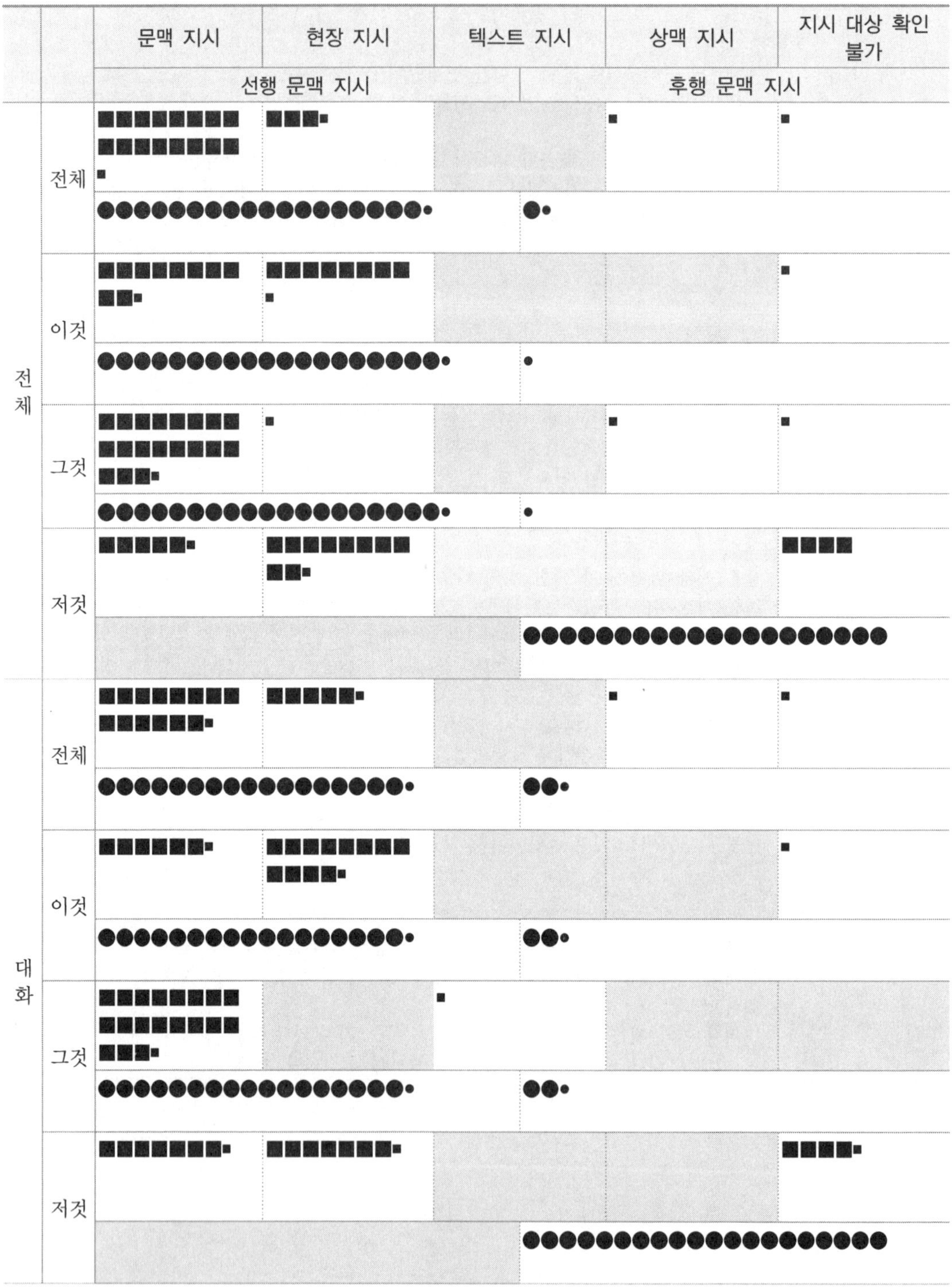

<table>
<tr><th rowspan="2"></th><th rowspan="2"></th><th>문맥 지시</th><th>현장 지시</th><th colspan="2">텍스트 지시</th><th>상맥 지시</th><th>지시 대상 확인 불가</th></tr>
<tr><th colspan="3">선행 문맥 지시</th><th colspan="3">후행 문맥 지시</th></tr>
<tr><td rowspan="8">전체</td><td rowspan="2">전체</td><td>■■■■■■■■
■■■■■■■■
▪</td><td>■■■▪</td><td colspan="2"></td><td>▪</td><td>▪</td></tr>
<tr><td colspan="3">●●●●●●●●●●●●●●●●●●•</td><td colspan="3">●•</td></tr>
<tr><td rowspan="2">이것</td><td>■■■■■■■■
■■▪</td><td>■■■■■■■■
▪</td><td colspan="2"></td><td></td><td>▪</td></tr>
<tr><td colspan="3">●●●●●●●●●●●●●●●●●●●•</td><td colspan="3">•</td></tr>
<tr><td rowspan="2">그것</td><td>■■■■■■■■
■■■■■■■■
■■■▪</td><td>▪</td><td colspan="2"></td><td>▪</td><td>▪</td></tr>
<tr><td colspan="3">●●●●●●●●●●●●●●●●●●●•</td><td colspan="3">•</td></tr>
<tr><td rowspan="2">저것</td><td>■■■■■▪</td><td>■■■■■■■■
■■▪</td><td colspan="2"></td><td></td><td>■■■■</td></tr>
<tr><td colspan="3"></td><td colspan="3">●●●●●●●●●●●●●●●●●●●●</td></tr>
<tr><td rowspan="8">대화</td><td rowspan="2">전체</td><td>■■■■■■■■
■■■■■■▪</td><td>■■■■■▪</td><td colspan="2"></td><td>▪</td><td>▪</td></tr>
<tr><td colspan="3">●●●●●●●●●●●●●●●●●•</td><td colspan="3">●●•</td></tr>
<tr><td rowspan="2">이것</td><td>■■■■■■▪</td><td>■■■■■■■■
■■■■▪</td><td colspan="2"></td><td></td><td>▪</td></tr>
<tr><td colspan="3">●●●●●●●●●●●●●●●●●•</td><td colspan="3">●●•</td></tr>
<tr><td rowspan="2">그것</td><td>■■■■■■■■
■■■■■■■■
■■■▪</td><td></td><td colspan="2">▪</td><td></td><td></td></tr>
<tr><td colspan="3">●●●●●●●●●●●●●●●●●•</td><td colspan="3">●●•</td></tr>
<tr><td rowspan="2">저것</td><td>■■■■■■■▪</td><td>■■■■■■■▪</td><td colspan="2"></td><td></td><td>■■■■▪</td></tr>
<tr><td colspan="3"></td><td colspan="3">●●●●●●●●●●●●●●●●●●●●</td></tr>
</table>

소설	전체					
	이것					
	그것					
	저것					
신문	전체					
	이것					
	그것					
	저것					

학술	전체	■■■■■■■■ ■■■■■■■■ ■■■▪	▪			▪
		●●●●●●●●●●●●●●●●●●●•		●		
	이것	■■■■■■■■ ■■■■■■■■ ■■■▪	▪			▪
		●●●●●●●●●●●●●●●●●●●•		●		
	그것	■■■■■■■■ ■■■■■■■■ ■■■▪	▪			▪
		●●●●●●●●●●●●●●●●●●●•		●		
	저것		■■■■■■■▪			■■■■■■■■ ■■■■▪

<그래프5.2.4-2-1> 사물 지시대명사 '이것/그것/저것'의 지시 양상별 사용 비율

			이것	그것	저것
전체	전체		■■■■■■▪	■■■■■■■■■■■ ■■▪	▪
	문맥 지시	전체	■■■■▪	■■■■■■■■■■■ ■■■■▪	▪
		선행	●●●●●•	●●●●●●●●●●● ●●●●•	
		후행	●●●•	●●●●●●●●●●● ●●•	●●●•
	현장 지시		■■■■■■■■■■■ ■■■■■■▪	■▪	■▪
	텍스트 지시				
	상맥 지시			■■■■■■■■■■■ ■■■■■■■■■	
	지시 대상 확인 불가		■■■■■▪	■■■■■■■■▪	■■■■■▪

대화	전체		■■■■■■■▪	■■■■■■■■■■■ ■▪	▪
	문맥 지시	전체	■■■▪	■■■■■■■■■■■ ■■■■■▪	▪
		선행	●●●•	●●●●●●●●●●● ●●●●●•	
		후행	●●•	●●●●●●●●●●● ●●•	●●●•
	현장 지시		■■■■■■■■■■■ ■■■■■■▪	▪	■▪
	텍스트 지시				
	상맥 지시			■■■■■■■■■■■ ■■■■■■■■■	
	지시 대상 확인 불가		■■■■▪	■■■■■■■■▪	■■■■■■▪
소설	전체		■■■▪	■■■■■■■■■■■ ■■■■▪	▪
	문맥 지시	전체	■▪	■■■■■■■■■■■ ■■■■■■■▪	▪
		선행	●•	●●●●●●●●●●● ●●●●●●●•	
		후행	●●●●●●●●●•	●●●●●●●●●●•	•
	현장 지시		■■■■■■■■■■■ ■■■■▪	■▪	■■■▪
	텍스트 지시				
	상맥 지시			■■■■■■■■■■■ ■■■■■■■■■	
	지시 대상 확인 불가		■■■■■■■■■▪	■■■■■■■■■▪	■▪
신문	전체		■■■■■▪	■■■■■■■■■■■ ■■▪	▪
	문맥 지시	전체	■■■■■▪	■■■■■■■■■■■ ■■■▪	
		선행	●●●●●•	●●●●●●●●●●● ●●●•	
		후행	●●●●●●●●●●● ●●●●●●●●●		

신문	현장 지시		■■■■■■■■■■■ ■■▪	■▪	■■■■■▪
	텍스트 지시				
	상맥 지시				
	지시 대상 확인 불가		■■■■■■■■■■▪	■■■■■■■▪	■■▪
학술	전체		■■■■■■■▪	■■■■■■■■■■■ ■▪	▪
	문맥 지시	전체	■■■■■■■▪	■■■■■■■■■■■ ■▪	
		선행	●●●●●●●•	●●●●●●●●●●● ●•	
		후행	●●●●●●●●●●● ●●●●●•	●●●•	
	현장 지시		■■■■■■■■■■■ ■■■▪	■▪	■■■▪
	텍스트 지시				
	상맥 지시				
	지시 대상 확인 불가		■■■■■■■▪	■■■■■■■▪	■■■■■▪

<그래프5.2.4-2-2> 지시 양상에 따른 사물 지시대명사 '이것/그것/저것'의 사용 비율

			대화	소설	신문	학술
전체	전체		■■■■■■■■■ ■■■■▪	■■■▪	▪	■■▪
	문맥 지시	전체	■■■■■■■■■ ■■■▪	■■■▪	▪	■■■▪
		선행	●●●●●●●●● ●●•	●●●•	•	●●●•
		후행	●●●●●●●●● ●●●●●●●●● ●•	•	•	•

전체	현장 지시		■■■■■■■■■ ■■■■■■■■▪	■■▪	▪	▪
	텍스트 지시					
	상맥 지시		■■■■■■■■■ ■■■■■■▪	■■■■▪		
	지시 대상 확인 불가		■■■■■■■■■ ■■■■▪	■■■	▪	■■▪
이것	전체		■■■■■■■■■ ■■■■■▪	■▪	▪	■■▪
	문맥 지시	전체	■■■■■■■■■ ■■■▪	■■■▪	▪	■■▪
		선행	●●●●●●●●● ●•	●•	●•	●●●●●●●
		후행	●●●●●●●●● ●●●●●●●●•	●●	•	•
	현장 지시		■■■■■■■■■ ■■■■■■■■	■■▪		▪
	텍스트 지시					
	상맥 지시					
	지시 대상 확인 불가		■■■■■■■■■ ■■■■■■▪	■▪	■▪	■■
그것	전체		■■■■■■■■■ ■■■▪	■■■▪	▪	■■▪

그것	문맥 지시	전체	■■■■■■■■■ ■■■▪	■■■▪	▪	■■▪
		선행	●●●●●●●●● ●●●•	●●●●	•	●●●
		후행	●●●●●●●●● ●●●●●●●●● ●•	•		
	현장 지시		■■■■■■■■■ ■■■■■■▪	■■■■▪		▪
	텍스트 지시					
	상맥 지시		■■■■■■■■■ ■■■■■■▪	■■■■▪		
	지시 대상 확인 불가		■■■■■■■■■ ■■■■■■■■▪	▪	▪	■▪
저것	전체		■■■■■■■■■ ■■■■■■■■▪	■■▪	▪	▪
	문맥 지시	전체	■■■■■■■■■ ■■■■■■■■■ ■▪	▪		
		선행				
		후행	●●●●●●●●● ●●●●●●●●● ●•	•		
	현장 지시		■■■■■■■■■ ■■■■■▪	■■■■▪	▪	▪
	텍스트 지시					
	상맥 지시					
	지시 대상 확인 불가		■■■■■■■■■ ■■■■■■■■■ ▪	▪	▪	■▪

<그래프5.2.4-2-3> 사물 지시대명사 ‘이것/그것/저것’의 지시 양상별 사용역 비율

사물 지시대명사 '이것/그것/저것'의 지시 대상

		사물	장소	명제	상황	사람	Ø
전체	전체	■■■■■ ■■■■■ ■▪		■■■■■ ■■▪	▪	▪	▪
	이것	■■■■■ ■■■■■ ■■▪		■■■■■ ▪	■▪	▪	▪
	그것	■■■■■ ■■■■■ ■▪		■■■■■ ■■■▪	▪	▪	▪
	저것	■■■■■ ■■■■■ ■■▪		■▪	▪	■▪	■■■■
대화	전체	■■■■■ ■■■■■ ■■■▪		■■■■■▪	▪	▪	▪
	이것	■■■■■ ■■■■■ ■■■■■ ▪		■■▪	▪	▪	▪
	그것	■■■■■ ■■■■■ ■▪		■■■■■ ■■▪	▪	▪	▪
	저것	■■■■■ ■■■■■ ■■▪		■▪	▪	▪	■■■■▪
소설	전체	■■■■■ ■■■■▪		■■■■■ ■■■▪	▪	▪	▪
	이것	■■■■■ ■■■▪		■■■■■ ▪	■■■■▪	▪	▪

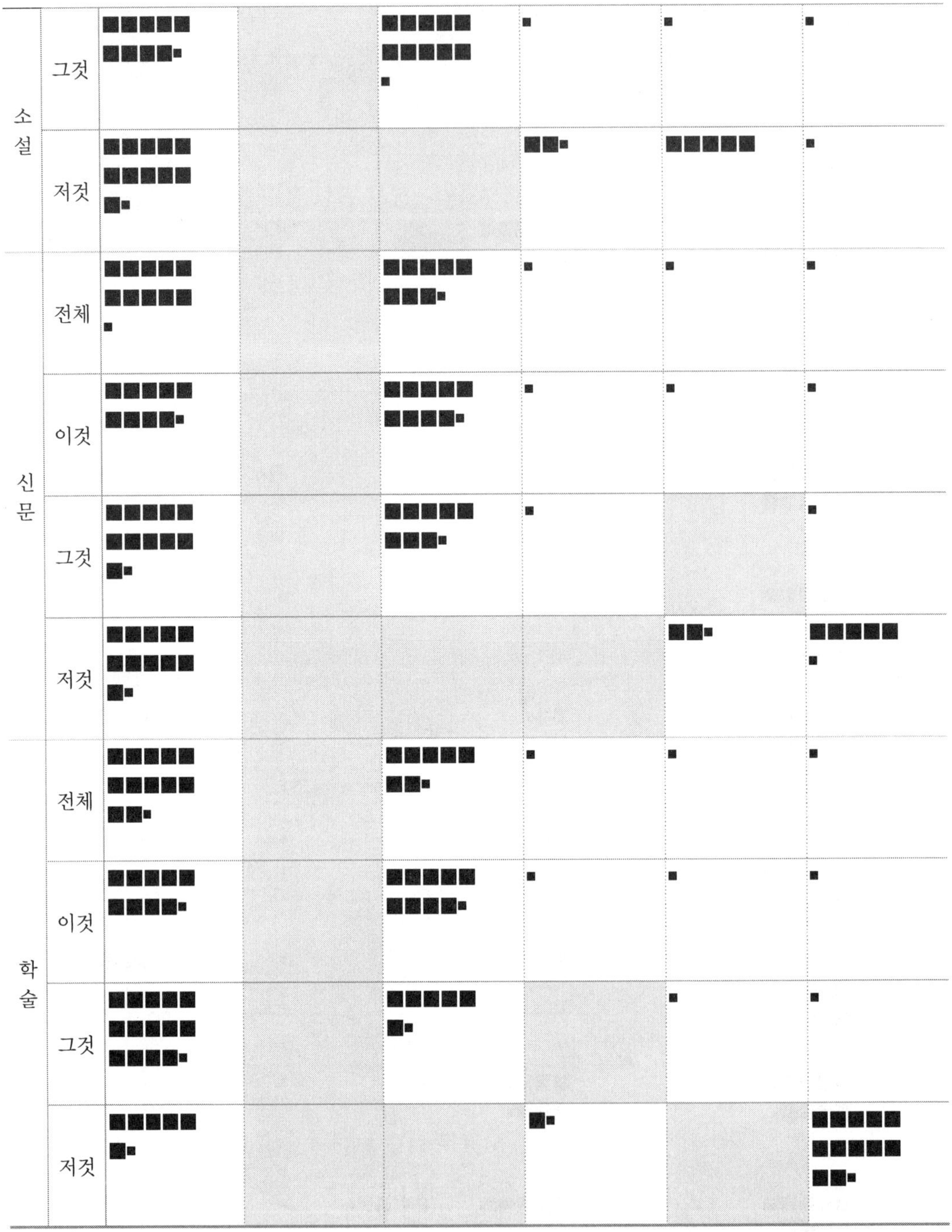

소설	그것						
	저것						
신문	전체						
	이것						
	그것						
	저것						
학술	전체						
	이것						
	그것						
	저것						

<그래프5.2.4-2-4> 사물 지시대명사 '이것/그것/저것'의 지시 대상별 사용 비율

		이것	그것	저것
전체	전체	■■■■■■▪	■■■■■■■■■■■■■▪	▪
	사물	■■■■■■▪	■■■■■■■■■■■■▪	▪
	장소			
	명제	■■■■▪	■■■■■■■■■■■■■■■▪	▪
	상황	■■■■■■■■■■■■■■■■■■▪	▪	■▪
	사람	■■■■■■▪	■■■■■■■■■▪	■■■■▪
	ø	■■■■▪	■■■■■■■■■■▪	■■■■■▪
대화	전체	■■■■■■■▪	■■■■■■■■■■■■▪	▪
	사물	■■■■■■■■▪	■■■■■■■■■■▪	▪
	장소			
	명제	■■■▪	■■■■■■■■■■■■■■■■▪	▪
	상황	■■■■■■■■■■■■■■■■■■■▪	▪	▪
	사람	■■■■■■■▪	■■■■■■■■■▪	■■■▪
	ø	■■■▪	■■■■■■■■■■▪	■■■■■▪
소설	전체	■■■▪	■■■■■■■■■■■■■■■▪	▪
	사물	■■■▪	■■■■■■■■■■■■■■■▪	▪
	장소			
	명제	■■▪	■■■■■■■■■■■■■■■■■▪	
	상황	■■■■■■■■■■■■■■■■■■▪	▪	■▪
	사람	■■■■■▪	■■■■■■■■▪	■■■■■▪
	ø	■■■■■▪	■■■■■■■■■■■■■▪	▪

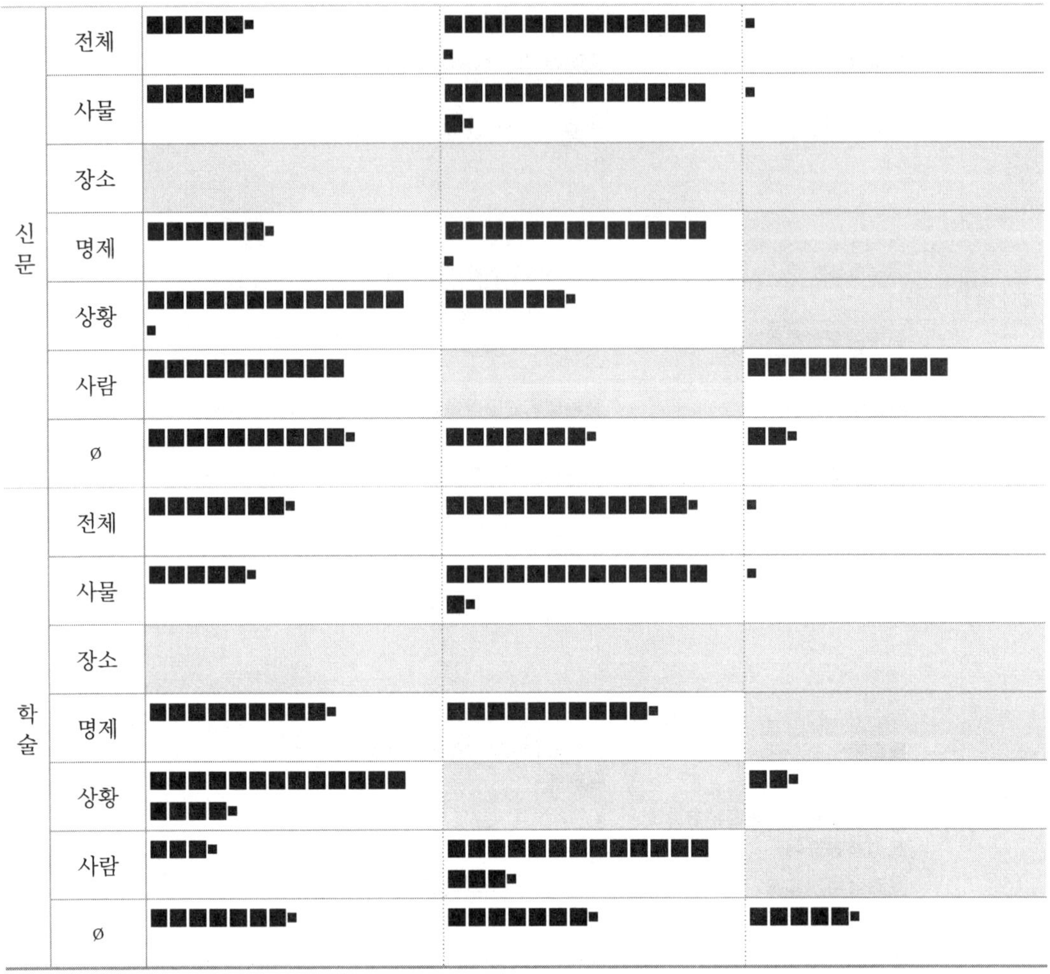

신문	전체			
	사물			
	장소			
	명제			
	상황			
	사람			
	ø			
학술	전체			
	사물			
	장소			
	명제			
	상황			
	사람			
	ø			

<그래프5.2.4-2-5> 지시 대상에 따른 사물 지시대명사 '이것/그것/저것'의 사용 비율

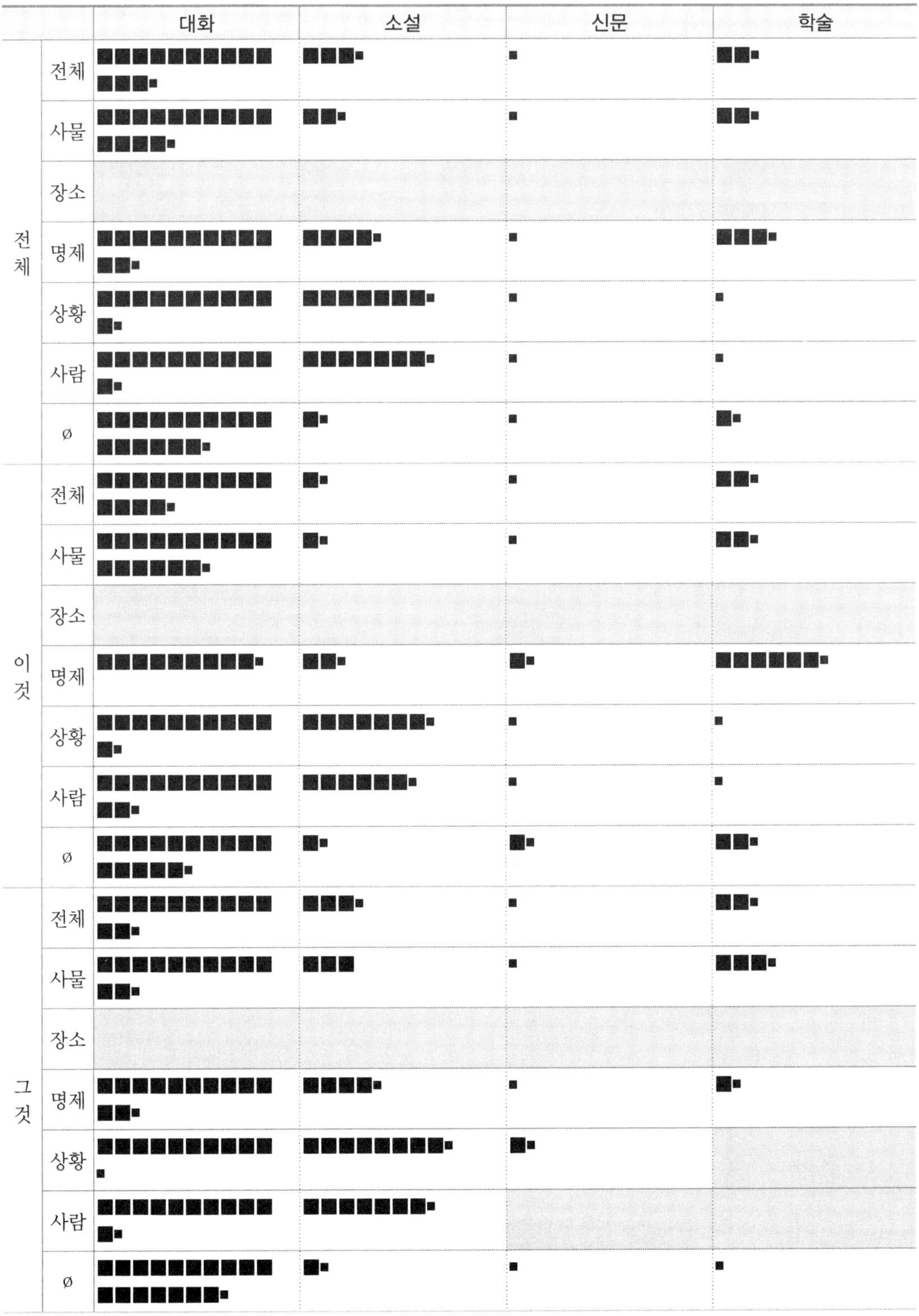

		대화	소설	신문	학술
전체	전체	■■■■■■■■■■■■■▪	■■■▪	▪	■■▪
	사물	■■■■■■■■■■■■■■▪	■■▪	▪	■■▪
	장소				
	명제	■■■■■■■■■■■■▪	■■■■▪	▪	■■■▪
	상황	■■■■■■■■■■■▪	■■■■■■■▪	▪	▪
	사람	■■■■■■■■■■■▪	■■■■■■■▪	▪	▪
	Ø	■■■■■■■■■■■■■■■■▪	■▪	▪	■▪
이것	전체	■■■■■■■■■■■■■■▪	■▪	▪	■■▪
	사물	■■■■■■■■■■■■■■■■▪	■▪	▪	■■▪
	장소				
	명제	■■■■■■■■■▪	■■▪	■▪	■■■■■■▪
	상황	■■■■■■■■■■■▪	■■■■■■■▪	▪	▪
	사람	■■■■■■■■■■■■▪	■■■■■■▪	▪	▪
	Ø	■■■■■■■■■■■■■■■▪	■▪	■▪	■■▪
그것	전체	■■■■■■■■■■■■▪	■■■▪	▪	■■▪
	사물	■■■■■■■■■■■■▪	■■■	▪	■■■▪
	장소				
	명제	■■■■■■■■■■■■▪	■■■■▪	▪	■▪
	상황	■■■■■■■■■■▪	■■■■■■■■▪	■▪	
	사람	■■■■■■■■■■■▪	■■■■■■■▪		
	Ø	■■■■■■■■■■■■■■■■■▪	■▪	▪	▪

저것	전체				
	사물				
	장소				
	명제				
	상황				
	사람				
	ø				

<그래프5.2.4-2-6> 사물 지시대명사 '이것/그것/저것'의 지시 대상별 사용역 비율

사물 지시대명사 '이것/그것/저것'의 용례

지시 대명사	지시 양상		지시 대상	예문
이것	문맥 지시	선행	사물	현재까지 모은 재활용품은 모두 80t, **이것들을** 팔아 3백여 만 원의 판매 수익을 올렸다. [신문] 고구려 벽화에는 남자와 여자가 수건을 쓰고 있는데 **이것은** 얼마 전까지도 여자들이 일할 때에 머리 정돈을 목적으로 썼다. [학술]
			장소	
			명제	시간 계산의 예를 보자. 5시에서 3시간 후는 8시이고 **이것을** 식으로 쓰면 3+5=8이다. [신문] 사마천의 사기에도 묵자는 아주 간단하게 소개되어 있습니다. **이것은** 그만큼 묵자의 사상이 지배층에게 반가운 사상이 아니었음을 보여주는 것입니다. [학술]
			사람	이 골목, 저 술집, 당구장, 그전에 내가 잘 드나들었고 건달들이 모이던 곳에는 낯선 얼굴들뿐이었다. 찾아다니다가 귀찮은 생각이 들어서 아무데나 티상 골목으로 기어들어가 뽁이나 할 마음이 생겼다. 한 년을 골랐는데 **이게** 사람을 잘못 보고 헛바퀴(눈속임)를 돌리노라고 손님을 둘이나 더 받아 놓고는 이층 삼층으로 오르락내리락하는 것이었다. [소설] 본질의 인간, **이것이** 곧 아담이요, 본질의 악마 그것이 곧 뱀이다. [학술]
		후행	사물	그러니깐 같은 내 양을 내가 먹었다고 치면은 이건 팔십 프로 흡수되는 거고, **이거는** 현미는, 현미는, 오십 프로 정도 되면 없어요. [대화] 그런데 **이것은** 알고 있는가? 바로 옆의 당신 친구도 똑같이 생각하고 있다는 사실을. [학술]
			장소	
			명제	A: 내기 이 친구에게 대충 이렇게 했어. B:응, A: 같이 여럿, 걔 걔네 주변 애들하고 같이 다 어울리니까. B: 어::, 재밌다. A: 그래서 나의 기본은 **이거야** 내가 얘를 사귀면, 얘 주변에 친한 사람들하고 난 친해야 돼. [대화] 그렇다면 **이건** 납득이 되시겠습니까? 강선생님 급여가 다른 선생님과는 너무 차이가 나서 위화감을 조성할 수도 있다는 거요. [소설]
			사람	
	현장 지시		사물	A: 그럼, 노트북을 빌려 주실 수 있으세요? B 아 **이거요**? [대화] 초등학교 3학년 때 계곡에서 익사할 뻔한 이후로 물을 무척 무서워하는 예리에게 세희는 수영반에서 말했었다. "바보야, **이건** 고인 물이라고" [소설]
			장소	
			상황	A: 그 한 시간밖에 공강이 없어, 그래 가지구 문독 가야지 뭐~, 중도 갔다오면은 시간 다 끝나는데 뭐. B: 아. A: 뭐 하러, 중도까지 가. B: 좋겠다 너, 좋겠다. A: 안 좋아, 밥도 못 먹고 **이게** 뭐야? [대화] 빨리 복구를 해 주셔야지 안 그러면 **이거** 우리집 식구들 전부 얼어 게 생겼습니다요. [소설]
			사람	A: 누구야? B: 짜증나 죽겠어 진짜. C: 기자야 **이게?** 민잔가 미잔가 그 여자야? B: 어유. A: 민자. [대화] 아이고 **이것아** 너까지 이런 고생을 시키다니… 모두 부모를 잘못 만난 탓이지. 어린것이 무슨 죄가 있노. [소설]
	텍스트 지시			
	상맥 지시			
	지시 대상 확인 불가			네, 네 뭐라고 말씀드려야 할지 **이건** 혜린 씨를 만나 직접 말씀드려야 할 얘긴데 죄송합니다만 집에 들어오시면 저한테 전화를 주시도록 해주시겠습니까? [소설] **이것도** 옳고 저것도 옳다는 식으로 절충해서는 안 된다. [학술]

그것	문맥 지시	선행	사물	눈길을 녹이기 위한 염화칼슘도 25kg들이가 20만 부대나 있었다. **그걸** 모두 서울시는 제때에 쓰지 않았다. [신문] 황색은 전통적으로 조선에서는 미륵을 상징하는 색으로서, **그것은** 그들이 평등한 이상사회를 갈구하고 있다는 징표였다. [학술]
			장소	
			명제	그녀는 더이상 숨길 수가 없었다. 지난 7년 동안 그를 잊었다고 생각했지만, **그것은** 그녀의 착각이었을 뿐이다. [소설] 선발타자 중 한 명을 빼고 모두 안타를 쳐냈으며, 득점 기회를 놓치지 않았다. **그것이** 24일(이하 한국시각) 홈에서 열린 월드시리즈 5차전서 강호 뉴욕 양키스를 6대4로 거꾸러뜨린 비결이었다. [신문]
			사람	팜 반 꾹은 히우의 말을 무시하며 혼잣말처럼 중얼거렸다. "그에게는 찾아야 할 사람이 있어." "**그게** 이니인가요?" 팜 반 꾹은 의아한 눈빛으로 건석을 쳐다보았다. 하여튼 김부장 **그거는** 주먹 함부로 써가 큰일이다. [소설]
		후행	사물	십삼 일날, **그거** 개봉하잖아, 장화홍련. [대화] 우리는 그래. **그것밖에는** 없어. 동반 자폭.... [소설]
			장소	
			명제	우리는 그냥 패키지로 안 하고 **그것만** 했거든. 호텔만 예약하고 갔어. [대화] 너 **그건** 알아? 이번에 햄릿 역 맡은 배우가 한국인이야. [소설]
			사람	A: 걔네가 못하니까, 제가 조금 더 열심히 하면은, 확 올르겠죠? 그래서, 되게 다행이라고 생각했어요. 저는. B: 니 니 니 A: 저만 안 하는 줄 알았는데, B: 니 **그거는** 니 지금 경쟁 상대들은 걔네가 아니야, 다 재수생들이야. [대화] 삼시 세끼 잘 얻어먹고 달은 포실하게 차올라서, 금줄에 매달 마른 고추까지 잘 닦아놓고 몸풀었는데 **그게** 날 때부터 남자처럼 골상이 컸던 계집애, 나였대. [소설]
	현장 지시		사물	A: 아::, 진짜 빨리 따라라. 아 오빠보고 따르란 얘기가 아닌데, B: 아니 근데 A: 니보구 따르라 그랬는데 B: 도저히 용서할 수가 없다 진혜는, 진혜 너 **그거** 벌주 마셔라 그거, 원샷 해라. 안 되겠다 너. [대화] 그녀는 "보기도 싫소. **그것** 벗고 얼른 이것 입으시오."하고 들고 온 옷을 그의 앞에 던졌다. [소설]
			장소	
			상황	A: 비토 B: 돈비토. A: 돈비토. B: 꼴레오네. A: 돈비토꼴레오내. 약간 이탈리틱하게 읽어야지. B: **그게** 이탈리틱하냐 무슨? A:돈비토 꼴레. A: 동남아 쪽이지. [대화] 태옥이 너, 어디 가서든 시어른들 말 막하고 그러지 마라. **그게** 어디서 배워먹은 버릇이냐. [소설]
			사람	
	텍스트 지시			
	상맥 지시			A: 시급 이천오백 원. B: 빨리 해야 돼. **그거** 붙은 지 꽤 됐어. A: 정말요? B: 음 나왔을 때부터 붙어 있었어. [대화] "퍼뜩 옷 걸치고 나온나." "왜요, 또 **그것** 하러 나짱호텔 갔다가 걸렸습니까?" 여자를 샀다가 말썽이 나는 경우가 가끔 있어왔다. "그런 거면 내가 여기까지 오지도 아해." [소설]
	지시 대상 확인 불가			A: 패션학개론? B: 네. A: 어::! B: 아 패션학개론이 아니고 **그게** 뭐였지? 아무튼 그런 류의 그런 걸 들었었는데요. [대화] 영국 생활도 매일 **그게 그거야**. [소설]

대명사	지시 유형		대상	예문
저것	문맥 지시	선행	사물	
			장소	
			명제	
			사람	
		후행	사물	지금 **저거** 있어? 강의 계획표 있어? [대화] 야 **저거** 없냐? 꿀호떡? [대화]
			장소	
			명제	A: 내가 볼 때는 뭐랄까 공부할 수 있는 여건은 되는데, B: 음. A: 공부하고 싶은 마음은 다 죽여 버리는, B: 음. A: 그 이후루 연결 안 되잖아 그건. B: 그치, 그~왜 시키는지 모르겠어. 그리구 정말 내가 저기도 써 놨지만 진짜 딱 저기 다 쓰면서 진정한 방학이란 도대체 뭘까. 진짜 **저게** 궁금한 거야. 갑자기. 방학이 왜 있는 거지? [대화] A: 그거 무료 회원이야 가입해. B: 그거 뭐~ 버디버디처럼 이렇게 딱 뜨는 거 아니에요? A: 어:: 음. B: 그~ 집에 뭐가 뜨더 뜨던데. A: 그거 뜨면은 B: 음! A: 채팅도 할 수 있구 **저거** 하는데. B:음:: A: 자료도 받을 수 있어. [대화]
			사람	
	현장 지시		사물	A: 옷가지 좀 샀어. B: 옷이요? A: 응. B: **저게** 다 산거예요? 남자가 빙긋 웃으며 분홍색 감 하나를 수혜의 코 앞에 들이댔다. 아뿔사 **저게** 언제 떨어졌지? [소설]
			장소	
			상황	삼각뿔이면 삼각뿔 다 종이로 만들고, 그랬더니 거기오래된 선생님들이, 아유 **저게** 얼마나 가나 보자구, 그러셨던 기억이 나는데. [대화] "**저것** 봐, 벌써 새벽이야." 영달이가 창문을 가리키며 말했다. [소설]
			사람	그냥 평소에 그냥, 보통 정상적인 삶을 살았다는 사람들이 그런 행동을 했으면은 **저거** 미쳤나 그랬을 거야. [대화] 저 새끼 **저거**. 여자친구도 없는 놈이 몸이 벌써 그래서 어쩔래. [소설]
	텍스트 지시			
	상맥 지시			
	지시 대상 확인 불가			A: 아까 그런 거 같은 경우는 방송 자막하는 사람들이 조금 더 신경을 써야 되겠다는 생각을 해. 왜 그러냐면은, 성인들도 이렇게 모르고 지나가는 경우가 많고, 아저게 **저건가** 그렇게 생각하는 게 많으니까. [대화] 현실 세계에서 서로 대립하고 있는 둘을 이것도 옳고 **저것도** 옳다고 하는 것은 있을 수 없고 결국 하나가 옳은 것으로 되어야 합니다. [학술]

장소 지시대명사 '여기/거기/저기'의 지시 양상

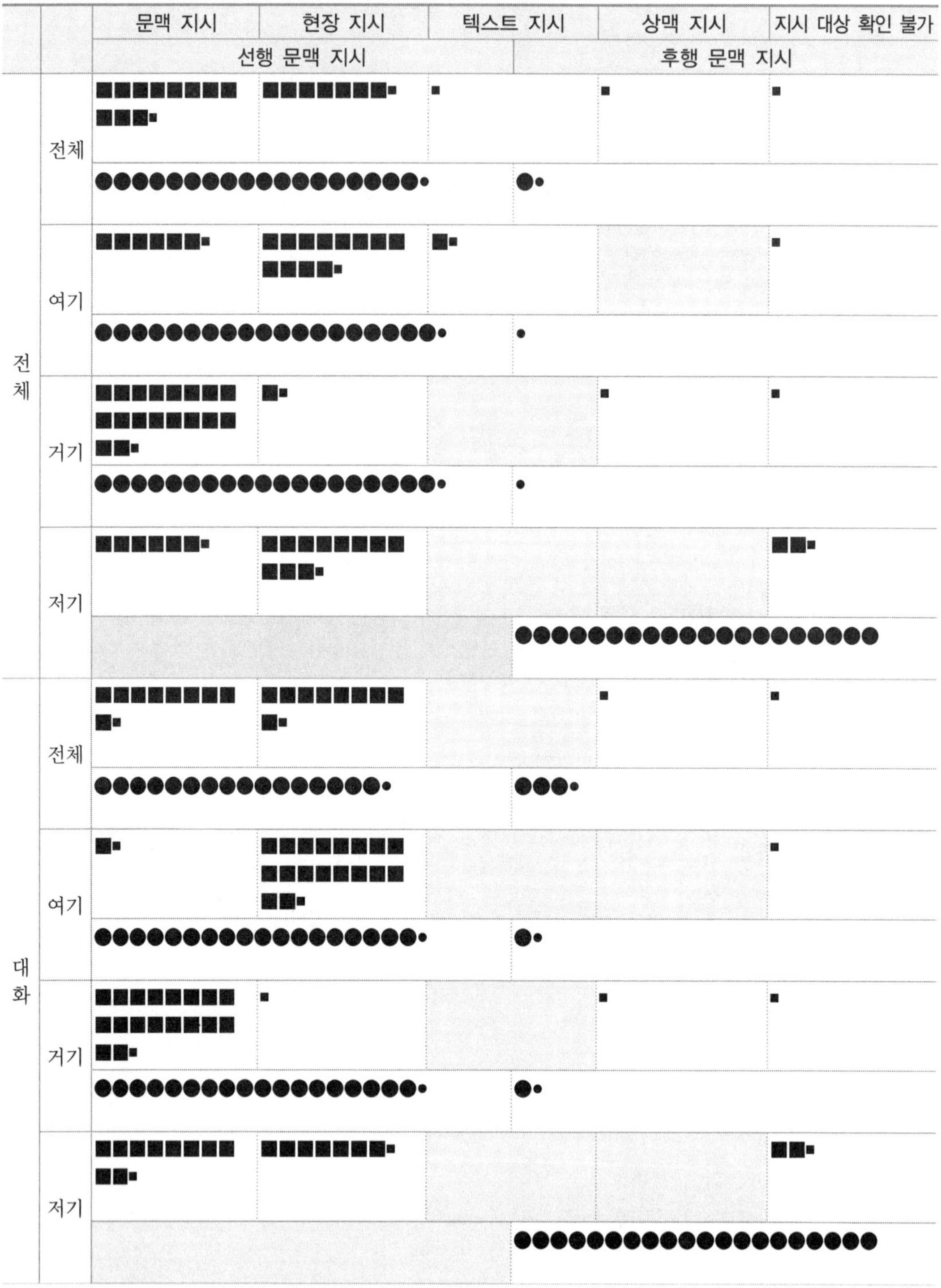

		문맥 지시	현장 지시	텍스트 지시	상맥 지시	지시 대상 확인 불가
		선행 문맥 지시		후행 문맥 지시		
전체	전체					
	여기					
	거기					
	저기					
대화	전체					
	여기					
	거기					
	저기					

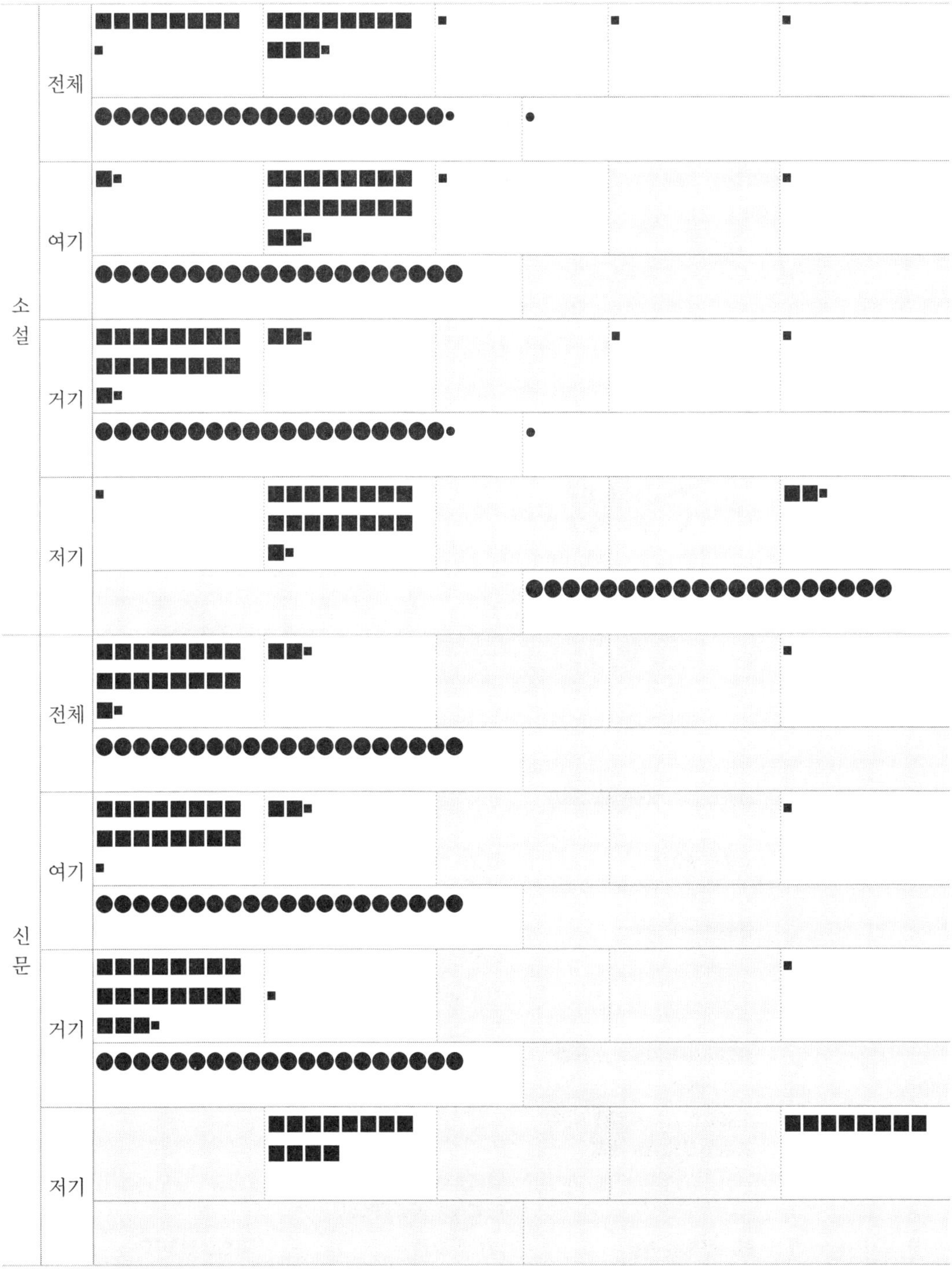

소설	전체					
	여기					
	거기					
	저기					
신문	전체					
	여기					
	거기					
	저기					

학술	전체	■■■■■■■■■■■■■■■▪	▪	■■■▪		▪
		●●●●●●●●●●●●●●●●●●●•		•		
	여기	■■■■■■■■■■■■■■▪	■▪	■■■■▪		
		●●●●●●●●●●●●●●●●●●●		•		
	거기	■■■■■■■■■■■■■■■■■■■▪	▪			▪
		●●●●●●●●●●●●●●●●●●●		•		
	저기		■■■■■■■■■■■■■■■■▪			■■■▪

<그래프5.2.4-3-1> 장소 지시대명사 '여기/거기/저기'의 지시 양상별 사용 비율

			여기	거기	저기
전체	전체		■■■■■■■■■■■▪	■■■■■■■▪	■▪
	문맥 지시	전체	■■■■■■▪	■■■■■■■■■■■■■▪	▪
		선행	●●●●●●•	●●●●●●●●●●●●●•	
		후행	•	●●●●●●●●●●•	●●●●●●●●●•
	현장 지시		■■■■■■■■■■■■■■■▪	■▪	■▪
	텍스트 지시		■■■■■■■■■■■■■■■■■■■■		
	상맥 지시			■■■■■■■■■■■■■■■■■■■■	
	지시 대상 확인 불가		■■■■■■■▪	■■■■■■▪	■■■■■■▪

대화	전체		■■■■■■■■■■▪	■■■■■■■■■■▪	■▪
	문맥 지시	전체	■▪	■■■■■■■■■■■ ■■■■■■▪	■▪
		선행	●•	●●●●●●●●●●● ●●●●●●●•	
		후행	•	●●●●●●●●●•	●●●●●●●●●•
	현장 지시		■■■■■■■■■■■ ■■■■■■■▪	▪	■▪
	텍스트 지시				
	상맥 지시			■■■■■■■■■■■ ■■■■■■■■■	
	지시 대상 확인 불가		■■■■■■▪	■■■■■■■▪	■■■■■▪
소설	전체		■■■■■■■■■■▪	■■■■■■■■▪	■▪
	문맥 지시	전체	■▪	■■■■■■■■■■■ ■■■■■■■▪	▪
		선행	●•	●●●●●●●●●●● ●●●●●●●•	
		후행		●●●●●●●●●●● ●●●●●●•	●●•
	현장 지시		■■■■■■■■■■■ ■■■■■▪	■▪	■▪
	텍스트 지시		■■■■■■■■■■■ ■■■■■■■■■		
	상맥 지시			■■■■■■■■■■■ ■■■■■■■■■	
	지시 대상 확인 불가		■■■■■■■■▪	■▪	■■■■■■■■■▪
신문	전체		■■■■■■■■■■■ ■■■■▪	■■■■▪	▪
	문맥 지시	전체	■■■■■■■■■■■ ■■■■▪	■■■■▪	
		선행	●●●●●●●●●●● ●●●●•	●●●●•	
		후행			
	현장 지시		■■■■■■■■■■■ ■■■■■■■▪	▪	■▪

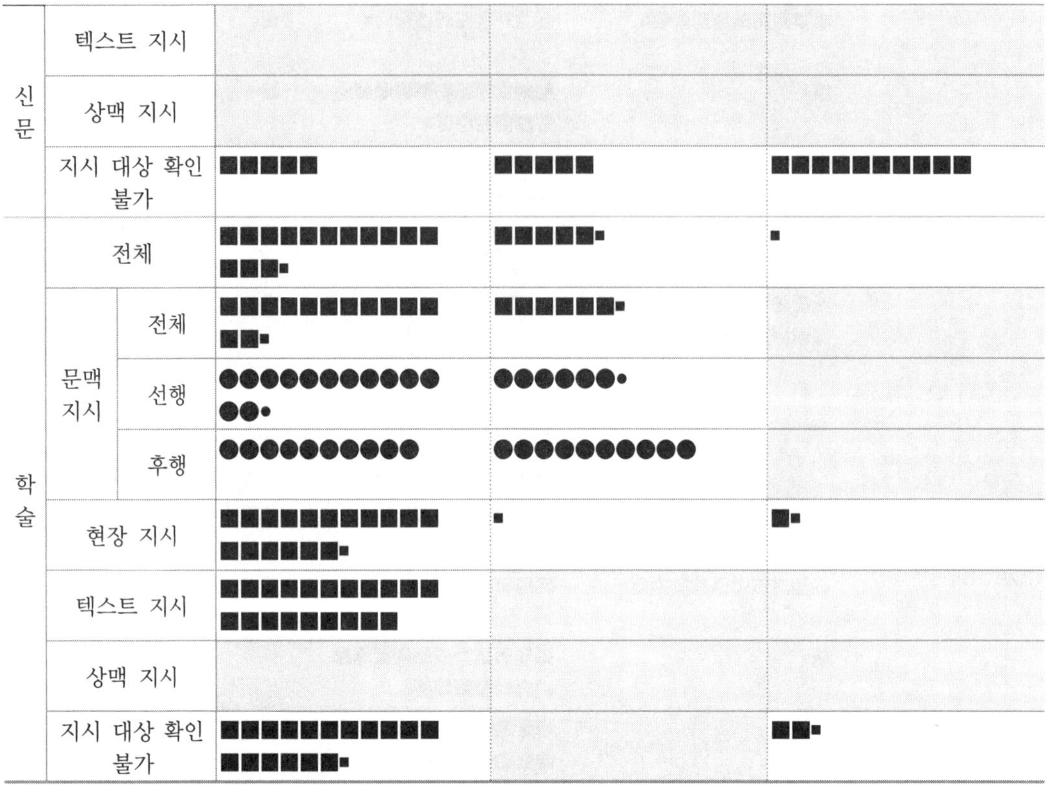

신문	텍스트 지시			
	상맥 지시			
	지시 대상 확인 불가	■■■■■	■■■■■	■■■■■■■■■■
학술	전체	■■■■■■■■■■■ ■■■▪	■■■■■▪	▪
	문맥 지시 전체	■■■■■■■■■■■ ■■▪	■■■■■■▪	
	문맥 지시 선행	●●●●●●●●●●● ●●•	●●●●●●•	
	문맥 지시 후행	●●●●●●●●●●	●●●●●●●●●●	
	현장 지시	■■■■■■■■■■■ ■■■■■■▪	▪	■▪
	텍스트 지시	■■■■■■■■■■■ ■■■■■■■■■		
	상맥 지시			
	지시 대상 확인 불가	■■■■■■■■■■■ ■■■■■■▪		■■▪

<그래프5.2.4-3-2> 지시 양상에 따른 장소 지시대명사 '여기/거기/저기'의 사용 비율

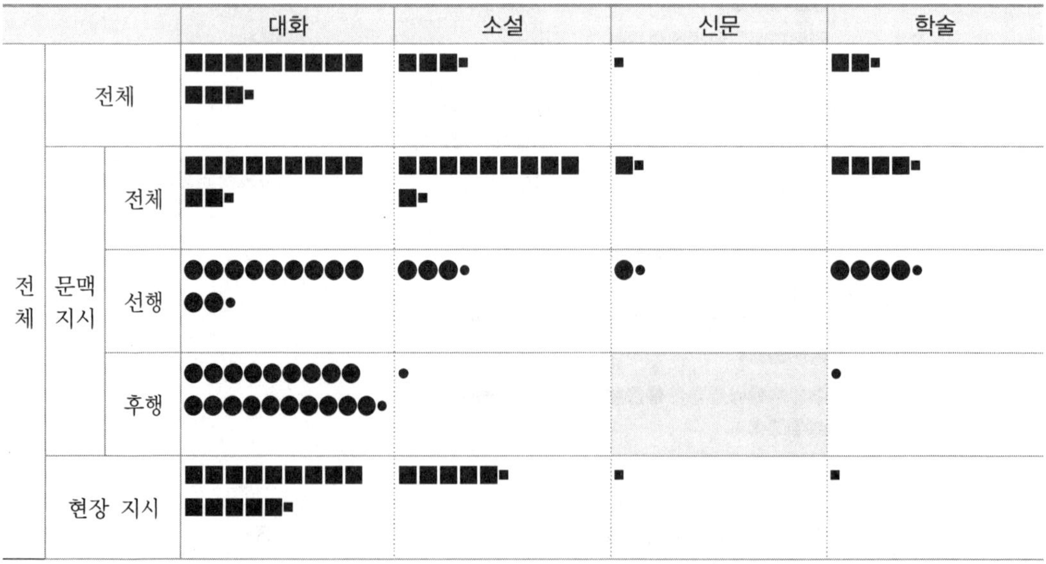

			대화	소설	신문	학술
전체	전체		■■■■■■■■■ ■■■▪	■■■▪	▪	■■▪
	문맥 지시	전체	■■■■■■■■■ ■■▪	■■■■■■■■■ ■▪	■▪	■■■■▪
		선행	●●●●●●●●● ●●•	●●●•	●•	●●●●•
		후행	●●●●●●●●● ●●●●●●●●●●•	•		•
	현장 지시		■■■■■■■■■ ■■■■■▪	■■■■■▪	▪	▪

전체	텍스트 지시			▪		■■■■■■■■■ ■■■■■■■■■ ■
	상맥 지시		■■■■■■■■■ ■■■■■■▪	■■■■▪		
	지시 대상 확인 불가		■■■■■■■■■ ■■■■■■▪	■■■▪	▪	▪
여기	전체		■■■■■■■■■ ■■▪	■■■▪	■▪	■▪
	문맥 지시	전체	■■■▪	▪	■■■■▪	■■■■■■■■■ ■■▪
		선행	●●●•	•	●●●•	●●●●●●●●● ●●•
		후행	●●●●●●●●● ●●●●●●●●•			●●•
	현장 지시		■■■■■■■■■ ■■■■■▪	■■■■▪	▪	▪
	텍스트 지시			▪		■■■■■■■■■ ■■■■■■■■■ ■▪
	상맥 지시					
	지시 대상 확인 불가		■■■■■■■■■ ■■■■■■▪	■■■■	▪	
거기	전체		■■■■■■■■■ ■■■■▪	■■■▪	▪	■▪
	문맥 지시	전체	■■■■■■■■■ ■■■■■■	■■■▪	▪	■▪
		선행	●●●●●●●●● ●●●●•	●●●•	•	●•
		후행	●●●●●●●●● ●●●●●●●●●●•	•		

거기	현장 지시		■■■■■■■■■■ ■▪	■■■■■■■■■■ ▪	▪	▪
	텍스트 지시					
	상맥 지시		■■■■■■■■■■ ■■■■■■▪	■■■▪		
	지시 대상 확인 불가		■■■■■■■■■■ ■■■■■■■■▪	▪	▪	■▪
저기	전체		■■■■■■■■■■ ■■■■■■▪	■■■■▪	▪	▪
	문맥 지시	전체	■■■■■■■■■■ ■■■■■■■■■■ ■■	▪		
		선행				
		후행	●●●●●●●●●● ●●●●●●●●●● •	•		
	현장 지시		■■■■■■■■■■ ■■▪	■■■■■■■▪	▪	▪
	텍스트 지시					
	상맥 지시					
	지시 대상 확인 불가		■■■■■■■■■■ ■■■■■▪	■■■■▪	▪	▪

<그래프5.2.4-3-3> 장소 지시대명사 '여기/거기/저기'의 지시 양상별 사용역 비율

장소 지시대명사 '여기/거기/저기'의 지시 대상

		사물	장소	명제	상황	사람	Ø
전체	전체	▪	■■■■■ ■■■■■ ■■■■▪	■■■▪	▪	▪	■▪
	여기		■■■■■ ■■■■■ ■■■■▪	■■■▪	▪	▪	■▪
	거기		■■■■■ ■■■■■ ■■■■■ ▪	■■■▪		▪	▪
	저기	■■▪	■■■■■ ■■■■■ ■■■▪	▪	▪	▪	■■▪
대화	전체	▪	■■■■■ ■■■■■ ■■■■■ ▪	■▪	▪	▪	▪
	여기		■■■■■ ■■■■■ ■■■■■ ■■■▪	▪	▪		▪
	거기		■■■■■ ■■■■■ ■■■■■ ■▪	■■▪		▪	
	저기	▪	■■■■■ ■■■■■ ■▪	■▪		▪	■■▪
소설	전체	▪	■■■■■ ■■■■■ ■■■■■ ■▪	■■▪	▪	▪	▪
	여기		■■■■■ ■■■■■ ■■■■■ ■■■▪	▪	▪	▪	▪

소설	거기		■■■■■■■■■■■■■■■▪	■■■■▪		▪	▪
	저기	▪	■■■■■■■■■■■■■■■■▪		▪		■■▪
신문	전체		■■■■■■■■■■▪	■■■■■■■■■▪	▪		▪
	여기		■■■■■■■■■▪	■■■■■■■■■■▪	▪		▪
	거기		■■■■■■■■■■■■■▪	■■■■■■▪			▪
	저기		■■■■■■■■■■■■				■■■■■■■■
학술	전체		■■■■■■■■▪	■■■■■■■■▪	▪		■■■▪
	여기		■■■■■■▪	■■■■■■■■■▪	▪		■■■■▪
	거기		■■■■■■■■■■■■■▪	■■■■■■▪			▪
	저기		■■■■■■■■■■■■■■■■▪				■■■▪

<그래프5.2.4-3-4> 장소 지시대명사 '여기/거기/저기'의 지시 대상별 사용 비율

		여기	거기	저기
전체	전체	■■■■■■■■■■■▪	■■■■■■■▪	■▪
	사물			■■■■■■■■■■■■ ■■■■■■■■
	장소	■■■■■■■■■■▪	■■■■■■■■▪	▪
	명제	■■■■■■■■■■■▪	■■■■■■■▪	▪
	상황	■■■■■■■■■■■■ ■■■■■■▪		■▪
	사람	■■■■■▪	■■■■■■■■■■	■■■■▪
	ø	■■■■■■■■■■■■ ■■▪	■■■▪	■■■■■■■■■■▪
대화	전체	■■■■■■■■■▪	■■■■■■■■■▪	■▪
	사물			■■■■■■■■■■■■ ■■■■■■■■
	장소	■■■■■■■■■■▪	■■■■■■■■▪	▪
	명제	■■■■▪	■■■■■■■■■■■■ ■▪	■▪
	상황	■■■■■■■■■■■■ ■■■■■■■■		
	사람		■■■■■■■■■■■■	■■■■■■■■
	ø	■■■■■▪	■■■■■■■■■▪	■■■■▪
소설	전체	■■■■■■■■■▪	■■■■■■■■■▪	■▪
	사물			■■■■■■■■■■■■ ■■■■■■■■
	장소	■■■■■■■■■■■▪	■■■■■■■▪	
	명제	■■■▪	■■■■■■■■■■■■ ■■■■▪	
	상황	■■■■■■■■■■■■ ■■■■■▪		■■▪
	사람	■■■■■■■■■■■■ ▪	■■■■■■■▪	
	ø	■■■■■■■■▪	■■■■■▪	■■■■■■

신문	전체			
	사물			
	장소			
	명제			
	상황			
	사람			
	ø			
학술	전체			
	사물			
	장소			
	명제			
	상황			
	사람			
	ø			

<그래프5.2.4-3-5> 지시 대상에 따른 장소 지시대명사 '여기/거기/저기'의 사용 비율

		대화	소설	신문	학술
전체	전체	■■■■■■■■■■ ■■▪	■■■▪	▪	■■▪
	사물	■■■■■■■■■■ ■■■■■■■■■▪	▪		
	장소	■■■■■■■■■■ ■■■■▪	■■■■▪	▪	■▪
	명제	■■■■■■▪	■■■▪	■■▪	■■■■■■■▪
	상황	■■■■■■■■■■ ■▪	■■■■■■▪	▪	▪
	사람	■■■■■■■■■■ ■■■■▪	■■■■■▪		
	ø	■■■■■■■■▪	■■▪	▪	■■■■■■■■▪
여기	전체	■■■■■■■■■■ ■▪	■■■▪	■▪	■■■▪
	사물				
	장소	■■■■■■■■■■ ■■■▪	■■■■▪	▪	■▪
	명제	■■■▪	▪	■■■▪	■■■■■■■■■■ ■■▪
	상황	■■■■■■■■■■ ■■▪	■■■■■■▪	■▪	▪
	사람		■■■■■■■■■■ ■■■■■■■■■■		
	ø	■■■▪	■▪		■■■■■■■■■■ ■■▪
거기	전체	■■■■■■■■■■ ■■■▪	■■■▪	▪	■▪
	사물				
	장소	■■■■■■■■■■ ■■■■▪	■■■▪	▪	■▪
	명제	■■■■■■■■■■ ▪	■■■■■▪	▪	■■■▪
	상황				
	사람	■■■■■■■■■■ ■■■■■■▪	■■■▪		
	ø	■■■■■■■■■■ ■■■■■■▪	■▪	▪	■▪

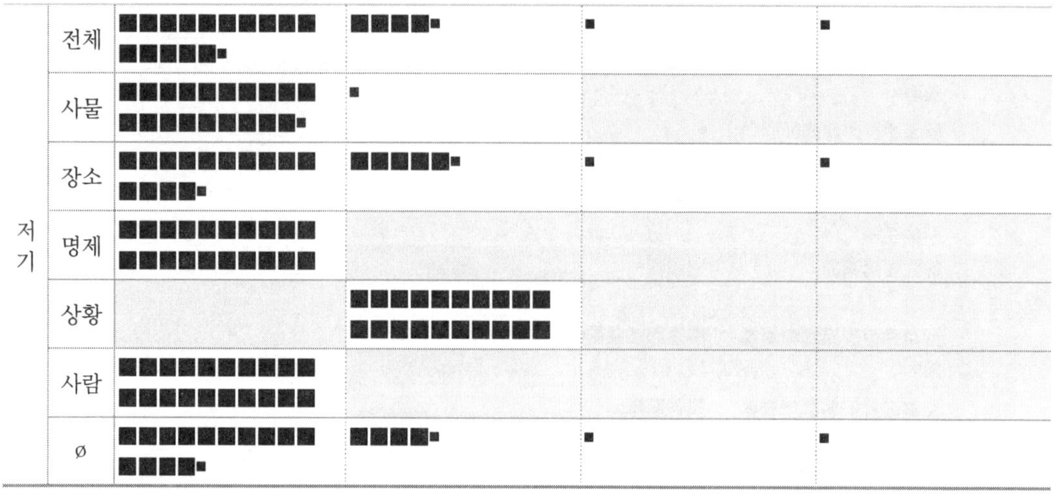

저기	전체	■■■■■■■■■■ ■■■■■▪	■■■■▪	▪	▪
	사물	■■■■■■■■■■ ■■■■■■■■■▪	▪		
	장소	■■■■■■■■■■ ■■■■▪	■■■■■▪	▪	▪
	명제	■■■■■■■■■■ ■■■■■■■■■■			
	상황		■■■■■■■■■■ ■■■■■■■■■■		
	사람	■■■■■■■■■■ ■■■■■■■■■■			
	Ø	■■■■■■■■■■ ■■■■▪	■■■■▪	▪	▪

<그래프5.2.4-3-6> 장소 지시대명사 '여기/거기/저기'의 지시 대상별 사용역 비율

장소 지시대명사 '여기/거기/저기'의 용례

지시 대명사	지시 양상		지시 대상	예문
여기	문맥 지시	선행	사물	
			장소	서쪽 내륙에 있는 최고봉 비로봉(1638m)에서 동쪽으로 뻗어간 금강산 산줄기는 장군봉을 지나고 **여기서** 갈라져 나가 한쪽이 외금강 구룡연 구역과 선하동 구역 사이로 날카롭고 험준한 바위들과 거대한 바위 능선 봉우리들로 이어진다. [신문] 가상학교는 물리적으로 존재하는 학교가 아닌 인터넷 같은 가상공간에 존재하는 교육공간이다. **여기서는** 학생이 원하는 시간과 장소에서 필요한 코스를 선택하여 듣고, 교사와 만나지 않고도 가상공간에서 상호 질의 응답할 수 있다. [학술]
			명제	교회의 평면도는 라틴 십자가 모양을 하고 있는데, **여기서** 중세의 상징주의를 엿볼 수 있다. [학술] 언론의 공공성을 감안한다면 언론은 공적으로 소유되는 것이 바람직하다. **여기서** 공적 소유구조란 국가나 기업 또는 개인이 아닌 제3의 소유형태를 말한다. [학술] 외부 전문기관의 평가 결과는 교육부에서 대학 지원에 대한 기초 자료로 유용하게 활용된다. 더 중요한 것은 공개된 평가 결과가 대학 선택을 앞두고 있는 학생과 학부모에게도 매우 귀한 자료라는 점이다. 정부에서 대학 평가를 강조하는 이유는 바로 **여기에** 있다. [학술]
			사람	
		후행	사물	
			장소	A: 어. B: 쌍성총관부가, A: 몽고. B: 몽고 몽고군, 몽고군이 **여기** 우리나라에 주둔해 있던 그런 건가? [대화] 구성이 문장 전체에 관한 일이라면, **여기** 단락 부분에서는 문단 하나하나가 어떻게 전체적인 구성에 이바지하게 하는가가 문제된다. [학술]
			명제	
			사람	

<table>
<tr><td rowspan="8">여기</td><td rowspan="4" colspan="2">현장 지시</td><td>사물</td><td></td></tr>
<tr><td>장소</td><td>A: 집이 다 머세요 **여기서**? B: 저는 일산이에요. 둘은 봉천이구요, 봉천, [대화]
“자넨 **여기** 그냥 있어. 따라와도 이제 소용이 없으니까.” [소설]</td></tr>
<tr><td>상황</td><td>A: 뭐야 똑같은 걸 하면 어떡해? B: 아 그러니까 똑같은 걸 하는 게 아니구, 니가 일정 시간 녹음을 하고 나서 얘기를 하란 말이야. 오빠 **여기까지만** 하께. [대화]
더 이상은 싫어요. 이제 **여기서** 멈춰요. 더 이상 나를 들여다 보지 말란 말이에요. [소설]</td></tr>
<tr><td>사람</td><td>“자, **여기는** 의상학과 3학년 한미영씨고, **여기는** 미영씨 기숙사 룸메이트야.” [소설]
“**여기는** 이혁진, 대학 동창. 그리고 이쪽은 조세희, 고등학교 동창.” [소설]</td></tr>
<tr><td colspan="3">텍스트 지시</td><td>우리 복식의 미는 이러한 전통색에서 특징을 찾을 수 있다. **여기서는** 각 시대의 상황에 따라 선택된 색의 가치 개념을 알아보고 이것이 현대에까지 이어져 온 과정을 살펴봄으로써 한국인의 복식에 대한 색채미를 찾아보고자 한다. [학술]
그러므로 ‘단일학문’에 대한 헛된 기대는 버리고 ‘학문총괄론’을 개척하기 위해 힘써야 한다. **여기서** 그 학문총괄론의 내용을 제시하는 것은 무리이다. [학술]</td></tr>
<tr><td colspan="3">상맥 지시</td><td></td></tr>
<tr><td colspan="3">지시 대상 확인 불가</td><td>A: 이연걸 나오는 거, B: 되게 재밌어요, A: 그래 갖구, 겠는데, **여그** 이:: 이만한 돌덩이 들구 나와 갖구, B: 돌? A: 하여튼 뭐 뭔가 이렇게 뭐, 하여튼 뭐, 판화에 나오나? [대화]
네 의지와 상관없이 마우스 포인터는 제멋대로 **여기를** 가리켰다 저기를 가리켰다 변덕을 부린다. [소설]</td></tr>
<tr><td colspan="4"></td></tr>
<tr><td rowspan="8">거기</td><td rowspan="8">문맥 지시</td><td rowspan="4">선행</td><td>사물</td><td></td></tr>
<tr><td>장소</td><td>A: 그~ 주인공이, 여자는:: 사라미사일겔러구, 그~ 내겐 너무 가벼운 그년가? B: 응. A: 그~ **거기에** 나오는 뚱뚱한 남자 알지? [대화]
대신 건석이 발견한 것은 형의 또 다른 가족사진 한장이었다. 물론 **거기에는** 건석이 없었다. [소설]</td></tr>
<tr><td>명제</td><td>그가 지닌 힘과 권리의 근거가 무엇인지도 알지 못했다. 다만 그의 힘과 권리가 확고부동하고, **거기** 의문을 제기하는 사람은 아무도 없다는 것을 알 뿐이었다. [소설]
족보를 만들어 몇십 대까지 거슬러 올라가 선조의 이름을 외는 것이 상식인 사회에서는 그 규정이 여간해서 잘 지켜질 수가 없었다. **거기에다가** 거듭되는 외침과 당쟁 때문에 신분제는 어지럽게 되어 17 세기 이후에는 전인구의 7.4 퍼센트였던 양반의 서민에 대한 비율이 1858년에는 48.6 퍼센트로 증가하였다. [학술]</td></tr>
<tr><td>사람</td><td>A: 나치::만큼 심하다고 생각하면 돼. 유태인들두. 인종차별, B: 되게 웃기다::, A: 선민사상 있잖아 **거기는**, 선택받았다고, [대화]
A: 남아 남아 하고 막 하다가, 네 명 남았거든? B: 예. A: 내 **거기** 꼈어. [대화]</td></tr>
<tr><td rowspan="4">후행</td><td>사물</td><td></td></tr>
<tr><td>장소</td><td>A: 근데 웃긴 게, 걔네들도 사투리가 있어 가지구, B: 아::, A: 근데 그~ 사투리가 있는데? **거기** 칠레 애들이 좀 칠레 애들이 좀 심해. [대화]
A: 왜 **거기서** 캐나다에서는 마음이 너무 편하고, B: 음. A: 우선 인제~ 뭐~ 공부 스트레스나 이런 게 덜하니까 [대화]</td></tr>
<tr><td>명제</td><td>**거기**에 대한 비화가 있잖아. 미영이하고 희조 커플이 미영이하고 희조 커플이 된 비화 [대화]
내가 할 수 있는 일은 고작 **거기까지였다**. 파출소에 신고하고 마음의 무게를 더는 일. [소설]</td></tr>
<tr><td>사람</td><td></td></tr>
</table>

지시어	지시 유형		대상	용례
거기	현장 지시		사물	
			장소	A: 언니 저두 하나 더 주실래요? B: 없어. C: 다행이다 A: 일단 **거기** 몇 개 있는 거 더 주세요. [대화] 어머 내 전화기는 왜, **거기다** 놔 두는 거야? [대화]
			상황	
			사람	그 바가지 하이바 쓰구 딱 한 다음에, **거기** 좀 조용하십시오 그러면 딱 딱 될 거 같애. [대화] "이제 거기 이름을 알았어요. 거사님. 저도 앞으로는 **거기를** 거사님으로 부를 겁니다. 거기하고 아주 딱 맞는 이름이에요." [소설]
	텍스트 지시			
	상맥 지시			A: 나도 그럴걸. 자르지 말걸. B: 일차 법원 들어가... 조정 들어갔어. C: **거기서** 돈 안 준다고 그래서? 오빠가 내 줬지. 왜 거기서 왜 돈 안 준대? B: 장난 아니었어. 내 동생이 어리잖아, [대화] "아저씨랑 아주머니 지금도 **거기** 사세요?" "어머니만 서울 동생 집에 살고 아버지진 돌아가셨어. 산업재해를 입으셨거든." [소설]
	지시 대상 확인 불가			A: 너 남희석 동생 봤냐? B: 어:: A: **거기서 거기서::, 거기** 어디냐 그~ C: 봤어 봤어. A: 진짜 닮았드라. [대화] 이처럼 나는 그때 **거기서** 이런 일을 겪었다는 식의 서술에 개재된 관점을 일인칭 서술 관점이라 부른다. [학술]
저기	문맥 지시	선행	사물	
			장소	
			명제	
			사람	
		후행	사물	A: 우리 집엔 디비디 플레이어 있는데. B: 좋겠다. A: **저기** 플레이스테이션 투. B: 좋겠다. [대화] 갑의 얘기는 옛날에 나도 많이 들었는데::, 사실 야 **저기** 뭐야, 용훈이 같은 상황을::, 갑이 아니라, 갑을병이 있을 때 을 정도밖에 안 되는 거잖아 지금. [대화]
			장소	저 시간 있으면 **저기** 논현동 갈래? [대화] A: 그 그런 걸 어디서 배웠냐 그런 걸, B: 아 **저기** 인도에 선교 간 누나가 얘기해 줬어. [대화]
			명제	내가 관심이 없는 거지 어떤 건지 몰라도 영 토익이랑 안 맞는 거 같애. 근데 대학생이 취직한다면은, 하긴 해야 되는데, 어~ **저기** 뭐야~, 과::를 떠나서 필수긴 과::를 떠나서 필수긴 한데, 아직까진 인제 막~ 삼학년 올라가니까, 아직까진 가슴에 안 와닿 안 와닿는 거 같애. [대화]
			사람	윤희는 **저기가** 알 거야. 윤진한테 전화해서, 문자로 때려 달라 그래. [대화] A: 이거 지금 시간표데, 예 저기 재학 시도 다시 한 번 보시고, B: 그리구 A: 그리구 **저기** 현미 씨라구. B: 에 A: 박현미 씨두 그 대략:: 여기 나와서 일할 시간을::, [대화]
	현장 지시		사물	
			장소	**저기** 저 애 할아버지는::, 땅을 팔아 갖구:: 땅을 팔아 갖구:: 그래 갖고::, 일주일도 못 산다는 사람이 지끔까지 살았잖아, [대화] 그런데 거의 완성 단계에 가서 공사는 벽에 부딪혔읍니다. **저기** 저 혹처럼 튀어나온 밭 때문이죠. [소설]
			상황	
			사람	

<table>
<tr><td rowspan="3">저기</td><td>텍스트 지시</td><td></td></tr>
<tr><td>상맥 지시</td><td></td></tr>
<tr><td>지시 대상 확인 불가</td><td>지들끼리의 왕국이야, 뭐~ 저런 여자들 있으면, 내 세상이 저기에 물들어서 또, 남성 위주가 된다 남성 위주가 된다 뭐~ 이 따위 얘기나 해 갖고. [대화]
산이라는 것이, 여기에서 보면 이 모습이요, 저기에서 보면 저 모습이듯이, 산 젊어지고 사는 사람들이 일쑤 하는, 문법이 이상한 말도 이렇게 들으면 이 뜻이 되기도 하고, 저렇게 들으면 저 뜻이 되기도 한다. [소설]</td></tr>
</table>

장소 지시대명사 '이곳/그곳/저곳'의 지시 양상

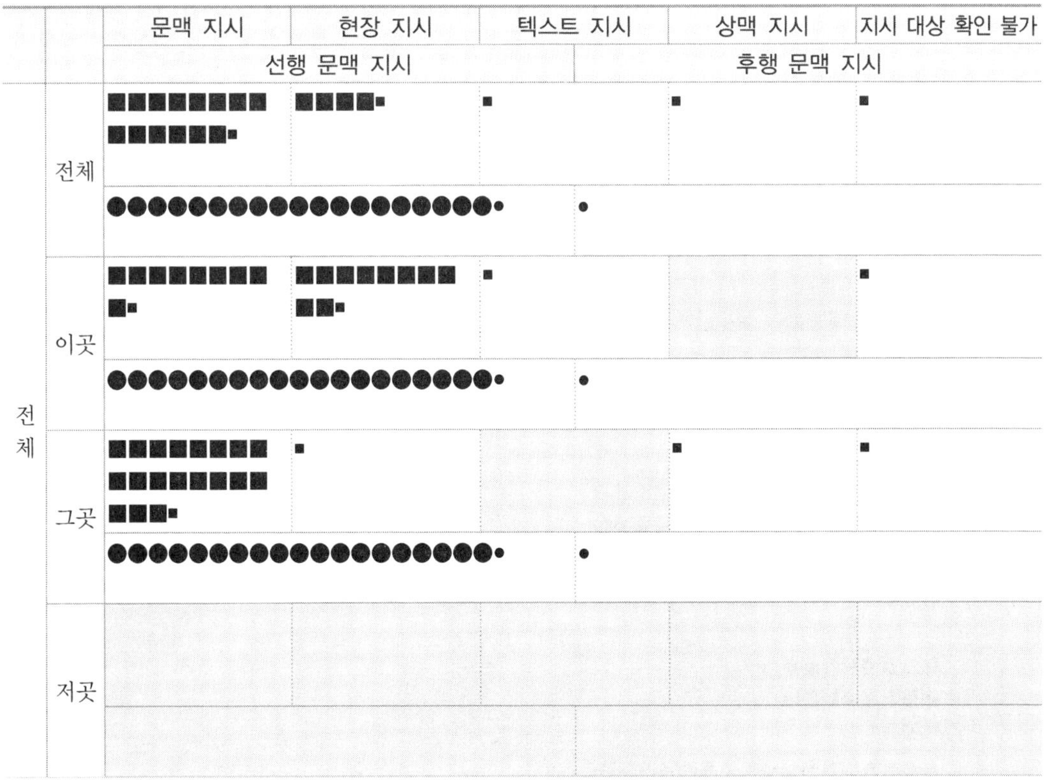

<table>
<tr><td rowspan="2"></td><td rowspan="2"></td><td colspan="2">문맥 지시</td><td colspan="2">현장 지시</td><td colspan="2">텍스트 지시</td><td colspan="2">상맥 지시</td><td colspan="2">지시 대상 확인 불가</td></tr>
<tr><td colspan="5">선행 문맥 지시</td><td colspan="5">후행 문맥 지시</td></tr>
<tr><td rowspan="8">전체</td><td rowspan="2">전체</td><td colspan="2">■■■■■■■■
■■■■■■▪</td><td colspan="2">■■■■▪</td><td colspan="2">▪</td><td colspan="2">▪</td><td colspan="2">▪</td></tr>
<tr><td colspan="5">●●●●●●●●●●●●●●●●●●●•</td><td colspan="5">•</td></tr>
<tr><td rowspan="2">이곳</td><td colspan="2">■■■■■■■■
■▪</td><td colspan="2">■■■■■■■■
■■▪</td><td colspan="2">▪</td><td colspan="2"></td><td colspan="2">▪</td></tr>
<tr><td colspan="5">●●●●●●●●●●●●●●●●●●●•</td><td colspan="5">•</td></tr>
<tr><td rowspan="2">그곳</td><td colspan="2">■■■■■■■■
■■■■■■■■
■■■▪</td><td colspan="2">▪</td><td colspan="2"></td><td colspan="2">▪</td><td colspan="2">▪</td></tr>
<tr><td colspan="5">●●●●●●●●●●●●●●●●●●●•</td><td colspan="5">•</td></tr>
<tr><td rowspan="2">저곳</td><td colspan="2"></td><td colspan="2"></td><td colspan="2"></td><td colspan="2"></td><td colspan="2"></td></tr>
<tr><td colspan="5"></td><td colspan="5"></td></tr>
</table>

대화	전체					
	이곳					
	그곳					
	저곳					
소설	전체					
	이곳					
	그곳					
	저곳					

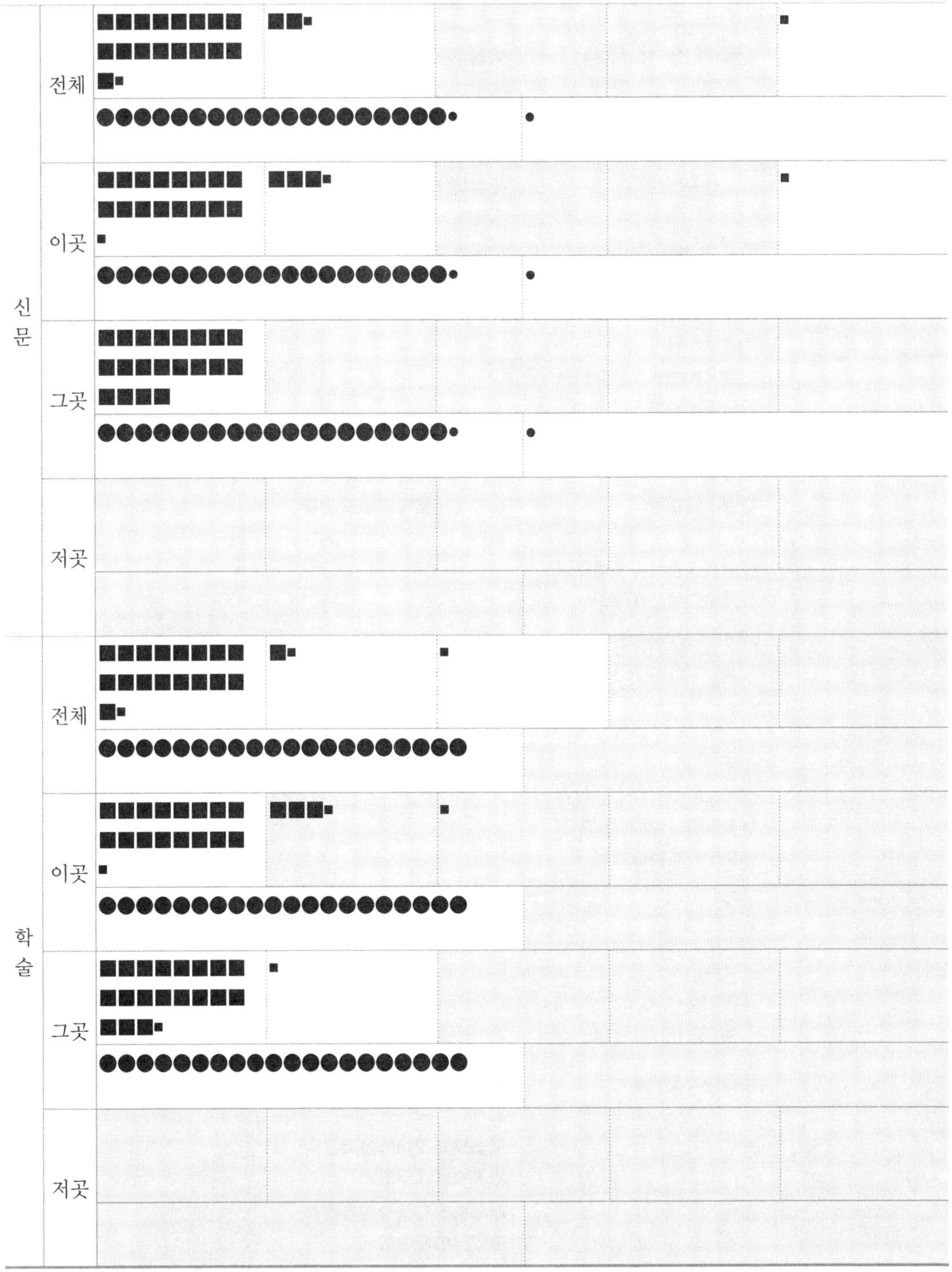

신문

전체

이곳

그곳

저곳

학술

전체

이곳

그곳

저곳

<그래프5.2.4-4-1> 장소 지시대명사 '이곳/그곳/저곳'의 지시 양상별 사용 비율

			이곳	그곳	저곳
전체	전체		■■■■■■■■■▪	■■■■■■■■■■▪	
	문맥 지시	전체	■■■■■■▪	■■■■■■■■■■■ ■■▪	
		선행	●●●●●●•	●●●●●●●●●●● ●●•	
		후행	●●●●●●●●●●	●●●●●●●●●●	
	현장 지시		■■■■■■■■■■■ ■■■■■■■■▪	▪	
	텍스트 지시		■■■■■■■■■■■ ■■■■■■■■■		
	상맥 지시			■■■■■■■■■■■ ■■■■■■■■■	
	지시 대상 확인 불가		■■■■■■▪	■■■■■■■■■■■ ■■▪	
대화	전체		■■■■■■■■■■■ ■■■■■■■■■		
	문맥 지시	전체			
		선행			
		후행			
	현장 지시		■■■■■■■■■■■ ■■■■■■■■■		
	텍스트 지시				
	상맥 지시				
	지시 대상 확인 불가				
소설	전체		■■■■■■■▪	■■■■■■■■■■■ ■▪	
	문맥 지시	전체	■▪	■■■■■■■■■■■ ■■■■■■■▪	
		선행	●•	●●●●●●●●●●● ●●●●●●●•	
		후행	●●●●●●●●•	●●●●●●●●●●● •	

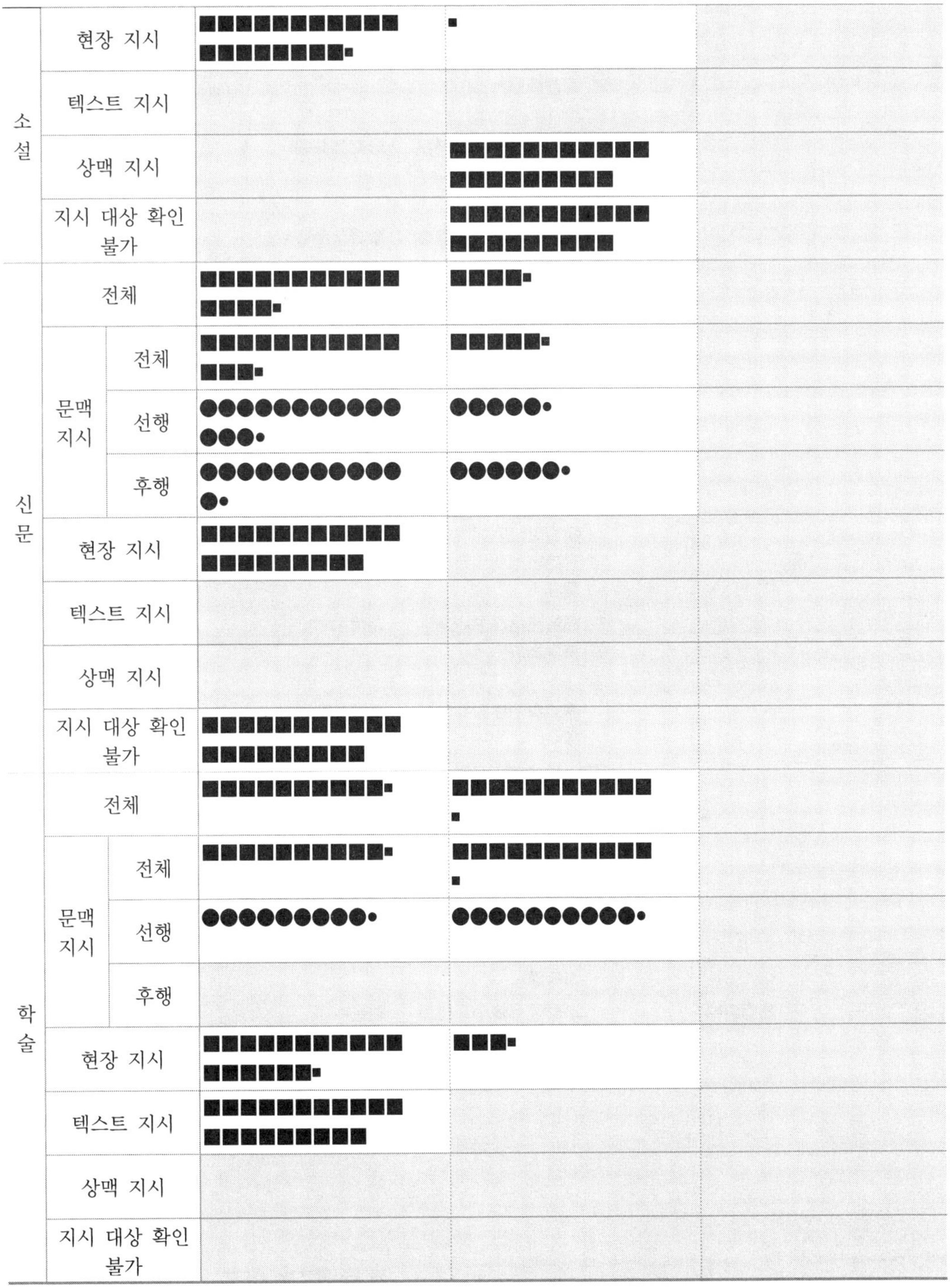

소설	현장 지시		■■■■■■■■■■■■ ■■■■■■■■■▪	▪	
	텍스트 지시				
	상맥 지시			■■■■■■■■■■■■ ■■■■■■■■■■	
	지시 대상 확인 불가			■■■■■■■■■■■■ ■■■■■■■■■■	
신문	전체		■■■■■■■■■■■■ ■■■■▪	■■■■▪	
	문맥 지시	전체	■■■■■■■■■■■■ ■■■▪	■■■■■▪	
		선행	●●●●●●●●●●●● ●●●•	●●●●●•	
		후행	●●●●●●●●●●●● ●•	●●●●●●•	
	현장 지시		■■■■■■■■■■■■ ■■■■■■■■■■		
	텍스트 지시				
	상맥 지시				
	지시 대상 확인 불가		■■■■■■■■■■■■ ■■■■■■■■■■		
학술	전체		■■■■■■■■■■■▪	■■■■■■■■■■■■ ▪	
	문맥 지시	전체	■■■■■■■■■■■▪	■■■■■■■■■■■■ ▪	
		선행	●●●●●●●●●●•	●●●●●●●●●●●•	
		후행			
	현장 지시		■■■■■■■■■■■■ ■■■■■■■▪	■■■▪	
	텍스트 지시		■■■■■■■■■■■■ ■■■■■■■■■■		
	상맥 지시				
	지시 대상 확인 불가				

<그래프5.2.4-4-2> 지시 양상에 따른 장소 지시대명사 '이곳/그곳/저곳'의 사용 비율

			대화	소설	신문	학술
전체	전체		▪	■■■■■■■■■ ■■■■▪	■■■■▪	■■▪
	문맥 지시	전체		■■■■■■■■■ ■■■▪	■■■■■▪	■■▪
		선행		●●●●●●●●● ●●●•	●●●●●•	●●•
		후행		●●●●●●●●● ●●●●●	●●●●●●	
	현장 지시		▪	■■■■■■■■■ ■■■■■■■▪	■■▪	▪
	텍스트 지시					■■■■■■■■■ ■■■■■■■■■ ■■
	상맥 지시			■■■■■■■■■ ■■■■■■■■■ ■■		
	지시 대상 확인 불가			■■■■■■■■■ ■■■■▪	■■■■▪	■■▪
이곳	전체		▪	■■■■■■■■■ ■▪	■■■■■■■▪	■■▪
	문맥 지시	전체		■■■▪	■■■■■■■■■ ■■■▪	■■■▪
		선행		●●●•	●●●●●●●● ●●●●•	●●●•
		후행		●●●●●●●●● ●●●	●●●●●●●●	
	현장 지시		■■■■▪	■■■■■■■■■ ■■■■■■■▪	■■▪	▪
	텍스트 지시					■■■■■■■■■ ■■■■■■■■■ ■■
	상맥 지시					
	지시 대상 확인 불가				■■■■■■■■■ ■■■■■■■■■ ■■	

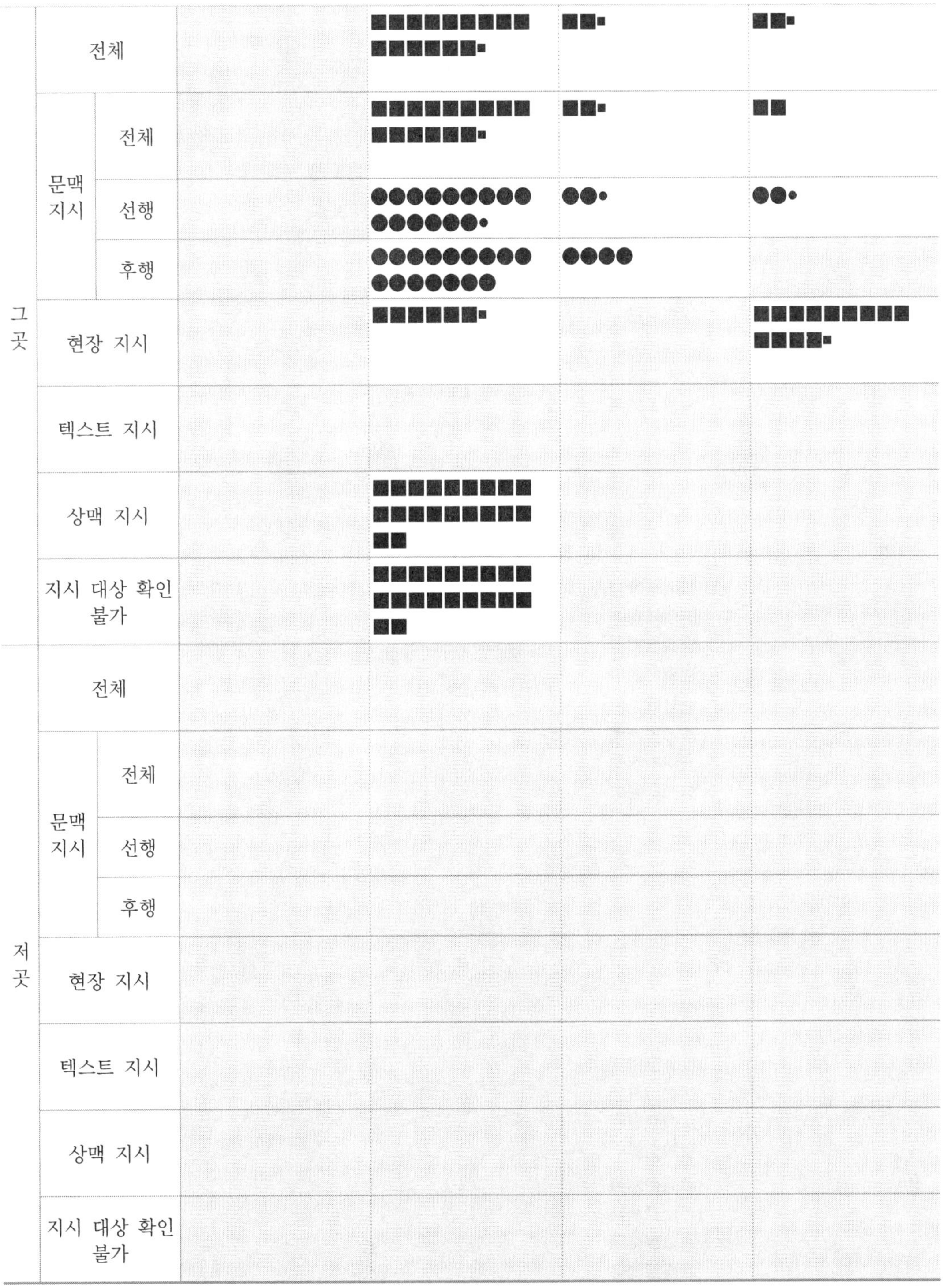

그곳	전체			■■■■■■■■■■ ■■■■■■■▪	■■▪	■■▪
그곳	문맥 지시	전체		■■■■■■■■■■ ■■■■■■■▪	■■▪	■■
그곳	문맥 지시	선행		●●●●●●●●●● ●●●●●●●•	●●•	●●•
그곳	문맥 지시	후행		●●●●●●●●●● ●●●●●●●●	●●●●	
그곳	현장 지시			■■■■■■■▪		■■■■■■■■■■ ■■■■▪
그곳	텍스트 지시					
그곳	상맥 지시			■■■■■■■■■■ ■■■■■■■■■■ ■■		
그곳	지시 대상 확인 불가			■■■■■■■■■■ ■■■■■■■■■■ ■■		
저곳	전체					
저곳	문맥 지시	전체				
저곳	문맥 지시	선행				
저곳	문맥 지시	후행				
저곳	현장 지시					
저곳	텍스트 지시					
저곳	상맥 지시					
저곳	지시 대상 확인 불가					

<그래프5.2.4-4-3> 장소 지시대명사 '이곳/그곳/저곳'의 지시 양상별 사용역 비율

장소 지시대명사 '이곳/그곳/저곳'의 지시 대상

		사물	장소	명제	상황	사람	Ø
전체	전체		■■■■■ ■■■■■ ■■■■■ ■■■■▪	▪			▪
	이곳		■■■■■ ■■■■■ ■■■■■ ■■■■▪				▪
	그곳		■■■■■ ■■■■■ ■■■■■ ■■■■▪	▪			▪
	저곳						
대화	전체		■■■■■ ■■■■■ ■■■■■ ■■■■■				
	이곳		■■■■■ ■■■■■ ■■■■■ ■■■■■				
	그곳						
	저곳						
소설	전체		■■■■■ ■■■■■ ■■■■■ ■■■■▪	▪			▪
	이곳		■■■■■ ■■■■■ ■■■■■ ■■■■■				

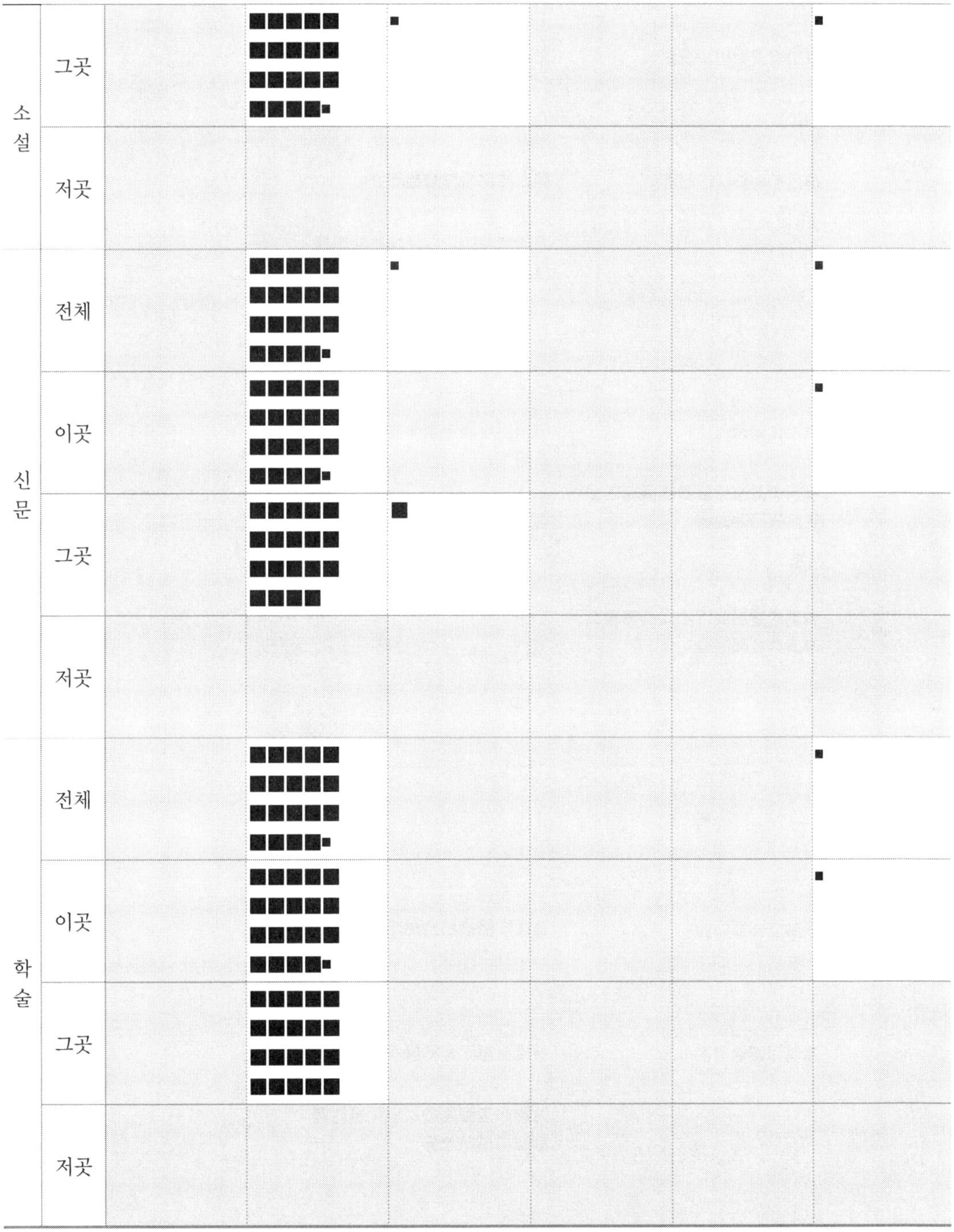

소설	그곳					
	저곳					
신문	전체					
	이곳					
	그곳					
	저곳					
학술	전체					
	이곳					
	그곳					
	저곳					

<그래프5.2.4-4-4> 장소 지시대명사 '이곳/그곳/저곳'의 지시 대상별 사용 비율

		이곳	그곳	저곳
전체	전체	■■■■■■■■■▪	■■■■■■■■■■▪	
	사물			
	장소	■■■■■■■■■▪	■■■■■■■■■■▪	
	명제		■■■■■■■■■■■■■ ■■■■■■■	
	상황			
	사람			
	ø	■■■■■	■■■■■■■■■■■■■ ■■	
대화	전체	■■■■■■■■■■■■■ ■■■■■■■		
	사물			
	장소	■■■■■■■■■■■■■ ■■■■■■■		
	명제			
	상황			
	사람			
	ø			
소설	전체	■■■■■■■▪	■■■■■■■■■■■■▪	
	사물			
	장소	■■■■■■■▪	■■■■■■■■■■■■▪	
	명제		■■■■■■■■■■■■■ ■■■■■■■	
	상황			
	사람			
	ø		■■■■■■■■■■■■■ ■■■■■■■	

신문	전체	■■■■■■■■■■■■■ ■■▪	■■■■▪	
	사물			
	장소	■■■■■■■■■■■■■ ■■▪	■■■■▪	
	명제		■■■■■■■■■■■■■ ■■■■■■■	
	상황			
	사람			
	ø	■■■■■■■■■■■■■ ■■■■■■■		
학술	전체	■■■■■■■■■▪	■■■■■■■■■■▪	
	사물			
	장소	■■■■■■■■■▪	■■■■■■■■■■▪	
	명제			
	상황			
	사람			
	ø	■■■■■■■■■■■■■ ■■■■■■■		

<그래프5.2.4-4-5> 지시 대상에 따른 장소 지시대명사 '이곳/그곳/저곳'의 사용 비율

		대화	소설	신문	학술
전체	전체	▪	■■■■■■■■■■ ■■■▪	■■■■▪	■■▪
	사물				
	장소	▪	■■■■■■■■■■ ■■■▪	■■■■▪	■■▪
	명제		■■■■■■■■■■	■■■■■■■■■■	
	상황				

전체	사람				
	ø		■■■■■■■■■■ ■■■■■▪	■■■▪	■▪
이곳	전체	▪	■■■■■■■■■■ ▪	■■■■■■■▪	■■▪
	사물				
	장소	▪	■■■■■■■■■■ ▪	■■■■■■■▪	■■▪
	명제				
	상황				
	사람				
	ø			■■■■■■■■■■ ■■■▪	■■■■■■▪
그곳	전체		■■■■■■■■■■ ■■■■■▪	■■▪	■■▪
	사물				
	장소		■■■■■■■■■■ ■■■■■▪	■■▪	■■▪
	명제		■■■■■■■■■■	■■■■■■■■■■	
	상황				
	사람				
	ø		■■■■■■■■■■ ■■■■■■■■■■		
저곳	전체				
	사물				
	장소				
	명제				

저곳	상황	
	사람	
	ø	

<그래프5.2.4-4-6> 장소 지시대명사 '이곳/그곳/저곳'의 지시 대상별 사용역 비율

장소 지시대명사 '이곳/그곳/저곳'의 용례

지시 대명사	지시 양상		지시 대상	예문
이곳	문맥 지시	선행	사물	
			장소	'공공에 할애된 배려'를 느낄 수 있는 또 하나의 대표적인 공간이 서울 종로구 세종로 <u>교보생명 사옥 앞</u>. **이곳은** 교보빌딩의 정원이자 시민들의 작은 공원 역할을 한다. [신문] <u>베들레헴 요르단의 서부에 있는 작은 도시</u>. 예루살렘에서 남쪽으로 약 8 km떨어진 언덕 위에 있으며 예수가 탄생한 성지이다. **이곳에는** 세계에서 가장 오래 된 성탄 교회가 있고, 해마다 부활절이면 성지를 찾는 크리스트교 순례자들로 붐빈다. [학술]
			명제	
			사람	
		후행	사물	
			장소	민다나오의 중심 도시 가가얀 데 오로. 그곳은 문제투성이인 필리핀 내에서도 가장 문제가 많은 곳이었다. 마르코스 집권 말기인 필리핀은 우리나라의 유신 말기처럼 추악한 부패가 들끓는 독재 권력의 극성기였는데 **이곳** <u>민다나오</u>의 상황은 더욱 심각했다. [소설] 그러나 시루봉 기슭에서 시작되어 개펄에 이르기까지 쥘부채 형상으로 옹색하게 펼쳐진 **이곳** <u>노해</u> 부근에 오래 붙박고 살면서 볼작시면 차라리 그것은 쓸모 별로 없이 그저 너르기만 한 땅덩어리에서 받는 황량스런 감회만을 한층 더 심화시켜 줄 따름이다. [소설]
			명제	
			사람	
	현장 지시		사물	
			장소	"소장님. 다른 신고 들어온 것 없습니까?" "없는데요." "**이곳으로** 누가 오는 것을 본 사람도 없답니까?" "예." [소설] 내가 이제까지 당신을 만나 정신병원으로 가지 않고 여기까지 나를 끌어올려준 내 친구들을 소개시켜 드릴게요. **이곳이에요**. **이곳에** 있는 나무, 연못, 노란 가로등불, 저 해가 지기 시작하는 쪽빛 하늘...... 이 모든 것들이 나의 친구예요. [소설]
			상황	
			사람	
	텍스트 지시			양적인 성평등 분석은 근무자 및 직급에서 여성과 남성의 비율을 분석하는 것으로, 이런 검토는 이미 6항과 8항에서 다루어진 바 있다. 따라서 **이곳의** 운동조직과 방식에서의 성평등성 물음은 질적 평등과 관련된 것이다. [학술]

	상맥 지시			
	지시 대상 확인 불가			
그곳	문맥 지시	선행	사물	
			장소	최근에는 경복궁 등 관광지-유적의 설명과 **그곳까지** 가기 위한 버스-지하철 등의 교통편, 입장료 등을 그림지도와 함께 소개한 새로운 스타일의 책자도 소개됐다. [신문] 공자는 주나라의 여러 제후국 가운데 약소국인 노라나 창평향의 추라는 마을에서 태어났습니다. **그곳은** 지금의 산동성 곡부에 해당합니다. [학술]
			명제	"이애, 상봉아!" 하는 목소리가 들려 왔습니다. 돌아다보니 **그곳에는** 생각지도 않았던 아버지가 서 계셨습니다. [소설] 사랑을 기다리기 전에 먼저 주면서 살아야 한다. 사랑을 먼저 줄 때 풍성한 가정이 되고, 가정의 사랑이 풍성해지면 **그곳이** 바로 낙원이다. [신문]
			사람	
		후행	사물	
			장소	그녀는 천천히 입을 열고 대답했다. "그래……." 네가 같이 가고 싶어하는 **그곳**, 갠지스 강가의 식당인 거니? 마음속으로 물으면서. [소설] 빨간 소방차가 바람을 일으키며 갈 때, 마치 기다리고나 있었던 듯, 아파트 진입로에 수북이 깔린 노란 은행잎들이 일제히 날아올랐다. 진입로 입구 쪽에서 순대와 떡볶이를 팔던 김씨는 일착으로 소방차가 짓쳐들어가고 있는 바로 **그곳** 103동 1304호 밑으로 달려가 있는 참이었다. [소설]
			명제	
			사람	
	현장 지시		사물	
			장소	이른 여름 저녁인데 나는 갑자기 걸려온 그의 전화를 받았다. 처음에는 뻬쩨르부르그에서 걸려온 전화인 줄 알았다. 첫마디에 **그곳이** 어디냐고 내가 묻자, 그는 서울이라고 말했다. [소설]
			상황	
			사람	
	텍스트 지시			
	상맥 지시			어떤 아이는 세칭 '둑 너머'로 불리는 기차역 앞 창녀촌에 갔더니 친구 누나와 꼭 닮은 여자가 다짜고짜 손으로 **그곳을** 잡으며 "어머, 귀여워라" 혹은 '그래도 속은 꽉 찼네" 하며 쓰다듬는 데에서 그만 첫번째 일을 치르고 말았다는 둥 어쨌다는 둥 거품을 문다. [소설] "반장님, 글쎄 형기가 밤에 **그곳으로** 갔다지 뭡니까." 김형사는 대단한 것이라도 알아낸 양 수선을 떨었다. "알고 있네." 오반장은 짚차를 타며 방향을 돌리라고 명령했다. [소설]
	지시 대상 확인 불가			사진은 그때 **그곳에서** 무슨 일이 있었는가를 보는 가장 정확한 눈이었고, 그때 **그곳에서** 무슨 일이 있었는지를 전하는 가장 정직한 입이었다. [소설] 그 눈길이 바로 태옥이 인조견 속치마를 입어주길 바란다는 걸 태옥은 경험으로 알고 있었다. 태옥은 속치마의 매끄러운 감촉을 즐기는 남편의 손길을 느끼며 이곳이 어디일까를 생각했다. 이곳이 바로 **그곳일까**? 그러나 속치마의 감촉에 취해 있는 남편에게 당신이 좋아하는 이 속치마의 옷감을 바로 이곳에서 만들었다는 소리는 하지 못했다. [소설]

장소 지시대명사 '이쪽/그쪽/저쪽'의 지시 양상

		문맥 지시	현장 지시	텍스트 지시	상맥 지시	지시 대상 확인 불가
		선행 문맥 지시		후행 문맥 지시		
전체	전체	■■■■■■■▪	■■■■■■■■ ■■▪			■▪
		●●●●●●●●●●●●●●●●●●•		●•		
	이쪽	■■▪	■■■■■■■■ ■■■■■■■■ ▪			■▪
		●●●●●●●●●●●●●●●●●●•		●•		
	그쪽	■■■■■■■■ ■■■■■■■■ ▪	■▪			▪
		●●●●●●●●●●●●●●●●●●●•		•		
	저쪽	■▪	■■■■■■■■ ■■■■■■■			■■■▪
		●●●●●●●●•		●●●●●●●●●●●•		
대화	전체	■■■■■■■■ ■■▪	■■■■■■■■ ▪			▪
		●●●●●●●●●●●●●●●●●•		•		
	이쪽	■■▪	■■■■■■■■ ■■■■■■■▪			■▪
		●●●●●●●●●●●●●●●●•		●●●•		
	그쪽	■■■■■■■■ ■■■■■■■■ ■■■▪	▪			▪
		●●●●●●●●●●●●●●●●●●●•		•		
	저쪽	■■■■■▪	■■■■■■■■ ■■■■▪			■■▪
		●●		●●●●●●●●●●●●●●●●●●		

소설	전체	■■■■■▪	■■■■■■■■ ■■■■▪			■▪
		●●●●●●●●●●●●●●●●●●●●•		•		
	이쪽	■■▪	■■■■■■■■ ■■■■■■■■ ▪			■▪
		●●●●●●●●●●●●●●●●●●●●●				
	그쪽	■■■■■■■■ ■■■■■■■■ ▪	■■■▪			
		●●●●●●●●●●●●●●●●●●●●•		•		
	저쪽	▪	■■■■■■■■ ■■■■■■■■ ▪			■■■▪
		●●●●●●●●●●●●●●●●●●●●●				
신문	전체	■■■■■■■■ ■	■■■■■■■			■■■■
		●●●●●●●●●●●●●●●●●●●●●				
	이쪽	■■■■■	■■■■■■■■ ■■			■■■■■
		●●●●●●●●●●●●●●●●●●●●●				
	그쪽	■■■■■■■■ ■■■■■■■■ ■■■■				
		●●●●●●●●●●●●●●●●●●●●●				
	저쪽	■■▪	■■■■■■■■ ■■■▪			■■■■■■▪
		●●●●●●●●●●●●●●●●●●●●●				

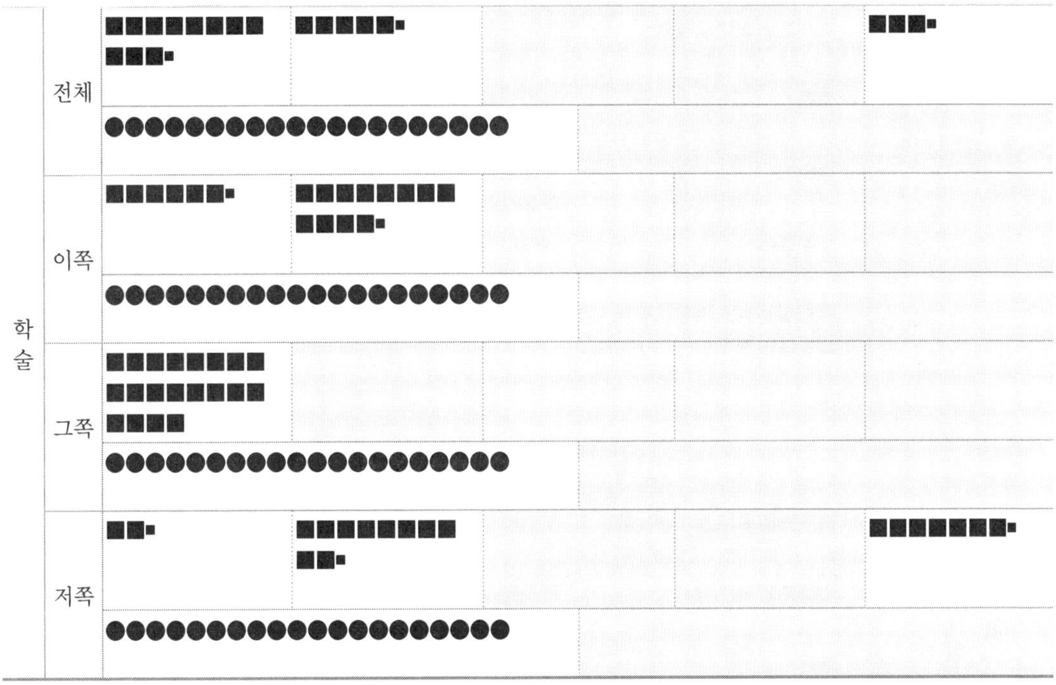

학술	전체	■■■■■■■■ ■■■▪	■■■■■▪			■■■▪
		●●●●●●●●●●●●●●●●●●●●				
	이쪽	■■■■■■▪	■■■■■■■■ ■■■■▪			
		●●●●●●●●●●●●●●●●●●●●				
	그쪽	■■■■■■■■ ■■■■■■■■ ■■■■				
		●●●●●●●●●●●●●●●●●●●●				
	저쪽	■■▪	■■■■■■■■ ■■▪			■■■■■■■▪
		●●●●●●●●●●●●●●●●●●●●				

<그래프5.2.4-5-1> 장소 지시대명사 '이쪽/그쪽/저쪽'의 지시 양상별 사용 비율

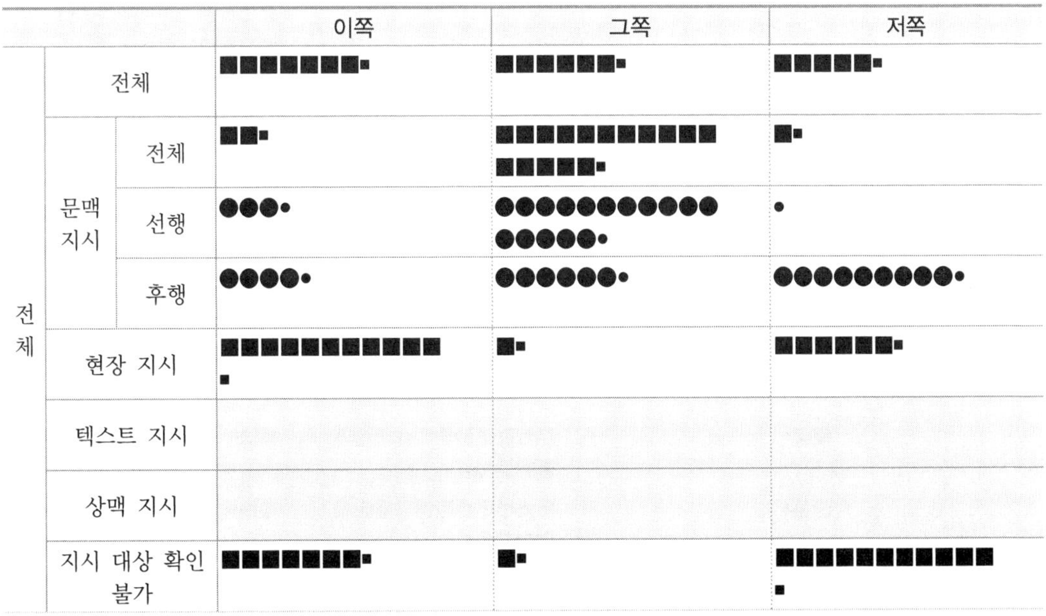

			이쪽	그쪽	저쪽
전체	전체		■■■■■■■▪	■■■■■■▪	■■■■■▪
	문맥 지시	전체	■■▪	■■■■■■■■■■■ ■■■■■▪	■▪
		선행	●●●•	●●●●●●●●●●● ●●●●●•	•
		후행	●●●●•	●●●●●●•	●●●●●●●●●•
	현장 지시		■■■■■■■■■■■ ▪	■▪	■■■■■■▪
	텍스트 지시				
	상맥 지시				
	지시 대상 확인 불가		■■■■■■■▪	■▪	■■■■■■■■■■■ ▪

대화	전체		■■■■■■■■■▪	■■■■■■■■▪	■■▪
	문맥 지시	전체	■■▪	■■■■■■■■■■■ ■■■■■▪	■▪
		선행	●●•	●●●●●●●●●●● ●●●●●●•	•
		후행	●●●●•	●●●●●•	●●●●●●●●●●
	현장 지시		■■■■■■■■■■■ ■■■■■▪	▪	■■▪
	텍스트 지시				
	상맥 지시				
	지시 대상 확인 불가		■■■■■■■■■■■ ▪	■■■▪	■■■■▪
소설	전체		■■■■■■■▪	■■■■■▪	■■■■■■■▪
	문맥 지시	전체	■■▪	■■■■■■■■■■■ ■■■■■▪	▪
		선행	●●•	●●●●●●●●●●● ●●●●●•	•
		후행			●●●●●●●●●●● ●●●●●●●●●
	현장 지시		■■■■■■■■■▪	■▪	■■■■■■■■■▪
	텍스트 지시				
	상맥 지시				
	지시 대상 확인 불가		■■■■■■▪		■■■■■■■■■■■ ■■▪
신문	전체		■■■■	■■■■■■■	■■■■■■■■■
	문맥 지시	전체	■■▪	■■■■■■■■■■■ ■■■■▪	■■▪
		선행	●●•	●●●●●●●●●●● ●●●●•	●●•
		후행			
	현장 지시		■■■■■▪		■■■■■■■■■■■ ■■■▪

신문	텍스트 지시				
	상맥 지시				
	지시 대상 확인 불가		■■■■■		■■■■■■■■■■■ ■■■■
학술	전체		■■▪	■■■■■■■■■▪	■■■■■■■▪
	문맥 지시	전체	■▪	■■■■■■■■■■■ ■■■■■▪	■▪
		선행	●•	●●●●●●●●●●● ●●●●●•	●•
		후행			
	현장 지시		■■■■■■▪		■■■■■■■■■■■ ■▪
	텍스트 지시				
	상맥 지시				
	지시 대상 확인 불가				■■■■■■■■■■■ ■■■■■■■■■

<그래프5.2.4-5-2> 지시 양상에 따른 장소 지시대명사 '이쪽/그쪽/저쪽'의 사용 비율

			대화	소설	신문	학술
전체	전체		■■■■■■■■■ ■■■▪	■■■■■■▪	▪	▪
	문맥 지시	전체	■■■■■■■■■ ■■■■■■▪	■■■▪	▪	▪
		선행	●●●●●●●●● ●●●●●•	●●●●•	•	•
		후행	●●●●●●●●● ●●●●●●●●● ●•	•		
	현장 지시		■■■■■■■■■ ■■▪	■■■■■■■■▪	▪	▪
	텍스트 지시					

전체	상맥 지시					
	지시 대상 확인 불가		■■■■■■■■■ ▪	■■■■■■■■ ▪	▪	▪
이쪽	전체		■■■■■■■■■ ■■■■■▪	■■■■■▪	▪	▪
	문맥 지시	전체	■■■■■■■■■ ■■■■■■▪	■■■■	▪	▪
		선행	●●●●●●●●● ●●●●●•	●●●●•	•	•
		후행	●●●●●●●●● ●●●●●●●●● ●●			
	현장 지시		■■■■■■■■■ ■■■■■	■■■■■▪	▪	▪
	텍스트 지시					
	상맥 지시					
	지시 대상 확인 불가		■■■■■■■■■ ■■■■▪	■■■■■■▪	▪	
그쪽	전체		■■■■■■■■■ ■■■■■▪	■■■■▪	▪	▪
	문맥 지시	전체	■■■■■■■■■ ■■■■■■▪	■■■■	▪	▪
		선행	●●●●●●●●● •	●●●●•	•	•
		후행	●●●●●●●●● ●●●●●●●●● •	●•		

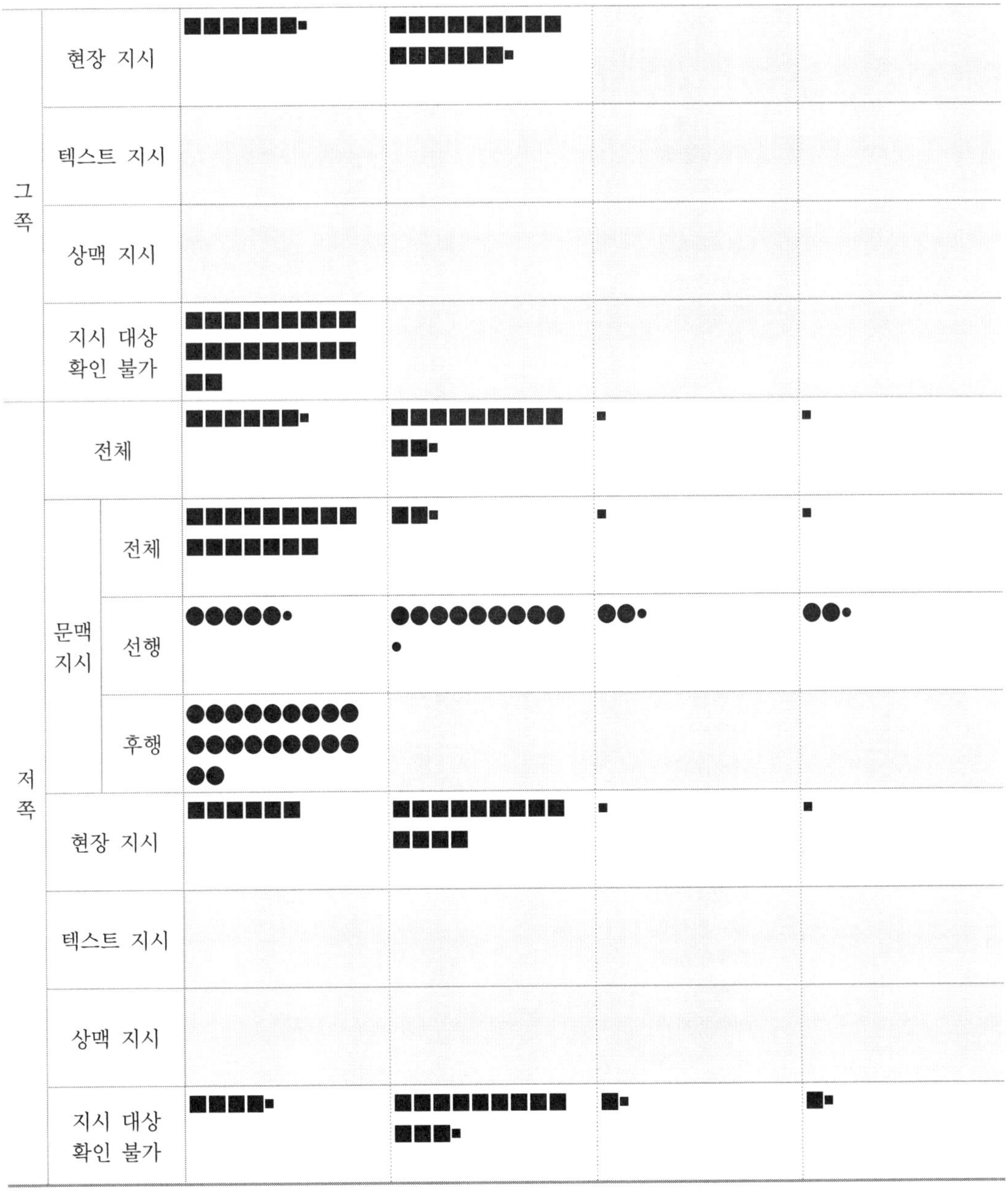

<table>
<tr><td rowspan="4">그
쪽</td><td colspan="2">현장 지시</td><td>■■■■■■▪</td><td>■■■■■■■■■
■■■■■■▪</td><td></td><td></td></tr>
<tr><td colspan="2">텍스트 지시</td><td></td><td></td><td></td><td></td></tr>
<tr><td colspan="2">상맥 지시</td><td></td><td></td><td></td><td></td></tr>
<tr><td colspan="2">지시 대상
확인 불가</td><td>■■■■■■■■■
■■■■■■■■■
■■</td><td></td><td></td><td></td></tr>
<tr><td rowspan="8">저
쪽</td><td colspan="2">전체</td><td>■■■■■■▪</td><td>■■■■■■■■■
■■▪</td><td>▪</td><td>▪</td></tr>
<tr><td rowspan="3">문맥
지시</td><td>전체</td><td>■■■■■■■■■
■■■■■■■</td><td>■■▪</td><td>▪</td><td>▪</td></tr>
<tr><td>선행</td><td>●●●●●•</td><td>●●●●●●●●●
•</td><td>●●•</td><td>●●•</td></tr>
<tr><td>후행</td><td>●●●●●●●●●
●●●●●●●●●
●●</td><td></td><td></td><td></td></tr>
<tr><td colspan="2">현장 지시</td><td>■■■■■■</td><td>■■■■■■■■■
■■■■</td><td>▪</td><td>▪</td></tr>
<tr><td colspan="2">텍스트 지시</td><td></td><td></td><td></td><td></td></tr>
<tr><td colspan="2">상맥 지시</td><td></td><td></td><td></td><td></td></tr>
<tr><td colspan="2">지시 대상
확인 불가</td><td>■■■■▪</td><td>■■■■■■■■■
■■■▪</td><td>■▪</td><td>■▪</td></tr>
</table>

<그래프5.2.4-5-3> 장소 지시대명사 '이쪽/그쪽/저쪽'의 지시 양상별 사용역 비율

장소 지시대명사 '이쪽/그쪽/저쪽'의 지시 대상

		사물	장소	명제	상황	사람	Ø
전체	전체		■■■■■ ■■■■■ ■■■■■ ▪	▪		■■▪	■▪
	이쪽		■■■■■ ■■■■■ ■■■■■ ■▪	▪		■▪	■▪
	그쪽		■■■■■ ■■■■■ ■■■■■ ■▪	▪		■■▪	▪
	저쪽		■■■■■ ■■■■■ ■■■▪			■■■▪	■■■▪
대화	전체		■■■■■ ■■■■■ ■■■■■ ■■▪	▪		■▪	▪
	이쪽		■■■■■ ■■■■■ ■■■■■ ■■■▪	▪		▪	■▪
	그쪽		■■■■■ ■■■■■ ■■■■■ ■■▪	▪		■▪	▪
	저쪽		■■■■■ ■■■■■ ■■■■■ ■▪			■▪	■■▪
소설	전체		■■■■■ ■■■■■ ■■■■▪	▪		■■■▪	■▪
	이쪽		■■■■■ ■■■■■ ■■■■▪	▪		■■■▪	■▪

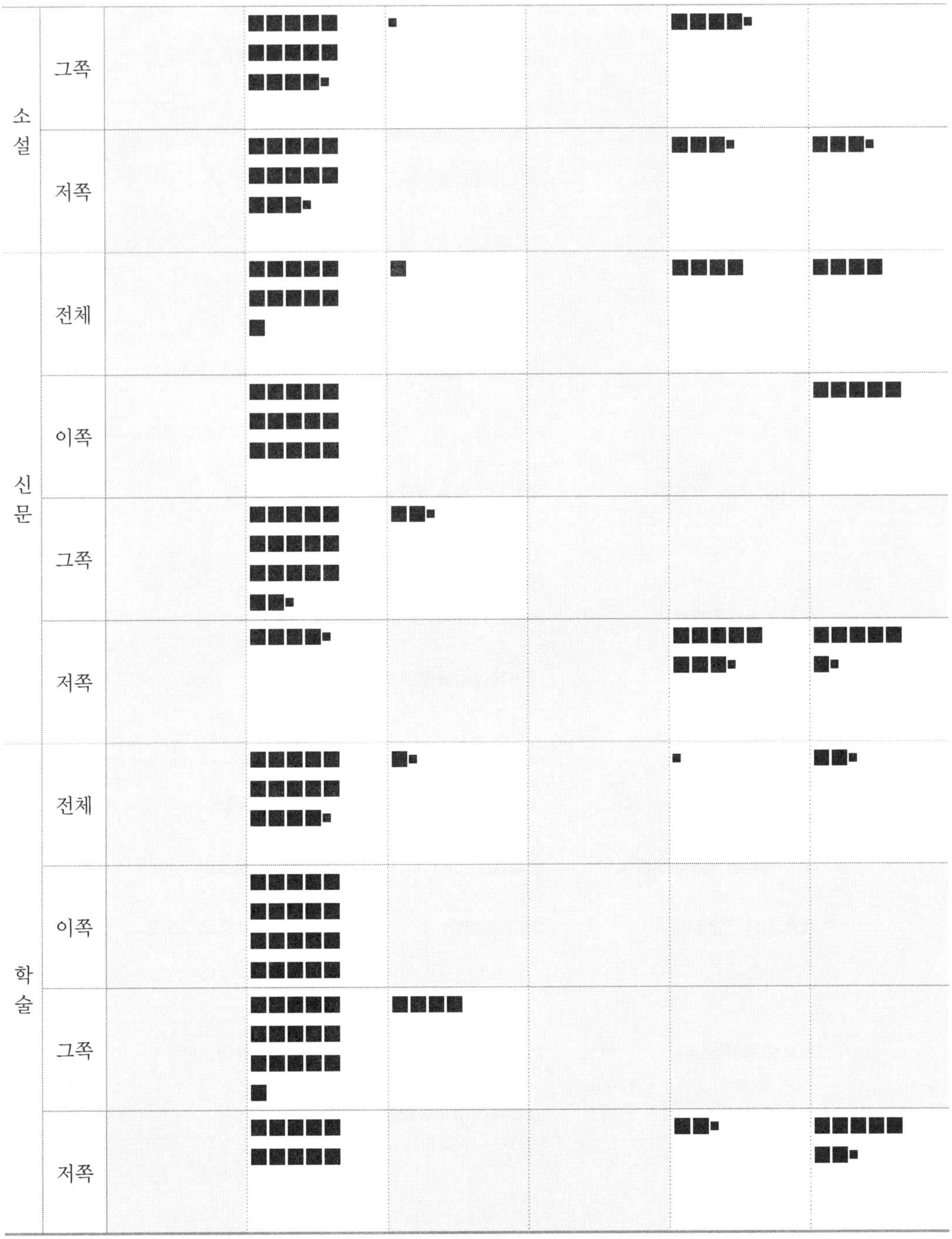

소설	그쪽						
	저쪽						
신문	전체						
	이쪽						
	그쪽						
	저쪽						
학술	전체						
	이쪽						
	그쪽						
	저쪽						

<그래프5.2.4-5-4> 장소 지시대명사 '이쪽/그쪽/저쪽'의 지시 대상별 사용 비율

		이쪽	그쪽	저쪽
전체	전체	■■■■■■■▪	■■■■■■▪	■■■■■▪
	사물			
	장소	■■■■■■■■▪	■■■■■■■▪	■■■■▪
	명제	■■■■■	■■■■■■■■■■■■ ■■■	
	상황			
	사람	■■■■■■	■■■■■■■▪	■■■■■■▪
	ø	■■■■▪	■▪	■■■■■■■■■■■▪
대화	전체	■■■■■■■■■▪	■■■■■■■■▪	■■▪
	사물			
	장소	■■■■■■■■■▪	■■■■■■■■▪	■▪
	명제	■■■■■■▪	■■■■■■■■■■■■ ■▪	
	상황			
	사람	■■■	■■■■■■■■■■■■ ■■	■■■
	ø	■■■■■■■■■■■▪	■■■▪	■■■■▪
소설	전체	■■■■■■■▪	■■■■■▪	■■■■■■■▪
	사물			
	장소	■■■■■■■▪	■■■■■▪	■■■■■■■▪
	명제	■■■■■▪	■■■■■■■■■■■■ ■■▪	
	상황			
	사람	■■■■■■■▪	■■■■■■▪	■■■■■■▪
	ø	■■■■■■▪		■■■■■■■■■■■■ ■▪

신문	전체	■■■■	■■■■■■■	■■■■■■■■■
	사물			
	장소	■■■■■▪	■■■■■■■■■■▪	■■■▪
	명제		■■■■■■■■■■■■ ■■■■■■■■	
	상황			
	사람			■■■■■■■■■■■■ ■■■■■■■■
	ø	■■■■■		■■■■■■■■■■■■ ■■■
학술	전체	■■▪	■■■■■■■■■▪	■■■■■■■▪
	사물			
	장소	■■■■	■■■■■■■■■■▪	■■■■■▪
	명제		■■■■■■■■■■■■ ■■■■■■■■	
	상황			
	사람			■■■■■■■■■■■■ ■■■■■■■■
	ø			■■■■■■■■■■■■ ■■■■■■■■

<그래프5.2.4-5-5> 지시 대상에 따른 장소 지시대명사 '이쪽/그쪽/저쪽'의 사용 비율

		대화	소설	신문	학술
전체	전체	■■■■■■■■■■ ■■▪	■■■■■■▪	▪	▪
	사물				
	장소	■■■■■■■■■■ ■■■▪	■■■■■▪	▪	▪
	명제	■■■■■■■■■■ ■▪	■■■■■▪	▪	■▪
	상황				

전체	사람				
	ø				
이쪽	전체				
	사물				
	장소				
	명제				
	상황				
	사람				
	ø				
그쪽	전체				
	사물				
	장소				
	명제				
	상황				
	사람				
	ø				
저쪽	전체				
	사물				
	장소				
	명제				
	상황				

저쪽	사람	■■■■▪	■■■■■■■■■■■■■■■■■■■■■■■■■■■■■■■■■■■■ ■■■▪	■■▪	▪
	ø	■■■■▪	■■■■■■■■■■■■■■■■■■■■■■■■■■■■■■■■■■■■ ■▪	▪	▪

<그래프5.2.4-5-6> 장소 지시대명사 '이쪽/그쪽/저쪽'의 지시 대상별 사용역 비율

장소 지시대명사 '이쪽/그쪽/저쪽'의 용례

지시 대명사	지시 양상		지시 대상	예문
이쪽	문맥 지시	선행	사물	
			장소	아 그리구 이쪽은 마포 일대 **이쪽에** 망원 **이쪽으로는**, 다 침수 상습 다 침수 상습 지역이야. [대화] 휠체어들을 꽁무니에 매단 수백 명의 환자들이 하늘을 야외극장 삼아 우두커니 아래를 굽어보고 있는 대학병원 앞 네거리 **이쪽에서** 방향을 꺾어든다. [소설]
			명제	처음 그를 집안에 들여놓을 때는 퍽이나 고민했다. 하지만 그와 있는 것은 그렇게 불편하지 않았다. 그는 늘 무방비 상태이고 유리처럼 속이 투명하니까. 그래 차라리 **이쪽이** 나을지도 몰라. [소설]
			사람	머쓱해 있던 뱃사람들이 시늉만으로 마주 고개를 끄덕이자, "도사공 거행하시는 분을 뵈려고 왔습지요." "도사공은 왜?" 연치가 십년이나 넘게 차이가 지나 **이쪽에선** 대뜸 반말이다. [소설]
		후행	사물	
			장소	저는 **이쪽으로** 인제~ 터미널이랑 더 가까운 쪽으로 이사를 왔거든요? [대화] 아 그리구 **이쪽은** 마포 일대 이쪽에 망원 이쪽으로는 다 침수 상습 다 침수 상습 지역이야. [대화]
			명제	
			사람	
	현장 지시		사물	
			장소	A: 이 제트는, 삼 플러스 루트 칠 아이, 이렇게 되지. B: 응. A: 그러면? 이게 **이쪽으로** 넘어가면 이 제트 마이나스 이 제트 마이나스 삼은 이꼴? [대화] **이쪽으로** 쭉 가면 돼요. **이쪽으로** 쭉 가다 보면 아스팔트 길이 끝나는 데가 나오는데 거기에 두 갈래 길이 있어요. [소설]
			상황	
			사람	A: 무슨 회사 다니세요 두 분은? B: **이쪽은** 공무원이시라고 그러구. C: 아 컨설팅 회사요. A: 네? C: 컨설팅하고 있어요, [대화] "**이쪽은** 오늘 햄릿을 연기한 알 로버릭이에요." 옆에 앉은 알을 가리킨 그녀는 완벽한 영국식 악센트를 구사하며 그를 소개했다. [소설]
	텍스트 지시			
	상맥 지시			
	지시 대상 확인 불가			기본적으루 해야 되는 것들이 **이쪽은** 크구 **이쪽은** 작구 이런 게 있어. **이쪽이** 크구 **이쪽이** 작으면 니가 그걸 찾아다니면서 하면 되잖아, [대화] **이쪽** 숲 저쪽 숲을 번갈아 보며 걷는 말숙은 어느덧 동화 속의 한 주인공이 된 착각으로 제정신이 아니었습니다. [소설]

그쪽	문맥 지시	선행	사물	
			장소	전에는 봉천동 **그쪽으로** 가서 만났는데, 이제는 얘 있는 이제는 얘 있는 쪽으로 신촌으로 인자 와야지. [대화] "영국에는 무슨 일로?" "**그쪽** 대학에 아는 분이 있어서 전부터 연락을 해 왔어요. 거기서 일자리를 얻어 볼까 하구요" [소설] 회의에 참석한 선진국의 환경주의자들은 세계 열대 우림의 보고인 아마존 강 유역의 보존이 최우선 과제라고 제안하고 있지만, **그쪽** 여론은 "절대 가난에 찌든 사람들의 생존이 나무와 원숭이의 생태계보다 훨씬 더 중요하다"고 반박한다. [학술]
			명제	백하의 단원들과 게스트인 두 명의 주연배우는 어색한 인사를 나누기가 무섭게 곧바로 대본을 들고 실전으로 들어갔다. 다비는 **그쪽이** 마음 편했다. [소설] 그러나 대부분의 사람들은 간편하게 자동차 정비공장에 수리를 부탁한다. 돈이 들기는 하지만 **그쪽이** 더 속 편하고 몸도 편할 뿐 아니라 시간도 절약된다. [학술]
			사람	나두 지금 제사 지내는 거는 친족 뭐지 친지들 **그쪽밖에** 없고 나머진 거의 기독교야, [대화] "발로자라고 그러셨죠? **그쪽** 전화번호를 갖고 계십니까? 갖고 계시면 저를 주십시오." [소설]
		후행	사물	
			장소	A: 가정 교회가 또 있고, B: 어. A: 그 공교회가 따로 있는 거야. B: 그래, A: 그렇게 해서 막. **그쪽** 동쪽에는, [대화]
			명제	
			사람	솔직히 뭐 민영이나, **그쪽** 정원이 같은 경우도, 시 쓰는 거:: 만들던가. [대화]
	현장 지시		사물	
			장소	고기 고기, 고기, 소리만 들리냐? 야 니 니 옆에다 놔. **그쪽에다** 놔라. 떨어뜨리지 마. [대화] "전 이쪽으로 가 보겠습니다. 내일 뵙죠." "**그쪽은** 길이 멀고 험하잖아요. 사람들 이목을 꺼려서 그러신다면 그러실 필요 없어요." [소설] 손 씻는다는 핑계로 샘 쪽으로 발을 옮겼다. "**그쪽으로** 못 들어가셔요." 처녀가 샘가를 가리키면서 손을 내저었다. [소설]
			상황	
			사람	"내가 **그쪽을** 뭐라고 불러야 하죠?" "김동정이라고 불러 주세요." [소설] "제가 무사히 **그쪽을** 집까지 모실 테니까. 그 대신 그쪽도 절대 날 배신하면 안 돼요." [소설]
	텍스트 지시			
	상맥 지시			
	지시 대상 확인 불가			나 그 얘기 들은 적은 있어. 우리 그 큰아버지, 음. **그쪽** 할머니랑 이렇게 사시는데, [대화] A: 근데 걔네 자기네 과 애를 날 소개시켜 준 거거든. 괜찮다고, B: 어::, A: 근데 당연히 괜찮지, 걔네 과 제일 괜찮은 앤데, B: 어::, A: 그러니까, 얘랑 깨지면 나중에 어떤 나한테 뭐가 돌아올지를 모르겠는, 그렇게 할 순 없고, 처세상의 의리라고 그래서, B: 그랬군, A: 그렇게 말을 해 놓고 참 그때도 별로 **그쪽으로** 가고 싶진 않았어 근데 상황 여건이 좀 좋지 않은 상황 여건이어 가지고 깍두기 몇 명하고 싸우고, [대화]

대명사	지시 유형	선행/후행	대상	용례
저쪽	문맥 지시	선행	사물	
저쪽	문맥 지시	선행	장소	
저쪽	문맥 지시	선행	명제	
저쪽	문맥 지시	선행	사람	내가 십육세에 중학교를 마쳤으니까 삼십육년 만에 옛 친구를 만난 셈이었다. 그동안에 **저쪽의** 토막소식조차 들은 바가 없고 성한경이 이 지상에서 어떤 일로 생계를 꾸려가는지도 알지 못했다. [소설] 정부는 북한측이 제의했거나 주장한 거의 모든 내용을 받아들였다는 점에서 우리는 다소 불안하면서도 어쨌든 우리가 **저쪽** 하자는 것을 거의 다 수용했다는 충족감 같은 것을 느꼈던 것이다. [신문]
저쪽	문맥 지시	후행	사물	
저쪽	문맥 지시	후행	장소	아니 그~ **저쪽** 중랑천인가 그쪽 많이 범람하잖아. [대화] **저쪽** 만이천원인데. 토속정이라고::, 되게 유명한 데가 있어. [대화]
저쪽	문맥 지시	후행	명제	
저쪽	문맥 지시	후행	사람	
저쪽	현장 지시		사물	
저쪽	현장 지시		장소	근데 이거 여기 놓지 않고, 그래도 다. 집게가 없구나. **저쪽에** 빼놔도 잘돼 녹음. [대화] 신호가 바뀌고 중간쯤 걷다가 뒤를 돌아보았는데, 그들은 정작 매직스노랜드와는 반대쪽으로 가고 있었다. 나는 달려가서 그들 중 한 사람의 어깨를 잡았다. "그쪽이 아니구요, **저쪽이에요**. **저쪽**." [소설]
저쪽	현장 지시		상황	
저쪽	현장 지시		사람	어떤 언니가, 야 너 이름 뭐야 이래요 그래서, 제가 윤민데요 이러니까... 하니까, 너 언니 있어? 이래요, 근까 예 있어요 이러니까 **저쪽에서**, 몇 학년인데 이래요 그래서, [대화]
저쪽	텍스트 지시			
저쪽	상맥 지시			
저쪽	지시 대상 확인 불가			그 어둠의 **저쪽** 건너편을 헤쳐오는 그녀와, 만나게 하고자 한다. [소설] 사람들을 이쪽 세상 사람과 **저쪽** 세상 사람으로 반듯하게 가를 수는 없는 노릇이다. [소설] 우주의 창조를 가르치는 하나님의 계시는 성층권의 **저쪽에서** 내려오는 우주선과 같이 뜻의 세계에서 온다. [학술]

5.3. 부정/의문대명사

인칭대명사와 지시대명사는 그 지시 대상이 명확하여 구체적으로 확인이 가능하다. 그러나 대명사 중에는 대명사가 가리키는 대상이 분명히 정해지지 않거나 무엇인지 몰라서 지시 대상을 구체적으로 확인하기 어려운 경우가 있다. 이와 같이 명확하게 정해지지 않은 대상을 지시하는 대명사를 부정대명사라고 하고 무엇인지 모르는 대상을 지시하여 물어 볼 때 사용하는 대명사를 의문대명사라고 한다.

〈예5.3-1〉

가. 얘는 어디 가든지 **누가** 항상 닮았다고 해요. [대화]
나. 일봉 엄마는 분풀이를 하듯 나직이 **무어라** 중얼거리며 몸을 일으켰다. [소설]
다. 청중이 모두 음대생인 만큼 **아무나** 나와서 실력 발휘를 했다간 망신당하기 십상이었다. [신문]
라. 학력고사는 이상한 전통이 하나 있는데 날짜를 **언제로** 잡건 날씨가 매우 춥다는 것이다. [학술]

〈예5.3-2〉

가. A: 걔가 원래 모델:: 모델이라며. 리즈위더스푼. B: 음. A: 걔 **누구랑** 결혼했더라? **누구랑** 결혼했는지 **누구랑** 결혼했는지 알고 있는데? [대화]
나. "여기가 **어딘가**?" 유필호가 나직이 물었다. [소설]
다. 전라도와 경상도 사투리의 특징은 **무엇**일까? [신문]
라. 아름다워지려는 인간의 욕망은 **언제부터** 시작되었을까? [학술]

<예5.3-1>은 부정대명사의 예를 보인 것이고 <예5.3-2>는 의문대명사의 예를 보인 것이다. <예5.3-1>의 '누구', '무엇', '아무', '언제'는 모두 분명히 정해지지 않은 대상을 가리키고 있고 <예5.3-2>의 '누구', '어디', '무엇', '언제'는 모두 의문문에 나타나서 화자가 모르는 대상을 지시하여 그것이 무엇인지 물어보는 데에 사용되고 있다.

위 예들에서 확인할 수 있듯이 일부 부정대명사는 의문대명사와 그 형태가 동일하다. 부정대명사와 의문대명사의 형태가 동일한 대명사로는 '사람'을 가리키는 '누구', '사물'을 가리키는 '무엇', '장소'를 가리키는 '어디', '시간'을 가리키는 '언제'가 있다. 이와 같이 '누구', '무엇', '어디', '언제'는 그 형태가 같지만 부정대명사로 사용될 때와 의문대명사로 사용될 때의 출현 패턴이 다르다. 이에 대해서는 5.3.1.2와 5.3.2.2에서 자세히 다루게 될 것이다. 한편, 부정대명사로만 사용되는 형태도 있는데 '아무', '아무개', '모'가 이에 해당한다. 이들은 모두 '사람'을 지시하는 데에만 사용된다. '아무', '아무개'는 특별히 정해지지 않은 사람을 지시할 때 사용되고 '모'는 사람의 성(姓) 뒤에 사용되어 '김 모 씨'와 같이 그 사람의 구체적인 이름을 밝히지 않을 때 주로 사용된다. '아무개'도 '모'와 마찬가지로 '김 아무개 씨'와 같이 그 사람의 구체적인 이름을 밝히지 않을 때 사용될 수 있다.

〈예5.3-3〉

가. 유치원 선생님도 **아무나** 하는 게 아니래든데? [대화]
나. 살며시 훔쳐본 방에는 **아무도** 없었다. [소설]

다. 그 개인의 행위와 방법이 다른 많은 사람에 의하여 계승될 때만 우리는 그것을 **아무개의** 또는 무슨 집단의 전통이라고 부른다. [학술]
라. 지난 3일 오전 5시엔 망우동 서울은행 앞에서 취객으로부터 현금과 수표 등 200만원어치를 빼앗아 달아나는 최 **모**(18) 군과 이 **모**(18) 군을 쫓아가 붙잡은 뒤 경찰에 신고했다. [신문]
마. 부산 부산진 경찰서는 26일 신용카드사 창구에 불을 지르려 한 혐의(방화예비)로 안 **아무개**(50) 씨의 구속 영장을 신청했다. [신문]

<예5.3-3가, 나, 다>는 '아무'와 '아무개'가 특별히 정해지지 않은 인물을 가리키는 데 사용된 예를 보인 것이고 <예5.3-3라, 마>는 '모'와 '아무개'가 사람의 성(姓) 뒤에 사용되어 그 사람의 구체적인 이름을 밝히지 않을 때 사용된 것을 보인 것이다.

부정/의문대명사 중에서 일부는 결합하는 조사에 따라 그 형태가 달라지기도 하고, 축약형이 나타나기도 한다. 아래의 <예5.3-4>와 같이 '누구'는 주격조사 '가'가 결합하면 '누가'로 나타나고, 관형격조사 '의'와 결합하여 '뉘'로 나타나기도 한다. '누구'가 '가'와 결합할 때에는 '누구가'보다는 대개 '누가'로 나타나지만 '누구'가 '의'와 결합했을 때 '뉘'로 나타나는 것은 일반적이지 않다. <예5.3-5>에서 확인할 수 있듯이 '무엇'은 축약형인 '뭣', '뭐', '머', '모'로도 나타나는데, 구어 사용역에서는 '무엇'보다 축약형인 '뭐'로 나타나는 것이 일반적이다.

〈예5.3-4〉
가. **누가** 너보고 벌레 닮았대냐? [대화]
나. 그런데 대체 **누가** 이 휴양원의 회장이죠? [소설]
다. 며칠 굶은 거지가 뉘 집에 밥을 빌리러 갔다. [소설]
라. 그때 현감이 소리치기를, "네 이년. 뉘 앞에서 못된 행사냐? 그만두지 못하겠느냐!" [소설]

〈예5.3-5〉 [대화]
가. 치료 받을 때, 물에다가 **뭐** 타서 먹었어요. 물에다가요. 무슨, 약을요.
나. 그래 난 **뭣도** 모르구 따라갔거든요, 딱 따라가서 인제 커피숍에 딱 들어갔는데,
다. 이거 **머라고** 하지, 충전기 말고. 아답터. 말고 말고. 끼는 거.
라. 기획 의도가 **모야**? 제작 의도를 말해 봐.

부정/의문대명사는 <예5.3-6>과 같이 동일한 형태가 반복되어 나타나서 반복형을 이루기도 한다. 연구 대상 말뭉치에서는 부정/의문대명사가 반복형을 이루는 경우가 많이 나타나지 않았는데 '무엇', '어디', '누구'의 경우에만 반복형이 나타났다. 그러나 '너는 언제 언제 회사에 안 가니?'와 같이 '언제'의 경우에도 반복형을 이룰 수 있다.

〈예5.3-6〉
가. A: 수강신청 했어요? B: 어. C: 오빠는 교육학만 많이 남았어. A: 그럼 **뭐 뭐** 들어요? C: 영 영어:: 영문법교육하고. 그거 들을 필요 없는 거지 그지. [대화]
나. 라. 방금 전에 배 선생이 말씀하시던 두 사람이 **누구 누구예요**? 누구 누구라고 말씀드리면 아시겠습니다? 하나는 사람이 아니고 미친개고 다른 하나는 금순네라는 여잡니다. [소설]

다. A: 오빠, 그러면 **어디 어디** 갔었어요? B: 언제. 유럽에서? 유럽? B: 응. A: 아니 뭐~ 덴마크도 갔다왔구::, [대화]

라. 무슨 일이 되었든 현재 자신에게 주어진 일은 늘 자기에게 적당한 일이 아니고, **누구 누구가** 하는 일이야말로 자기가 맡으면 정말 잘할 수 있는 일이라고 여기는 게 승주의 직업관이라면 직업관이었다. [소설]

위의 예에서 보인 부정/의문대명사의 반복형은 의문대명사로 사용되기도 하고 부정대명사로 사용되기도 한다. <예5.3-6가, 나>는 반복형이 의문대명사로 사용된 것을 보인 것이고 <예5.3-6다, 라>는 반복형이 부정대명사로 사용된 경우를 보인 것이다. 이와 같이 부정/의문대명사가 반복형으로 나타나면 복수의 대상을 가리키는데 부정/의문대명사는 아래의 예와 같이 복수 접미사 '-들'과 결합하는 것이 매우 어색하거나 불가능하다.

〈예5.3-7〉

가. ?숲속 저편에 내가 필요한 **무엇들이** 있는 것 같았다.

가'. ?일을 마치려면 **무엇들이** 더 필요한가?

나. *어딘가에서 **누구들이** 나를 부르는 것만 같다.

나'. *너는 어제 **누구들과** 놀았니?

다. *보물은 분명 지도에 보이는 **어디들에** 숨겨져 있을 것이다.

다'. *지난 방학 때 너는 **어디들을** 여행했니?

라. *네가 **언제들에** 쉰다고 말해 줘야 내가 너희 집에 갈 수 있지.

라'. *네 인생에서 가장 기뻤던 순간은 **언제들인가**?

<예5.3-7>에서 보듯이 부정/의문대명사는 복수 접미사 '-들'과 결합하는 것이 매우 어색하거나 불가능하고, 부정/의문대명사가 복수의 의미를 유표적으로 나타내기 위해서는 '무엇 무엇', '누구 누구', '어디 어디', '언제 언제'와 같이 반복형으로 나타나는 것이 자연스럽다. 그렇지 않으면 '어떤 것들', '어떤 사람들', '어느 곳들', '어떤 때들'과 같이 부정/의문대명사의 대체 표현에 '-들'이 결합하여 나타나야 한다(부정/의문대명사의 대체 표현에 대해서는 5.3.1.3, 5.3.2.3 참고). 하지만 부정/의문대명사는 반복형으로 나타나지 않아도 복수의 의미를 나타낼 수 있다. 한편, 부정/의문대명사의 반복형은 <예5.3-6>과 같이 두 개의 형태가 반복되어 나타나는 것이 일반적이지만 아래의 <예5.3-8>과 같이 세 개 이상의 형태가 반복되어 반복형을 이루는 경우도 있다. 이는 주로 비격식적인 일상 대화에서 주로 나타나는데 지시 대상의 복수성을 더욱 강조하는 효과가 있다.

〈예5.3-8〉 [대화]

가. 그거 말구두 막~ 외우는 거 따로 있잖아 우리 같은 경우는… 경찰:: 직무 그거 해 가지구 나는 뭐~ 대한민국 경찰로서 **뭐 뭐 뭐 뭐** 이거 한다 뭐~ 그러고, 진압의 삼대 원칙부터 해 가지고 막~

나. 그래 가지구 최두석 꺼 시 같은 경우는 뒤에 해설 부분에 그게 있어. 참고문헌 **뭐 뭐 뭐 뭐** 이렇게 그래 가지구, 그거 나는 찾어 가지고 썼었거든,

말뭉치 계량 결과 제시1

1. 전체 부정/의문대명사의 사용 비율: 의문대명사 〉 부정대명사

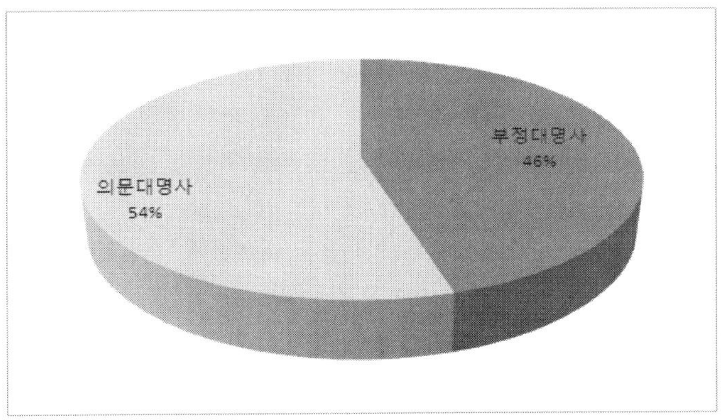

<그래프5.3-1> 전체 부정/의문대명사의 사용 비율

2. 사용역에 따른 부정/의문대명사의 사용 비율
대화: 의문대명사 〉 부정대명사
소설: 부정대명사 〉 의문대명사
신문: 부정대명사 〉 의문대명사
학술: 부정대명사 〉 의문대명사

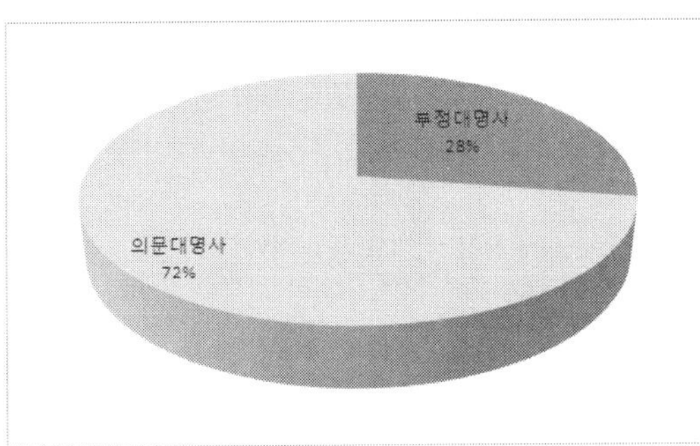

<그래프5.3-2> '대화'의 부정/의문대명사의 사용 비율

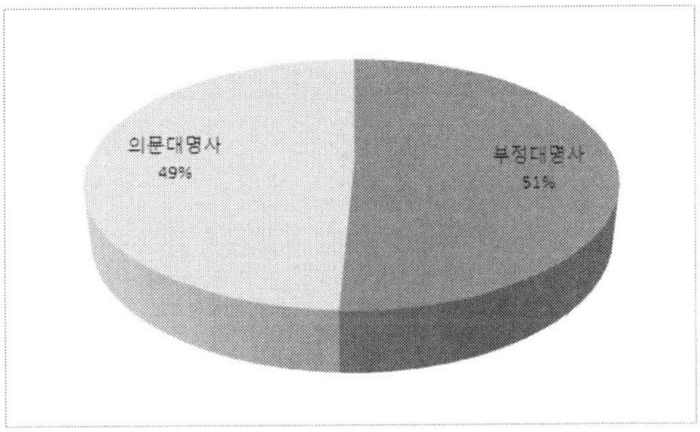

<그래프5.3-3> '소설'의 부정/의문대명사의 사용 비율

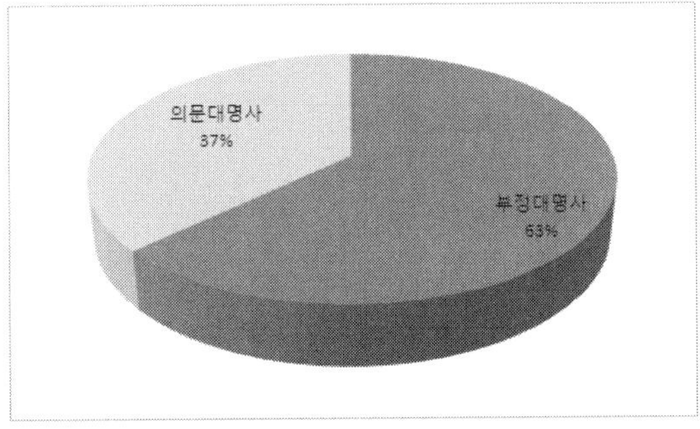

<그래프5.3-4> '신문'의 부정/의문대명사의 사용 비율

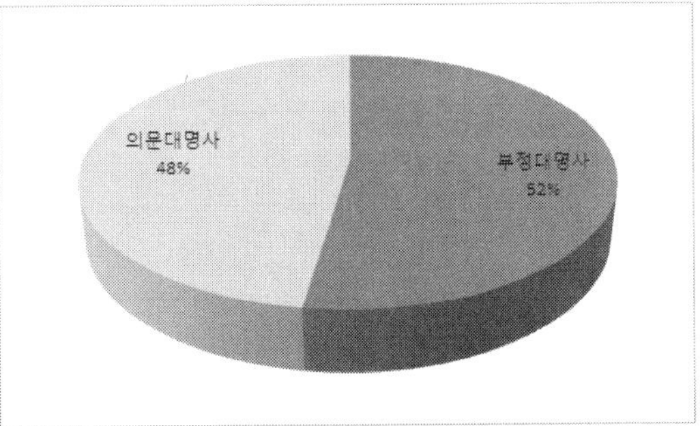

<그래프5.3-5> '학술'의 부정/의문대명사의 사용 비율

▶▶ 말뭉치 계량 결과에 대한 논의1

전체 말뭉치에서 나타나는 부정/의문대명사의 사용 비율을 살펴보면 부정대명사와 의문대명사의 사용 비율이 거의 비슷하지만 의문대명사가 부정대명사보다 사용 비율이 조금 더 높다. 그러나 사용역에 따른 부정/의문대명사의 사용 비율은 '대화'를 제외하고 모든 사용역에서 부정대명사의 사용 비율이 더 높게 나타난다. 이와 같이 '대화'를 제외한 모든 사용역에서 부정대명사의 사용 비율이 더 높지만 5장 도입부에서 제시한 <그래프5-6>에서 확인할 수 있듯이 전체 부정/의문대명사의 사용역 비율이 '대화'에서 가장 높기 때문에 전체 말뭉치에서 의문대명사의 사용 비율이 조금 더 높게 나타나는 것이다.

의문대명사는 의문문에 사용되는 대명사인데, 의문문은 내포절에 나타나는 경우가 아니라면 화자와 청자가 동일한 담화 공간 내에 있어 질문과 답변이 가능한 대화 상황에서 나타나는 것이 일반적이다. 다른 사용역과 달리 '대화'에서 의문대명사의 사용 비율이 매우 높게 나오는 것은 이러한 이유에서 기인한다. '소설'도 대화 지문의 영향으로 다른 문어 사용역에 비해 의문대명사의 사용 비율이 높게 나타나기는 하지만 '소설'은 부정대명사의 사용역 비율이 가장 높게 나타나기 때문에(<그래프5.3-7> 참고) 부정대명사와 의문대명사의 사용 비율이 유사하게 나타난다. '신문'과 '학술'에서도 의문문이 사용되기는 하지만 문어 사용역에서 의문문은 특별한 문체적 효과를 위해서 사용되거나 주로 내포절 내에서 나타난다. 따라서 '신문', '학술'에서는 의문대명사의 사용 비율이 낮게 나타난다. '신문'과 '학술'에서 의문대명사가 사용되는 전형적인 예를 보이면 아래와 같다.

〈예5.3-9〉

가. 더욱 심각한 것은 주변 상권에서 생계를 확보하던 그 많은 시민들은 **어디에서 무엇을** 하며 먹고 살아야 하는가. 청계천 복원은 단순히 콘크리트를 뜯어내고 고가도로를 부수고 맑은 물이 흐르게 하는 쾌적함을 담보로 하기에는 너무도 엄청난 문제가 남아 있다. [신문]

나. 이런 오페라의 기본 틀이 과연 **언제까지** 현대인들에게 호소력을 발휘할 수 있을까? 최근 뉴욕타임스는 다양한 실험의 첨단을 걷는 뉴욕의 예술가들에 의해 '클래식 오페라'라는 장르 자체가 위협받고 있다고 전해 흥미를 끌고 있다. [신문]

다. 그렇다면 '글로벌 가버넌스'는 **누구**에 대한 책임을 갖는가? 국내 상황에서는 정치인들이 유권자에게, 기업 간부들이 주주들에게 책임을 가지지만, NGO 대표들은 불특정 다수가 되는 일반 시민들에게 책임을 다한다고 볼 수 있다. [학술]

라. 우리는 대학생도 아니고 교수도 아니다. 전문적인 논문을 쓸 것이 아니지 않은가? 정확한 지식, 그러면서도 참신한 내용을 위해 우리가 구할 수 있는 재료들은 **어디**에 있을까? 그 방법을 짚고 넘어가 보자. [학술]

〈예5.3-10〉

가. 이라크가 최후 총첩을 받아들이지 않을 경우 지상전이 벌어질 것임은 의심의 여지가 없었으나 그 시점이 정확히 **언제**가 될 것인지는 예측하기가 쉽지 않았다. [신문]

나. 온갖 환경담론이 난무하지만, 철학적으로 환경이 **무엇**인가 하는 데 대한 이론적 바탕을 제공하는 책이 많지 않아 나름대로 가이드북을 하나 만들어야 겠다는 생각에서 집필을 시작했다고 한다. [신문]

다. 동물의 동작과 해부학적 구조에 대한 지식, 가령 급소가 **어디**에 있느냐 하는 것들은 그들의 생존에 필수적인 지식이었다. [학술]

라. 우리나라에서도 가끔 은행 온라인 시스템이 작동을 멈추어 큰 소동을 빚곤 한다. 앞으로 이런 사태는 더욱 빈번히 일어날 것이며, 그 피해자가 누가 될지는 아무도 모른다. [학술]

<예5.3-9>는 '신문'과 '학술'에서 의문대명사가 내포절이 아닌 의문문에서 사용된 예를 보인 것이고 <예5.3-10>은 의문사가 내포절인 의문문에서 사용된 예를 보인 것이다. 문어 사용역에서 필자와 독자는 동일한 담화 공간에 존재하지 않기 때문에 필자가 질문을 하더라도 독자의 대답을 들을 수는 없다. 따라서 <예5.3-9가>와 같이 문어 사용역에서 사용되는 의문문은 필자가 독자에게 모르는 정보를 묻는다기보다는 의문을 제기함으로써 자신의 주장을 강력하게 제시하거나 논의의 전개 방향을 알려 주는 역할을 한다. <예5.3-9가>의 의문문은 수사의문문으로서 '주변 상권에서 일하던 시민들의 생계가 문제이다'라는 주장을 의문문 형식으로 강력하게 제시하는 역할을 한다. <예5.3-9나, 라>에서 의문문은 앞으로 전개해 나갈 주제를 제시하고 독자의 관심을 환기시키는 효과를 가진다. <예5.3-9다>에서의 의문문은 자문자답 형식으로 논의를 전개해 나가기 사용된 것이다. 이와 같이 '신문'과 '학술'에서 내포절이 아닌 의문문은 주제를 제시하고 독자의 주의를 환기시키거나 자신의 주장을 강력하게 전달할 때 주로 사용되는데 이러한 경우가 아니라면 '신문'과 '학술'에서 의문문은 <예5.3-10>과 같이 내포절에서 주로 나타난다.

'소설'과 '학술'은 부정대명사가 의문대명사보다 사용 비율이 더 높지만 '신문'은 '학술'에 비해 부정대명사와 의문대명사의 사용 비율의 차이가 상대적으로 크다. 이처럼 '신문'에서 부정대명사의 사용 비율이 더 높은 것은 '신문'의 사용역적 특성과 관련이 있다. '신문'은 우리 주변에서 일어나는 사건, 사고 등을 전달하고 논평하는 내용이 주를 이룬다. 이와 같이 '신문'에서 사건, 사고의 내용을 보도할 때에는 <예5.3-11>과 같이 이와 관련된 인물의 개인 정보를 보호하기 위해 실명을 밝히지 않는 경우가 많은데 이때 지시 대상을 구체적으로 밝히지 않는 부정대명사인 '모', '아무개' 가 많이 사용된다(<그래프5.3.1.1-6> 참조).

〈예5.3-11〉 [신문]

가. 경찰은 또 밀입국 조직 브로커인 여 **모** 씨(45) 등 4명을 같은 혐의로 수배했다.

나. 서울 H고 2년 김 **모** 군(18)은 "당시 모두가 비슷한 옷차림을 하고 있었기 때문에 아무런 신분증 확인 절차 없이 술과 담배를 살 수 있었다."고 말했다.

다. 수원지검 특수부는 박 판사가 지난달 13일 검찰이 경기 지방 경찰청 이 **아무개** 총경에 대해 수뢰 혐의로 청구한 구속영장을 기각한 뒤 이 총경 변호인인 기 **아무개** 변호사 등과 술자리와 골프 모임을 한 혐의를 잡고 내사를 벌여 그 결과를 수원지법에 통보했다.

라. 김 **아무개**(18) 양도 지난해 8월께 친구 유 **아무개**(18) 양과 함께 가출해 지난달 6일까지 경기 안성 · 화성 지역의 티켓 다방 2곳에 고용돼 선불금 350만원의 빚을 졌다.

말뭉치 계량 결과 제시2

• 개별 부정/의문대명사의 사용 비율

무엇: 의문대명사 〉 부정대명사　　누구: 부정대명사 〉 의문대명사

어디: 의문대명사 〉 부정대명사　　언제: 의문대명사 〉 부정대명사

아무: 부정대명사　　　　　　　　아무개: 부정대명사
모: 부정대명사

	부정	의문
무엇	■■■■■■▪	■■■■■■■■■■■■■▪
누구	■■■■■■■■■■■▪	■■■■■■■■▪
어디	■■■■■■■■▪	■■■■■■■■■■■▪
언제	■■■■■■■■■▪	■■■■■■■■■■▪
아무	■■■■■■■■■■■■■■■■■■■■	
아무개	■■■■■■■■■■■■■■■■■■	
모	■■■■■■■■■■■■■■■■■■	

<그래프5.3-6> 개별 부정/의문대명사의 사용 비율

(■ 5%, ▪ 5% 미만)

말뭉치 계량 결과에 대한 논의2

개별 부정/의문대명사의 사용 비율을 확인해 보면 우선 '아무', '아무개', '모'는 부정대명사로만 사용된다는 것을 계량 결과로도 확인할 수 있다. 나머지 부정/의문대명사는 '누구'를 제외하고는 모두 의문대명사로 사용되는 비율이 더 높다. 특히 '무엇'은 의문대명사로 사용되는 비율이 부정대명사로 사용되는 비율보다 2배나 더 높게 나타난다. '누구'는 부정대명사로 사용되는 비율이 더 높지만 의문대명사로 사용되는 비율과 크게 차이가 나지 않는다. 앞서 <그래프5.3-1>에서 살펴보았듯이 전체 말뭉치에서 의문대명사는 부정대명사보다 그 사용 비율이 조금 더 높게 나타났는데, 이러한 경향은 '누구'를 제외한 '무엇', '어디', '언제'에서도 동일하게 나타난다고 할 수 있다.

말뭉치 계량 결과 제시3

- 부정/의문대명사의 사용역 비율
  부정대명사: 소설 〉 대화 〉 학술 ≧ 신문
  의문대명사: 대화 〉 소설 〉 학술 〉 신문

	대화	소설	신문	학술
부정대명사	■■■■■■▪	■■■■■■■■	■■▪	■■▪
의문대명사	■■■■■■■■ ■■■■▪	■■■■■▪	▪	■▪

<그래프5.3-7> 부정/의문대명사의 사용역 비율

(■ 5%, ▪ 5% 미만)

말뭉치 계량 결과에 대한 논의3

부정대명사와 의문대명사는 모두 '대화'와 '소설'이 사용역 비율의 약 90%를 차지한다. 이는 전체 부정/의문대명사가 '대화'와 '소설'에서 사용역 비율이 가장 높기 때문이다(5장 도입부의 <그래프5-6> 참고). 대명사는 그 종류에 관계없이 일반적으로 '대화'와 '소설'에서 가장 많이 사용된다. 부정대명사는 '소설'에서 가장 많이 사용되고, 그 다음으로 '대화'에서 많이 사용된다. '신문'과 '학술'에서 나타나는 부정대명사의 사용역 비율은 거의 유사하다. 의문대명사는 거의 대부분 '대화'와 '소설'에서만 나타나는데, 특히 '대화'에서의 사용역 비율이 압도적으로 높다. 이는 앞서 설명하였듯이 의문대명사는 의문문에 사용되는데 이러한 의문문은 화자가 질문하고 청자가 답변을 할 수 있는 대화 상황에서 나타나는 것이 일반적이기 때문이다.

5.3.1. 부정대명사

부정대명사는 명확하게 정해지지 않은 대상을 지시하거나 지시 대상을 구체적으로 밝히지 않을 때 사용하는 대명사이다. 이와 같이 부정대명사는 불특정한 대상을 가리킬 수도 있고 특정한 대상을 가리킬 수도 있는데, 부정대명사가 특정 대상을 가리킨다고 해도 화자가 그 지시 대상을 명시적으로 드러내는 것이 아니라서 청자에게는 불특정 대상과 마찬가지로 여전히 그 지시 대상이 명확하지 않다. 먼저 부정대명사가 특정 대상을 가리키는 경우를 보이면 아래와 같다.

〈예5.3.1-1〉

가. 마침내 최 **모는** 호들갑을 떨더니 배팅으로 백만 원을 걸었다. [소설]

나. 인근 편의점에서 일하는 김 **모** 씨는 "당시 주류 매상이 평소보다 2-3배나 늘었다"며 "엄청나게 많은 손님들을 상대로 일일이 신분증을 확인하기는 불가능했다"고 말했다. [신문]

다. 혹시 **아무개** 아니시냐고 물었더니, 세상에, 사람 잘못 보셨어요, 이러는 거예요. 어디에 사시느냐고 물었더니 웃을 뿐 말씀 아니 하셔요. [소설]

라. 이런 분위기는 인민군 장교 출신 석 **아무개**(36) 씨 등 탈북자 4명이 한국행을 요구하며 들어가 있는 영사관 안쪽과 대조를 이루고 있다. [신문]

<예5.3.1-1>에서 '모'와 '아무개'는 특정 대상의 실명을 밝히는 것을 피하기 위해 사용된 것이다. 이때 '모'와 '아무개'는 부정대명사가 특정 대상을 가리키지만 지시 대상을 구체적으로 밝히지 않기 위해 사용된 전형적인 경우라고 할 수 있다. 그러나 다음의 경우는 부정대명사가 특정 대상을 가리키는지 불특정 대상을 가리키는지 다소 모호하다.

〈예5.3.1-2〉

가. 내가 어릴 때 본 건데, 어떤 할머니가 버스를 탔는데, 그::~ **누가** 빨간 잠바를 입고 있었나 봐::, 젊은 애가, 젊은 애가, 남자 애가, [대화]

나. 나는 서울타워 정상에 버스가 도착한 다음에야 뒷자리에 **누가** 타고 있다는 걸 알았다. 언젠가 본 적이 있는 흰색 셔츠, 바로 그 애였다. [소설]

다. **누군가가** 그러더군요. 장명수는 죽기 며칠 전에 국가 안전국에 잡혀 갔었대요. 그런데 죽기 하루 전날 풀려 나왔다나요? [소설]

라. 세계무역센터... 다시 말한다. 꼭대기로 **무언가가** 돌진하고 있다. [신문]

<예5.3.1-2>에서 '누구'와 '무엇'은 화자가 그 지시 대상이 무엇인지 뚜렷하게 알고 있는 경우로 특정 대상을 지시하는 것처럼 보인다. <예5.3.1-2가, 나>의 '누구'는 화자가 기억하는 사건 속의 어떠한 인물을 가리킨다. <예5.3.2-1다>의 '누구'는 화자가 이야기하고 있는 사건을 말해 준 사람을 가리키고, <예5.3.2-1라>의 '무엇'은 화자가 본 물체를 가리킨다. 그러나 화자가 이들 지시 대상이 구체적으로 알고 있다 하더라도 특정 대상으로 지시된 것인지 불특정 대상으로 지시된 것인지는 분명하지 않다.

다음의 예문은 부정대명사가 불특정 대상을 가리키는 경우를 보인 것이다.

〈예5.3.1-3〉

가. 얘는 어디 가든지 **누가** 항상 닮았다고 말해요. [대화]

나. 문이 열리자마자 맨팔 하나가 쏙 나와 세탁해 달라며 와이셔츠와 실크 블라우스를 내밀었다. **뭘** 엎지른 모양이었다. [소설]

다. 모 카드 회사의 광고 카피처럼 **어디론가** 훌쩍 떠날 수 있는 본격적인 휴가철이 시작됐다. [신문]

라. 그런데 **언제부터인가** 우리는 위기감을 갖게 되었다. 고도의 과학적 지식과 철학적 사고의 함양을 위해 많이 읽고, 깊이 생각하고, 부단히 무게 있는 글을 써야 할 우리들이 제 위치를 이탈하고 있기 때문이다. [학술]

위의 예에서 '누구', '무엇', '어디', '언제'가 지시하는 대상은 모두 명확하게 정해지지 않은 것으로 불특정한 대상에 해당된다.

부정대명사가 불특정한 대상을 가리킬 때에는 경우에 따라 어떤 것이든 그 지시 대상에 해당되어도 상관없다는 자유 선택의 의미로 사용될 수도 있고, 어떤 것도 지시 대상에 해당될 수 없다는 전칭 부정의 의미로 사용될 수도 있다. 부정대명사가 자유 선택의 의미로 사용될 때에는 아래의 <예5.3.1-4>와 같이 자유 선택의 의미를 나타내는 보조사 '이나', '이든지'와 주로 결합하고, 전칭 부정의 의미로 사용될 때는 아래의 <예5.3.1-5>와 같이 척도 함축 상에서 최저의 값을 나타내는 보조사 '도'와 주로 결합한다.

〈예5.3.1-4〉

가. 그러니까 청담동이나 뭐~ 그쪽::은, 다른 지역이랑 무슨 뭐~ 가격이나 뭐~ 물건이나, **뭐든지 뭐든지** 차이가 나는 거 같애. [대화]

나. 잡채는 어느 잔칫상에서도 빠지지 않고 **누구나** 좋아한다. [신문]

다. 투표를 안 하자니 찜찜하고, 하자니 눈 감고 **아무나** 찍는 꼴이 될 터이니 위험천만이다. [신문]

라. 피의자를 붙잡았거나 행방불명된 고소인이나 중요 참고인의 소재를 알아내었을 때에는 **언제든지** 수사를 재개할 수 있다. [학술]

〈예5.3.1-5〉

가. 거기 가면 아는 사람이 **아무도** 없으니까 너무 할 게 없잖아요, [대화]

나. 왠지 이 남자에게는 **무엇도** 양보하기 싫은 오기가 생긴다. [소설]
다. 뜨거운 열정으로 공을 뿌리지만 얼음처럼 차가운 냉정한 머리로 상황을 파악하고 대처하는 것을 잊어서는 안 된다. 왜냐하면 투수는 어느 **누구도** 도와주지 않는 가장 고독한 존재이기 때문이다. [신문]
라. 그렇게 해서 제3세계를 연구하는 제1세계의 시각 제2세계의 시각 제3 세계의 시각이 서로 대립되어 논쟁을 벌이게 된 것이 제3세계 **어디에서도** 확인되는 보편적인 현상이다. [학술]

앞서 살펴보았듯이 부정대명사는 지시 대상의 의미 속성에 따라 그 형태가 분화되어 있다. 먼저 '사물'을 가리키는 부정대명사로는 '무엇'이 있다.

〈예5.3.1-6〉
가. A: 그래도 그게 더 이쁠 거 같애, 머리 스타일이. B: **뭘** 한들 안 이쁘겠어? [대화]
나. "뭐 좀 먹을 거 없어요? 우린 저녁을 못 먹었어요." [소설]
다. 바이롬사의 마케팅 능력 부족으로 **무엇보다** 해외 판매가 부진했다. [신문]
라. 어떠한 지식의 체계이든지, 그것이 만약 수학적으로 표현이 되고 있고 **무엇을** 얻게 해 주는 지식이면, 즉 요구되는 작업을 하게 해 주는 지식이면, 이 지식의 체계는 훌륭한 지식의 기준을 만족한다는 것이다. [학술]

사람을 나타내는 부정대명사에는 '누가', '아무', '아무개', '모'가 있다. 이 중 '누구'는 의문사로도 사용될 수 있으나, '아무', '아무개', '모'는 의문사로는 사용되지 않고 부정대명사로만 사용된다. 부정대명사 '누구'의 예를 보이면 다음과 같다.

〈예5.3.1-7〉
가. 이 자식이 **누굴** 바::보로 아나. [대화]
나. "사귀자"는 제안에 "아직 서로를 잘 모르잖아"라며 한 발짝 물러나는 지석에게 "**누가** 결혼하재? 서로에 대해 잘 모르니까 사귀자는 거 아냐"라고 대꾸한다. [소설]
다. 협회의 살림을 총체적으로 지휘하는 '전무'라는 자리는 그다지 녹록한 자리가 아니다. **누가** 맡아도 뒷말은 나오게 마련이다. [신문]
라. 참신한 비유를 끄집어내 서론을 시작한다거나, 주변에서 있었던 일을 예로 들거나 **누군가의** 말을 인용하며 시작한다면 얼마나 멋진 서론이 되겠는가. [학술]

사람을 지시하는 부정대명사 '아무'는 항상 보조사 '이나', '이라도', '도'와 결합하여 나타난다. '아무'가 '이나'와 '이라도'와 결합하면 어떤 사람이든 상관없다는 자유 선택의 의미를 지니고 '도'와 결합하면 어떤 사람이라도 불가능하다는 전칭 부정의 의미를 지닌다.

〈예5.3.1-8〉
가. A: 유치원 선생님도 **아무나** 하는 게 아니래든데? B: 그치, 영어도 잘 해야 되고, B: 맞어. [대화]
나. 예리는 자신도 모르게 웃음이 나왔다. 너무 기뻐 지나가는 사람 **아무라도** 얼싸안고 싶었다. [소설]
다. 내게는 지난 10년 간 역사소설을 쓰면서 **아무에게도** 고백하지 않은 꿈이 하나 있다. [신문]
라. 서민들의 생활고를 염려한 정부가 쌀값을 일률적으로 절반으로 떨어뜨리게 했다고 치자. 당장은 많은 서민들이 박수를 치면서 좋아할 것이다. 하지만 쌀을 생산하는 농부들은 이제 **아무도** 벼농사를 짓지 않을 것이다. [학술]

<예5.3.1-8>에서 확인할 수 있듯이 '아무'는 항상 보조사 '이나', '이라도', '도'와 결합하여 자유 선택이나 전칭 부정의 의미를 지니기 때문에 특정 대상을 지시하는 경우는 나타날 수가 없다.

불특정한 인물만을 지시할 수 있는 '아무'와 달리 '아무개'는 불특정한 인물을 가리킬 때도 사용할 수 있고, 특정한 인물을 가리킬 때도 사용할 수 있다. 신문 기사에서 '아무개'는 주로 성(姓)과 함께 사용되어 특정 인물을 구체적으로 드러내지 않기 위해 사용된다.

〈예5.3.1-9〉

가. A: 우리 친척 언니두요, B: 어 A: 선화예중고 나왔거든요? B: 응. A: 근데, 그냥. 아무 뭐~ 그런 거랑 전혀 관계없는 일 해요. B: 뭐 하는데? A: 그냥 회사 다녀요. B: 아. 선화예고라는 거를 감추지 않을까? **아무개** 씨는 어디 나왔어요? 아 저는, 선화고등학교. 아 저기 리틀엔젤스에 있는 거. 아 아뇨. 거기 아니구요, 저 지방에 있어요. [대화]

나. 갯일에 나가고 들어올 때 아낙네들은 번번이 금순네를 시켜 보고하고 허락을 맡도록 공작을 꾸몄다. 그러는 그 심보를 알 것도 같았다. 고 **아무개하고** 금순네가 어디서 뭘 어쨌네 하는 소문의 진위를 간접적으로 묻고 멋대로 확인해 보는 형식일 것이었다. [소설]

다. 서울고법 민사합의 17부(재판장 정인진 부장 판사)는 독극물을 마신 뒤 치료를 거부해 병원에서 숨진 홍 **아무개** 씨의 유족이 충남 ㅈ병원을 상대로 낸 손해 배상 청구 소송 항소심에서 "병원은 9800만원을 지급하라"며 원고 일부승소 판결을 내렸다고 16일 밝혔다. [신문]

라. 그 개인의 行爲와 방법이 다른 많은 사람에 의하여 계승될 때만 우리는 그것을 **아무개의** 또는 무슨 집단의 전통이라고 부른다. [학술]

<예5.3.1-9가, 나, 다>의 '아무개'는 특정한 인물을 지시하고 있고 <예5.3.1-9라>의 '아무개'는 불특정한 인물을 지시하고 있다.

'모'는 주로 신문이나 방송에서 특정 인물의 실명을 밝혀 적기 곤란할 때 사용하는 부정대명사로 '김 모 씨', '김 모 여인', 'K 모 변호사'와 같이 성(姓)이나 성(姓)을 나타내는 영문 이니셜 뒤에 특정 인물의 실명 대신 사용된다. 이와 같이 실명 대신 사용되는 '모'는 특정한 인물을 가리키는 데에만 사용된다.

〈예5.3.1-10〉

가. A: 근데 최근에 있었던 그::~ 제이 제이 씨 연애 사건 알어? B: 제이 씨 연애 사건이 뭐야? A: 음. 그 X **모** 씨랑 케이 **모** 양이랑. B: 알어:: 내가 야 그~ 뭐냐, 그~ 그 지집애 내 방에서 자던 날. 울고불고 지랄해 가지고 내가 막 달래구. [대화]

나. 최 **모**는 얼굴이 물 먹인 돼지처럼 벌겋게 부풀어 올랐다. [소설]

다. 한편 하이콤정보통신 최대 주주 김 **모** 씨와 이 회사 김 **모** 감사도 남의 이름을 빌려 주식을 보유했으나 이를 신고하지 않고 회사를 코스닥시장에 등록했던 것으로 최근 확인됐다. [신문]

라. 생각난 김에 박 정권하의 높은 양반 중에 일본을 잘 아는, 그래서 일본의 우익 정객들에게 환영을 받았다는 K **모가** 생각난다. [학술]

'장소'를 가리키는 부정대명사로는 '어디'가 있고 '시간'을 지시하는 부정대명사에는 '언제'가 있다. 이들 부정대명사의 예를 보이면 아래와 같다.

〈예5.3.1-11〉

가. 기계과는 **어디** 가나 다::, 뭐라고 그래야 되나. 뭐라고 그래야 되나. 쓸모가 있으니까, [대화]

나. 우리 **어디로** 도망쳐 가서 살아요. [소설]

다. 가정 폭력을 당했을 때 전국 **어디서나** 국번 없이 1366으로 전화하면 전국 가정폭력 상담소로 연결된다. [신문]

라. 인도든 아랍 세계든 아프리카이든 **어디를** 둘러보아도 제3세계 학문을 제대로 이룩했다고 하는 뚜렷한 성과는 크게 미흡하다. [학술]

〈예5.3.1-12〉

가. A: 뭔데? B: 아니 이거 또 하는데 뭐~ 작업 일지를 써야 된다 그래 가지고 작업 일지 쓰는 거야, A: 어::, B:한 장밖에 안 썼어 이거 새 거야, 뭐~ **언제 언제부터** 녹음했구 뭐~ 이런 거 있잖아. A:아~ 이거 녹음을 해서 오빠 뭘 하는 건데? [대화]

나. 남편은 **언제라도** 아주 성실하고 친절에 넘치는 행위를 십년이 넘도록 한결같이 해 옵니다. [소설]

다. 청와대 측이 '옛 청와대' 건물을 퇴역시키기로 한 것은 무엇보다도 일제 식민통치 본산의 하나인 이 건물을 **언제까지나** 대통령 집무실로 사용할 수는 없다는 것 때문이었다. [신문]

라. **언제부턴가** 사람들은 제의 속의 사건을 한갓 '가상'으로 여기게 되었다. [학술]

한편, 이 외에도 부정대명사에는 '거시기'와 '머시기'가 있다. '머시기'와 '거시기'는 연구 대상 말뭉치상에서 각각 1회, 8회 출현하였는데 이들 부정대명사는 거의 대부분 특정 대상인 남성의 성기를 구체적으로 가리키지 않기 위해 사용되었다. 따라서 사용 빈도가 매우 낮고 특정 용법에만 한정되어 나타나는 '거시기'와 '머시기'는 부정대명사의 논의에서 제외하였다.

5.3.1.1. 부정대명사의 분포

말뭉치 계량 결과 제시1

1. 전체 부정대명사별 사용 비율: 무엇 〉 누구 〉 어디 〉 아무 〉 아무개 ≧ 언제 〉 모

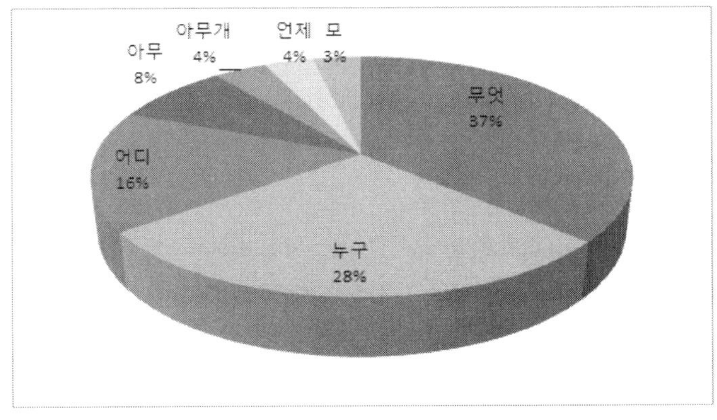

<그래프5.3.1.1-1> 전체 부정대명사의 사용 비율

2. 사용역에 따른 부정대명사별 사용 비율
대화: 무엇 〉 누구 〉 어디 〉 아무 〉 언제 〉 모 〉 아무개
소설: 무엇 〉 누구 〉 어디 〉 아무 〉 언제 〉 아무개 〉 모
신문: 무엇 〉 누구 〉 모 〉 아무개 〉 어디 〉 아무 〉 언제
학술: 무엇 〉 누구 〉 어디 〉 아무 〉 언제 〉 모 〉 아무개

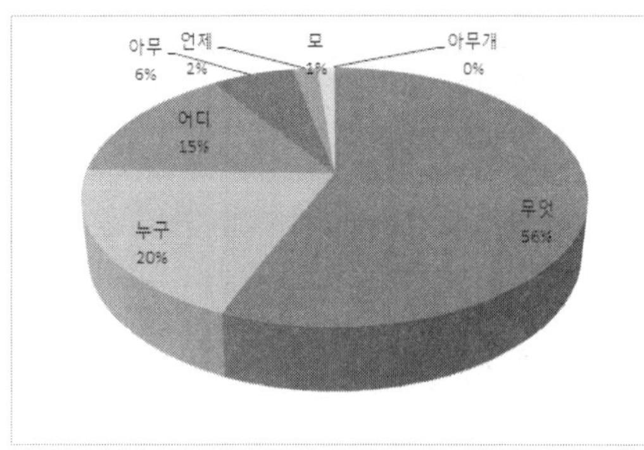

<그래프5.3.1.1-2> '대화'의 부정대명사별 사용 비율

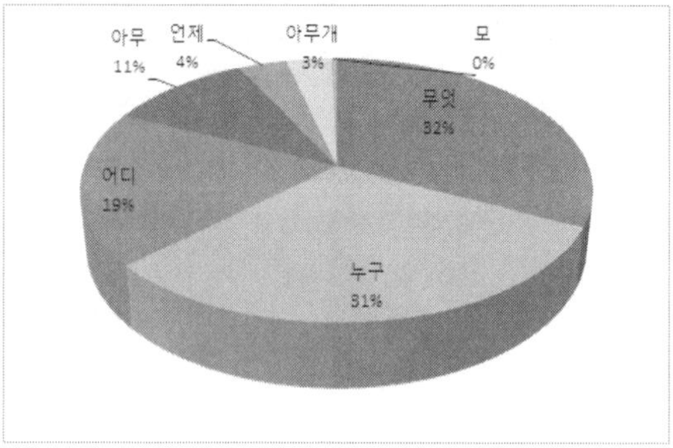

<그래프5.3.1.1-3> '소설'의 부정대명사별 사용 비율

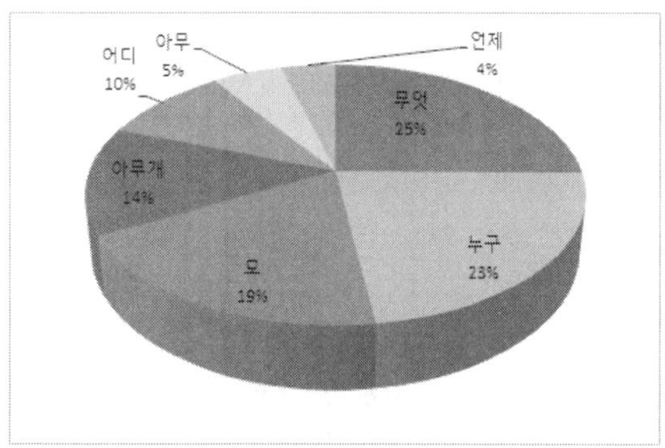

<그래프5.3.1.1-4> '신문'의 부정대명사별 사용 비율

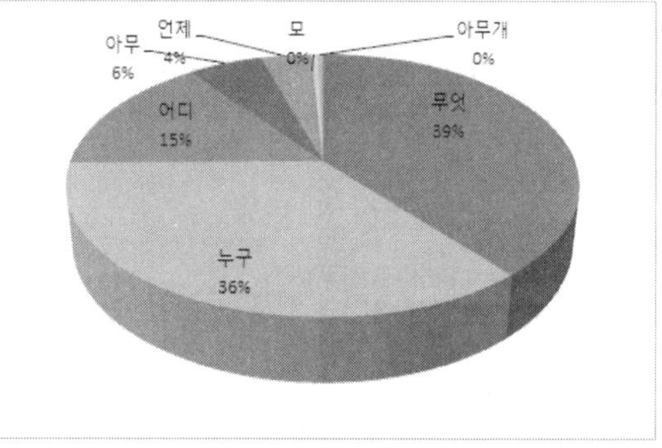

<그래프5.3.1.1-5> '학술'의 부정대명사별 사용 비율

말뭉치 계량 결과에 대한 논의1

전체 말뭉치에서 나타나는 부정대명사별 사용 비율을 살펴보면 우선 '무엇', '누구', '어디'가 전체 사용 비율의 80%를 차지하고 있다는 것을 알 수 있다. 이 중에서 '무엇'의 사용 비율이 가장 높고, '누구', '어디'가 그 다음을 차지한다. 이러한 양상은 정도의 차이가 있지만 사용역에 따른 부정대명사의 사용 비율에서도 그대로 유지된다.

'대화'에서 '무엇'의 사용 비율은 50% 이상을 차지하여 매우 높은 사용 비율을 보인다. 다른 사용역에서도 '무엇'의 사용 비율이 가장 높기는 하지만 '대화'에서 나타나는 '무엇'의 사용 비율은 다른 사용역에 비해 매우 높은 편이라고 할 수 있다. 이는 아래의 예에서 보는 것과 같이 '대화'에서 부정대명사 '무엇'의 축약형인 '뭐'가 대화의 흐름을 원활하게 이어나가기 위해 사용되는 경우가

많기 때문이다.

〈예5.3.1.1-1〉 [대화]

가. A: 단과 대학으로 출발했다가 경희 뭐 있지 않아요? 경희 체육 뭐~ 그런 거. B: 그래, 경희대 체대가 되게 유명하잖아. A: 응. 선배들도 많고

나. A: 뭔 이정현이 뭐 나왔는데 어저께? 이정현 뭐, 최지우랑 뭐 있잖아. B: 어 그래 그래. A: 제목이 아름다운 날들. B: 아아아 그거? A: 어어.

다. 어~ 세계 시민 사회를 되게, 옹호하는 편이야, 그리구, 옛날에 소련 소련이 못 했던 게, 그거잖아, 인터내셔널 뭐 그런 거 있잖아, 그러니까 국제, 그러니까 국제, 공산당을 만들려고 그랬는데, 스탈린이 그걸 못 하게 됐지.

라. 아까 그 뭐 델리야낀가? 그거 싫어?

〈예5.3.1.1-2〉 [대화]

가. 그~ 뛰는 순간 뛰고 나면 또 개 개운한 것도 있고 좋긴 한데, 나 그런 거 즐겁지가 않아, 그니까 뭔가 게 께임을 하고 이런 게 재밌 운동을 위한 운동이잖아::, 어 그러니까 그건 재미가 없어, 수영을 한다거나 뭐~ 테니스를 한다거나 뭐~ 그~ 께임을 해야 재밌는 거 같더라구.

나. A: 원래는 항상 구질구질했다더나? B: 아니 그게 아니라, 아니 딱 뒷모습이 왕깔끔인데? A: 뒷모습이 항상 너도 그랬어. B: 아니 뭔가 얘가 옷이 많았잖아. 입은 게. 입은 게. 걔 항상 야구 잠바 입구, 어. 안에 또 입구 막 그랬잖아.

다. A: 내가 어저께 수업 끝나고 박소영 만난다 그랬었지, B: 네. A: 박소영이랑 싸웠잖아. B: 왜요? A: 싸웠대니까 되게 뭐 같다. 그치? 그치? B: 네. A: 뭐~ 싸웠다기보다, 내가 화를:: 냈어.

라. 건축학도도, 그~ 따로 세부 그게 있잖아, 디자인 설계 쪽이랑, 설계, 시공, 뭐 이렇게 나눈대더라.

<예5.3.1.1-1>에서 '뭐'는 지시 대상과 관련된 일부 정보와 함께 구체적으로 기억나지 않는 대상을 가리키고 있다. 화자가 지시 대상을 정확히 기억하지 못하면 지시 대상을 기억해 내느라 자신의 발화를 중단하여 대화의 흐름이 끊어질 수도 있다. 이때 '뭐'는 기억나지 않는 지시 대상을 불명확하게 지시하여 기억나지 않는 대상을 생각하느라 대화가 끊어지는 것을 막아 주는 역할을 한다. <예5.3.1.1-1>이 화자가 지시 대상이 제대로 기억나지 않아 '뭐'를 사용한 경우라면 <예5.3.1.1-2>는 구체적인 지시 대상을 밝힐 필요가 없을 때 '뭐'를 사용한 경우라고 할 수 있다. <예5.3.1.1-2>와 같은 상황에서 '뭐' 대신 구체적으로 그 대상을 밝히는 것도 가능하지만 이때 '뭐'에 해당하는 정보는 대화의 흐름상 크게 중요하지 않다. '뭐'에 해당하는 대상을 구체적으로 밝혀 자세하게 이야기한다면 오히려 대화의 흐름에 방해가 된다. 이러한 점에서 <예5.3.1.1-2>의 '뭐'는 그 사용 동기가 <예5.3.1.1-1>의 '뭐'와는 다르지만 대화의 흐름을 원활히 이어지게 하는 역할은 한다는 기능은 동일하다고 할 수 있다. 이러한 부정대명사 '뭐'의 담화 화용적 기능 때문에 '뭐'는 아래의 <예5.3.1.1-3>과 같이 본래의 부정대명사의 기능을 상실하고 담화표지로서의 기능만을 하기도 한다.

〈예5.3.1.1-3〉 [대화]

가. A: 유학 갈려고 그러는 거 같던데요? B: 유학? A: 네. 왜냐면 거기서만 있을 거 같진 않아요. 유학 가서. 뭐를 해야지 뭐::~ 좀:: 높은 직급으로. 된대요. 요새는.

나. A: 다 과수원 하고 있을 거 아니야 그치, B: 근데 그건 **뭐~** 우리두 **뭐~** 거기 거 안 갔다 먹는데 **뭐~**.
다. A: 교장 선생님이 끝까지 하신데? B: 학교장이 내가 **뭐** 몸이 몇 개야 하나 내놓고 하는데 **뭐~**.
라. 하여튼 **뭐~** 섬세하게 뭐 빼고 뭐 빼고 이런 건 없는, 왜냐면,

위의 예에서 굵은 글씨로 표시된 '뭐'는 어떠한 대상을 지시하는 기능은 없고 후행 발화가 생각나지 않아 시간을 버는 담화표지로서의 기능만을 하고 있다. 실제로 '대화' 말뭉치에 나타나는 '뭐'의 용례를 살펴보면, '뭐'가 부정대명사로 사용되었는지 담화표지로 사용되었는지 구분이 되지 않는 경우가 많이 나타난다.

'소설'과 '학술'에서 나타나는 부정대명사별 사용 비율은 전체 말뭉치에서 나타나는 부정대명사별 사용 비율 양상을 거의 그대로 따르고 있다. 그러나 '신문'에서 나타나는 부정대명사별 사용 양상은 전체 말뭉치에서 나타나는 부정대명사별 사용 양상과 약간의 차이가 있다. '신문'은 다른 사용역과 달리 '모', '아무개'의 사용 비율이 35%를 차지할 정도로 그 사용 비율이 높다. 앞서 언급했듯이 '신문'에서는 사건, 사고를 보도할 때 이와 관련된 인물의 개인 정보를 보호하기 위해 실명을 언급하지 않고 실명 대신 부정대명사를 사용하는 경우가 많다. 이때 주로 사용되는 부정대명사가 바로 '아무개'와 '모'이다. 이러한 이유로 인해 '신문'은 다른 사용역과 달리 '아무개'와 '모'의 사용 비율이 높게 나타나는 것이다.

말뭉치 계량 결과 제시2

1. 부정대명사별 사용역 비율
   - 무엇: 대화 〉 소설 〉 학술 〉 신문
   - 누구: 소설 〉 대화 〉 학술 〉 신문
   - 어디: 소설 〉 대화 〉 학술 〉 신문
   - 언제: 소설 〉 대화 〉 학술 ≧ 신문
   - 아무: 소설 〉 대화 〉 학술 〉 신문
   - 아무개: 신문 〉 소설 〉 학술 ≧ 대화
   - 모: 신문 〉 대화 〉 소설 〉 학술

	대화	소설	신문	학술
무엇	■■■■■■■■ ■▪	■■■■■■▪	■▪	■■▪
누구	■■■■■	■■■■■■■■ ■▪	■■	■■■▪
어디	■■■■■■▪	■■■■■■■■ ■▪	■▪	■■▪

언제	■■■■	■■■■■■■■■▪	■■■▪	■■■▪
아무	■■■■■▪	■■■■■■■■■■▪	■▪	■■
아무개	▪	■■■■■■■■▪	■■■■■■■■■■▪	▪
모	■■▪	■▪	■■■■■■■■■■■■■■■▪	▪

<그래프5.3.1.1-6> 부정대명사별 사용역 비율

(■ 5%, ▪ 5% 미만)

▶▶ 말뭉치 계량 결과에 대한 논의2

부정대명사별 사용역 비율을 살펴보면 '무엇', '아무개', '모'를 제외하고는 모두 '소설'에서 사용역 비율이 가장 높게 나타난다. '무엇'의 사용역 비율이 '대화'에서 가장 높은 것은 앞선 언급했듯이 '대화'에서 부정대명사 '뭐'가 대화의 흐름을 원활히 이어지게 하기 위해 담화·화용적 목적으로 많이 사용되기 때문이고 '아무개'와 '모'가 '신문'에서 사용역 비율이 가장 높은 것은 사건, 사고와 관련된 특정 인물의 실명을 언급하지 않기 위해 이들 부정대명사가 많이 사용되기 때문이다.

<그래프5.3.1.1-6>에서 알 수 있듯이 부정대명사는 거의 대부분 '대화'와 '소설'에서 주로 사용된다. 다만 '아무개'와 '모'는 예외적이다. '아무개'는 거의 대부분 '소설'과 '신문'에서 사용되고, '모'는 거의 대부분 '신문'에서 사용된다. 즉 이들 부정대명사는 '대화'에서는 자주 사용되지 않는다. 이러한 사실은 이들 부정대명사가 주로 문어 사용역에서만 사용된다는 것을 알려 주는 것이다. 한편 '아무개'와 '모'는 모두 부정대명사로만 사용된다는 공통적인 특징을 가지고 있다. 그러나 '아무개'는 불특정 대상을 가리키는 데에도 사용되고 특정 대상을 가리키는 데에도 사용되는 데 반해, '모'는 거의 대부분 특정 대상을 가리키는 데에만 사용된다는 차이가 있다. 이러한 차이로 인해 불특정 대상을 지시할 수 있는 '아무개'의 사용역 비율은 '소설'에서도 높게 나타나지만, 특정 인물의 실명 대신 사용되는 '모'는 '신문'에서 사용역 비율이 압도적으로 높게 나타난다.

5.3.1.2. 부정대명사의 출현 패턴

앞서 언급했듯이 '아무', '아무개', '모'는 부정대명사로만 사용되지만 '무엇', '누구', '어디', '언제'는 부정대명사로도 사용되고 의문대명사로도 사용된다. 하지만 그 형태가 동일하더라도 의문대명사로 사용될 때와 부정대명사로 사용될 때에 출현 패턴에 있어서 일정한 차이를 보인다. 예컨대, '무엇', '누구', '어디', '언제'가 의문대명사로 사용될 때에는 주로 격조사와만 결합하지만 부정대명사로 사용될 때에는 '~인가', '이든지', '이나' 등의 보조사와 주로 결합하는 경향이 있다. 이러한 형태론적 출현 패턴 이외에도 부정대명사와 의문대명사는 통사론적 출현 패턴, 음운론적 출현 패턴에서도 일정한 차이를 보인다. 여기서는 우선 '무엇', '누구', '어디', '언제'가 부정대명사로 사용될 때의 출현 패턴과 그 경향성에 대해서 자세히 살펴보기로 한다.

'무엇', '누구', '어디', '언제'가 '이다'의 활용형이 굳어져서 형성된 '~인가', '~인지'와 결합하면 늘 부정대명사로만 사용되고 의문대명사로는 사용되지 않는다.

〈예5.3.1.2-1〉

가. 나는 어~ 내 취미 생활로 **뭔가** 하나를 전문적으로 파고들고 싶은데, 난 여태까지 그러 그렇게 하질 못해 왔어. [대화]

나. 청년이 쿵쿵 두어 번 대문을 두드렸다. 그러자 곧 방문이 열리며 **누군가** 대문 앞으로 다가와 나직한 목소리로 물었다. "누구요?" [소설]

다. 웬만한 영어 실력을 갖추었지만 항상 **어딘가** 부족하다고 느끼는 사람들, 전반적 영어 실력의 향상을 꾀하는 사람들 사이에서 입소문으로 명성을 떨치는 사설 영어학원의 강의가 있다. [신문]

라. 특히 방송은 더욱더 권력과 협조적 관계에 있다. 그런데도 **언제부턴가** 우리 사회에서 '민주화'라는 말이 진행형이 아니라 완료형으로 쓰이고 있다. [학술]

〈예5.3.1.2-2〉

가. 그래, 그런 게 있다고 치자. 미래인이라는 게 있고 타임머신인지 **뭔지** 하는 게 있고 그래서 역사를 걱정하는 미래인들이 그걸 타고 이 시간으로 날아왔다고 하자. [소설]

나. 아이는 알았다는 표정으로, 눈을 가늘게 치켜세우더니 입을 함박 열어 미소하며 고개를 끄덕였다. 그리고는 꾸벅 **누구에게인지** 절을 하고 나갔다. [소설]

다. 그러나 사회의 여러 곳에서 안정을 되찾아 가면서 그러한 현상은 많이 사라져 가고 있는 것이 오늘의 현실이다. 그럼에도 불구하고 지성인들이 모였다는 대학에서 유달리 각서와 합의문이 아니고서는 못 믿겠다는 것은 **어딘지** 시대착오적인 것만 같다. [신문]

위의 예들에서 부정대명사와 결합한 '~인가', '~인지'는 그 형식으로만 보자면 '이다'에 의문형 종결어미 '-ㄴ가', '-ㄴ지'가 결합한 것으로 보인다. 하지만 'X가 Y이다' 형식의 주술 관계를 형성하지 않기 때문에 서술어 '~이다'의 활용형이 아니라 '인가', '인지'가 굳어져 보조사처럼 기능하는 것으로 보아야 한다. 이와 같이 '이다'의 활용형이 아니라 '인가', '인지'가 하나의 보조사처럼 기능하는 경우, 이와 결합한 '무엇', '누구', '어디', '언제'는 항상 부정대명사로만 사용된다.

이외에도 '무엇', '누구', '어디', '언제'는 보조사 '이나', '이든지', '이다'의 활용형에서 유래한 접속조사 '이고' 등과 결합하면 늘 부정대명사로만 사용된다. 이들은 모두 어떤 것이든 그 지시 대상에 해당한다는 자유 선택의 의미를 지닌다. 이를 차례대로 보이면 아래의 예와 같다.

〈예5.3.1.2-3〉

가. 어떤 조직에 속해 있어두::, **누구나** 다 매너리즘은 오는 거구, [대화]

나. 신분 확인 절차를 끝낸 뒤 고용계약서에 도장을 몇 번 찍고 비닐에 든 유니폼을 받았다. 써비스 존의 실내는 **어디나** 비슷했다. [소설]

다. 청와대 측이 '옛 청와대' 건물을 퇴역시키기로 한 것은 무엇보다도 일제 식민 통치 본산의 하나인 이 건물을 **언제까지나** 대통령 집무실로 사용할 수는 없다는 것 때문이었다. [신문]

라. 이러한 물리적 반사의 즉흥적 관념이 천재지변과 같은 공포적 자연 현상 앞에 접했을 때 종교적 현상으로 드러나는 것이 원시 종교이다. 그래서 원시 종교에서는 공포의 대상이 되는 것은 **무엇이나** 경배의 대상이

된다. [학술]

〈예5.3.1.2-4〉

가. 그러니까 청담동이나 뭐~ 그쪽::은, 다른 지역이랑 무슨 뭐~ 가격이나 뭐~ 물건이나, **뭐든지 뭐든지** 차이가 나는 거 같애. [대화]

나. 이제 저 개찰구만 빠져 나가면 포항행 열차가 기다리고 있다. **누구든지** 그 열차에 오르기만 하면 가만히 앉아 있어도 3시간 후, 마침내 포항에 닿게 된다. [소설]

다. 지금 미 2사단은 강력하고도 기동성 풍부한 헬기 수송 여단을 필두로 하여 장거리 자주포를 주축으로 한 막강한 화력의 포병 대대 탱크 대대 기계화 대대군으로 편성되어 있다. 이것을 유사시 **어디든지** 실어 나를 수 있는, 공중 수송이 용이한 부대로 경량화한다는 것이다. [신문]

라. 그러나 불기소 처분은 확정력이 없으므로 한 번 불기소 처분을 한 사건이라도 **언제든지** 수사를 다시 할 수 있고, 공소를 제기할 수도 있다. [학술]

〈예5.3.1.2-5〉

가. "붙잡히면 경찰로 넘어갈 수도 있는데 그래도 괜찮아? 그렇게 되면 학교고 **뭐고** 다 끝장이야." [소설]

나. 비록 그와 다시는 함께 살지 않기로 마음먹고 있었지만 그처럼 쉬운 질문들에는 **언제고** 대답해 줄 용의가 남아 있었다. [소설]

다. 공병 보증금 제도가 원래의 의미를 갖기 위해서는 원칙적으로 소비자가 **어디에서고** 빈병을 전액 환불받을 수 있어야 한다고 환경운동 관계자들은 강조한다. [학술]

<예5.3.1.2-3, 4>의 '무엇', '누구', '어디', '언제'는 '여러 가지 중에서 어느 것을 선택해도 상관없다'는 의미를 나타내는 보조사 '이나'와 '이든지'와 결합하여 자유 선택의 의미를 나타낸다. 한편, <예5.3.1.2-5>와 같이 '이다'의 활용형에서 유래한 접속조사가 '무엇', '누구', '어디', '언제'와 결합하여 자유 선택의 의미를 지니는 경우도 단순히 부정대명사와 접속조사와 결합했다기보다는 '(~이고) ~이고 간에'에서 '간에'가 생략된 자유 선택 구문에 '무엇', '누구', '어디', '언제'가 나타나 자유 선택의 의미를 나타내는 것이라고 볼 수 있다. 이러한 사실들로 미루어 볼 때, '무엇', '누구', '어디', '언제'는 자유 선택의 의미를 지니게 되는 환경에서 늘 부정대명사로 나타난다고 할 수 있다.

이상에서 언급한 것과 같이 '무엇', '누구', '어디', '언제'가 '이다' 구문으로 환원되지 않는 '~인가', '~인지'와 결합하거나 자유 선택의 의미를 지니는 '이나', '이든지' 등과 결합할 때에는 늘 부정대명사로만 나타난다. 그런데 이들이 '는', '도' 등의 보조사나 부사격조사 '보다'와 결합하여 나타날 때에는 의문대명사로 사용될 수 있음에도 불구하고 거의 부정대명사로만 사용되는 경향이 있다. 다음의 예를 보자.

〈예5.3.1.2-6〉

가. A: **무엇은** 있고 **무엇은** 없는지 얼른 말해 줘. B: 볼펜은 있고 공책이 없어.

나. A: 어제 거기에는 너 말고 **누구도** 그 집에 갔지? B: 철수도 그 집에 갔어요.

다. 철수가 **누구보다** 공부를 잘하지? B: 영희보다는 공부를 잘해요.

위의 예에서 보듯이 '무엇', '누구', '어디', '언제'는 '는'이나 '도' 등의 보조사, 부사격조사 '보다'와 결합하여도 의문대명사로 사용될 수 있다. 그러나 위와 같은 예는 실제로 잘 나타나지 않고 '는', '도' 등의 보조사나 부사격조사 '보다'와 결합한 '무엇', '누구', '어디', '언제'는 아래의 예와 같이 거의 대부분 부정대명사로만 사용된다.

〈예5.3.1.2-7〉

가. A: 영 곱하기 **뭐는** 어쨌거나 영이잖아. B: 응. A: 근까 이 값은 결국엔 얼마야? [대화]
나. 다비는 그들 중 **누구와도** 눈을 마주치지 않은 채 허공의 한 점에 시선을 꽂아두고 가만히 앉아 있었다. [소설]
다. 기어코 올 것이 왔다. 내가 **언제는** 편하고 자유로운 생활을 해 보았던가. [소설]
라. 일본 국제법 학자들은 미국의 이라크 공격은 두 가지 가운데 **어디에도** 해당되지 않는다고 주장한다. [신문]

〈예5.3.1.2-8〉

가. A: 그 **무엇보다** 내가 가장 좋아하는 장면은, 앞에 나오는 그 세틴 혼자 노래하는. B: 아하:: [대화]
나. 홍 박사가 뭐라고 말을 하든 그는 이미 지섭의 생각을 **누구보다** 속속들이 이해하고 있었다. [소설]
다. "형님, 일단 춘기네 집으로 피하시죠. 춘기는 혼자 사는 데다가 주위에는 집들도 많으니 다른 **어디보다도** 안전할 것 같군요." [소설]

이상에서 언급한 형태론적 출현 패턴 이외에도 '무엇', '누구', '어디', '언제'는 격조사나 '이다'와 결합하거나 아무 조사와 결합하지 않아도 부정대명사로 사용될 수 있다. 그런데 이들 형태론적 출현 패턴은 의문대명사에서도 일반적으로 나타나기 때문에(5.3.2.2 참고) 그 형태론적 출현 패턴만으로는 부정대명사로 쓰였는지 의문대명사로 쓰였는지 구별할 수 없다. 그러나 이때는 형태론적 출현 패턴 이외에 문장 유형, 억양 등을 통해 각 형태가 부정대명사로 사용되었는지 의문대명사로 사용되었는지 판단할 수 있다.

〈예5.3.1.2-9〉

가. A: 일학년 때부터 어학당에서::, B: 어. A: 항상 방학 때마다 **뭘** 들었대요, [대화]
나. 아무도 챙기는 사람이 없으니, 서로 막 나도 바쁘고 어~ **언제** 보자 해서 뭐~ **언제** 아니면 시간 없으니까 서로 뭐~ 진짜 잘 지내라 뭐~ 이렇게 얘기하니까, [대화]
다. 한 시간이 가고 두 시간이 지나도 **누구** 하나 코빼기조차 디밀지 않는 것이었다. [소설]
라. 하지만 자연의 풀 한 포기 보이지 않는 서울 거리는 너무나 숨이 막힌다. **어디를** 둘러봐도 나무 무늬로 가장한 시멘트 덩어리뿐 걷다가 쉬어갈 벤치 하나 없다. [신문]

위의 예에서 '무엇', '누구', '어디', '언제'가 의문문이 아니라 평서문에 사용되었는데, 이와 같이 '무엇', '누구', '어디', '언제'가 의문문이 아니라 평서문에 나타나는 경우에는 의문대명사가 아니라 부정대명사로만 사용된다. 그러나 반대로 의문문에 '무엇', '누구', '어디', '언제'가 쓰였다고 해서 이들이 반드시 의문대명사로만 사용되는 것은 아니다. 부정대명사는 아래의 예와 같이 의문문에서도 나타날 수 있기 때문이다.

〈예5.3.1.2-10〉

가. A: 언니 **뭐** 아는 얘기 없어요? B: 그러게. [대화]

나. "**누구** 없어요?" 나는 절망에 사로잡혀서 소리쳤다. 당연히 아무도 대답하는 사람이 없었다. [소설]

다. 말숙은 책상에 머리를 대고 눈을 감았습니다. "말숙아, **어디** 아프니?" "아아니." [소설]

<예5.3.1.2-10>의 '무엇', '누구', '어디'는 모두 의문문에서 나타났기 때문에 문장 유형만으로는 이들 대명사가 부정대명사로 사용되었는지 의문대명사로 사용되었는지 알 수 없다. 이때는 강세와 억양을 통해 부정대명사와 의문대명사를 구분할 수 있다. 의문문에서 부정대명사가 나타날 때에는 문장의 서술어에 초점 강세가 놓이고 문말 억양은 상승조가 되지만 의문문에서 의문대명사가 나타나면 의문대명사에 초점 강세가 놓이고 문말 억양은 하강조가 된다. <예5.3.1.2-10다>의 '말숙아 어디 아프니?'에서 '어디'가 부정대명사로 사용되면 '말숙아 어디 **아프니**↗'로 나타나고, '어디'가 의문대명사로 사용되면 '말숙아 **어디** 아프니↘'로 나타난다.

말뭉치 계량 결과 제시

1. 부정대명사 '무엇'의 형태론적 출현 패턴(빈도 10 이상)
   X+인가 형 〉 X+보다 형 〉 X+격조사 형 〉 X+∅ 형 〉 X+이다 형 〉 X+이든지 형 〉 X+'이' 계열 접속조사 형 〉 X+보조사 형
   - 부정대명사 '무엇'의 격조사 결합형의 출현 패턴
   목적격 〉 주격 〉 부사격 〉 보격 〉 관형격

2. 부정대명사 '누구'의 형태론적 출현 패턴(빈도 10 이상)
   X+격조사 형 〉 X+인가 형 〉 X+이나 형 〉 X+보조사 형 〉 X+∅ 형 〉 X+보다 형 〉 X+이든지 형 〉 X+이다 형
   - 부정대명사 '누구'의 격조사 결합형의 출현 패턴
   주격 〉 부사격 〉 목적격 〉 관형격 〉 보격

3. 부정대명사 '어디'의 형태론적 출현 패턴(빈도 10 이상)
   X+인가 형 〉 X+격조사 형 〉 X+∅ 형 〉 X+이나 형 〉 X+보조사 형 〉 X+이든지 형
   - 부정대명사 '어디'의 격조사 결합형의 출현 패턴
   부사격 〉 목적격 〉 주격

4. 부정대명사 '언제'의 형태론적 출현 패턴(빈도 10 이상)
   X+이든지 형 〉 X+인가 형 〉 X+보조사 형 〉 X+이나 형 〉 X+'이' 계열 접속조사 형 〉 X+∅ 형

무엇			
출현 패턴	세부 패턴	빈도	비율
인가_형	인가_단독형	515	33.17%
	인가_결합형	284	
	인지_단독형	11	
	인지_결합형	4	
	소계	814	
보다_형	보다_단독형	250	18.91%
	보다_결합형	214	
	소계	464	
격조사_형	주격	83	14.71%
	보격	14	
	목적격	219	
	부사격	41	
	관형격	4	
	소계	361	
∅_형		302	12.31%
이다_형		260	10.59%
이든지_형	이든지_단독형	126	5.13%
'이'계열 접속조사_형	'이'계열 접속조사_단독형	71	2.89%
보조사_형	보조사_단독	40	2.00%
	보조사_결합형	9	
	소계	49	
이나_형	이나_단독형	4	0.16%
접속조사_형		3	0.12%
계		2454	100.00%

누구			
출현 패턴	세부 패턴	빈도	비율
격조사_형	주격	368	27.98%
	보격	7	
	목적격	59	
	부사격	70	
	관형격	27	
	소계	531	
인가_형	인가_단독형	158	23.76%
	인가_결합형	291	
	인지_결합형	2	
	소계	451	
이나_형	이나_단독형	292	17.86%
	이나_결합형	47	
	소계	339	
보조사_형	보조사_단독	204	13.33%
	보조사_결합형	49	
	소계	253	
∅_형		147	7.74%
보다_형	보다_단독형	39	4.43%
	보다_결합형	45	
	소계	84	
이든지_형	이든지_단독형	69	3.69%
	이든지_결합형	1	
	소계	70	
이다_형		21	1.11%
접속조사_형		2	0.11%
계		1898	100.00%

<표5.3.1.2-1> 부정대명사 '무엇', '누구'의 형태론적 출현 패턴

어디				언제			
출현 패턴	세부 패턴	빈도	비율	출현 패턴	세부 패턴	빈도	비율
	인가_단독형	51			이든지_단독형	90	
	인가_결합형	213		이든지_형	이든지_결합형	3	40.09%
인가_형	인지_단독형	35	28.39%		소계	93	
	인지_결합형	11			인가_단독형	6	
	소계	310		인가_형	인가_결합형	42	20.69%
	주격	6			소계	48	
	목적격	55		보조사_형	보조사_단독	32	13.79%
격조사_형	부사격	186	22.62%	이나_형	이나_결합형	28	12.07%
	소계	247			'이'계열 접속조사_단독형	10	
∅_형		203	18.59%	'이'계열 접속조사_형	'이'계열 접속조사_결합형	8	7.76%
	이나_단독형	11			소계	18	
이나_형	이나_결합형	157	15.38%	∅_형		10	4.31%
	소계	168			주격	1	
	보조사_단독	28		격조사_형	부사격	1	0.86%
보조사_형	보조사_결합형	61	8.15%		소계	2	
	소계	89		이다_형		1	0.43%
	이든지_단독형	37		계		232	100.00%
이든지_형	이든지_결합형	27	5.86%				
	소계	64					
	'이'계열 접속조사_단독형	2					
'이'계열 접속조사_형	'이'계열 접속조사_결합형	4	0.55%				
	소계	6					
이다_형		4	0.37%				
보다_형	보다_결합형	1	0.09%				
계		1092	100.00%				

<표5.3.1.2-2> 부정대명사 '어디', '언제'의 형태론적 출현 패턴

▶▶ 말뭉치 계량 결과에 대한 논의

먼저 위의 표에서 제시된 약어에 대해서 먼저 살펴보도록 하자. '인가 형'은 대명사가 '이다'의 활용형이 굳어져 보조사처럼 사용되는 '~인가', '~인지'가 결합한 형태로서 '인가 단독형'은 대명사가 '~인가'와만 결합한 형태를, '인가 결합형'은 대명사가 '~인가'뿐만 아니라 다른 보조사나 격조사가 함께 결합한 형태를 나타낸다. 이와 마찬가지로 '이든지 형'은 대명사가 보조사 '이든지'와 결합한 형태로, '이든지 단독형'은 대명사가 '이든지'와만 결합한 형태를 나타내고 '이든지 결합형'은 대명사가 '이든지'뿐만 아니라 다른 보조사나 격조사가 함께 결합한 형태를 나타낸다. 이외에도 '이나 형', "이' 계열 접속조사 형', '보다 형' 모두 이와 동일하게 설명된다. '보조사 형'은 대명사가 '인가',

'인지', '이든지', '이나' 이외의 '는', '도' 등의 보조사와 결합한 형태로서 '보조사 단독형'은 대명사가 '는', '도' 등의 보조사 하나만 결합한 형태이고 '보조사 결합형'은 '는', '도' 보조사 이외에도 다른 보조사나 격조사가 결합한 형태이다. '격조사 형', '∅ 형', '이다 형'은 각각 대명사가 격조사, ∅, '이다'와만 결합한 형태를 나타낸다. 지금까지 설명한 형태론적 출현 패턴의 보다 구체적인 형태와 그 사용 빈도는 다음에서 제시할 <표5.3.1.2-3>과 <표5.3.1.2-4>에서 확인할 수 있을 것이다.

부정대명사 '무엇', '누구', '어디', '언제'의 형태론적 출현 패턴을 살펴보면, '누구'를 제외한 모든 대명사가 부정대명사에서만 나타나는 형태론적 출현 패턴인 '인가 형'이나 '이나 형'이 가장 우세하게 나타난다는 것을 알 수 있다. '누구'의 경우에도 격조사 결합형이 가장 우세하게 나타나기는 하지만 '인가 형'과 '이나 형'의 비율을 합하면 '격조사 결합형'보다 비율이 더 높다. 즉 부정대명사 '무엇', '누구', '어디', '언제'는 모두 '인가 결합형', '이나 결합형'이 가장 높은 비율을 차지하는 것이다. 이를 통해 부정대명사는 의문대명사에서는 나타나지 않은 형태론적 패턴으로 나타나는 것이 일반적이라는 것과 부정대명사는 문장 유형이나 억양만으로 의문대명사와 구별되기보다는 형태론적 출현 패턴으로 주로 구별된다는 것을 확인할 수 있다.

부정대명사 '무엇', '누구', '어디', '언제'는 모두 부정대명사에만 나타나는 '인가 결합형', '이나 결합형'이 우세하게 나타난다는 공통점이 있지만 개별 부정대명사에 따라 우세하게 나타나는 형태론적 출현 패턴에는 조금씩 차이가 있다. 부정대명사 '무엇'은 '인가 형'의 비율이 가장 높은데, 다른 부정대명사들과 달리 '보다 형'의 사용 비율이 매우 높게 나타난다는 것도 특징으로 지적할 만하다. '누구'는 다른 부정대명사와 달리 격조사 결합형의 비율이 가장 높은 것이 특징인데, '어디'의 경우에도 다른 대명사에 비해 격조사 결합형의 비율이 높게 나타난다. '누구'는 격조사 결합형 중에서 주격조사와 결합하는 비율이 가장 높으며 '어디'는 격조사 결합형 중에서 부사격조사와 결합하는 비율이 가장 높다. 격조사와만 결합한 부정대명사의 경우, 그 형태론적 출현 패턴만으로는 의문대명사와 구별되지 않고 문장 유형이나 억양을 통해 의문대명사와 구별된다. 그런데 실제 말뭉치를 살펴보면, 격조사와만 결합한 부정대명사는 대개 평서문에서 나타나기 때문에 문장 유형만으로도 의문대명사와 쉽게 구별된다. '언제'는 '무엇', '어디'와 달리 '이든지 형'의 비율이 가장 높다. 이상의 사실을 종합해 보면, 부정대명사 '무엇', '누구', '어디', '언제'는 각각 '무엇인가', '누가', '어디인가', '언제든지'의 형태로 나타나는 것이 가장 일반적이라고 할 수 있다.

한편, '격조사 형'의 경우 개별 부정대명사에 따라 가장 우세하게 결합하는 격조사의 형태가 다르다는 특성이 있다. '언제'는 격조사 결합형의 빈도가 매우 낮기 때문에 그 경향성을 파악할 수 없지만 격조사 결합형의 빈도가 높은 '무엇', '누구', '어디'는 각각 목적격조사, 주격조사, 부사격조사와 주로 결합한다는 경향이 있다. 이러한 경향성이 나타나는 것은 이들 부정대명사가 지시하는 대상의 의미적 속성과 깊은 관련이 있다. 부정대명사 '무엇'은 '사물'을 지시하는 대명사로서 '사물'을 지시하는 명사구는 어떠한 행위의 대상이 되기 때문에 주로 목적어로 나타나는 경향이 있다. 이러한 경향으로 인해 '무엇'은 목적격조사와 결합하는 비율이 가장 높게 나타난다. 부정대명사 '누구'는 '사람'을 지시한다. '사람'을 지시하는 명사구는 그 유정성의 위계가 가장 높고 유정성 위계가 높은 명사구는 주로 주어로 나타나는 경향이 있다. 이러한 경향성 때문에 '누구'는 주격조사와 결합하는 비율이 가장 높게 나타나는 것이다. '장소'를 지시하는 '어디'는 처소의 부사격조사 '에'나 '에서'와 결합하여 나타나는 비율이 가장 높게 나타난다. 이러한 경향성은 <표5.3.1.2-3>과 <표5.3.1.2-4>을 통해서 더욱 명확하게 확인할 수 있을 것이다. 특히, 아래에 제시된 표를 참고하면 '시간' 지시의 '언제'는 보조사 '부터', '까지'와 결합하는 빈도가 가장 높다는 것을 알 수 있다. '부터'와 '까지'는 말뭉치 태깅 결과에 따라 보조사로 처리하였지만 '언제'와 결합한 '부터'와 '까지'는 부사격조사로 볼 수 있다. 이를 고려하면 '언제'도 다른 부정대명사와 마찬가지로 부정대명사가 지시하는 대상의 의미적 속성에 따라 주로 결합하는 격조사의 유형이 결정된다고 할 수 있다. 대명사가 지시하는 대상의 의미적 속성에 따라 주로 결합하는 격조사의 유형이 달라지는 것은 부정대명사뿐만 아니라 뒤에서 살펴볼 의문대명사의 경우에도 동일하게 나타나는데(5.3.2.2 참고) 대명사가 지시하는 대상의 의미적 속성에 따라 문법 기능의 분포가 달라지는 것은 5.5에서 더욱 명확하게 확인할 수 있을 것이다.

	무엇				누구		
	출현 형태 패턴	빈도	누적비율		출현 형태 패턴	빈도	누적비율
1	인가/보조사	515	20.99%	1	가/주격	368	19.39%
2	∅	302	33.29%	2	이나/보조사	292	34.77%
3	이다	260	43.89%	3	인가/보조사	158	43.10%
4	보다/부사격	250	54.07%	4	∅	147	50.84%
5	를/목적격	219	63.00%	5	인가/보조사 + 가/주격	134	57.90%
6	보다/부사격 + 도/보조사	214	71.72%	6	도/보조사	126	64.54%
7	인가/보조사 + 를/목적격	178	78.97%	7	이든지/보조사	69	68.18%
8	이든지/보조사	126	84.11%	8	를/목적격	59	71.29%
9	가/주격	83	87.49%	9	인가/보조사 + 를/목적격	53	74.08%
10	인가/보조사 + 가/주격	74	90.51%	10	는/보조사	50	76.71%
11	이니/접속조사	35	91.93%	11	에게/부사격 + 이나/보조사	46	79.14%
12	이고/접속조사	31	93.19%	12	보다/부사격 + 도/보조사	45	81.51%
13	에/부사격	26	94.25%	13	인가/보조사 + 의/관형격	44	83.83%
14	인가/보조사 + 에/부사격	15	94.87%	14	보다/부사격	39	85.88%
15	가/보격	14	95.44%	15	에게/부사격 + 도/보조사	28	87.36%
16	도/보조사	13	95.97%	16	의/관형격	27	88.78%
17	인지/보조사	11	96.41%	17	이다	21	89.88%
18	이건/보조사	8	96.74%	18	에게/부사격	21	90.99%
19	에/부사격 + 인가/보조사	7	97.03%	19	한테/부사격	18	91.94%
20	는/보조사	6	97.27%	20	인가/보조사 + 는/보조사	18	92.89%
21	에/부사격 + 도/보조사	6	97.51%	21	이라도/보조사	18	93.84%
22	으로/부사격	5	97.72%	22	인가/보조사 + 에게/부사격	12	94.47%
23	이다/접속조사	5	97.92%	23	인가/보조사 + 과/부사격	11	95.05%
24	인들/보조사	4	98.08%	24	과/부사격	10	95.57%
25	의/관형격	4	98.25%	25	과/부사격 + 도/보조사	9	96.05%
26	과/부사격	4	98.41%	26	가/보격	7	96.42%
27	이라도/보조사	4	98.57%	27	인가/보조사 + 에/부사격	7	96.79%

28	이나/보조사	4	98.74%	28	랑/부사격	7	97.15%
29	인가/보조사 + 의/관형격	3	98.86%	29	인들/보조사	6	97.47%
30	만/보조사	3	98.98%	30	에/부사격	5	97.73%
31	인가/보조사 + 가/보격	2	99.06%	31	에게/부사격 + 인가/보조사	5	98.00%
32	하고/부사격	2	99.14%	32	으로부터/부사격	4	98.21%
33	랑/접속조사	2	99.23%	33	인가/보조사 + 으로부터/부사격	3	98.37%
34	인지/보조사 + 를/목적격	2	99.31%	34	하고/부사격	3	98.52%
35	하고/접속조사	1	99.35%	35	에게/부사격 + 이든지/보조사	3	98.68%
36	인가/보조사 + 으로/부사격	1	99.39%	36	에게/부사격 + 인들/보조사	2	98.79%
37	같이/부사격	1	99.43%	37	랑/접속조사	2	98.89%
38	인가/보조사 + 과/부사격	1	99.47%	38	이건/보조사	2	99.00%
39	인가/보조사 + 에게/부사격	1	99.51%	39	인가/보조사 + 한테/부사격	2	99.10%
40	인지/보조사 + 가/주격	1	99.55%	40	만/보조사	2	99.21%
41	인가/보조사 + 는/보조사	1	99.59%	41	보고/부사격	1	99.26%
42	처럼/부사격	1	99.63%	42	한테/부사격 + 도/보조사	1	99.32%
43	까지/보조사	1	99.67%	43	한테/부사격 + 이나/보조사	1	99.37%
44	이야말로/보조사	1	99.71%	44	하고/부사격 + 이라도/보조사	1	99.42%
45	인지/보조사 + 과/부사격	1	99.76%	45	하고/부사격 + 인가/보조사	1	99.47%
46	으로부터/부사격	1	99.80%	46	에/부사격 + 인가/보조사	1	99.53%
47	으로/부사격 + 도/보조사	1	99.84%	47	에게/부사격 + 이건/보조사	1	99.58%
48	으로서/부사격 + 만/보조사	1	99.88%	48	에게서/부사격 + 부터/보조사 + 인지/보조사	1	99.63%
49	하고/부사격 + 도/보조사	1	99.92%	49	에게/부사격 + 라도/보조사	1	99.68%
50	에게/부사격 + 인가/보조사	1	99.96%	50	에게/부사격 + 인지/보조사	1	99.74%
51	에서/부사격	1	100.00%	51	처럼/부사격	1	99.79%
계		2454		52	한테/부사격 + 이든지/보조사	1	99.84%
				53	에게서/부사격 + 이든지/보조사	1	99.89%
				54	한테/부사격 + 는/보조사	1	99.95%
				55	한테서/부사격 + 도/보조사	1	100.00%
				계		1898	

<표5.3.1.2-3> 부정대명사 '무엇', '누구'의 출현 형태 패턴

어디				언제			
	출현 형태 패턴	빈도	누적비율		출현 형태 패턴	빈도	누적비율
1	∅	203	18.59%	1	이든지/보조사	90	38.79%
2	에서/부사격	125	30.04%	2	부터/보조사 + 인가/보조사	36	54.31%
3	까지/보조사 + 이나/보조사	93	38.55%	3	까지/보조사 + 이나/보조사	28	66.38%
4	에서/부사격 + 인가/보조사	78	45.70%	4	이라도/보조사	19	74.57%
5	에서/부사격 + 이나/보조사	55	50.73%	5	∅	10	78.88%

6	를/목적격	55	55.77%
7	인가/보조사	51	60.44%
8	으로/부사격 + 인가/보조사	45	64.56%
9	인가/보조사 + 에/부사격	41	68.32%
10	에/부사격 + 도/보조사	39	71.89%
11	이든지/보조사	37	75.27%
12	인지/보조사	35	78.48%
13	에/부사격	27	80.95%
14	으로/부사격	25	83.24%
15	에서/부사격 + 이든지/보조사	19	84.98%
16	인가/보조사 + 으로/부사격	16	86.45%
17	에서/부사격 + 도/보조사	15	87.82%
18	인가/보조사 + 에서/부사격	12	88.92%
19	에/부사격 + 인가/보조사	12	90.02%
20	이나/보조사	11	91.03%
21	에/부사격 + 이나/보조사	9	91.85%
22	다가/보조사	9	92.67%
23	이라도/보조사	7	93.32%
24	인가/보조사 + 를/목적격	6	93.86%
25	에서부터/부사격	6	94.41%
26	가/주격	6	94.96%
27	까지/보조사	6	95.51%
28	으로/부사격 + 인지/보조사	5	95.97%
29	에서/부사격 + 인지/보조사	5	96.43%
30	이다	4	96.79%
31	에서/부사격 + 는/보조사	4	97.16%
32	는/보조사	3	97.44%
33	으로/부사격 + 이든지/보조사	3	97.71%
34	에서/부사격 + 이고/접속조사	3	97.99%
35	이고/접속조사	2	98.17%
36	인가/보조사 + 의/관형격	2	98.35%
37	에/부사격 + 는/보조사	2	98.53%
38	에/부사격 + 이든지/보조사	2	98.72%
39	까지/보조사 + 이든지/보조사	2	98.90%
40	도/보조사	2	99.08%
41	인가/보조사 + 가/주격	1	99.18%
42	에다가/부사격	1	99.27%
43	에/부사격 + 이고/접속조사	1	99.36%

6	이고/접속조사	10	83.19%
7	까지/보조사 + 이고/접속조사	8	86.64%
8	까지/보조사	6	89.22%
9	인가/보조사	6	91.81%
10	는/보조사	4	93.53%
11	인가/보조사 + 는/보조사	4	95.26%
12	까지/보조사 + 이든지/보조사	3	96.55%
13	인가/보조사 + 부터/보조사	2	97.41%
14	까지/보조사 + 이라도/보조사	1	97.84%
15	가/주격	1	98.28%
16	이건/보조사	1	98.71%
17	으로/부사격	1	99.14%
18	부터/보조사	1	99.57%
19	이다	1	100.00%
	계	232	

	아무		
	출현 형태 패턴	빈도	누적비율
1	도/보조사	449	81.79%
2	이나/보조사	43	89.62%
3	에게/부사격 + 도/보조사	18	92.90%
4	한테/부사격 + 도/보조사	10	94.72%
5	에게/부사격 + 이나/보조사	6	95.81%
6	한테/부사격 + 이나/보조사	6	96.90%
7	하고/부사격 + 도/보조사	4	97.63%
8	하고/부사격 + 이나/보조사	3	98.18%

44	다가/보조사 + 이든지/보조사	1	99.45%	9	∅	3	98.72%
45	부터/보조사	1	99.54%	10	과/부사격 + 도/보조사	2	99.09%
46	으로부터/부사격	1	99.63%	11	의/관형격	1	99.27%
47	하고/부사격	1	99.73%	12	랑/부사격 + 도/보조사	1	99.45%
48	에/부사격 + 인지/보조사	1	99.82%	13	이라도/보조사	1	99.64%
49	보다/부사격 + 도/보조사	1	99.91%	14	가/주격	1	99.82%
50	에서/부사격 + 이라도/보조사	1	100.00%	15	를/목적격	1	100.00%
계		1092		계		549	

<표5.3.1.2-4> 부정대명사 '어디', '언제', '아무'의 출현 형태 패턴

5.3.1.3. 부정대명사의 대체 표현

부정대명사 '무엇', '누구', '어디', '언제'는 유사한 의미를 가진 다른 표현으로 대체되어 쓰일 수도 있는데 관형사 '어느', '어떤', '아무'와 명사가 결합된 통사적 구성이 이들 부정대명사의 대체 표현으로 사용된다. 관형사 '어느', '어떤'과 명사의 결합 구성은 의문대명사를 대체하는 표현으로도 사용될 수 있지만 '아무'와 명사의 결합 구성은 부정대명사를 대체하는 표현으로만 사용될 수 있다. '아무'가 부정대명사로만 쓰이는 것과 마찬가지로 관형사 '아무'도 부정대명사 대체 표현으로만 쓰이는 것이다. 여기서 연구 대상으로 삼은 부정대명사 대체 표현을 보이면 아래와 같다.

- '무엇' 대체 표현: {어느, 어떤, 아무} + 것
- '누구' 대체 표현: {어느, 어떤, 아무} + {남자, 녀석, 년, 놈, 분, 사내, 사람, 여성, 여인, 여자, 이, 인간, 자}
- '어디' 대체 표현: {어느, 어떤, 아무} + {곳, 데}
- '언제' 대체 표현: {어느, 어떤, 아무} + 때

위에서 제시한 부정대명사 대체 표현에 쓰인 핵어 명사들은 비교적 포괄적 의미를 가지는 것들이다. 관형사 '어느', '어떤', '아무'는 다양한 명사들과 결합이 가능하지만, 부정대명사 '무엇', '누구', '어디', '언제'는 각각 '사물', '사람', '장소' '시간'을 나타내는 일반적인 의미를 가지기 때문에 대체 표현의 핵어 명사는 특정 대상을 가리키는 것이 아니라 그 지시 대상이 포괄적인 것만을 한정하였다. 다만 사람을 가리키는 대체 표현은 '사람', '인간' 등과 같이 무표적인 것들뿐만 아니라 다소 유표적인 '녀석', '년', '여자', '남자' 등도 포함하였다.

'사물'을 가리키는 부정대명사의 대체 표현의 예를 보이면 아래와 같다.

〈예5.3.1.3-1〉

가. A: 그냥 볼 땐 지장 없는데 한쪽 눈은 되게 나빠. B: 그래? A: 난 양쪽이 다 둘 다 마이너스기 때문에 **어떤 걸** 써두 인제 내 눈엔 더 이상 어떻게 하질 못한다. [대화]

나. 그는 반항하듯이 주인을 바라보며 양손의 검지 두 개를 세웠다. **"아무거나** 해도 되죠?" 그러고는 어린

교습생이 하듯이 손가락 두 개로 건반을 두드렸다. [소설]

다. 노 대통령 스스로가 대통령 선거 기간 중 약속한 5공 청산 문제를 명쾌하게 처리하지 못해 발목이 잡히는 바람에 여소야대 구조 속에서 **어느 것** 하나 제대로 진척시킬 수 없었다. [신문]

라. 이 화산과 한산을 통해 알 수 있는 것은 그 **어느 것보다도** 실질적인 성격을 갖는 수학의 분야에서조차 한 · 일 두 민족은 각기 범패러다임에 충실했다는 사실이다. [학술]

위의 예에서 대체 표현은 사물 지시 부정대명사 '무엇'으로 바꾸어 써도 그 의미가 자연스럽다. 한편, <예5.3.1.3-1나>의 '아무것'은 <표준국어대사전>에 명사로 등재되어 있지만 여기서는 '아무'와 '것'이 결합한 통사적 구성으로 간주하고 논의를 진행하기로 한다.

'사람'을 가리키는 부정대명사의 대체 표현의 예를 살펴보면 아래와 같다.

〈예5.3.1.3-2〉

가. 우리가 어~, 서양 음악을 하는 사람이 있을 때, 이 두 가지 경우가 있어. **어떤 사람은** 아~ 우리나라 전통적인 걸 해 가지구, 하는 사람. [대화]

나. "아버지 노름빚에 팔려왔든 사내 품이 그리워 네 발로 걸어왔든, 명빈관에 들어간 이상 넌 기생이야. 나를 첫손님으로 받게 된 걸 복으로 알아라. 앞으로 네가 **어떤 사내를** 만나든 결코 잊지 못할 밤이 될 테니까." [소설]

다. **아무 여자하고나** 결혼하지는 않겠다는 것을 보면. "넌 어때? 아직 햄릿 같은 남자를 못 만났는데 **아무 남자랑** 결혼할 수 있겠어?" 경지는 고개를 절레절레 흔들었다. "그렇게는 못해요." [소설]

라. 행정부 내 어떤 이들은 북한과 아예 대화 자체를 해선 안 된다고 주장하는데 이번 일이 **어떤 이들에게** 구실과 분위기를 제공하고 있는 것은 사실이다. [신문]

마. 예술가들은 술도 많이 마신다. 그러나 그들은 **어느 인간보다** 꾸미지 않고 솔직하게 인간의 고민과 고뇌와 싸우고 있는 것이다. 그래서 예술가들의 사회생활이나 처세는 매끄럽지 못하다. [학술]

바. 고적한 마을의 한 민가에서 방안에 호롱불을 켜 놓고 바느질을 하고 있는 아리따운 모습의 **어느 여인을** 그리는 것과, 호롱불이 있는 초가삼간과 농촌이나 산촌 그리고 사람을 평면적 관점에서 나열하는 것은 전적으로 다르다. [학술]

<예5.3.1.3-2>에서 나타난 '사람' 지시 부정대명사의 대체 표현은 그 지시 대상이 대체적으로 포괄적이고 무표적이어서 '누구'와 대체되어도 의미적인 차이가 거의 없다. 그러나 아래의 <예5.3.1.3-3>은 지시 대상인 인물을 비속하게 이르거나 높여 이를 때 사용하는 표현들이기 때문에 '누구'로 바꾸어 쓰게 되면 대체 표현이 지닌 비속성의 의미나 '높임' 의미가 상실되고 무표적인 의미를 가지게 된다.

〈예5.3.1.3-3〉

가. 우린 평소 습관대로 떠들고 마시고 노래를 불렀어. **어떤 녀석은** 화장실에 다녀오다가 자고 있는 주인 내외의 안방 문까지 열어보고 왔지. [소설]

나. **어떤 년들은** 팔자 좋아 고대광실 높은 집에 대방마님 되어서 여의사(如意紗) 겹저고리 자주항라(亢羅) 넓은 댕기에 수부다남 금을 박고 고양나이〔高陽木〕 속버선에, … (후략) [소설]

다. 나는 그녀를 뒤꼍으로 데려가며 말했다. "**아무 놈이나** 시도 때도 없이 들락거리거든 아무리 가까운 친구라도 여자와 하는 모습을 보여주고 싶진 않아." [소설]

라. "심지어 **어떤 분들은** 자신의 과거를 후회하기도 합니다. 다른 길을 갔더라면 지금처럼 힘들게 살지는 않았을 것이라면서요." [신문]

<예5.3.1.3-3가>의 '녀석'은 지시 대상을 낮추어 가리킬 때 사용하고, <예5.3.1.3-3나, 다>의 '놈'과 '년'은 지시 대상을 비하하여 가리킬 때 사용하며 <예5.3.1.3-3라>의 '분'은 지시 대상을 높일 때 사용한다. 이와 같이 대체 표현은 부정대명사와 달리 '높임'이나 '낮춤' 등의 의미적 차이를 지니기 때문에 지시 대상이 되는 인물을 낮추거나 높여 가리켜야 할 때 '누구' 대신 이러한 대체 표현이 사용되는 것이라고 할 수 있다.

'장소'를 가리키는 부정대명사의 대체 표현의 예를 보이면 아래와 같다.

〈예5.3.1.3-4〉

가. 뭐가 문제냐면, 그, 그 나쁜 거를, 장교는 안 배 안 해도 된단 말이야. 나쁜 걸 다 배워 갖고 나오잖아 군대 갔다 오면은 막. 막 예비군 모자만 쓰면 **아무 데서나** 오줌 싸고, 그러잖아. [대화]

나. 문을 박차고 나가서 땀이 나도록 찬바람 속을 한바탕 뛰었으면 싶기도 하고 그대로 새벽기차를 타고 **아무 데로나** 떠나버리고 싶기도 했다. [소설]

다. 깨끗하고 푹신하고 뒹굴고 싶은 하얀 운동장에서 아이들은 정말 마음껏 뛰놀았습니다. 눈을 뭉쳐 가지고 쫓아가기도 하고 쫓기기도 하다가 지치면 **아무 곳에나** 푹 쓰러져도 아프지 않았습니다. [소설]

라. 먼 거리의 출퇴근은 '기차+자전거'의 방식이다. 자전거 이용객들을 위해 네덜란드의 전체 80여개 역에는 **어느 곳이나** 자전거 보관소가 갖춰져 있다. [신문]

마. 그러나 실질적으로 환경부 자체의 성별구성은 남성적 위계질서를 그 **어떤 곳보다** 강하게 드러내고 있다. [학술]

위의 예에서 보인 부정대명사 '어디'의 대체 표현인 '{어느, 어떤, 아무} + 곳'과 '{어느, 어떤, 아무} + 데'는 격식성에서 차이가 난다. '데'는 관형사 주로 '아무'와만 결합하여 비격식적인 사용역에서 주로 사용되는 되는 반면에 '곳'은 관형사 '어느', '어떤', '아무'와 모두 결합이 가능하고 격식적인 사용역과 비격식적 사용역에서 두루 사용된다. '어떤 데'는 불가능한 구성은 아니지만 연구 대상 말뭉치상에서 '어떤 데'는 나타나지 않았다.

'시간'을 지시하는 부정대명사의 대체 표현을 보이면 아래와 같다.

〈예5.3.1.3-5〉

가. 어::~, 뭐~, 기준이 없다는:: 모호한 게, 참 **어떤 때는** 사람을 참 어렵게도 만들고, 젤 어려운 게 이거잖아. 적당히 해 주세요. 얼마나 드려요, 적당히 주세요. [대화]

나. "다음에는 정말 뻬쩨르부르그에서 만나요." 그러나 이 말은 일시적 기분에 들떠 해 본 소리에 지나지 않았다. 나는 특별한 여행 계획을 갖고 있지도 않았고 **아무 때나** 훌쩍 서울을 떠날 수 있는 한가로운 처지에 있지도 않았다. [소설]

다. 이 제도에 의하여 지구상의 온 인간들은 하나님이 정하신 짝을 만나 부부가 된다. 근래에 와서는 계절에 관계없이 사철 **어느 때든지** 수많은 남녀가 교회 예식장 혹은 야외에서 결혼식을 올린다. [신문]

라. 어떤 그림이 흥미 있는 것인가를 결정하기 위한 실험이라는 것을 피험자에게 미리 알려주고, 그림에 관한 질문은 **어느 때고** 허용하지 않는다는 것을 주지시킨다. [학술]

부정대명사의 대체 표현은 부정대명사와 마찬가지로 자유 선택의 의미를 나타낼 때에는 '이나'와 '이든지'와 주로 결합하고 어떤 대상도 불가능하다는 전칭 부정의 의미로 사용될 경우에는 주로 '도'와 결합한다.

〈예5.3.1.3-6〉

가. 사진은 **어느 것이나** 한결같이 누렇게 빛이 바래 있었다. [소설]

나. "그리고 성호를 찾는 놈들하고는 연락이 되는 거야?" "예. 자기들은 그 민박집에 있을 테니 **아무 때고** 알려 달라고 하더랍니다." [소설]

다. 객차마다 뒷부분에 3평 크기의 공간이 별도로 마련되어 있다. 또 2~3일 전에 예약을 하면 2길더 내의 비용으로 전국 **어느 곳이나** 자전거를 기차로 배달해 주는 편리한 제도도 마련돼 있다. [신문]

라. 직업이 무엇이든, 직장이 **어느 곳이든**, 지금 우리들 대부분이 공유하고 있을 병든 마음과 상처 입은 영혼이 이런 책들을 필요로 할 것이라고 가늠해 봅니다. [신문]

마. "내가 미리 얘기하는데 너 **아무 여자나** 사귀고 다니면 안 된다. 여자야말로 건강해야 되는 거야." 엄마라는 사람들은 이런 상황에서도 꼭 잔소리를 해야 직성이 풀리는 모양이었다. [소설]

〈예5.3.1.3-7〉

가. 하나는 미려를 두고 이혼하는 것과, 이혼하지 않고 미려만 석하에게 돌려주는 두 가지 방법 가운데 하나를 선택하라는 조건이었다. 두 가지 중 **어느 것도** 그녀가 받아들이기 어려웠다. [소설]

나. 결국 자기가 설 자리는 **아무 데도** 없다는 얘기였으며, 그것만큼 경화를 속상하게 하는 일은 또 없었다. [소설]

다. 더더구나 재개된 UR협상 과정에서 아직 재론되지도 않은 이 문제를 앞질러 우리가 제기할 필요성은 **어느 곳에서도** 찾아보기 어렵다. [신문]

라. 자기는 사춘기 시절에 이미 연상의 여인과 죽음을 건 사랑의 통과 예식을 모두 마쳤기 때문에 다시는 **어떤 여자도** 진실로 사랑할 수 없다. 앞으로 내가 어떤 여자를 사랑한다고 한다면 그건 거짓이 [소설]

<예5.3.1.3-6>은 부정대명사 대체 표현이 자유 선택의 의미를 나타내는 보조사 '이나'와 '이든지'와 결합하여 자유 선택의 의미를 나타내는 것을 보인 것이고 <예5.3.1.3-7>은 부정대명사 대체 표현이 보조사 '도'와 결합하여 전칭 부정의 의미를 나타내는 것을 보인 것이다. 이와 같이 부정대명사 대체 표현은 부정대명사가 지닌 의미적 특성을 공유하고 있다. 그러나 아래의 예와 같이 부정대명사 대체 표현은 부정대명사와 다른 특성을 지니기도 한다.

〈예5.3.1.3-8〉

가. 아직은 봄이라기보다는 겨울에 가까웠지만 그러나 나무들은 이미 그 가지마다 다시금 싱싱한 물기가 오르기 시작하고 **어떤 것들은** 벌써 완전히 펴져 나온 반짝이는 잎들이 마치 그만한 크기의 숱한 손바닥들을 벌리고 있는 것처럼 보이고 있었다. [소설]

나. 하지만 영달은 어디를 가나 또 **어떤 사람들** 사이에서도 익숙하고 의젓해 보였다. [소설]

다. 행정부 내 어떤 이들은 북한과 아예 대화 자체를 해선 안 된다고 주장하는데 이번 일이 **어떤 이들에게** 구실과 분위기를 제공하고 있는 것은 사실이다. [신문]

라. 필자가 직접 터미널을 살펴보면 **어떤 사람들은** 아무런 작업도 하지 않고 시종 칠판에 있는 것을 받아 적고 있다. [학술]

<예5.3.1.3-8>에서 확인할 수 있듯이 부정대명사 대체 표현들은 모두 복수 접미사 '-들'과 결합할 수 있지만 5.3의 도입부에서 논의하였듯이 부정대명사는 복수 접미사 '-들'과 결합하지 못한다. 부정대명사가 복수의 의미를 유표적으로 드러내기 위해서는 '무엇 무엇', '누구 누구', '어디 어디', '언제 언제'와 같이 반복형으로 나타나야 하는데, 이러한 부정대명사 반복형이 나타내는 복수 의미는 부정대명사 대체 표현에 '-들'이 결합한 형태가 나타내는 복수 의미와 다른 것으로 보인다. 이와 같이 부정대명사는 그 대체 표현과 복수 형식에서 차이를 보이는데 이러한 차이도 대체 표현이 사용되는 한 요인이라고 볼 수 있다.

말뭉치 계량 결과 제시

1. 전체 부정대명사의 사용 빈도에 비교한 대체 표현의 사용 비율: 약 9.91%
2. 전체 부정대명사 대체 표현별 사용 비율
   '무엇' 대체 표현 〉 '누구' 대체 표현 〉 '언제' 대체 표현 〉 '어디' 대체 표현

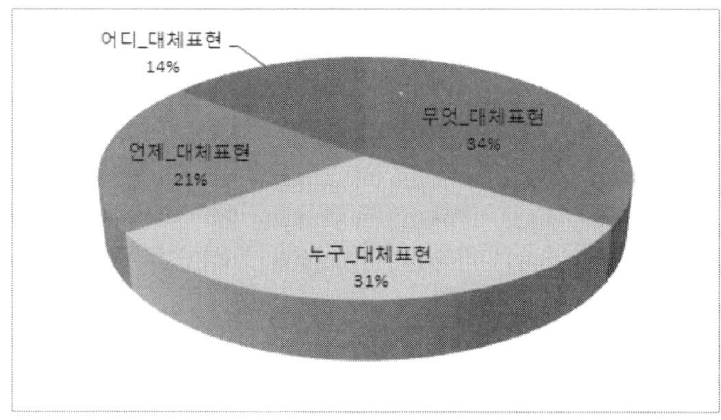

<그래프5.3.1.3-1> 전체 부정대명사 대체 표현별 사용 비율

3. 사용역에 따른 부정대명사 대체 표현별 사용 비율
   대화: '누구' 대체 표현 〉 '무엇' 대체 표현 〉 '언제' 대체 표현 = '어디' 대체 표현
   소설: '누구' 대체 표현 〉 '무엇' 대체 표현 〉 '언제' 대체 표현 〉 '어디' 대체 표현
   신문: '무엇' 대체 표현 〉 '언제' 대체 표현 〉 '어디' 대체 표현 〉 '누구' 대체 표현
   학술: '무엇' 대체 표현 〉 '누구' 대체 표현 〉 '언제' 대체 표현 〉 '어디' 대체 표현

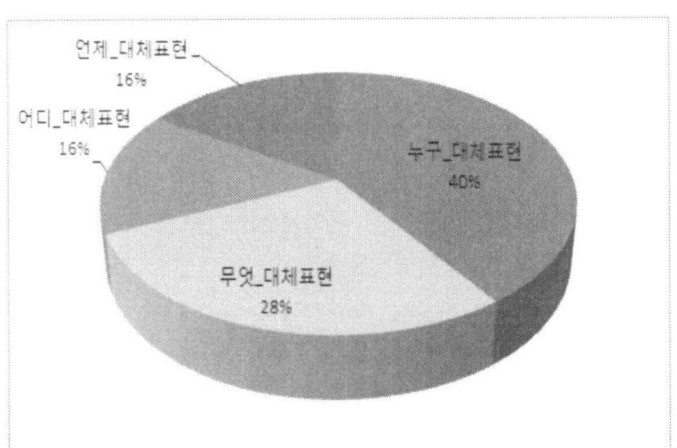

<그래프5.3.1.3-2> '대화'의 부정대명사 대체 표현별 사용 비율

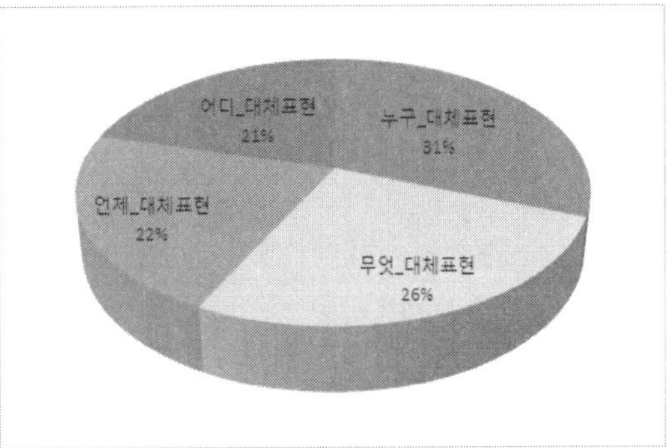

<그래프5.3.1.3-3> '소설'의 부정대명사 대체 표현별 사용 비율

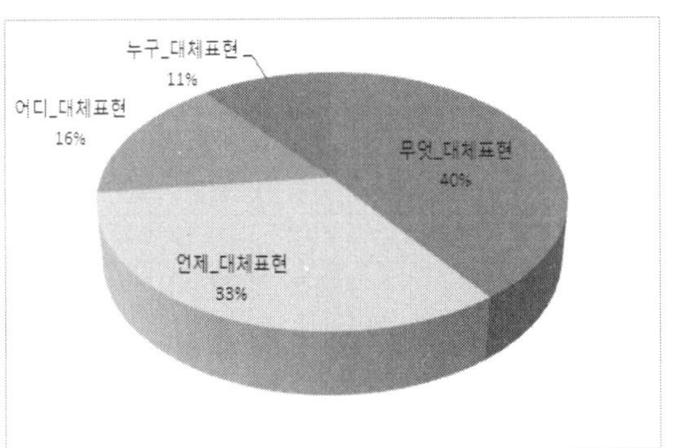

<그래프5.3.1.3-4> '신문'의 부정대명사 대체 표현별 사용 비율

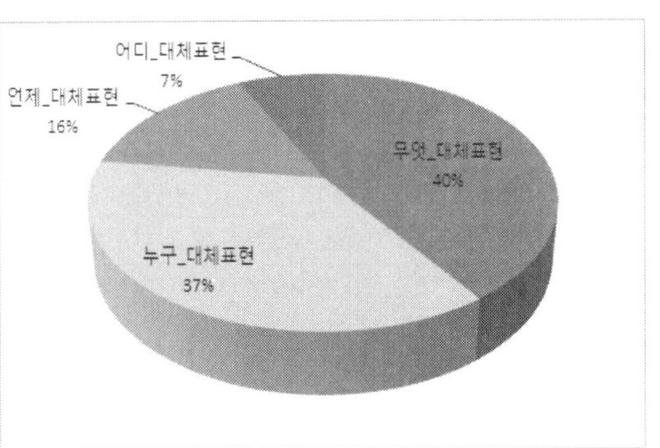

<그래프5.3.1.3-5> '학술'의 부정대명사 대체 표현별 사용 비율

▶▶ 말뭉치 계량 결과에 대한 논의

전체 부정대명사의 사용 빈도와 부정대명사 대체 표현의 사용 빈도를 비교해 보면, 그 비율은 약 9.91%로 부정대명사 전체 사용 빈도와 비교했을 때 대체 표현의 사용 빈도는 그리 높지 않은 편이라고 할 수 있다. 그러나 관형사 '어느', '어떤', '아무'가 구체적인 지시 대상을 가지는 명사와 결합하는 구성까지 부정대명사 대체 표현으로 본다면 이보다 비율이 훨씬 높아질 것으로 보인다.

전체 말뭉치에서 나타나는 부정대명사 대체 표현별 사용 비율을 전체 말뭉치에서 나타나는 부정대명사별 사용 비율과 비교해 보면, '누구'의 대체 표현과 '무엇'의 대체 표현의 사용 비율이 60% 이상을 차지하고 있다는 점은 유사하다. 그러나 부정대명사별 사용 비율에서는 '어디'가 '언제'보다 더 높은 비율로 사용되는데, 부정대명사 대체 표현별 사용 비율에서는 '언제' 대체 표현이 '어디' 대체 표현보다 더 높은 비율로 사용된다는 차이가 있다(<그래프5.3.1.1-1> 참고).

사용역에 따른 부정대명사 대체 표현별 사용 비율을 살펴보면, 전체 말뭉치에서 나타나는 부정대명사 대체 표현별 사용 양상을 거의 그대로 따르는 편이다. 다만 '소설'에서는 '언제' 대체 표현과 '어디' 대체 표현의 사용 비율이 다른 사용역에서보다 더 높게 나타난다는 특징이 있다. 참고로 부정대명사 대체 표현의 사용 빈도와 그 형태를 구체적으로 보이면 아래와 같다.

	대화				소설				신문				학술			
	대체 표현	대응형	빈도	누적 비율	대체 표현	대응형	빈도	누적 비율	대체 표현	대응형	빈도	누적 비율	대체 표현	대응형	빈도	누적 비율
1	어떤_사람	누구	47	25.97%	어떤_사람	누구	51	19.25%	어느_때	언제	33	29.46%	어떤_사람	누구	77	28.52%
2	어떤_것	무엇	40	48.05%	아무_것	무엇	34	32.08%	아무_것	무엇	26	52.67%	어떤_것	무엇	47	45.93%
3	아무_데	어디	26	62.34%	어떤_때	언제	30	43.4%	어느_곳	어디	16	66.96%	아무_것	무엇	35	58.89%
4	어떤_때	언제	19	72.73%	아무_데	어디	27	53.59%	어느_것	무엇	11	76.78%	어느_것	무엇	27	68.89%
5	어떤_여자	누구	12	79.22%	어떤_것	무엇	22	61.89%	어떤_것	무엇	8	83.92%	어느_때	언제	23	77.41%
6	아무_것	무엇	9	84.41%	어느_때	언제	20	69.44%	어떤_때	언제	3	86.6%	어떤_때	언제	16	83.34%
7	아무_때	언제	7	88.31%	어느_것	무엇	14	74.72%	어떤_사람	누구	3	89.28%	어떤_이	누구	13	88.15%
8	어떤_놈	누구	7	92.21%	어느_곳	어디	13	79.63%	어떤_이	누구	3	91.96%	어느_곳	어디	11	92.22%
9	어떤_분	누구	7	96.11%	아무_때	언제	8	82.65%	어떤_여자	누구	2	93.75%	아무_데	어디	3	93.33%
10	어느_것	무엇	2	97.41%	어떤_곳	어디	8	85.67%	아무_곳	어디	1	94.64%	아무_때	언제	3	94.44%
11	어느_곳	어디	2	98.71%	아무_곳	어디	7	88.31%	아무_데	어디	1	95.53%	어떤_곳	어디	3	95.55%
12	어느_때	언제	2	100%	어떤_여자	누구	7	90.95%	아무_때	언제	1	96.42%	어떤_자	누구	3	96.66%
13					어떤_놈	누구	5	92.84%	어느_여인	누구	1	97.31%	아무_곳	어디	2	97.4%
14					아무_여자	누구	4	94.35%	어느_여자	누구	1	98.2%	어느_남자	누구	1	97.77%
15					어느_놈	누구	4	95.86%	어떤_분	누구	1	99.09%	어느_사람	누구	1	98.14%
16					어떤_사내	누구	3	96.99%	어떤_여성	누구	1	100%	어느_여인	누구	1	98.51%
17					어떤_녀석	누구	2	97.74%					어느_인간	누구	1	98.88%
18					아무_남자	누구	1	98.12%					어떤_분	누구	1	99.25%
19					아무_놈	누구	1	98.5%					어떤_여성	누구	1	99.62%
20					어느_남자	누구	1	98.88%					어떤_여인	누구	1	100%
21					어느_사람	누구	1	99.26%								
22					어느_여인	누구	1	99.64%								
23					어떤_년	누구	1	100%								

<표5.3.1.3-1> 사용역에 따른 부정대명사의 대체 표현의 사용 빈도

5.3.2. 의문대명사

의문대명사는 화자가 모르는 대상을 지시하는 대명사로 설명의문문에서 의문사로 사용된다. 의문대명사로는 '무엇', '누구', '어디', '언제'가 있는데 각각 '사물', '사람', '장소', '시간'을 가리킬 때 사용된다. 의문대명사 '무엇', '누구', '어디', '언제'의 예를 보이면 아래와 같다.

〈예5.3.2-1〉

가. A: 너 너 오후에 수업 뭐 있어? B: 서구 문예. 너 그거 들을 거야? [대화]

나. 아까 내가 꽃 한 송이를 들어 보이며 미소 지었을 때 **무엇을** 느꼈느냐? [소설]
다. 여러 가지 공약을 내세우고 있으니 **무엇으로** 옥석을 구분할 수 있을지, 어디까지 믿어야 할지 답답할 뿐이다. [신문]
라. 동작 과정에 어떠한 의미가 부여되고 있느냐에 따라 사람이 **무엇** 때문에 살아가느냐 하는 목적 가치를 평가하게 된다. [학술]

〈예5.3.2-2〉
가. A: 근데, 어제 같이 만나는 애가 있거든. B: **누구**? A: 혜은이라구, [대화]
나. **누구랑** 싸운 거야? [소설]
다. 대통령이 누구를 총리로 쓰고 **누구를** 장관으로 쓰고, **누구를** 차관으로 쓸 것이냐는 것은 오로지 대통령만의 권한이라는 인식에는 이의가 있을 수 없다. [신문]
라. 의견은 그게 **누구의** 것이냐에 따라 그 영향력이 천차만별이다. [학술]

〈예5.3.2-3〉
가. 그 돼지 껍데기 집은 **어디에** 있는, 위치가 어디야? [대화]
나. 그 상급자가 병원에 실려 왔을 땐 **어디를** 몇 방 맞았는지 확인하기 어려울 정도로 몸이 걸레쪽이 되어 있었대. [소설]
다. 전체적으로 이 책은 문학을 중심으로 한국의 지성이 **어디에** 있는가라는 문제의식을 드러낸다. [신문]
라. 사람들은 모두 바쁘다고 말한다. 정말 바쁘지 않은 사람이 **어디** 있을까? [학술]

〈예5.3.2-4〉
가. 추석이 **언제예요**? 구월 이십팔일인가? [대화]
나. 넌 **언제부터** 정치에 그렇게 관심이 많아졌냐? [소설]
다. 기와와 삼성은 **언제까지** 독주를 이어갈 것인가. 두 팀은 개막 이후 8연승을 달리며 '개막 연승' 기록(종전 6연승)을 나란히 깼다. [신문]
라. 다음으로 생각해 볼 문제는 지능과 연령이다. 즉 지능이 가장 현저하게 발달하는 정확한 연령은 **언제이며**, 지능은 과연 나이가 들어감에 따라 저하하게 되는가 또는 더 나아지는 경우도 있는가 하는 문제이다. [학술]

<예5.3.2-1~4>에서 확인할 수 있듯이 의문대명사는 모두 의문문에서 나타나는데 이때의 의문문은 화자가 특정 정보를 요구하는 설명의문문이다. 설명의문문에서 의문대명사는 화자가 모르는 대상을 가리키고 화자는 청자로부터 의문대명사로 지시된 모르는 대상에 대한 정보를 질문에 대한 대답으로 듣는 것을 기대하는 것이 일반적이다.

그러나 의문대명사가 화자가 알지 못하는 대상을 가리키는 데 사용되지 않고 이미 알고 있는 대상을 가리키는 경우도 있다.

〈예5.3.2-5〉 [대화]
가. A: 자 엑스는, 밑에:: 분모 실수화시켜 줘야 되지? 그럼 일 플러스 아이 분에::, 일 마이나스 아인데, 분모에다가::? 실수 실수화시켜 줄래면 **뭐** 곱해 줘야 돼? B: 일 마이나스 아이, A: 그치 일 마이나스 아이? 그러면은 분자에도 동일하게, 곱해 줘야겠지
나. 얘 같은 경우는, 분산은, 뭐::~ 이 검은 점들의 분산에다가, **뭘로** 나눠 줘? 엠으로 나눠줬단 말야. 그럼 더 작아지겠지? 그지, 이게 바로 **뭐다**? 모평 아 표본의 분산 되겠고,

위 예문은 과외 수업 대화의 일부로 선생님이 학생에게 수학 문제를 설명하고 있는 상황이다. 이때 선생님은 학생에게 질문을 하고 있지만 이미 답을 알고 있다. 즉 이 예문에서 의문대명사는 화자가 모르는 대상을 가리키는 것이 아니고 화자가 이미 알고 있는 대상에 대해 청자가 그 답을 알고 있는지를 확인하기 위해 질문을 하는 데에 사용된 것이다. 따라서 이때의 질문에는 청자에게 새로운 정보를 얻는 목적은 없고 청자에게 대답을 듣는 데에만 그 목적이 있다고 할 수 있다.

한편, 의문대명사는 질문의 화행이 나타나지 않는 맥락에서도 나타나기도 하는데 이때 의문대명사는 의문사의 기능을 하지 않고 부정 극성을 나타내는 기능을 한다. 의문대명사가 부정 극성을 나타내는 기능을 하는 경우는 아래의 <예5.3.2-6>과 같이 통사적으로는 의문문의 형식을 갖추고 있으나 의미론적으로는 수사의문문인 문장에 의문대명사가 나타날 때이다.

〈예5.3.2-6〉

가. 미안하긴 **뭐가** 미안하니? [대화]

나. 김상진은 동정으로 고개를 끄덕이면서도 말했다. "돈 가지고 결혼합니까? 운동하는 사람치고 변변히 전세방 한 칸 있는 사람이 **어딨습니까**? 그래도 다들 어떻게든지 마련합디다." [소설]

라. 경기 하남의 김황식 후보는 "국민 후보로 뽑았다는 대선 후보를 바꾸자고 하는 '콩가루 정당'에 **누가** 표를 주겠느냐"고 꼬집었다. [신문]

마. 어느 **누가** 능히 스스로 분발해서 도를 실행하며 경서(經書)를 향할 것인가. [학술]

위 예문들은 모두 의문형 어미를 갖추고 있기 때문에 통사적으로는 의문문이지만 질문의 화행 의미가 없기 때문에 의미적으로는 의문문이 아니다. 즉, 형식적으로는 의문문으로 표현되기는 했으나 질문의 화행 의미를 나타내지 않고 화자의 주장을 강하게 나타내고 있는 것이다. <예5.3.2-6가>는 '미안해할 필요 없다', <예5.3.2-6나>는 '운동하는 사람치고 변변히 전세방 한 칸 있는 사람이 없다', <예5.3.2-6다>는 '국민 후보로 뽑았다는 대선 후보를 바꾸자고 하는 콩가루 정당에 아무도 표를 주지 않을 것이다', <예5.3.2-6라>는 '아무도 스스로 분발해서 도를 실행하며 경서를 향하지 않을 것이다'라는 부정의 의미를 강하게 나타내고 있다. 이와 같이 수사의문문은 부정의 의미를 강하게 나타내는데 이때 의문대명사은 마치 부정문에서의 부정 극어와 같은 쓰임을 보여 준다.

의문대명사 중 '무엇'은 '-지 뭐야', '이게/그게/저게 뭐야', '-은/-는 거야 뭐야', '뭘요' 등과 같은 구성으로 사용되어 화자의 태도를 드러내기도 한다.

〈예5.3.2-7〉 [소설]

가. "형기 있나요?" "어젯밤에 누굴 만난다고 나가서 아직 안 들어왔어요. 늦을지도 모르니 먼저 자라고 했는데 아침까지 안 들어왔지 **뭐예요**?"

나. 금방 온다더니 이게 **뭐야**? 임씨의 조카 녀석은 버럭버럭 소리를 질러댔다.

다. 가면 간다, 못 가면 못 간다, 딱 부러지게 무슨 코멘트가 있어야 할 게 아닌가. 해 떨어지기를 기다리는 거야 **뭐야**.

라. "오 부장한테 자네가 힘썼다는 얘기 들었다." "**뭘요**?" "자식, 고맙다. 내 징계 안 받게 힘썼다는 거 다 알고 있다."

<5.3.2-7가>의 '-지 뭐예요'는 종결어미 '-지'와 결합하는 문장이 나타내는 명제 내용이 무척 황당하다는 태도를 드러내는 것이고 <5.3.2-7나>의 '이게 뭐야'는 현재 벌어진 사건에 대해 못마땅하다는 화자의 태도를 드러내는 것이다. <5.3.2-7다>에서 '-는 거야 뭐야'는 현재 상황에 대한 불만을 비꼬듯 표현하는 말이다. <5.3.2-7라>의 '뭘요'는 화자의 어떤 행동에 대해 높이 평가하거나 감사하거나 칭찬을 할 때 그에 대한 대답으로 자신의 공에 대해 겸손한 태도를 보일 때 사용하는 말이다. 여기서 의문대명사 '무엇'은 의문사의 기능을 하기보다는 특정 구성을 이루어 화자의 정서적 태도를 드러내는 역할을 하고 있다고 할 수 있다.

'누구'나 '어디'도 이와 같이 사용되는 경우가 있는데, 아래의 예문을 통해 '-는 게 어디야', '이게 누구야' 등은 '누구'나 '어디'가 안도감이나 놀라움과 같은 화자의 정서적 태도를 표시하는 데 사용된다는 것을 확인할 수 있다.

〈예5.3.2-8〉

가. 그래도 나름대로 먹을 복이라도 타고 나는 게 **어디야**? [대화]

나. 어머 이게 **누구야**, 태봉이 총각이구만. 그동안 왜 안 놀러 왔어? [소설]

5.3.2.1. 의문대명사의 분포

말뭉치 계량 결과 제시1

1. 전체 의문대명사별 사용 비율: 무엇 〉 어디 〉 누구 〉 언제

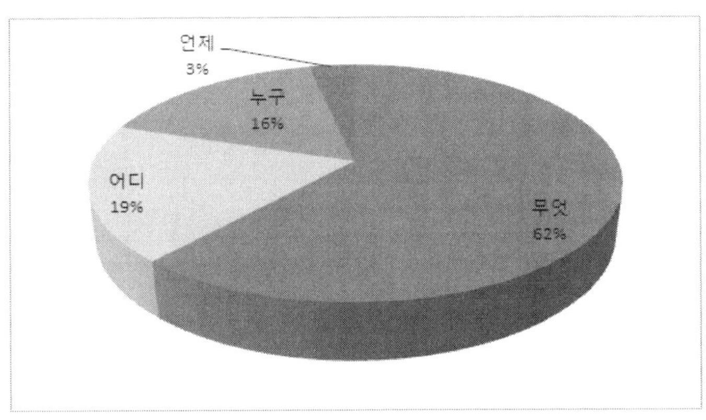

<그래프5.3.2.1-1> 전체 의문대명사별 사용 비율

2. 사용역에 따른 부정대명사별 사용 비율
   대화: 무엇 〉 누구 = 어디 〉 언제
   소설: 무엇 〉 어디 〉 누구 〉 언제
   신문: 무엇 〉 누구 〉 어디 〉 언제
   학술: 무엇 〉 어디 〉 누구 〉 언제

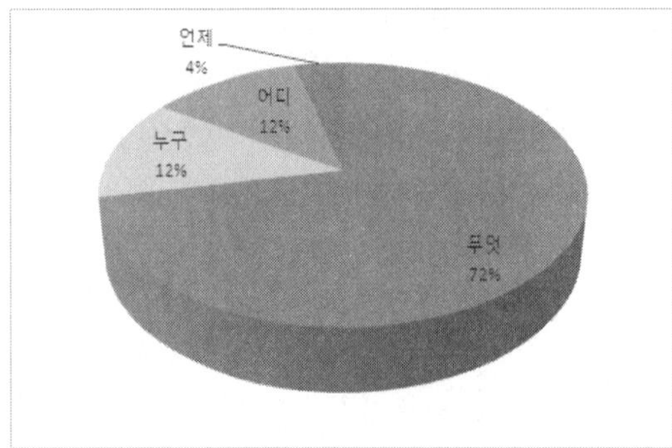

<그래프5.3.2.1-2> '대화'의 의문대명사별 사용 비율

<그래프5.3.2.1-3> '소설'의 의문대명사별 사용 비율

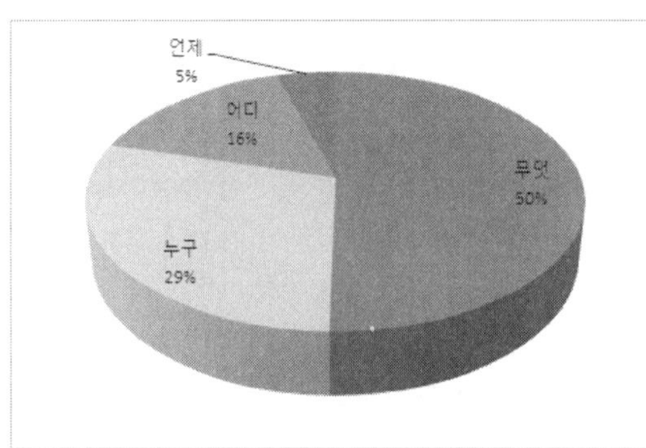

<그래프5.3.2.1-4> '신문'의 의문대명사별 사용 비율

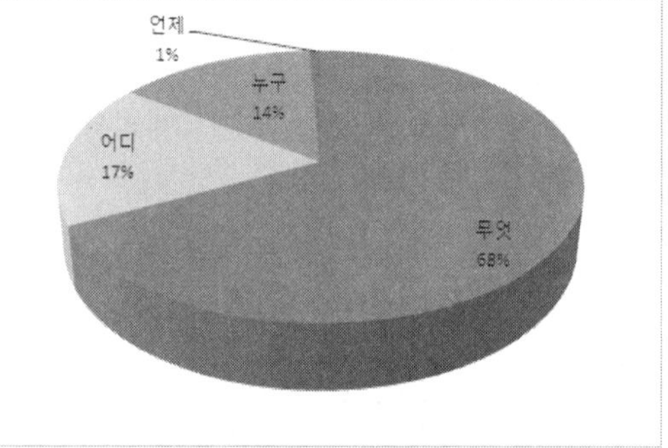

<그래프5.3.2.1-5> '학술'의 의문대명사별 사용 비율

▶▶ 말뭉치 계량 결과에 대한 논의1

전체 말뭉치에서 나타나는 의문대명사별 사용 비율을 보면, '무엇'이 50% 이상을 차지하며 가장 높은 사용 비율을 보이고 그 다음으로 '어디'와 '누구'가 높은 사용 비율을 보인다. '언제'는 사용 비율이 3%에 불과하다. 이러한 사용 양상은 부정대명사와 비교했을 때, 약간의 차이가 있는 것이다. 5.3.1.1의 <그래프5.3.1.1-1>에서 살펴보았듯이, 부정대명사는 '무엇 > 누구 > 어디 > 언제'의 사용 양상을 보이는데 의문대명사는 '어디'가 '누구'보다 그 사용 비율이 높게 나타난다는 차이가 있다.

한편, 전체 말뭉치에서 나타나는 의문대명사별 사용 양상은 '대화'에서도 동일하게 나타난다. 이는 의문대명사의 약 60% 정도가 '대화'에서 사용되기 때문에(<그래프5.3-7> 참고) '대화'에서 나타나는 의문대명사의 사용 양상이 전체 의문대명사 사용 양상에 그대로 반영된 것이라고 할 수 있다. 다만 '대화'에서는 '어디'와 '누구'의 사용 비율이 거의 동일하나 전체 말뭉치에서는 '어디'가 '누구'보다 그 사용 비율이 조금 더 높게 나타난다는 차이가 있다. 이는 의문대명사의 사용역 비율이 '대화' 다음으로 높은 '소설'의 영향이다(<그래프5.3-7> 참고). '소설'에서는 '어디'의 사용 비율이 '누구'보다 높게 나타날 뿐만 아니라 다른 어떤 사용역보다도 '어디'의 사용 비율이 높은데, '소설'에서 보이는 이러한 양상이 전체 말뭉치에서 나타나는 의문대명사별 사용 비율에서 '어디'의 사용 비율을 높이는 데에 영향을 주었을 것이다.

5.3의 도입부에서 제시한 <그래프5.3-7>에서 확인할 수 있듯이 의문대명사가 '신문'과 '학술'에서 나타나는 사용역 비율은 10% 정도에 불과하다. 따라서 '신문'과 '학술'에서 나타나는 의문대명사의 사용 양상은 전체 말뭉치에서 나타나는 의문대명사 사용 비율에 큰 영향을 미치지 않는다. '신문'에서 나타나는 의문대명사별 사용 비율을 살펴보면 '무엇'이 가장 많이 사용되고, 그 다음으로 '누구'와 '어디'의 사용 비율이 높게 나타난다. '신문'은 다른 사용역에 비해 '누구'의 사용 비율이 다소 높게 나타나는 것이 특징이다. '학술'은 전체 말뭉치에서 보이는 의문대명사별 사용 양상을 거의 그대로 따르고 있다.

▶ 말뭉치 계량 결과 제시2

- 의문대명사별 사용역 비율
  무엇: 대화 〉 소설 〉 학술 〉 신문
  누구: 대화 〉 소설 〉 신문 ≧ 학술
  어디: 대화 〉 소설 〉 학술 〉 신문
  언제: 대화 〉 소설 〉 신문 〉 학술

	대화	소설	신문	학술
무엇	■■■■■■■■ ■■■■■▪	■■■■▪	▪	■▪
누구	■■■■■■■■ ■■	■■■■■■▪	■▪	■▪
어디	■■■■■■■■ ■	■■■■■■■■ ▪	▪	■▪
언제	■■■■■■■■ ■■■■■▪	■■■■■	■▪	▪

<그래프5.3.2.1-6> 의문대명사별 사용역 비율

(■ 5%, ▪ 5% 미만)

▶▶ 말뭉치 계량 결과에 대한 논의2

개별 의문대명사의 각각의 사용역 비율은 전체 의문대명사의 사용역 비율과 거의 유사하다(<그래프5.3-7> 참고). 전체 의문대명사는 60% 이상이 '대화'에서 사용되고, 그 다음으로 '소설'에서 약 25%정도가 사용되지만 '신문'과 '학술'에서는 그 사용역 비율이 낮다. '무엇'과 '언제'의 사용역 비율은 전체 의문대명사의 사용역 비율과 거의 유사한데, '누구'도 '대화'에서 가장 많이 사용되고, 그 다음으로 '소설'에서 많이 사용된다는 점에서는 전체 의문대명사의 사용역 비율과 큰 차이가 없다. 다만 '어디'는 전체 의문대명사의 사용역 비율과 비교했을 때 특징적인 양상을 보인다. '어디'는 다른 의문대명사와 달리 '대화'와 '소설'의 사용역 비율이 거의 유사하게 나타나고 있다. 이는 앞서 살펴본 <그래프 5.3.2.1-3>에서 확인할 수 있듯이 '소설'에서 '어디'의 사용 비율이 매우 높게 나타나기 때문이다.

5.3.2.2. 의문대명사의 출현 패턴

앞서 5.3.1.2에서는 부정대명사와 의문대명사의 형태가 동일한 '무엇', '누구', '어디', '언제'가 부정대명사로 사용될 때의 출현 패턴에 대해서 논의하였다. 여기서는 '무엇', '누구', '어디', '언제'가 의문대명사로 사용될 때의 출현 패턴과 그 경향성에 대해서 자세히 살펴보기로 한다.

'무엇', '누구', '어디', '언제'가 의문대명사로 사용될 때에는 부정대명사로 사용될 때와는 달리 그 형태론적 패턴에 있어서 비교적 단순한 양상을 보이고 의문대명사에서만 나타나는 특이한 형태론적 패턴은 없다. 그러나 '무엇', '누구', '어디', '언제'가 의문대명사로 사용되면 아래의 예와 같이 보조사와는 거의 결합하지 않고 격조사나 '이다'와만 결합하는 경향이 있다. 5.3.1.2에서 살펴보았듯이 '이다'의 활용형이 굳어진 '~인가', '~인지'나 자유 선택의 '이든지', '이나'를 제외한 보조사는 의문대명사와도 결합할 수 있지만 실제로는 의문대명사가 보조사와 결합하는 경우는 매우 드물다.

〈예5.3.2.2-1〉

가. A: 두 개 사라고 두 개 더 사서 하라고 그랬는데. 안 샀어. B: **뭐를**? A: 테입. [대화]

나. 지은이 한심하다는 듯이 되물었다. "그럼……" "**누굴** 만날 건데?" "그냥, 아는 사람 다……" [소설]

다. 이라크가 최후통첩을 받아들이지 않을 경우 지상전이 벌어질 것임은 의심의 여지가 없었으나 그 시점이 정확히 **언제가** 될 것인지는 예측하기가 쉽지 않았다. [신문]

라. 그렇다면 이 악순환의 고리를 끊는 탈출구는 과연 **어디에** 있는가? 맥퍼슨이 생각하는 탈출구는 마르크시즘도 아니고 그렇다고 해서 존 스튜어트 밀도 아니다. [학술]

〈예5.3.2.2-2〉

가. A: 그럼 관심 분야가 **뭔데**? B: 관심 분야요? 연예 가십, [대화]

나. 2주일 만에 번갯불에 콩 볶듯이 치른 결혼식에서 음악에 맞춰 경지가 아버지의 팔을 잡고 들어오는데, 규혁은 저 여자가 **누구인가** 하며 한참 쳐다보았었다. [소설]

다. "무용 콩쿠르가 **언제냐**?" 어머니는 선희에게 물어봅니다. "닷새 남았어." [소설]

라. 그러나 유사 시대에 가까워짐에 따라 점점 체구도 쇠퇴하고 거기 근대인이 나타나 그들을 쫓아내고 주인이 되게 되었다. 인류의 요람지 이밖에 인류의 발생지가 **어디냐** 하는 것도 하나의 문제다. [학술]

<예5.3.2.2-1>은 '무엇', '누구', '언제', '어디'가 격조사와 결합하여 의문대명사로 사용된 예를 보인 것이며 <예5.3.2.2-2>는 '무엇', '누구', '언제', '어디'가 '이다'와 결합하여 의문대명사로 사용된 예이다.

그런데 '무엇', '누구', '어디', '언제'가 격조사나 '이다'와 결합하는 형태는 부정대명사에서도 출현하는 패턴이기 때문에 의문대명사는 형태론적 패턴만으로 부정대명사와 구별되지 않는다. 따라서 의문대명사는 형태론적 패턴이 아니라 문장 유형과 억양을 통해서 부정대명사와 구별될 수 있는데 위의 예에서 보듯이 의문대명사는 의문문에서만 나타난다는 특징이 있다. 앞서 5.3.1.2에서 논의하였듯이

'무엇', '누구', '어디', '언제'가 평서문에 나타난다면 이들 대명사는 의문대명사가 아니라 항상 부정대명사이다. 그러나 부정대명사는 의문문에서도 나타날 수도 있기 때문에 궁극적으로 의문대명사는 억양과 강세를 통해서 부정대명사와 구별될 수 있다. 의문문에서 부정대명사가 나타나 판정의문문을 이루면 문장의 서술어에 초점 강세가 놓이고 문말 억양은 상승조가 되고 의문문에서 의문대명사가 나타나 설명의문문을 이루면 대명사에 초점 강세가 놓이고 문말 억양은 하강조가 된다. 예컨대, '누구'가 부정대명사로 판정의문문에 나타나면 '누가 집에 **갔니**?↗'가 되고 '누구'가 의문대명사로 설명의문문에 나타나면 '**누가** 집에 갔니?↘'가 되는 것이다. 요컨대, 부정대명사는 형태론적 출현 패턴, 문장 유형, 강세나 억양 중에서 어느 하나를 통해 의문대명사와 구별될 수 있으나 의문대명사는 궁극적으로 강세나 억양을 확인하지 않으면 부정대명사와 구별되지 않는다고 할 수 있다.

말뭉치 계량 결과 제시

1. 의문대명사 '무엇'의 형태론적 출현 패턴(빈도 10 이상)
   X+이다 형 〉 X+목적격 형 〉 X+∅ 형 〉 X+주격 형 〉 X+부사격 형 〉 X+보격 형

2. 의문대명사 '누구'의 형태론적 출현 패턴(빈도 10 이상)
   X+이다 형 〉 X+주격 형 〉 X+∅ 형 〉 X+목적격 형 〉 X+부사격 형 〉 X+관형격 형

3. 의문대명사 '어디'의 형태론적 출현 패턴(빈도 10 이상)
   X+부사격 형 〉 X+∅ 형 〉 X+이다 형 〉 X+목적격 형 〉 X+보조사 형 〉 X+주격 형

4. 의문대명사 '언제'의 형태론적 출현 패턴(빈도 10 이상)
   X+∅ 형 〉 X+부터 형 〉 X+이다 형 〉 X+까지 형

무엇			누구			어디			언제		
출현 패턴	빈도	비율	출현 패턴	빈도	비율	출현 패턴	빈도	비율	출현 패턴	빈도	비율
이다	2725	55.10%	이다	513	38.66%	부사격	703	47.18%	∅	90	34.48%
목적격	792	16.01%	주격	486	36.62%	∅	399	26.78%	부터	66	25.29%
∅	751	15.18%	∅	116	8.74%	이다	185	12.42%	이다	62	23.75%
주격	556	11.24%	목적격	91	6.86%	목적격	81	5.44%	까지	35	13.41%
부사격	93	1.88%	부사격	88	6.63%	보조사	45	3.02%	부사격	4	1.53%
보격	20	0.40%	관형격	21	1.58%	까지	38	2.55%	주격	2	0.77%
관형격	4	0.08%	보격	8	0.60%	주격	36	2.42%	보조사_결합형	1	0.38%
보조사	2	0.04%	보조사	3	0.23%	부터	2	0.13%	보격	1	0.38%
접속조사	1	0.02%	접속조사	1	0.08%	보격	1	0.07%	계	261	100.00%

까지	1	0.02%	계	1327	100.00%	계	1490	100.00%	
부터	1	0.02%							
계	4946	100.00%							

<표5.3.2.2-1> 의문대명사의 형태론적 출현 패턴

▶▶ 말뭉치 계량 결과에 대한 논의

'무엇', '누구', '어디', '언제'가 의문대명사로 사용될 때에는 보조사와는 거의 결합하지 않고 '이다'와 격조사 또는 'Ø'와만 결합하는 경향이 있다. 앞서 언급했듯이, '무엇', '누구', '언제', '어디'는 '는', '도' 등의 보조사와 결합해도 의문대명사로 나타날 수 있기 때문에 이러한 형태론적 패턴은 언어 사용상의 경향성이라고 할 수 있다. '어디'는 다른 의문대명사와 달리 보조사 결합형의 빈도가 높다는 특징이 있는데 이는 <표5.3.2.2-2>에서 확인할 수 있듯이 '어디'가 보조사 '다가'와 결합하는 경우가 많기 때문이다.

〈예5.3.2.2-3〉

가. A: 그럼 **어디다** 집어넣어야 되지? B: 그거는 광고, 소개할 때 거기 그~ 구체적으로 들어가는 화면, 거기서 얘기해 주는 게 제일 날 거 같은데, [대화]

나. 갑자기 샹들리에가 한번 깜빡거리더니 환해졌다. "초는 **어디다** 두었나?" 나는 일어서서 멘틀 피스 위에 있는 초꽂이를 가져와서 테이블 위에 놓았다. [소설]

다. "망신만 당하고 뒤를 본답시고 기다리다가 되레 호식(虎食)을 당해 줄초상을 당하면 그땐 **얻다** 대고 하소연하시렵니까?" [소설]

라. 부설 유치원인 한영선교원의 코흘리개들도 간식으로 마시고 난 우유팩을 **어디다** 쌓아 놓아야 하는 지 잘 알고 있다. [신문]

위의 예에서와 같이 '어디'가 '다가'와 결합할 때에는 부정대명사보다는 의문대명사로 주로 사용되는 경향이 있다(5.3.1.2의 <표5.3.1.2-4> 참고). 그런데 '다가'는 부사격조사 '에' 뒤에 나타날 수 있기 때문에 보조사로 처리되는 것이 일반적이지만 부사어에만 나타나기 때문에 모든 문장 성분에서 나타날 수 있는 일반적인 보조사 '는', '도' 등과는 성격이 다르다. 따라서 '어디다가'는 의문대명사에 보조사와 결합하는 일반적인 예로는 보기 어렵다고 할 수 있다. '어디다가'를 제외하면 의문대명사가 보조사와 결합하는 예는 연구 대상 말뭉치상에서 6개에 불과하고 이들 예마저도 부정대명사로 해석될 여지가 있다. 이를 고려하면, 의문대명사는 보조사와는 결합하지 않는다는 사용상의 경향성이 매우 강하다는 결론을 내릴 수 있다.

이러한 사용상의 경향성은 '무엇', '누구', '어디', '언제'가 '이다'와 결합할 때에도 나타난다. '무엇', '누구', '어디', '언제'가 '이다'와 결합하면 부정대명사보다는 주로 의문대명사로 사용된다. 5.3.1.2에서 제시한 <표5.3.1.2-1, 2>에서 알 수 있듯이 부정대명사는 '무엇'을 제외하고는 '이다'와 결합하는 비율이 1%에 불과하다. 이에 반해 의문대명사는 '이다'와 결합하는 비율이 매우 높아서 '무엇'과 '누구'의 경우 '이다'와 결합하는 비율이 각각 약 55%, 38%이고 '이다'와 결합하는 비율이 비교적 낮은 '어디', '언제'의 경우에도 각각 10%가 넘는다. 이상에서 논의한 사실들을 종합해 보면, 의문대명사는 보조사와 잘 결합하지 않고 '이다'와 결합하면 주로 의문대명사로 사용된다는 사용상의 경향성이 있다고 할 수 있을 것이다.

개별 의문대명사의 형태론적 출현 패턴을 살펴보면, '무엇'과 '누구'는 '이다'와 결합하는 비율이 가장 높으며 '어디'와 '언제'는 각각 부사격조사, '∅'와 결합하는 비율이 가장 높다. '무엇'과 '누구'는 각각 목적격조사와 주격조사와 결합하는 비율이 '이다'와 결합하는 비율 다음으로 높으며 '언제'는 '∅'와 결합하는 비율이 가장 높고 그 다음으로 '부터'와 결합하는 비율이 높다. 이와 같이 의문대명사 '무엇', '누구', '어디', '언제'가 격조사와 결합할 때에는 일정한 경향성이 있는데 '무엇'은 목적격조사, '누구'는 주격조사, '어디'와 '언제'는 부사격조사와 주로 결합한다. 앞서 5.3.1.2에서 살펴보았듯이 이러한 경향성은 부정대명사에서도 동일하게 나타나는 것으로서 의문대명사가 지시하는 대상의 의미적 속성에 기인하는 것이다. '사물'을 지시하는 명사구는 주로 행위의 대상이 되기 때문에 '사물' 지시의 '무엇'은 주로 목적어로 나타나고 이로 인해 목적격조사와 결합하는 비율이 높게 나타난다. '사람'을 지시하는 명사구는 높은 유정성 위계로 인해 주로 주어로 나타나는 경향이 있다. 이로 인해 '사람' 지시의 '누구'는 주격조사와 결합하는 비율이 높게 나타난다. '장소' 지시와 '시간' 지시의 명사구는 각각 '장소'와 '시간'의 부사어로 주로 사용되기 때문에 '장소' 지시의 '어디'와 '시간' 지시의 '언제'는 부사격조사와 결합하는 비율이 높게 나타나는 것이다. 한편, '부터'와 '까지'는 말뭉치 태깅 결과에 따라 보조사로 처리하였지만 의문대명사와 결합한 '부터'와 '까지'는 부사격조사로 보는 것이 타당할 것이다. 이를 고려하여 위의 표에서는 '까지'와 '부터'는 격조사의 한 유형으로 보고 빈도를 제시하였고 '언제'는 '∅' 다음으로 부사격조사와 결합하는 비율이 높다고 해석한 것이다. 이와 같이 의문대명사가 지시하는 대상의 속성에 따라 그 문법 기능은 일정한 경향성을 보이는데 이에 대해서는 5.5.3.2에서 자세히 확인할 수 있다.

이상에서 설명한 의문대명사의 형태론적 출현 패턴의 구체적인 예는 아래에 제시한 <표5.3.2.2-2>를 통해 확인할 수 있다.

	무엇				누구		
	출현 형태 패턴	빈도	누적비율		출현 형태 패턴	빈도	누적비율
1	이다	2725	55.10%	1	이다	513	38.66%
2	를/목적격	792	71.11%	2	가/주격	486	75.28%
3	∅	751	86.29%	3	∅	116	84.02%
4	가/주격	556	97.53%	4	를/목적격	91	90.88%
5	으로/부사격	51	98.56%	5	랑/부사격	24	92.69%
6	에/부사격	30	99.17%	6	한테/부사격	23	94.42%
7	가/보격	20	99.58%	7	의/관형격	21	96.01%
8	의/관형격	4	99.66%	8	에게/부사격	18	97.36%
9	으로부터/부사격	3	99.72%	9	과/부사격	11	98.19%
10	랑/부사격	2	99.76%	10	가/보격	8	98.79%

11	하고/부사격	2	99.80%
12	에다가/부사격	2	99.84%
13	과/접속조사	1	99.86%
14	으로써/부사격	1	99.88%
15	까지/보조사	1	99.90%
16	부터/보조사	1	99.92%
17	같이/부사격	1	99.94%
18	에서/부사격	1	99.96%
19	만/보조사	1	99.98%
20	밖에/보조사	1	100.00%
	계	4946	

11	한테서/부사격	4	99.10%
12	는/보조사	3	99.32%
13	에/부사격	3	99.55%
14	하고/부사격	2	99.70%
15	으로부터/부사격	1	99.77%
16	더러/부사격	1	99.85%
17	에게서/부사격	1	99.92%
18	랑/접속조사	1	100.00%
	계	1327	

어디			
	출현 형태 패턴	빈도	누적비율
1	∅	399	26.78%
2	에서/부사격	317	48.05%
3	으로/부사격	197	61.28%
4	이다	185	73.69%
5	에/부사격	169	85.03%
6	를/목적격	81	90.47%
7	다가/보조사	45	93.49%
8	까지/보조사	38	96.04%
9	가/주격	36	98.46%
10	에서부터/부사격	13	99.33%
11	에다가/부사격	6	99.73%
12	부터/보조사	2	99.87%
13	으로부터/부사격	1	99.93%
14	가/보격	1	100.00%
	계	1490	

언제			
	출현 형태 패턴	빈도	누적비율
1	∅	90	34.48%
2	부터/보조사	66	59.77%
3	이다	62	83.52%
4	까지/보조사	35	96.93%
5	으로/부사격	3	98.08%
6	가/주격	2	98.85%
7	까지/보조사 + 도/보조사	1	99.23%
8	과/부사격	1	99.62%
9	가/보격	1	100.00%
	계	261	

<표5.3.2.2-2> 의문대명사의 출현 형태 패턴

5.3.2.3. 의문대명사의 대체 표현

의문대명사의 대체 표현에서는 앞서 살펴본 부정대명사 대체 표현과 달리 관형사 '아무'와 결합한 대체 표현 형태가 나타나지 않는다. 이는 관형사 '아무'가 부정대명사 '아무'와 마찬가지로 부정(不定)의 의미만을 지니기 때문이다. 즉, 의문대명사 대체 표현은 관형사 '어느', '어떤'과 명사가 결합한 통사적 구성들로서 '사람', '사물', '장소', '시간'을 가리키는 의문대명사 대체 표현을 보이면 아래와 같다.

- '무엇' 대체 표현: {어느, 어떤} + 것
- '누구' 대체 표현: {어느, 어떤} + {남자, 녀석, 년, 놈, 분, 사내, 사람, 여성, 여인, 여자, 이, 인간, 자}
- '어디' 대체 표현: {어느, 어떤} + 곳
- '언제' 대체 표현: {어느, 어떤} + 때

먼저 '사물'을 가리키는 의문대명사 대체 표현의 예를 보이면 아래와 같다.

〈예5.3.2.3-1〉

가. A: 저도 사실 유행어를 알게 모르게 굉장히 많이 쓰거든요. 유행어 요즘 **어떤 거** 유행해요? B: 오 마이 갓. A: 오 마이 갓 유행하고, 또 그냥 학교 내에서 유행하는 말도 있죠? [대화]

나. "판사가 잘 이해가 안 된다면서 서류를 더 준비해 오라는데, **어떤 걸** 더 준비해 오라는 건지 알 수가 있어야지요." [소설]

다. 그런가 하면 문학의 다작과 모작 중 **어느 것이** 좋은가, 작품과 작가는 일치하는가 등 문학의 기본적 쟁점을 구수한 문체로 풀어쓰고 있다. [신문]

라. 그는 회화 작품은 몇 점 남기지 않고, 대신 수많은 드로잉을 남겼는데, **어느 게** 예술적 동기에서 그리고, 어느 게 과학적 동기에서 그린 건지 구분하기란 매우 힘들다. [학술]

위의 예에서 제시한 '사물'을 가리키는 의문대명사 대체 표현은 '사물'을 지시하는 의문대명사 '무엇'으로 바꾸어 써도 그 의미가 자연스럽다.

'사람'을 가리키는 의문대명사 대체 표현의 예는 다음과 같다.

〈예5.3.2.3-2〉

가. A: 두 명 해 주기로 했는데, 너하고 너 친구 없냐? B: **어떤 사람인지** 들어 보고, A: 내 친구 또 있으니까. B: 어. A: 어떤 사람인데? B: 좋은 친구야. A: 어후 그런 말은 나도 해. [대화]

나. 장경철은 지금 어디서 무얼 하고 있을까. 왜 자기 여자를 이렇게 어둠 속을 헤매 다니도록 버려두고 있을까. 요즘은 **어떤 여자를** 또 꿰어찼을까. 그의 품속에서 해미의 윗몸은 졸아들었다. [소설]

다. 이와 같은 조사 목적에 따라 설문지는 크게 다음의 세 부분으로 구성되었다. 첫째, **어떤 여성들이** 환경활동에 참여하는가를 보기 위해 개인과 가구의 경제적, 사회적 배경을 묻는 문항…(후략) [학술]

라. 하버드 대학에 들어가려면 '가장 인상 깊었던 경험'이나 '내게 가장 큰 영향을 준 사람'과 같은 글을 써야 한다고 한다. 그런 글을 보면 그 글을 쓴 사람이 **어떤 사람인지** 알 수 있기 때문이다. [학술]

5.3.1.3에서 살펴본 부정대명사 대체 표현과 마찬가지로 의문대명사 '누구'를 대체하는 표현들은 '사물', '장소', '시간'을 지시하는 의문대명사 대체 표현보다 그 형태가 조금 더 다양하다. <예5.3.2.3-2>와 같이 '사람', '여성', '여자' 등의 경우는 그 의미가 무표적이기 때문에 의문대명사 대체 표현을 의문대명사 '누구'로 바꾸어 써도 큰 의미 차이가 없다. 하지만 <예5.3.2.3-3>에서 제시된 '녀석', '년', '놈'과 '분'은 '비하'나 '높임'의 의미를 드러내기 때문에 의문대명사 '누구'와 바꾸어 쓸 때에는 '비하'나 '높임'의 의미가 사라진다.

〈예5.3.2.3-3〉 [소설]

가. 애가 술이 장사네. 생긴 것 같지 않게……." 그 박 서방인지 발싸개인지 **어떤 녀석인** 줄 알고 결혼을 하라는 거예요. 도대체……. 끅!"

나. "이놈들, 아가리에 손을 집어넣어 창자를 뽑아내기 전에 잽싸게 길을 내놔. 도대체 **어떤 놈이** 네놈들을 사주하더냐?" "사주를 받다니요? 거 무슨 귀신 씨나락 까먹는 소리요?"

다. 얼마 전에도 친정에 들렀더래. 내가 없으면 살맛이 안 나나 봐. 하긴 **어떤 년이** 나처럼 그렇게 죽은 듯이 당하고 살겠어.

라. "그녀는 지금 어디 있습니까?" 간호사가 되물었다. "**어느 분이요?**" "방금 들어온 여자요. 교통사고 나서 들어왔다구요."

'장소'를 지시하는 의문대명사 대체 표현의 예를 보이면 아래와 같다.

〈예5.3.2.3-4〉

가. A: 케이티 삼백삼십이, 이큐야. 인서트구, 티알에스두 지금 엑스엘알로 돼 있어. 남바링 한 번만 써 봐. **어느 곳과 어느 곳을** 넣어야 되는지. B: 빨리 해 봐, 빨리 해 봐, [대화]

나. "저… 취직을 하려고…" "뭐 취직? 허허허… 이놈들 웃기네. 간이 부었어? 임마, 서울이 **어떤 곳인**데 네깐 놈들이 취직을 하러 간단 말이야. 너 몇 살이니?" "열다섯 살입니다." [소설]

다. 노"나이 서른에 우린 어디에 있을까, **어느 곳에** 어떤 얼굴로 서 있을까, 나이 서른에 우린 무엇을 사랑하게 될까, 젊은 날의 높은 꿈이 부끄럽진 않을까…. [신문]

라. 이제 나는 여러분 앞에 大學이란 도대체 **어떠한 곳인가**, 특히 우리 高麗大學이란 어떤 곳인가에 관하여 몇 마디 해설의 말을 보내지 않을 수 없습니다. [학술]

'장소'를 가리키는 의문대명사 대체 표현은 '어느 곳', '어떤 곳'만 나타난다. '장소'를 가리키는 부정대명사 대체 표현에는 '데'와 결합한 구성도 나타났지만 '데'는 부정(不定)의 의미만을 지니는 '아무'와만 결합하여 나타나기 때문에 의문대명사 대체 표현에서는 '데'와 결합한 구성은 나타나지 않는다. 5.3.1.3에서 언급했듯이 '어떤 데'는 불가능한 구성은 아니지만 연구 대상 말뭉치에서 그 예가 나타나지 않았다.

'시간'을 가리키는 의문대명사 대체 표현의 예를 보이면 아래와 같다.

〈예5.3.2.3-5〉

가. 그거는. 두 번 봐도 되겠다 솔직히. 이런 영화는 좀 두 번 봐 줘야지. 반지의제왕 봤다 그러니까 막. 아는 형이 막 무슨. 때가 **어느 땐데** 반지의 제왕을 보니. [대화]

나. 이러한 사실도 모르고 천국, 지옥이니 하는 단순한 흑백 논리로 외치고들 있으니 한심하다는 것이다. 지금이 **어느 때인데**, 그리고 자기가 누군데……. [소설]

다. 응답자가 절반을 넘는 55.3%가 '자기가 무능력해 보일 때'라고 답했다. 구체적으로 **어떤 때** 무능력해 보이는지도 물어 봤더니 입사 동기가 먼저 진급했을 때, 상사에게 욕먹었을 때, 보너스에 차이가 날 때, 실력이 부족하다고 느낄 때, 자기보다 나이 어린 상사가 왔을 때 등등이 거론됐다. [신문]

이상에서 제시한 예들에서 확인할 수 있듯이 의문대명사 대체 표현은 의문대명사와 동일하게 의문문에서만 나타난다. 하지만 부정대명사 대체 표현과 마찬가지로 의문대명사 대체 표현의 경우도 복수 접미사 '-들'과의 결합에 있어서 의문대명사와 차이를 보인다. 복수 형식에서 의문대명사와 그 대체 표현이 보이는 차이는 부정대명사에서도 동일하게 나타나는 것으로서 자세한 내용은 5.3 도입부와 5.3.1.3의 논의로 대신하기로 한다.

말뭉치 계량 결과 제시

1. 전체 의문대명사의 사용 빈도에 비교한 대체 표현의 사용 비율: 약 3.53%
2. 전체 의문대명사 대체 표현별 사용 비율
   '무엇' 대체 표현 〉 '누구' 대체 표현 〉 '어디' 대체 표현 〉 '언제' 대체 표현

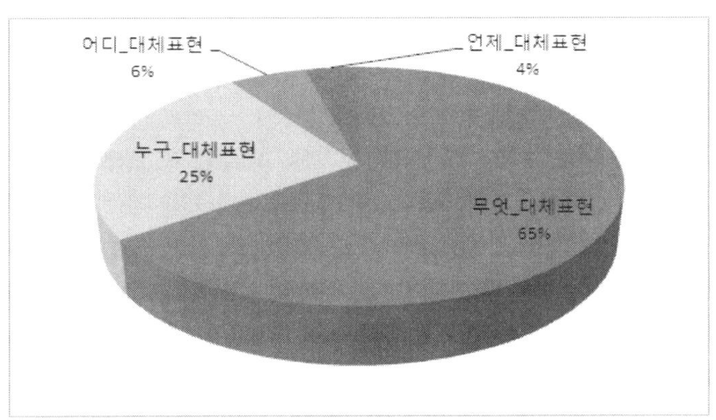

<그래프5.3.2.3-1> 전체 의문대명사 대체 표현별 사용 비율

3. 사용역에 따른 의문대명사의 대체 표현별 사용 비율
   대화: '무엇' 대체 표현 〉 '누구' 대체 표현 〉 '어디' 대체 표현 = '언제' 대체 표현
   소설: '누구' 대체 표현 〉 '무엇' 대체 표현 〉 '어디' 대체 표현 〉 '언제' 대체 표현
   신문: '무엇' 대체 표현 〉 '어디' 대체 표현 〉 '언제' 대체 표현
   학술: '무엇' 대체 표현 〉 '누구' 대체 표현 〉 '언제' 대체 표현

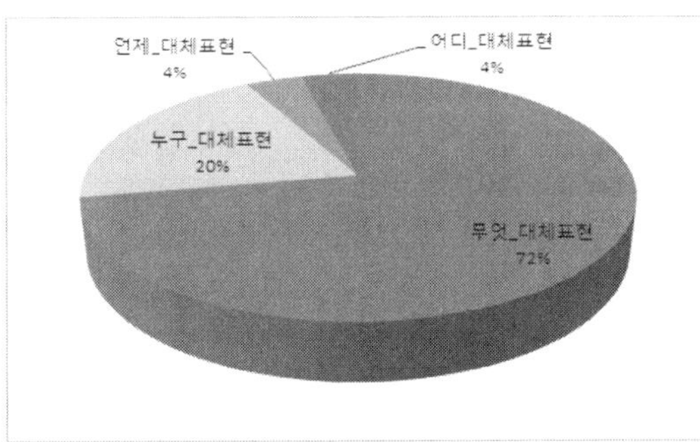

<그래프5.3.2.3-2> '대화'의 의문대명사 대체 표현별 사용 비율

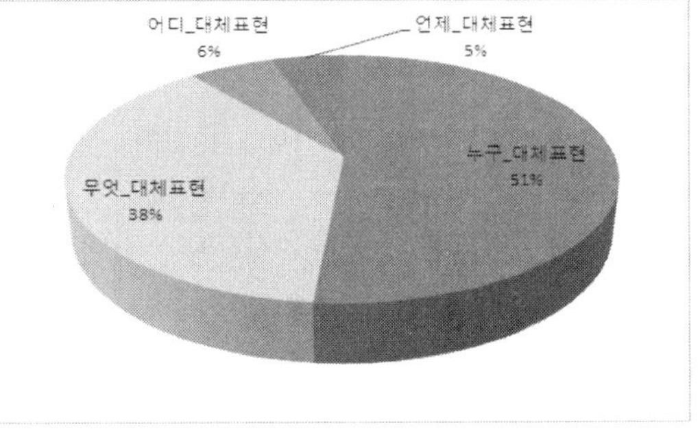

<그래프5.3.2.3-3> '소설'의 의문대명사 대체 표현별 사용 비율

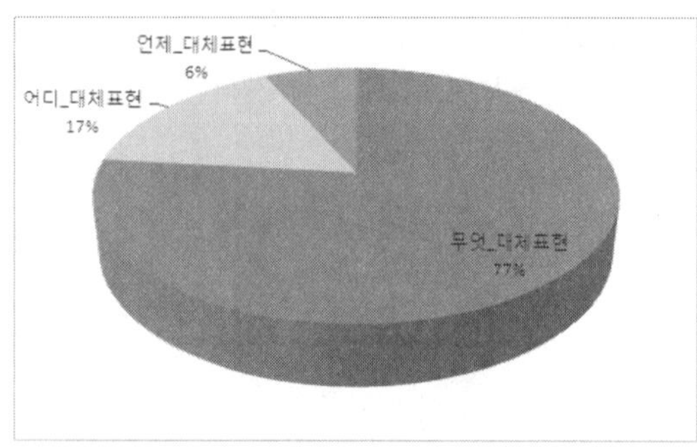

<그래프5.3.2.3-4> '신문'의 의문대명사 대체 표현별 사용 비율

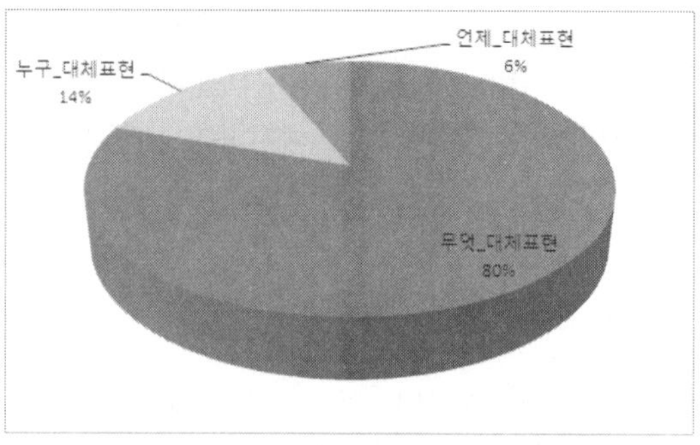

<그래프5.3.2.3-5> '학술'의 의문대명사 대체 표현별 사용 비율

말뭉치 계량 결과에 대한 논의

전체 의문대명사의 사용 빈도와 그 대체 표현의 사용 빈도를 비교해 보면 약 3.53%의 비율을 보이는데 이는 부정대명사 대체 표현의 사용 비율인 9.91%보다 낮은 것이다. 이를 통해 의문대명사 대체 표현은 부정대명사 대체 표현에 비해 잘 사용되지 않는다는 것을 확인할 수 있다.

전체 말뭉치에서 나타나는 의문대명사 대체 표현별 사용 비율을 살펴보면, '무엇' 대체 표현과 '누구' 대체 표현이 전체 의문대명사 대체 표현에서 약 90% 정도의 사용 비율을 차지한다는 것을 알 수 있다. 그 중에서도 '무엇'의 사용 비율은 65%로 그 사용 비율이 가장 높다. '누구' 대체 표현 다음으로는 '어디' 대체 표현의 사용 비율이 높고 '언제' 대체 표현의 사용 비율이 가장 낮다. '무엇' 대체 표현의 사용 비율이 가장 높은 것은 의문대명사별 사용 비율에서 '무엇'의 사용 비율이 가장 높은 것과 동일하다. 그러나 의문대명사는 '어디'의 사용 비율이 비교적 높지만, 의문대명사 대체 표현은 '어디' 대체 표현의 사용 비율이 그리 높지 않다는 차이가 있다. 또한 '누구' 대체 표현의 사용 비율이 '어디' 대체 표현의 사용 비율보다 더 높게 나타나는데 의문대명사는 '어디'가 '누구'보다 사용 비율이 더 높게 나타난다(5.3.2.1의 <그래프5.3.2.1-1> 참고).

사용역에 따른 의문대명사 대체 표현별 사용 비율을 살펴보면, 먼저 '대화'는 전체 말뭉치에서 나타나는 의문대명사 대체 표현별 사용 양상을 그대로 따르고 있다. '소설'은 전체 말뭉치에서 나타나는 의문대명사 대체 표현별 사용 양상과 비교했을 때, 다소 특이한 양상을 보인다. 전체 말뭉치에서 그 사용 비율이 가장 높게 나타나는 '무엇' 대체 표현보다 '누구' 대체 표현의 사용 비율이 더 높게 나타나기 때문이다. '무엇' 대체 표현과 '누구' 대체 표현이 약 90%의 사용 비율을 보인다는 점은 전체 말뭉치에서 나타나는 의문대명사 대체 표현별 사용 양상과 유사하나 두 대체 표현의 사용 비율 순서가 달라진 것이다. '신문'은 '누구' 대체 표현이 전혀 나타나지 않는다는 점이 특징적인데 이러한 점을 제외하면 전체 말뭉치에서 나타나는 의문대명사 대체 표현별 사용 양상을 그대로 따르고 있다. '학술'은 '어디' 대체 표현이 나타나지 않는다는 점을 제외하고는 전체 말뭉치에서 나타나는 의문대명사 대체 표현별 사용 양상을 그대로 따르고 있다. 이와 같이 '신문'에서는 '누구' 대체 표현이 나타나지 않고 '학술'에서는 '어디' 대체 표현이 전혀 나타나지 않는데 이는 연구 대상 말뭉치의

규모로 인한 것으로 생각된다. 따라서 이들 대체 표현이 특정 사용역에서 사용되지 않는 경향성이 있다고 결론을 내리기는 어려워 보인다. 앞서 살펴보았듯이 '어떤 데'가 불가능한 구성은 아니지만 말뭉치상에서 그 예가 나타나지 않았던 것과 마찬가지로 '누구' 대체 표현과 '어디' 대체 표현은 우연히 '신문'과 '학술'에서 나타나지 않은 것이라고 할 수 있다.

사용역에 따른 의문대명사 대체 표현의 구체적인 형태와 그 사용 빈도를 보이면 아래 표와 같다.

	대화				소설				신문				학술			
	대체 표현	대응형	빈도	누적 비율	대체 표현	대응형	빈도	누적 비율	대체 표현	대응형	빈도	누적 비율	대체 표현	대응형	빈도	누적 비율
1	어떤_것	무엇	121	67.11%	어떤_것	무엇	33	32.67%	어떤_것	무엇	21	70%	어떤_것	무엇	75	59.52%
2	어떤_놈	누구	14	75%	어떤_사람	누구	24	56.43%	어떤_곳	어디	3	80%	어느_것	무엇	26	80.15%
3	어떤_사람	누구	12	81.58%	어떤_놈	누구	9	65.34%	어느_것	무엇	2	86.67%	어떤_사람	누구	16	92.85%
4	어느_것	무엇	9	86.84%	어떤_여자	누구	7	72.27%	어느_곳	어디	2	93.34%	어느_때	언제	4	96.02%
5	어느_때	언제	7	90.79%	어느_놈	누구	6	78.21%	어느_때	언제	1	96.67%	어느_곳	언제	2	97.61%
6	어느_곳	어디	5	93.42%	어떤_곳	어디	6	84.15%	어떤_때	언제	1	100%	어떤_곳	언제	2	99.2%
7	어느_분	누구	5	96.05%	어느_것	무엇	5	89.1%					어떤_여성	누구	1	100%
8	어떤_여자	누구	5	98.68%	어느_때	언제	4	93.06%								
9	어떤_데	어디	2	100%	어느_년	누구	2	95.04%								
10					어느_곳	언제	1	96.03%								
11					어느_분	누구	1	97.02%								
12					어떤_녀석	누구	1	98.01%								
13					어떤_년	누구	1	99%								
14					어떤_분	누구	1	100%								

<표5.3.2.3-1> 사용역에 따른 의문대명사 대체 표현의 사용 빈도

5.4. 재귀대명사

재귀대명사는 재귀적 행위나 상황을 나타내기 위해 주어 명사구가 지시하는 대상을 다시 지시하는 대명사이다.

〈예5.4-1〉

가. A: 대학원 사람들도 나름대로 다 자기 머리속에 들었다 하면서 하는 거는::, B: 그니까. 〈name28〉이한테 나름대로 어울릴 거야. [대화]

나. 나는 선생이 시키는 대로 교탁 아래 무릎을 꿇고 앉아 있었다. 반 아이들은 저희끼리 웅성웅성 수근거렸다. [소설]

다. 홍 씨 부부와 원명 씨가 유엔과 태국 정부의 보증 아래 완전히 자유로운 분위기에서 충분히 상의해 자신들의 행로를 결정해야 하며, 각자가 어떤 결정을 내리든 본인 의사가 최우선으로 존중돼야 마땅하다. [신문]

라. 랍비는 두 사내아이가 굴뚝을 청소하고 나서 하나는 말쑥한 얼굴로, 하나는 더러운 얼굴로 내려 왔을 때 얼굴이 더러운 사내아이는 말쑥한 얼굴의 사내아이를 보고 제 얼굴은 말쑥하다고 생각하고 말쑥한 얼굴을 한 사내아이는 상대편의 더러운 얼굴을 보고 저도 더럽다고 생각할 것이라고 말했다. [학술]

위의 예에서 밑줄 친 부분은 각각의 재귀대명사가 지시하는 대상을 보인 것으로 이들은 모두 주어 명사구이다. 이와 같이 재귀대명사는 주어 명사구를 선행사로 가지는데 재귀대명사의 선행사는 재귀대명사가 포함된 절 내부에 있을 수도 있고 재귀대명사가 포함되지 않은 절 외부에 있을 수도 있다. <예5.4-1가, 나>는 선행사가 재귀대명사가 포함된 절 내부에 있는 경우이고 <예5.4-1다, 라>는 선행사가 재귀대명사가 포함된 절 외부에 있는 경우이다. 생성 문법적 전통에서는 보통 재귀대명사는 재귀대명사가 포함된 절 내부의 주어 명사구만을 다시 가리킬 수 있는 것으로 보고 있다. 하지만 <예5.4-1>에서 확인할 수 있듯이 한국어 재귀대명사는 그 선행사가 재귀대명사가 포함된 절 내부에 있을 수도 있고, 절 외부에 있을 수도 있다.

한편, 재귀대명사는 <예5.4-1>에서 확인한 바와 같이 '사람'을 지시하는 명사가 핵이 되는 주어 명사구를 다시 가리키는 것이 일반적이지만 아래의 예와 같이 '사람'이 아닌 대상을 가리키는 경우도 종종 나타난다. 이러한 경우는 대부분 그 지시 대상이 '회사', '국가' 등의 집단 또는 단체이거나 의인화된 사물이다.

〈예5.4-2〉

가. 차라리 진짜로 한나라당에서. 자기 영남 색을 벗을 생각이 없었던 거 아니냐? [대화]

나. 그러나 신용 범위 확대에 따른 과도한 신용 거래를 막기 위해 신규 개설 계좌는 3개월이 지나야 신용 거래를 할 수 있도록 했고 신용 융자는 상장 주식의 20%, 주식으로 빌리는 대주는 10%를 넘지 못하도록 하는 한편, 증권사에 대해서는 자기 회사 주식의 신용 거래를 금지했다. [신문]

다. 독일의 경우, 미소영불 등 4 개국이 2차 대전 후 승전국으로 독일에 군대를 주둔시켰고, 통일 독일의 출현이 자신들의 안보에 위협이 될 것을 우려, '2+4' 방식을 요구하지 않을 수 없는 입장이었다. [신문]

라. 정부 기관이든 NGO이든 제 역할을 제대로 하려면 모두가 완전하게 신뢰를 받고, 책임성을 가져야만 한다. [학술]

〈예5.4-3〉 [학술]

가. 운동하는 물체가 **자신보다** 강한 것에 부딪히면 그 운동을 잃지 않고, 약한 것에 부딪혀서 그것을 움직이게 하면 그것에 준 만큼의 운동을 잃는다.

나. 생리적 요구는 식물체가 **자신을** 유지하는데 필요한 공기, 물, 음식, 온도, 수면, 휴식, 배설 등에 대한 요구이며, 또한 성적인 요구도 이에 포함된다고 할 수 있다.

다. 이념은 **자신을** 쏟아 부어 물리 화학적, 생물학적 자연을 만들고, 마침내 그 창조의 정점에서 인간을 낳는다.

라. 예술은 이렇게 주술이 '가상'으로 여겨지는 순간에 탄생한다. 하지만 가상으로 탄생하는 순간부터, 예술은 **자신을** 변명해야 할 처지에 놓인다.

<예5.4-2>에서 재귀대명사가 가리키는 대상은 '정당', '회사', '국가', '기관'으로 모두 집단이나 단체를 나타낸다. 이러한 집단이나 단체는 사람이 모여 이루어진 것이기 때문에 재귀대명사가 이들 대상을 지시할 수 있는 것으로 보인다. <예5.4-3>에서 재귀대명사가 지시하는 대상은 '물체', '식물', '이념', '예술'로 모두 사물을 나타낸다. 그러나 이들은 모두 의인화된 대상이기 때문에 재귀대명사가 '사람' 명사구를 지시하는 것과 동일하다고 할 수 있다.

재귀대명사에는 '자기', '자신', '저', '저희', '당신'이 있다. 이 중에서 '자기'와 '자신'은 그 의미가 무표적이기 때문에 가장 일반적으로 사용된다.

〈예5.4-4〉

가. 아저씨가 아저씨가 첨에 **자기** 목소리 안 좋대는 거야. 안 해 줄라 그런다, [대화]

나. 그녀는 유서를 통해서 **자기의** 뜻을 밝혔다. [소설]

다. 구로동 일대 지리를 **자기보다** 잘 아는 사람은 없다고 김 씨는 자부한다. [신문]

라. 인간이 **자기에** 대립하는 우주를 이해하는 길은 세 방면이 있다. [학술]

〈예5.4-5〉

가. 여 여성분들 중에서 **자신의** 신념을 마음대로 바꾸실 수 있는 분이 한 분만 나오시면 돼요. [대화]

나. 완은 그제야 곁에 그녀를 묶어두려면 **자신** 역시 많은 것을 포기해야 한다는 것을 비로소 깨달았다. [소설]

다. 대통령의 정치적 리듬이 국민과 어긋난다라는 말은 대통령이 국민으로부터 고립돼 있다는 이야기와 한가지다. 국민으로부터 고립된 대통령은 **자신이** 고립돼 있다는 사실조차 모르기 십상이다. [신문]

라. 본래 인간은 자비로 표현되는 이타심 즉 부처의 마음을 **자신** 속에 간직하고 있음에도, 현실의 인간은 생노병사(生老病死)의 고통과 윤회(輪廻)의 사슬에 묶여 있다는 말이다. [학술]

<예5.4-4>는 재귀대명사 '자기'의 예를 보인 것이고 <예5.4-5>는 재귀대명사 '자신'의 예를 보인 것이다. 위의 예에서 확인할 수 있듯이 '자기'와 '자신'은 그 의미가 무표적인 데 반해, '당신', '저', '저희'는 일정한 의미를 지니고 있다.

재귀대명사 '저'는 '자기'나 '자신'에 비해 약간 '낮춤'의 의미가 있다. '저'는 '자기'나 '자신'에 비해 약간의 '높임'의 의미가 있다고 보는 견해도 있으나 아래의 예를 보면 '저'는 '낮춤'의 의미가 있는 것으로 판단된다.

〈예5.4-6〉

가. 할아버지께서는 {자기/자신의} 막내 손자만을 예뻐하신다.

나. ?할아버지께서는 **제** 막내 손자만을 예뻐하신다.

<예5.4-6가>에서 보듯이 '자기'와 '자신'은 높임의 대상인 '할아버지'를 지시해도 어색하지 않으나 <예5.4-6나>와 같이 높임의 대상인 '할아버지'를 '저'로 지시하게 되면 어색해진다. 이러한 차이가 생기는 것은 '저'가 지니는 '낮춤'의 의미로 인해 '높임'의 의미와 호응하지 못하기 때문일 것이다. 그러나 '저'가 항상 '낮춤'의 의미를 나타내는 것은 아닌 것으로 보인다. 다음의 예를 보자.

〈예5.4-7〉

가. 영달은 아마 **저** 혼자서 한참 가다가 도로 돌아온 모양이었다. [소설]

나. 경화로서는 **제가** 지적한 점에 상대방이 의외의 반응을 보여 왔대서 결코 고소해할 수만도 없는 상황이었다. [소설]

다. 새롭게 가세한 외국인 선수 티나 탐슨이 **제** 기량을 선보이면서 골밑 싸움에서 우위를 지킬 수 있게 됐고, 그동안 침묵을 지켰던 외곽 슈터들도 살아났다. [신문]

라. 사실 후대 학자들로부터 비난을 받기는 했지만, 순자의 논리적이고 체계적인 사유를 통해 유가의 본질인 인본주의가 **제** 모습을 드러내고 있는 것입니다. [학술]

<예5.4-7가, 나>의 '저'는 '낮춤'의 의미를 지니는 것으로 볼 수도 있으나 맥락상 '낮춤'의 의미를 찾기 힘들고 <예5.4-7다, 라>의 '저'는 '낮춤'의 의미를 지니는 것으로 볼 가능성이 전혀 없다. 이와 같이 '저'는 '자기'나 '자신'에 비해 '낮춤'의 의미가 있지만 이러한 의미는 '높임'의 의미를 지니는 명사구를 지시해야 하는 상황에서만 변별적으로 드러나고 그 이외의 상황에서는 그 의미적 차이가 잘 드러나지 않는다고 할 수 있다.

<예5.4-7>에서 확인할 수 있듯이 재귀대명사 '저'는 1인칭대명사 '저'와 마찬가지로 관형어로 나타나거나 주격조사와 결합할 때에는 '제'의 형태로 나타나고 그 이외의 경우에는 '저'로 나타난다. 한편, 구어 사용역에서는 <예5.4-8>과 같이 '지'라는 변이형도 나타나는데 이때 '지'가 '저'의 변이형인지 '자기'의 변이형인지 판단하기 어렵다.

〈예5.4-8〉 [대화]

가. 사람이 없구 길도 안 막히니까 버스가 진짜 **지** 맘대루 운전을 해 아저씨가,

나. 잘난 척하는 애들. **지가** 무슨 쎈 척하는 애들. 나는 중학교 고등 나는 중학교 고등학교 때부터 그런 애들이 젤 재수 없었었어.

다. 그거 진짜 토크쇼 어떤 거 보면은 그거 저런 거는 **지들끼리** 얘기하지 나와 가지구 저 방송에서 얘기하고 난리야 지들끼리 좋아 가지구 히히덕거린다는 생각이

라. 어우 걔 왜 맨날 **지네** 집 돈 없대.

음운론적 유사성만을 보자면 '지'는 '저'의 변이형인 듯하지만 <예5.4-8라>에서 나타나는 '지네'를 보면 '저'의 변이형보다는 '자기'의 변이형에 가까운 듯한 모습을 보인다. 복수 접미사 '-네'는 '저'와는 결합하지 않고 '자기'와만 결합하기 때문이다.

'저희'는 복수형 1인칭대명사 '저희'와 마찬가지로 재귀대명사 '저'에 복수 접미사 '-희'가 결합한 복수형 재귀대명사이다.

〈예5.4-9〉 [소설]

가. 반 아이들은 **저희끼리** 웅성웅성 수군거렸다.

나. 그 애들은 늘 **저희** 집 담벼락에 기대 서 있었어.

위의 예문에서 보듯이 복수형 재귀대명사 '저희'는 복수의 대상을 지시한다. 그러나 인칭대명사의 복수와 마찬가지로 재귀대명사 '저희'는 단수인 대상을 지시하는 경우도 있고 복수 접미사 '-들'이나 '-네'와 다시 결합하여 이중 복수형을 형성하는 경우도 있다(5.1.4 참고).

〈예5.4-10〉 [소설]

가. 통인이 돌아서자, 모화는 객줏거리인 도선목으로 내려가는 것이 아니라, **저희** 집이 있는 장텃거리를 겨냥하여 바쁜 행보를 떼어놓는 것이었다.

나. '안 들려, 큰 소리로 똑똑하게 말해!' 그러자 새파랗게 질린 그 신입생이 **저희** 아버지 함자를 대듯이, '정 자(情字), 보 자(報字), 부 자(部字)입니다' 했다는 거야.

다. 거기 우리 아이들 둘이 있는데요, 큰아이는 대학 마치고 회사 다니고 둘째는 휴학하고 아르바이트하고 있어요. 이제 자랄 만큼 다 자랐으니까 거기서 **저희들끼리** 충분히 지낼 수 있을 거예요.

라. 어른들은 멍청히 서서 이쪽을 바라보고만 있고 아이들만이 두 손바닥을 합쳐 만든 나발통을 입에다 대면서 또다시 합창하듯이 **저희네** 선생님을 부르려는 참이었다.

<예5.4-10가, 나>에서 '저희'는 단수의 인물을 가리키는데 이는 인칭대명사가 개인의 소유나 소속을 나타낼 때 단수형을 쓰지 않고 복수형을 쓰는 것과 동일한 것이라고 할 수 있다. <예5.4-10다, 라>는 이중 복수형인 '저희들', '저희네'를 보인 것이다. 이러한 이중 복수 또한 복수형 인칭대명사에서 일반적으로 나타나는 것이다.

한편, '저희'는 아래의 <예5.4-11>과 같이 '즈그', '즤', 저그', '저거' 등의 변이형로도 나타난다.

〈예5.4-11〉

가. 세현이도 뭐~ 으~ **즈그** 오빠하고 싸우고 뭐~ 한데 보면. 아고. 아고. 우리 집은 다:: 나를 닮아서 모도 눈이 힛 뒤집어지는구나, [대화]

나. 형님은 키만 주고 내리는 거예요. 그러면 **즤들이** 알아서 차 대는 건데, 얻다 대는 주 알아요? [대화]

다. 학교에서 집으로 오면서 철만이 **저그** 집에서 오뎅을 사 먹고 있었다. [소설]

라. 내가 사람 잡았다고…. **저거** 밥 먹어도 나는 밥도 안 주고…. 내 혼자 외톨이가 되어서 거지 중에 상거지였다. 그걸 말로 다 못한다. [소설]

'당신'은 '낮춤'의 의미가 있는 '저'와 반대로 '높임'의 의미가 있는 재귀대명사이다. 따라서 지시 대상을 높여야 할 경우에는 '당신'을 사용한다.

〈예5.4-12〉

가. 왕이 다시 이 땅으로 돌아와 있는 것은 아무래도 **당신** 자신에게 미처 다하지 못한 말이 남아 있었기 때문일 터였다. [소설]

나. **당신**의 방에 들어간 아버지는 혼자서 바둑판에 바둑알을 놓고 있었다. [소설]

다. 8년 전, **당신** 앞서 떠난 맏아들을 가슴에 묻고 홀로 힘든 시간을 견디시던 어머니를 나는 납치하다시피 우리 집으로 모셔 왔다. [신문]

<예5.4-12>에서 '당신'은 각각 '왕', '아버지', '어머니'를 가리키는데 이들은 모두 높임의 대상이 된다. 그러나 앞서 제시한 <예5.4-6가>에서 확인할 수 있듯이 '높임'의 의미를 가진 명사구라고 해서 반드시 '당신'을 사용해야 하는 것은 아니며 재귀대명사로 지시하는 인물을 유표적으로 높이는 경우에만 '당신'을 사용한다.

5.4.1. 재귀대명사의 분포

말뭉치 계량 결과 제시1

1. 전체 재귀대명사별 사용 비율: 자신 〉 자기 〉 저 〉 당신 〉 저희

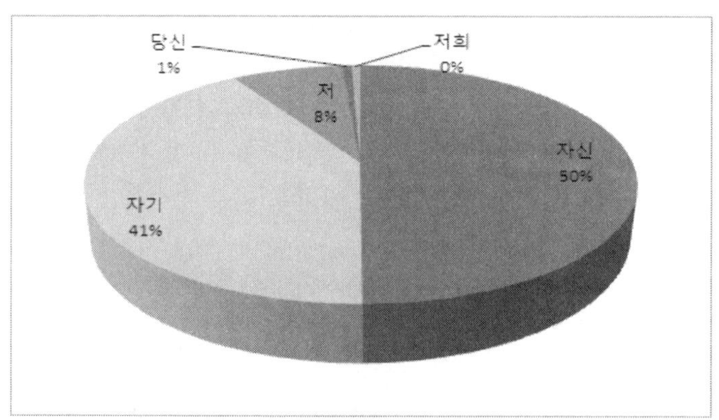

<그래프5.4.1-1> 전체 재귀대명사별 사용 비율

2. 사용역에 따른 재귀대명사별 사용 비율
대화: 자기 〉 자신 〉 저 〉 저희 = 당신
소설: 자신 〉 자기 〉 저 〉 당신 ≧ 저희
신문: 자신 〉 자기 〉 저 〉 저희 ≧ 당신
학술: 자신 〉 자기 〉 저 〉 당신 ≧ 저희

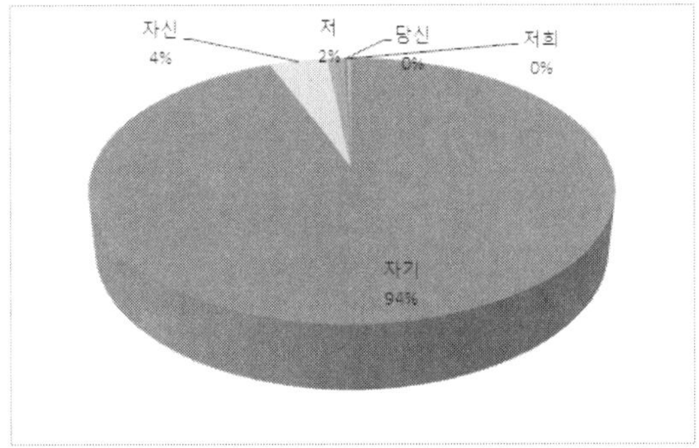

<그래프5.4.1-2> '대화'의 재귀대명사별 사용 비율

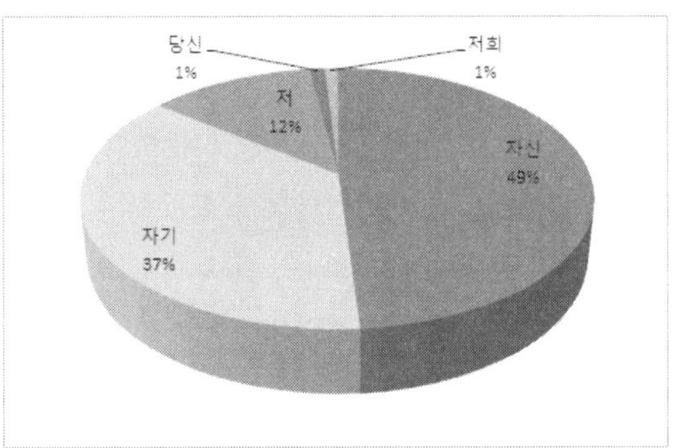

<그래프5.4.1-3> '소설'의 재귀대명사별 사용 비율

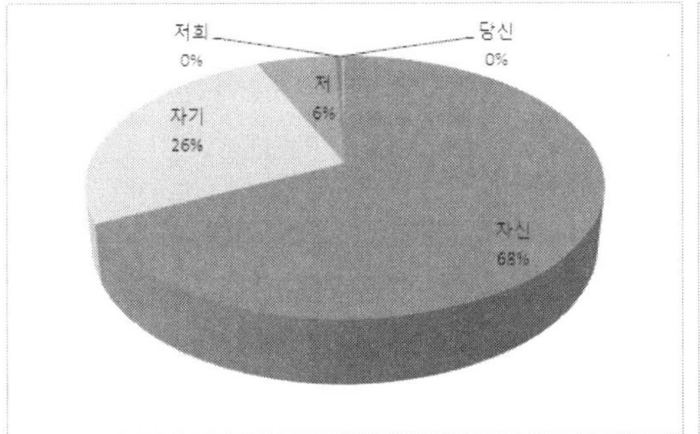

<그래프5.4.1-4> '신문'의 재귀대명사별 사용 비율

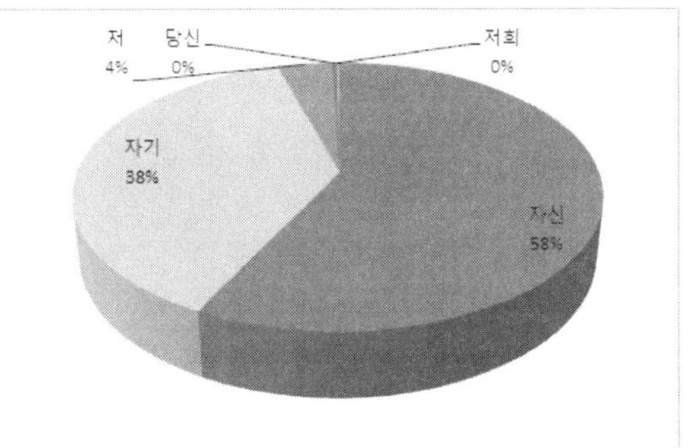

<그래프5.4.1-5> '학술'의 재귀대명사별 사용 비율

말뭉치 계량 결과에 대한 논의1

전체 말뭉치에서 나타난 재귀대명사별 사용 비율을 보면 '자신'은 50%, '자기'는 41%로 이들 재귀대명사가 전체 사용 비율의 90% 이상을 차지하고 있다. 그 이외의 재귀대명사 '저', '당신', '저희'는 사용 비율을 모두 합쳐도 10% 미만에 불과하다. 이는 '자기'와 '자신'이 무표적인 재귀대명사로 가장 널리 쓰이기 때문이다.

사용역에 따른 재귀대명사별 사용 비율을 살펴보자. 먼저 '대화'에서는 '자기'의 사용 비율이 94%로 압도적으로 높고 '자신'의 사용 비율은 약 4%에 불과하다. 즉 '대화'에서는 재귀대명사 중에서 주로 '자기'만을 사용하고 전체 말뭉치에서 가장 높은 사용 비율을 보이는 '자신'은 거의 사용하지 않는다는 특징을 보인다. 하지만 문어 사용역인 '소설', '신문', '학술'에서는 '자신'의 사용 비율이 가장 높게 나타나 '대화'와는 정반대의 양상을 보인다. 이러한 결과를 통해 '자기'는 '대화'와 같은 구어 사용역에서 주로 사용되는 재귀대명사이고, '자신'은 주로 문어 사용역에서 사용되는 재귀대명사라는 점을 알 수 있다. 그런데 '자기'는 '대화'에서 압도적으로 높게 나타나지만 문어 사용역에서도 25%~40% 사이의 사용 비율을 보이는 데 반해 '자신'은 구어 사용역에서 그 사용 비율이 4%에 불과하다. 이는 '자기'보다 '자신'이 사용역의 영향을 더 많이 받는다는 사실을 알려 주는 것이다. 다시 말해서, '자기'는 구어 사용역에서 주로 쓰이지만 문어 사용역에서도 어느 정도 나타나지만 '자신'은 거의 문어 사용역에서만 쓰인다는 것이다. 한편, 앞서 언급했듯이 '대화'에서 나타나는 '지'는 '자기'의 변이형인지 '저'의 변이형인지 알기 어려운 측면이 있다. 여기서는 '지'를 '자기'의 변이형으로 간주하고 계량 결과를 제시하였는데 '대화'에서 나타난 '자기'의 사용 빈도에서 변이형 '지'가 차지하는 비율은 1% 미만이다. 따라서 '지'를 '저'의 변이형으로 본다고 하더라고 위에서 제시한 계량 결과에는 큰 차이가 없다고 할 수 있다.

문어 사용역에서 나타나는 재귀대명사별 사용 비율을 더 자세히 살펴보면, 먼저 '소설'에서는 다른 문어 사용역에 비해 '자신'의 사용 비율이 조금 낮게 나타난다. 이는 '소설'에서 다른 문어 사용역보다 '저', '당신', '저희'의 사용 비율이 높게 나타나기 때문이다. 특히 '저'는 다른 문어 사용역에 비해 그 사용 비율이 두 배나 높다. 이와 같이 '소설'에서 '자기', '자신'에 비해 상대적으로 그 사용 비율이 낮은 재귀대명사들의 사용 비율이 늘어나는 것은 문학적 표현 효과를 높이기 위해 '높임'이나 '낮춤'의 유표적인 의미를 지니는 재귀대명사를 '소설'에서 많이 사용하기 때문이다. 다른 사용역에 비해 '소설'에서 '높임'이나 '낮춤' 등의 유표적인 의미를 지니는 대명사의 사용 비율이 높게 나타나는 것은 인칭대명사에서도 확인할 수 있었다(5.1.3 참고).

'신문'과 '학술'은 '소설'에 비해 '자신'의 사용 비율이 더 높게 나타난다. 이는 '자신'이 문어 사용역에서 주로 사용된다는 특성과 함께 격식성을 지니고 있다는 것을 보여 주는 것이다. '자신'과 '자기'의 이러한 차이는 실제 예문에서 '자기'와 '자신'을 서로 대치해 볼 때 쉽게 알 수 있다.

〈예5.4.1-1〉 [대화]

가. A: 패짱은 그냥 집행부야 패짱두. 뭐 특별한 그런 게 아니라구. 그 그래서 너가, 그게 인제 권위주의적, 근데 {**자기도**/?**자신도**} 뭐 {**자기는**/?**자신은**} 그렇게 생각 안 하지.

나. A: 우리 교수님은 맨날 컴퓨터 앞에 붙들고 살면서 어떻게 우리 학생들은 그거 컴퓨터 필요하다고 생각하지 않을까? B: 음:: A: {**자기만**/?**자신만**} 생각만 하나? B: 욕심쟁이다.

다. 우리 아까도 얘기한 게, 지나치게도 순수하고::, 지나치게 또 정이 많고 그러니까, 지금 코드하고는 안 맞는 게 있지. 야 그리고 〈name18〉는 나름대로 {**자기**/?**자신**} 되게 영악해졌다고 고민했잖아.

〈예5.4.1-2〉

가. 보리스 옐친 러시아 대통령은 3일 {**자신과**/??**자기와**} 최고 회의(의회)와의 대립이 국가를 분열과 장기 전쟁으로 빠뜨릴 수 있을 만큼 심각한 수위에 도달했다고 경고하고 최고 회의 측에 정치적 타협을 거듭 촉구했다. [신문]

나. 두 후보는 {**자신들의**/?**자기들의**} 핵심 공약인 수도권 과잉규제 해소를 두고서도 한 치의 양보 없이 팽팽히 맞섰다. [신문]

다. 먼저 하타다(旗田巍)는 주로 고려 전기 사회의 연구를 통하여 이 시기에 나타나는 고대적인 요소를 지적함으로써, 마에다의 무인 집권 이후 중세사회 성립설을 간접적으로 뒷받침하는 우회적인 논법으로 {**자신의**/?**자기의**} 고려 사회론을 제기하였다. [학술]

<예5.4.1-1>은 '대화'에서 '자기'가 사용된 예를 보인 것인데 이때 '자기'를 '자신'으로 대치하는 것이 불가능한 것은 아니지만 사용역을 고려한다면 '자기' 대신 '자신'이 쓰이면 어색하게 느껴진다. <예5.4.1-2>는 '신문'과 '학술'에서 '자신'이 사용된 예를 보인 것으로, 이들 예문에서 '자신'을 '자기'로 대치할 수도 있지만 '자신' 대신 '자기'가 사용되면 문장의 격식성이 떨어져 격식적인 사용역인 '신문'과

'학술'에는 적절하지 않은 표현으로 느껴진다. 이러한 사실을 미루어 볼 때, '자신'은 격식적인 문어 사용역에서 주로 사용되고 '자기'는 비격식적 사용역이나 구어 사용역에서 주로 사용되는 재귀대명사라는 것을 알 수 있다.

말뭉치 계량 결과 제시2

- 재귀대명사별 사용역 비율

자기: 대화 〉 소설 〉 학술 〉 신문
자신: 소설 〉 학술 〉 신문 〉 대화
저: 소설 〉 학술 〉 신문 〉 대화
저희: 소설 〉 신문 ≧ 학술 〉 대화
당신: 소설 〉 학술 〉 대화 〉 신문

	대화	소설	신문	학술
자기	■■■■■■■■ ▪	■■■■■■▪	■▪	■■■■▪
자신	▪	■■■■■■■■ ▪	■■■▪	■■■■■■▪
저	▪	■■■■■■■■ ■■■■■▪	■■▪	■■■▪
저희	■▪	■■■■■■■■ ■■■■■■▪	■■▪	■■▪
당신	■▪	■■■■■■■■ ■■■■■■■	▪	■■▪

<그래프5.4.1-6> 재귀대명사별 사용역 비율

(■ 5%, ▪ 5% 미만)

말뭉치 계량 결과에 대한 논의2

각각의 재귀대명사별 사용역 비율을 살펴보면 우선 '자기'는 '대화'와 '소설'에서 높은 사용역 비율을 보이는 것을 확인할 수 있다. 앞서 논의했듯이 '자기'는 구어 사용역이나 비격식적인 사용역에서 주로 사용되는 재귀대명사이다. 따라서 '자기'는 구어 사용역인 '대화'에서 높은 사용역 비율을 보인다. 또한 '소설'은 대화 지문이 나올 뿐만 아니라 격식적인 사용역이 아니기 때문에 '자기'는 '소설'에서도 높은 사용역 비율을 보인다. 한편, '자기'는 격식적인 사용역인 '학술'에서도 비교적 높은 사용역 비율을 보이는데, 이는 '학술'의 말뭉치 구성과 관련된 것으로 보인다.

앞서 언급했듯이 재귀대명사 '자신'은 '자기'와 달리 사용역의 영향을 강하게 받기 때문에 '대화'에서는 거의 사용되지 않고 문어 사용역에서만 그 사용역 비율이 높게 나타난다. 재귀대명사 '저', '저희',

'당신'은 각각 '낮춤', '복수', '높임'의 유표적 의미가 있는 재귀대명사이기 때문에 다른 사용역에 비해 '소설'에서 그 사용역 비율이 높게 나타난다. 5.1.3에서 확인할 수 있었듯이 문학 장르인 '소설'에서는 풍부하고 다채로운 표현이 중요하기 때문에 '높임'이나 '비하' 등의 유표적인 의미를 지니는 인칭대명사들이 다른 사용역에 비해 많이 사용되는데, 이와 마찬가지로 재귀대명사도 '자기', '자신'에 비해 유표적인 의미를 지니는 재귀대명사인 '저', '저희', '당신'의 사용역 비율이 높게 나타나는 것이다.

〈예5.4.1-3〉 [소설]

가. 아버지 없이 산 세월이 너무 한스러워서였을까. **당신이** 죽으면 아버지랑 한정 없이 같이 있을 수 있어 좋을 거라는 소리를 버릇처럼 뇌더니 말이 씨가 되었는지, 오빠가 결혼하고 얼마 안 되어 세상을 떠났다.

나. "싫어요!" "그래, 이것도 알아 둬라. 기생이 **저** 싫다고 마다할 수 있는 사낸 몸값 못 치를 비렁뱅이밖에 없어."

다. 나는 선생이 시키는 대로 교탁 아래 무릎을 꿇고 앉아 있었다. 반 아이들 **저희끼리** 웅성웅성 수근거렸다. 나는 혼자였다. 내 편은 아무도 없었다.

위의 예는 '소설'에서 '당신', '저', '저희'가 사용된 것을 보인 것인데, 이들 재귀대명사는 모두 '자기'나 '자신'으로 대치될 수 있다. 그러나 무표적인 의미를 지닌 '자기'나 '자신'으로 대치될 때에는 '당신', '저', '저희'가 사용되었을 때보다 문학적 표현 효과가 떨어진다. 특히 '당신'은 화자가 지시 대상과 친분이 있어 그 대상을 높이는 데 사용되기 때문에 공적인 사용역에서는 잘 사용되지 않을 뿐만 아니라 일상 대화에서도 잘 사용되지 않는다. 일상 대화에서는 높임의 대상이 나타난다고 하더라도 아주 극진히 높여야 할 대상이 아니라면 '당신'보다는 아래와 같이 무표적인 '자기'를 쓰는 것이 일반적이다.

〈예5.4.1-4〉 [대화]

가. A: 어떤 선생님 같은 경우는, **자기가** 차가 먹고 싶으면 B: 음. 으음. A: 한 선생님은 **자기가** 식접 가서 타 드셔,

나. 하기야 교장 선생님도 욕먹어 가면서 **자기도** 욕먹어 가면서 하는 거네 그것도, B: 그럼.

다. 아빠가 무슨, 신체검사를 하고 오더니, **자기도** 삐형이래요. 그러고 나서 또 몇 년이 지났는데, 제가 삐형이라는 거예요.

5.4.2. 재귀대명사의 재귀적 용법과 강조적 용법

앞서 언급했듯이 재귀대명사는 재귀적 행위나 상황을 나타내기 위해 주어 명사구가 지시하는 대상을 다시 지시하는 대명사이다. 이와 같이 재귀대명사는 재귀적인 의미를 나타내는 **재귀적 용법**으로 사용되는 것이 일반적이지만 아래의 <예5.4.2-1>과 같이 명사구 뒤에 나타나 재귀적인 의미 없이 선행 명사구를 강조하는 역할을 하는 경우도 있다. 이와 같이 재귀대명사가 재귀적 의미를 나타내지 않고 명사구를 강조하는 것을 재귀대명사의 **강조적 용법**이라 한다.

재귀대명사의 재귀적 용법과 강조적 용법은 다음과 같이 크게 두 가지 차이점을 보인다. 첫째,

재귀대명사가 재귀적 용법으로 사용될 때에는 주어 명사구만을 다시 지시할 수 있지만 재귀대명사가 강조적 용법으로 사용될 때에는 선행사의 문법 기능에 대한 제약이 없다. 재귀적 의미를 나타내기 위해서는 주어 명사구가 지시하는 대상이 문장에 다시 나타나야 하지만 강조적 용법은 재귀적 의미 없이 해당 명사구를 강조하는 역할만을 하여 이러한 제약이 없기 때문이다.

〈예5.4.2-1〉

가. 임청하도 요새 임청하두 뭐~ 미국에 사는 **자기** 동포하구 결혼했다구 하던데. [대화]

나. 민수는 **저도** 모르게 큰소리로 엄마를 부르며 새엄마의 품에 안겼습니다. [소설]

다. 한층 더 가혹하게 말하면, 그들은 남에게 예속되거나 남의 종살이를 하거나 **저희끼리** 분열해서 싸움질하고 대립하는 세 가지 역사밖에 가져보지 못한 불쌍한 사람들이라 해도 할 말이 없다. [신문]

라. 만족시킬 수 없는 욕망과 그를 대신하는 대리만족은 워홀이 체험한 소비사회의 첫 번째 비밀이었다. 순수미술에 뛰어들면서 **자신이** 어렴풋이 확인한 소비 사회의 비밀을 회화로 표현했다. [학술]

〈예5.4.2-2〉

가. A: 주로 외래어를 왜 사용하는가? 거기에 대해서… 아까도 있잖아, 아 뭐~ 뷰티살롱에서 헤어 스타일리스트 한다고. 이게 왠지 나 **자신이** 느끼기에도 되게 고상해 보이고 뭔가 그럼. 전문적인 직업 같구, 그런 게 있잖아 [대화]

나. 그러나 지섭의 마지막 계획은 무어니 무어니 해도 결국은 의자왕 **당신을** 위한 위령의 제식이 마련되어야 한다는 것이었다. [소설]

다. 대부분의 소설에 작가 **자신을** 떠올리게 하는 소설가 또는 교수가 주요 인물로 등장한다는 사실 역시 김원우 소설의 자기 지시적 측면을 보여 준다. [신문]

라. 만일 역사가 살아 있어서 성장적인 의미를 가진 것이라고 생각한다면 시대를 구분함에 있어서 상 · 중 · 하 하는 것보다는 좀 더 성장적인, 개성적인 의미를 표시하는 명칭을 썼을 것이다. 기계적인 구분법에서도 각 시대 **저만의** 특이점이 없는 것은 아니다. [학술]

<예5.4.2-1>은 재귀대명사가 재귀적 용법으로 쓰인 예를 보인 것이다. 이들 예에서 재귀대명사는 주어 명사구를 다시 가리키고 있음을 확인할 수 있다. <예5.4.2-2>는 재귀대명사가 강조적 용법으로 사용된 것을 보인 것인데 이때 재귀대명사는 모두 선행 명사구와 동격 구성을 이루며 주어, 목적어, 관형어 등의 다양한 문법 기능으로 사용될 수 있다. 즉, 재귀대명사는 선행사의 문법 기능이 주어에만 한정되지 않는다. 재귀적 용법의 재귀대명사는 주어 명사구를 다시 가리키기 때문에 재귀대명사가 선행사가 포함된 절 내부에 나타나게 되는 경우는 주어로 나타날 수 없고 <예5.4.2-1나, 다, 라>와 같이 재귀대명사가 선행사와는 다른 절에 나타나는 경우에만 주어로 나타날 수 있다. 하지만 이러한 제약이 없는 강조적 용법의 재귀대명사는 <예5.4.2-2가>와 같이 재귀대명사가 선행사와 동일한 절에 나타나더라도 주어로 나타날 수 있다.

둘째, 재귀적 용법의 재귀대명사는 생략되면 문장의 명제 의미가 달라지거나 비문법적인 문장이 되지만 강조적 용법의 재귀대명사는 생략되어도 문장의 명제 의미가 달라지지 않는다. 재귀적 용법의 재귀대명사는 재귀적 의미를 나타내기 위해 사용되는 것이기 때문에 <예5.4.2-1>과 같은 문장에서 재귀대명사가 사라지면 재귀적 의미가 사라지거나 필수적인 논항이 없어져 비문법적인 문장이 된다. 그러나 강조적 용법의 재귀대명사는 선행 명사구를 강조하는 역할만 하기 때문에 재귀대명사가 생략되

어도 문장의 명제 의미가 달라지거나 비문법성을 야기하지 않는다. 이는 <예5.4.2-2>에서 재귀대명사를 생략해 보았을 때 쉽게 알 수 있다.

모든 재귀대명사가 강조적 용법으로 사용될 수 있는 것은 아니다. <예5.4.2-2>에서 확인할 수 있듯이 강조적 용법으로 쓰일 수 있는 재귀대명사로는 '자신', '저', '당신'이 있고 '자기'는 강조적 용법으로 사용되지 않는다. '저희'는 강조적 용법으로 사용될 수 없는 것인지 연구 대상 말뭉치상에서 그 용례가 나타나지 않은 것인지 분명하지 않다. 강조적 용법으로 쓰일 수 있는 재귀대명사 중에서 강조적 용법으로 주로 사용되는 재귀대명사는 '자신'이다. 특히 '자신'이 강조적 용법으로 사용될 때에는 아래의 예와 같이 재귀대명사 '자기' 뒤에 나타나 '자기 자신'의 형태로 주로 나타난다.

〈예5.4.2-3〉

가. 원래 사람들은 자기 **자신**을 싫어하는 좀 그런 게 있잖아? [대화]

나. 경화는 경고문으로 접근이 금지된 문제의 집 쪽을 건너다보며 혼잣말을 했다. 그것은 자기 **자신**에게 어떤 결단을 재촉하기 위한 혼잣말이기도 했다. [소설]

다. 그녀들은 굉장히 이기적이라 자기 **자신**만 알고 하다 못해 자식들에게조차 별로 신경을 쓰지 않는 줄 알았는데, 근 20년 동안 미국 학교에서 교편을 잡고 있으면서 나의 이러한 편견이 얼마나 그릇된 것인가를 실감했다. [신문]

라. 어쩌면 우리는 오직 자기 **자신**만을 위해서, 혹은 남보다 많은 물질을 얻기 위해서, 세속적인 인기와 명예만을 위해서, 혹은 여타의 올바르지 못한 목표를 향해 정신없이 질주해 가고 있는지도 모른다. [학술]

위 예에서 '자신'은 선행하는 '자기'를 강조하는 역할을 한다. 그런데 '자기'와 '자신'은 모두 재귀적 용법으로 사용될 수 있기 때문에 '자기 자신'에서 '자신'을 생략하거나 '자기'를 생략해도 문장의 명제적 의미에는 변함이 없다.

말뭉치 계량 결과 제시1

1. 전체 재귀대명사의 재귀적/강조적 용법의 사용 비율: 재귀적 용법 〉 강조적 용법

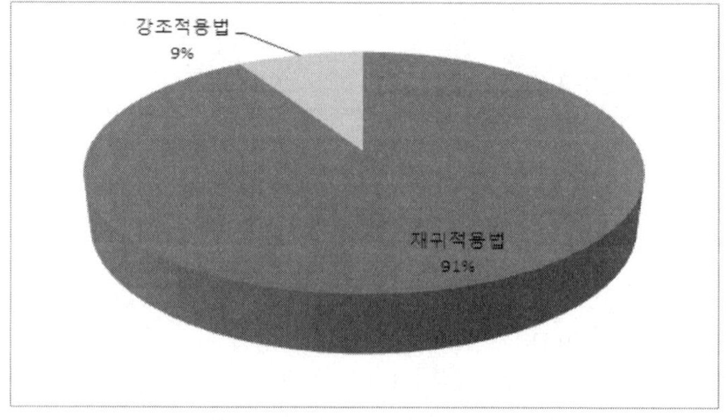

<그래프5.4.2-1> 전체 재귀대명사의 재귀적/강조적 용법의 사용 비율

2. 사용역에 따른 재귀대명사의 재귀적/강조적 용법의 사용 비율
대화: 재귀적 용법 〉 강조적 용법　　　　소설: 재귀적 용법 〉 강조적 용법
신문: 재귀적 용법 〉 강조적 용법　　　　학술: 재귀적 용법 〉 강조적 용법

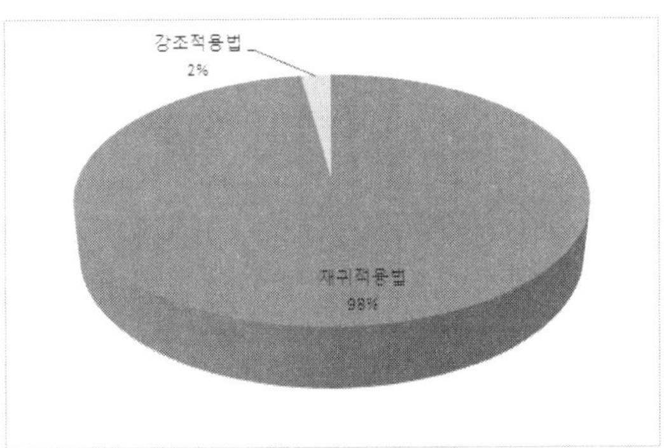

<그래프5.4.2-2> '대화'의 재귀적/강조적 용법의 사용 비율

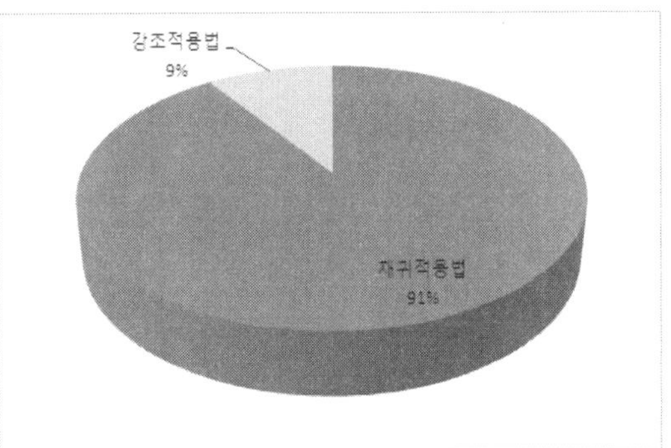

<그래프5.4.2-3> '소설'의 재귀적/강조적 용법의 사용 비율

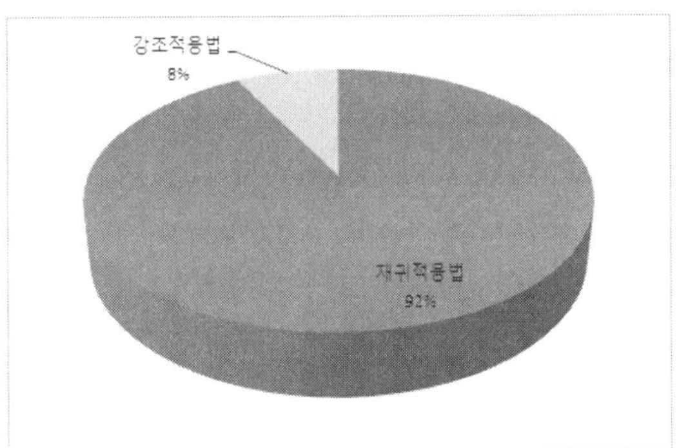

<그래프5.4.2-4> '신문'의 재귀적/강조적 용법의 사용 비율

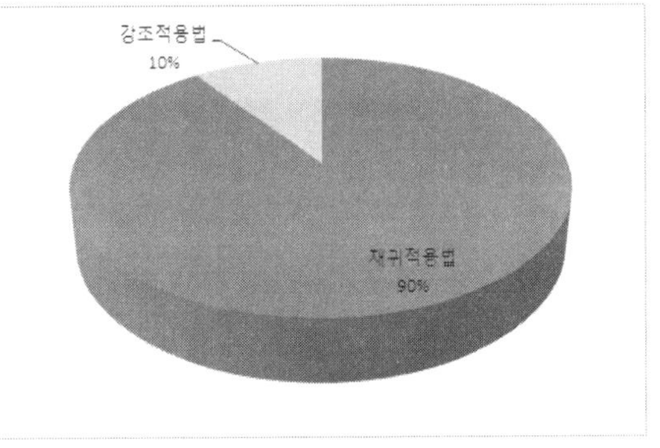

<그래프5.4.2-5> '학술'의 재귀적/강조적 용법의 사용 비율

말뭉치 계량 결과에 대한 논의1

전체 말뭉치에서 나타나는 재귀대명사의 재귀적 용법과 강조적 용법의 사용 비율을 살펴보면, 재귀대명사의 약 90%가 재귀적 용법으로 사용된다는 것을 알 수 있다. 즉 재귀대명사는 재귀적 용법으로 사용되는 비율이 압도적으로 높은데 이러한 결과는 재귀적 용법과 강조적 용법을 모두 지니는 대명사를 재귀대명사라고 명명하게 되는 근거가 된다.

사용역에 따른 재귀대명사의 재귀적 용법과 강조적 용법의 사용 비율을 보면, '대화'를 제외한 모든 사용역에서 전체 말뭉치에서 나타나는 양상을 거의 그대로 따르고 있다. '대화'에서는 다른 사용역과 달리 강조적 용법의 비율이 매우 낮다. 이는 '자신'의 사용역 비율과 관련이 있을 것으로 생각된다. 재귀대명사 중에서 강조적 용법으로 가장 일반적으로 사용되는 재귀대명사는 '자신'인데,

'자신'은 '대화'에서 그 사용역 비율이 매우 낮다. 5.4.1에서 언급했듯이 '자신'은 '대화'에서 거의 사용되지 않고 문어 사용역에서만 나타난다. 이와 같이 '자신'이 '대화'에서 사용되는 비율이 매우 낮은 것은 '대화'에서의 강조적 용법의 사용 비율이 낮게 나타나는 데에 영향을 주었을 것이다.

말뭉치 계량 결과 제시2

- 개별 재귀대명사의 재귀적 용법과 강조적 용법의 사용 비율
  자기: 재귀적 용법
  자신: 재귀적 용법 〉 강조적 용법
  저 : 재귀적 용법 〉 강조적 용법
  저희: 재귀적 용법
  당신: 재귀적 용법 〉 강조적 용법

	재귀적 용법	강조적 용법
자기	■■■■■■■■■■■■■■■■■■ ■■	
자신	■■■■■■■■■■■■■■■■■▪	■■■▪
저	■■■■■■■■■■■■■■■■■■ ■▪	▪
저희	■■■■■■■■■■■■■■■■■■ ■■	
당신	■■■■■■■■■■■■■■■■■■ ▪	■▪

<그래프5.4.2-6> 개별 재귀대명사의 재귀적 용법과 강조적 용법의 사용 비율

(■ 5%, ▪ 5% 미만)

말뭉치 계량 결과에 대한 논의2

개별 재귀대명사의 재귀적 용법과 강조적 용법의 사용 비율을 살펴보면, 강조적 용법으로 사용되는 재귀대명사는 '자신', '저', '당신'뿐이다. '자기'와 '저희'는 강조적 용법으로 사용되지 않는데 '자기'는 강조적 용법으로 사용되는 것이 불가능한 것이 확실하지만 '저희'는 강조적 용법으로 사용되는 것이 불가능한 것인지 아니면 단순히 연구 대상 말뭉치에서 용례가 출현하지 않은 것인지 판단하기는 어렵다. 왜냐하면 소수의 예에 불과하지만 단수형인 '저'에서는 강조적 용법이 나타나기 때문이다. 그러나 '저희'가 강조적 용법으로는 잘 사용되지 않는 경향이 있음은 확인할 수 있다.

'자신', '저', '당신' 중에서 강조적 용법의 비율이 가장 높은 재귀대명사는 '자신'이다. <그래프 5.4.2-6>만을 보면 '자신'이 강조적 용법으로 사용되는 비율은 '저'나 '당신'과 비교했을 때 크게

차이가 나는 것은 아니지만 실제 사용 빈도 상으로는 매우 큰 차이가 난다. '자신'이 강조적 용법으로 사용된 비율은 15%가 조금 넘지만 '자신'의 사용 빈도는 '저'와 '당신'보다 훨씬 높기 때문에 강조적 용법에 어떤 형태의 재귀대명사가 더 많이 사용되었는지를 확인해 본다면 '자신'의 비율이 '저', '당신'보다 압도적으로 높게 나타난다.

▶ 말뭉치 계량 결과 제시3

1. 재귀대명사의 재귀적 용법의 사용역 비율: 소설 〉 학술 〉 대화 〉 신문
2. 재귀대명사의 강조적 용법의 사용역 비율: 소설 〉 학술 〉 신문 〉 대화

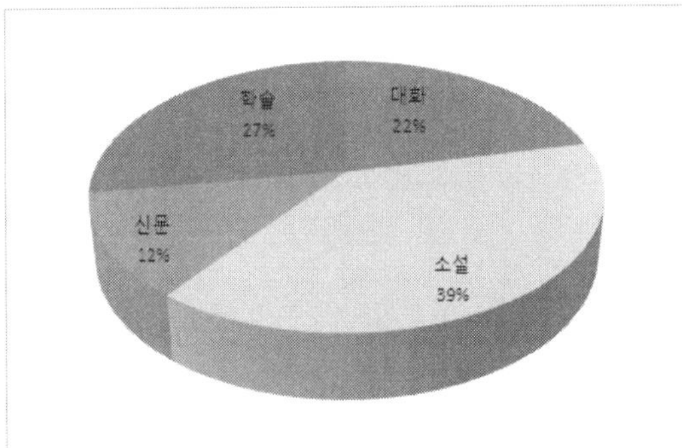

<그래프5.4.2-7> 재귀적 용법의 사용역 비율

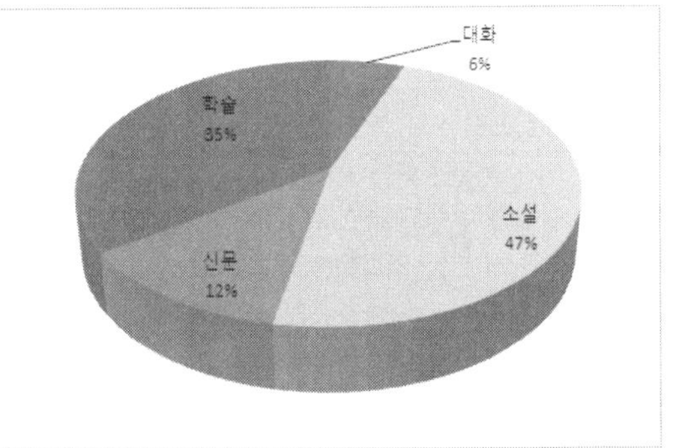

<그래프5.4.2-8> 강조적 용법의 사용역 비율

▶▶ 말뭉치 계량 결과에 대한 논의3

재귀대명사의 재귀적 용법의 사용역 비율과 강조적 용법의 사용역 비율은 모두 '소설'에서 가장 높게 나타나고 그 다음으로 '학술'에서 높게 나타난다. 5장 도입부에서 제시한 <그래프5-6>에서 확인할 수 있듯이 이는 전체 재귀대명사의 사용역 비율과 동일한 양상이다. 즉, 재귀적 용법이든 강조적 용법이든 관계없이 재귀대명사가 가장 많이 사용되는 사용역에서 그 사용역 비율이 가장 높다는 것이다.

다만 강조적 용법의 경우, 전체 재귀대명사의 사용역 비율과 달리 '신문'이 '대화'보다 그 사용역 비율이 높게 나타난다. 이는 '자신'의 사용역 비율과 관련이 있다. 앞서 언급했듯이 강조적 용법으로 가장 많이 사용되는 재귀대명사는 '자신'인데, '자신'은 문어 사용역에서 주로 사용되고 '대화'에서 사용 비율이 낮다. 따라서 강조적 용법은 '대화'에서 그 사용역 비율이 매우 낮게 나타나는 것이다. 그런데 이와 같이 강조적 용법의 사용역 비율이 '대화'에서 매우 낮은 것은 강조적 용법이 구어 사용역에서는 잘 사용되지 않고 문어 사용역에서만 주로 사용된다는 사용상의 경향이 있다는 것을 알려 주는 것이라 할 수 있다.

참고 '스스로'의 재귀대명사적 쓰임

'스스로'는 부사로 사용되어 재귀적 의미를 나타낼 수 있지만 조사와 결합하여 마치 재귀대명사와 같이 사용되기도 한다. 재귀대명사처럼 사용되는 '스스로'는 보통의 재귀대명사와 마찬가지로 재귀적 용법으로도 사용될 수 있고 강조적 용법으로도 사용될 수 있다.

〈예5.4.2-4〉

가. 그는 **스스로를** 열심히 위로하다가 다시 머리를 감싸 쥐었다. [소설]

나. 국제 사회에서는 어차피 적과 동지의 안보 관계가 있게 마련이며 우리는 **스스로의** 안전을 위해 동맹관리, 그 반대자의 관리를 소리 없이 잘해야 할 입장이다. [신문]

다. 법과 법치주의의 원리는 국가 권력이 **스스로를** 상당한 정도로 구속하고 제한하는 족쇄라고 할 수 있다. [학술]

〈예5.4.2-5〉

가. 뭐~ 몰라서 하는 경우도 있고 뭐~ 그리고 말버릇이 음. 그~ 굳어 가지고 되는 경우도 있는데, 좀 그런 것들을 본인들 **스스로가** 좀 노력을 해야 되는데, [대화]

나. 나 **스스로를** 정리하기 위해서라도 그것은 한번쯤 거쳐 가야 할 절차였다. [소설]

다. 물론 이상적인 해결책은 이라크인 **스스로에** 의해 사담이 제거되는 것이다. [신문]

라. 전환기에 새로운 종교가 일어나는 것은 역사적인 통례이다. 사회적인 불안 속에서 새로운 가치관을 민중 **스스로의** 손으로 정하지 않으면 안 되기 때문이다. [학술]

<예5.4.2-4>는 '스스로'가 재귀적 용법으로 사용된 예로서 이때 '스스로'는 문장 내의 주어를 다시 가리키며 재귀적 의미를 나타낸다. <예5.4.2-5>는 '스스로'가 강조적 용법으로 사용된 예인데, 여기서 '스스로'는 지시 대상이 되는 명사구와 동격을 이루며 해당 명사구를 강조하는 역할을 한다. 이와 같이 '스스로'는 재귀대명사와 동일한 쓰임을 보이는데 여기서는 '스스로'가 재귀대명사로 사용되는 양상을 살펴보도록 한다.

말뭉치 계량 결과 제시1

1. 전체 재귀대명사 사용 빈도에서 '스스로'가 재귀대명사로 쓰이는 비율: 4.22%
2. '스스로'의 재귀대명사적 쓰임의 사용역 비율: 학술 〉 소설 〉 신문 〉 대화

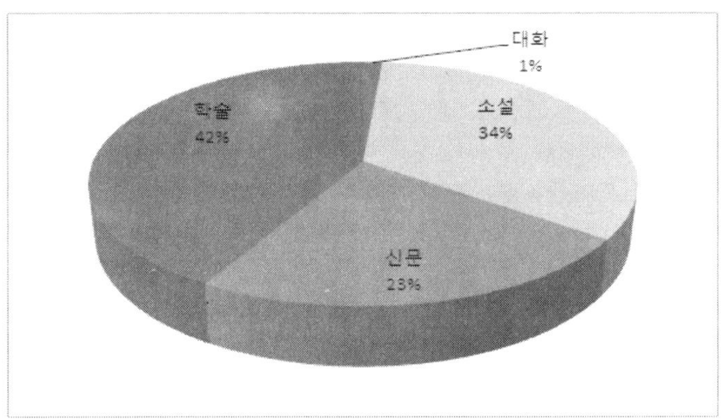

<그래프5.4.2-9> '스스로'의 재귀대명사적 쓰임의 사용역 비율

말뭉치 계량 결과에 대한 논의1

'스스로'가 재귀대명사적 쓰임을 보이는 빈도를 전체 재귀대명사 사용 빈도와 비교했을 때, 그 비율은 4.22%로 그리 높지는 않다. '스스로'를 재귀대명사의 대체 표현이라고 본다면, 이러한 결과는 대명사가 그 대체 표현보다 사용 빈도가 훨씬 더 높다는 일반적인 사실에 부합한다고 할 수 있다(5.1.5, 5.3.1.3, 5.3.2.3 참고).

'스스로'가 재귀대명사로 사용될 때의 사용역 비율을 살펴보면 '학술'에서 사용역 비율이 가장 높고, 그 다음으로 '소설', '신문'의 순서로 나타나며 '대화'에서는 그 사용역 비율이 매우 낮다. 5장 도입부에서 제시한 <그래프5-6>의 재귀대명사의 사용역 비율과 비교했을 때 '소설'의 사용역 비율은 거의 유사하나 '학술'과 '신문'의 사용역 비율이 상대적으로 높아지고 '대화'의 사용역 비율은 매우 낮아졌다. '스스로'가 보이는 이러한 양상을 볼 때, '스스로'는 주로 문어 사용역에서 재귀대명사로 사용되는데 그 중에서도 격식적인 문어 사용역과 밀접한 관련을 맺는다는 것을 알 수 있다.

▶ 말뭉치 계량 결과 제시2

1. 전체 재귀대명사의 재귀적 용법의 빈도에서 '스스로'가 재귀적 용법으로 쓰이는 비율: 3.24%
2. 전체 재귀대명사의 강조적 용법의 빈도에서 '스스로'가 강조적 용법으로 쓰이는 비율: 14.53%
3. '스스로'의 재귀적 용법과 강조적 용법의 사용 비율

   전체: 재귀적 용법 〉 강조적 용법

   대화: 강조적 용법

   소설: 재귀적 용법 〉 강조적 용법

   신문: 재귀적 용법 〉 강조적 용법

   학술: 재귀적 용법 〉 강조적 용법

	재귀적 용법	강조적 용법
전체	■■■■■■■■■■■■■■	■■■■■■
대화		■■■■■■■■■■■■■■■■■■ ■■
소설	■■■■■■■■■■■■■■■■■■	■■
신문	■■■■■■■■■■■	■■■■■■■■■
학술	■■■■■■■■■■■■▪	■■■■■■▪

<그래프5.4.2-10> '스스로'의 재귀적 용법과 강조적 용법의 사용 비율

(■ 5%, ▪ 5% 미만)

▶▶ 말뭉치 계량 결과에 대한 논의2

재귀적 용법을 보이는 재귀대명사의 사용 빈도와 '스스로'가 재귀적 용법으로 쓰이는 빈도를 비교했을 때 그 비율은 3.24%에 불과한 데 반해, 강조적 용법으로 쓰인 재귀대명사의 빈도와 강조적 용법으로 쓰인 '스스로'의 빈도를 비교했을 때에는 그 비율이 14.53%로 약 5배 가까이 높다. 물론 <그래프5.4.2-10>에서 보듯이 '스스로'는 일반적인 재귀대명사와 마찬가지로 재귀적 용법이 강조적 용법보다 그 비율이 더 높다. 그러나 일반적인 재귀대명사가 강조적 용법으로 사용되는 비율이 9%에 불과하다는 사실과 비교할 때(<그래프5.4.2-1> 참고), '스스로'가 강조적 용법으로 사용되는 비율은 약 30%로 매우 높은 편이라고 할 수 있다. 이러한 결과를 종합해 볼 때, '스스로'는 일반적인 재귀대명사보다 강조적 용법으로 사용되는 경향이 더 강하다는 것을 알 수 있다.

말뭉치 계량 결과 제시3

1. '스스로'의 재귀적 용법의 사용역 비율: 소설 〉 학술 〉 신문
2. '스스로'의 강조적 용법의 사용역 비율: 학술 〉 신문 〉 소설 〉 대화

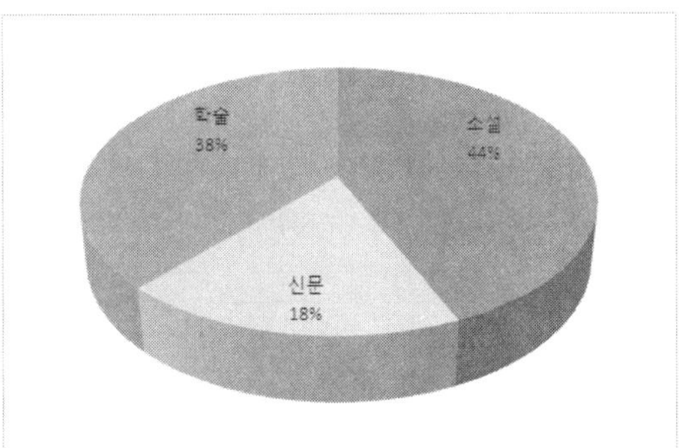

<그래프5.4.2-11> '스스로'의 재귀적 용법의 사용역 비율

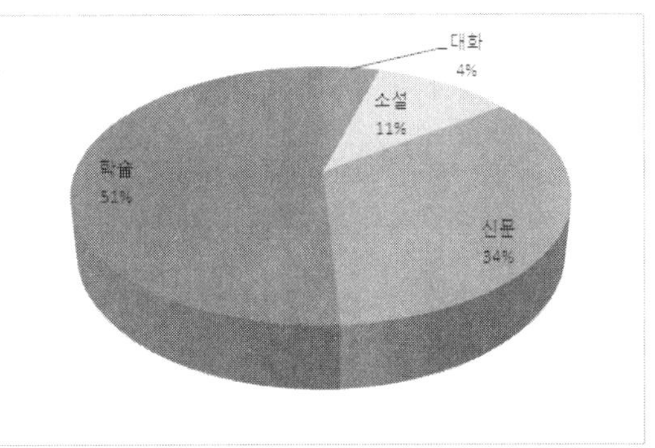

<그래프5.4.2-12> '스스로'의 강조적 용법의 사용역 비율

말뭉치 계량 결과에 대한 논의3

'스스로'의 재귀적 용법의 사용역 비율을 재귀대명사의 재귀적 용법의 사용역 비율과 비교했을 때 문어 사용역들의 사용역 비율이 조금씩 높아졌다는 것을 알 수 있다(<그래프5.4.2-7> 참고). 이는 '스스로'의 재귀적 용법이 '대화'에서는 나타나지 않기 때문이다.

'스스로'의 강조적 용법의 사용역 비율을 살펴보면, 재귀대명사의 강조적 용법의 사용역 비율에 비해 '소설'의 사용역 비율은 낮아지고, '학술'과 '신문'의 사용역 비율이 늘어났다는 것을 알 수 있다(<그래프5.4.2-8> 참고). 이러한 사실을 종합해 보면, 재귀대명사적으로 사용되는 '스스로'는 재귀적 용법이나 강조적 용법 모두 주로 문어 사용역, 특히 격식적인 문어 사용역에서 사용된다는 것을 확인할 수 있다.

앞서 우리는 '자신'이 문어 사용역에서 주로 사용되고 그 중에서도 격식적인 사용역과 밀접한 관련을 맺는다는 것을 확인할 수 있었는데(5.4.1 참고) 이러한 경향은 '스스로'에서도 찾을 수 있다. 뿐만 아니라, '자신'은 재귀대명사 중에서 강조적 용법으로 사용되는 가장 일반적인 재귀대명사인데(<그래프5.2.4-6> 참고), 이러한 강조적 용법과의 관련성 또한 '스스로'에서도 찾을 수 있다. 이를 통해, 재귀대명사로 사용되는 '스스로'는 재귀대명사 중에서 '자신'과 가장 유사한 특성을 보인다고 결론 내릴 수 있을 것이다.

5.5. 대명사의 문법 기능

3.4에서 논의하였듯이, 명사구는 그 의미역에 따라 문법 기능에 일정한 경향성이 나타난다. 이해의 편의를 위해 3.4의 논의를 다시 가져와 보이기로 한다. 명사구의 의미역과 문법 기능과의 상관관계는 의미역 위계로 정리될 수 있는데, 학자들마다 이견이 있기는 하지만 일반적으로 문장 내에서 명사구가 가지는 의미역들 사이에는 다음과 같은 위계가 존재한다고 알려져 있다.

행위주(Agent) 〉 경험주(Experiencer) 〉 소유주(Possessor) 〉 대상역(Theme) 〉 피행위주(Patient) 〉 수혜주(Beneficiary)

<도표5.5-1> 명사구의 의미역 위계

<도표5.5-1>의 의미역 위계가 의미하는 바는 의미역의 위계가 높은 행위주나 경험주가 주어가 되는 것이 가장 일반적이며 만약 문장 내에서 이들 의미역이 주어가 되지 않으면 그 다음 위계의 의미역이 주어가 된다는 것이다. 다시 말해서, 의미역 위계상에서 그 위계가 높은 의미역일수록 주어가 되는 경향이 더 강하다는 것이다.

이러한 의미역 위계를 참고하면 '사람'을 지시하는 명사구는 문장 내에서 주로 의미역 위계가 높은 행위주나 경험주의 의미역을 가지기 때문에 다른 명사구에 비해 주어로 나타나는 경향이 강하고 '사물'을 지시하는 명사구는 주로 문장 내에서 의미역 위계가 낮은 대상역이나 피행위주의 의미역을 가지기 때문에 주어보다는 목적어나 부사어로 나타나는 경향이 강하다. 또한 의미역 위계에서 제시되지 않았지만 '장소'나 '시간'을 지시하는 명사구는 그 의미적 특성상 주로 '장소'나 '시간'의 의미를 나타내는 부사어로 주로 나타나는 경향이 있다. 이러한 경향성은 명사구의 의미와 문법 기능의 관계를 살펴본 3.4에서도 확인할 수 있었고 형식성 의존명사의 문법 기능에 대해 논의한 4.1.3에서도 확인할 수 있었다.

명사구의 문법 기능은 의미역 특성뿐만 아니라 명사구가 가진 유정성에 따라서도 일정한 경향성을 보인다. 3.1.3에서 보인 유정성 위계를 다시 가져와 보이면 아래와 같다.

1인칭대명사 〉 2인칭대명사 〉 3인칭대명사 〉 인간 고유명사 〉 인간 보통명사 〉
유정물 보통명사 〉 무정물 보통명사

<도표5.5-2> 명사구의 유정성의 위계

<도표5.5-2>에서 보듯이 '사람'을 지시하는 명사구일수록 명사구의 유정성이 높은데, 유정성이 높은 명사구일수록 주어로 나타나는 경향이 강하고 유정성이 낮은 명사구일수록 주어 이외의 다른 문법 기능으로 나타나는 경향이 강하다. 이는 유정성이 높은 대상일수록 스스로 행동하고 느끼는 주체가 될 가능성이 높아서 문장 내에서 주로 의미역 위계가 높은 행위주나 경험주로 나타나기 때문이다. 앞서 언급했듯이 의미역 위계가 높은 행위주나 경험주는 주로 주어로 나타나는 경향이 있다.

뿐만 아니라 명사구의 문법 기능은 정보 구조(information structure) 상에서 명사구가 지시하는 대상이 지닌 화용적 특성에 따라서도 일정한 경향성을 보인다. 명사구의 지시 대상은 화용적으로 주어짐성(giveness)의 여부에 따라 구정보와 신정보로 나눌 수 있다. 구정보는 주어짐성을 지닌 대상으로 이전 담화에서 이미 언급되었거나 개인적 지식 또는 세계의 일반적 지식에 의해 청자가 이미 알고 있다고 가정되는 것이다. 이러한 특성을 지닌 구정보 명사구는 대개 문장 내에서 주어로 나타나는 경향이 매우 강하다. 이는 주어가 정보 구조상에서 주제가 되는 경향이 강하기 때문인데 주제가 되는 명사구는 반드시 주어짐성을 지녀야 한다는 제약이 있다. 즉, 주어짐성을 지닌 구정보의 명사구만이 주제가 될 수 있는데 이러한 특성을 지닌 주제는 주로 주어로 나타나는 경향이 강하기 때문에 구정보의 명사구는 주로 주어로 나타나게 되는 것이다.

이와 같이 명사구는 지시 대상이 지닌 의미역, 유정성과 같은 의미론적 특성이나 주어짐성, 주제와 같은 화용론적 특성에 따라 그 문법 기능에 있어 일정한 경향성을 보인다. 이러한 사실을 대명사에 비추어 볼 때, 우선 대명사는 지시 대상이 지닌 의미론적 특성이 일정하게 정해져 있어 일반적인 명사구와 마찬가지로 대명사의 종류에 따라 주로 나타나는 문법 기능이 다를 것으로 예측된다. 인칭대명사는 '사람'을 주로 가리키고 지시대명사는 '사물'이나 '장소'를 주로 가리킨다. 부정/의문대명사의 경우에도 그 형태에 따라 주된 지시 대상이 다르다. '무엇', '누구', '어디', '언제'는 각각 '사물', '사람', '장소', '시간'을 주로 가리킨다. 즉 대명사는 주된 지시 대상이 일정하게 정해져 있기 때문에 주된 지시 대상의 의미적 특성에 따라 주로 나타나게 되는 문법 기능에 차이가 있을 것으로 예측된다는 것이다. 또한 <도표5.2-2>에서 확인할 수 있듯이 인칭대명사는 인칭에 따라 유정성의 위계에서 차이를 보이는데 유정성 위계가 높은 명사구일수록 주어로 나타나는 경향이 크기 때문에 인칭대명사의 종류에 따라서도 문법 기능의 비율이 달라질 것으로 예측된다. 뿐만 아니라 인칭대명사나 지시대명사는 앞선 담화에서 언급된 대상을 다시 가리키거나 현장에 존재하는 대상을 가리키는 기능을 하기 때문에 그 지시 대상은 늘 구정보가 된다는 특성이 있다. 따라서 인칭대명사나 지시대명사는 이러한 화용적 특성 때문에 다른 문법 기능보다 주어의 비율이 높을 것으로 예측된다.

그러나 이러한 예측은 일반적인 명사구가 지니는 일반적 경향성을 바탕으로 하는 것이기 때문에 말뭉치에서 나타나는 대명사의 실제 사용 양상을 바탕으로 문법 기능의 분포를 살펴볼 필요가 있다. 따라서 5.5에서는 대명사의 문법 기능의 분포 양상을 살펴보고 그 양상이 명사구의 의미적 특성과 화용적 특성에 따라 나타나는 경향성과 어떠한 공통점과 차이가 있는지 살펴보고자 한다.

말뭉치 계량 결과 제시

- 전체 대명사의 문법 기능의 분포

  주어 〉 관형어 〉 부사어 〉 목적어 〉 서술어 〉 접속 및 동격 〉 보어 〉 기타 ≧ 독립어

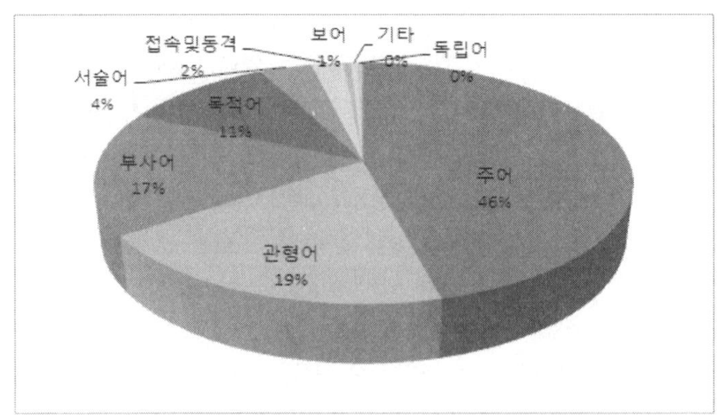

<그래프5.5-1> 전체 대명사의 문법 기능의 분포

말뭉치 계량 결과에 대한 논의

전체 대명사의 문법 기능의 분포를 살펴보면 주어의 비율이 가장 높다. 전체 대명사에서 주어로 나타나는 대명사의 비율은 약 46%로 전체 대명사의 거의 절반 정도가 주어로 나타난다고 할 수 있다. 주어 이외에 관형어, 부사어, 목적어가 약 47%의 비율을 차지하는데 이들은 각각 10%~20% 사이의 비율을 보인다. 그 이외의 문법 기능은 그 비율이 매우 낮다. 이처럼 대명사가 주어로 나타나는 비율이 압도적으로 높은 것은 인칭대명사나 지시대명사가 지시하는 대상의 정보 구조상의 특성과 전체 대명사에서 인칭대명사가 차지하는 높은 비율과 관계된다.

앞서 언급했듯이, 인칭대명사나 지시대명사가 지시하는 대상은 담화 상에서 이미 언급한 대상이거나 담화 현장에서 확인이 가능한 대상으로 구정보에 해당한다. 구정보 명사구는 주어로 나타나는 경향이 강하기 때문에 항상 구정보로만 나타나는 대명사는 주어로 나타나는 비율이 가장 높게 나타나는 것이다. 뒤에서 살펴보겠지만 대명사는 그 종류에 따라 문법 기능의 분포가 달리 나타나서 주어 이외의 문법 기능이 가장 높게 나타나기도 하지만 이때도 주어는 비율이 비교적 높게 나타난다. 즉 대명사는 그 종류에 따라 주된 지시 대상이 가진 의미적 특성에 영향을 받아 문법 기능의 분포가 달리 나타나지만 정보 구조상의 특성으로 인해 주어로 나타나는 비율이 기본적으로 높다.

또한 전체 대명사에서 인칭대명사가 차지하는 비율이 높은 것도 전체 대명사에서 주어의 비율이 가장 높게 나타나는 원인이 된다. 5장의 도입부에서 확인할 수 있듯이 전체 대명사에서 인칭대명사가 차지하는 비율은 약 57%로 다른 대명사에 비해 그 사용 비율이 압도적으로 높다. 그런데 이와 같이 사용 빈도가 가장 높은 인칭대명사는 주로 '사람'을 지시하기 때문에 주어로 나타나는 비율이 약 60%로 다른 대명사에 비해 그 비율이 매우 높다(5.5.1 참고). 다시 말해서, 주어로 나타나는 비율이 아주 높은 인칭대명사는 전체 대명사 내에서 그 사용 비율이 가장 높기 때문에 전체 대명사에서 주어의 비율도 함께 높아지는 것이라고 할 수 있다. 이는 관형어의 비율이 주어 다음으로 높게 나타난다는 사실을 통해서 증명된다. 전체 대명사에서 관형어가 차지하는 비율은 주어 다음으로 높은데, 이와 같이 주어 다음으로 관형어의 비율이 높은 대명사는 인칭대명사밖에 없기 때문이다(5.5.1의 <그래프5.5.1-1> 참고).

3.4와 4.1.3에서 이미 설명되었지만 <그래프5.5-1>에서 제시된 문법 기능에 대한 설명을 덧붙이고자 한다. '보어'는 '되다'와 '아니다'가 취하는 주어 이외의 필수적 논항을 가리킨다. 그 이외의 부사격을 취하는 필수적 논항들은 모두 부사어로 처리하였다. '접속 및 동격'은 명사구 접속 구성이나 동격 구성 내에 대명사가 나타나서 그 문법 기능을 설정하기 어려운 경우를 나타낸다.

〈예5.5-1〉

가. 너희들도 그렇고 나도 계속 되뇌이고 있지만 정말 그런 사랑 있잖아. 딱 말로 안 해도, 느낌으로 알 수 있는 그런 사랑을 했으면 좋겠어, **우리 셋** 다! [대화]

나. K로서는 그저 **어디 좋은 데** 가서 한 일주일 푹 쉬다가 오는 것도 나쁘지는 않은 일이었다. [소설]

다. 이 씨는 혈서로 굳은 맹세를 했던 혈맹 당원 10 명중 현재 남한에 생존해 있는 당원은 **자신과 박 씨** 두 명뿐이라고 말했다. [신문]

라. **이것과 저것을** 한데 붙여 생각할 때 저것은 이것을 위하여서 된 길고 긴 준비임을 알 수 있다. [학술]

<예5.5-1가, 나>는 대명사 '우리'와 '어디'가 동격 구성 내에 나타난 것을 보인 것이고 <예5.5-1다, 라>는 대명사 '자신'과 '이것'이 명사구 접속 구성 내에 나타난 것을 보인 것이다. 이들 대명사는 명사구의 핵이 아니라 동격 구성과 명사구 접속 구성 내에 있기 때문에 그 문법 기능을 설정할 수 없다. 이러한 경우에는 동격 구성과 접속 구성의 맨 마지막에 나타나는 요소에만 문법 기능을 설정하여 계량 결과를 제시하였다.

'기타'는 아래의 예와 같이 문법 기능을 판별할 수 없는 경우이다.

〈예5.5-2〉

가. 아 맞어 지금 형준이 소개팅시켜 준다구 **우리 우리** 그~ 뭐야 우리 지금 중문과에 후배한테 얘기해 놨는데, [대화]

나. **여기**, 강원도 산골의 **여기**, 한번 꼭 와 보고 싶던 **여기**. 그래서 이곳으로 오는 표를 샀습니다. [소설]

다. 융통성을 사랑하고 원칙을 배척하는 **우리들**. 결과만 좋으면 과정이 비도덕적이고 무원칙해도 고쳐져야 할 부분들이 잘한 일로 평가되는 우리 사회. [신문]

라. 수십 권의 일기장을 훈장처럼 간직하고 있던 **그들**. 창작에 뜻을 둔 학생이라면 습작 노트는 바로 일기가 되어야 하겠다. [학술]

<예5.5-2가>에서 굵은 글씨로 표시된 '우리'는 밑줄 친 '우리'를 발화하기 전에 나온 일종의 발화 실수이다. 이와 같이 발화 실수로 나온 요소들은 그 문법 기능을 상정하기 힘들다. <예5.5-2나, 다, 라>는 대명사가 문장 내에서 나타나지 않고 대명사가 핵이 되는 명사구가 독립적으로 나타났기 때문에 그 문법 기능을 파악할 수 없다. 한편, 이와 같이 문법 기능을 확인할 수 없는 '접속 및 동격', '기타' 요소가 전체 대명사에서 차지하는 비율은 3% 미만으로 대명사의 문법 기능 분포에 유의미한 영향을 미치지 않는다.

5.5.1. 인칭대명사의 문법 기능

말뭉치 계량 결과 제시

1. 전체 인칭대명사의 문법 기능의 분포
   주어 〉 관형어 〉 부사어 〉 목적어 〉 접속 및 동격 〉 서술어 〉 독립어 〉 기타 ≧ 보어

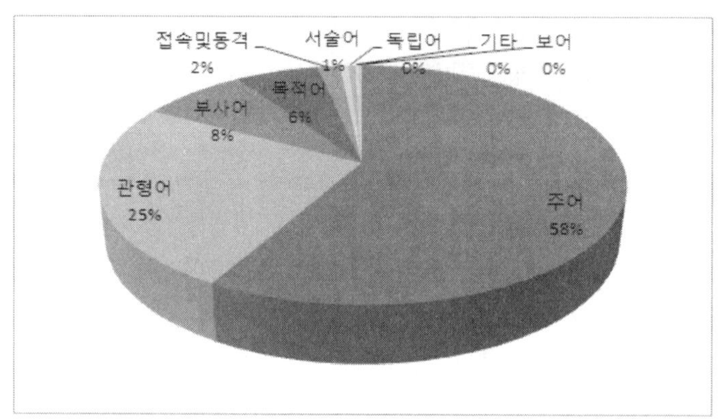

<그래프5.5.1-1> 전체 인칭대명사의 문법 기능의 분포

2. 인칭대명사별 문법 기능의 분포
   1인칭대명사의 문법 기능의 분포
   주어 〉 관형어 〉 부사어 〉 목적어 〉 접속 및 동격 〉 서술어 〉 보어 〉 기타 〉 독립어

   2인칭대명사의 문법 기능의 분포
   주어 〉 관형어 〉 부사어 〉 목적어 〉 접속 및 동격 〉 독립어 〉 서술어 〉 기타 ≧ 보어

   3인칭대명사의 문법 기능의 분포
   주어 〉 관형어 〉 목적어 〉 부사어 〉 접속 및 동격 〉 독립어 〉 서술어 〉 기타 ≧ 보어

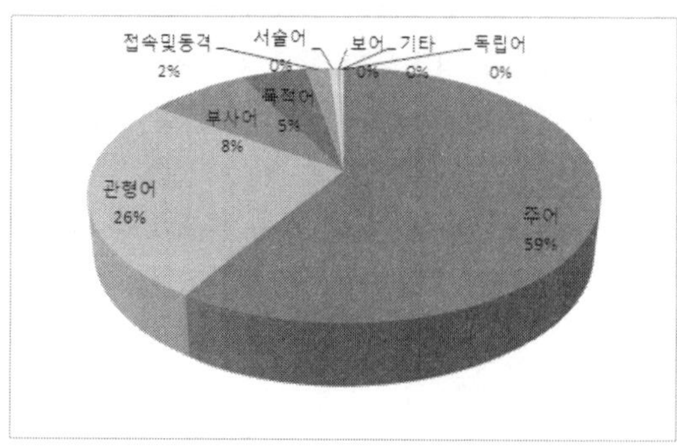

<그래프5.5.1-2> 1인칭대명사의 문법 기능의 분포

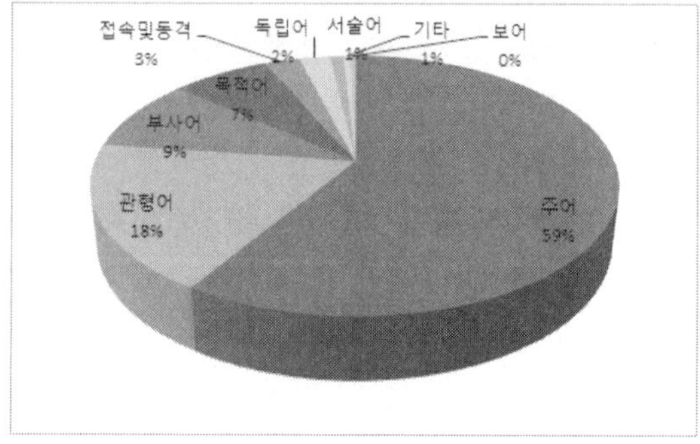

<그래프5.5.1-3> 2인칭대명사의 문법 기능의 분포

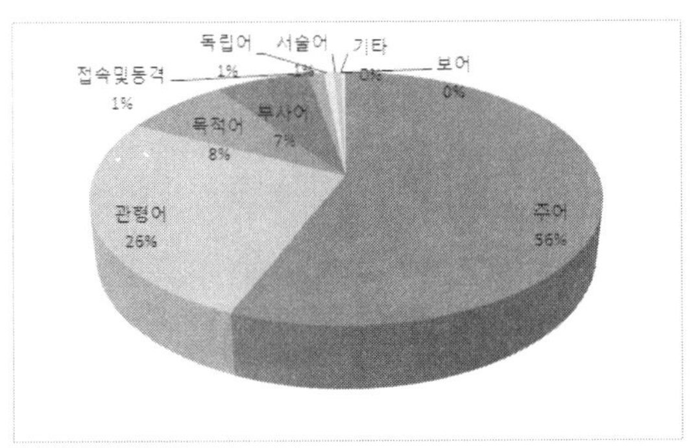

<그래프5.5.1-4> 3인칭대명사의 문법 기능의 분포

말뭉치 계량 결과에 대한 논의

전체 인칭대명사에서 문법 기능의 분포를 살펴보면 주어의 비율이 가장 높다. 전체 인칭대명사에서 주어로 나타나는 비율은 약 58%로 전체 인칭대명사의 절반 이상이 주어로 나타난다. 관형어는 주어 다음으로 그 비율이 높은데 전체 인칭대명사의 약 25%가 관형어로 나타난다. 부사어와 목적어는 각각 8%, 6%로 나타나고 그 이외의 문법 기능이 차지하는 비율은 모두 2% 미만으로 그 비율이 매우 낮다.

후술할 5.5.2~5.5.4에서 제시한 그래프와의 비교를 통해 확인할 수 있듯이 인칭대명사는 다른 대명사에 비해 주어로 나타나는 비율이 매우 높게 나타난다. 대명사는 구정보 명사구이기 때문에 기본적으로 주어로 나타나는 비율이 높게 나타난다. 그런데 인칭대명사는 그 지시 대상이 '사람'이기 때문에 다른 대명사에 비해 주어로 나타나는 비율이 더 높을 수밖에 없을 것이다. 앞서 논의했듯이, '사람'을 지시하는 명사구는 유정성 위계가 가장 높은데, 높은 유정성을 지니는 명사구는 행위나 감각의 주체가 되기 때문에 문장 내에서 행위주나 경험주로 나타나는 것이 일반적이다. 그리고 이처럼 의미역 위계가 높은 행위주나 경험주는 주로 주어로 나타난다. 따라서 인칭대명사가 보이는 문법 기능의 분포는 명사구의 의미적 특성에 따라 달리 나타나는 문법 기능의 경향을 잘 반영한다고 할 수 있다. 한편, 인칭대명사는 다른 대명사에 비해 관형어로 나타나는 비율도 매우 높다. 이는 유정성이 높은 명사구가 행위주나 경험주 이외에도 소유주로 나타나는 비율이 높다는 것을 보여 주는 것이라 할 수 있다. 왜냐하면 관형어는 대개 그 의미역이 소유주로 나타나기 때문이다. 그러나 이에 대해서는 명사의 유정성 자질과 소유주 의미역과의 관계에 대한 정밀한 고찰이 이루어질 때 확실한 결론을 내릴 수 있을 것으로 보인다. 하지만 '사람' 지시 명사구와 관형어와의 관련성은 명사구의 문법 기능에서도 확인되고(3.4 참고) 뒤에서 살펴볼 재귀대명사에서도 확인된다(5.5.4 참고).

개별 인칭대명사의 문법 기능의 분포를 살펴보면, 1인칭대명사, 2인칭대명사, 3인칭대명사가 보이는 문법 기능의 분포는 모두 전체 인칭대명사의 문법 기능 분포와 거의 동일하다. <도표5-2>에서 확인하였듯이 유정성 위계는 '1인칭대명사 > 2인칭대명사 > 3인칭대명사'로 나타난다. 따라서 유정성 위계가 높을수록 주어로 나타나는 경향이 더 강하다는 사실을 고려한다면 주어의 비율도 '1인칭대명사 > 2인칭대명사 > 3인칭대명사'의 순서로 나타날 것으로 예측된다. 그러나 실제 말뭉치 계량 결과는 이러한 예상과는 달리 1인칭대명사, 2인칭대명사, 3인칭대명사의 주어 출현 비율이 동일하게 나타난다. 이러한 사실은 인칭대명사에 따라 유정성의 위계가 차이가 나타난다고 하더라도 인칭대명사 내에서는 유정성의 차이가 문법 기능의 실현에 있어서는 큰 영향을 미치지 않다는 것을 보여 주는 것이라 할 수 있다.

5.5.2. 지시대명사의 문법 기능

▶ 말뭉치 계량 결과 제시

1. 전체 지시대명사의 문법 기능의 분포

주어 〉 부사어 〉 목적어 〉 관형어 〉 접속 및 동격 〉 서술어 〉 보어 〉 기타 〉 독립어

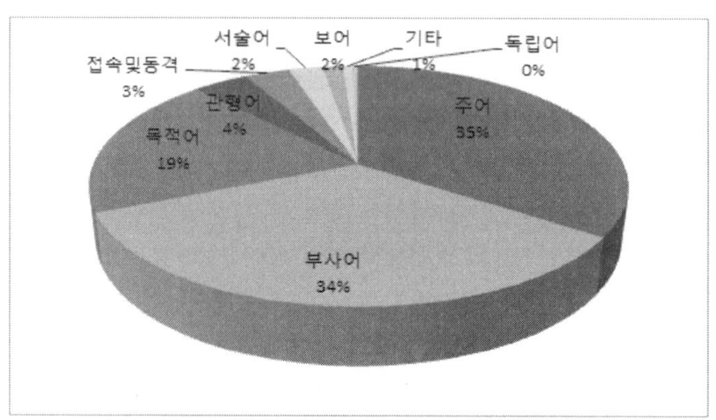

<그래프5.5.2-1> 전체 지시대명사의 문법 기능의 분포

2. 지시대명사별 문법 기능의 분포

사물 지시대명사의 문법 기능의 분포

주어 〉 목적어 〉 부사어 〉 접속 및 동격 〉 관형어 〉 서술어 〉 보어 〉 기타 〉 독립어

장소 지시대명사의 문법 기능의 분포

부사어 〉 주어 〉 관형어 〉 목적어 〉 접속 및 동격 〉 서술어 〉 독립어 ≧ 기타 ≧ 보어

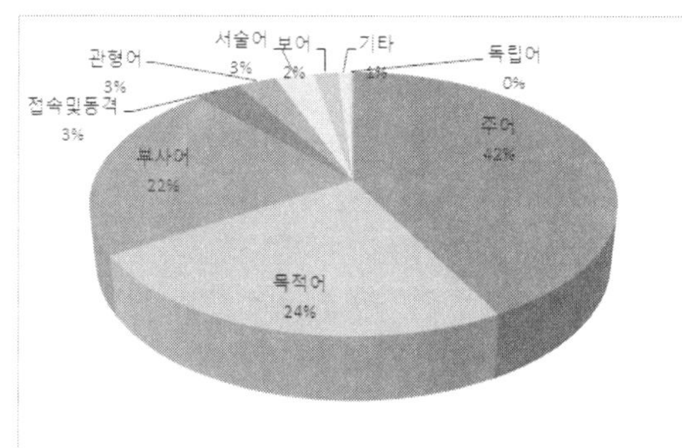

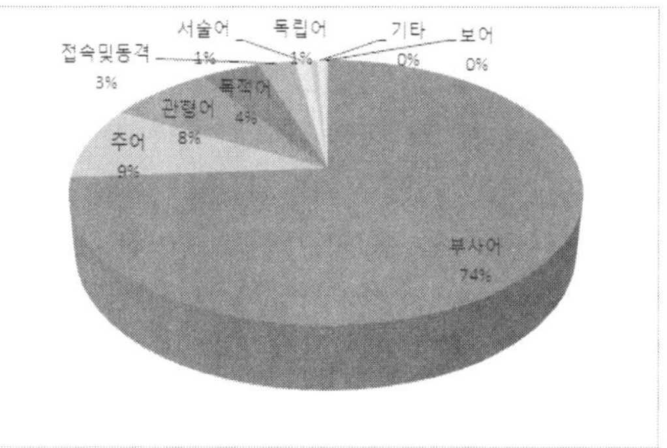

<그래프5.5.2-2> 사물 지시대명사의 문법 기능의 분포 <그래프5.5.2-3> 장소 지시대명사의 문법 기능의 분포

말뭉치 계량 결과에 대한 논의

전체 지시대명사에서 문법 기능의 분포를 살펴보면 주어와 부사어의 비율이 가장 높다. 전체 지시대명사에서 주어로 나타나는 비율은 약 35%이고 부사어로 나타나는 비율은 약 34%로 지시대명사는 약 70%가 주어나 부사어로 나타난다고 할 수 있다. 목적어는 주어, 부사어 다음으로 그 출현 비율이 높은데 전체 지시대명사의 약 19%가 목적어로 나타난다. 그 이외의 문법 기능이 차지하는 비율은 모두 5% 미만으로 그 비율이 매우 낮다. 이러한 양상은 주어의 비율이 압도적으로 높게 나타나는 인칭대명사와 비교했을 때 다양한 문법 기능이 비교적 고른 분포를 보이는 것이라 할 수 있다. 이와 같이 전체 지시대명사에서 다양한 문법 기능이 고른 분포를 보이는 것은 사물 지시대명사는 주로 '사물'을 지시하고 장소 지시대명사는 주로 '장소'를 지시하기 때문이다. 이처럼 사물 지시대명사와 장소 지시대명사는 주된 지시 대상의 의미적 특성이 확연히 차이가 나기 때문에 전체 지시대명사의 문법 기능 분포에서는 사물 지시대명사의 특성과 장소 지시대명사의 특성이 혼재되어 특정 문법 기능의 비율이 편중되기보다 비교적 다양한 문법 기능이 유사한 비율을 보이는 것이다. 그러나 개별 지시대명사의 문법 기능의 분포를 살펴보면 주된 지시 대상의 의미적 특성에 따라 특정 문법 기능이 편중되어 나타나는 경향이 뚜렷하게 나타난다.

사물 지시대명사의 문법 기능은 주어가 42%로 그 비율이 가장 높고, 그 다음으로 목적어와 부사어가 각각 24%, 22%로 그 비율이 높다. '사물'을 지시하는 명사구는 주로 문장 내에서 의미역 위계가 낮은 대상역이나 피행위주의 의미역을 가지기 때문에 주어보다는 목적어나 부사어로 나타나는 경향이 강하다. 따라서 주된 지시 대상이 '사물'인 사물 지시대명사는 목적어와 부사어의 비율이 46%로 인칭대명사에 비해 그 비율이 매우 높게 나타나는 것이다. 그러나 인칭대명사보다는 그 비율이 낮지만 사물 지시대명사도 주어의 비율이 가장 높게 나타난다. 이는 대명사가 가리키는 대상이 모두 구정보라는 사실을 감안하면 쉽게 이해할 수 있다. 앞서 설명했던 것처럼 구정보의 명사구는 주어로 나타나는 경향성이 매우 강하기 때문이다. 다시 말해서, 사물 지시대명사는 주된 지시 대상이 '사물'이기 때문에 목적어와 부사어의 비율이 높게 나타나지만 지시대명사가 지시하는 대상은 구정보 명사구이기 때문에 주어의 비율도 높게 나타나는 것이라고 할 수 있다.

장소 지시대명사는 사물 지시대명사와 달리 부사어의 비율이 74%로 부사어가 다른 문법 기능에 비해 압도적으로 높게 나타난다. '장소'의 명사구는 '장소'의 부사어로 나타나는 경향이 매우 강하기 때문에 '장소'를 지시하는 장소 지시대명사는 부사어의 비율이 압도적으로 높게 나타날 수밖에 없다. 부사어 이외에는 주어, 관형어가 각각 9%, 8%로 나타나고 그 이외의 문법 기능은 5% 미만으로 그 비율이 매우 낮다. 이와 같이 부사어의 비율이 압도적으로 높은 장소 지시대명사의 경우에도 부사어 다음으로 주어의 비율이 높게 나타나는데 이 또한 지시대명사는 항상 구정보를 지시한다는 화용적 특성과 관련이 있다. 그러나 장소 지시대명사는 사물 지시대명사와 달리 주어의 비율이 매우 낮게 나타나기 때문에 '장소'의 명사구는 '사물'을 지시하는 명사구에 비해 그 의미적 특성이 문법 기능에 미치는 영향이 훨씬 더 크다는 것을 알 수 있다. 이러한 사실은 3.4에서도 확인할 수 있었고 뒤에서 살펴볼 5.5.3.1과 5.5.3.2를 통해 더욱 명확히 확인할 수 있다.

요컨대, 사물 지시대명사는 목적어나 부사어로 주로 나타나는 경향이 있고 장소 지시대명사는 부사어로 주로 나타나는 경향이 있는데 이는 인칭대명사와 마찬가지로 명사구가 지닌 의미적 특성에 따른 문법 기능의 경향성을 잘 반영하는 것이라고 할 수 있다.

5.5.3. 부정/의문대명사의 문법 기능

말뭉치 계량 결과 제시

- 전체 부정/의문대명사의 문법 기능의 분포
  부사어 〉 서술어 〉 주어 〉 목적어 〉 접속 및 동격 〉 관형어 〉 기타 〉 보어 〉 독립어

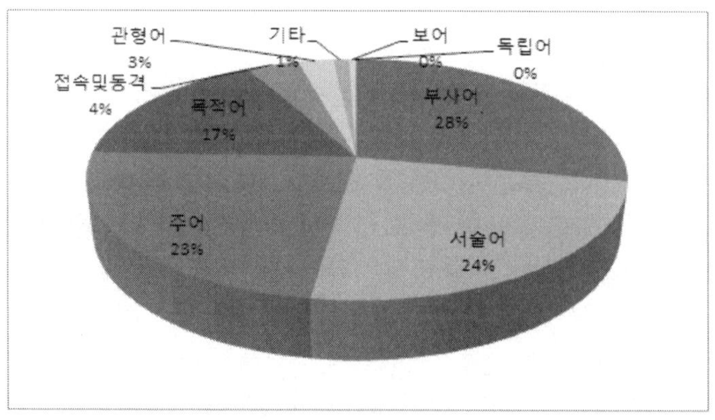

<그래프5.5.3-1> 전체 부정/의문대명사의 문법 기능의 분포

말뭉치 계량 결과에 대한 논의

전체 부정/의문대명사의 문법 기능의 분포를 살펴보면, 부사어가 28%로 그 비율이 가장 높지만

서술어와 주어도 각각 24%, 23%로 나타나 부사어와 차이가 크게 나타나지 않는다. 이들 문법 기능 다음으로는 목적어의 비율이 높은데, 목적어의 비율도 부사어, 서술어, 주어와 큰 차이가 나지는 않는다. 이러한 양상은 문법 기능의 분포에 있어 비교적 고른 분포를 보인 지시대명사보다 더 고른 분포를 보이는 것이라고 할 수 있다. 이는 개별 부정/의문대명사의 성격이 제각기 다르기 때문에 전체 부정/의문대명사에서는 개별 부정/의문대명사의 성격이 혼재되어 나타나기 때문이다.

우선 부정대명사와 의문대명사는 정보 구조상에서 그 특성이 완전히 다르다. 부정대명사가 지시하는 대상은 지시대명사나 인칭대명사와 마찬가지로 구정보를 지시하지만 의문대명사는 신정보를 지시한다. 의문대명사는 화자가 알지 못하는 대상을 지시하는 대명사로서 화자가 알지 못하는 대상은 신정보로서 정보 구조상에서 초점의 역할을 한다. 정보 구조상에서 주제의 명사구는 주어로 나타나는 경향이 강하지만 초점의 명사구는 이러한 경향이 없다. 따라서 부정대명사와 의문대명사는 기본적으로 문법 기능의 경향성이 다를 것이다. 또한 부정/의문대명사는 개별 대명사가 지시하는 대상의 의미 특성이 각각 다르다. 부정대명사 '아무', '아무개', '모'는 '사람'을 지시하고 부정대명사와 의문대명사의 형태가 동일한 '무엇', '누구', '어디', '언제'는 각각 '사물', '사람', '장소', '시간'을 지시한다. 따라서 이들 개별 부정/의문대명사는 지시 대상의 의미 특성에 따라 문법 기능의 경향성이 달리 나타날 것이다.

이와 같이 개별 부정/의문대명사의 성격이 매우 다르기 때문에 전체 부정/의문대명사에서는 다양한 문법 기능이 고르게 분포되는 양상이 나타나지만 5.5.3.1과 5.5.3.2에서 확인할 수 있듯이 개별 부정/의문대명사는 그 특성에 따라 특정 문법 기능에 편중되는 경향이 뚜렷이 나타난다.

5.5.3.1. 부정대명사의 문법 기능

▶ 말뭉치 계량 결과 제시

- 개별 부정대명사의 문법 기능의 분포

  '무엇'의 문법 기능의 분포
  부사어 〉 목적어 〉 주어 〉 접속 및 동격 〉 서술어 〉 기타 ≧ 보어 ≧ 관형어 〉 독립어

  '누구'의 문법 기능의 분포
  주어 〉 부사어 〉 목적어 ≧ 관형어 〉 서술어 〉 접속 및 동격 〉 보어 ≧ 기타

  '어디'의 문법 기능의 분포
  부사어 〉 목적어 ≧ 주어 〉 접속 및 동격 〉 관형어 〉 서술어 〉 기타

  '언제'의 문법 기능의 분포
  부사어 〉 보어 = 서술어

  '아무'의 문법 기능의 분포
  주어 〉 부사어 〉 목적어 ≧ 서술어 ≧ 보어 = 기타 = 관형어

> '아무개'의 문법 기능의 분포
> 주어 〉 접속 및 동격 〉 부사어 〉 목적어 ≧ 관형어 〉 서술어 〉 기타 ≧ 독립어 ≧ 보어
>
> '모'의 문법 기능의 분포
> 주어 〉 접속 및 동격 〉 관형어 〉 ≧ 부사어 ≧ 목적어 〉 서술어 〉 기타

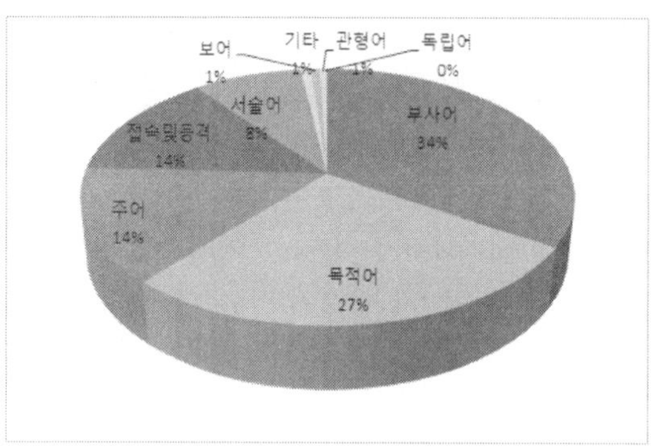

<그래프5.5.3.1-1> '무엇'의 문법 기능의 분포

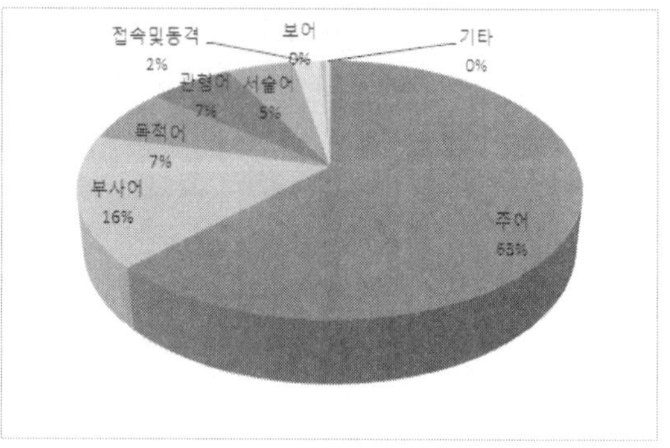

<그래프5.5.3.1-2> '누구'의 문법 기능의 분포

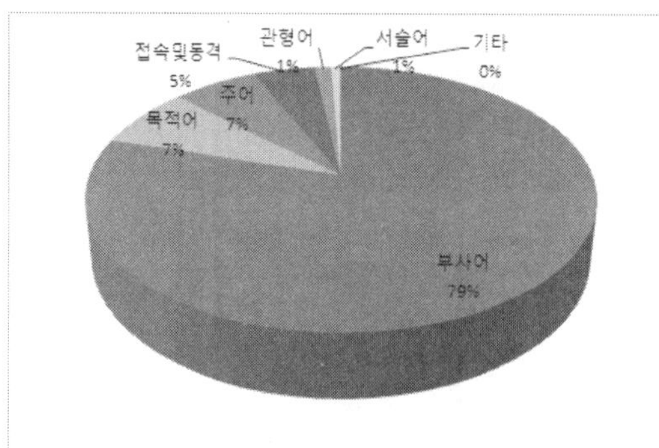

<그래프5.5.3.1-3> '어디'의 문법 기능의 분포

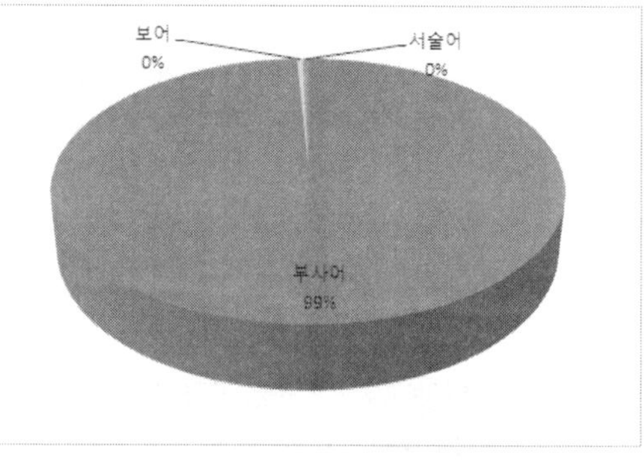

<그래프5.5.3.1-4> '언제'의 문법 기능의 분포

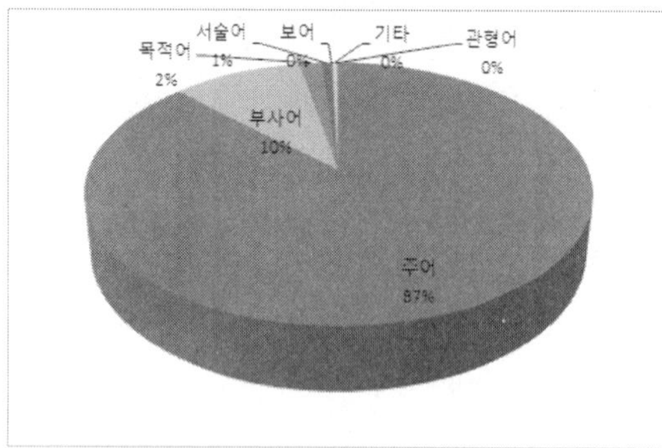

<그래프5.5.3.1-5> '아무'의 문법 기능의 분포

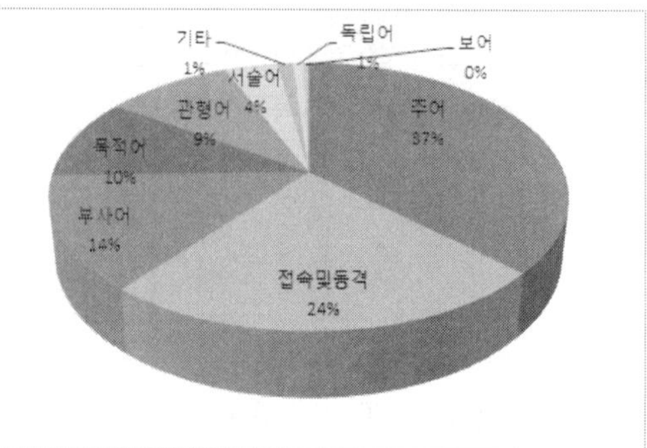

<그래프5.5.3.1-6> '아무개'의 문법 기능의 분포

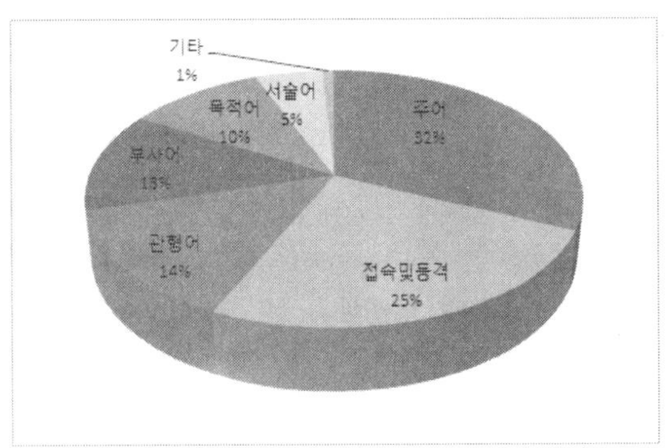

<그래프5.5.3.1-7> '모'의 문법 기능의 분포

말뭉치 계량 결과에 대한 논의

<그래프5.5.3.1-1~7>에서 확인할 수 있듯이 개별 부정대명사는 지시 대상의 의미적 특성에 따라 문법 기능의 분포에 있어 그 경향성이 뚜렷이 차이가 난다. '사물'을 지시하는 '무엇'은 부사어와 목적어의 비율이 가장 높고 '사람'을 지시하는 '누구', '아무', '아무개', '모'는 주어의 비율이 가장 높으며 '장소'를 지시하는 '어디'와 '시간'을 지시하는 '언제'는 부사어의 비율이 가장 높다. 이는 명사구의 의미적 특성과 문법 기능이 보이는 일반적 경향성과 완전히 일치하는 것이다(3.4, 5.3.1.2 참고). 앞서 논의하였듯이, '사물'을 지시하는 명사구는 문장 내에서 대상역이나 피행위주로 주로 나타나기 때문에 목적어나 부사어로 나타나는 것이 일반적이고 '사람'을 지시하는 명사구는 문장 내에서 행위주나 경험주로 나타나는 것이 일반적이기 때문에 주어로 주로 나타난다. 또한 '장소'와 '시간'을 나타내는 명사구는 '장소'와 '시간'의 부사어로 나타나는 경향이 강하다.

부사어와 목적어의 비율이 가장 높은 '무엇'의 경우, 부사어가 목적어에 비해 그 비율이 조금 더 높게 나타난다. 앞서 5.5.2에서 살펴보았듯이 '사물'을 주로 지시하는 사물 지시대명사의 경우, 목적어가 부사어에 비해 그 비율이 조금 더 높게 나타난다. 사물 지시대명사의 이러한 양상에 비추어 본다면, '사물' 지시의 부정대명사 '무엇'이 보이는 양상은 다소 특이하다고 할 수 있다. 이와 같이 '무엇'이 목적어보다 부사어의 비율이 조금 더 높은 것은 아래와 같은 예의 영향으로 보인다.

〈예5.5.3.1-1〉

가. 그만큼 못 한 나두 쫌 큰소리 할 처지는 아니지만. 뭐~ 나는 성적 가지구 **뭐라구** 하는 자체가 웃기다구 생각을 해. [대화]

나. 그러나 그는 이쪽을 멍하니 건너다보고만 있을 뿐 **무어라고** 대답을 하지는 않았다. [소설]

다. 그러나 전문가들은 환율 하락이 증시에 미치는 영향을 부정적으로만 볼 필요는 없다고 말한다. **무엇보다** 원화 강세는 국내 기업만의 문제가 아니라는 것이다. [신문]

라. 참다운 민주주의를 위해서는 **무엇보다도** 권력의 주인인 주권자들 스스로가 자신의 권력을 쉽게 신탁하지 않는 자세를 가져야 한다. [학술]

<예5.5.3.1-1가, 나>와 <예5.5.3.1-1다, 라>는 각각 '무엇'에 '-라고'와 '보다'가 결합하여 '무엇'이 부사어로 기능하는 것을 보인 것이다. 부사어로 나타나는 '무엇'은 위의 예와 같이 '뭐라고', '무엇보다'로 나타나는 경우가 많은데, 이러한 부정대명사 '무엇'의 쓰임은 다소 관용적인 것이다. '뭐라고'는 굳이 발화 내용을 밝히지 않아도 되는 경우, '말하다', '대답하다' 등과 같은 발화 동사와 함께 나타나 발화 내용을 대신하는 데에 관용적으로 쓰이고 '무엇보다'는 '가장'의 의미를 지닌다. 이와 같이 부사어로 나타나는 '뭐라고', '무엇보다'는 관용적인 의미를 지녀 그 사용 빈도가 높은데 이로 인해 '무엇'은 목적어보다 부사어의 비율이 조금 더 높게 나타나게 된 것이라고 할 수 있다.

주어의 비율이 가장 높은 부정대명사로는 '누구', '아무', '아무개', '모'가 있다. '누구'와 '아무'는 주어의 비율은 각각 67%, 87%로서, '사람'을 지시하는 인칭대명사가 주어로 나타나는 비율이 58%였다는 사실을 비교해 본다면(5.5.1의 <그래프5.5.1-1> 참고), '누구'와 '아무'에서 나타나는 주어의 비율은 아주 높은 것이라고 할 수 있다. 그런데 '아무개'와 '모'는 주어의 비율이 가장 높기는 하지만 '누구'와 '아무'처럼 그 비율이 압도적으로 높지 않을 뿐만 아니라 접속 및 동격 명사구 내부에 나타나는 비율이 매우 높다는 특징이 있다. 이러한 특성은 '아무개'와 '모'가 독립적으로 쓰이기보다 아래의 예와 같이 동격 명사구 내부에서 나타나는 것이 일반적이기 때문이다.

〈예5.5.3.1-2〉 [신문]

가. 동료인 **김 아무개 장학사**에 따르면 최 장학사는 부천시 소사역 인근 노래방에서 동료 장학사들과 노래를 부른 뒤 20일 새벽 2시께 택시를 타고 부천역 방향으로 떠나면서 소식이 끊겼다.

나. 지난 4일 목숨을 끊은 충남 예산 ㅂ 초등학교 **서 아무개 교장**의 부인 김 아무개(52) 씨는 5일 ㅂ 초등학교 기간제 교사 ㅈ씨 등을 명예훼손 혐의로 경찰에 고소했다.

다. 이에 대해 담당 주치의인 **박 모 교수**는 "환자는 병원에 왔을 때부터 뇌출혈 증세를 보여 신경외과 등에서 바로 조치를 취했으며, 다른 병원으로 옮기라고 한 이유는 중환자실이 모두 차 있어 우 씨를 집중적으로 치료할 수 없었기 때문"이라고 밝혔다.

라. 금감위는 최근 과장된 내용을 인터넷이나 신문에 광고해 주식을 매각한 혐의로 M사 **차 모**(43) 이사, P디지털 **이 모 대표**를 검찰에 고발하기도 했다.

위의 예에서 보듯이 '아무개'와 '모'는 '김 아무개 장학사', '박 모 교수' 등과 같이 직함과 함께 나타나는 동격 명사구 내부에 나타나는 것이 일반적이다. 이러한 사용상의 특성으로 인해 '아무개'와 '모'는 다른 '사람' 지시 부정대명사와 달리 주어의 비율이 낮고 '접속 및 동격'의 비율이 높게 나타난다.

'어디'와 '언제'는 각각 '장소'와 '시간'을 지시하기 때문에 그 의미적 특성으로 인해 부사어의 비율이 압도적으로 높게 나타난다. '어디'는 부사어의 비율이 79%이고 '언제'는 거의 모든 예가 부사어로 나타난다. 앞서 살펴본 장소 지시대명사의 경우도 부사어의 비율이 74%였다는 것을 함께 참고한다면(5.5.2의 <그래프5.5.2-3> 참고), '사람'이나 '사물'의 명사구에 비해 '장소'나 '시간'의 명사구는 그 문법 기능이 의미적 특성에 의해 많은 영향을 많이 받는다는 것을 알 수 있다. 이는 5.5.3.2에서 살펴볼 의문대명사 '어디'와 '언제'를 통해 더욱 명확히 알 수 있을 것이다.

5.5.3.2. 의문대명사의 문법 기능

말뭉치 계량 결과 제시

- 개별 의문대명사의 문법 기능의 분포

  '무엇'의 문법 기능의 분포
  서술어 〉 목적어 〉 주어 〉 부사어 〉 관형어 〉 기타 〉 보어 〉 접속 및 동격

  '누구'의 문법 기능의 분포
  서술어 〉 주어 〉 목적어 ≧ 부사어 〉 관형어 ≧ 기타 〉 보어 ≧ 독립어 ≧ 접속 및 동격

  '어디'의 문법 기능의 분포
  부사어 〉 서술어 〉 목적어 〉 주어 〉 관형어 〉 기타 ≧ 보어

  '언제'의 문법 기능의 분포
  부사어 〉 서술어 〉 기타 ≧ 관형어 ≧ 주어 ≧ 목적어 = 보어

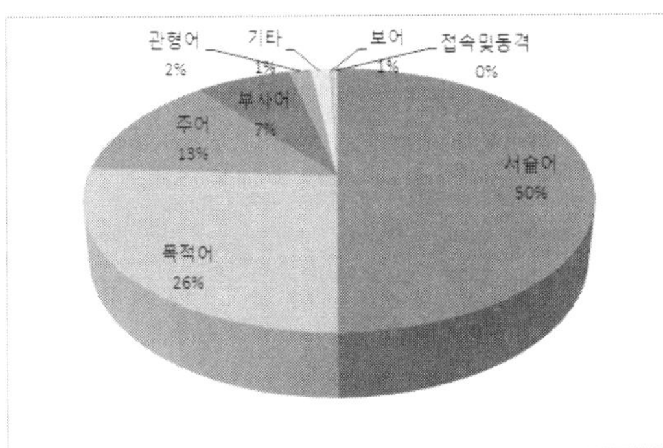

<그래프5.5.3.2-1> '무엇'의 문법 기능의 분포

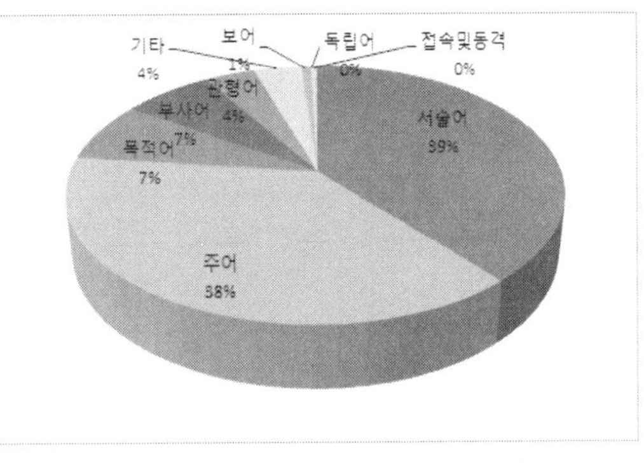

<그래프5.5.3.2-2> '누구'의 문법 기능의 분포

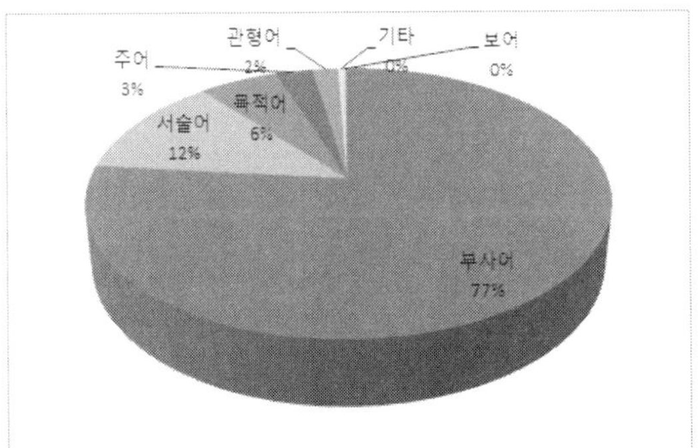

<그래프5.5.3.2-3> '어디'의 문법 기능의 분포

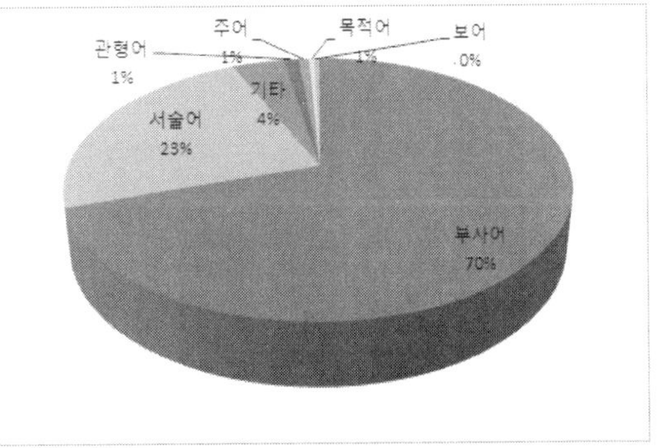

<그래프5.5.3.2-4> '언제'의 문법 기능의 분포

▶▶ 말뭉치 계량 결과에 대한 논의

의문대명사의 문법 기능의 분포는 앞서 살펴본 부정대명사의 문법 기능의 분포와 비교해 볼 때, '사물' 지시의 '무엇'과 '사람' 지시의 '누구'는 부정대명사와 완전히 다른 양상을 보이고 '장소' 지시의 '어디'와 '시간' 지시의 '언제'는 부사어의 비율이 70% 이상으로 압도적으로 높다는 점에서 부정대명사와 동일한 경향을 보인다는 특징이 있다.

의문대명사 '무엇'과 '누구'는 각각 '사물'과 '사람'을 지시하기 때문에 각각 목적어 또는 부사어와 주어의 비율이 가장 높을 것으로 예상되지만 이러한 일반적인 경향성과는 달리 서술어의 비율이 가장 높게 나타난다. 이러한 예외적인 결과는 '무엇'과 '누구'가 의문대명사로서 의문문에만 나타난다는 사실과 관계가 있다. '무엇'과 '누구'가 의문문에 나타나 의문대명사로 사용될 때에는 아래의 예와 같이 '이다'와 결합하여 나타나는 경우가 가장 일반적이다(5.3.2.2 참고).

〈예5.5.3.2-1〉

가. A: 그래 거기 사람들은 이렇게 쌓아 놓고 먹어. 딤섬을. B: 그게 **뭔데**? A: 만두 같은 거 있잖아, 딤섬이라고. [대화]

나. 그러나 나는 고개를 흔들어 약해지려는 마음을 다잡으며 자신에게 물어보았다. 내가 원서 한 장 한 장에 집착하는 이유가 **무엇인가**? 합격률을 높여 능력을 인정받으려는 욕심 때문은 아닌가? [소설]

다. 아무리 여당의 체면이 중요하다 치더라도, 제대로 토론 한 번 해 보지 못한 법안을 구태여 변칙적으로라도 단숨에 처리해 버려야 할 그 '이유'란 것이 대체 **무엇인가**. [신문]

라. 정보화 사회에서 유망한 영역은 **무엇일까**? 사실 이 질문은 이 분야에 대해 전문적인 지식이 없는 사람이라도 쉽게 대답할 수 있을 것이다. [학술]

〈예5.5.3.2-2〉

가. A: 저 사람 **누구야**? 어? 저 사람 **누구야**? B: 모르지. [대화]

나. 그녀는 무엇이 두려운지 자신의 모습을 완전히 드러내지 않고 있었다. "넌 **누구야**? 뭣 땜에 순미를 찾아와서 행패를 부리고 그래?" [소설]

다. 그나마 면밀한 사업성 검토와 평가 절차도 밟지 않고 돈을 대출하도록 한 '큰 힘'은 **누구인가**. 최고 권력자와의 돈 거래 사실을 확인한 정태수 씨 증언은 이러한 '한보 수수께끼' 물음의 해답이기도 하다. [신문]

라. 이제부터의 논의들을 통해 자신의 생각을 가다듬어 볼 기회를 가져 보자. 신세대란 **누구이고** 신세대 문화란 어떤 것인가 신세대란 **누구인가**? [학술]

<예5.5.3.2-1>과 <예5.5.3.2-2>는 각각 '무엇'과 '누구'가 '이다'와 결합하여 서술어로 사용된 경우를 보인 것이다. 이와 같이 의문대명사에 '이다'와 결합하여 서술어로 나타나면 서술어가 신정보로서 의문문의 초점이 되는데, '무엇'과 '누구'는 '어디'나 '언제'와 달리 서술어로 나타나 의문문의 초점을 받는 것이 일반적이다. 이러한 경향성이 나타나는 이유를 밝히기는 어렵지만 이러한 경향성으로 인해, 의문대명사 '무엇'과 '누구'는 서술어의 비율이 가장 높게 나타나고 있음을 확인할 수 있다.

한편, 서술어 다음으로 그 비율이 높은 문법 기능을 살펴보면, '무엇'은 목적어의 비율이 높게 나타나고 '누구'는 주어의 비율이 높게 나타난다. 이는 '사물'을 지시하는 명사구는 목적어로 나타나는 비율이 높고 '사람'을 지시하는 명사구는 주어로 나타나는 비율이 높다는 명사구의 의미적 특성과

문법 기능이 보이는 일반적인 경향성에 부합되는 것이라 할 수 있다. 이상의 결과를 종합해 본다면, 의문대명사 '무엇'과 '누구'의 문법 기능은 의문문에서만 나타나는 의문대명사라는 특성에 가장 큰 영향을 받고 그 다음으로는 지시 대상의 의미적 특성에 영향을 받는다고 할 수 있을 것이다.

의문대명사 '무엇', '누구'와 달리 의문대명사 '어디'와 '언제'는 명사구의 의미적 특성과 문법 기능 사이에서 나타나는 일반적 경향성이 강하게 나타난다. '어디'와 '언제'는 각각 '장소'와 '시간'을 지시하므로 '장소'와 '시간'의 부사어로 나타나는 것이 일반적이기 때문이다. 그러나 의문대명사 '어디'와 '언제'는 의문대명사가 가지는 특성으로 인해 부정대명사와 달리 부사어 다음으로는 서술어의 비율이 가장 높게 나타난다. 앞서 5.5.3.1에서 장소 지시대명사와 '장소', '시간' 지시의 부정대명사 '어디', '언제'가 부사어로 나타나는 비율이 압도적으로 높게 나타나는 것을 근거로 하여 '사람'이나 '사물'의 명사구에 비해 '장소'나 '시간'의 명사구는 문법 기능이 의미적 특성에 많은 영향을 받는다고 언급하였다. 이는 의문대명사의 '어디'와 '언제'의 문법 기능 분포를 통해서 확실히 증명된다고 하겠다. '사물'을 지시하는 의문대명사 '무엇'과 '사람'을 지시하는 '누구'는 그 의미적 특성보다는 의문대명사적 속성으로 인해 서술어로 나타나는 비율이 가장 높은 데 반해, '장소'를 가리키는 '어디'와 '시간'을 가리키는 '언제'는 의문대명사라는 특성에 영향을 받아 서술어의 비율도 높게 나타나지만 그 의미적 특성에 더 강하게 영향을 받아 부사어로 나타나는 비율이 가장 높게 나타나기 때문이다.

5.5.4. 재귀대명사의 문법 기능

말뭉치 계량 결과 제시

1. 전체 재귀대명사의 문법 기능의 분포

관형어 〉 주어 〉 목적어 〉 부사어 〉 접속 및 동격 〉 서술어 〉 보어 〉 기타 ≧ 독립어

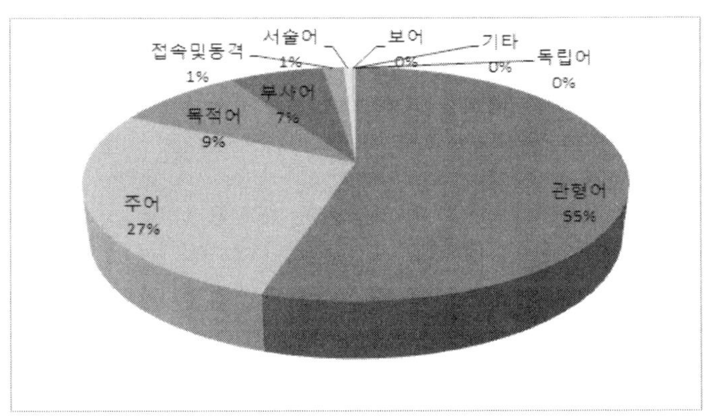

<그래프5.5.4-1> 전체 재귀대명사의 문법 기능의 분포

2. 재귀대명사의 용법별 문법 기능의 분포
재귀적 용법의 재귀대명사의 문법 기능의 분포
관형어 〉 주어 〉 목적어 〉 부사어 〉 접속 및 동격 〉 서술어 ≧ 보어 〉 기타 ≧ 독립어

강조적 용법의 재귀대명사의 문법 기능의 분포
주어 〉 관형어 〉 목적어 〉 부사어 〉 서술어 〉 접속 및 동격 〉 보어 〉 기타

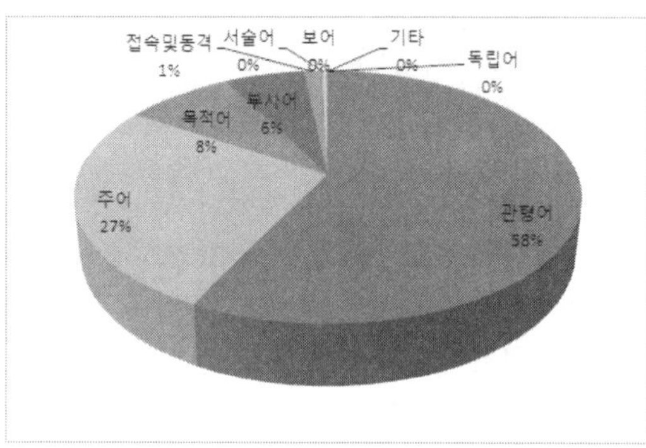

<그래프5.5.4-2> 재귀적 용법의 재귀대명사의 문법 기능의 분포

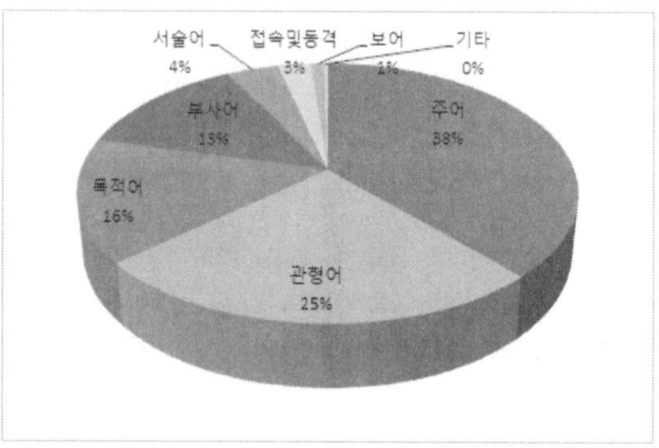

<그래프5.5.4-3> 강조적 용법의 재귀대명사의 문법 기능의 분포

▶▶ 말뭉치 계량 결과에 대한 논의

재귀대명사의 문법 기능은 재귀대명사의 용법 중 그 사용 비율이 압도적으로 높은 재귀적 용법의 문법 기능 분포를 그대로 따른다(5.4.2의 <그래프5.4.2-1> 참고). 따라서 여기서는 재귀적 용법과 강조적 용법을 나누어 재귀대명사의 문법 기능 분포를 살펴보기로 한다.

우선, 재귀적 용법을 지니는 재귀대명사의 문법 기능 분포를 살펴보면, 관형어의 사용 비율이 가장 높게 나타나고 그 다음으로 주어가 높게 나타난다는 특징이 있다.

〈예5.5.4-1〉

가. 저~ 뭐야 〈name〉하구 누구냐 〈name〉하구 〈name〉이는 **자기** 남자 친구 데리고 오던데 학교에, [대화]
나. 아버지는 **자기** 손에 샤워기의 물을 받아보고 온도를 맞춘 다음 형의 몸을 향해 뿌렸다. [소설]
다. 인도네시아군의 잔혹한 인권 탄압과 대량 살육 행위로 국제사회의 비상한 관심을 끌어온 동티모르 주민들이 사상 처음 **자신들의** 운명을 스스로 결정할 호기를 맞이했다. [신문]
라. 인간들은 원시 시대부터 **자신들의** 이성적 능력을 넘어서는 것에 대해서는 동경과 두려움을 동시에 가지면서 살아 왔다. [학술]

<예5.5.4-1>은 재귀적 용법의 재귀대명사 '자기'와 '자신'이 관형어로 나타난 예를 보인 것이다. 재귀적 용법의 재귀대명사는 재귀적 의미를 나타내기 위해 주어 명사구가 지시하는 대상을 다시 지시하는 대명사로서 <예5.5.4-1>에서와 같이 '사람'을 지시하는 것이 일반적이다. 따라서 재귀적 용법의 재귀대

명사는 '사람'을 지시하는 인칭대명사와 유사한 문법 기능 분포를 보일 것으로 예측된다.

하지만 5.5.1의 <그래프5.5.1-1>에서 확인할 수 있듯이 인칭대명사는 주어의 비율이 56%이고 관형어의 비율이 26%인 데 반해, 재귀적 용법의 재귀대명사는 이와 정반대로 주어의 비율이 27%이고 관형어의 비율이 58%로 나타난다. 이처럼 재귀적 용법의 재귀대명사가 주로 '사람'을 지시함에도 불구하고 관형어보다 주어로 나타나는 비율이 낮은 것은 재귀적 용법의 재귀대명사가 주어 명사구만을 다시 지시한다는 사실과 관련이 있다. 5.4.2에서 논의하였듯이 재귀적 용법의 재귀대명사는 주어 명사구가 지시하는 대상을 다시 지시하는 대명사이므로 아래의 예와 같이 선행 문장이나 선행절의 주어, 복합문의 상위절 주어를 다시 가리키는 경우가 아니면 주어로 나타날 수 없다는 제약이 있다.

〈예5.5.4-2〉

가. A: 이 사람들은 이용당하는 거지, B: 그렇죠, A: 아니면 **자신들도** 모르는 사이에 이용당하고, [대화]

나. 시인 석하는 한은옥이 서울을 떠난 후 소식이 두절되자 **자신**이 직접 그녀를 만나러 서포리에 왔다. [소설]

다. 따라서 김대업 씨가 수사 초기 **자신**이 주장한 대로 신빙성 있는 물증을 제시할 수 있느냐가 향후 수사를 좌우하는 중요한 변수가 될 전망이다. [신문]

라. 사이먼 박사는 **자신**이 고안한 방법으로 몇 가지 정리를 컴퓨터로 훌륭하게 증명해 내었다. [학술]

<예5.5.4-2가, 나>는 '자신'이 후행 문장이나 후행절의 주어로 나타나 선행 문장이나 선행절의 주어 명사구를 다시 가리키는 경우를 보인 것이고 <예5.5.4-2다, 라>는 '자신'이 내포절의 주어로 나타나 상위절의 주어 명사구를 다시 가리키는 경우를 보인 것이다. 이와 같이 재귀적 용법의 재귀대명사는 절 경계 외부에 있는 주어 명사구를 다시 가리키는 경우에만 주어로 나타날 수 있다는 제약이 있기 때문에 주어로 나타나는 비율이 낮게 나타나는 것이다.

한편, 재귀적 용법의 재귀대명사가 관형어의 비율이 가장 높은 이유는 재귀적 용법의 재귀대명사의 지시 대상이 '사람'이라는 점과 관련이 있을 것으로 보인다. 3.4에서 '사람' 지시 명사구는 주어 다음으로 관형어의 비율이 높게 나타나는 것을 확인하였고 5.5.1에서 인칭대명사는 주어 다음으로 관형어의 비율이 높게 나타난다는 것을 확인할 수 있었다. 이러한 사실을 미루어 볼 때, '사람' 지시 명사구는 주어 이외에도 소유주의 의미역을 지니는 관형어로 나타나는 경향이 강한 것으로 보인다. 따라서 재귀적 용법의 재귀대명사도 '사람'을 지시하기 때문에 관형어의 비율이 높게 나타날 수밖에 없을 것이다. 다만 재귀적 용법의 재귀대명사는 주어 명사구만을 다시 지시한다는 제약으로 인해 주어의 비율이 낮게 나타나기 때문에 관형어의 비율이 가장 높게 나타나는 다소 예외적인 결과를 보이는 것이라고 할 수 있다.

강조적 용법의 재귀대명사는 '사람'을 지시한다는 점에서는 재귀적 용법의 재귀대명사와 동일하지만 모든 문법 기능의 명사구를 선행사로 가진다는 점에서는 재귀적 용법의 재귀대명사와 차이가 있다. 즉 강조적 용법의 재귀대명사는 선행사의 문법 기능에 제약이 없고 '사람'을 지시하기 때문에 문법 기능의 분포에 있어서 인칭대명사와 유사하게 주어가 가장 높은 비율을 보이고 그 다음으로 관형어의 비율이 높게 나타난다. 그러나 강조적 용법의 재귀대명사는 인칭대명사에 비해 주어의 비율이 낮고 목적어나 부사어의 비율이 다소 높게 나타난다는 차이가 있다. 이러한 차이는 강조적 용법이 지니는 특성에서 비롯된 것으로 보이지만 정확하게 어떠한 특성이 이러한 분포의 차이를 유발하는지는 밝히기 어렵다.

요컨대, 재귀대명사는 재귀적 용법이든 강조적 용법이든 모두 '사람'을 지시하는데 이로 인해 두 용법에서 모두 주어와 관형어의 비율이 높게 나타난다. 그러나 재귀적 용법은 주어인 명사구만을 선행사로 가진다는 제약 때문에 주어보다 관형어의 비율이 더 높게 나타나지만 강조적 용법은 이러한 제약이 없기 때문에 인칭대명사와 유사한 문법 기능 분포를 보인다.

6장 수사

수사는 수량이나 순서를 나타내는 말이다. 수사는 체언의 하나로 명사와 동일하게 다양한 조사와 두루 결합하여 문장 내에서 주어, 목적어, 서술어 등의 자리에 나타날 수 있지만 관형어의 수식에 제약이 있다는 차이가 있다.

수사의 형태론적 특징을 살펴보면, 고유어 수사 '하나', '둘', '셋', '넷'을 제외하고는 수관형사와 형태상의 차이가 없다. 따라서 '하나', '둘', '셋', '넷' 이외의 수사를 수관형사와 구분하기 위해서는 조사 결합 여부와 통사적 분포상의 차이를 기준으로 이용할 수밖에 없다. 즉, 조사와 결합하지 않고 단위성 의존명사나 보통명사 앞에 나타나 관형어의 기능을 하는 형태는 수관형사가 되고 조사와 결합하여 문장 내에 나타나거나 관형어 이외의 문법 기능에 나타나는 형태는 수사가 되는 것이다.

〈예6-1〉

가. 프왑이 제시한 다섯 가지 방식은 놀라운 통찰력으로 가득 차 있다. [신문]

나. 그가 첫 페이지 첫째 줄에 쓴 문장. 아마도 제목인 것 같았다. 그리고는 다섯 줄을 건너뛰고서 본문이 시작되고 있었다. [소설]

다. 보육 교사 자격을 딴 김 씨의 친구 김윤주 씨(38)가 원장, 보조교사로 친정 올케, 어머니와 친정어머니 등 **다섯이** 저마다 역할을 나누어 맡고 있다. [신문]

라. 천태종에서는 이를 '오시판교(五時判敎)'라 하여 부처가 설법한 시기를 **다섯으로** 나누어 설명하고 있다. [학술]

위의 예에서 확인할 수 있듯이, <예6-1가, 나>의 '다섯'은 각각 조사와 결합하지 않고 단위성 의존명사 '가지'와 보통명사 '줄' 앞에 나타나 관형어의 기능을 하기 때문에 수관형사이고 <예6-1다, 라>의 '다섯'은 각각 주격조사와 부사격조사와 결합하여 주어와 부사어의 기능을 하기 때문에 수사이다. 여기서는 수사와 수관형사의 형태가 동일한 경우, 통사적 분포에서 따라 수사와 수관형사를 구별하고 있지만 논의에 따라 수사와 수관형사를 구별하지 않고 모두 수사로 보기도 한다.

수사는 의미적 기준으로 크게 **양수사**와 **서수사**로 나눌 수 있다. 양수사는 수량을 나타내는 수사이고 서수사는 순서를 나타내는 수사이다.

〈예6-2〉

가. 얘는 생긴 게 좀 멀쩡하게 생겨 가지고 이렇게 근면 성실해. 근데 얘네 **둘은** 약간 엽기야. 근데 **셋이** 되게 친하다? [대화]

나. 감색 가운 위로 흰 머리카락이 **하나** 떨어지자 아버지는 나 모르게 슬쩍 치워냈다. [소설]
다. 이곳엔 남농 허건 화백이 평생 모은 수려한 수석들과 남농의 주옥같은 그림들을 전시한 남농기념관, 향토문화회관, 국립해양유물전시관, 목포문화예술회관 등 독특한 전시 공간이 **넷이나** 모여 있다. [신문]
라. 그래서 원효는 **하나의** 불법으로 모든 종파를 회통시키려는 운동을 전개하였다. [학술]

<예6-2>는 양수사의 예를 보인 것으로 이 예에서 수사들은 각각 사람, 머리카락, 전시 공간, 불법의 수량을 나타내는 것이다.

〈예6-3〉
가. A: 왜 놀보가 심술을 부릴까? B: 그거는 이제 **첫째** 아버지가 작은아들만 위했다는 거예요. 그래서 아버지가 세상을 떠나니까 흥보를 내쫓았고, 음, **둘째는** 재산 문제. 자기 재산이니까 인제 자기 재산이니까 인제 아깝다는 거죠. [대화]
나. 우리 소개를 하지. 이쪽은 큰딸 정혜고, 그 옆은 사위, 그리고 얘는 **둘째** 수혜. [소설]
다. 사실 김태현은 일부 시도에서 체전용으로 쓸 요량으로 스카우트 손길을 뻗치고 있기도 하다. 그러나 그는 **첫째** 고향을 등질 수 없고 **둘째** 이형근 전 해태 감독과 운명을 같이해야 한다며 정중히 거절하고 있다. [신문]
라. 그렇다면 사회 현상에 대한 과학적 인식이란 구체적으로 어떤 것을 의미하는가? 그것은 **첫째**, 어떤 현상을 객관적인 사실로, 즉 비개인적인 사회적 관계의 차원으로 이해한다는 것을 의미하고 **둘째**, 그 현상을 과학적 방법을 사용하여 이해한다는 것을 의미한다. [학술]

〈예6-4〉 [대화]
가. A: 저 여행도 막~ 혼자 갔다 오고 그랬어요. B: 언제? A: **중 삼 고 일** 뭐~ 이렇게.
나. 피터잭슨 감독이. 스타워드 에피소드 **투를** 본 다음에. 반지의 제왕, 반지의 제왕, 두 개의 탑에 전투 장면 수정해야겠다고 다 불러 모았대잖아.
다. A: 근데 계절 학기 하면 하루에 매일 세 시간씩이니까, B: 몇 시부터 몇 시까진데요? A: 그니까 오 교시부터 **칠 오륙칠, 오륙칠**.
라. A: 옛날에 에어로화이터 **오가** 유명하지. B: 유명하지. 난이도 그렇게 어렵지 않고,

<예6-3>과 <예6-4>는 서수사의 예를 보인 것이다. <예6-3>은 모두 서수사로만 쓰이는 수사의 예들을 보인 것으로서 이들 예에서 '첫째', '둘째'는 양수사로는 사용되지 않고 서수사로만 사용된다. 이와 같이 서수사는 '첫째', '둘째'와 같이 서수사로만 쓰이는 형태도 있지만 <예6-4>와 같이 양수사와 형태상의 차이가 없는 경우도 있다. <예6-4>에서 제시된 영어 수사나 한자어 수사는 모두 서수사로도 사용되고 양수사로도 사용되는 것들이다. <예6-4가>의 '중 삼', '고 일'에서 '삼'과 '일'은 학년을 나타내는 것으로서 학년의 순서를 가리키는 것이고 <예6-4나>의 '투'는 '스타워즈'라는 영화 시리즈 중 두 번째로 나온 것을 가리키는 것이다. <예6-4다>의 '오', '육', '칠'은 수업 시간의 순서를, <예6-4라>의 '오'는 '에어로화이터'라는 게임이 출시된 버전의 순서를 가리킨다.

수사는 그 기원에 따라 크게 '하나', '둘', '셋' 등의 고유어 계열 수사와 '일', '이', '삼' 등의 한자어 계열 수사로 나눌 수 있다. 고유어 수사는 비격식적인 일상 대화에서 수량을 나타낼 때 주로 사용되지만 100 이상의 큰 수를 나타내는 고유어 수사가 발달되어 있지 않아 100 이상의 큰 수를 나타낼 때에는 한자어 수사가 사용된다. 한자어 수사는 큰 수를 나타낼 때뿐만 아니라 분수나 소수와 같이 1이하의

수를 나타낼 때에도 주로 사용되고, 수학식이나 산수 식에서 수를 이를 때에도 주로 사용된다. 이와 같이 한국어의 수사는 고유어 계열과 한자어 계열로 나눌 수 있는데, 한국어에 영어가 대량으로 유입되고 언중들의 영어 지식수준이 높아지면서 일상 대화에서 '원', '투', '쓰리' 등의 영어 수사의 사용도 늘어났다. 하지만 영어 수사는 한국어 수사 체계에 자리 잡지 못하여 비격식적인 일상 대화에서만 어느 정도 세력을 유지하고 있지만 문어 사용역에서는 잘 사용되지 않는다. 아래에 제시한 <예6-5>, <예6-6>, <예6-7>은 각각 고유어 수사, 한자어 수사, 영어 수사의 예를 보인 것이다.

〈예6-5〉

가. 어::~ 짬뽕 라면 맵게, **하나하구요**, 그 다음에 냉모밀 **하나하구**. 참치 김밥 **하나** 참치 김밥 **하나** 주세요. [대화]

나. 아버지에게 뺨을 맞는 순간, 괘종시계는 정확히 **일곱을** 쳤고 그녀는 솟구치는 눈물을 시계 종소리를 세며 내리눌렀었다. [소설]

다. 폐지류, 플라스틱류, 캔류, 병류로 나누는 쓰레기 분리수거는 이젠 이곳 주민들에겐 **하나의** 생활이 됐다. [신문]

라. 그것을 위해서는 적어도 다음의 몇 가지 조건을 갖추어 나가는 데에 힘써야 할 것이다. **첫째는** 인간적 성실성을 지녀야 한다는 점이다. **둘째는** 직분 의식을 뚜렷이 지녀야 한다는 점이다. **셋째는** 질서와 기율에 충실해야 한다는 점이다. **넷째는** 최선의 방법으로 순간을 관리해야 한다는 점이다. [학술]

〈예6-6〉

가. 엠피쓰리가 **십분의 일로** 압축하잖아. [대화]

나. 이학년 때 정신 차려서 공부하고 있어 지금. 학점 올리기 지금 총점 올리기 돌입하고 있잖아. 지금까지 **삼 점 육까지** 올렸나 지금까지. [대화]

다. 사 제트에 제곱, 마이나스 **십이** 제트, 플러스 **십육은** 이꼴 **영이다**, 이렇게 됐지. 이렇게 됐지. [대화]

라. 나는 저 사람한테 이때까지 이야기해 온 것이 새로 조성되고 있는 노루목 포구에 가서 다방이나 하나 세를 얻어서 차려보자는 것이네. 물론 거기다가 내가 한 **사오백쯤** 얹어야 그걸 차릴 수 있을 테지. [소설]

마. 이번 사건에 대한 재판 관할권을 미군이 아닌 한국의 사법 기관이 행사해야 한다는 시민들의 서명이 **5만을** 넘어섰다. [신문]

바. 구소련과 동구권 **4억** 이상의 인구가 시장 경제의 도입과 민주화로 새로운 세계 질서에 편입되어 왔다. [학술]

〈예6-7〉 [대화]

가. 자기가 자기를 변호해서, 변호에 이긴 확률이 없대, 거의 **제로에** 가깝대.

나. A: 터미네이터 **쓰리** 만든다는 얘기 들었어. B: 음::. 그게··· **쓰리 투까지는** 진짜 뭐지? 에쓰에프 영화의 고전이잖아.

다. 야::, 그냥 결국에는 자기가 그게, 빅 **파이브가** 되는지 안 되는지를 모르겠는 거야::, 우린 표를 본 적이 없으니까, 이게 진짜 빅 파이븐지, 이게 몬지를 모르겠는 거야.

라. 토익은, 듣기를 이렇게 나눠, 파트 파트 **원부터** 파트 **포까지** 있거든.

수사는 사물의 수량이나 순서를 나타내는 데 사용되는 것이 일반적이지만 다음과 같이 숫자 자체를 지시하거나 수를 세기 위해 수사를 사용하기도 한다. 숫자를 지시하거나 수를 세는 용법은 일반적인 수사의 용법인 양수사나 서수사의 용법과는 다르다.

〈예6-8〉

가. 아니면 여기로 전화하면 돼. **오사이의 공칠일오**. [대화]

나. 그 어른들은 **육이오** 전쟁이 나기 전까지만 해도 그 은행나무는 매우 창성하여 해마다 은행을 몇 가마씩이나 맺었다고 했다. [소설]

다. 자전거 핸들은 크게 세 가지 형태이다. 60~70년대 '신사용 자전거'의 핸들처럼 활모양을 한 '업(up)형', 경기용 사이클의 '드롭형', 최근 유행하는 '**일**(一)**자형**' 등이다. [신문]

라. 평화 통일을 위해서 우리 정부는 1970년 8월 15일 '평화 통일 구상 선언'을 통해 평화 통일의 기본 방향을 밝혔다. 이어 1973년 6월 23일에는 '**육이삼** 선언'을 통해 통일을 이루어 나갈 정책을 밝혔다. [학술]

<예6-8>은 수사가 숫자를 지시하는 데 사용된 것을 보인 것이다. <예6-8가>에서 각각의 수사들은 전화번호를 구성하고 있는 숫자를 각각 지시한 것이고 <예6-8나>에서 '육이오'는 한국 전쟁이 발발한 6월 25일에서 각각의 숫자를 하나씩 지시한 것이다. <예6-8다>의 '일'은 수량을 나타내는 것이 아니라 한자어 숫자 '一'을 가리키는 것이고 <예6-8라>의 '육이삼'은 6월 23일에서 각각의 숫자를 가리키는 것이다.

〈예6-9〉

가. A: 아 맞어 화정 거기. 머나요? B: 가깝죠, 화정하구 대화하구, 별로 안 멀어요. 전철 타고 **하나 둘 셋 넷** 한 네 정 다섯 정거장? [대화]

나. **하나, 둘, 셋 넷,** 누나는 그에게 손가락을 꼽아가며 헤아리게 했다. [소설]

<예6-9>는 수사가 수를 셀 때 사용된 경우를 보인 것이다. 위의 예에서 확인할 수 있듯이 수사가 수를 셀 때 사용되는 경우에는 1씩 커지는 수사가 하나씩 나열되는 구성을 주로 취한다. 연구 대상 말뭉치에서는 고유어 수사만이 수를 세는 용법에 나타났으나 '일, 이, 삼, 사...', '원, 투, 쓰리, 포...'와 같이 한자어 수사, 영어 수사도 수를 세는 용법으로 사용될 수 있다. 하지만 수를 세는 용법에는 한자어 수사나 영어 수사보다는 고유어 수사가 일반적으로 사용된다.

한편, 양수사는 특정 대상의 수량을 나타내므로 수량화 대상이 수사 앞이나 뒤에 나타나 하나의 구성을 이루기도 하고 앞선 문맥이나 담화 상황을 통해 수량화 대상을 충분히 예상할 수 있어 수량화 대상이 생략되고 수사만 나타나는 경우도 있다.

〈예6-10〉

가. **둘이** 뭐~ 스키장에서 온 거야? **둘이** 스키장 갔다 왔지 지금? [대화]

나. 그리고 수많은 대신 장사들과 **1만을** 헤아리는 백성과 병졸들은 한꺼번에 포구까지 손수레로 실려 내려갔다. [소설]

다. 아이가 **셋이** 딸린 여자, 그것도 갓난이가 딸린 여자가 홀로 산골에 와 살다니. [소설]

라. 또 감기처럼 입안이 감염될 염려가 있을 때는 칫솔 **둘을** 번갈아가며 사용하는 것이 좋다. [신문]

마. 하나님에 대한 기독교 교리 중 또 **하나의** 핵심적인 부분은 하나님이 이 세상을 창조했다는 점이다. [학술]

<예6-10가>에서 '둘'이 수량화하는 대상은 청자들인데, 이러한 경우는 담화 상황을 통해 수량화 대상을 충분히 알 수 있으므로 수량화 대상이 생략된 것으로 볼 수 있다. <예6-10나, 마>는 수사가 수량화 대상에 선행하여 하나의 구성을 이루는 예를 보인 것으로서, <예6-10나>는 수사가 관형사절

내에 나타나서 수량화 대상의 수량을 나타내고 있고 <예6-10마>는 수사가 관형격조사 '의'와 결합하여 수량화 대상의 수량을 나타낸다. <예6-10다, 라>에서는 수사가 수량화 대상보다 후행하는데, <예6-10다>는 수량화 대상에 조사가 결합된 것을 보인 것이고 <예6-10라>는 수량화 대상에 조사가 결합되지 않은 것을 보인 것이다. 이와 같이 수사는 수량화 대상과 여러 가지 구성을 이루는데 수사의 구성에 대해서는 6.3에서 자세히 다룰 것이다.

말뭉치 계량 결과 제시

• 수사의 사용역 비율(수관형사 제외): 대화 〉 학술 〉 소설 〉 신문

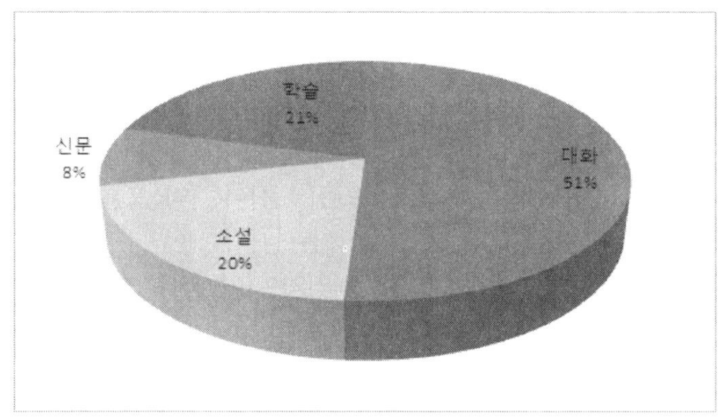

<그래프6-1> 수사의 사용역 비율(수관형사 제외)

말뭉치 계량 결과에 대한 논의

수사의 말뭉치 계량 결과는 이미 2.3에서 제시한 바 있다. 그러나 2.3에서 제시된 말뭉치 계량 결과는 형태 (의미) 분석 말뭉치의 분석 결과를 그대로 이용한 것이지만 여기서 제시된 말뭉치 계량 결과는 수작업을 통해 분석된 결과를 반영한 것이라는 차이가 있다. 수작업을 통한 말뭉치 분석은 다음과 같은 방식으로 진행되었다. 첫째, 말뭉치상에서 수사로 형태 분석된 것 중에서 관형격조사와 결합하지 않고 단위성 의존명사나 보통명사를 수식하는 경우는 수관형사로 분석하여 수사의 용례에서 제외하였다. 둘째, '하나둘'과 같이 하나의 수사로 보아야 하지만 '하나'와 '둘'로 각각 분석된 경우, 재분석하여 하나의 수사로 처리하였다. 셋째, '2만 5천', '삼만 사천'과 같은 경우는 말뭉치 형태 분석에서 '만', '천', '삼', '사'가 각각의 수사로 분석되었지만 여기서는 '2만 5천', '삼만 사천'을 하나의 수사로 처리하였다. 요컨대, 여기서 제시되는 말뭉치 계량 결과는 수관형사를 제외하고 과잉 분석된 형태를 통합한 결과를 바탕으로 제시되는 것이다. 따라서 여기서 제시된 말뭉치 계량 결과는 2.3에 제시된 말뭉치 계량 결과와 차이가 난다는 점에 유의할 필요가 있다. 그리고 6장에 제시되는 모든 말뭉치 계량 결과도 수작업을 통해 분석된 결과를 바탕으로 하였다는 점도 미리 언급해 두고자

한다.

위의 그래프를 통해, 수사는 '대화'에서 가장 많이 사용된다는 것을 알 수 있다. '대화'에서 수사가 사용되는 빈도는 '소설', '학술', '신문' 세 사용역에서 수사가 사용되는 빈도와 유사한 수준이다. 이는 구어와 문어라는 매체상의 차이와 수사의 표기법상의 특성에서 기인한다. 문어 사용역에서는 수량을 나타낼 때에 문자로 표기되는 수사를 이용하기보다 아라비아 숫자를 이용하는 것이 더 일반적이다. 따라서 문자로 표기된 수사만을 대상으로 할 때에는 아라비아 숫자 표기가 나타날 수 없는 '대화'에서 수사의 사용역 비율이 가장 높아질 수밖에 없다. 이러한 특성으로 인해, 수사의 사용 양상은 문자로 표기되는 수사 이외에도 숫자 표기의 사용 양상을 함께 살펴볼 필요가 있는데 이에 대해서는 6.1의 [참고]에서 자세히 살펴보기로 한다.

문어 사용역에서 나타나는 수사의 사용역 비율을 살펴보면 '소설'과 '학술'은 각각 21%, 20%로 유사한 사용역 비율을 보이고 '신문'은 그 사용역 비율이 8%로 매우 낮다. 이와 같이 문어 사용역 중에서 '소설'과 '학술'은 수사의 사용역 비율이 다소 높은데 그 이유에는 차이가 있다. '소설'은 다른 문어 사용역과 달리 수량 표현을 문자로 표현하는 것이 압도적으로 우세하다(6.1 [참고]의 <그래프 6.1-15~17> 참고). 즉, '소설'에서는 수량 표현이 숫자가 아니라 문자로 표기되는 것이 훨씬 더 일반적이기 때문에 문어 사용역 중에서는 수사의 사용역 비율이 비교적 높게 나타나게 되는 것이다. '소설'에서는 '신문'이나 '학술'에 비해 수량을 표현해야 하는 경우가 많지 않을 뿐만 아니라 큰 수를 나타내야 하는 경우도 드물기 때문에 숫자 표기의 수량 표현보다는 문자로 표기되는 수사로 수량을 표현하는 것이 일반적이다.

'학술'에서 수사의 사용역 비율이 높게 나타나는 것은 서수사의 사용 빈도가 매우 높기 때문이다. 위의 그래프에서 확인할 수 있듯이 전체 수사의 사용역 비율은 '대화'가 '학술'보다 두 배 이상 높게 나타남에도 불구하고 차례를 나타내는 서수사의 사용역 비율은 '대화'와 '학술'이 유사하게 나타난다(6.1의 <그래프6.1-6> 참조). 이와 같이 '학술'에서 서수사의 사용 빈도가 높은 것은 아래의 예와 같이 논의를 전개할 때 제시하고자 하는 바를 정리하여 순서대로 명확하게 제시하기 위해 서수사를 많이 사용하기 때문이다.

〈예6-11〉 [학술]

가. 그렇다면 사회 현상에 대한 과학적 인식이란 구체적으로 어떤 것을 의미하는가? 그것은 **첫째**, 어떤 현상을 객관적인 사실로, 즉 비개인적인 사회적 관계의 차원으로 이해한다는 것을 의미하고 **둘째**, 그 현상을 과학적 방법을 사용하여 이해한다는 것을 의미한다.

나. 1964년 조미료 시장에 뛰어든 이후 많은 마케팅 자원의 투입에도 불구하고 항상 2위의 자리에 머물러야 했던 제일제당이 천연조미료 시장에 승부수를 던질 수 있었던 계기는 다음과 같다. **첫째**, 1970년대 중반의 화학조미료 시장은 미원에 대한 소비자들의 상표 충성도가 너무 강해, 기존 시장에 기존 상표로 경쟁한다는 것은 불합리하다고 판단하였다. **둘째**, 화학조미료는 싼값으로 음식의 맛을 증진시킬 수 있는 이점이 있지만 그 맛이 단순하여 다양성과 고급을 추구하는 고객의 잠재적 욕구를 충족시키기에는 한계가 있는 제품이었다. 즉, 고객들은 화학조미료를 대신할 수 있는 제품이 있다면 즉각 대체할 잠재성을 지니고 있었다. **셋째**, 1970년대는 우리나라의 경제 상황이 크게 호전된 시기로서 특히 1975년도에는 일인당 국민 소득이 590달러에 도달할 정도로 생활수준이 향상되었다.

다. 미국여론연구협회는 의견 조사를 보도할 때 지켜야 할 8개 항의 준수 사항을 제시했다. **첫째**, 조사의 주관자와 후원자에 관한 정보 제공; **둘째**, 조사 대상 모집단에 관한 정보 제공; **셋째**, 자료 수집 방법에 관한 정보 제공; **넷째**, 표본의 크기와 추출에 관한 문제; **다섯째**, 질문의 정확한 용어 사용과 관련된 문제; **여섯째**, 조사 시기 즉 자료 수집 기간에 관한 문제; **일곱째**, 표집 오차에 관한 것; **여덟째**, 오차의 요인들에 관한 정보다.

<예6-11>에서 확인할 수 있듯이, '학술'에서는 논의를 전개할 때 제시하고자 하는 바를 정리하여 순서대로 명확하게 제시하기 위해 '첫째', '둘째' 등과 같은 서수사를 사용하는 것이 일반적인데, 이때 나타나는 서수사는 숫자로 표기되지 않고 늘 문자로만 표기된다. 이러한 영향으로 인해 수량 표현의 숫자 표기가 문자 표기보다 사용 비율이 더 높은 '학술'에서도 수사의 사용역 비율이 다소 높게 나타나는 것이다.

수사는 '신문'에서 사용역 비율이 가장 낮은데, '신문'에서는 수량을 표현할 때 문자로 표기되는 수사보다는 주로 아라비아 숫자가 이용되기 때문이다. '신문'에서 나타내는 수는 매우 큰 수뿐만 아니라 소수나 분수도 많은데 이러한 수는 수사보다는 숫자로 표기되는 것이 일반적이다. 또한 '신문'은 정보를 정확하고 간결하게 전달하는 것이 중요하기 때문에 수사보다는 아라비아 숫자가 더 선호된다. 따라서 '신문'에서는 문자로 표기되는 수사의 사용역 비율이 가장 낮게 나타나게 되는 것이다. 그러나 수사의 사용역 비율은 '신문'에서 매우 낮게 나타나지만 수량 표현의 사용 빈도가 낮은 것은 결코 아니다. 6.1의 [참고]에서 확인하게 되겠지만 숫자 표기의 사용역 비율은 다른 사용역과 비교했을 때 '신문'에서 압도적으로 높게 나타난다.

6.1. 수사의 분포

말뭉치 계량 결과 제시1

1. 전체 양수사/서수사의 사용 비율: 양수사 〉 서수사

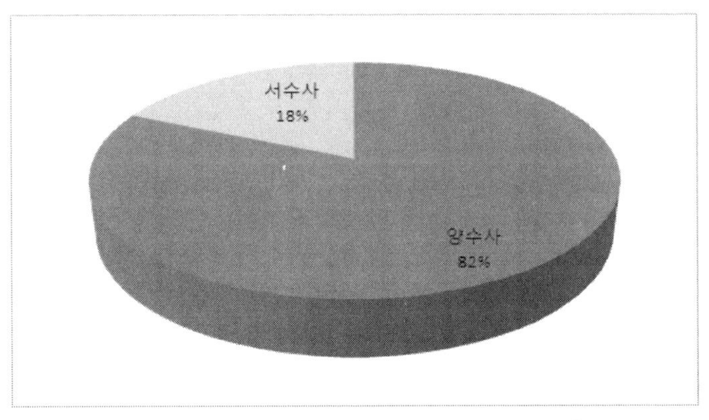

<그래프6.1-1> 전체 양수사/서수사의 사용 비율

2. 사용역에 따른 양수사/서수사의 사용 비율
대화: 양수사 〉 서수사 소설: 양수사 〉 서수사
신문: 양수사 〉 서수사 학술: 양수사 〉 서수사

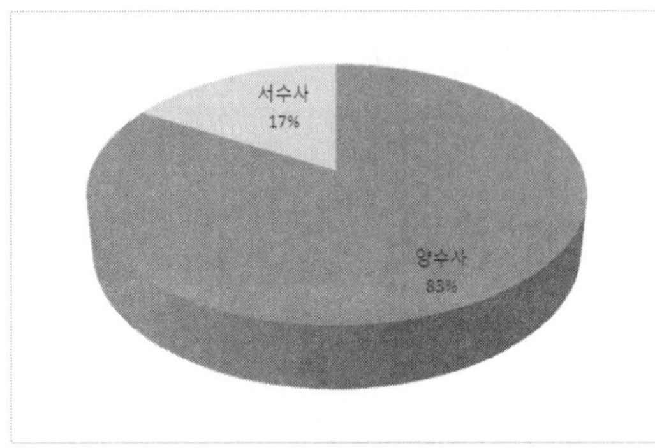

<그래프6.1-2> '대화'의 양수사/서수사 사용 비율

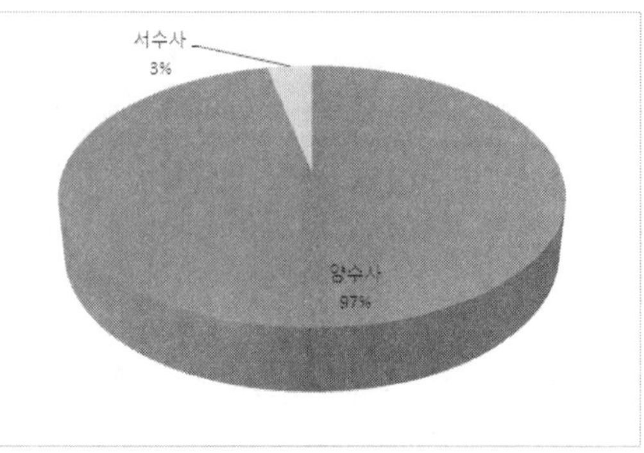

<그래프6.1-3> '소설'의 양수사/서수사 사용 비율

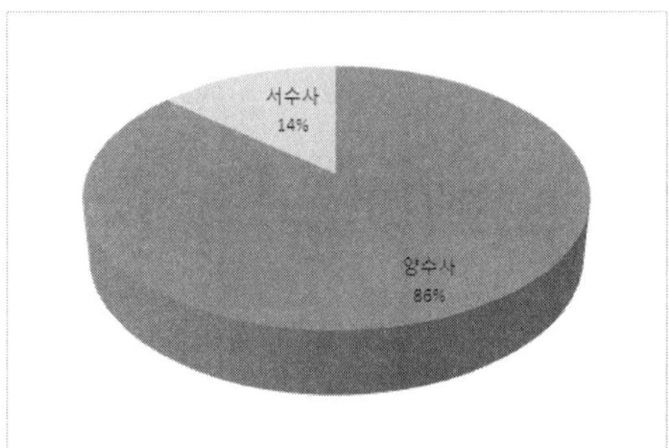

<그래프6.1-4> '신문'의 양수사/서수사 사용 비율

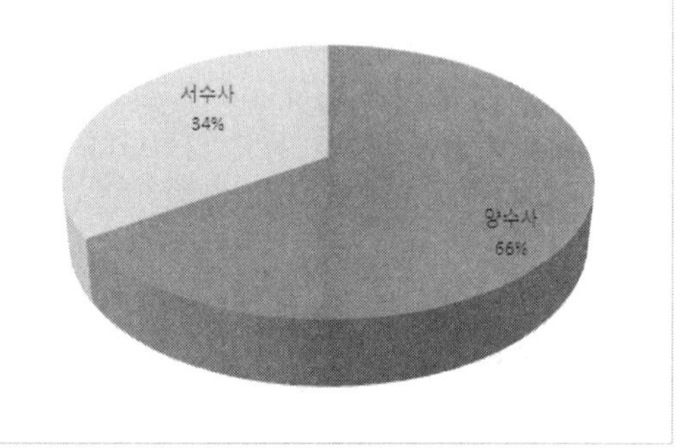

<그래프6.1-5> '학술'의 양수사/서수사 사용 비율

말뭉치 계량 결과에 대한 논의1

전체 말뭉치에서 나타나는 양수사와 서수사의 사용 비율을 살펴보면, 양수사의 사용 비율이 서수사의 사용 비율보다 약 4배 정도 더 높게 나타난다. 양수사의 사용 비율이 서수사의 사용 비율보다 높게 나타나는 경향은 모든 사용역에서도 동일하게 나타난다.

사용역에 따른 양수사와 서수사의 사용 비율을 살펴보면, '대화'는 전체 말뭉치에서 나타나는 양상과 거의 동일하게 나타난다. 이는 <그래프6-1>에서 확인하였듯이 전체 수사의 약 50%가 '대화'에서 사용되기 때문인 것으로 보인다. '소설'에서는 양수사의 사용 비율이 압도적으로 높고 서수사의 사용 비율은 3%에 불과하다. '신문'은 '대화'와 거의 유사한 양상을 보인다는 점에서 특징적인 양상을 보이지 않는다. '학술'은 다른 사용역에 비해 서수사의 사용 비율이 높게 나타난다는 특징이 있다. '학술'에서 서수사의 사용 비율이 높은 것은 글의 논리성과 명료성이 중요한 '학술'의 사용역 특성 때문이다. '학술'에서는 독자의 이해를 돕고 설득하기 위해 논의를 순서대로 명료하게 제시할 필요가 있는데 이를 위해 서수사가 많이 사용된다.

말뭉치 계량 결과 제시2

- 양수사/서수사의 사용역 비율
  양수사: 대화 〉 소설 〉 학술 〉 신문
  서수사: 대화 〉 학술 〉 신문 〉 소설

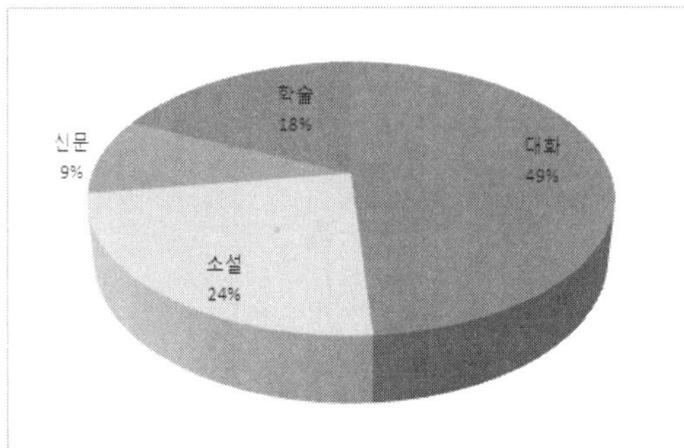

<그래프6.1-6> 양수사의 사용역 비율

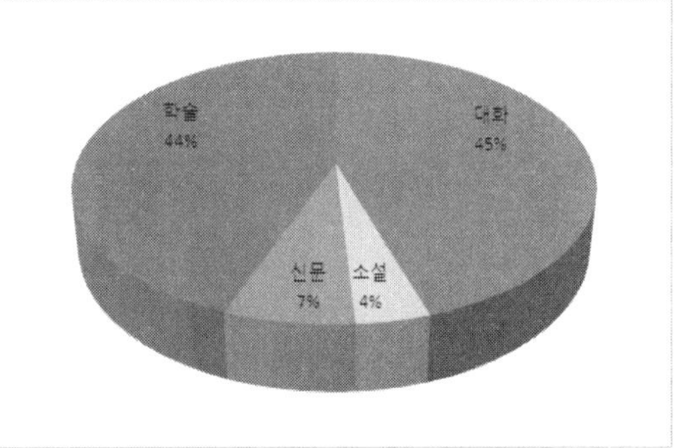

<그래프6.1-7> 서수사의 사용역 비율

말뭉치 계량 결과에 대한 논의2

전체 수사의 사용역 비율에서와 마찬가지로 양수사와 서수사 모두 '대화'에서 가장 많이 사용되고 '신문'에서 가장 적게 사용된다. 즉, 수사는 '대화'에서 가장 많이 사용되고 '신문'에서 가장 적게 사용되기 때문에 수사의 종류에 상관없이 '대화'에서 사용역 비율이 가장 높게 나타나고 '신문'에서 사용역 비율이 가장 낮게 나타나는 것이다.

양수사는 '대화' 다음으로 '소설'에서 많이 사용되고, 서수사는 '대화'와 거의 유사한 비율로 '학술'에서도 많이 사용된다. 앞서 논의하였듯이 '소설'은 문어 사용역이지만 '신문'이나 '학술'과 달리 숫자 표기가 많이 나타나지 않기 때문에 '대화' 다음으로 양수사의 사용역 비율이 높게 나타나는 것이다. 서수사는 거의 대부분 '대화'와 '학술'에서 사용되는 것으로 보아도 무방한데, '대화'에서 주로 사용되는 서수사는 다음과 같은 예들이다.

〈예6.1-1〉 [대화]

가. A: 중삼 때 그럼 몇 학년이랑 소개팅 했어? B: 중 삼 때, 중 **삼이랑** 소개팅 했어.

나. 근까 지금 자 요 첨부 **일이라구** 돼 있는 건 지금 자료 활용 가능 분야라구 돼 있잖아요,

다. A: 매트릭스두. **투** 나온대? 이 편하구 삼 편을 같이 제작한대 지금. B: 어 그래?

위의 예에서 확인할 수 있듯이 '대화'에서는 학년의 순서, 어떠한 대상의 순서, 영화의 속편 등이 서수사로 표현되는 경우가 많은데 이러한 양상과 달리 '학술'에서는 '첫째', '둘째', '셋째' 등의 서수사가 논의의 순서를 나타내기 위해 많이 사용된다. 이와 같이 서수사는 '학술'에서 사용되는 경우가 많기 때문에 양수사의 사용역 비율이 '소설'보다 낮음에도 불구하고 전체 수사의 사용역 비율은 '소설'보다 높게 나타나는 양상을 보이게 된다(6장 도입부의 <그래프6-1> 참고).

말뭉치 계량 결과 제시3

1. 전체 수사의 기원별 사용 비율: 고유어 〉 한자어 〉 영어

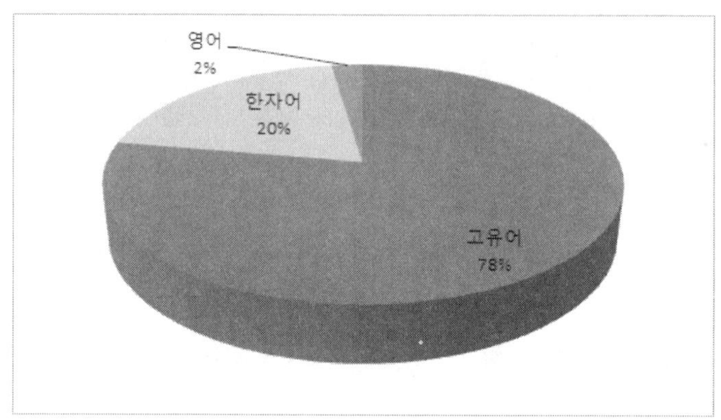

<그래프6.1-8> 전체 수사의 기원별 사용 비율

2. 사용역에 따른 수사의 기원별 사용 비율
   대화: 한자어 〉 고유어 〉 영어
   소설: 고유어 〉 한자어
   신문: 고유어 〉 한자어
   학술: 고유어 〉 한자어

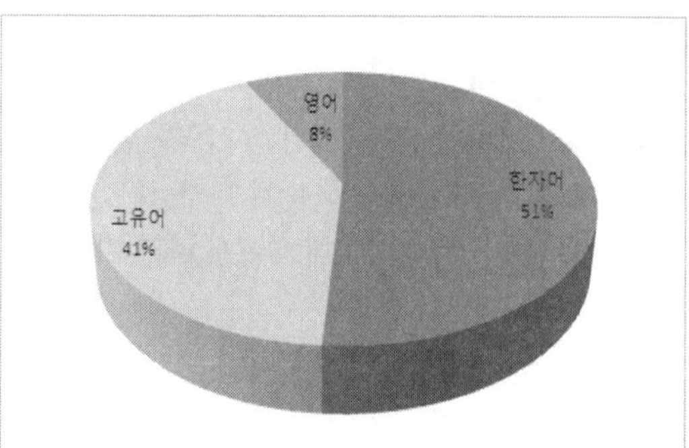

<그래프6.1-9> '대화'의 수사의 기원별 사용 비율

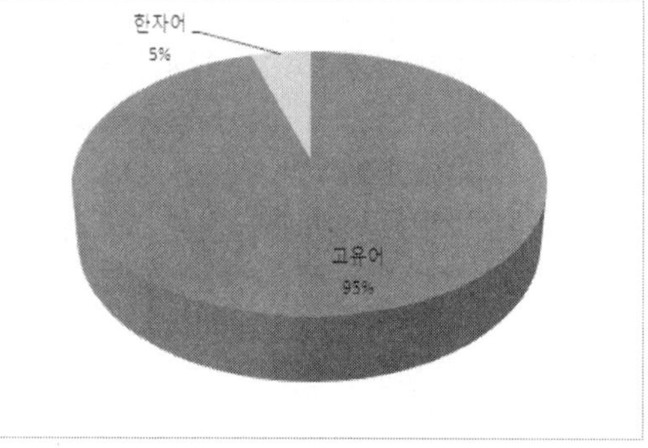

<그래프6.1-10> '소설'의 수사의 기원별 사용 비율

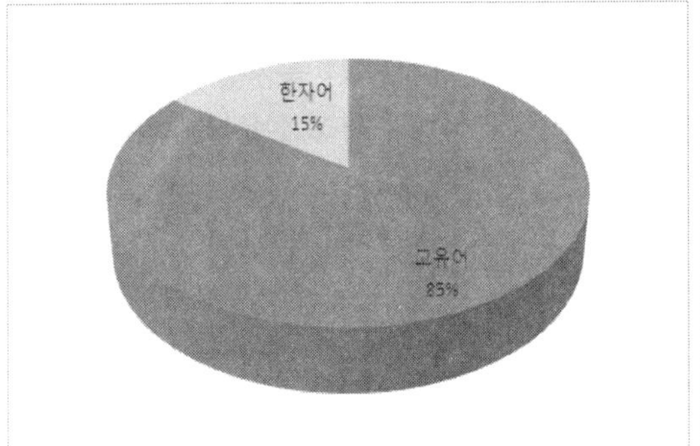

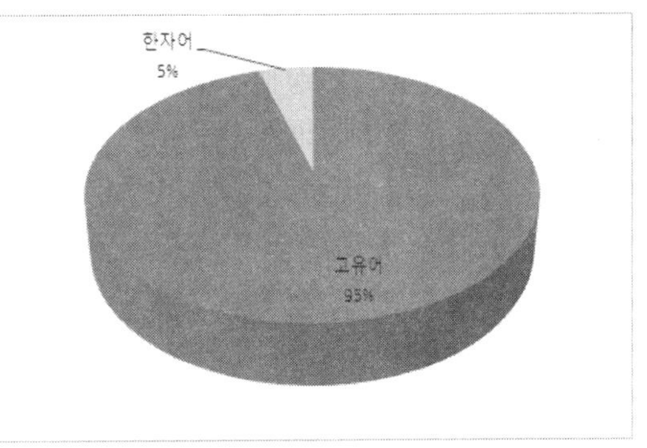

<그래프6.1-11> '신문'의 수사의 기원별 사용 비율

<그래프6.1-12> '소설'의 수사의 기원별 사용 비율

▶▶ 말뭉치 계량 결과에 대한 논의3

수사의 기원별 사용 양상에 대해 논의하기 전에 미리 언급해 둘 사실이 있다. 앞서 6장 도입부에서 살펴보았듯이, 수사는 '2만 5천'과 같이 숫자와 혼재되어 표기될 수 있다. 이때 우리는 '2만 5천'의 '만', '천'을 각각의 수사로 보는 것이 아니라 '2만 5천' 전체를 하나의 수사로 보기로 하였다. 이와 같이 숫자가 혼재되어 있는 경우는 '2만 5천'을 '이만 오천'으로 보고 한자어 계열 수사로 판단하였다.

전체 말뭉치에서 나타나는 수사의 기원별 사용 비율을 살펴보면, 고유어 계열 수사의 사용 비율이 약 80% 정도를 차지하고 한자어 계열 수사의 사용 비율은 약 20%를 차지하여 영어 수사는 그 사용 비율이 2%에 불과하다. 이와 같은 사실은 한국어 수사 체계는 고유어 계열과 한자어 계열로 구성되어 있고 한국어에 영어가 대량으로 유입되고 언중들의 영어 지식수준이 높아지면서 비격식적인 일상 대화에서 '원', '투', '쓰리' 등의 영어 수사의 사용도 늘어났지만 영어 수사는 한국어 수사 체계에 자리 잡지 못하였다는 것을 알려 주는 것이라 할 수 있다. 영어 수사는 '대화'에서만 나타나고 '대화'에서의 사용 비율도 8%에 불과하다. 한편, 고유어 계열 수사는 한자어 계열 수사보다 사용 비율이 압도적으로 높은데, 이러한 양상은 '대화'를 제외한 모든 문어 사용역에서 동일하게 나타난다.

'대화'는 다른 사용역과 달리 한자어 계열의 수사가 고유어 계열 수사보다 사용 비율이 높게 나타난다. 문어 사용역과 달리 '대화'에서 한자어 계열 수사의 사용 비율이 고유어 계열 수사의 사용 비율보다 높은 것은 문어 사용역에서 한자어 수사가 일반적으로 숫자로 표기되기 때문이다. 문어 사용역에서는 '일', '이', '삼'과 같은 한자어 기본수가 수사로 나타나기보다는 '1', '2', '3' 등과 같은 숫자로 표기되는 것이 일반적이다. 그러나 숫자 표기가 나타나지 않는 '대화'에서는 이러한 한자어 기본수도 수사로 나타난다. 서수사의 경우에도 '대화'에서는 '영어 일'과 같이 한자어 수사가 그대로 나타나지만 문어 사용역에서는 '영어 1' 또는 '영어 I'과 같이 숫자로 표기되는 것이 일반적이다. 따라서 문어 사용역에서는 한자어 계열 수사의 사용 비율이 낮아지고 구어 사용역인 '대화'에서는 한자어 계열 수사의 사용 비율이 높아지는 것이다. 한편, '대화'에서 한자어 계열 수사의 사용 비율이 높아진 또 다른 요인으로는 말뭉치 구성의 문제를 들 수 있다. '대화' 말뭉치에는 과외 수업 대화가 포함되어 있는데, 이 수업 대화의 주제가 수학이어서 수학에서 수를 이를 때 사용하는 한자어 수사의 사용 빈도가 매우 높게 나타난다. 이러한 말뭉치 구성상의 특성도 '대화'에서 한자어 수사의 사용 비율이 높아지는 데에 영향을 미쳤을 것이다. 그러나 결국 이러한 문제도 구어 사용역인 '대화'에서는 한자어 수사가 숫자로 나타나지 않고 수사로 나타난다는 특성이 반영되는 것이라고 할 수 있다. 왜냐하면 아무리 수학식이 많이 나온다고 하더라도 문어 사용역에서는 '일 더하기 일은 이이다'와 같이 수사로 표현되는 것이 아니라 '1+1=2'와 같이 숫자로 표현될 것이기 때문이다.

'대화'를 제외한 문어 사용역에서는 수사의 기원별 사용 비율 양상이 거의 비슷하게 나타난다. 고유어 수사의 사용 비율이 약 90%를 차지하고 한자어 수사의 사용 비율은 매우 낮게 나타난다. '소설'과 '학술'은 수사의 기원별 사용 비율 양상이 동일하고 '신문'은 두 사용역보다 한자어 수사의 사용 비율이 조금 더 높게 나타난다는 차이가 있다. 이러한 차이는 큰 수를 나타낼 때의 수사의 표기 양상이 반영된 것이라고 할 수 있다.

〈예6.1-2〉 [신문]

가. 이번 사건에 대한 재판관할권을 미군이 아닌 한국의 사법기관이 행사해야 한다는 시민들의 서명이 **5만**을 넘어섰다.

나. 서울지법 민사 합의 26부는 최근 안동수 전 법무장관이 '재산 형성에 대한 허위기사로 명예를 훼손당했다'며 한겨레신문사를 상대로 낸 손해 배상 청구소송에서 "한겨레신문사는 안 전 장관에게 **1천만**을 지급하라"고 원고 일부 승소 판결했다고 26일 밝혔다.

다. 기관 투자가들의 적극 개입으로 주가가 크게 올라 종합 주가 지수 **9백**을 회복했다.

<예6.1-2>에서 보듯이 큰 수를 나타낼 때에는 단위수 앞에 나타나는 기본수는 '5', '1', '9' 등과 같이 숫자로 표기되지만 '만', '천만', '백'과 같은 단위수에는 주로 한자어 수사가 사용된다. 이러한 수사의 표기 양상으로 인해 다른 문어 사용역과 달리 큰 수를 언급해야 할 경우가 많은 '신문'에서 한자어 수사의 사용 비율이 조금 더 높게 나타난 것으로 해석할 수 있다.

▶ 말뭉치 계량 결과 제시4

- 수사의 기원별 사용역 비율

  고유어: 대화 〉 학술 〉 소설 〉 신문

  한자어: 대화 〉 신문 〉 소설 ≧ 학술

  영　어: 대화

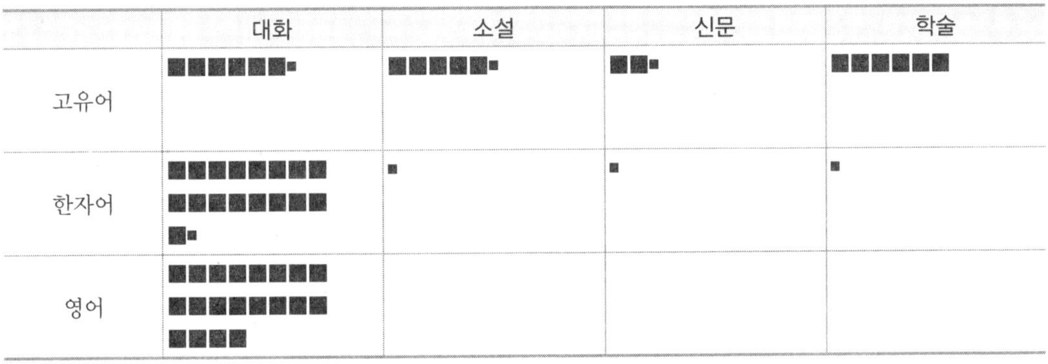

	대화	소설	신문	학술
고유어	■■■■■■▪	■■■■■▪	■■▪	■■■■■■
한자어	■■■■■■■■ ■■■■■■■■ ■▪	▪	▪	▪
영어	■■■■■■■■ ■■■■■■■■ ■■■■			

<그래프6.1-13> 수사의 기원별 사용역 비율

(■ 5%, ▪ 5% 미만)

말뭉치 계량 결과에 대한 논의4

수사의 기원별 사용역 비율을 살펴보면, 고유어 수사는 모든 사용역에 걸쳐 비교적 고른 사용역 비율을 보이는 반면, 한자어 수사와 영어 수사는 주로 '대화'에서만 사용되는 편중된 사용역 비율을 보인다.

고유어 수사는 모든 사용역에서 고루 사용되지만 한자어 수사의 사용역 비율은 '대화'에서 압도적으로 높다. 이는 '하나', '둘' 등의 고유어 수사는 문어 사용역에서도 문자로 표기되는 경향이 강하지만 한자어 수사는 문어 사용역에서 숫자로 표기되는 경향이 강하다는 사실을 알려 주는 것이다. 또한 영어 수사가 문어 사용역에서 전혀 사용되지 않고 '대화'에서만 사용된다는 것은 앞서 언급한 것과 같이 영어 수사가 한국어 수사 체계에 자리 잡지 못하여 격식적인 문어 사용역에까지는 그 사용이 확대되지 못하였음을 알려 주는 것이다. 그런데 문어 사용역에서는 영어 수사로 표현될 만한 상황에서도 영어 수사가 사용되기보다는 숫자로 나타나는 것이 일반적이다. 예컨대, '터미네이터 2'와 같은 경우, 우리는 이를 '터미네이터 투'로 읽어 영어 수사로 표현하지만 문어 사용역에서는 숫자 '2'로 표기하는 것이 일반적이다. 이러한 사실들을 종합해 보면, 고유어 계열 수사는 문어 사용역에서 문자로 표기되지만 한자어나 영어 등의 외래어 계열 수사는 문어 사용역에서 숫자로 표기되는 경향이 있다고 결론 내릴 수 있겠다.

참고 수량 표현의 문자 표기와 숫자 표기

어떠한 대상의 수량을 나타내는 수량 표현은 '많다', '적다'와 같은 형용사나 '만큼'과 같은 의존명사 등을 통해 다양하게 나타날 수 있다. 그러나 수량 표현은 수사나 수관형사를 통해 이루어지는 것이 가장 일반적이다. 그런데 수사나 수관형사를 통해 이루어지는 수량 표현은 '하나(한)', '백', '이만 삼천오백이십육'과 같이 문자로 표기될 수도 있고 '1', '100', '23,526'과 같이 아라비아 숫자로 표기될 수도 있으며 '1만 3천'과 같이 문자와 아라비아 숫자가 혼용되어 표기될 수도 있다. 따라서 여기서는 수사나 수관형사를 통해 이루어지는 수량 표현이 어떠한 표기로 나타나는지 그 양상을 살펴보려고 한다.

말뭉치 계량 결과를 제시하기 전에 두 가지 사항을 미리 언급해 두고자 한다. 수량 표현이 문자로 나타나느냐, 숫자로 나타나느냐는 표기상의 문제이므로 여기서는 구어 사용역인 '대화'를 제외하고 문어 사용역만을 논의의 대상으로 한다. '대화' 말뭉치는 일상 대화를 전사한 말뭉치이기 때문에 그 표기상의 문제를 논할 수 없기 때문이다. 둘째, 수량 표현의 문자 표기의 계량 결과는 형태 분석 말뭉치에서 수사로 분석된 형태의 사용 빈도와 관형사로 분석된 것 중에서 수관형사의 사용 빈도를 그대로 이용하였고 수량 표현의 숫자 표기의 계량 결과는 말뭉치상에서 숫자를 나타내는 SN 표지의 사용 빈도를 그대로 이용하였다.

▶ 말뭉치 계량 결과 제시1

1. 전체 수량 표현의 문자 표기와 숫자 표기의 사용 비율: 숫자 표기 〉 문자 표기

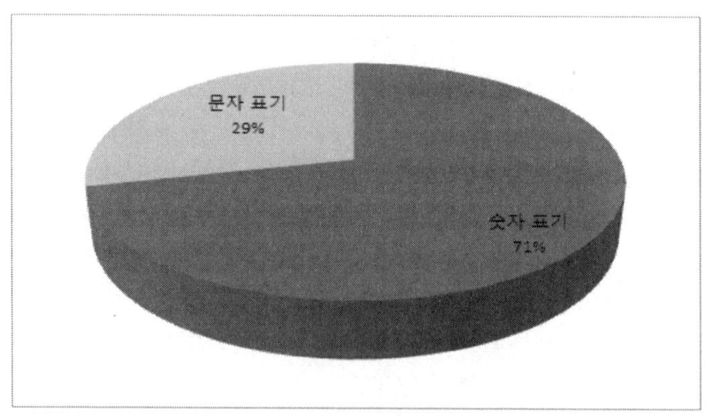

<그래프6.1-14> 전체 수량 표현의 문자/숫자 표기의 사용 비율

2. 사용역에 따른 수량 표현의 문자 표기와 숫자 표기의 사용 비율
   소설: 문자 표기 〉 숫자 표기
   신문: 숫자 표기 〉 문자 표기
   학술: 숫자 표기 〉 문자 표기

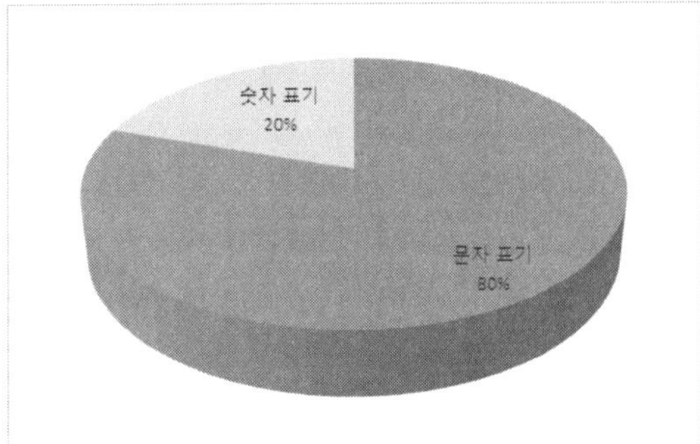

<그래프6.1-15> '소설'의 수량 표현의 문자/숫자 표기의 사용 비율

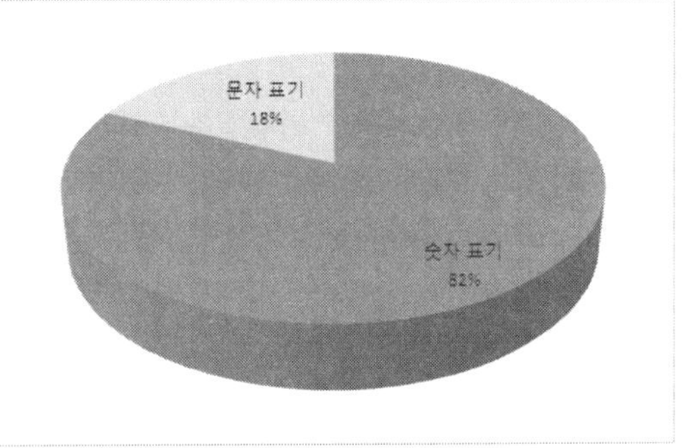

<그래프6.1-16> '신문'의 수량 표현의 문자/숫자 표기의 사용 비율

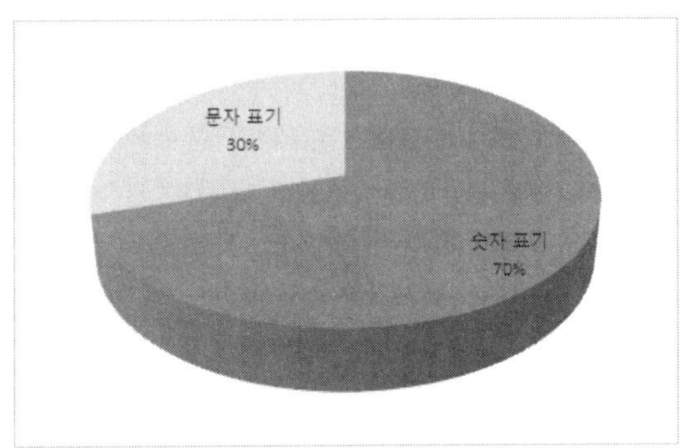

<그래프6.1-17> '학술의 수량 표현의 문자/숫자 표기의 사용 비율

말뭉치 계량 결과에 대한 논의1

'대화'를 제외한 문어 사용역 전체 말뭉치에서 나타나는 수량 표현의 문자 표기와 숫자 표기의 사용 비율을 살펴보면, 숫자 표기의 사용 비율이 문자 표기의 사용 비율보다 압도적으로 높다. 이와 같이 숫자 표기의 사용 비율이 높은 것은 수량 표현의 사용역 비율이 매우 높은 '신문'에서 주로 숫자 표기를 사용하기 때문이다(<그래프6.1-18> 참고). 즉 '신문'은 문어 사용역 중에서 수량 표현을 가장 많이 사용하는데, '신문'에서의 수량 표현은 거의 대개 숫자로 표기되기 때문에 전체 말뭉치에서도 숫자 표기의 사용 비율이 높게 나타나는 것이다.

사용역에 따른 수량 표현의 문자 표기와 숫자 표기의 사용 비율을 살펴보면, '소설'은 문자 표기의 사용 비율이 더 높게 나타나지만 '신문'과 '학술'은 숫자 표기의 사용 비율이 더 높게 나타난다. 이와 같이 '신문'과 '학술'에서 숫자 표기의 사용 비율이 매우 높게 나타나는 것은 크게 두 가지 요인에서 기인한다고 할 수 있다. 첫째, '신문'과 '학술'은 정보 전달을 목적으로 하는 사용역이기 때문에 '소설'과 달리 수량을 정확하게 표현해야 하는 경우가 많은데 수량을 정확하게 표현하는 데에는 문자 표기보다 숫자 표기가 훨씬 더 효율적이다.

〈예6.1-3〉

가. 건설교통부는 지난 5월 말 현재 전국의 미분양 주택 물량은 전월에 비해 1432가구 늘어난 1만8756가구로 8.27% 증가했다고 24일 밝혔다. [신문]

나. 수출이 가장 호조를 보였던 86년에는 2천 91억 5천 1백만 달러어치를 수출하고, 1천 2백 64억 8백만 달러어치를 수입, 수출이 수입의 1.7배에 이르기까지 했다. [신문]

다. 10m의 직선거리를 2회 왕복(총 40m)하는 '왕복달리기'(민첩성)는 14.1초가 평균이었는데 가장 빠른 사람과 가장 느린 사람 사이에 1.32초의 차이를 보였다. [학술]

라. 한국 경제의 수출 의존도는 1961년의 경우 1.9%,수입 의존도는 15%에 불과하였으나, 1962-65년의 기간 동안에는 각각 6.9%, 15.45%로 증가하였고, 1966-73년의 기간에는 각각 17.3%, 26.23%로 급성장하는 추세를 보였다. [학술]

<예6.1-3가, 나>는 숫자 표기가 '천' 이상의 큰 수를 나타내는 데에 사용된 예를 보인 것이고 <예6.1-3다, 라>는 숫자 표기가 '일' 이하의 소수가 포함되는 수를 나타내는 데에 사용된 예를 보인 것이다. 위의 예에서 만약 숫자로 표기된 수를 문자로 표기한다면 이해하기도 힘들 뿐만 아니라 그 길이도 매우 길어진다. 예컨대 <예6.1-나>의 '2천 91억 5천 1백만'과 <예6.1-3라>의 '14.5'를 숫자를 쓰지 않고 문자로만 표기한다면 각각 '이천 구십일억 오천 일백만', '십사 점 오'가 되는데, 이는 길이가 매우 길어 숫자 표기나 숫자가 혼용된 표기보다 훨씬 더 이해하기 힘들어진다.

둘째, 앞서 문자로만 수량을 표현할 때에는 그 길이가 매우 길어진다고 언급하였는데 이는 곧 가독성의 문제로 이어진다. 그런데 수량 표현의 길이에서 오는 문제뿐만 아니라 숫자 표기는 원래부터 그 속성상 문자 표기보다 가독성이 높은 것이다. 숫자는 수사나 수관형사를 아라비아 숫자라는 기호로 간결하게 나타낸 것인 데 반해, 문자는 그것을 그대로 표현하는 것이기 때문이다. '신문'과 '학술'은 정보를 전달하는 것이 주된 목적인 사용역이므로 '소설'과 달리 수량을 표현해야 할 경우가 많다. 만약 그때마다 수량을 문자로만 표현하게 된다면 독자들은 가독성이 떨어져 텍스트를 읽는 데에 매우 어려움을 느낄 것이다.

〈예6.1-4〉

가. 건설교통부는 지난 오월 말 현재 전국의 미분양 주택 물량은 전월에 비해 **천사백삼십이** 가구 늘어난 **일만 팔천칠백오십육** 가구로 **팔 점 이칠**% 증가했다고 이십사 일 밝혔다.

나. 수출이 가장 호조를 보였던 **팔십육** 년에는 **이천 구십일억 오천 일백만** 달러어치를 수출하고, **일천 이백 육십사억 팔백만** 달러어치를 수입, 수출이 수입의 **일 점 칠** 배에 이르기까지 했다.

다. **십**m의 직선거리를 **이** 회 왕복(총 사십m)하는 '왕복달리기'(민첩성)는 **십사 점 일** 초가 평균이었는데 가장 빠른 사람과 가장 느린 사람 사이에 **일 점 삼이**의 차이를 보였다.

라. 한국 경제의 수출 의존도는 **천구백육십일** 년의 경우 **일 점 구**%, 수입 의존도는 **십오**%에 불과하였으나, **천구백육십이-육십오** 년의 기간 동안에는 각각 **육 점 구**%, **십오 점 사오**%로 증가하였고, **천구백육십육-칠십삼** 년의 기간에는 각각 **십칠 점 삼**%, **이십육 점 이삼**%로 급성장하는 추세를 보였다.

<예6.1-4>는 <예6.1-3>의 숫자 표기를 모두 문자 표기로 바꾸어 본 것인데, 두 예의 비교에서 확연히 느낄 수 있듯이, 문자로만 표기된 수량 표현은 숫자로만 표기된 수량 표현이나 숫자와 혼용된 수량 표현에 비해 확연히 가독성이 떨어진다.

요컨대, '신문'과 '학술'은 정보를 전달하는 사용역이기 때문에 수량 표현을 해야 하는 경우가 많을 뿐만 아니라 수량 표현을 정확하게 표현해야 하는 경우가 많기 때문에 효율적이고 가독성이 높은 숫자 표기의 사용 비율이 높을 수밖에 없지만 '소설'은 수량을 표현해야 하는 경우가 많지도 않을 뿐만 아니라 정확한 수량을 나타내야 하는 경우도 드물기 때문에 숫자 표기보다는 문자 표기의 사용 비율이 더 높은 것이다.

그런데 수량 표현은 숫자로만 표기되어도 그 효율성과 가독성이 떨어진다. 다음의 예를 보자.

〈6.1-5〉

가. 2002 한-일 월드컵 축구대회 개최로 세계인의 주목을 받은 한반도는 또다시 남북한이 같이 참가하는 부산 아시아경기대회를 통해 정치와 이념을 떠나 스포츠로 **7천만**이 하나가 되는 저력을 보여주는 감동의 한마당을 펼칠 것으로 기대된다. [신문]

나. 그러나 당시 산업화와 근대 의술의 발전에 힘입어 인구가 가속적으로 늘기 시작했는데, 그것이 바로 {인구론}의 집필 배경이 되었다. 그로부터 100년 사이에 세계 인구는 배로 증가하여 **20억**이 되었고, 그 다음 반세기(1925~1976) 동안에 다시 배로 불어나 40억이 되었다. [학술]

위의 예에서 숫자와 문자가 혼용되어 표기된 '7천만', '20억', '40억'이 숫자로만 표기된다면 각각 '70,000,000', '2,000,000,000', '4,000,000,000'이 되는데 이렇게 숫자로만 표기된 수량 표현도 그 길이가 길어져 이해하기 힘들어질 뿐만 아니라 수의 단위가 쉽게 파악되지 않아서 가독성마저 떨어진다. 그래서 보통 수량의 크기가 커지면 숫자로만 표기되거나 문자로만 표기되기보다는 '7천만', '20억', '40억'과 같이 문자와 숫자가 혼용되어 표기되는 것이 일반적이다. 문자와 숫자가 혼용되어 표기될 때는 일반적으로 '백', '천', '만', '억' 등의 단위수는 문자로 표기되고 수의 크기가 작은 기본수는 '1', '2' 등과 같이 숫자로 표기된다.

말뭉치 계량 결과 제시2

- 수량 표현의 문자 표기와 숫자 표기의 사용역 비율
  문자 표기: 신문 〉 소설 〉 학술
  숫자 표기: 신문 〉 학술 〉 소설

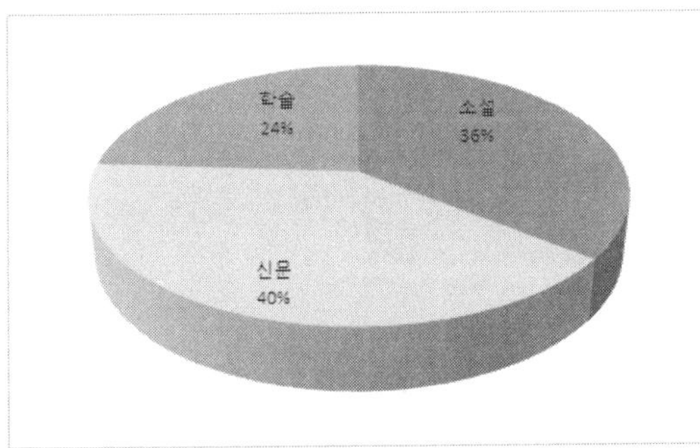

<그래프6.1-18> 수량 표현의 문자 표기의 사용역 비율

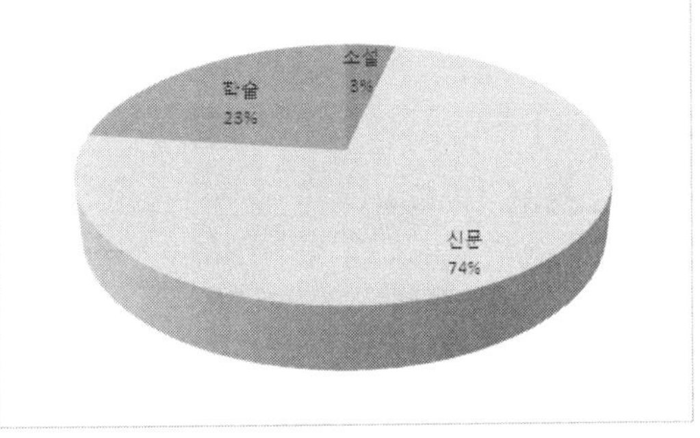

<그래프6.1-19> 수량 표현의 숫자 표기의 사용역 비율

▶▶ 말뭉치 계량 결과에 대한 논의2

먼저, 수량 표현의 문자 표기의 사용역 비율을 살펴보면, '신문'이 사용역 비율이 가장 높고 그 다음으로 '소설'이 높다. 여기서는 제시되지 않았지만 수량 표현의 사용 빈도는 문자 표기보다 숫자 표기가 압도적으로 높기 때문에 문자 표기의 사용역 비율이 '학술'이 '소설'보다 낮다고 해서 수량 표현이 '학술'보다 '소설'에서 더 많이 사용된다고 할 수 없다. 즉, 수량 표현 전체로 보면, '학술'이 '소설'보다 더 많이 사용되지만 수량 표현의 문자 표기는 '소설'이 '학술'보다 더 많이 사용된다고 할 수 있다. 한편, '신문'은 문자 표기와 숫자 표기에서 모두 그 사용역 비율이 가장 높은데, 이는 '신문'에서 다음의 예와 같이 매우 큰 수를 나타내야 하는 경우가 많기 때문이다.

〈예6.1-6〉 [신문]

가. 중국 정부는 1972년 미국의 간섭과 대만 문제 등으로 일본과 국교를 정상화하면서 1200억 달러 배상 요구를 포기했지만 1800억 달러의 국민 배상 요구를 포기하라고 선포한 적은 없고, 전쟁 피해자들은 국제법에 따라 일본에 배상을 요구할 권리가 있다고 강조했다.

나. 독일 BMW는 올 상반기(1~6월) 전 세계 시장에서 **54만**3742대의 자동차를 판매, 작년 동기(45**만**9835대)보다 18.2% 증가했다고 밝혔다.

다. 서울지검 형사6부(정기용·鄭基勇 부장검사)는 9일 원리금 보장과 고율 배당을 미끼로 **2만**5000여명의 투자자에게서 650**억**여원을 받아 가로챈 유사수신금융업체 서우네트워크 부사장 박정애씨(40·여)를 특정경제범죄가중처벌법상 사기 등의 혐의로 구속기소했다.

라. 중국 정부는 16일 후진타오(胡錦濤) 체제 출범 후 처음으로 군 전업(專業)소조 회의를 열고 올해 안으로 군 간부 **4만**2000명을 퇴역시키기로 결정했다고 공산당 기관지인 인민일보 인터넷사이트가 17일 보도했다.

위의 예에서 확인할 수 있듯이 '신문'에서는 큰 수를 나타내야 하는 경우가 많은데, 이와 같이 큰 수를 나타낼 때에는 문자와 숫자가 혼용되어 표기되는 것이 가장 일반적이기 때문에 '신문'에서는 숫자 표기의 사용역 비율뿐만 아니라 문자 표기의 사용역 비율도 가장 높게 나타나는 것이다.

숫자 표기의 사용역 비율은 '신문'에서 압도적으로 높게 나타난다. '신문'에서는 위의 예와 같이 큰 수를 나타내야 하는 경우도 많을 뿐만 아니라 날짜, 연도의 표기가 매우 빈번히 나타나기 때문이다. '신문'에서 날짜나 연도를 표기할 때에는 '2014년', '8월 10일'과 같이 숫자로만 표기된다. 따라서 '신문'은 다른 사용역에 비해 숫자 표기의 사용역 비율이 압도적으로 높아질 수밖에 없다. '신문'에서 날짜와 연도의 표기가 빈번히 사용되는 것과 그 이유에 대해서는 4.2.1의 논의로 대신하기로 한다.

6.2. 수사의 용법

수사는 일반적으로 대상의 수량이나 차례를 나타내는 데 사용된다. 수사의 유형을 양수사와 서수사로 분류하는 것도 이러한 수사의 용법을 기준으로 하는 것이다. 그러나 수사는 수량이나 차례를 나타내는 것 이외에도 다음과 같이 숫자 자체를 지시하거나 수를 셀 때에도 사용할 수 있다. 아래의 <예6.2-1>은 수사가 숫자를 지시하는 데 사용된 예를 보인 것이고, <예6.2-2>는 수사가 수를 세는 용법으로 사용된 예를 보인 것이다.

〈예6.2-1〉

가. 음. 근데 거기서 내가 젤 나이가 많은 거예요 인제. 음. 애들이 들 왔는데, 다 **팔이 팔삼이에요**. [대화]

나. "일병." "군번?" "**구육구공칠팔삼구**." [소설]

다. 자전거 핸들은 크게 세 가지 형태이다. 60~70년대 '신사용 자전거'의 핸들처럼 활모양을 한 '업(up)형', 경기용 사이클의 '드롭형', 최근 유행하는 '**일**(一)**자형**' 등이다. [신문]

라. 그래서 숫자도 3을 좋아하여 노리개도 주로 삼작으로, 신도 삼신(三神), 보배도 삼보(三寶), 석 **삼이** 모이면 안 되는 것이 없다는 전해오는 말이 있고, 절도 세 번하게 한다. [학술]

〈예6.2-2〉

가. A: 아 맞어 화정 거기. 머나요? B: 가깝죠, 화정하구 대화하구, 별로 안 멀어요. 전철 타고 **하나 둘 셋 넷** 한 네 정거장? [대화]

나. **하나, 둘, 셋, 넷... 스물여섯, 스물일곱, 여든아홉, 여든아홉**, 그 다음이 뭐더라? 초침을 놓친 그녀는 다시 세기 시작했다. [소설]

수사가 숫자 자체를 지시하는 경우는 <예6.2-1가, 나>와 같이 학번, 군번이나 전화번호 등과 같은 일련번호를 읽을 때 주로 나타나는데, 이때 수사는 수량이나 차례를 나타내는 것이 아니라 일련번호를 구성하고 있는 숫자를 지시하는 기능만을 한다. <예6.2-1다, 라>의 '일'과 '삼'은 각각 한자 '一', '三'을 가리키는 것이다. 이러한 예들을 통해 볼 때, 숫자를 지시할 때 사용되는 수사는 메타언어적으로 사용되는 것임을 알 수 있는데 이러한 점을 고려한다면 수사의 숫자 지시는 일반적인 수사의 용법과 구별해서 다루는 것이 옳을 것으로 보인다.

수사가 수를 셀 때 사용되는 경우에는 <예6.2-2>와 같이 1씩 커지는 수를 계속 나열한다는 점에서 일반적인 수사 구성과는 차이를 보인다. 뿐만 아니라 수사가 수량이나 차례를 나타내는 것이 아니라 수량이나 차례를 헤아리기 위해 사용되는 것이기 때문에 이때 수사는 명제 내용을 구성하는 요소가 아니라 셈이라는 행위를 위해 사용되는 것이다. 따라서 수사가 수를 셀 때 사용되는 경우도 일반적인 수사의 용법과 구별해서 다룰 필요가 있다.

이외에도 수사가 수학식이나 산수 식에 나타나는 경우도 수사의 특별한 용법으로 볼 가능성이 있다. 예를 들어, '이 엑스 마이너스 삼 플러스 육은 칠이다'와 같이 수사가 수학식에 나타나는 경우도 수사가 숫자를 지시하는 것처럼 보이기 때문이다. 그러나 이러한 경우에는 수사가 단순히 숫자 자체를 지시하는 것이 아니라 숫자가 나타내는 수량을 나타내는 것이기 때문에 수량을 나타내는 수사의 용법에 포함시킬 수 있다. 수학식에서 나타나는 수사는 특정 대상의 수량을 나타내는 것은 아니지만 추상화된 수량을 표현하고 있는 것이다. 따라서 여기서는 수사의 용법을 '수량', '차례', '숫자 지시', '셈'으로 나누어 그 사용 양상을 살펴보기로 한다.

말뭉치 계량 결과 제시1

1. 전체 수사의 용법별 사용 비율: 수량 〉 차례 〉 숫자 지시 〉 셈

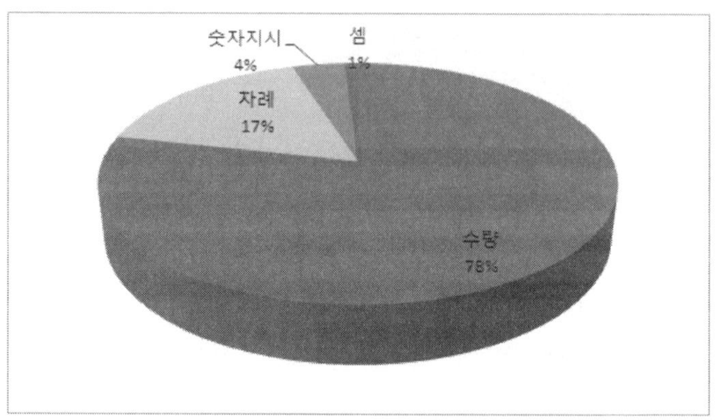

<그래프6.2-1> 전체 수사의 용법별 사용 비율

2. 사용역에 따른 수사의 용법별 사용 비율

대화: 수량 〉 차례 〉 숫자 지시 〉 셈

소설: 수량 〉 차례 〉 셈 〉 숫자지시

신문: 수량 〉 차례 〉 숫자 지시

학술: 수량 〉 차례 〉 숫자 지시

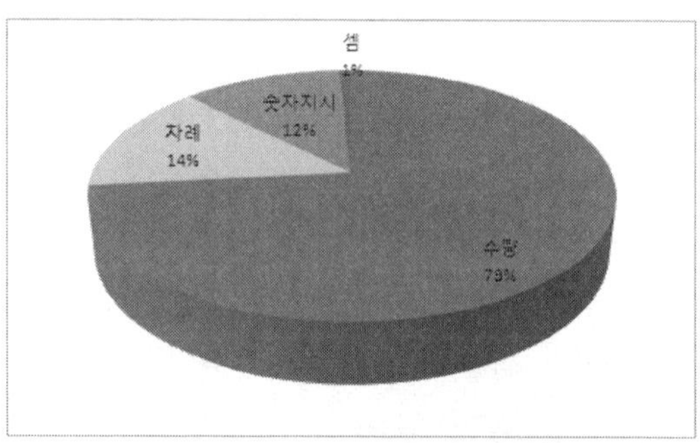

<그래프6.2-2> '대화'의 수사의 용법별 사용 비율

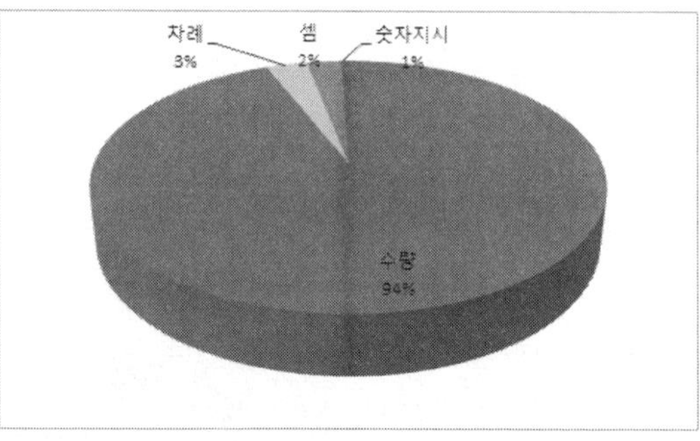

<그래프6.2-3> '소설'의 수사의 용법별 사용 비율

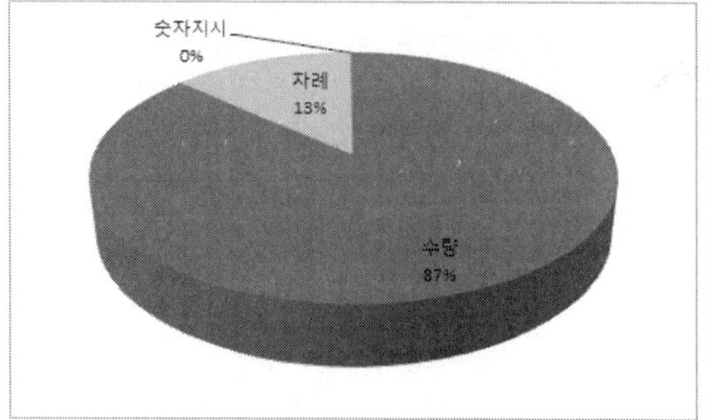

<그래프6.2-4> '신문'의 수사의 용법별 사용 비율

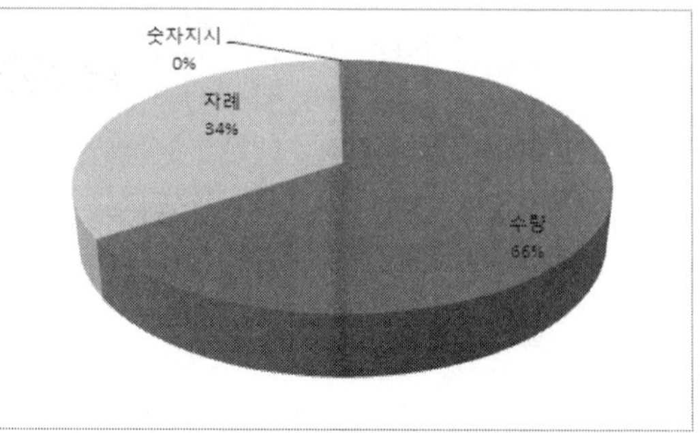

<그래프6.2-5> '학술'의 수사의 용법별 사용 비율

말뭉치 계량 결과에 대한 논의1

전체 말뭉치에서 나타나는 수사 용법별 사용 비율을 살펴보면 '수량'이 3/4 이상을 차지하고, '차례'가 그 다음으로 사용 비율이 높고, '숫자 지시'와 '셈'은 그 사용 비율을 모두 합쳐도 5%로 내외로 그 사용 비율이 매우 낮다. 특히 '셈'은 1%의 사용 비율에 불과하다. 이러한 사실을 통해, 수사는 수량이나 차례를 나타내는 데에 가장 일반적으로 쓰이고 '숫자 지시'나 '셈'은 매우 특수한 경우에만 나타나는 것임을 알 수 있다.

사용역에 따른 수사 용법별 사용 비율을 살펴보면, 수사가 '셈'의 용법으로 사용되는 경우는 '대화'와 '소설'에서만 나타난다. '셈'은 실제 발화 상황에서 수량이나 차례를 헤아리기 위해 수사를 하나하나씩 읽을 때 나타나는 것이기 때문에 '대화'나 대화 지문이 나타나는 '소설'에서만 나타나고 '신문'이나 '학술'에서는 인용 발화에서만 매우 제한적으로 나타날 수 있다. '대화'에서는 다른 사용역과 비교했을 때 '숫자 지시'의 사용 비율이 매우 높게 나타나는데, 이는 '대화'에서 숫자 표기가 나타나지 않기 때문이다. '숫자 지시'는 주로 전화번호, 학번 등과 같은 일련번호를 읽을 때 나타나는데, 문어 사용역에서는 이러한 일련번호를 문자로 표기되는 수사로 나타내기보다는 숫자로 표기하는 것이 일반적이다. 예를 들어, '02-233-3535'라는 전화번호가 있다면, '대화'에서는 '공이 이삼삼에 삼오삼오'라고 하지만 문어 사용역에서는 '02-233-3535'라고 숫자로 표기하는 것이 일반적이다. 따라서 구어 사용역에서는 숫자 지시가 나타나는 경우라고 하더라도 문어 사용역에서는 이것이 수사로 표기되지 않기 때문에 숫자 지시가 잘 나타나지 않는다. '학술'에서는 수사가 '차례'의 용법으로 사용된 비율이 34%로 다른 사용역과 비교했을 때 그 사용 비율이 매우 높다. '학술'에서 '차례'의 사용 비율이 높은 것은 '학술'에서 서수사의 사용 비율이 높은 것과 관련이 있다. '학술'에서는 필자가 자신의 주장을 논리적이고 체계적으로 전달하기 위해 서수사를 이용하여 논의의 순서, 혹은 주장의 순서를 명시적으로 드러내는 경우가 많기 때문이다. 이에 대해서는 앞서 6장의 도입부와 6.1의 논의를 참고할 수 있다.

말뭉치 계량 결과 제시2

- 수사의 용법별 사용역 비율

  수량: 대화 〉 소설 〉 학술 〉 신문

  차례: 대화 〉 학술 〉 신문 〉 소설

  숫자 지시: 대화 〉 소설 ≥ 학술 ≥ 신문

  셈: 소설 〉 대화

	대화	소설	신문	학술
수량	■■■■■■■■ ■▪	■■■■■	■▪	■■■▪
차례	■■■■■■■■ ■	▪	■▪	■■■■■■■■ ▪
숫자 지시	■■■■■■■■ ■■■■■■■■ ■■■▪	▪	▪	▪
셈	■■■■■■■■ ■▪	■■■■■■■■ ■■▪		

<그래프6.2-6> 수사 용법의 사용역 비율

(■ 5%, ▪ 5% 미만)

▶▶ 말뭉치 계량 결과에 대한 논의2

수사 용법별 사용역 비율에서 '수량'의 사용역 비율과 '차례'의 사용역 비율은 6.1에서 살펴본 양수사의 사용역 비율과 서수사의 사용역 비율과 동일하다. 왜냐하면 양수사의 용법이 '수량'이고 서수사의 용법이 '차례'이기 때문이다. 따라서 '수량'의 사용역 비율과 '차례'의 사용역 비율에 대한 논의는 6.1의 '말뭉치 계량 결과에 대한 논의2'로 대신하기로 한다.

수사가 '숫자 지시'에 사용되는 경우는 거의 대부분 '대화'에서만 나타나고 문어 사용역에서는 그 사용이 매우 제한적이다. 이는 앞서 논의하였듯이, 구어 사용역인 '대화'에서는 숫자 표기가 나타날 수 없기 때문이다. '숫자 지시'는 주로 전화번호, 학번 등의 일련번호를 읽을 때 나타나는데 문어 사용역에서는 이러한 일련번호가 수사로 나타나지 않고 숫자로 표기된다. 수사가 '셈'의 용법으로 사용되는 것은 '대화'와 '소설'에서만 나타난다. '셈'은 실제 발화 상황에서 수량이나 차례를 헤아리기 위해 수사를 하나하나씩 읽을 때 나타나는 것이므로 '대화'나 대화 지문이 나타나는 '소설'에서만 '셈'의 용법이 나타나는 것은 자연스러운 결과라고 할 수 있다.

▶ 말뭉치 계량 결과 제시3

1. 수사의 용법에 따른 수사의 기원별 사용 비율
   수량: 고유어 〉 한자어 〉 영어
   차례: 고유어 〉 한자어 〉 영어
   숫자 지시: 한자어 〉 영어 〉 고유어
   셈: 고유어

	고유어	한자어	영어
수량	■■■■■■■■■■■ ■■■■■▪	■■■▪	▪
차례	■■■■■■■■■■■ ■■■■▪	■■■	■■
숫자 지시	▪	■■■■■■■■■■■ ■■■■■■▪	■▪
셈	■■■■■■■■■■■ ■■■■■■■■■		

<그래프6.2-7> 수사 용법에 따른 수사의 기원별 사용 비율

(■ 5%, ▪ 5% 미만)

2. 수사의 기원에 따른 수사의 용법별 사용 비율
   고유어: 수량 〉 차례 〉 셈 〉 숫자 지시
   한자어: 수량 〉 숫자 지시 〉 차례
   영어: 차례 〉 숫자 지시 ≧ 수량

	수량	차례	숫자 지시	셈
고유어	■■■■■■■■ ■■■■■■■■ ▪	■■■▪	▪	▪
한자어	■■■■■■■■ ■■■■■■■▪	■■▪	■■■▪	
영어	■■▪	■■■■■■■■ ■■■■■■▪	■■▪	

<그래프6.2-8> 수사의 기원에 따른 수사의 용법별 사용 비율

(■ 5%, ▪ 5% 미만)

말뭉치 계량 결과에 대한 논의3

우선, 수사의 용법에 따른 수사의 기원별 사용 비율을 살펴보면 '숫자 지시'를 제외하고는 고유어 수사가 사용 비율의 거의 대부분을 차지한다. 전체 수사 중 고유어 수사의 사용 비율이 약 80%라는 점을 고려한다면(6.1의 <그래프6.1-8> 참고), 개별 수사의 용법에서도 고유어 수사의 사용 비율이 가장 높게 나타나는 것은 당연한 결과일 것이다.

'수량'과 '차례'의 수사의 기원별 사용 비율은 '고유어 > 한자어 > 영어'의 양상으로 나타나는데 이는 전체 수사의 기원별 사용 비율 양상과 동일하다. 수사의 용법이 '수량'과 '차례'가 거의 대부분을 차지하므로 '수량'과 '차례'에서 나타나는 수사의 기원별 사용 비율 양상이 곧 전체 수사의 기원별 사용 비율 양상을 결정하기 때문이다. 한편, 이러한 사실은 양수사나 서수사 모두 고유어 계열 수사가 한자어 계열 수사보다 사용 비율이 더 높다는 것을 알려 주는 것이다.

'숫자 지시'는 나머지 세 용법과 달리 한자어 수사의 사용 비율이 압도적으로 높다. 수사가 '숫자 지시'의 용법으로 사용될 때에는 아래의 예와 같이 한자어로 나타나는 것이 더 자연스럽다.

〈예6.2-3〉

가. A: 아, 핸드폰 개통 됐으니까, 연락해. B: 핸드폰 몇 번인데? A: 음? 에 **육 육 오** 잠깐만:;, 애들 거 지금 새로 사 갖구 저장하구 있었어. **육 육 오**, B: 응. A: **사 공 삼 이**. B: **사 공 삼 이**? A: 응. [대화]
나. 아마하의, 모델이, **일공이칠인가**, 하는 모델이, **일공이칠** 맞구나. **일공이칠이라는** 모델이 이십칠 밴드를, 선택을 했는데, [대화]
다. 우리 때 같은 경우는, 우리 집행부 때, **구칠** 학번들 있고, **구륙**, **구오**, **구사**, **구삼** 있었어. [대화]
라. 석장의 숨겨진 카드 속에 클로버 **칠이** 있는지 없는지는 아무도 몰랐다. [소설]
마. 남들한테는 좋은 사람인데 자기 처자식한테는 이기적이야. 민족과 국가를 위하여 처자식은 희생하라. 뭐 이런 논조인데…… 빨리 취직해 가지고 자기 노동 상담소에 **사팔육** 컴퓨터 한 대 들여놔 달라고 하는 거야. [소설]

고유어 수사도 '숫자 지시'의 용법으로 나타나지만 다음의 예와 같이 고유어 수사를 메타적으로 가리킬 때에 제한적으로 사용될 뿐이다.

〈예6.2-4〉

가. 옛날에 그~ 과외 하던 애, 그~ 학교가, 재단이 육하 재단인데, 육하 재단이, 어선 **여섯** 육 어찌 하래:;, [대화]
나. '꼭꼭 숨어라! 머리카락 보인다! **하나** 하면 나오고, **둘** 하면 나오지 마라!' [소설]
다. 한국어 공부가 어렵지만 틈나는 대로 배워가는 게 즐겁단다. '**하나**, **둘**, **셋**' 같은 숫자는 대충 알아듣는다. [신문]
라. 손으로 잡으려 해도 잡히지 않으니 '미(微)'라고 한다. 이 세 가지는 말로 밝힐 수 없다. 그래서 뒤섞어서 **하나**(一)라고 한다. 그것은 위가 더 밝지도 않고, 아래가 더 어둡지도 않다. [학술]

수사가 '셈'의 용법으로 사용될 때에는 한자어 수사나 영어 수사가 발견되지 않는다. 수량이나 차례를 헤아릴 때, 한자어 수사를 사용하는 것이 어색하지는 않으나 연구 대상 말뭉치에서 그 용례가 나타나지 않았다. 이러한 사실을 통해, 수량이나 차례를 헤아릴 때에는 한자어 수사보다는 고유어 수사가 더 선호되는 경향이 있다는 것을 확인할 수 있다.

다음으로 수사의 기원에 따른 수사의 용법별 사용 비율을 살펴보자. 고유어 수사는 '수량 > 차례 > 셈 > 숫자 지시'의 양상이 나타나는데 이는 전체 수사의 용법별 사용 비율과 거의 동일하다(<그래프 6.2-1> 참고). 전체 수사에서 고유어 수사의 사용 비율이 압도적으로 높기 때문에 고유어 수사의 용법별 사용 양상이 전체 수사의 용법별 사용 양상을 거의 대부분 결정한다. 한자어 수사는 고유어 수사와 마찬가지로 '수량'의 사용 비율이 높지만 '차례'보다 '숫자 지시'의 사용 비율이 더 높게 나타난다는 차이가 있다. 이는 '숫자 지시'에 거의 한자어 수사만이 사용되기 때문이다. 영어 수사는 고유어 수사, 한자어 수사와 달리 '차례'의 사용 비율이 가장 높게 나타난다는 특징이 있다. 전체 수사의 용법별 사용 양상에서는 '수량'이 '차례'보다 그 사용 비율이 훨씬 더 높다는 점을 고려할 때 이러한 결과는 매우 특징적이다. 이는 영어 수사가 다음과 같이 영화 시리즈의 순서를 나타낼 때 일반적으로 사용되기 때문이다.

〈예6.2-5〉 [대화]

가. A: 뭐 하나 더 만드는다구 얘기 들은 거 같은데. B: 진주만 **투**?

나. A: **원**, 잠깐만 이상하다? B: 엑스맨 **투야**?

다. A: 스타워즈 에피소드 봤냐? B: 그거 **원까지. 투, 원** 보고 실망해서 **투** 안 봐.

라. A: 쥬라기공원 나왔는데 코믹물이 됐드라구 그래 가지구. 이게 뭔가? 아 **쓰리 쓰리**. B: **쓰리**? A: 쥬라기공원 **쓰리** 나와.

영어 수사가 '숫자 지시'에 나타나는 경우는 제품명과 같은 고유명에 나타나는 숫자를 영어로 읽을 때 매우 한정적으로 나타나고, 영어 수사가 수량을 나타내는 경우는 '0'을 나타내는 '제로'만이 나타난다. 요컨대, 영어 수사는 수사의 가장 일반적인 용법인 '수량'의 사용 비율이 가장 낮을 뿐만 아니라 '차례'의 용법도 영화 시리즈의 순서를 나타낼 때 한정적으로 사용되는데 이러한 사실은 영어 수사가 한국어에서 사용되기는 하지만 아직까지는 한국어 수사 체계에 자리 잡지 못하였다는 것을 알려주는 것이라고 할 수 있다.

6.3. 수사 구성

앞서 6.2에서는 다양한 수사의 용법에 대해서 살펴보았는데, 수사가 수량을 표현할 때에는 수량화 대상과 함께 하나의 구성을 이룬다. 이와 같이 수사가 수량화 대상과 이루는 구성을 **수사 구성**이라고 한다. 수사 구성은 선행 구성, 후행 구성, 생략 구성으로 나눌 수 있는데 선행 구성은 수사가 수량화 대상 앞에 나오는 구성이고 후행 구성은 수사가 수량화 대상 뒤에 나오는 구성이다. 생략 구성은 수량화 대상이 생략되고 수사만 나타나는 구성을 말한다. 이를 정리하여 제시하면 다음과 같다.

- 수사 구성
  - 선행 구성: 수사-수량화 대상 — 예) 하나의 물체, 하나의 문제
  - 후행 구성: 수량화 대상-수사 — 예) 사과 하나, 사람 둘, 물체 하나
  - 생략 구성: 수사 — 예) 하나, 둘

선행 구성은 수사가 수량화 대상 앞에 나타나서 수량화 대상을 수식하는 관형 구성으로 수사가 관형격조사 '의'와 결합하여 수량화 대상을 수식하는 것과 수사가 관형사절 내에 나타나서 수량화 대상을 수식하는 것이 있다. 선행 구성의 예를 보이면 다음과 같다.

〈예6.3-1〉

가. A: 와이가 문자가 두 개고 식이 하나니까 하나씩을 더 찾아야겠지 진아야. 응, B: 음. A: 자 봅시다::? **하나의 식을** 어디서 찾으까::? [대화]

나. 바다에는 달 조각들이 **수천수만의 고기떼같이** 떠서 퍼덕거리고 있었다. [소설]

다. **1천만이 넘는 사람이** 북적대며 아침저녁으로 교통지옥에 시달리는 이 도시의 스카이라인은 아시아의 도시들이 풍기는 인상과는 닮은 데가 많지 않다. [신문]

라. 먼저 **하나뿐인 지구에서** 함께 살고 있는 인류사회의 한 구성원으로서 우리는 지구촌이 부딪히고 있는 인류 공통의 문제에 대해서 무관심할 수 없다. [학술]

<예6.3-1가, 나>는 수사가 관형격조사 '의'와 결합하여 수량화 대상의 수량을 나타내는 것을 보인 것이고 <예6.3-1다, 라>는 수사가 관형사절 내에 나타나서 수량화 대상의 수량을 나타내는 것을 보인 것이다.

후행 구성은 수사가 수량화 대상 뒤에 나타나 수량화 대상의 수량을 나타내는 구성으로, 수량화 대상과 수사는 동격 구성을 이룬다. 후행 구성은 동격 구성을 이루는 수량화 대상과 수사 사이에 조사가 개입되는 구성과 조사가 개입되지 않는 구성이 있다. 후행 구성의 예를 보이면 아래와 같다.

〈예6.3-2〉

가. 창덕궁 정문에 정문에 이케 맞은편에 보면은 **주유소 하나** 있거든요, [대화]

나. 그 집앞, 새로 지은 이층 슬라브집 옥상에 **군인 두엇이** 총을 들고 서 있다가 내가 자취방 문을 열자마자 헤이 아가씨이, 하더라구요. [소설]

다. 온갖 환경담론이 난무하지만, 철학적으로 환경이 무엇인가 하는 데 대한 이론적 바탕을 제공하는 책이 많지 않아 나름대로 **가이드북을 하나** 만들어야겠다는 생각에서 집필을 시작했다고 한다. [신문]

라. CDC의 회장인 노리스의 선택이 적중하여 크레이는 CDC의 엔지니어로 들어와서 과학용 컴퓨터를 연구하게 된다. 크레이의 성격을 잘 말해 주는 **에피소드가 하나** 있다. [학술]

<예6.3-2가, 나>는 수량화 대상과 수사 사이에 조사가 개입되지 않은 후행 구성의 예를 보인 것이고 <예6.3-2다, 라>는 수량화 대상과 수사 사이에 조사가 개입된 후행 구성의 예를 보인 것이다.

생략 구성은 여러 가지 이유로 인해 수량화 대상이 생략되어 나타나지 않는 수사 구성을 가리킨다. 수사 구성에서 수량화 대상이 나타나지 않는 경우는 수량화 대상이 문장 내에 다른 성분으로 나타나거나 선행 문맥에서 이미 제시되어 수량화 대상이 나타나지 않아도 유추되는 경우가 가장 일반적이다. 이외에도 수사가 수량을 나타내지만 특정 대상의 수량을 나타내는 것이 아니기 때문에 수량화 대상이 나타나지 않는 경우도 있다. 이와 같이 수사가 수량을 나타내지만 특정 대상의 수량을 나타내지 않는 것은 '일 더하기 이는 삼이다'나 '하나에 둘을 더하면 셋이 된다'와 같이 산수식이나 수학식에 수사가 나타나는 경우에 해당된다.

〈예6.3-3〉

가. 왜 바른말 고운말이라고 케이비에스도 **하나** 있고 엠비시도 **하나** 있잖아. [대화]

나. 사리분별 분명하고 합리적이고 냉철한 용훈이 자기감정을 절제하지 못하고 폭발하는 경우는 딱 두 가지 일에서만 볼 수 있었다. **하나는** 그의 소설에서 보이는 애절한 남녀 간의 사랑 이야기에서였고, 다른 **하나는**

바로 그의 약혼녀 김창숙에 관한 것이었다. [소설]

다. 이~ 표본평균이, **백십육과**, **백이십오** 사이에 있을 확률을 구하라. 고거를 묻는 거지 지금. [대화]

라. 이것을 연산을 해 줬더니 마이나스 **삼이** 나왔대. 그럼 이거 이대로 여기따 집어넣어 주면 되지, [대화]

<예6.3-3가>는 수량화 대상이 문장 내에서 이미 다른 성분으로 나타나서 수량화 대상이 생략된 예를 보인 것이고 <예6.3-3나>는 수량화 대상이 선행 문맥에서 나타나서 수량화 대상이 생략된 예를 보인 것이다. <예6.3-3다, 라>는 수사가 산수 식이나 수학식에 나온 경우인데, 이러한 경우는 수사가 특정 대상의 수량을 나타내는 것이 아니기 때문에 수량화 대상이 나타나지 않는 것이라고 할 수 있다.

지금까지 살펴본 것처럼 수사 구성은 수량화되는 대상과 수사가 관형 구성 또는 동격 구성을 이루거나 수량화 대상이 생략되어 수량을 나타내는 구성이라고 할 수 있는데 이와 동일한 양상은 4.2.4에서 살펴본 단위사 구성에서도 살펴볼 수 있었다. 따라서 6.3 논의의 일부에서는 4.2.4에서 제시한 단위사 구성의 말뭉치 계량 결과와도 비교될 것이다.

6.3.1. 수사 구성의 분포

말뭉치 계량 결과 제시1

1. 전체 수사 구성의 사용 비율: 생략 구성 〉 후행 구성 〉 선행 구성

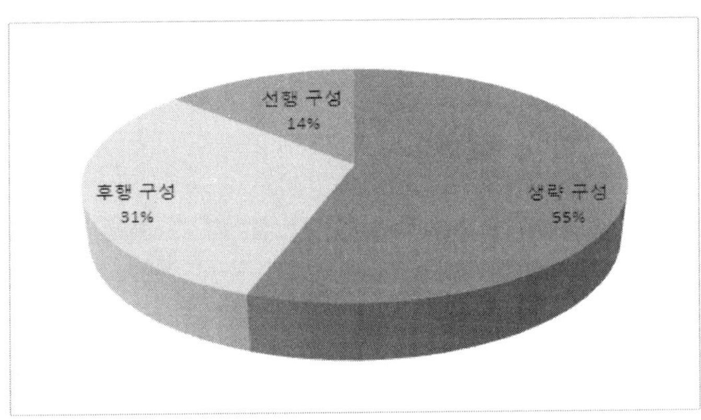

<그래프6.3.1-1> 전체 수사 구성의 사용 비율

2. 사용역에 따른 수사 구성의 사용 비율
   대화: 생략 구성 〉 후행 구성 〉 선행 구성
   소설: 후행 구성 〉 생략 구성 〉 선행 구성
   신문: 생략 구성 〉 후행 구성 〉 선행 구성
   학술: 생략 구성 〉 선행 구성 〉 후행 구성

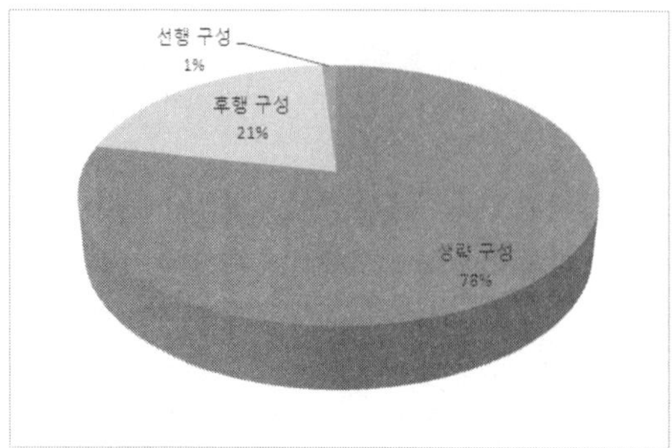

<그래프6.3.1-2> '대화'의 수사 구성의 사용 비율

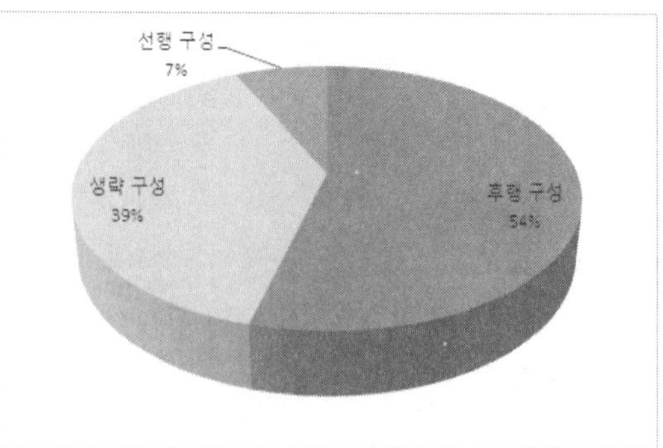

<그래프6.3.1-3> '소설'의 수사 구성의 사용 비율

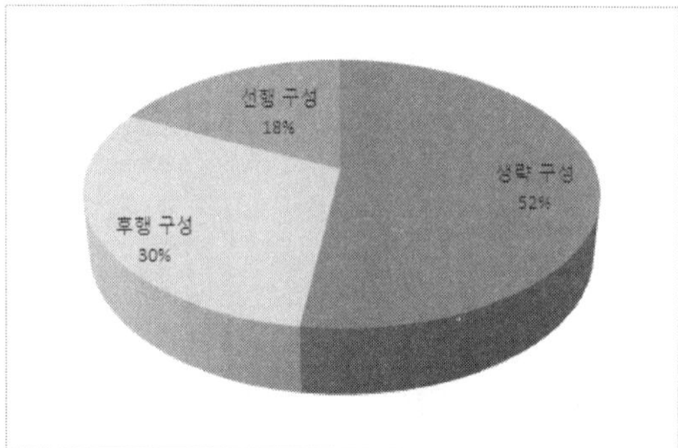

<그래프6.3.1-4> '신문'의 수사 구성의 사용 비율

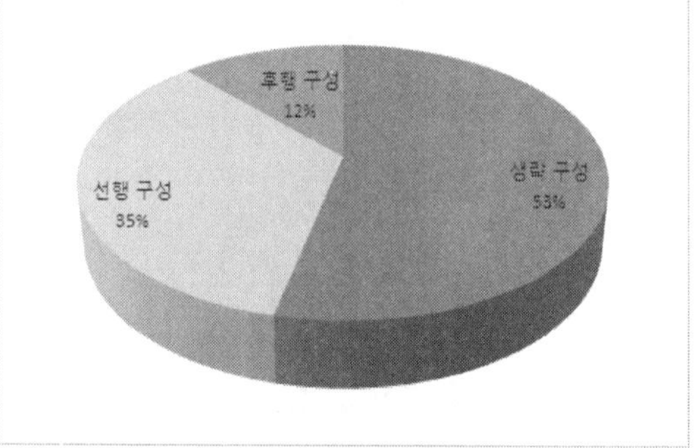

<그래프6.3.1-5> '학술'의 수사 구성의 사용 비율

말뭉치 계량 결과에 대한 논의1

전체 말뭉치에서 나타나는 수사 구성의 사용 비율을 살펴보면, 생략 구성의 사용 비율이 가장 높다는 것을 알 수 있다. 생략 구성은 '소설'을 제외한 모든 사용역에서 그 사용 비율이 가장 높은데, 이처럼 생략 구성의 사용 비율이 높은 것은 실제 담화 상에서 수사는 수량화 대상과 함께 하나의 구성을 이루지 않아도 맥락을 통해 수량화하는 대상이 무엇인지 쉽게 알 수 있기 때문일 것이다. 수량화 대상이 생략되지 않는 구성은 후행 구성이 선행 구성보다 그 사용 비율이 더 높다. 수사 구성은 후행 구성이 가장 자연스러운 구성이라고 보는 것이 일반적인데 후행 구성의 사용 비율이 선행 구성의 사용 비율보다 더 높게 나타나는 것은 이러한 사실과 일치하는 것이라 할 수 있다.

사용역에 따른 수사 구성의 사용 비율을 살펴보면, '대화'와 '신문'은 전체 말뭉치에서 나타나는 수사 구성의 사용 비율과 대체적으로 유사하지만 '소설'과 '학술'은 그 사용 양상이 아주 다르다. 우선, '소설'은 후행 구성의 사용 비율이 가장 높게 나타난다는 특징이 있다. '소설'에서 후행 구성의 사용 비율이 가장 높게 나타나는 것은 문학적 표현 효과를 위해 아래의 예와 같이 수사 '하나'가 후행 구성으로 나타나 부정 극어로 사용되는 경우가 많기 때문이다.

〈예6.3.1-1〉 [소설]

가. "바보 같은 소리 하지도 마라. **돈이 하나도** 없는데 포항까지는 어떻게 간단 말이냐? 걸어서 갈래?"

나. 그것마저 입 밖으로 내뱉어 버린다면 내게는 스스로를 위로하기 위한 **도구가 하나도** 남지 않을 터인 까닭이었다.

다. 다만 한 가지 **눈에 띈 부장품 같은 것이** 아직 **하나도** 불빛에 드러나 보이지 않는 것만이 유감이라면 유감이었다.

라. 그렇게 어둡니, 넌 수원에서 호강할지는 모르지만 네 아들딸은 **서울의 혜택을 하나도** 받지 못하는 거야.

〈예6.3.1-2〉 [소설]

가. "당신들은 짐승만도 못한 인간들이오." 가르시아는 부들부들 떨면서 소리 질렀다. 그러나 아르세모는 **눈썹 하나** 까딱이는 법이 없었다.

나. 볼의 살이 빠져서 콧날이 더 오똑해 보이는 엄마의 피부에 그 흔한 **검버섯 하나** 안 보인다는 걸 깨닫는 순간 그만 피식, 웃음이 나왔다.

다. "나는 당신의 친굽니다"라고 월남말로 할 줄 아느냐고 했어요. 그랬더니 이 친구 **힘 하나** 안 들이고 "덩라이 아이도" 하고 유창하게 처억 받아넘기는 거예요.

라. 우리에게는 첫사랑의 수줍던 갈래머리 소녀를 우연히 만났더니 펑퍼짐한 아줌마가 되어서 **낯색 하나** 안 바꾸고 질펀한 음담을 입에 담는다거나 혹은 부스스한 머리를 쓸어 올리며 전자요를 팔러 왔다거나 하는 구차한 일은 일어나지 않을 것이다.

<예6.3.1-1>은 '하나'가 보조사 '도'와 결합하여 부정 극어의 기능을 하는 경우를 보인 것이고 <예6.3.1-2>는 '하나'가 단독으로 나타나 부정 극어의 기능을 하는 경우를 보인 것이다. 이들 예에서 보듯이 부정 극어로 나타나는 '하나'가 수량의 의미를 전혀 나타내지 않는 것은 아니지만 '전혀'나 '조금도'의 의미로 부정의 의미를 강조하는 것이 주된 기능이라고 할 수 있다. 이와 같이 부정 극어의 기능을 하는 '하나'는 부정의 의미를 강조하는 기능을 하기 때문에 '소설'에서 그 표현적 효과를 위해 많이 사용된다. 그런데 '하나'가 부정 극어의 기능을 할 때에는 선행 구성으로는 나타날 수 없고 오직 후행 구성으로만 나타날 수 있다. 이는 위의 예에서 나타나는 수사 구성을 선행 구성으로 바꾸어 보면 어색해지거나 부정 극어의 기능이 사라진다는 사실을 통해서 알 수 있다. 이러한 사실들을 고려해 볼 때, '소설'에서는 표현적 효과를 위해 부정 극어의 기능을 하는 '하나'를 사용하는 경우가 많은데, 부정 극어의 기능을 하는 '하나'는 후행 구성으로만 나타나기 때문에 '소설'은 다른 사용역과 달리 후행 구성의 사용 비율이 가장 높게 나타나는 것이라고 할 수 있다.

'학술'은 다른 사용역과 달리 선행 구성이 후행 구성보다 사용 비율이 높게 나타난다. 이는 '학술'에서 아래의 예와 같이 '일종의'의 의미를 지니는 '하나의'가 많이 사용되기 때문이다.

〈예6.3.1-3〉 [학술]

가. 둘째, 이론은 **하나의 가설적 모델에** 불과하다는 것을 간과해서는 안 되며, 단선적 발전단계뿐만 아니라 다선적·복합적 발전단계가 있음을 감안해야 한다.

나. 물론 여성은 대중 매체에게 훈련만 받는 것은 아니다. 사실 대중 매체의 발달은 여성에게 **하나의 축복이자 재앙이었다.**

다. 오늘날 의견조사 저널리즘이 **하나의 유행처럼** 되었다. 언론은 걸핏하면 의견조사를 실시하여 그 결과를 뉴스로 보도한다.

라. 그러므로 인간은 '나'의 인격적 존재로서의 주체임을 자각하는 때 또한 '남'도 하나의 인격적 존재로서의 주체임을 인정하게 된다.

<예6.3.1-3>에서 보인 선행 구성 '하나의 ~'가 수량의 의미를 전혀 나타내지 않는 것은 아니다. 이들 예에서 '하나의'도 '一'이라는 수량의 의미를 나타낸다. 하지만 이때 '하나의'는 수량의 의미보다는 '일종의'의 의미를 나타내는 것이 주된 기능이라고 할 수 있다. '일종의'의 의미를 지니는 '하나의'는 울타리(hedge) 표현으로서 단언의 강도를 약화시키는 효과를 지니고 있다. 위의 예에서 '하나의'가 생략되어도 문장의 명제 내용은 크게 달라지지 않는다. 하지만 '하나의'가 생략되면 문장이 나타내는 명제 내용은 보다 단정적인 느낌을 준다. 이처럼 '하나의'는 단언의 강도를 약화시켜 주장하는 바를 부드럽게 전달하는 기능을 하는 울타리 표현인데, 이러한 울타리 표현은 학술 산문에서 전형적으로 나타난다(4.1.1 참고). 요컨대, '학술'에서는 그 사용역의 특성상 울타리 표현으로 기능하는 '하나의'가 많이 사용되기 때문에 선행 구성이 후행 구성보다 그 사용 비율이 높게 나타나는 것이라고 할 수 있다.

'대화'는 전체 말뭉치에서 나타나는 수사 구성의 사용 비율과 비교했을 때, 생략 구성의 비율이 매우 높게 나타난다는 특징이 있다. '대화'는 문어 사용역에 비해 화 · 청자가 공유하는 정보가 많고 문맥 이외에도 주어지는 담화 상의 정보가 많아서 수량화 대상이 나타나지 않아도 수량화 대상이 무엇인지 더 쉽게 알 수 있기 때문에 이러한 특징이 나타난다고 할 수 있다. 그런데 '대화'에서 생략 구성의 비율이 매우 높은 데에는 말뭉치 구성도 하나의 요인으로 작용했을 것으로 보인다. 다음의 예를 보자.

〈예6.3.1-4〉 [대화]

가. 사 제트에 제곱, 마이나스 십이 제트, 플러스 이꼴 영이다, 이렇게 됐지.

나. 자 그러면 결국에 여기 이천까지 있을 때 뭐 며 몇까지 묶이고 뭐가 남겠니 진아야.

다. A: 그럼 얼마야 이거? B: 마이나스 일. A: 자 그러면은 여기 마이 계산하기 좋게 일이 나올 때까지 맞춰 주는 게 좋다 그랬지.

라. A: 이 아이를 없애 주러 없애 주는 방법은 뭐야. B: 빼기, A: 빼기야? B: 곱하기 영. A: 곱하기 영이야? B: 몰라.

위의 예는 과외 수업 대화의 일부인데, '대화'에서 나타나는 상당수의 수사의 예가 이처럼 과외 수업 대화에서 언급되는 수학식이나 산수 식에서 나타난다. 앞서 설명했듯이 수학식이나 산수 식에서는 수사가 특정 대상의 수량을 나타내는 것이 아니기 때문에 수량화 대상이 나타나지 않는다. 이와 같이 '대화' 말뭉치를 구성하는 특정 대화 내용으로 인해 '대화'에서는 수학식이나 산수 식에 나타나는 수사의 예가 많이 나타나는데 이러한 요인도 '대화'에서 생략 구성의 사용 비율을 높이는 원인이 되었을 것이다. 또한 '대화'는 다른 사용역과 비교했을 때, 선행 구성의 사용 비율이 매우 낮게 나타나는 것도 특징으로 지적할 만하다. '학술'을 제외한 문어 사용역에서도 선행 구성의 사용 비율은 낮은 편이지만 '대화'에서 선행 구성의 사용 비율은 1%에 불과하다. 이러한 점을 미루어 볼 때, 선행 구성은 주로 문어 사용역에서만 주로 사용되는 수사 구성이라고 결론 내릴 수 있겠다.

한편, 지금까지 살펴본 사용역에 따른 수사 구성의 사용 양상은 4.2.4.1에서 살펴본 사용역에 따른 단위사 구성의 사용 양상과도 어느 정도 유사하게 나타난다. 수사 구성에서 후행 구성의 사용 비율은 '소설'에서 가장 높게 나타나는데 4.2.4.1의 <그래프4.2.4.1-2~5>에서 확인할 수 있듯이, 단위사 구성에서도 후행 구성의 사용 비율은 '소설'에서 가장 높게 나타난다. 다만, 단위사 구성에서는 후행 구성의 사용 비율이 선행 구성의 사용 비율보다 높게 나타나지는 않는다. 또한 <그래프4.2.4.1-2~5>에서 살펴볼 수 있듯이 단위사 구성에서 '학술'은 다른 사용역과 달리 선행 구성이 후행 구성보다 사용 비율이 더 높게 나타나는데 이러한 양상은 '학술'의 수사 구성에서도 동일하게 나타나는 것이다. 뿐만 아니라 수사 구성에서 '대화'는 다른 사용역에 비해 생략 구성의 사용 비율이 매우 높게 나타나고 선행 구성의 사용 비율이 아주 낮게 나타나는데 <그래프4.2.4.1-2~5>에서 확인할 수 있듯이 이러한 양상은 단위사 구성에서도 동일하게 나타난다.

▶ 말뭉치 계량 결과 제시2

1. 수사 구성의 사용역 비율
   선행 구성: 학술 〉 소설 ≧ 신문 〉 대화
   후행 구성: 소설 〉 대화 〉 신문 〉 학술
   생략 구성: 대화 〉 소설 ≧ 학술 〉 신문

	대화	소설	신문	학술
선행 구성	■▪	■■■▪	■■■▪	■■■■■■■■ ■■■■▪
후행 구성	■■■■■■■▪	■■■■■■■■ ■▪	■■	■▪
생략 구성	■■■■■■■■ ■■■■▪	■■■▪	■▪	■■■▪

<그래프6.3.1-6> 수사 구성의 사용역 비율

(■ 5%, ▪ 5% 미만)

▶▶ 말뭉치 계량 결과에 대한 논의2

수사 구성의 사용역 비율을 살펴보면, 앞서 살펴본 사용역에 따른 수사 구성의 사용 비율 양상을 거의 그대로 따르고 있다. 앞서 제시한 <그래프6.3.1-2~5>에서 확인할 수 있었듯이, 선행 구성은 '학술'에서 사용 비율이 가장 높게 나타나며 후행 구성은 '소설'에서 사용 비율이 가장 높게 나타나며 생략 구성은 '대화'에서 가장 높게 나타난다. 이와 마찬가지로 수사 구성의 사용역 비율에서도 선행 구성은 '학술'에서, 후행 구성은 '소설'에서, 생략 구성은 '대화'에서 가장 높게 나타난다.

수사 구성의 사용역 비율을 조금 더 자세히 살펴보자. 선행 구성은 '학술'에서 가장 많이 사용된다는 점을 제외하고도 '대화'에서 사용역 비율이 가장 낮게 나타난다는 점을 특징으로 지적할 만하다.

이는 앞서 살펴본 것과 같이 '대화'에서 선행 구성의 사용 비율이 매우 낮기 때문이다. 선행 구성의 사용역 비율에서 '대화'는 약 6%에 불과한데, 이러한 사실은 선행 구성이 주로 문어 사용역에서만 사용되는 수사 구성이라는 앞서의 결론을 더욱 확실히 뒷받침해 준다고 할 수 있다. 후행 구성은 '소설'에서 가장 많이 사용되지만 '대화'에서도 그 사용역 비율이 매우 높다. 반면에 '신문'과 '학술'은 후행 구성의 사용역 비율이 낮게 나타난다. 이러한 양상은 후행 구성이 비격식적인 사용역에서 주로 사용되는 수사 구성이라는 것을 알려 준다. 또한 후행 구성의 사용역 비율에서는 '학술'의 사용역 비율이 가장 낮은 것도 특징으로 지적할 만하다. 6.2의 <그래프6.2-6>에서 살펴보았듯이, 수량 표현에 이용되는 수사의 사용역 비율은 '대화 > 소설 > 학술 > 신문'의 양상으로 나타나는데, 후행 구성에서는 '신문'이 '학술'보다 그 사용역 비율이 높게 나타나기 때문이다. 이는 앞서 논의하였듯이 '학술'에서는 수량을 표현하기 위해 후행 구성보다 선행 구성을 더 많이 사용하기 때문에 생긴 결과이다. 생략 구성의 사용역 비율은 <그래프6.2-6>에서 제시한 수량 표현에 이용되는 수사의 사용역 비율과 거의 동일한 양상을 보인다. 이는 생략 구성이 수사 구성에서 절반 이상을 차지하기 때문이다. 다시 말해서, 생략 구성은 수사 구성의 과반수를 차지하기 때문에 수량을 표현하는 수사의 사용역 비율은 생략 구성의 사용역 비율을 거의 그대로 따르는 것이라고 할 수 있다.

6.3.2. 선행 구성

선행 구성은 수사가 수량화 대상 앞에 나타나서 수량화 대상을 수식하는 관형 구성이다. 선행 구성으로는 수사가 관형격조사 '의'와 결합하여 수량화 대상을 수식하는 구성('의' 구성)과 수사가 관형사절 내에 나타나서 수량화 대상을 수식하는 구성(관형사절 구성)이 있다.

'의' 구성은 선행 구성 중 가장 일반적으로 사용되는 것인데, 단위사 구성과 달리 수사 구성에서는 관형격조사가 생략되는 'Ø' 구성이 없다(4.2.4.2 참고). 왜냐하면 6장의 도입부에서 언급하였듯이 이 장에서는 '다섯', '여섯' 등과 같이 수사와 수관형사의 형태가 동일한 경우, 관형격 조사와 결합하지 않고 명사를 수식하는 것은 모두 수관형사로 처리하였기 때문이다. '의' 구성의 전형적인 예를 보이면 다음과 같다.

〈예6.3.2-1〉

가. 나는 그 일장일단이::, **하나의 장점과 하나의 단점**. 모~ 이케 쫌 장점이 있으면 단점이 있다. 이렇게 뜻을 생각한 게 아니고, 다르게 생각하고 있었던 거야. 뜻을::, [대화]

나. 소복을 차려입은 **3천의 여인들이** 절벽 위에서 다시 백마강 물결 위로 몸을 던져 떨어져 흐른다. [소설]

다. 김수환 추기경에게 "뜻있는 종교인들이 단식으로 목숨을 던져서라도 국민의 언 마음을 녹여 죽어 가는 **수백만의 동포들을** 구하자"고 호소할 때도 그의 목소리는 이처럼 잠겼을 것이다. [신문]

라. 그러나 이 밀어 처넣기 작업은 마침내 시마하라의 난에서 **3만 8천의 농민 기독교도를** 학살함으로써 완성되었다. [학술]

'의' 구성은 선행 구성의 관형사절 구성이나 후행 구성과는 달리 구성을 이룰 수 있는 수사에 일정한 제약이 있다. 말뭉치의 용례를 살펴보면, '의' 구성을 이루는 수사는 아래의 예와 같이 거의 대부분 '하나'로 나타나는데 이는 '의' 구성을 이룰 수 있는 수사에는 일정한 제약이 있기 때문이다.

〈예6.3.2-2〉

가. 저 창 밖에는 천 개의 눈이 반짝이고 있지만 내 마음에는 이진우라는 단 **하나의{*둘의/*셋의/*일의/*이의/두개의/세 개의} 별**이 빛나고 있을 뿐이다. [소설]

나. 이 이론에 의하면 초전도체 내의 전자들은 보통의 전자들과는 달리 서로 잡아당길 수도 있다는 것이다. 이러한 인력 때문에 두 개의 전자가 **하나의{*둘의/*셋의/*일의/*이의/두개의/세 개의} 쌍을** 이루게 되고 이것이 초전도 현상을 일으킨다고 설명했다. [신문]

다. 만연체는 중문, 복문, 혼문 등을 많이 사용하여 **하나의{*둘의/*셋의/*일의/*이의/두개의/세 개의} 문장에** 여러 가지 사실과 주장을 담게 된다. [학술]

라. 프랑스의 어느 소설가는 '一物一語說'을 주장했는데, 이는 생각을 적절하게 표현하는 데 있어 오직 **하나의{*둘의/*셋의/*일의/*이의/두개의/세 개의} 단어만이** 적합하다는 뜻으로, 창작 행위의 치열함을 엿보게 하는 말이다. [학술]

위의 예에서 보인 '의' 구성에서 '하나'를 '둘'이나 '셋' 또는 한자어 수사 '일'이나 '이' 등의 수사로 대치하면 그 구성은 매우 어색해 비문법적인 것으로 느껴지고 '하나' 이상의 수량을 '의' 구성으로 나타내려면 수사 구성 대신 '두 개', '세 개'와 같이 단위사 구성을 이용해야 자연스럽다. 그러나 <예6.3.2-1다>와 같이 '수백의', '수천의', '수만의' 등과 같이 '백' 이상의 어림수나 <예6.3.2-1나, 라>처럼 '3천의', '3만 8천의' 등과 같이 '천' 이상의 수의 경우에는 '의' 구성을 이루어도 자연스럽다. 그러나 '천' 이상의 수가 '의' 구성을 이루는 경우보다는 '백' 이상의 어림수가 '의' 구성을 이루는 경우가 조금 더 자연스럽게 느껴진다. 요컨대, '하나'를 제외한 '백' 이하의 고유어 수사나 한자어 수사는 '의' 구성을 이룰 수 없고 '천' 이상의 수나 '백' 이상의 어림수가 '의' 구성을 이룰 수 있다.

한편, '의' 구성은 6.3.1에서 언급한 것처럼 다음의 예와 같이 '하나의'로 나타나 '일종의'의 의미를 나타내기도 한다.

〈예6.3.2-3〉

가. 신교의 종교 개혁, 이걸 굉장히, 제가 볼 때는, 중요한 것으로 보고 있는데, 근까~ 세계화 추세를 촉진시킨 **하나의 계기가** 되었다고 보고 있거든요? [대화]

나. 석하야말로 진정한 시인의 삶이 얼마나 자유롭고 외롭고 정열적이며 험난한가를 보여주는 **하나의 전형적인 예시와도** 같았다. [소설]

다. 다만 우리는 베트남에서처럼 미국의 철수 후의 힘의 공백을 관리하고 우방과의 동맹 관계를 유지함에 있어 림팩은 **하나의 좋은 방법이라고** 생각한다. [신문]

라. 우리의 또 하나의 예인 {백과전서(Encyclop die)}는 〈책〉이라기보다 **하나의 사회 운동이었다.** [학술]

위의 예에서 '하나의'는 대상의 수량이 '하나'임을 나타내지 않는 것은 아니지만 '일종의'라는 의미를 나타내어 울타리(hedge) 표현으로서 단언의 강도를 약화시키는 것이 더 주된 기능이라고 할 수 있다.

관형사절 구성은 일반적으로 많이 나타나는 선행 구성은 아니지만 어림수를 나타내는 경우, 정확한 수량을 강조하여 나타내는 경우, 수량화 대상이나 수량에 대한 화자의 태도를 나타내는 경우 등과 같이 특별한 표현 효과를 위해 주로 사용된다.

〈예6.3.2-4〉

가. 자취방으로 돌아오자마자 진우는 **하나뿐인 라디오겸용 카세트**를 찾았다. [소설]

나. 그가 자신의 선망의 대상인 '햄릿'을 연기하는 배우이기 때문에도 그랬지만, **둘도 없는 친구인** 지은의 연인이기 때문에 더더욱 그랬다. [소설]

다. 5대 재벌의 경제력 집중이 심해진 반면 대다수 국민들의 경제적 고통은 무거워졌다. **200만에 육박하는 실업자군이** 그것을 잘 말해 준다. [신문]

라. 한 사람이 쓰는 어휘 수는 그 사람의 지식 정도를 나타낸다고 한다. 세익스피어는 **2만에 가까운 어휘를** 사용하여 문호로서의 그의 실력을 나타내고 있다. [학술]

<예6.3.2-4가>는 관형사절 구성이 정확한 수량을 강조하여 나타내는 경우인데, 이때 수량화 대상인 '라디오겸용 카세트'에 대한 화자의 태도가 함께 드러난다. <예6.3.2-4나>는 관형사절 구성이 수량화 대상인 '친구'에 대한 화자의 태도를 드러내기 위해 사용된 예이고 <예6.3.2-4다, 라>는 관형사절 구성이 어림수를 나타내기 위해 사용된 예이다.

말뭉치 계량 결과 제시1

1. 전체 선행 구성의 사용 비율: '의' 구성 〉 관형사절 구성

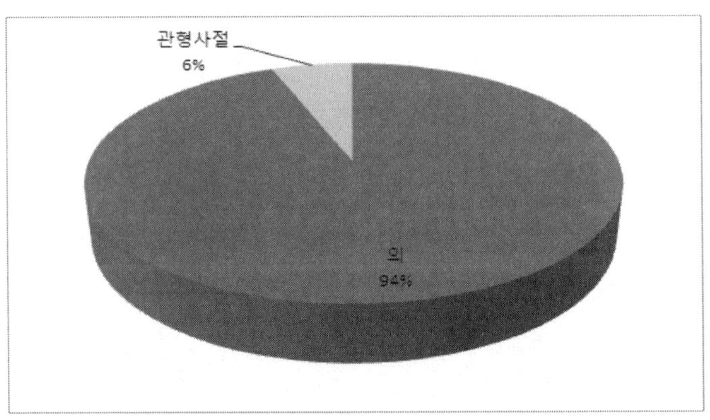

<그래프6.3.2-1> 전체 선행 구성의 사용 비율

2. 사용역에 따른 선행 구성의 사용 비율

대화: '의' 구성
소설: '의' 구성 〉 관형사절 구성
신문: '의' 구성 〉 관형사절 구성
학술: '의' 구성 〉 관형사절 구성

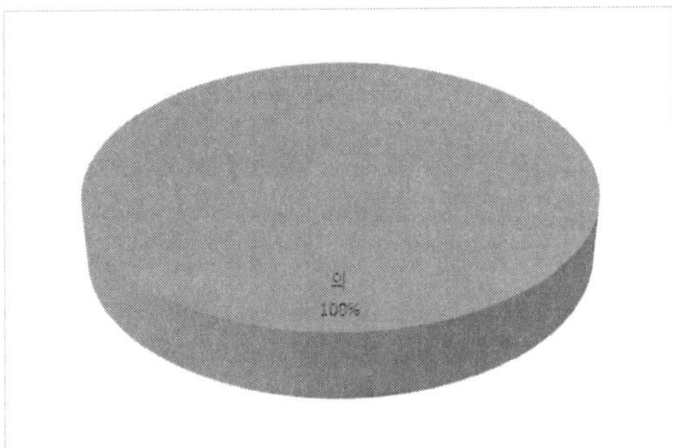

<그래프6.3.2-2> '대화'의 선행 구성의 사용 비율

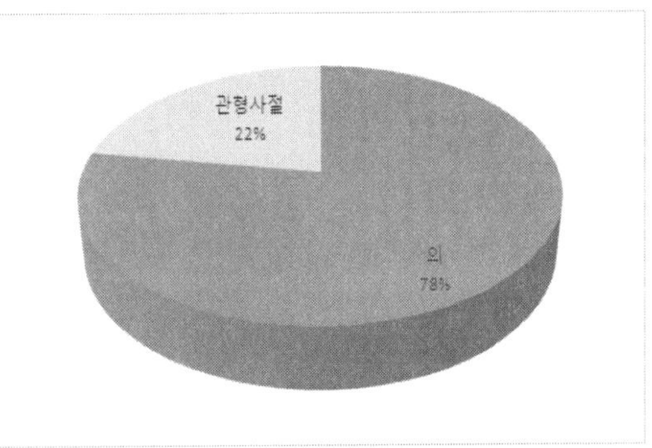

<그래프6.3.2-3> '소설'의 선행 구성의 사용 비율

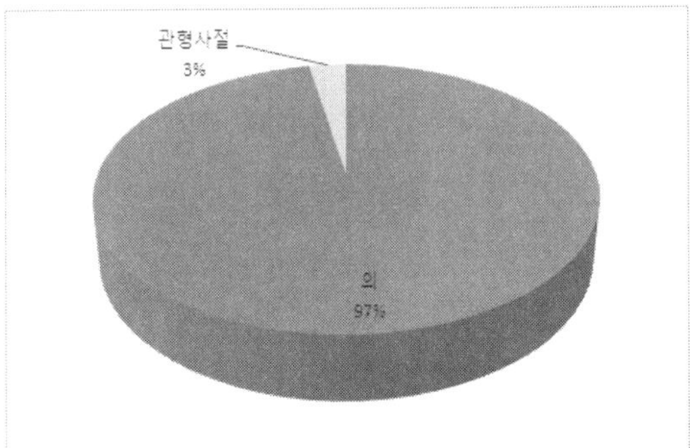

<그래프6.3.2-4> '신문'의 선행 구성의 사용 비율

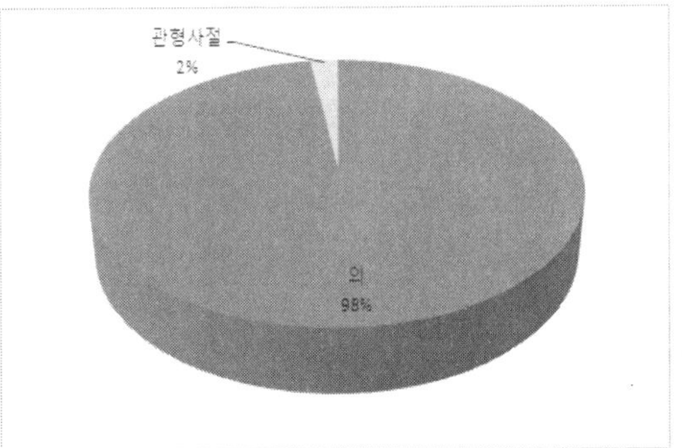

<그래프6.3.2-5> '학술'의 선행 구성의 사용 비율

말뭉치 계량 결과에 대한 논의1

전체 말뭉치에서 나타나는 선행 구성의 사용 비율을 살펴보면, '의' 구성의 사용 비율이 관형사절 구성의 사용 비율에 비해 압도적으로 높다. 선행 구성은 거의 대부분 '의' 구성으로만 사용된다고 할 수 있다. 앞서 우리는 수사와 수관형사의 형태가 동일한 경우, 관형격 조사와 결합하지 않고 명사를 수식하는 것을 모두 수관형사로 처리하였다고 언급하였다. 만약 수사와 수관형사가 동일한 형태가 관형격 조사와 결합하지 않고 명사를 수식하는 것을 선행 구성의 하나인 ∅ 구성으로 본다면 선행 구성에서 ∅ 구성의 사용 비율이 가장 높게 나타날 것이다. 뿐만 아니라 6.3.1에서 살펴본 수사 구성의 사용 비율에서도 선행 구성의 사용 비율이 가장 높게 나타날 것이다.

사용역에 따른 선행 구성의 사용 비율을 살펴보면, '대화'에서는 관형사절 구성이 전혀 나타나지 않고 '대화'를 제외한 모든 사용역에서도 전체 말뭉치에서 나타나는 선행 구성의 사용 비율과 동일하게 '의' 구성의 사용 비율이 압도적으로 높게 나타난다. 일상 대화에서 관형사절 구성이 많이 쓰이지 않는 것은 사실이지만 전혀 쓰이지 않는 것은 아니다. 따라서 '대화'에서 관형사절 구성이 전혀 나타나지 않은 것은 '대화' 말뭉치의 크기가 작기 때문인 것으로 판단된다.

한편, 모든 사용역에서 관형사절 구성의 사용 비율이 낮지만 '소설'은 관형절 구성의 사용 비율이 약 22%로서, 다른 사용역과 비교했을 때 관형사절 구성의 사용 비율이 매우 높게 나타난다. 이와 같이 '소설'에서 관형사절 구성의 사용 비율이 높은 것은 관형사절 구성이 가진 다양한 표현 효과에서 그 이유를 찾을 수 있다.

〈예6.3.2-5〉 [소설]

가. 그러지 말아요. **다섯이나 되는 우리 아기들의** 슬픈 영혼만으로도 내 생명은 충분해요.

나. 경황 중에도 **하나뿐인 어린 아들을** 데리고나온 것은 그나마 남자라고 의지가 될 것 같은 여자의 본능 때문이었다.

다. **하나밖에 없는 해를** 아무렇지도 않게 꿀꺽 삼켜 버린 바다는 순식간에 파리를 낚아챈 두꺼비처럼 천연덕스러운 모습을 하고 있었다.

라. 추녀 끝을 미끄러져 내린 뙤약볕이 지대 위에서 고기비늘처럼 뒤채는데 높은 담장 밖으로는 **네댓이나 되어 보이는 아이들이** 호드기를 불며 고샅을 빠져나가는 발짝 소리가 다급하다.

<예6.3.2-5>는 '소설'에서 관형사절 구성이 사용된 예를 보인 것이다. 앞서 언급하였듯이 관형사절 구성은 어림수를 나타내는 경우, 정확한 수량을 강조하여 나타내는 경우, 수량화 대상이나 수량에 대한 화자의 태도를 나타내는 경우 등과 같이 특별한 표현 효과를 위해 주로 사용된다. '소설'은 문학 장르로서 풍부한 표현 효과가 매우 중시된다. 따라서 다양한 표현 효과를 가진 관형사절 구성이 많이 사용되는 것이다. 예를 들어, <예6.3.2-5라>에서 '네댓이나 되어 보이는 아이들'은 '네댓의 아이들'이라고만 해도 어림수를 나타낼 수 있다. 그러나 '되어 보이는'과 같이 추측 표현과 함께 나타나게 되면, 수량에 대한 화자의 태도를 드러내게 되는데 이때 그 수량을 더욱 불확실하게 만들어 그 문체적 효과를 훨씬 더 풍부하게 할 수 있다.

지금까지 살펴본 관형사절 구성의 사용 비율 양상은 4.2.4.2에서 제시한 단위사 구성의 관형사절 구성의 사용 비율 양상과도 유사하게 나타난다. <그래프4.2.4.2-2~5>에서 확인할 수 있듯이 단위사 구성에서도 관형사절 구성은 '소설'에서 그 사용 비율이 가장 높게 나타난다.

▶ 말뭉치 계량 결과 제시2

1. 선행 구성의 사용역 비율

'의' 구성의 사용역 비율: 학술 〉 신문 〉 소설 〉 대화

관형사절 구성의 사용역 비율: 소설 〉 학술 〉 신문

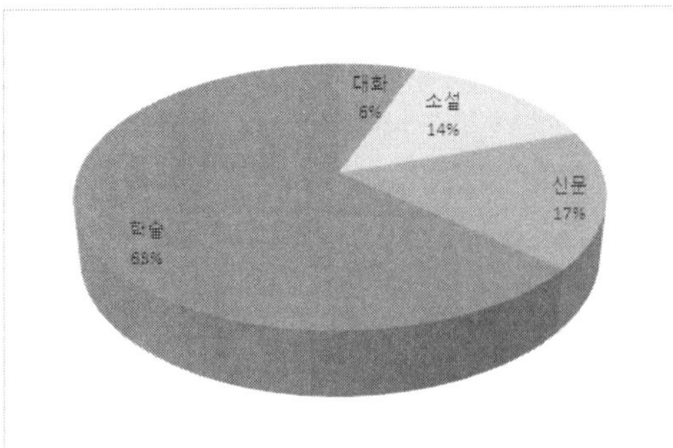

<그래프6.3.2-6> '의' 구성의 사용역 비율

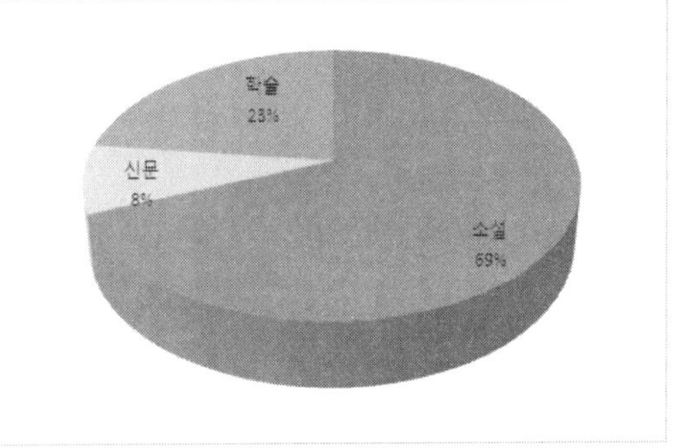

<그래프6.3.2-7> 관형사절 구성의 사용역 비율

말뭉치 계량 결과에 대한 논의2

선행 구성에 따른 사용역 비율을 살펴보면, 우선 '의' 구성의 사용역 비율은 6.3.1의 <그래프6.3.1-6>에서 제시한 전체 선행 구성의 사용역 비율과 거의 유사하게 나타난다. 이는 '의' 구성이 전체 선행 구성의 거의 대부분을 차지하므로 '의' 구성의 사용 양상이 전체 선행 구성의 사용 양상을 결정하기 때문이다. 다만, 전체 선행 구성에서는 '소설'이 '신문'에 비해 사용역 비율이 조금 더 높았지만 '의' 구성에서는 이와 반대로 '신문'이 '소설'보다 사용역 비율이 조금 더 높게 나타난다. 이는 '소설'의 선행 구성에서 관형사절 구성이 차지하는 비율이 높기 때문이다. 즉, '소설'은 관형사절 구성의 사용 비율이 높기 때문에 '의' 구성이 '신문'보다 적게 사용되더라도 전체 선행 구성의 사용역 비율에서는 '신문'보다 조금 더 높게 나타나는 것이다. '학술'에서 '의' 구성의 사용역 비율이 가장 높은 것은 6.3.1에서 논의한 것과 같이 '일종의'의 의미를 지니는 '하나의'가 울타리 표현으로 많이 사용되기 때문이다.

관형사절 구성의 사용역 비율은 앞서 살펴본 선행 구성의 사용 비율에서 짐작할 수 있듯이 '소설'에서 가장 높게 나타난다. '소설'을 제외하고는 관형사절 구성의 사용역 비율은 전체 선행 구성의 사용역 비율 양상을 그대로 따른다(6.3.1의 <그래프6.3.1-6> 참고).

6.3.3. 후행 구성

후행 구성은 수사가 수량화 대상 뒤에 나타나 대상의 수량을 나타내는 구성으로 수량화 대상과 수사는 동격 구성을 이룬다. 후행 구성은 동격 구성을 이루는 수량화 대상과 수사 사이에 조사가 개입되는 구성(조사 구성)과 조사가 개입되지 않는 구성(∅ 구성)이 있다.

〈예6.3.3-1〉

가. A: 그렇게 해 가지구 네 개 시키자! B: 그걸 다 먹을 수 있을까? **칼국수 하나만** 시키자. [대화]

나. "난 **형사 셋을** 데리고 내려갈 거요. 오 반장은 김 형사를 데리고 같이 즉시 내려오시오." [소설]

다. 중국(금2)과 쿠바(금1 · 은3 · 동4), 독일(금1 · 은1 · 동3)이 뒤를 이었고, 북한은 계순희의 **금메달 하나로** 6위에 올랐다. [신문]

라. 하나는 사회주의의 붕괴이고, 두 번째는 이념의 퇴조와 뒤섞임이며, 세 번째는 지방의 대폭발 즉 '빅뱅'이다. 바로 여기에서 우리는 **고전적인 명제 하나를** 다시 확인하게 된다. [학술]

〈예6.3.3-2〉

가. 근데 차라리 그럴려면 차라리 그냥 **컴퓨터실을 하나** 만들어 버리지, 뭣 하러 그렇게. 열람실 논문 작성::자 열람실을 다 만들겠어요. [대화]

나. 그리고 마침내 흙을 거의 다 파 들어갔을 때 서하총 좌측 현실 벽으로부터 서남향으로 비스듬히 경사를 지어 뻗어 내려간 **비밀통로가 하나** 나타났고, 그 통로 끝에서 다시 북쪽을 향해 또 다른 묘실의 연도 입구가 가로막히고 있었다는 것이다. [소설]

다. 이 아파트의 4개 동 지하마다엔 **각 가정에서 쓰고 남은 폐식용유를 담는 시커먼 철통이 하나씩** 놓여 있다. [신문]

라. 그리하여 완전한 종파의 통합을 이루고자 한 의천의 노력은 안타깝게도 **종파를 하나** 늘려 놓는 결과를 낳았다. [학술]

<예6.3.3-1>은 ∅ 구성의 예를 보인 것이고 <예6.3.3-2>는 조사 구성의 예를 보인 것이다. <예6.3.3-2>에서 확인할 수 있듯이 수량화 대상과 수사 사이에 조사가 개입되는 구성에서는 수량화 대상의 문법 기능이 모두 주어이거나 목적어로 나타난다. 즉, 수량화 대상과 수사 사이에 조사가 개입되는 조사 구성은 수량화 대상의 문법 기능이 주어이거나 목적어일 때에만 가능하다. <예6.3.3-2>에서 보인 조사 구성에서 수사에도 주격조사나 목적격조사가 결합하면 이른바 주격 중출 구성, 목적격 중출 구성이 된다. 그러나 실제 말뭉치 예에서는 조사 구성이 주격 중출 구성이나 목적격 중출 구성으로 나타나는 예는 매우 드물고 <6.3.3-2>와 같이 수사에 주격조사나 목적격조사가 결합하지 않는 구성으로 나타나는 것이 일반적이다.

일반적으로 수사 구성은 선행 구성보다는 후행 구성이 더 자연스러운 구성으로 알려져 있는데. 후행 구성 중에서도 조사 구성보다는 ∅ 구성이 더 자연스러운 구성으로 느껴진다. 이와 같이 ∅ 구성이 조사 구성보다 자연스럽게 느껴지는 것은 조사 구성과 ∅ 구성 사이에는 일정한 의미적 차이가 있기 때문이다. 수량화 대상에 조사가 결합하는 조사 구성은 대상의 수량보다는 수량화 대상에 초점을 두는 구성이고 수량화 대상에 조사가 결합하지 않는 ∅ 구성은 수량화 대상보다는 수량에 더 초점을 두는 구성이라고 할 수 있다. <예6.3.3-1가>에서 '칼국수 하나'는 수량화 대상인 '칼국수'보다는 칼국수의 수량이 '하나'라는 데에 초점을 두는 것이고 이와는 대조적으로 <예6.3.3.2-가>에서 '컴퓨터실을 하나'는 '하나'라는 수량보다는 그 대상인 '컴퓨터실'에 더 초점을 두고 있는 것이다. <예6.3.3-1가>에서 목적격조사를 개입하여 '칼국수를 하나'로 나타나게 되면 다른 대상이 아니라 '칼국수'를 하나 시키자는 뜻이 되고 <예6.3.3-1나>에서 목적격조사를 생략하여 '컴퓨터실 하나'로 나타나면 지금까지의 논의의 대상이 '컴퓨터실'이었는데 그 컴퓨터실을 하나 만들자는 뜻이 된다. 이와 같이 후행 구성에서 조사 구성은 수량보다는 수량화 대상에 초점이 주어지므로 수량에 초점이 주어지는 ∅ 구성보다 유표적인 구성이라 할 수 있고 이로 인해 후행 구성은 조사 구성보다 ∅ 구성이 더 자연스럽게 느껴지는 것이다.

한편, 앞서 6.3.1에서 언급하였듯이 '하나'는 후행 구성으로 나타나 '전혀'나 '조금도'의 의미를 가지는 부정 극어의 기능을 하는데 부정 극어의 기능을 하는 '하나'의 예를 보이면 아래와 같다.

〈예6.3.3-3〉

가. 아우 씨. 나 봐 봐. 육 개월 연수 갔다 왔는데 **영어 하나도** 못하잖아. [대화]

나. 날이 밝는 대로 전화를 하기로 하고 일단 대합실 의자에 앉아 눈을 붙였다. 서울 오기 전에 생각했던 것보다 **겁이 하나도** 안 난다. [소설]

다. 그가 발언한 **어느 것 하나** 사실인 것이 없으나, 과연 그가 실제로 그렇게 믿고 있는 것인지, 또는 일부러 그렇게 말한 것인지 알 수는 없다. [신문]

라. 수많은 정치 세력들이 제각기 자기주장을 내세우고 있기 때문이다. 또는 방황하고 있다는 느낌도 지울 수가 없다. 정부가 추진하는 일 중에 **무엇 하나** 제대로 되는 것이 없다. [학술]

뿐만 아니라 '하나'는 보조사 '는'과 결합하여 후행 구성으로 나타나서 다음의 예와 같이 '다른 것은 모르겠지만 그것만은'의 의미를 나타내기도 한다.

〈예6.3.3-4〉

가. 지금 우리 집이 바람이 엄청 잘 불어. 열어 노면 아 에어컨 필요 없어. **그거 하나는** 좋은 거 같애. [대화]

나. 언제 찍은 사진인지 모르지만, 지금 봐도 당신, **인물 하나는** 쓸 만했어. [소설]

다. "형님이 **후배 하나는** 잘 두셨더군요. 형님을 만나러 왔다니까 다짜고짜로 무슨 일로 찾느냐고 꼬치꼬치 캐묻더니 우리 애들이 씩씩대니까 한 방 올려붙일 기세였지 뭡니까. 이 친구 성미도 알아줘야 하겠다니까요." [소설]

라. '중간'은 공부도 못하고 놀지도 못하는 아이들, '양아치'는 잘 놀지도 못하면서 노는 척 하는 아이들, '날라리'는 공부를 잘하든 못하든 **노는 것 하나는** 확실히 하는 아이들이다. [신문]

위의 예에서 후행 구성으로 나타나는 '하나'가 수량의 의미를 전혀 나타내지 않는 것은 아니다. 그러나 이들 예에서 '하나'는 후행 구성으로만 나타나고 각각이 지니는 관용적인 의미를 나타내는 것이 주된 기능이라는 점에서 특수한 후행 구성의 예라고 할 수 있다.

선행 구성과 후행 구성은 모두 수량화 대상의 수량을 나타낸다는 점에서 그 기능이 동일하다. 그러나 선행 구성은 수사와 수량화 대상이 수식 구성을 이루는 데 반해 후행 구성은 수사와 수량화 대상이 동격 구성을 이룬다는 차이가 있다. 다시 말해서, 선행 구성에서는 수사가 수량화 대상이 지닌 속성이라면 후행 구성에서는 수사가 수량화 대상과 동일 지시되는 것이다. 이러한 차이로 인해 선행 구성과 후행 구성은 여러 가지 의미·화용적인 차이를 지니게 되는데 이러한 의미·화용적 차이는 뚜렷이 잘 드러나지 않는 측면이 있다. 이러한 차이는 단위사 구성에서도 동일하게 나타나기 때문에 이에 대한 논의는 단위사 구성의 선행 구성과 후행 구성의 화용적 차이에 대해 자세하게 논의한 4.2.4.3의 내용으로 대신하기로 한다.

말뭉치 계량 결과 제시1

1. 전체 후행 구성의 사용 비율: ∅ 구성 〉 조사 구성

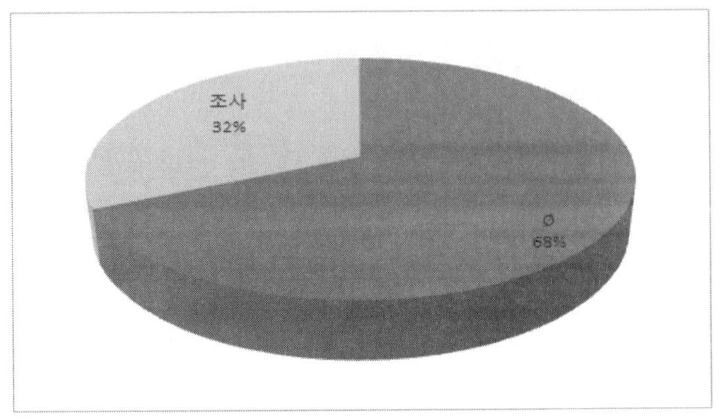

<그래프6.3.3-1> 전체 후행 구성의 사용 비율

2. 사용역에 따른 후행 구성의 사용 비율
대화: ∅ 구성 〉 조사 구성 소설: ∅ 구성 〉 조사 구성
신문: ∅ 구성 〉 조사 구성 학술: ∅ 구성 〉 조사 구성

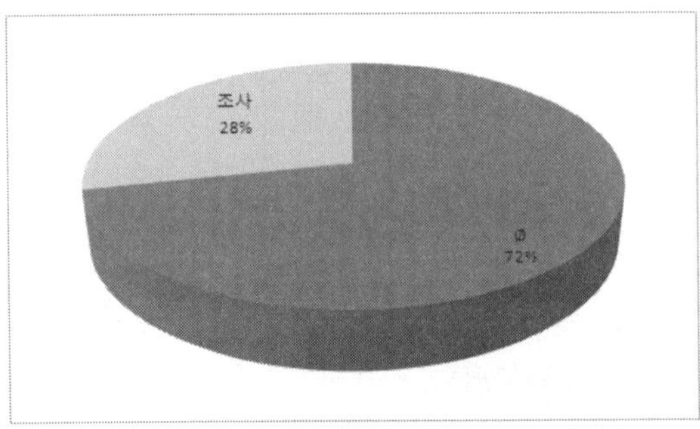

<그래프6.3.3-2> '대화'의 후행 구성의 사용 비율

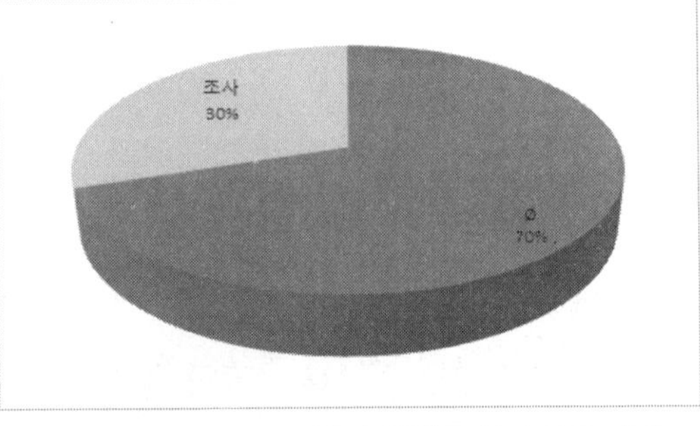

<그래프6.3.3-3> '소설'의 후행 구성의 사용 비율

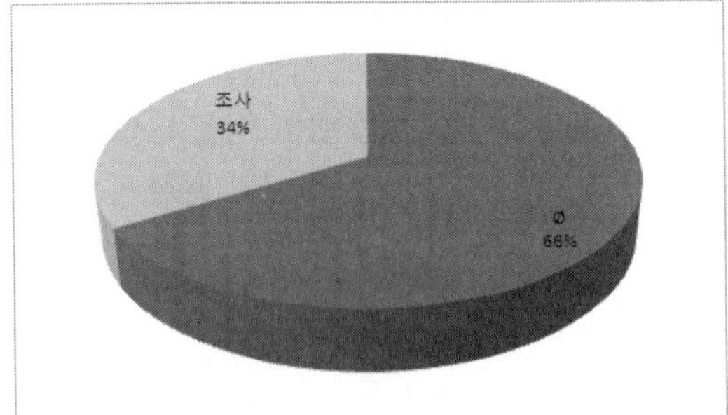

<그래프6.3.3-4> '신문'의 후행 구성의 사용 비율

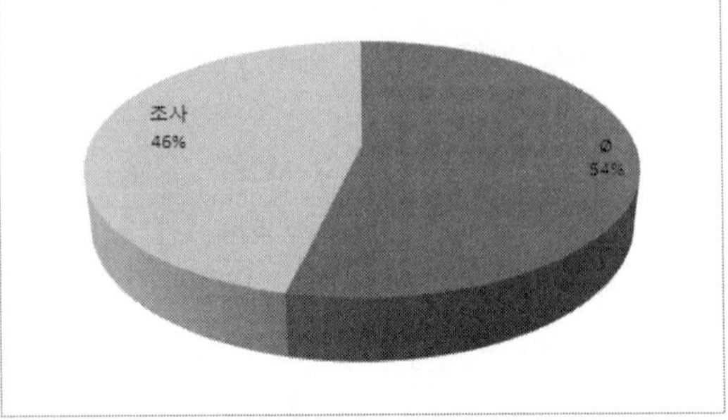

<그래프6.3.3-5> '학술'의 후행 구성의 사용 비율

말뭉치 계량 결과에 대한 논의1

전체 말뭉치에서 나타나는 후행 구성의 사용 비율을 살펴보면, ∅ 구성이 조사 구성에 비해 그 사용 비율이 압도적으로 높게 나타난다. 이처럼 ∅ 구성의 사용 비율이 높게 나타나는 것은 ∅ 구성은 수량에 초점을 두는, 수량 한정 기능에 충실한 무표적인 후행 구성인 데 반해 조사 구성은 수량화 대상에 조사가 결합하여 수량의 의미보다 수량화 대상에 초점을 주는 유표적 구성이기 때문이다. 또한 조사 구성은 수량화 대상의 문법 기능이 주어나 목적어일 때에만 가능하다는 제약이 있다는 것도 조사 구성의 사용 비율이 낮게 나타나는 이유가 된다. 앞서 논의했듯이 조사 구성은 수량화 대상이 주어나 목적어로 나타날 때에만 가능하다.

사용역에 따른 후행 구성의 사용 비율을 살펴보면, 모든 사용역에서 동일하게 ∅ 구성의 사용 비율이 조사 구성의 사용 비율보다 훨씬 더 높게 나타난다. 이러한 양상은 4.2.4.3에서 살펴본 후행 구성의 단위사 구성에서도 동일하게 나타난다. 4.2.4.3의 <그래프4.2.4.3-2~5>에서 확인할 수 있듯이 후행 구성의 단위사 구성에서도 ∅ 구성이 조사 구성에 비해 그 사용 비율이 압도적으로 높게 나타나는데 이러한 사용 양상이 나타나는 이유도 후행 구성의 수사 구성에서와 동일하다.

말뭉치 계량 결과 제시2

1. 후행 구성의 사용역 비율
   ∅ 구성의 사용역 비율: 소설 〉 대화 〉 신문 〉 학술
   조사 구성의 사용역 비율: 소설 〉 대화 〉 학술 〉 신문

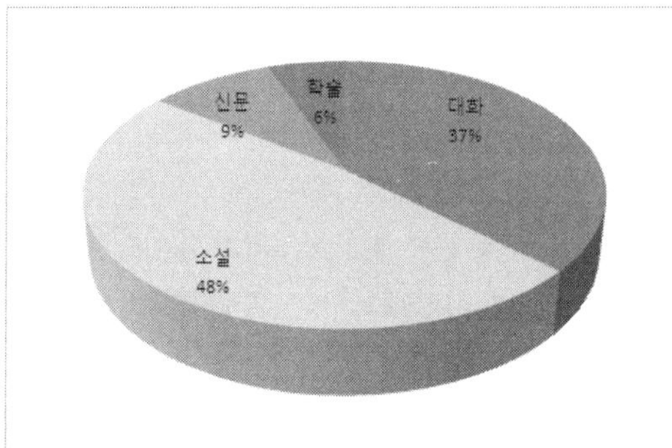

<그래프6.3.3-6> ∅ 구성의 사용역 비율

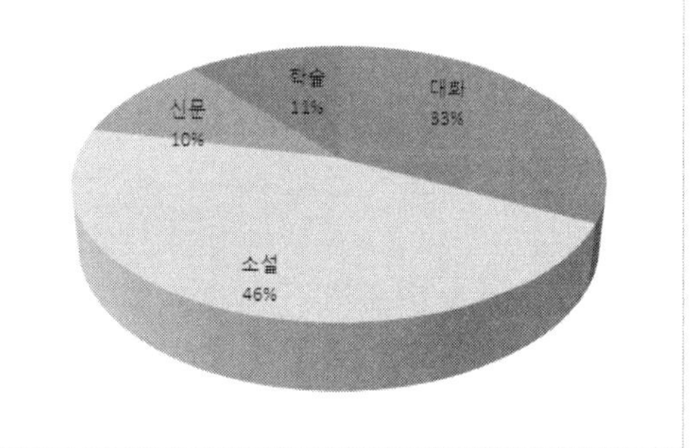

<그래프6.3.3-7> 조사 구성의 사용역 비율

말뭉치 계량 결과에 대한 논의2

후행 구성의 종류에 따른 사용역 비율을 살펴보면, ∅ 구성의 사용역 비율은 전체 후행 구성의 사용역 비율과 동일하게 나타난다. 이는 ∅ 구성이 후행 구성에서 차지하는 비율이 매우 높아서

전체 후행 구성의 사용역 비율이 ∅ 구성의 사용역 비율을 거의 그대로 따르기 때문이다. 즉 후행 구성의 대부분은 ∅ 구성이기 때문에 후행 구성을 많이 사용하는 사용역에서 ∅ 구성의 사용역 비율도 높게 나타나는 것이다. 이러한 양상은 조사 구성에서도 거의 유사하게 나타난다. 다만 전체 후행 구성과 ∅ 구성에서는 '신문'이 '학술'보다 사용역 비율이 조금 더 높지만 조사 구성에서는 '학술'이 '신문'보다 사용역 비율이 조금 더 높게 나타나는 양상을 보인다는 차이가 있다.

6.3.4. 생략 구성

생략 구성은 여러 가지 이유로 인해 수량화 대상이 생략되어 나타나지 않고 수사만 나타나는 수사 구성을 가리킨다. 수사 구성에서 수량화 대상이 나타나지 않는 가장 일반적인 경우는 수량화 대상이 문장 내에 다른 성분으로 나타나거나 선행 문맥에서 이미 제시되어 굳이 수량화 대상이 나타날 필요가 없는 경우이다.

〈예6.3.4-1〉

가. 그럼 보통 안주 뭐~ 그러면은 기본 안주 나오구 골뱅이 나오구 **하나** 더 나오잖아요 근데. [대화]

나. 우산은 작년, 신촌에 있는 그레이스백화점에서 똑같은 닥스로 두 개 샀다. 그리고 신촌 거리에 서서 나를 기다리는 그의 옆구리에 살며시 **하나** 찔러 넣어 주었다. [소설]

다. 프랭크와 핸래티는 도망자와 추적자로 만났지만 수년 동안 심리전을 벌인 끝에 서로를 가장 잘 이해하는 사람이 된다. 핸래티 역시 10년전 이혼한 뒤 외롭게 살아온 수사관으로 **둘** 사이에는 미묘한 동병상련의 기운이 감돈다. [신문]

라. 그동안 분리된 채 내려온 과학과 기술에 각각 변화가 있어서 과학 혁명기에 와서 역사상 처음으로 이 **둘이** 서로 연관되어서 생각될 수 있게 된 것이다. [학술]

<예6.3.4-1가, 라>는 동일한 문장 내에 수량화 대상이 이미 나타나서 수량화 대상이 굳이 나타날 필요가 없는 경우를 보인 것이고 <예6.3.4-1나, 다>는 선행 문맥에서 수량화 대상이 제시되어 수량화 대상이 나타날 필요가 없는 경우를 보인 것이다.

그런데 수량화 대상이 문장 내에 다른 성분으로 나타나거나 선행 문맥에서 제시되지 않아도 담화의 맥락을 통해 유추할 수 있는 경우가 있다. 이러한 경우는 문어 사용역보다는 화·청자가 동일한 담화 공간 내에 존재하며 많은 정보를 공유할 수 있는 대화 상황에서 주로 나타난다.

〈예6.3.4-2〉 [대화]

가. 근데 너 이거… 아냐? 토익 강사라고 해서, **칠백 칠백** 간신히 넘는 사람도 수두룩하다,

나. A: 몇 개씩 주까? B: 저두 **하나** 주세요. A: 하나? C: 음. 언니 저두 **하나** 더 주실래요? A: 없어. B: 다행이다. C: 일단 거기 몇 개 있는 거 더 주세요.

다. A: 근까 이 세대별 공통점, 이렇::게 차이점은 보여지겠지 뭐~. A: 맞어, B: 이런 식으로 **하나** 만들어 줘 봐,

라. 명동 갔을 때도 우리 명동에 일할 때 그때 만날 때 배고파 가 명동칼국수 가 세 개 시켰거든. 결국 **하나는** 못 먹고,

<예6.3.4-2가>에서 '칠백'의 수량화 대상은 '토익 점수'인데, 선행 문맥에서 '토익 점수'가 굳이 나타나지 않더라도 '토익'을 주제로 하는 대화에서 '칠백'이 수량화하는 대상은 '토익 점수'라는 것을 쉽게 알 수 있다. <예6.3.4-2나>에서 '하나'는 대화 현장에 있는 어떠한 것을 수량화하는데 이때 수량화 대상은 문맥에 나타나지 않더라도 대화 현장에서 확인할 수 있다. <예6.3.4-2다>는 대화 참여자들이 과제를 위해 파워포인트 자료를 만들고 있는 상황인데, 여기서 '하나'는 파워포인트 슬라이드를 수량화하고 있다. 이때도 수량화 대상은 문맥에 나타나지 않더라도 대화 상황을 통해 충분히 알 수 있다. <예6.3.4-2라>는 대화의 주제가 '명동칼국수'라는 가게에서 생긴 일이기 때문에 '칼국수'가 문맥에 나타나지 않더라도 '하나'의 수량화 대상은 '칼국수'임을 충분히 짐작할 수 있다.

앞서 우리는 선행 구성 '하나의'가 '일종의'의 의미를 나타내고 후행 구성 '하나(도)', '하나는'이 각각 '전혀, 조금도', '다른 것은 모르겠지만 그것만은'이라는 의미를 나타내어 선행 구성과 후행 구성에 나타나는 '하나'가 특수한 용법으로 쓰이는 경우가 있다고 언급하였다. 이와 마찬가지로 생략 구성을 이루는 '하나'도 특수한 용법으로 쓰이는 경우가 있다.

〈예6.3.4-3〉

가. A: 근까 요새 엠비에이 붐이 일구 있잖아, 작년 요새는 많이 주춤했지만. B: 응. B: **주춤한 이유 중에 하나가** 그거야, 갔다 와서 그 사람이 지금 상태루 취업이 된다는 보장이 없구, 억대 연봉을 받는다는 보장이 없는 거야. [대화]

나. 혼자 늙는 나를 염려해 총각들의 이름을 주워섬기다가 **그 중의 하나를** 데리고 회사 근처로 와서 불러낸 적도 있었다. [소설]

다. 차내 재떨이는 가끔씩 청소하면 그만이지만 차량이 질주하는 도로를 치우기는 어렵다. 차창 밖으로 꽁초를 내던지지 않는 습관, 환경 **선진 국민으로 가는 지름길 중의 하나다.** [신문]

라. 수사기관에서 수사를 받을 때 **변호인의 조력이 필요한 중요한 이유 가운데 하나는** 수사 개시 후 수일 내에 중요한 범죄사실에 대한 수사가 종료된다는 점이다. [학술]

<예6.3.4-3>은 '하나'가 '~의(에) 하나', '~ 중의(에) 하나', '~ 가운데 하나' 등의 구성으로 나타나서 여러 가지 중에서 어떠한 것 하나를 가리키는 용법으로 쓰인 것을 보인 것이다. 이때 '하나'는 수량의 의미를 나타내는 동시에 특정한 대상을 지시하는 기능을 하는데, '하나'가 수량화하는 대상은 바로 앞에서 제시되기 때문에 생략 구성을 이룬다. 예컨대, <예6.3.4-3다>에서 '하나'는 '선진 국민으로 가는 지름길'을 수량화하는데 이때 수량화 대상은 수사 바로 앞에서 나타나기 때문에 굳이 수량화 대상과 함께 구성을 이룰 필요가 없는 것이다. 그래서 '하나'가 여러 가지 중에서 어떠한 것 하나를 가리키는 용법으로 쓰일 때는 늘 생략 구성으로만 나타난다.

이외에도 수사가 수량을 나타내지만 특정 대상의 수량을 나타내는 것이 아니기 때문에 수량화 대상이 나타나지 않는 경우도 있다. 이와 같이 수사가 수량을 나타내지만 특정 대상의 수량을 나타내지 않는 것은 주로 '일 더하기 이는 삼이다'나 '하나에 둘을 더하면 셋이 된다'와 같이 산수 식이나 수학식에 수사가 나타나는 경우에 해당되는데 이러한 생략 구성에 나타나는 수사는 고유어 수사보다는 한자어 수사이다. 수사가 산수 식이나 수학식에 나타나는 경우를 앞서 제시한 <예6.3-3>과 <예6.3.1-4>을 다시 가져와 보이면 다음과 같다.

〈예6.3.3-4〉 [대화]

가. 사 제트에 제곱, 마이나스 **십이** 제트, 플러스 이꼴 **영이다**, 이렇게 됐지.

나. 자 그러면 결국에 여기 **이천까지** 있을 때 뭐 며 몇까지 묶이고 뭐가 남겠니 진아야.

다. 이~ 표본평균이, **백십육과**, **백이십오** 사이에 있을 확률을 구하라. 고거를 묻는 거지 지금.

라. 이것을 연산을 해 줬더니 마이나스 **삼이** 나왔대. 그럼 이거 이대로 여기따 집어넣어 주면 되지,

수사가 산수 식이나 수학식에 나타나지 않았지만 특정 대상의 수량을 나타내는 것이 아니기 때문에 수량화 대상이 나타나지 않는 경우로는 다음과 같은 예를 들 수 있다.

〈예6.3.3-5〉

가. 이렇게 동료들이 죽고 다치고 그러는데, 만약 그런 상황이 됐을 때 나 내가 나보고는, 그런 상황이 됐을 때 들어갈 꺼냐구, 근데 우리 직원들 같은 경우는 다 들어간다구, **열에 열에 열에 열** 다 그래요. [대화]

나. 공안들의 날선 눈길이 거의 동시에 김 부장에게 날아와 박히고 있었다. 사십대 후반이 넘는 나이의 공안들은 **열이면 열이** 비엣꽁 출신들이었다. [소설]

다. "군인이 무슨 볼일이 있다고 떼를 지어 신문사에 드나드나?" "아시다시피 지금은 계엄령 하에 있지 않습니까. **하나에서 열까지** 자기네 검열을 받으라는 거죠. 골치 아파 그만두고 싶은 마음이 하루에도 열두 번입니다." [소설]

라. 나는 답답한 선비라 세상 물정에 너무도 소홀하여 **백에 하나도** 능한 것이 없고, 어린 아이처럼 어리석고 소녀와 같이 조용할 뿐이기에, 우연히 그대를 만나 평소부터 친숙한 구면을 보듯 할 줄은 뜻밖이었소. [학술]

<예6.3.3-5가, 나, 라>는 '열이면 열', '백이면 백', '열에 하나', '백에 하나'와 같은 구성을 이루어 비율을 나타내는데, 이때 수사는 특정한 대상의 수량이 아니라 비한정적이고 비특정적인 수량을 나타내는 것이다. <예6.3.3-5다>의 '하나에서 열까지'는 '모두 다'라는 의미를 가지는데 이때 '하나'와 '열'도 비한정적이고 비특정적인 수량을 나타낸다. 따라서 이들 구성에서 나타나는 수사도 산수 식이나 수학식에서 나타나는 수사와 마찬가지로 특정 대상의 수량을 나타내는 것이 아니기 때문에 늘 생략 구성으로만 나타난다.

참고 문헌

강범모(2007), 「복수성과 복수 표지: "들"을 중심으로」, 『언어학』 47, 3-31

강범모(2011), 『언어, 컴퓨터, 코퍼스언어학(개정판)』, 고려대학교 출판부.

강범모 · 김흥규(2009), 『한국어 사용 빈도: 1500만 어절 세종 형태 의미 분석 말뭉치 기반』, 한국문화사.

강범모 · 김흥규 · 허명희(2000), 『한국어의 텍스트 장르, 문체, 유형』, 태학사.

고영근 · 구본관(2008), 『우리말문법론』, 집문당.

구본관(2001), 「수사와 수관형사의 형태론」, 『형태론』 3-2, 265-284.

국립국어연구원(1999), 『표준국어대사전』, 두산동아.

국립국어원(2005), 『21세기 세종계획 국어 기초자료 구축』, 국립국어원.

국립국어원(2007), 『21세기 세종계획 국어 특수자료 구축』, 국립국어원.

국립국어원(2007), 『21세기 세종계획 전자사전 개발』, 국립국어원.

김규현(2000), 「담화와 문법: 대화분석적 시각을 중심으로」, 『담화와 인지』 7-1, 155-184

김미형(1995), 『한국어 대명사』, 한신문화사.

김수진(2003), 『국어 명사의 단위적 용법 연구: 분포적 특성을 중심으로』, 연세대학교 석사학위 논문.

김영희(2006), 『한국어 셈숱화 구문의 통사론』, 한국학술정보.

김은일 · 박기성 · 채영희 역(2002), 『기능 영문법』, 박이정.(Givón, T.(1992), *English Grammar, a Functional-Based Introduction*, John Benjamins.)

김의수(2006), 『한국어의 격과 의미역』, 태학사.

김인균(2005), 『국어의 명사 문법 I』, 역락.

남기심 외(2006), 『왜 다시 품사론인가』, 커뮤니케이션북스.

남기심(2001), 『현대국어통사론』, 태학사.

남기심 · 고영근(2011), 『표준국어문법론(제3판)』, 탑출판사.

노대규(1977), 「한국어 수량사구의 문법 (1)」, 『어문논집』 18, 209-226.

민경모(2009), 「한국어 지시사 연구」, 연세대학교 박사학위 논문.

민경모(2011), 「지시사 수식 명사구의 유형 및 특징에 대하여」, 『국어학』 60, 123-145.

민경모(2012), 「Deixis의 개념 정립에 대한 일고찰」, 『한국어 의미학』 37, 27-52.

박나리(2012), 「'-는 것이다' 구문 연구」, 『국어학』 65, 251-279.

박소영(2009), 「수량사 구성의 형태-통사론적 분석」, 『형태론』 11-1, 1-27.

박재연(2006), 『한국어 양태 어미 연구』, 태학사

박재연(2011), 「고유명 의미의 지시와 내포」, 『한국어 의미학』 37, 183-211.

박진호(2007), 「유형론적 관점에서 본 한국어 대명사 체계의 특징」, 『국어학』 50, 115-147.

박진호(2008), 「자리채우미(placeholders)」, 『KLing』 2, 1-6.

박진호(2010가), 「언어학에서의 범주와 유형」, 『인문학연구』 17, 265-292.

박진호(2010나), 「자리채우미(placeholder)에 대한 補論」, 『2010 국어학회 여름학술대회 발표자료집』, 105-118.

박진호(2011), 「연세대학교 대학원 '현대 언어학 연구' 강의록」.

박철우(2011), 「화시의 기능과 체계에 대한 고찰」, 『한국어 의미학』 36, 1-37.

배진영 · 손혜옥 · 김민국(2013), 『(말뭉치 기반) 구어 문어 통합 문법 기술의 탐색』, 박이정.
배진영 · 최정도 · 김민국(2013), 『(말뭉치 기반) 구어 문어 통합 문법 기술1-어휘 부류』, 박이정.
서상규 외(2013), 『한국어 구어 말뭉치 연구』, 한국문화사.
서상규(2014), 『한국어 기본어휘 의미빈도 사전』, 한국문화사.
서상규 · 구현정 편(2002), 『한국어 구어 연구1』, 한국문화사.
서상규 · 구현정 편(2005), 『한국어 구어 연구2』, 한국문화사.
서상규 · 김형정(2005), 「구어 말뭉치 설계의 몇 가지 조건」, 『언어정보와 사전편찬』 14,15,16 합집, 5-29.
서상규 · 한영균(1999), 『국어정보학 입문』, 태학사.
서태룡 외(1998), 『문법 연구와 자료』, 태학사.
시정곤(2000), 「국어 수량사구의 통사구조」, 『언어』 25-1, 73-101.
안효경(2001), 『현대국어의 의존명사 연구』, 역락.
우형식(2001), 『한국어 분류사의 범주화 기능 연구』, 박이정.
유현경 외(2011), 『(7인의 젊은 학자들이 본) 한국어 통사론의 현상과 이론』, 태학사.
유현경(2007), 「'에게'와 유정성」, 『형태론』 9-2, 257-275.
윤평현(2008), 『의미론』, 역락.
이선웅(2005), 『국어 명사의 논항 구조 연구』, 월인.
이해윤 역(2009), 『화용론』, 한국어외국어대학교출판부.(Yan Huang(2004), *Prgmatics*, Oxford University Press.)
임동훈(1991), 『현대국어 형식명사 연구』, 서울대학교 석사학위 논문.
임동훈(2001), 「'-겠-'의 용법과 그 역사적 해석」, 『국어학』 37, 115-147.
임동훈(2007), 「한국어 조사 '만'과 '도'의 의미론」, 『조선학보』 125, 1-20.
임동훈(2008), 「한국어의 서법과 양태 체계」, 『한국어 의미학』 26, 211-249.
임동훈(2011), 「화시의 범주와 의미: 담화 화시와 사회적 화시」, 『한국어 의미학』 36, 39-63.
임동훈(2012), 「'은/는'과 종횡의 의미 관계」, 『국어학』 64, 217-271.
임동훈(2012), 「복수의 형식과 의미」, 『한국어 의미학』 39, 25-49.
장경희(1980), 「指示語 '이, 그, 저'의 意味 分析」, 『어학연구』 16-2, 167-184.
장경희(1989), 「지시사 '이, 그, 저'의 범주 지시」, 『인문논총』 17, 5-27.
정희정(2000), 『한국어 명사 연구』, 한국문화사.
채옥자(2012), 「한국어의 동작이나 사건의 횟수를 세는 동작단위사에 대하여」, 『국어학』 64, 301-325.
채완(1983), 「국어 수사 및 수량사구의 유형적 고찰」, 『어학연구』 19-1, 19-34.
채완(1990), 「국어 분류사의 기능과 의미」, 『진단학보』 70, 167-180.
채완(2001), 「수의 표현과 의미」, 『한국어 의미학』 8, 109-132
최경봉(1998), 『국어 명사의 의미 연구』, 태학사.
최기용(2001), 「한국어 수량사 구성의 구조와 의미: 비속격형을 중심으로」, 『어학연구』 37-3, 445-482.
최정도(2007), 「구어에서 나타나는 의존명사 구성에 대한 연구: "이다" 결합형을 중심으로-」, 『언어정보와 사전편찬』 17,18,19,20,21 합집, 115-132.
최정도(2007), 『국어 의존명사 구성에 대한 연구: 분포 제약의 계량적 특성을 중심으로』, 연세대학교 석사학위 논문.
최정혜(2000), 「한국어 명사의 단위성 획득에 대하여: 은유와 환유에 의한 의미 해석」, 『어문논집』 42,

301-329.
한송화(1999), 「수사와 수량사구」, 『사전편찬학연구』 9, 265-289.
한송화(2013), 「재귀대명사 '자기'의 의미와 기능 연구: '자기'와 '자신'의 말뭉치 용례를 중심으로」, 『외국어로서의 한국어교육』 38, 279-303.
Biber 외(1999), *Longman Grammar of Spoken and Written English*, Longman.
Biber, D. & Conrad, S. & Reppen, R.(1998), *Corpus Linguistics*, Cambridge University Press.
Biber, D.(1998), *Variation across Speech and Writing*, Cambridge University Press.
Carter, R. A. & McCarthy, M.(2006), *Cambridge Grammar of English*, Cambridge University Press.
Croft, W.(2003), *Typology and Universals* (2nd edition), Cambridge University Press.
Givón, T.(2001), *Syntax*, John Benjamins.
Halliday, M. A. K.(2004), *An Introduction to Functional Grammar*(3rd edition), Arnold.
Huddleston, R. D. and Pullulm, G. K.(2002), *The Cambridge Grammar of The English Language*, Cambridge University Press.
MaCathy, M.(1998), *Spoken language and applied linguistics*, Cambridge University Press.
Quirk 외(1985), *A Comprehensive Grammar of the English Language*, Longman.
Thompson, G.(2004), *Introducing Functional Grammar*, Oxford University Press.

붙임 연세 구어 문어 한국어 말뭉치(YSWKC) 구성

1. '대화' 말뭉치

일상 대화									
구축 연도	말뭉치 종류	단계	주석파일명	원시파일명	자료명	내용	분류기호	어절수	변경파일명
2001	구어	형태소분석	5CT_0013	4CM00014	일상대화_교통수단,하루생활	대화/일상	M2801	3,711	대화_일상_1
2001	구어	형태소분석	5CT_0014	4CM00018	일상대화_날씨에대해	대화/일상	M2801	4,067	대화_일상_2
2001	구어	형태소분석	5CT_0015	4CM00028	일상대화_물품구입	대화/일상	M2801	5,453	대화_일상_3
2001	구어	형태소분석	5CT_0016	4CM00029	일상대화_미팅	대화/일상	M2801	14,194	대화_일상_4
2001	구어	형태소분석	5CT_0017	4CM00034	일상대화_삼십대	대화/일상	M2801	14,856	대화_일상_5
2001	구어	형태소분석	5CT_0018	4CM00048	일상대화_식사중대학생3인	대화/일상	M2801	4,112	대화_일상_6
2001	구어	형태소분석	5CT_0019	4CM00050	일상대화_식사중회사원3인	대화/일상	M2801	2,990	대화_일상_7
2001	구어	형태소분석	5CT_0020	4CM00051	일상대화_식생활에대해	대화/일상	M2801	4,589	대화_일상_8
2001	구어	형태소분석	5CT_0021	4CM00054	일상대화_아버지의학교생활	대화/일상	M2801	4,242	대화_일상_9
2001	구어	형태소분석	5CT_0022	4CM00066	일상대화_운전면허에대해	대화/일상	M2801	4,548	대화_일상_10
2001	구어	형태소분석	5CT_0023	4CM00077	일상대화_취미	대화/일상	M2801	1,709	대화_일상_11
2003	구어	형태소분석	6CT_0027	4CM00003	일상대화_가족과사랑에대해	대화/일상	M2801	9,127	대화_일상_12
2003	구어	형태소분석	6CT_0028	4CM00005	일상대화_강의시작전7인#1	대화/일상	M2801	1,015	대화_일상_13
2003	구어	형태소분석	6CT_0029	4CM00006	일상대화_강의시작전7인#2	대화/일상	M2801	3,594	대화_일상_14
2003	구어	형태소분석	6CT_0030	4CM00011	일상대화_관광명소에대해	대화/일상	M2801	7,558	대화_일상_15
2003	구어	형태소분석	6CT_0031	4CM00013	일상대화_교육에대해#2	대화/일상	M2801	4,096	대화_일상_16
2003	구어	형태소분석	6CT_0032	4CM00019	일상대화_대학생2인잡담#1	대화/일상	M2801	1,099	대화_일상_17
2003	구어	형태소분석	6CT_0033	4CM00020	일상대화_대학생2인잡담#2	대화/일상	M2801	977	대화_일상_18
2003	구어	형태소분석	6CT_0034	4CM00021	일상대화_대학생3인잡담	대화/일상	M2801	2,103	대화_일상_19
2003	구어	형태소분석	6CT_0035	4CM00022	일상대화_대학생4인잡담	대화/일상	M2801	5,307	대화_일상_20
2003	구어	형태소분석	6CT_0036	4CM00023	일상대화_도서관에서	대화/일상	M2801	2,003	대화_일상_21
2003	구어	형태소분석	6CT_0037	4CM00025	일상대화_동아리	대화/일상	M2801	680	대화_일상_22
2003	구어	형태소분석	6CT_0038	4CM00027	일상대화_머리에대해서#2	대화/일상	M2801	1,492	대화_일상_23
2003	구어	형태소분석	6CT_0039	4CM00030	일상대화_방학에대해	대화/일상	M2801	3,883	대화_일상_24
2003	구어	형태소분석	6CT_0040	5CM00016	일상대화_버스에서친구들과	대화/일상	M2801	2,106	대화_일상_25
2003	구어	형태소분석	6CT_0041	4CM00041	일상대화_수강신청과목	대화/일상	M2801	2,706	대화_일상_26
2003	구어	형태소분석	6CT_0042	4CM00046	일상대화_식사중대학생2인#1	대화/일상	M2801	2,308	대화_일상_27
2003	구어	형태소분석	6CT_0043	4CM00047	일상대화_식사중대학생2인#2	대화/일상	M2801	1,883	대화_일상_28
2003	구어	형태소분석	6CT_0044	4CM00055	일상대화_여대생10인잡담	대화/일상	M2801	3,665	대화_일상_29
2003	구어	형태소분석	6CT_0047	4CM00075	일상대화_재수강과목에대해	대화/일상	M2801	1,921	대화_일상_30
2003	구어	형태소분석	6CT_0048	4CM00085	일상대화_후배들과대화	대화/일상	M2801	517	대화_일상_31
2003	구어	형태소분석	6CT_0049	4CM00086	일상대화_후배와의대화	대화/일상	M2801	2,021	대화_일상_32
2003	구어	형태소분석	6CT_0051	4CM00089	주점대화_대학생3인	대화/일상	M2801	12,444	대화_일상_33
2004	구어	형태소분석	7CT_0019	6CM00017	구매대화_화장품	대화/일상	M2801	1,590	대화_일상_34

2004	구어	형태소분석	7CT_0020	6CM00046	수업대화_과외지도	대화/일상	M2871	4,322	대화_일상_35
2004	구어	형태소분석	7CT_0023	6CM00048	일상대화_개인담#1	대화/일상	M2801	7,517	대화_일상_36
2004	구어	형태소분석	7CT_0024	6CM00051	일상대화_대학생놀이문화	대화/일상	M2801	8,729	대화_일상_37
2004	구어	형태소분석	7CT_0025	6CM00054	일상대화_미팅_#2	대화/일상	M2801	5,488	대화_일상_38
2004	구어	형태소분석	7CT_0026	6CM00056	일상대화_수강과목	대화/일상	M2801	1,602	대화_일상_39
2004	구어	형태소분석	7CT_0027	6CM00057	일상대화_식사	대화/일상	M2801	2,559	대화_일상_40
2004	구어	형태소분석	7CT_0028	6CM00058	일상대화_식사잡담	대화/일상	M2801	976	대화_일상_41
2004	구어	형태소분석	7CT_0029	6CM00062	일상대화_인터넷사이트	대화/일상	M2801	2,835	대화_일상_42
2004	구어	형태소분석	7CT_0030	6CM00064	일상대화_정치와경제	대화/일상	M2801	10,004	대화_일상_43
2004	구어	형태소분석	7CT_0031	6CM00067	일상대화_질병과건강	대화/일상	M2801	2,845	대화_일상_44
2004	구어	형태소분석	7CT_0032	6CM00071	일상대화_칠레	대화/일상	M2801	2,492	대화_일상_45
2004	구어	형태소분석	7CT_0033	6CM00074	일상대화_휴식시간	대화/일상	M2801	2,322	대화_일상_46
2004	구어	형태소분석	8CT_0018	7CM00010	수업대화_오디오EQ	대화/일상	M2801	7,648	대화_일상_47
2004	구어	형태소분석	8CT_0019	7CM00011	강의_콘솔#1	대화/일상	M2801	6,477	대화_일상_48
2004	구어	형태소분석	8CT_0021	7CM00045	진료대화_식이요법	대화/일상	M2801	2,530	대화_일상_49
2004	구어	형태소분석	8CT_0024	7CM00008	수업대화_과외수업#2	대화/일상	M2801	5,510	대화_일상_50
2004	구어	형태소분석	8CT_0025	7CM00009	수업대화_과외수업#3	대화/일상	M2801	12,950	대화_일상_51
2004	구어	형태소분석	8CT_0042	7CM00026	일상대화_저녁식사#2	대화/일상	M2801	8,157	대화_일상_52
2004	구어	형태소분석	8CT_0043	7CM00028	일상대화_점심식사	대화/일상	M2801	4,581	대화_일상_53
소계								238,110	

토론과 회의

구축 연도	말뭉치 종류	단계	주석파일명	원시파일명	자료명	내용	분류기호	어절수	변경파일명
2001	구어	형태소분석	5CT_0035	4CM00094	회의와스터디#1	토론/회의	M2805	4,339	대화_토론_1
2001	구어	형태소분석	5CT_0042	4CM00103	토론_언어생활#1	토론/회의	M2855	3,214	대화_토론_2
2001	구어	형태소분석	5CT_0043	4CM00104	토론_언어생활#2	토론/회의	M2855	4,187	대화_토론_3
2001	구어	형태소분석	5CT_0044	4CM00105	토론_언어와사회#1	토론/회의	M2855	2,081	대화_토론_4
2001	구어	형태소분석	5CT_0045	4CM00106	토론_언어와사회#2	토론/회의	M2855	3,122	대화_토론_5
2004	구어	형태소분석	8CT_0022	7CM00054	토론_세계화세미나#1,2	토론/회의	M2805	13,626	대화_토론_6
2004	구어	형태소분석	8CT_0023	7CM00055	회의_총학생회전체회의	토론/회의	M2805	9,107	대화_토론_7
소계								39,676	

주제 대화

구축 연도	말뭉치 종류	단계	주석파일명	원시파일명	자료명	내용	분류기호	어절수	변경파일명
2003	구어	형태소분석	6CT_0052	5CM00040	주제대화_감기이야기	대화/일상	M2801	3,336	대화_주제_1
2003	구어	형태소분석	6CT_0053	5CM00041	주제대화_건강이야기	대화/일상	M2801	5,671	대화_주제_2
2003	구어	형태소분석	6CT_0054	5CM00042	주제대화_생일결혼이야기	대화/일상	M2801	1,331	대화_주제_3
2003	구어	형태소분석	6CT_0055	5CM00043	주제대화_연애에피소드	대화/일상	M2801	7,999	대화_주제_4
2003	구어	형태소분석	6CT_0056	5CM00044	주제대화_직장생활	대화/일상	M2801	2,884	대화_주제_5
2003	구어	형태소분석	6CT_0057	5CM00045	주제대화_학원강사와고등학생	대화/일상	M2801	7,055	대화_주제_6
2003	구어	형태소분석	6CT_0058	5CM00046	주제대화_향수와영화	대화/일상	M2801	9,035	대화_주제_7
2003	구어	형태소분석	6CT_0059	5CM00047	주제대화_황사	대화/일상	M2801	976	대화_주제_8
2004	구어	형태소분석	7CT_0022	6CM00107	주제대화_언어와사회토론	대화/일상	M2801	3,713	대화_주제_9

2004	구어	형태소분석	7CT_0037	6CM00079	주제대화_교육	대화/일상	M2801	2,739	대화_주제_10
2004	구어	형태소분석	7CT_0038	6CM00082	주제대화_대통령선거	대화/일상	M2801	1,776	대화_주제_11
2004	구어	형태소분석	7CT_0039	6CM00083	주제대화_대학생동아리문화	대화/일상	M2801	6,151	대화_주제_12
2004	구어	형태소분석	7CT_0040	6CM00088	주제대화_병역	대화/일상	M2801	3,186	대화_주제_13
2004	구어	형태소분석	7CT_0041	6CM00090	주제대화_연예가	대화/일상	M2801	3,179	대화_주제_14
2004	구어	형태소분석	7CT_0042	6CM00092	주제대화_영화#2	대화/일상	M2801	4,043	대화_주제_15
2004	구어	형태소분석	7CT_0043	6CM00098	주제대화_이야기만들기	대화/일상	M2801	4,987	대화_주제_16
2004	구어	형태소분석	7CT_0044	6CM00099	주제대화_일상#1	대화/일상	M2801	3,133	대화_주제_17
2004	구어	형태소분석	7CT_0045	6CM00104	주제대화_학생운동	대화/일상	M2801	3,097	대화_주제_18
2003	구어	형태소분석	8CT_0034	6CM00094	주제대화_영화와배우	대화/일상	M2801	7,085	대화_주제_19
2003	구어	형태소분석	8CT_0035	6CM00095	주제대화_영화와연극	대화/일상	M2801	3,014	대화_주제_20
2003	구어	형태소분석	8CT_0036	6CM00096	주제대화_외국어시험	대화/일상	M2801	2,884	대화_주제_21
2003	구어	형태소분석	8CT_0037	6CM00097	주제대화_이라크전쟁과한반도	대화/일상	M2801	3,582	대화_주제_22
2003	구어	형태소분석	8CT_0038	6CM00103	주제대화_촛불시위	대화/일상	M2801	2,254	대화_주제_23
2003	구어	형태소분석	8CT_0039	6CM00105	주제대화_광고토론	대화/일상	M2801	11,046	대화_주제_24
2003	구어	형태소분석	8CT_0040	6CM00078	주제대화_PC방문화	대화/일상	M2801	1,130	대화_주제_25
2003	구어	형태소분석	8CT_0041	6CM00080	주제대화_군대#1	대화/일상	M2801	9,950	대화_주제_26
2004	구어	형태소분석	8CT_0044	7CM00042	주제대화_대학진학	대화/일상	M2801	9,067	대화_주제_27
2004	구어	형태소분석	8CT_0045	7CM00044	주제대화_취업	대화/일상	M2801	3,838	대화_주제_28
2003	구어	형태소분석	8CT_0047	6CM00093	주제대화_영화와민족	대화/일상	M2801	3,285	대화_주제_29
소계								131,426	
전화 대화									
구축 연도	말뭉치 종류	단계	주석파일명	원시파일명	자료명	내용	분류기호	어절수	변경파일명
2001	구어	형태소분석	5CT_0029	4CM00090	전화대화_20대2인	대화/전화	M2802	328	대화_전화_1
2001	구어	형태소분석	5CT_0030	4CM00091	전화대화_대학생2인	대화/전화	M2802	1,070	대화_전화_2
2001	구어	형태소분석	5CT_0031	4CM00092	전화대화_여대생2인	대화/전화	M2802	1,212	대화_전화_3
2001	구어	형태소분석	5CT_0032	4CM00093	전화대화_이십대남자2인	대화/전화	M2802	388	대화_전화_4
2003	구어	형태소분석	6CT_0050	5CM00048	전화대화_자료수집	대화/전화	M2802	307	대화_전화_5
2004	구어	형태소분석	7CT_0034	6CM00075	전화대화_#1	대화/전화	M2802	4,282	대화_전화_6
2004	구어	형태소분석	7CT_0035	6CM00076	전화대화_#2	대화/전화	M2802	4,739	대화_전화_7
2004	구어	형태소분석	7CT_0036	6CM00077	전화대화_#3	대화/전화	M2802	999	대화_전화_8
2004	구어	형태소분석	8CT_0046	7CM00039	전화대화_전화통화	대화/일상	M2801	326	대화_전화_9
소계								13,651	
대화 전체 합계								422,863	

2. '소설' 말뭉치

구축 연도	말뭉치 종류	단계	주석파일명	원시파일명	자료명	저자	출판연도	분류 기호	원어절수	조정 어절수	변경 파일명
2005	문어	형태의미분석	BSBF0269	BRBF0269	어떤 서울 사람	구인환	1992	M1118	4,986	4,986	소설_1
2001	문어	형태의미분석	BSEO0075	BREO0075	식물들의 사생활	이승우	2000	M1331	49,170	29,006	소설_2
2001	문어	형태의미분석	BSEO0076	BREO0076	그리운 흔적	이윤기	2000	M1331	30,360	29,006	소설_3
2001	문어	형태의미분석	BSEO0077	BREO0077	마이너리그	은희경	2001	M1331	45,072	28,989	소설_4
2001	문어	형태의미분석	BSEO0078	BREO0078	나비, 봄을 만나다	차현숙	1997	M1331	48,539	29,004	소설_5
1998	문어	형태의미분석	BSEO0080	BREO0080	포구	한승원	1994	M1331	55,619	29,001	소설_6
1998	문어	형태의미분석	BSEO0081	BREO0081	시간속의 도적	채영주	1983	M1331	49,736	29,003	소설_7
1998	문어	형태의미분석	BSEO0085	BREO0085	슬픈 시인의 바다	유홍종	1994	M1331	32,578	29,004	소설_8
1998	문어	형태의미분석	BSEO0087	BREO0087	마지막 연애의 상상	이인성	1992	M1331	31,466	28,995	소설_9
1998	문어	형태의미분석	BSEO0090	BREO0090	한평 구홉의 안식	채희윤	1993	M1331	61,956	29,300	소설_10
1998	문어	형태의미분석	BSEO0092	BREO0092	어느 화가의 승천	안재성	1992	M1331	64,043	29,302	소설_11
1998	문어	형태의미분석	BSEO0093	BREO0093	숨은 사랑	정종명	1993	M1331	77,504	29,300	소설_12
2000	문어	형태의미분석	BSEO0281	BREO0281	춤추는 사제	이청준	1979년 최초 창작 1993년 부분 개작	M1118	51,141	29,013	소설_13
2002	문어	형태의미분석	BSEO0282	BREO0282	냉장고	김현영	2000	M1118	54,295	29,005	소설_14
2002	문어	형태의미분석	BSEO0290	BREO0290	경성애사	이선미	2001	M1118	63,641	29,306	소설_15
2002	문어	형태의미분석	BSEO0291	BREO0291	오디션	민해연	2001	M1118	52,624	29,008	소설_16
2002	문어	형태의미분석	BSEO0292	BREO0292	햄릿의 연인	김지혜	2001	M1118	28,817	28,817	소설_17
2002	문어	형태의미분석	BSEO0293	BREO0293	꽃그늘 아래	이혜경	2002	M1118	45,076	29,002	소설_18
2002	문어	형태의미분석	BSEO0295	BREO0295	멋진 한세상	공선옥	2002	M1118	48,221	29,001	소설_19
2002	문어	형태의미분석	BSEO0300	BREO0300	묵시의 바다	윤흥길	1987	M1118	55,558	29,005	소설_20
2003	문어	형태의미분석	BSEO0303	BREO0303	펭귄의 날개	오정은	2002	M1118	65,737	28,996	소설_21
2003	문어	형태의미분석	BSEO0308	BREO0308	발로자를 위하여	송영	2003	M1118	47,485	29,002	소설_22
2004	문어	형태의미분석	BSEO0312	BREO0312	랍스터를 먹는 시간	방현석	2003	M1118	49,853	29,007	소설_23
2004	문어	형태의미분석	BSEO0313	BREO0313	이상한 나라에서 온 스파이	최인석	2003	M1118	75,215	29,300	소설_24
2004	문어	형태의미분석	BSEO0314	BREO0314	꼭두의 사랑	이명훈	2004	M1118	40,418	29,000	소설_25
2004	문어	형태의미분석	BSEO0315	BREO0315	날마다 축제	강영숙	2004	M1118	38,899	28,997	소설_26
2003	문어	형태의미분석	BSEO0319	BREO0319	어둠의 자식들	황석영	1980	M1331	28,010	28,007	소설_27
1998	문어	형태의미분석	BSEO0329	BREO0329	아름다운 그 시작	유기성	1994	M1118	51,544	29,005	소설_28
1998	문어	형태의미분석	BSEO0332	BREO0332	경마장에서 생긴 일	하일지	1993	M1118	46,318	29,009	소설_29
1998	문어	형태의미분석	BSEO0334	BREO0334	객주5	김영주	1982	M1118	56,859	28,998	소설_30
1998	문어	형태의미분석	BSEO0338	BREO0338	보이지 않는 나라	김지용	1993	M1331	64,659	29,297	소설_31
2003	문어	형태의미분석	BSEO0339	BREO0339	낯선 여름	구효서	1996	M1118	50,395	28,992	소설_32
1999	문어	형태의미분석	BSGO0341	BRGO0341	웃음이 터지는 교실	이오덕	1991	M1118	26,449	26,449	소설_33
1998	문어	형태의미분석	BSGO0359	BRGO0359	작은 어릿광대의 꿈	손춘익	1980	M1118	25,565	25,565	소설_34
1998	문어	형태의미분석	BSGO0360	BRGO0360	고향을 지키는 아이들	박상규	1981	M1118	21,604	21,604	소설_35
1998	문어	형태의미분석	BSGO0361	BRGO0361	사슴과 사냥개	마해송	1990	M1118	21,826	21,826	소설_36
소설 전체 합계									1,661,238	1,000,117	

3. '신문' 말뭉치

구축 연도	말뭉치 종류	단계	주석 파일명	원시 파일명	자료명	출판 연도	내용	분류 기호	원 어절수	조정 어절수	변경파일명
경제											
1998	문어	형태의미분석	BSAA0002	BRAA0002	조선일보 경제(90)	1990	경제	M1113	46,994	20,668	신문_경제_1
1998	문어	형태의미분석	BSAA0007	BRAA0007	조선일보 경제(93)	1993	경제	M1113	19,064	19,064	신문_경제_2
1998	문어	형태의미분석	BSAA0008	BRAA0008	조선일보 경제(93)	1993	경제	M1113	1,141	1,141	신문_경제_3
2002	문어	형태의미분석	BSAA0155	BRAA0155	조선일보 2001년 기사: 경제	2001	경제	M1118	60,022	20,671	신문_경제_4
2003	문어	형태의미분석	BSAA0159	BRAA0159	조선일보 2002년 기사: 경제	2002	경제	M1118	29,196	20,663	신문_경제_5
2003	문어	형태의미분석	BSAB0170	BRAB0170	동아일보 2002년 기사: 경제	2002	경제	M1118	26,685	20,661	신문_경제_6
2003	문어	형태의미분석	BSAD0188	BRAD0188	중앙일보 2002년 기사: 경제	2002	경제	M1118	29,904	20,672	신문_경제_7
소계									213,006	123,540	
사설, 오피니언, 칼럼											
구축 연도	말뭉치 종류	단계	주석 파일명	원시 파일명	자료명	출판 연도	내용	분류 기호	원 어절수	조정 어절수	변경파일명
1998	문어	형태의미분석	BSAA0004	BRAA0004	조선일보 사설(91)	1991	사설	M1118	22,758	15,436	신문_사설_1
1998	문어	형태의미분석	BSAA0005	BRAA0005	조선일보 칼럼(90)	1990	칼럼	M1119	38,966	15,458	신문_사설_2
1998	문어	형태의미분석	BSAA0006	BRAA0006	조선일보 사설(92)	1992	사설	M1118	22,182	15,431	신문_사설_3
2003	문어	형태의미분석	BSAA0158	BRAA0158	조선일보 2002년 기사: 오피니언	2002	오피니언	M1118	31,251	15,450	신문_사설_4
1998	문어	형태의미분석	BSAA0161	BRAA0161	조선일보, 사설(90)	1990	사설	M1118	25,856	15,446	신문_사설_5
1998	문어	형태의미분석	BSAA0162	BRAA0162	조선일보, 칼럼(90)	1990	칼럼	M1118	48,360	15,436	신문_사설_6
2003	문어	형태의미분석	BSAB0172	BRAB0172	동아일보 2002년 기사: 오피니언	2002	오피니언	M1118	23,284	15,443	신문_사설_7
2001	문어	형태의미분석	BSAE0199	BRAE0199	한겨레신문, 사설(99)	1999	사설	M1118	35,240	15,453	신문_사설_8
소계									247,897	123,553	
문화											
구축 연도	말뭉치 종류	단계	주석 파일명	원시 파일명	자료명	출판 연도	내용	분류 기호	원 어절수	조정 어절수	변경파일명
1998	문어	형태의미분석	BSAA0009	BRAA0009	조선일보 문화(93)	1993	문화	M1114	13,051	13,051	신문_문화_1
1998	문어	형태의미분석	BSAA0010	BRAA0010	조선일보 문화(93)	1993	문화	M1114	13,962	13,962	신문_문화_2
2003	문어	형태의미분석	BSAA0157	BRAA0157	조선일보 2002년 기사: 문화	2002	문화	M1118	28,698	19,310	신문_문화_3
2003	문어	형태의미분석	BSAB0169	BRAB0169	동아일보 2002년 기사: 문화	2002	문화	M1118	30,897	19,311	신문_문화_4
2004	문어	형태의미분석	BSAB0173	BRAB0173	동아일보 2003년 기사: 문화	2003	문화	M1118	90,846	19,304	신문_문화_5
2002	문어	형태의미분석	BSAE0200	BRAE0200	한겨레신문 2001년 기사: 문화	2001	문화	M1118	52,193	19,306	신문_문화_6
2003	문어	형태의미분석	BSAE0203	BRAE0203	한겨레신문 2002년 기사: 문화	2002	문화	M1118	23,501	19,297	신문_문화_7
소계									253,148	123,541	
생활											
구축 연도	말뭉치 종류	단계	주석 파일명	원시 파일명	자료명	출판 연도	내용	분류 기호	원 어절수	조정 어절수	변경파일명
1999	문어	형태의미분석	BSAA0001	BRAA0001	조선일보 생활(93)	1993	생활	M1115	19,335	19,335	신문_생활_1
1998	문어	형태의미분석	BSAA0011	BRAA0011	조선일보 생활(93)	1993	생활	M1115	47,893	45,596	신문_생활_2
2003	문어	형태의미분석	BSAD0189	BRAD0189	중앙일보 2002년 기사: 생활	2002	생활	M1118	13,028	13,027	신문_생활_3
2004	문어	형태의미분석	BSAE0207	BRAE0207	한겨레신문 2003년 기사: 생활여성	2003	생활	M1118	51,081	45,580	신문_생활_4

소계									131,337	123,538	

과학

구축 연도	말뭉치 종류	단계	주석 파일명	원시 파일명	자료명	출판 연도	내용	분류 기호	원 어절수	조정 어절수	변경파일명
1998	문어	형태의미분석	BSAA0012	BRAA0012	조선일보 과학(93)	1993	과학	M1115	2,075	2,075	신문_과학_1
1998	문어	형태의미분석	BSAA0013	BRAA0013	조선일보 과학(93)	1993	과학	M1115	70,571	70,571	신문_과학_2
소계									72,646	72,646	

사회

구축 연도	말뭉치 종류	단계	주석 파일명	원시 파일명	자료명	출판 연도	내용	분류 기호	원 어절수	조정 어절수	변경파일명
2002	문어	형태의미분석	BSAA0156	BRAA0156	조선일보 2001년 기사: 사회	2001	사회	M1118	48,425	30,252	신문_사회_1
1998	문어	형태의미분석	BSAA0164	BRAA0164	조선일보, 사회(91)	1991	사회	M1118	9,078	9,078	신문_사회_2
1998	문어	형태의미분석	BSAA0165	BRAA0165	조선일보, 사회(92)	1992	사회	M1118	64,359	30,245	신문_사회_3
2003	문어	형태의미분석	BSAB0171	BRAB0171	동아일보 2002년 기사: 사회	2002	사회	M1118	23,719	23,719	신문_사회_4
2004	문어	형태의미분석	BSAE0206	BRAE0206	한겨레신문 2003년 기사: 사회	2003	사회	M1118	68,458	30,259	신문_사회_5
소계									214,039	123,553	

외신

구축 연도	말뭉치 종류	단계	주석 파일명	원시 파일명	자료명	출판 연도	내용	분류 기호	원 어절수	조정 어절수	변경파일명
1998	문어	형태의미분석	BSAA0014	BRAA0014	조선일보 외신(93)	1993	외신	M1112	28,086	28,086	신문_외신_1
2004	문어	형태의미분석	BSAB0174	BRAB0174	동아일보 2003년 기사: 국제 외신	2003	외신	M1118	51,042	51,042	신문_외신_2
소계									79,128	79,128	

종합

구축 연도	말뭉치 종류	단계	주석 파일명	원시 파일명	자료명	출판 연도	내용	분류 기호	원 어절수	조정 어절수	변경파일명
1998	문어	형태의미분석	BSAA0163	BRAA0163	조선일보, 종합(91)	1991	종합	M1118	63,453	20,602	신문_종합_1
2003	문어	형태의미분석	BSAD0187	BRAD0187	중앙일보 2002년 기사: 종합	2002	종합	M1118	34,673	20,590	신문_종합_2
2003	문어	형태의미분석	BSAD0190	BRAD0190	중앙일보 2002년 기사: 종합	2002	종합	M1118	31,698	20,585	신문_종합_3
2003	문어	형태의미분석	BSAE0201	BRAE0201	한겨레신문 2002년 기사: 종합	2002	종합	M1118	48,639	20,591	신문_종합_4
2003	문어	형태의미분석	BSAE0202	BRAE0202	한겨레신문 2002년 기사: 종합	2002	종합	M1118	39,991	20,591	신문_종합_5
2003	문어	형태의미분석	BSAE0205	BRAE0205	한겨레신문 2002년 기사: 종합	2002	종합	M1118	35,416	20,582	신문_종합_6
소계									253,870	123,541	

스포츠

구축 연도	말뭉치 종류	단계	주석 파일명	원시 파일명	자료명	출판 연도	내용	분류 기호	원 어절수	조정 어절수	변경파일명
2004	문어	형태의미분석	BSAA0160	BRAA0160	조선일보 2003년 기사: 스포츠	2003	스포츠	M1118	43,883	43,883	신문_스포츠_1
1998	문어	형태의미분석	BSAL0058	BRAL0058	스포츠서울 95 스포츠	1995	스포츠	M1117	11,645	11,645	신문_스포츠_2
1998	문어	형태의미분석	BSAL0059	BRAL0059	스포츠서울 98-10 야구	1998	스포츠	M1117	24,730	24,729	신문_스포츠_3
1998	문어	형태의미분석	BSAL0060	BRAL0060	스포츠서울 98-10 일반	1998	스포츠	M1117	3,777	3,777	신문_스포츠_4
1998	문어	형태의미분석	BSAL0061	BRAL0061	스포츠서울 98-10 축구	1998	스포츠	M1117	3,119	3,119	신문_스포츠_5
1998	문어	형태의미분석	BSAL0218	BRAL0218	스포츠서울	1995	스포츠	M1118	19,820	19,820	신문_스포츠_6
소계									106,974	106,973	
신문 전체 합계									1,608,576	1,000,013	

4. '학술' 말뭉치

인문

구축연도	말뭉치종류	단계	주석파일명	원시파일명	자료명	저자	출판사	출판연도	내용	분류기호	원어절수	조정어절수	변경파일명
1998	문어	형태의미분석	BSHO0107	BRHO0107	언어와 사상 - 전통문화와 민족정신	고려대 대학국어편찬실	고려대학교 출판부	1994	인문, 한국문화 일반	M1351	16,195	16,195	학술산문_인문_1
1998	문어	형태의미분석	BSHO0108	BRHO0108	언어와 사상 - 언어와 문화	고려대학교 대학국어편찬실	고려대학교 출판부	1994	인문, 언어	M1352	14,322	14,321	학술산문_인문_2
1998	문어	형태의미분석	BSHO0124	BRHO0124	우리 학문의 길	조동일	지식산업사	1993	인문, 일반	M1350	61,168	32,000	학술산문_인문_3
1998	문어	형태의미분석	BSHO0125	BRHO0125	동양철학 에세이	김교빈, 이현구	동녘	1993	인문, 철학	M1353	41,330	32,002	학술산문_인문_4
1998	문어	형태의미분석	BSHO0126	BRHO0126	일본인과 한국인의 의식구조	김용운	한길사	1985	인문, 심리	M1357	46,439	32,000	학술산문_인문_5
1998	문어	형태의미분석	BSHO0131	BRHO0131	인간과 사회-전통윤리와 현대풍조의 갈림길에서	김유혁	신양사	1996	인문, 철학, 사상	M1353	11,499	11,499	학술산문_인문_6
1998	문어	형태의미분석	BSHO0420	BRHO0420	한국의 사상	정용선	한샘출판사	1994	인문, 사상	M1353	52,455	32,008	학술산문_인문_7
1998	문어	형태의미분석	BSHO0421	BRHO0421	한국사	강만길 외	한길사	1994	인문, 역사	M1355	77,069	31,999	학술산문_인문_8
1998	문어	형태의미분석	BSHO0423	BRHO0423	한국의 복식미	김영자	민음사	1992	인문, 민속	M1356	42,755	32,009	학술산문_인문_9
2004	문어	형태의미분석	BSHO0406	BRHO0406	역사와 민족	함석헌	한길사	1983	인문, 일반	M1350	28,840	28,840	학술산문_인문_10
2005	문어	형태의미분석	BSHO0409	BRHO0409	심리학개론	곽기상	재동문화사	1991	인문, 철학, 사상	M1353	21,813	21,813	학술산문_인문_11
소계											413,885	284,688	

사회

구축연도	말뭉치종류	단계	주석파일명	원시파일명	자료명	저자	출판사	출판연도	내용	분류기호	원어절수	조정어절수	변경파일명
1998	문어	형태의미분석	BSHO0112	BRHO0112	알기 쉬운 인권 지침	민주주의 민족통일 전국연합 인권 위원회	도서출판 녹두	1992	사회, 법	M1363	22,102	22,102	학술산문_사회_1
1998	문어	형태의미분석	BSHO0114	BRHO0114	대중 문화의 겉과 속	강준만	한샘출판사	1994	사회, 대중문화	M1368	52,358	43,005	학술산문_사회_2
1998	문어	형태의미분석	BSHO0116	BRHO0116	인간을 위하여 미래를 위하여	김광식	도서출판 열린세상	1995	사회, 정치론	M1362	56,165	43,014	학술산문_사회_3
1998	문어	형태의미분석	BSHO0132	BRHO0132	언론과 부정부패(言論과 不正腐敗)	정대철 · 김재범 · 김동민	집문당	1995	사회, 매스컴, 대중문화	M1368	15,283	15,283	학술산문_사회_4
1998	문어	형태의미분석	BSHO0425	BRHO0425	한국의 마케팅 사례	이두희	박영사	1993	사회, 경영	M1365	48,794	43,005	학술산문_사회_5
1998	문어	형태의미분석	BSHO0433	BRHO0433	한국언론의 좌표	이효성	박영률 출판사	1996	사회, 매스컴	M1368	79,054	43,001	학술산문_사회_6
2003	문어	형태의미분석	BSHO0381	BRHO0381	글로벌 가버넌스와 NGO	주성수	아르케	2000	사회, 사회학, 사회론, 사회운동	M1361	39,591	39,591	학술산문_사회_7
2003	문어	형태의미분석	BSHO0382	BRHO0382	한국의 여성환경 운동: 그 역사,주체, 그리고 운동유형들	문순홍	아르케	2001	사회, 여성	M1369	25,959	25,959	학술산문_사회_8
2005	문어	형태의미분석	BSHO0439	BRHO0439	일본경제 - 초일류의 현장	송희영	조선일보사	1993	사회, 경제, 금융, 경영	M1365	7,262	7,262	학술산문_사회_9
소계											346,568	282,222	

자연

구축연도	말뭉치종류	단계	주석파일명	원시파일명	자료명	저자	출판사	출판연도	내용	분류기호	원어절수	조정어절수	변경파일명
1998	문어	형태의미분석	BSHO0118	BRHO0118	컴퓨터 이야기	조환규	창작과 비평사	1992	자연, 컴퓨터	M1373	23,680	23,680	학술산문_자연_1

<table>
<tr><td>1998</td><td>문어</td><td>형태의미분석</td><td>BSHO0127</td><td>BRHO0127</td><td>과학혁명 - 근대과학의 출현과 그 배경</td><td>김영식</td><td>민음사</td><td>1984</td><td>자연, 일반</td><td>M1370</td><td>31,661</td><td>31,661</td><td>학술산문_자연_2</td></tr>
<tr><td>1998</td><td>문어</td><td>형태의미분석</td><td>BSHO0133</td><td>BRHO0133</td><td>정보교육</td><td>김광조 외</td><td>박영률 출판사</td><td>1997</td><td>자연, 컴퓨터, 정보 통신</td><td>M1373</td><td>36,178</td><td>36,178</td><td>학술산문_자연_3</td></tr>
<tr><td colspan="11">소계</td><td>91,519</td><td colspan="2">91,519</td></tr>
<tr><th colspan="14">교육</th></tr>
<tr><th>구축연도</th><th>말뭉치종류</th><th>단계</th><th>주석 파일명</th><th>원시 파일명</th><th>자료명</th><th>저자</th><th>출판사</th><th>출판 연도</th><th>내용</th><th>분류 기호</th><th>원어 절수</th><th>조정 어절수</th><th>변경파일명</th></tr>
<tr><td>1998</td><td>문어</td><td>형태의미분석</td><td>BSHO0103</td><td>BRHO0103</td><td>언어와 표현</td><td>고려대 대학국어편찬실</td><td>고려대학교 출판부</td><td>1994</td><td>교육자료, 작문/ 대학</td><td>M1328</td><td>52,887</td><td>52,883</td><td>학술산문_교육_1</td></tr>
<tr><td>1998</td><td>문어</td><td>형태의미분석</td><td>BSHO0140</td><td>BRHO0140</td><td>대학의 뜻</td><td>연세교양교육위편</td><td>연세대학교 출판부</td><td>1979</td><td>교육자료, 일반</td><td>M1320</td><td>18,107</td><td>18,107</td><td>학술산문_교육_2</td></tr>
<tr><td>1998</td><td>문어</td><td>형태의미분석</td><td>BSHO0413</td><td>BRHO0413</td><td>창조적인 글쓰기</td><td>박은아</td><td>새길</td><td>1994</td><td>교육자료, 작문/ 중등</td><td>M1327</td><td>29,287</td><td>29,286</td><td>학술산문_교육_3</td></tr>
<tr><td>1998</td><td>문어</td><td>형태의미분석</td><td>BSHO0414</td><td>BRHO0414</td><td>논술의 정석</td><td>조형근</td><td>새길</td><td>1994</td><td>교육자료, 작문/ 중등</td><td>M1327</td><td>46,965</td><td>46,965</td><td>학술산문_교육_4</td></tr>
<tr><td>2002</td><td>문어</td><td>형태의미분석</td><td>BSHO0375</td><td>BRHO0375</td><td>글쓰기의 새로운 지평</td><td>이화형, 유진월</td><td>박이정</td><td>2001</td><td></td><td>M1118</td><td>51,708</td><td>51,708</td><td>학술산문_교육_5</td></tr>
<tr><td colspan="11">소계</td><td>198,953</td><td colspan="2">198,949</td></tr>
<tr><th colspan="14">기타</th></tr>
<tr><th>구축연도</th><th>말뭉치종류</th><th>단계</th><th>주석 파일명</th><th>원시 파일명</th><th>자료명</th><th>저자</th><th>출판사</th><th>출판 연도</th><th>내용</th><th>분류 기호</th><th>원어 절수</th><th>조정 어절수</th><th>변경파일명</th></tr>
<tr><td>1998</td><td>문어</td><td>형태의미분석</td><td>BSDO0276</td><td>BRDO0276</td><td>계몽사학생백과사전(CD판)</td><td>계몽사편집부</td><td>계몽사</td><td>1994</td><td>총류, 일반</td><td>M1300</td><td>24,894</td><td>24,894</td><td>학술산문_기타_1</td></tr>
<tr><td>1998</td><td>문어</td><td>형태의미분석</td><td>BSDO0277</td><td>BRDO0277</td><td>계몽사학생백과사전(CD판)</td><td>계몽사편집부</td><td>계몽사</td><td>1994</td><td>총류, 일반</td><td>M1300</td><td>25,186</td><td>25,185</td><td>학술산문_기타_2</td></tr>
<tr><td>2000</td><td>문어</td><td>형태의미분석</td><td>BSDO0275</td><td>BRDO0275</td><td>계몽사학생백과사전(CD판)</td><td>계몽사편집부</td><td>계몽사</td><td>1994</td><td>총류, 일반</td><td>M1300</td><td>31,453</td><td>31,453</td><td>학술산문_기타_3</td></tr>
<tr><td>2000</td><td>문어</td><td>형태의미분석</td><td>BSDO0278</td><td>BRDO0278</td><td>계몽사학생백과사전(CD판)</td><td>계몽사편집부</td><td>계몽사</td><td>1994</td><td>총류, 일반</td><td>M1300</td><td>34,316</td><td>34,314</td><td>학술산문_기타_4</td></tr>
<tr><td>2005</td><td>문어</td><td>형태의미분석</td><td>BSHO0442</td><td>BRHO0442</td><td>영화 사랑 영화예술 그리고 우리들의 영화 이야기</td><td>안병섭</td><td>(주)신영 미디어</td><td>1993</td><td>예술론, 연극, 영화, 방송극론</td><td>M1382</td><td>5,376</td><td>5,376</td><td>학술산문_기타_5</td></tr>
<tr><td>1999</td><td>문어</td><td>형태의미분석</td><td>BSHO0367</td><td>BRHO0367</td><td>미학 오디세이</td><td>진중권</td><td>새길</td><td>1994</td><td></td><td>M1118</td><td>26,723</td><td>26,723</td><td>학술산문_기타_6</td></tr>
<tr><td colspan="11">소계</td><td>147,947</td><td colspan="2">147,945</td></tr>
<tr><td colspan="12">학술 산문 전체 합계</td><td>1,198,874</td><td>1,005,328</td></tr>
</table>